2013

中国金融发展报告

上海财经大学现代金融研究中心
上海财经大学金融学院

■ 上海财经大学出版社

图书在版编目（CIP）数据

2013 中国金融发展报告/上海财经大学现代金融研究中心,上海财经
大学金融学院编 . 一上海：上海财经大学出版社,2013.11
　ISBN 978-7-5642-1778-5/F·1778
　Ⅰ.①2… Ⅱ.①上… ②上… Ⅲ.①金融事业-经济发展-研究报告
-中国-2013　Ⅳ.①F832
　中国版本图书馆 CIP 数据核字(2013)第 257436 号

　　□ 责任编辑　江　玉
　　□ 封面设计　张克瑶
　　□ 责任校对　赵　伟　卓　妍

2013 ZHONGGUO JINRONG FAZHAN BAOGAO

2013 中 国 金 融 发 展 报 告

上海财经大学现代金融研究中心
上海财经大学金融学院

上海财经大学出版社出版发行
(上海市武东路 321 号乙　邮编 200434)
网　址:http://www.sufep.com
电子邮箱:webmaster @ sufep.com
全国新华书店经销
同济大学印刷厂印刷
宝山葑村书刊装订厂装订
2013 年 11 月第 1 版　2013 年 11 月第 1 次印刷

710mm×960mm　1/16　29.25 印张　525 千字
定价:66.00 元

前　言

　　中国经济在经历了 30 年的高速增长后,已经进入了高速增长的末期。在国际经济持续低迷和自身结构调整的双重影响下,中国经济增速有所放缓。2012 年被普遍认为是中国经济从高速增长转为中速增长的拐点。同年的中央经济工作会议确立了"稳增长、转方式、调结构"的指导方针,"稳增长"被提到了首位。为此,央行两次下调存贷款基准利率和存款准备金率,银行信贷也出现了结构性调整。与此同时,2012 年的中国资本市场呈现多元化、不均衡的发展格局:股票市场持续低迷,债券市场迅猛增长,信托产品爆发式增长,理财市场发展强劲,但中小微企业依然面临融资困境。2012 年也是金融创新取得丰硕成果的一年,尤其以利率市场化和人民币国际化的实质性推动为标志。此外,新股发行制度的改革创新、债券发行品种和规模的扩大等也都在 2012 年有了新的举措。与金融创新同步出现的是,行业性和地区性金融风险发生的可能性也呈现出加剧的趋势。尽管不会发生系统性大规模金融风险,但地方政府融资平台的违约风险、以信托产品为代表的"影子"银行风险、中小微企业的民间借贷风险、欧洲债务危机持续加剧给中国经济带来的潜在风险等,都在 2012 年有了加剧发展的趋势。《2013 中国金融发展报告》的"概况编"对 2012 年中国金融市场在各个层面的发展和潜在风险进行了全面梳理,并对 2013 年进行了展望。

　　在国际金融市场上,2012 年是人民币国际化进程有序开展的一年。作为全球最大的外汇储备国,中国已经具备对其他国家的经济事务产生较大影响的能力。随着中国的资本市场吸引了越来越多的国际流动资本，人民币已得到更为广泛的承认。中国不断扩大的经济规模和影响力将推动人民币国际化进程，但人民币国际化进程也面临巨大的挑战。如何应对人民币国际化进程中的机遇和挑战？不断扩大资本投资渠道是实现人民币国际化的重要一步。中国资本账户的开放将吸纳更多的全球流动性，也是促进中国资本市场发展的催化剂。《2013 中国金融发展报告》的"专题编"为读者详尽剖析人民币国际化进程中所面临的各种问题和对策。

《2013 中国金融发展报告》是上海财经大学现代金融研究中心和上海财经大学金融学院联合组织编写的年度性研究报告，对 2012 年中国金融发展与改革的各个层面进行了全方位的梳理、分析和总结，深入、细致且系统性地描述了中国金融业的主要领域的发展概况。年度报告同时对 2013 年金融市场的发展趋势作出了展望。本年度报告分为"概况编"和"专题编"两大部分。"概况编"从中国银行业的运行分析及展望、中国保险业发展回眸与前景展望、中国资本市场回顾及展望、企业融资环境分析与展望、欧洲主权债务危机及其对中国经济的影响五个方面展开论述。"专题编"从人民币国际化概述、人民币国际化中存在的问题研究、计价货币、离岸市场与人民币国际化、资本项目开放、人民币国际化下一步何去何从这六个方面展开详尽论述。

《中国金融发展报告》是上海财经大学现代金融研究中心与金融学院教师集体创作的成果，自 2000 年开始已经连续出版了 14 期。本年度报告由丁剑平教授负责报告框架的拟订、报告的统稿和专题编的撰写。各编和章节的主要内容和执笔者如下：

第一编　概况编

1　2012 年中国银行业运行分析及 2013 年展望——胡乃红　胡宇佳　顾淑霏　黄鑫

2　2012 年中国保险业发展回眸与前景展望——钟明　张康　刘绥豫

3　2012 年中国资本市场回顾及新一年展望：资本市场稳健运行、创新和监管——金德环　赵海蕾

4　经济动荡中的企业融资环境分析和展望——王甄　徐晓萍　李耀

5　欧洲主权债务危机：成因、前景及其对中国经济的影响——

金洪飞

第二编　人民币国际化专题编——丁剑平　陈岚　吴文生

此外，导师带领部分博士生和硕士生也参与了本报告初稿的编写，特此鸣谢。

上海财经大学现代金融研究中心　何众志

上海财经大学金融学院

2013 年 7 月

目　录

第二编　人民币国际化专题编

第一编

概况编

第一篇

緒論

1 2012 年中国银行业运行分析及 2013 年展望

胡乃红　胡宇佳　顾淑霏　黄鑫

　　2012 年,在经济增速放缓、基准利率两次降低、利率市场化实质性推动、金融脱媒持续深化和监管规范严格等因素影响下,中国银行业[①]运行平稳,资产负债规模稳步增长,信贷规模与结构更趋合理,银行体系流动性比较充裕,资本充足率稳步上升,资产质量总体保持稳定。

1.1 2012 年中国银行业信贷规模与信贷结构的变动分析

1.1.1 2012 年银行信贷规模的变动分析

　　(1)2012 年商业银行存贷款规模占资产负债比率都略有下降
　　①从商业银行资产负债情况来看:

---

　　① 截至 2013 年 5 月底,我国银行业金融机构包括 2 家政策性银行及国家开发银行、5 家大型商业银行、12 家股份制商业银行、1 家邮政储蓄银行、132 家城市商业银行、128 家农村商业银行、65 家农村合作银行、67 家农村信用社、316 家三类新型农村金融机构(村镇银行、农村资金互助社、贷款公司)、47 家外资法人金融机构、112 家财务公司、61 家信托公司、112 家企业集团财务公司、15 家金融租赁公司、15 家汽车金融公司、5 家货币经纪公司、4 家消费金融公司。

截至 2012 年末,商业银行总资产余额达 104.6 万亿元(本外币合计),比上年末增加 16.2 万亿元,同比增长 18.3%。商业银行负债规模达 97.7 万亿元,比上年末增加 15.0 万亿元,同比增长 18.1%。其中贷款资产和存款负债占比分别达 49.4% 和 80.9%(见表 1—1),相比 2011 年的 50.3% 和 82.9% 都略有下降。①

表 1—1   2012 年我国商业银行资产负债情况

	年末余额(万亿元)	同比增长率	占比
资产	104.6	18.30%	
其中:贷款余额	51.7	16.10%	49.40%
债券投资余额	16.6	9.70%	15.90%
负债	97.7	18.10%	
其中:存款余额	79.1	15.30%	80.90%

资料来源:中国银行业监管委员会网站(www.cbrc.gov.cn/)。

②从社会融资规模②来看:

2012 年社会融资规模和人民币贷款都高于 2011 年,但人民币贷款占社会融资规模的比率从 2011 年的 58% 下降到 2012 年的 52%。该比例从 2006 年起的最高点 74% 开始呈现波动下降的趋势(见图 1—1)。2012 年末,人民币贷款余额为 62.99 万亿元,同比增长 15%。③

总体来看,商业银行(包括大型商业银行、股份制商业银行、城市商业银行、农村商业银行和外资银行)资产规模继续增长,商业银行负债结构保持稳定。存贷款依然是商业银行资产负债最主要的构成部分。

(2)2012 年银行信贷规模季度变动基本情况

从 2012 年贷款各季度增长情况来看,在宏观审慎政策工具的引导下,全年贷款投放较为均衡合理,四个季度贷款增量占比大体为 3∶3∶2∶2(见图 1—2)。第一季度贷款规模增长较快,新增贷款 24 602 亿元,是全年中贷款增速最快的季节。第二季度贷款增幅有所回落,全季度新增贷款减少为 23 948 亿元。第三、第四季度新增贷款均出现了较大幅度的下降,分别为 18 666 亿元和 14 820 亿元。全年人民币贷款增加 8.2 万亿元,同比增加 7 320 亿元。

分部门看,住户贷款增加 2.52 万亿元,同比增长率为 18.5%;非金融企

---

① 资料来源:中国银行业监管委员会网站(www.cbrc.gov.cn/)。
② 社会融资规模是指一定时期内实体经济从金融体系获得的资金总额,是增量概念。
③ 资料来源:中国人民银行发布的《2012 年金融统计数据报告》。

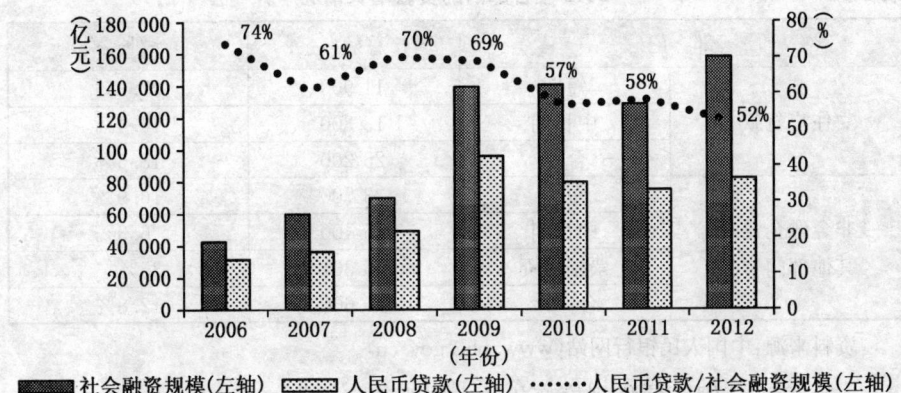

資料來源:根據中國人民銀行網站(www.pbc.gov.cn)統計資料整理。

图 1—1 2006~2012 年社会融资规模和人民币贷款情况

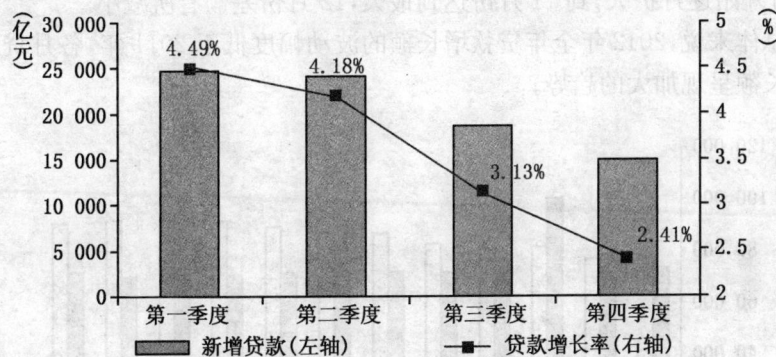

資料來源:根據中國人民銀行網站(www.pbc.gov.cn)統計資料整理。

图 1—2 2012 年各季度人民币贷款新增贷款

业及其他部门贷款增加 5.66 万亿元,实现了 12.8% 的增长率。各部门贷款的增长率最大的是票据融资,达到了 35%;其次为短期住户贷款,增长率为 27.2%。具体数据详见表 1—2。

表 1—2   **2012 年各部门的贷款增长情况**

部　门		增长总额(亿元)	增长率
住户贷款	短期	11 900	27.2%
	中长期	13 300	14.4%
	合计	25 200	18.5%
非金融企业及其他部门贷款	短期	33 700	16.9%
	中长期	15 400	6.3%
	票据融资	5 301	35%
	合　计	56 600	12.8%

资料来源:中国人民银行网站(www. pbc. gov. cn)。

(3)2012 年银行信贷规模变化的主要规律

2012 年与 2011 年各月相比,同期贷款总量增长。从图 1—3 中可以看出,2011 年与 2012 年前三个月的贷款总量增长额呈现出不确定的关系。在之后的月份里,2012 年贷款总量增长均高于 2011 年同期,两者之间的差额从 4 月份开始逐月扩大,到 11 月份达到最大,12 月份差额有所减小。

总体来说,2012 年全年贷款增长额的波动幅度低于 2011 年,各月贷款总量增长额呈现加大的趋势。

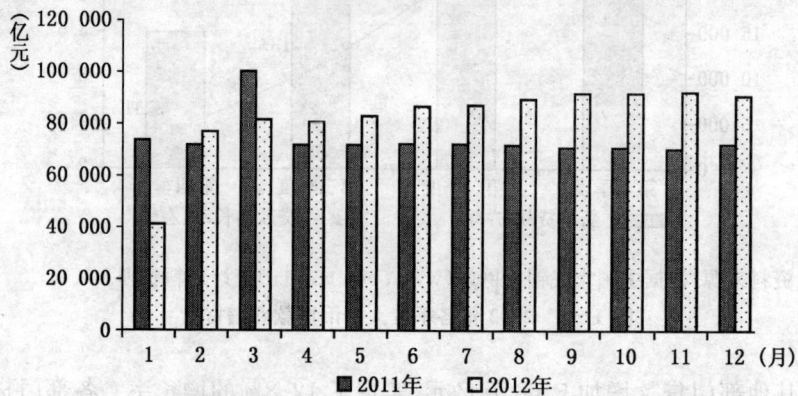

资料来源:中国人民银行网站(www. pbc. gov. cn)。

图 1—3　2012 年与 2011 年各月相比同期贷款总量增长情况

1.1.2　2012 年银行信贷结构的变动

2012 年银行信贷结构的变化可以从信贷对象结构、期限结构及利率结构等方面进行分析。

(1)2012 年银行信贷对象结构的变动

信贷对象主要包括住户和非金融企业及其他部门。2012 年 1 月,住户贷款与非金融企业及其他部门贷款比约为 0.33：1,到 12 月,该比例变为 0.35：1,住户贷款占比有所增加(见图 1—4、图 1—5)。住户贷款又分为消费性贷款和经营性贷款。2012 年全年,消费性贷款、经营性贷款、非金融企业及其他贷款的增长率分别为 17.5%、20.4%、7.3%。

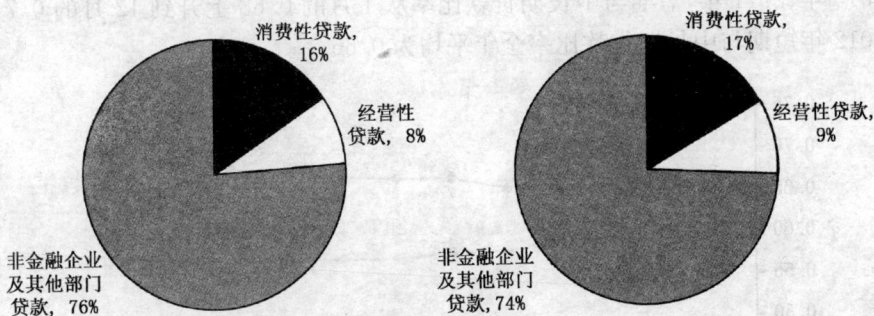

资料来源：根据中国人民银行网站统计资料整理。

图 1—4　2011 年贷款对象结构　　　图 1—5　2012 年贷款对象结构

2012 年末,主要金融机构及主要农村金融机构、城市信用社和外资银行人民币小微企业贷款余额为 11.58 万亿元,同比增长 16.6%[①],增速分别比同期大、中型企业贷款增速高 8% 和 1%。另外,工业和服务业中长期贷款增速减缓;"三农"贷款增速回落;房地产贷款增速回升,其中个人购房贷款、地产开发贷款增速继续回升;住户贷款增速回升。具体数据参见表 1—3。

表 1—3　　　　　　　　　　2012 年主要信贷对象结构变动

		余　额 (亿元)	新增贷款 (亿元)	同比多增 (亿元)	年末余额 同比增长	备　注
工业贷款		63 400	2 350	−2 605	3.8%	本外币、中长期
服务业		159 100	10 547	−1 772	7.1%	本外币、中长期
"三农" 贷款	农村贷款	145 400	23 900	1 489	19.7%	本外币
	农户贷款	36 200	4 999	−19	15.9%	本外币
	农业贷款	27 300	3 103	648	11.6%	本外币
房地产贷款		121 100	13 500	897	12.8%	人民币

资料来源：根据中国人民银行网站统计资料整理。

① 资料来源：中国人民银行发布的《2012 年金融机构贷款投向统计报告》。

由此可见,2012年,银行贷款对象结构有所改善,一方面,小微企业贷款增速高于各项贷款,另一方面,银行将更多的资金投入到农户贷款、农业贷款、住户贷款和房地产贷款中,而工业贷款和服务贷款的增长有所减缓。

(2)2012年银行信贷期限结构的变动

从期限结构上来看,2012年银行贷款虽仍以中长期贷款为主,但短期贷款占比明显上升(见图1—6)。2012年各月短期与中长期贷款比率均高于2010年、2011年,短期与中长期贷款比率从1月的0.63上升到12月的0.7,2012年短期与中长期贷款比率全年平均为0.66。

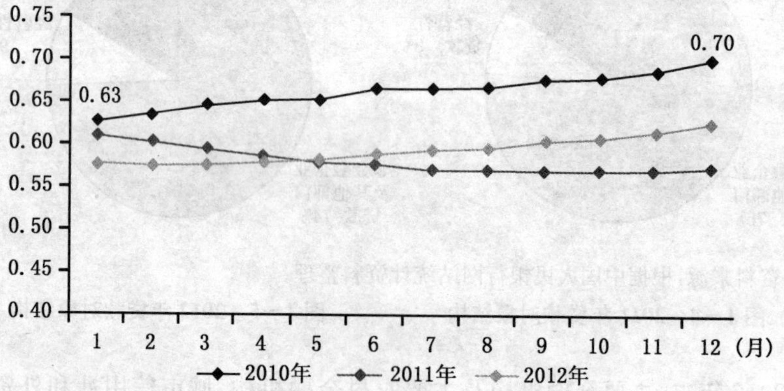

资料来源:Wind资讯。

图1—6 2010年、2011年、2012年短期贷款与中长期贷款信贷比例

从不同期限的贷款总量上来看,2012年新增短期贷款为4.2万亿元,新增中长期贷款2.52万亿元,而2011年新增短期贷款和中长期贷款分别为3.34万亿元和2.87万亿元。与2011年相比,2012年短期贷款的增速基本持平,中长期贷款的增速有所下降。2012年短期贷款的增速年底比年初增长了20.3%,明显高于中长期贷款7.7%的增速(见图1—7、图1—8)。

(3)2012年银行信贷利率结构的变动

2012年上半年,银行体系流动性总体充裕,贴现、债券筹资等市场化产品利率有所下行,带动金融机构贷款利率稳步下降。2012年6月8日和7月6日,中国人民银行分别两次下调了一年期人民币贷款基准利率,从6.56%下调至6%,并将金融机构贷款利率浮动区间的下限调整为基准利率的0.7倍。在基准利率影响下,金融机构贷款利率进一步下降,并于年末趋于稳定。12月份,贷款加权平均利率为6.78%,比年初下降1.23个百分点。2012年各项贷款的加权平均利率见表1—4。

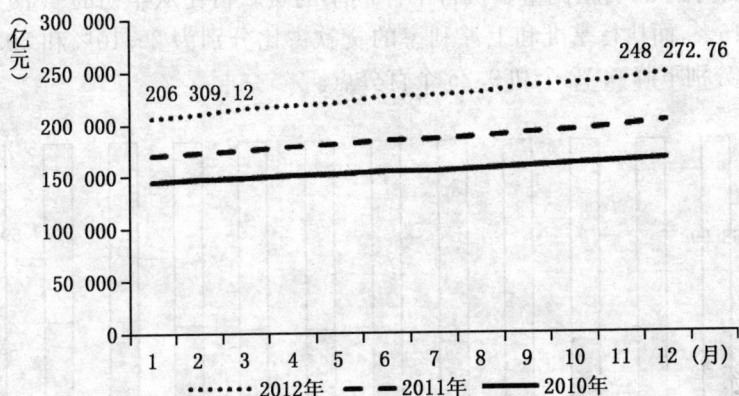

资料来源：Wind 资讯。

图 1—7 2010～2012 年各月短期贷款总额

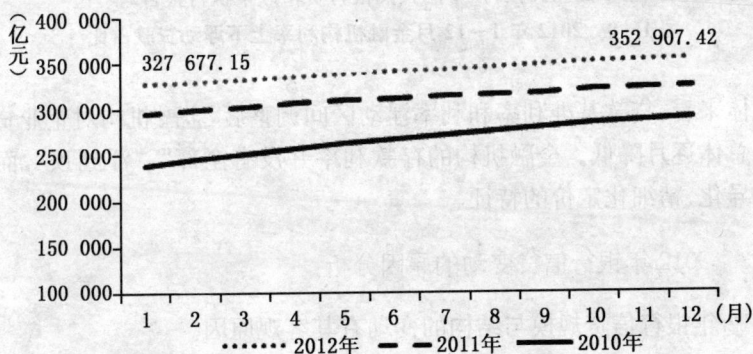

资料来源：Wind 资讯。

图 1—8 2010～2012 年各月中长期贷款总额

表 1—4 2012 年 12 月各项贷款加权平均利率

一般贷款		票据融资		个人住房贷款	
12 月	比年初下降	12 月	比年初下降	12 月	比年初下降
7.07%	0.73%	5.64%	3.42%	6.22%	1.4%

资料来源：根据中国人民银行《中国人民银行货币政策执行报告》整理。

2012 年央行的两次利率调整不仅使整体利率水平有所下降，而且贷款利率执行上下波动的幅度也有所变化，执行下浮利率的贷款有所增加，而执行上浮利率的贷款减少。图 1—9 给出了 2012 年 1～12 月执行基准利率及进行利率上浮或下浮的贷款比重。执行下浮利率的贷款占比从年初的 4.79% 上升至 14.16%，而执行基准和上浮利率的贷款占比分别为 26.10% 和 59.74%，比年初分别下降 0.12 个和 9.25 个百分点。

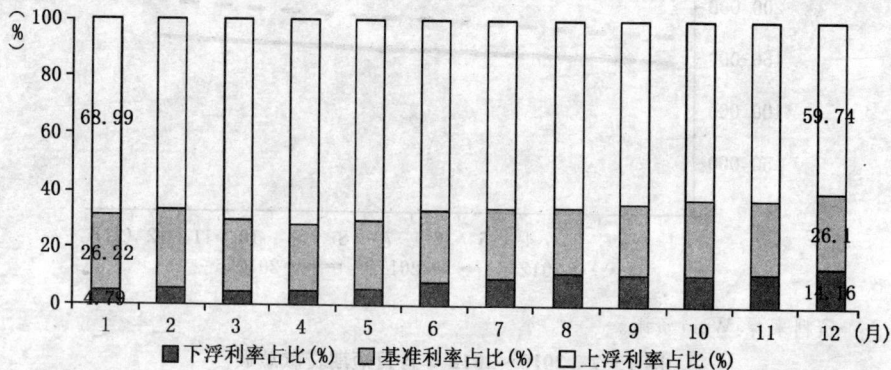

资料来源：根据中国人民银行《中国人民银行货币政策执行报告》整理。

图 1—9　2012 年 1~12 月金融机构利率上下浮动贷款占比

总体来看，贷款基准利率和利率浮动区间调整后，金融机构对企业贷款利率水平总体逐月降低。金融机构的存款利率并没有全部"一浮到顶"，而是体现出差异化、精细化定价的特征。

1.1.3　2012 年银行信贷变动的原因分析

2012 年银行信贷规模与结构的变动有其客观原因。

(1)宏观经济环境与国家宏观经济政策的调整

2012 年，全球经济增长乏力，增长进一步放缓，发达经济体增长缓慢。根据国际货币基金组织发布的数据，2012 年，世界经济增长进一步放缓至 3.2%，比 2011 年下降 0.7 个百分点。欧债危机仍在持续，主要发达国家财政金融问题相互交织，相关结构性问题短期内难以解决，前景仍充满不确定性。在财政空间受限的情况下，为拉动经济增长，主要发达国家纷纷采取超宽松货币政策，国际金融市场持续动荡，国际经济金融形势仍然复杂严峻。

2012 年上半年，国内经济下行压力增大，我国 GDP 同比增速和价格指数 CPI、PPI 都呈现下滑趋势(见图 1—10、图 1—11)。面对复杂的国内外经济形势，我国宏观经济政策明确稳中求进的发展策略，继续实施积极的财政政策和稳健的货币政策，保持宏观经济政策的连续性和稳定性。中央果断出台一系列稳增长宏观政策措施，两次下调一年期存贷款基准利率和存款准备金率，并进行积极的公开市场操作等,使经济运行中的积极因素得到强化,宏观经济逐渐企稳,全年国内经济运行总体平稳。

2012 年中国经济发展总体呈现稳中有进的良好态势(见图 1－10、图 1－11、图 1－12)。全年实现国内生产总值(GDP)51.9 万亿元,同比增长 7.8%;居民消费价格(CPI)同比上涨 2.6%,经常项目总顺差 2 138 亿美元,同比增长 6%,占 GDP 的比重降至 2.6%。

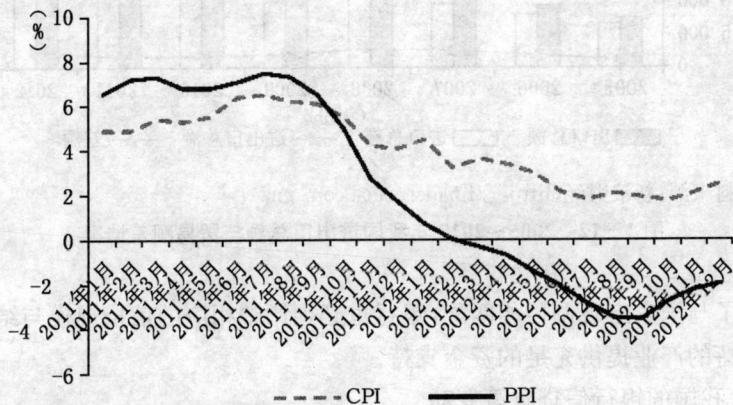

资料来源:新浪财经(http://finance.sina.com.cn/)。

图 1－10　2011～2012 年我国 CPI 和 PPI 走势

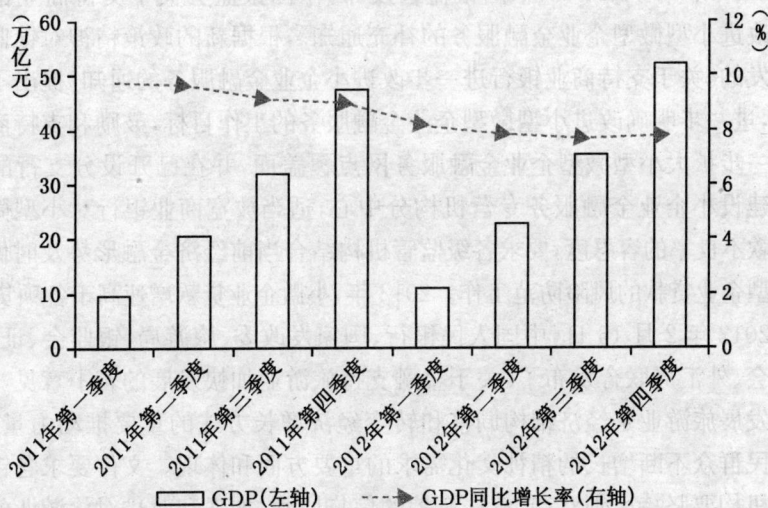

资料来源:新浪财经(http://finance.sina.com.cn/)。

图 1－11　2011～2012 年我国国内生产总值(GDP)及其增幅

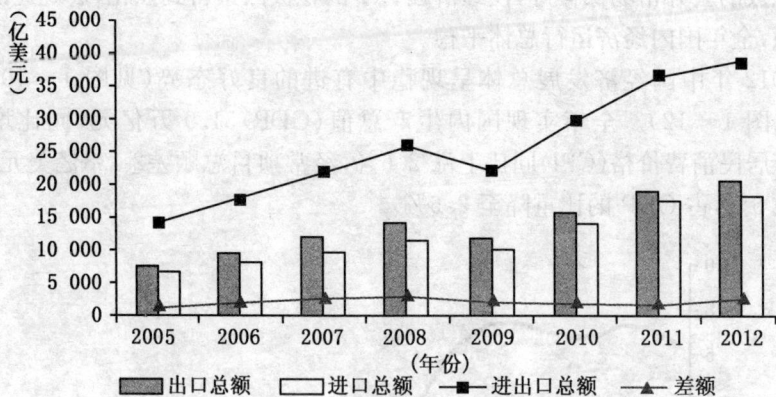

资料来源：新浪财经(http://finance.sina.com.cn/)。

图1—12　2005～2012年我国进出口总额与贸易顺差情况

为了与国家宏观调控相匹配，银行也必须调整相应的信贷规模与结构，为国家扶持的产业提供充足的资金支持。

（2）我国的银行信贷政策变动

为了配合国家宏观调控，2012年的银行信贷政策也进行了相应的调整，这是导致2012年银行信贷变动的重要原因。

2011年10月24日，中国银监会发布《中国银监会关于支持商业银行进一步改进小型微型企业金融服务的补充通知》，根据新的政策精神对银监会此前印发的《关于支持商业银行进一步改进小企业金融服务的通知》提出了补充要求，进一步明确改进小型微型企业金融服务的工作目标，鼓励和支持商业银行进一步扩大小型微型企业金融服务网点覆盖面，并在已开设分支行的地区加快建设小企业金融服务专营机构分中心，适当放宽商业银行对小型微型企业贷款不良率的容忍度，要求各级监管机构结合当前经济金融形势及时做好小型微型企业贷款的风险防范工作。2012年，小微企业贷款增速高于各项贷款。

2012年2月16日，中国人民银行、国家发改委、旅游局、银监会、证监会、保监会、外汇局联合发布了《关于金融支持旅游业加快发展的若干意见》，指出加快发展旅游业是经济结构调整和转变经济增长方式的重要推动力量，是满足人民群众不断增长的精神文化需求的重要方面和体现。文件要求各银行业金融机构要坚持区别对待、有扶有控的信贷原则，加强和改进对旅游业的信贷管理和服务。金融部门要高度重视，合理调配金融资源，创新金融工具和产品，抓住旅游业加快发展的战略机遇期，支持和推进旅游业科学发展和转型升级。

2012 年 2 月 29 日，中国人民银行、国家发改委、财政部、水利部、银监会、证监会、保监会联合发布了《关于进一步做好水利改革发展金融服务的意见》，指出水利是现代农业建设不可或缺的首要条件，金融部门要把水利作为国家基础设施建设的优先领域，把农田水利作为农村基础建设的重点任务。文件要求各涉农金融机构要在风险可控的前提下，全面加强和提升对水利改革发展的信贷支持和服务，积极发挥政策性金融机构作用，加大对战略性、基础性、公益性水利建设项目的支持力度，支持大型商业银行在财务可持续的前提下，改进对水利改革发展的金融支持。这也是 2012 年银行将更多的资金投入到农户贷款、农业贷款的原因。

1.1.4　2013 年银行信贷政策展望

2012 年 12 月 16 日闭幕的中央经济工作会议提出：2013 年要继续把握好稳中求进的工作总基调，继续实施积极的财政政策和稳健的货币政策。重点任务是加强和改善宏观调控，促进经济持续健康发展，夯实农业基础，保障农产品供给，加快调整产业结构，提高产业整体素质，全面深化经济体制改革，坚定不移扩大开放，加强民生保障，提高人民生活水平，积极稳妥推进城镇化，着力提高城镇化质量。要保证宏观经济政策的顺利实施，对应的银行信贷政策肯定会发生调整，以协调实现宏观调控。根据《2013 年第一季度金融统计数据报告》，人民币贷款余额为 65.76 万亿元，同比增长 14.9%，比上月末和上年末均低 0.1 个百分点。第一季度人民币贷款增加 2.76 万亿元，同比多增 2 949 亿元。[①]

2013 年信贷调控将综合运用数量、价格等多种货币政策工具组合，健全宏观审慎政策框架，保持合理的市场流动性，引导货币信贷及社会融资规模平稳适度增长；着力优化信贷资源配置，加强存量信贷资产的结构调整，继续支持经济结构调整，更好地服务实体经济发展；继续引导金融机构加大对国家重点在建续建项目、"三农"、小微企业、现代服务业、新兴产业等的信贷支持。

2013 年，新一届政府上任将催生新的投资计划，综合考虑经济增长小幅回升、物价可能进入新的上行周期且输入型通胀压力不容忽视等因素，货币政策仍会维持稳健基调，不会进一步放松但也不会很快收紧。在此环境下，银行将保持一定的信贷供应能力，但信贷投放规模不会出现明显放大。

---

① 资料来源：新华网（http://news.xinhuanet.com/）。

1.2 2012年中国货币政策与金融监管回顾与展望

1.2.1 2012年中国货币政策运行分析

（1）存款准备金政策

2012年,在国内经济增长放缓(见图1－11)、物价涨幅有所回落(见图1－10)的同时,市场流动性和外汇占款等因素也发生变化,随着基础货币连年递增,货币乘数却在下降(见图1－13),同时狭义货币M1和广义货币M2均处于较低的历史水平,尤其是流动性强的货币M1的增长率仅为6.5%(见图1－14),在一定程度上反映出市场流动性趋紧,但银行金融机构超额储备金率趋高,由2011年的2.3%上升到2012年的3.3%,说明银行流动性并没有释放出来,实体经济"缺血",流动性趋紧。央行前瞻性地加强预调微调,两次下调存款准备金率各0.5个百分点(见表1－5)。两次下调存款准备金率的做法分别向市场一次性投放约4 000亿元资金。

央行发挥差别准备金动态调整机制的逆周期调节作用,促进货币信贷合理适度增长。自2010年国务院批准深化农业银行股份制改革方案,明确在四川等8个省(区)首批开展深化"三农金融事业部"改革试点后,2012年,中国人民银行将差别化存款准备金率政策的覆盖范围由原来的8个省(区)增至12个省(区),并对考核达标的565家"三农金融事业部"于3月25日起执行优惠的存款准备

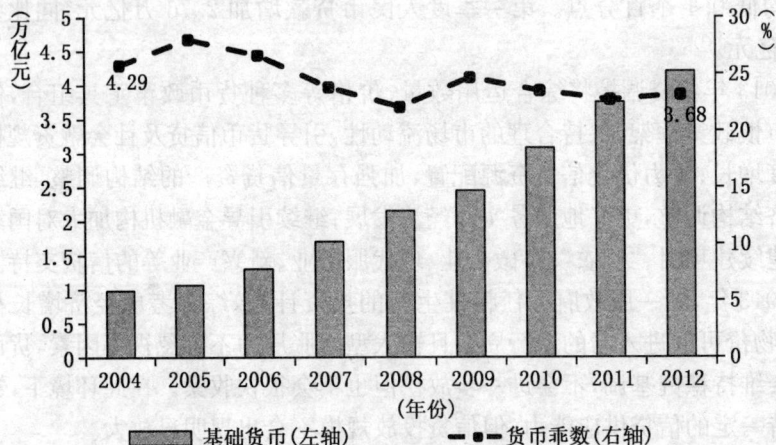

资料来源:根据中国人民银行网站统计资料整理。

图1－13　2004～2012年我国基础货币和货币乘数变动情况

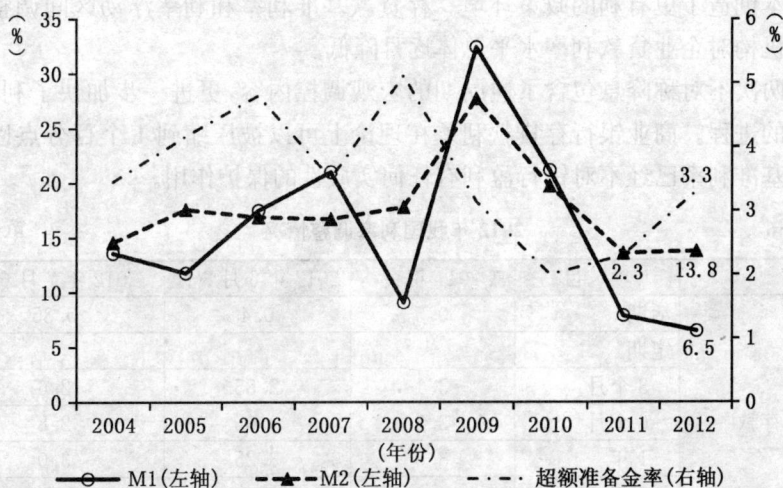

资料来源：根据中国人民银行网站统计资料整理。

图 1—14　2004～2012 年我国 M1、M2 和超额准备金率变动情况

表 1—5　　　　　　　　　　2012 年存款准备金率调整　　　　　单位：%

次数	调整时间	金融机构	调整前	调整后	调整幅度
1	2012 年 2 月 24 日	大型金融机构	21	20.5	－0.5
		中小金融机构	17.5	17	－0.5
2	2012 年 5 月 18 日	大型金融机构	20.5	20	－0.5
		中小金融机构	17	16.5	－0.5

资料来源：根据中国人民银行网站统计资料整理。

金率，预计可增加涉农信贷资金约 230 亿元，比上年上升 70 亿元。

（2）利率政策

2012 年央行在利率政策上也采取了一系列措施。一是根据流动性供给格局的变化，央行在 2012 年 6 月 8 日和 7 月 6 日两次下调金融机构人民币存贷款基准利率。金融机构一年期存款基准利率下调 0.5 个百分点，由 3.5％下调到 3％；一年期贷款基准利率下调 0.56 个百分点，由 6.56％下调到 6％；其他各档次存贷款基准利率及个人住房公积金存贷款利率也作了相应调整。二是利率市场化改革迈出较大步伐，进一步扩大人民币存贷款利率浮动的空间。金融机构人民币存款利率浮动区间的上限调整为基准利率的 1.1 倍，贷款利率浮动区间的下限调整为基准利率的 0.7 倍。

下调存贷款基准利率和调整利率浮动区间的政策，为进一步降低企业融

资成本创造了更有利的政策环境。存贷款基准利率和利率浮动区间调整后,金融机构对企业贷款利率水平总体逐月降低。

两次不对称降息包含了逆周期的宏观调控内容,更进一步加快了利率市场化的进程。商业银行存贷款利差在理论上可以被压缩到 1 个百分点以下,央行基准利率已经不对银行盈利有任何实质性的保护作用。

表 1—6 　　　　　　　　　2012 年我国利率调整情况　　　　　　　单位:%

项　目		2011 年底	2012 年 6 月 8 日	2012 年 7 月 6 日
存款	活期	0.5	0.4	0.35
	定期			
	3 个月	3.1	2.85	2.6
	6 个月	3.3	3.05	2.8
	1 年	3.5	3.25	3.0
	2 年	4.4	4.1	3.75
	3 年	5.0	4.65	4.25
贷款	短期贷款			
	6 个月以内	6.1	5.85	5.6
	6 个月~1 年 固定/流动	6.56	6.31	6.0
	中长期贷款			
	1~3 年	6.65	6.4	6.15
	3~5 年	6.9	6.65	6.4
	5 年以上	7.05	6.8	6.55

资料来源:根据中国人民银行网站统计资料整理。

(3)公开市场操作

2012 年,央行为保持流动性合理适度和市场利率平稳运行,灵活开展公开市场双向操作。中国人民银行网站统计资料显示,央行全年累计开展正回购操作9 440亿元,正回购到期规模累计10 990亿元,通过正回购实现净投放1 550亿元;2012年公开市场共有7 850亿元央行票据到期,央行未发行新的票据;两项合计央行向银行间市场净投放资金9 400亿元。

此外,央行还在公开市场连续开展逆回购操作。自从 6 月下旬起央行逐步将逆回购操作纳入常态化操作以来,该项工具累计滚动投放60 380亿元,累计到期55 400亿元,净投放规模达到4 980亿元,已成为央行票据到期以外的主力货币投放手段。至此,2012年度央行公开市场操作总计实现净投放14 380亿元。

上述措施有利于引导资金价格下行,为进一步降低企业融资成本创造更

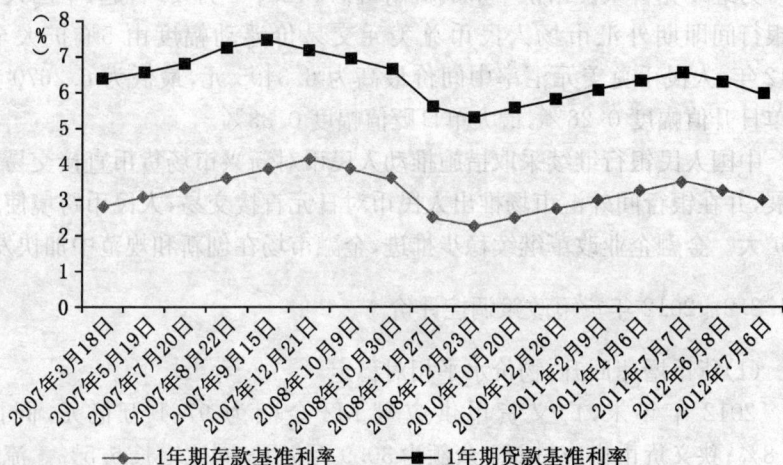

资料来源:根据中国人民银行网站统计资料整理。

图1—15 2007～2012年我国1年期存贷款利率调整情况

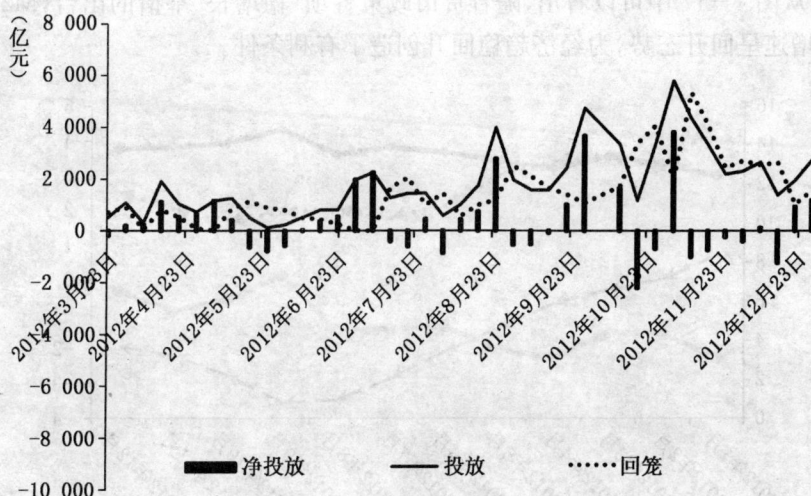

资料来源:Wind资讯。

图1—16 2012年央行公开市场操作情况

加有利的政策环境。金融机构自主定价空间进一步扩大,有利于促进其不断通过提高金融服务水平参与市场竞争。

(4)汇率政策

为继续完善人民币汇率形成机制,自 2012 年 4 月 16 日起,中国人民银行将银行间即期外汇市场人民币兑美元交易价浮动幅度由 5‰扩大至 1%。2012 年,人民币兑美元汇率中间价最高为 6.3495 元,最低为 6.2670 元。最大单日升值幅度 0.26%,最大单日贬值幅度 0.33%。

中国人民银行继续采取措施推动人民币对新兴市场货币直接交易市场的发展,并在银行间外汇市场推出人民币对日元直接交易,人民币跨境使用进一步扩大。金融企业改革继续稳步推进,金融市场在创新和规范中加快发展。

1.2.2 2012 年货币政策调控评价

(1)货币增速回升,物价水平相对稳定

2012 年年末,广义货币供应量 M2 余额为 97.4 万亿元,同比增长 13.8%;狭义货币供应量 M1 余额为 30.9 万亿元,同比增长 6.5%。流通中货币 M0 余额为 5.5 万亿元,同比增长 7.7%。CPI 指数在经历了 10 月份 1.7%的最低同比增速后,2012 年年末达到了 2.6%的同比增长水平,比上年低 2.8 个百分点。

从图 1—17 中可以看出,随着货币政策各项"稳增长"举措的出台,M2 和 M1 增速呈回升态势,为经济趋稳回升创造了有利条件。

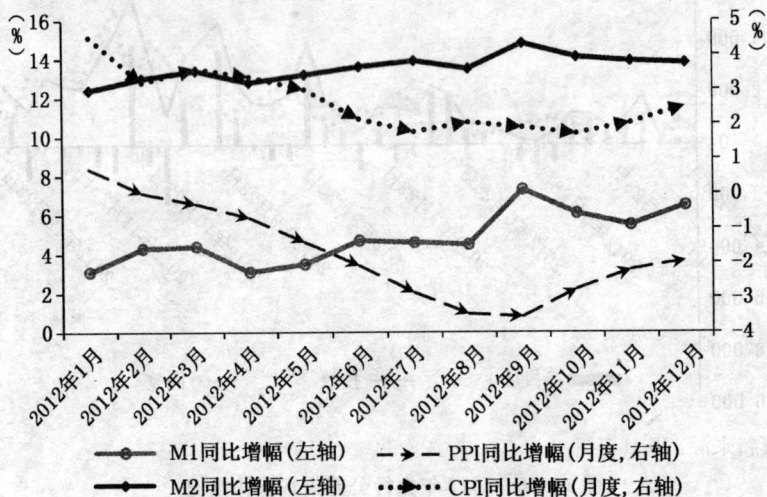

资料来源:中国人民银行网站,Wind 资讯。

图 1—17 2012 年货币供应与 CPI、PPI 同比增速

同时,图 1—17 右轴显示的物价形势相对稳定,但不确定因素也在增加。

从短期来看,物价可能受到供给冲击等的影响,而长期需注意总需求、产出缺口和经济的结构性变化。

(2)银行体系流动性合理适度

2012年,央行两次下调存款准备金率,通过乘数效应向市场投放了大量资金。年末,基础货币余额25.2万亿元,货币乘数3.86,比上年末高0.07。随着货币政策各项"稳增长"举措的逐步出台落实,M2和M1增速总体呈现回升态势,为支持经济趋稳回升提供了有利的货币环境,货币信贷增长符合预期(见图1—18、图1—19)。2012年年末,商业银行流动性比例和商业银行存贷款比例均保持较为平稳态势(见图1—20),分别为45.8%和65.3%,流动性比例较上季末上升0.6个百分点,同比上升2.67个百分点,存贷款比例上季末基本持平,同比上升0.5个百分点。金融机构超额备付金率为3.5%,比上年末高0.42个百分点,其中,农村信用社为8.2%,比上年末高0.9%。①

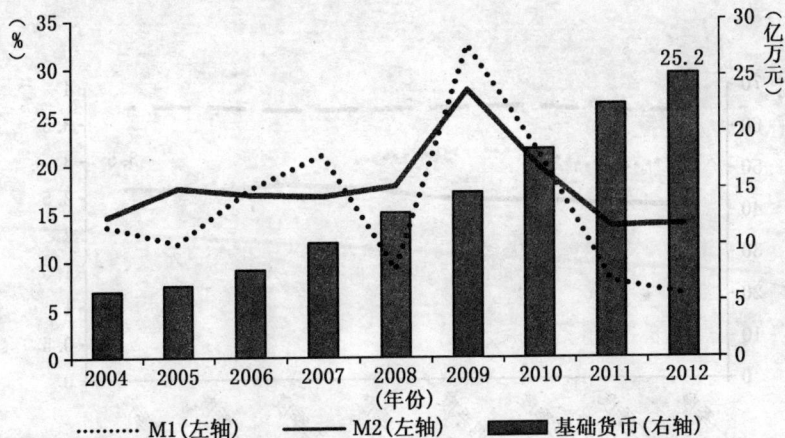

资料来源:中国人民银行货币政策报告,Wind资讯。

图1—18 2004~2012年我国基础货币与货币供应变动情况

1.2.3 2012年中国银行业监管回顾

2012年,面对复杂严峻的国际经济金融形势和国内经济下行的压力,中国银行业监管在加强重点领域风险监管的同时,积极推进国际金融监管新标杆——巴塞尔协议Ⅲ在中国的具体实施。

---

① 资料来源:根据银监会《中国银行业运行报告》整理。

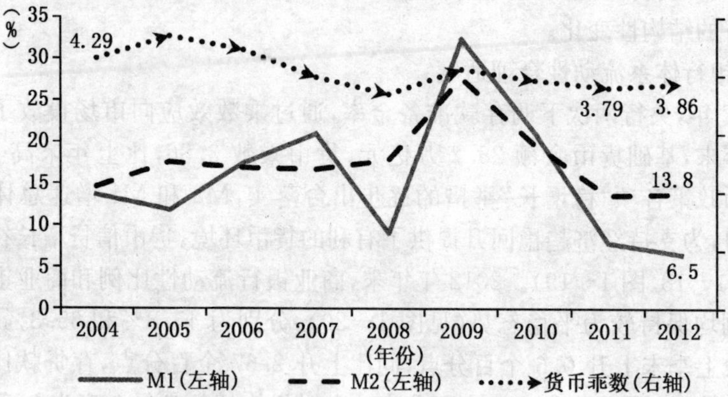

资料来源:中国人民银行货币政策报告,Wind 资讯。

图1—19　2004～2012年我国基础货币与货币供应变动情况

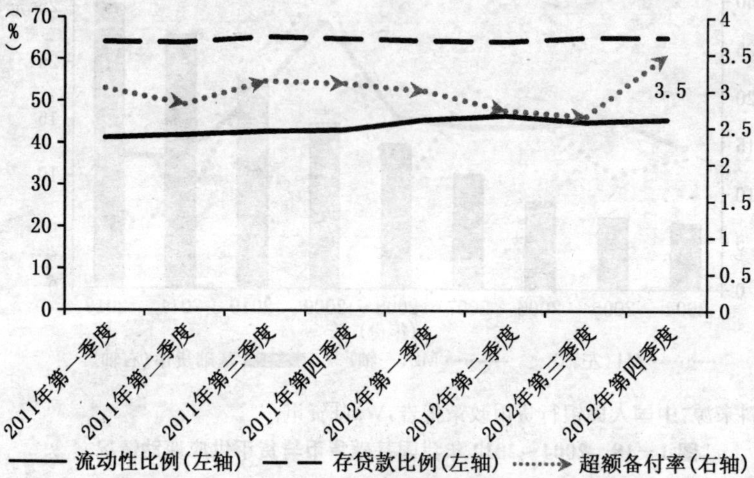

资料来源:根据银监会《中国银行业运行报告》整理。

图1—20　2011～2012年我国银行业流动性情况

(1)加强重点领域风险监管

2012 年,我国银行业继续推进地方政府融资平台贷款的清理规范,积极防范房地产贷款风险,加强市场风险监管和操作风险防控;在利率、汇率市场化不断推进的大背景下,银监会继续引导银行业金融机构加强对市场风险的管控,建立有效的风险管理政策与程序、重大风险应急机制、新产品和新业务的风险管理机制,进一步完善市场风险的识别、计量、监测和控制方法;此外,银行业还加强表外业务风险监管,充分披露信息,规范发展理财业务。

(2)稳步推进《商业银行资本管理办法(试行)》实施

自 2009 年以来,基于本轮金融危机的教训,巴塞尔委员会对现行银行监管国际规则进行了重大改革,发布了一系列国际银行业监管新标准,统称为"第三版巴塞尔协议"(巴塞尔协议Ⅲ)。巴塞尔协议Ⅲ体现了微观审慎监管与宏观审慎监管有机结合的监管新思维,按照资本监管和流动性监管并重、资本数量和质量同步提高、资本充足率与杠杆率并行、长期影响与短期效应统筹兼顾的总体要求,确立了国际银行业监管的新标杆。

2012 年 6 月 8 日,中国银监会正式发布《商业银行资本管理办法(试行)》(以下简称《资本办法》),定于 2013 年 1 月 1 日起实施,要求商业银行在 2018 年底前达到规定的资本充足率监管要求。为推动其平稳实施,中国银监会又于 2012 年 11 月发布《关于实施〈商业银行资本管理办法(试行)〉过渡期安排相关事项的通知》(以下简称《通知》),明确在过渡期内资本充足率监管的有关问题。

《资本办法》是在 2004 年《商业银行资本充足率管理办法》基础上,整合 2008~2010 年间银监会发布的 11 个新资本协议实施监管指引,全面引入巴塞尔新资本协议(巴塞尔协议Ⅱ)和第三版巴塞尔资本协议(巴塞尔协议Ⅲ)的资本监管最新要求后制定的。这既是我国响应国际新监管标准要求、履行国际义务的需要,也是推动我国银行业转变发展方式、提升应对内外部冲击能力、维护银行体系长期稳健运行的重大战略选择,标志着我国银行业进入了资本监管新时期。

①科学的监管体系。《资本办法》坚持国际标准与中国国情相结合,将巴塞尔协议Ⅱ和巴塞尔协议Ⅲ统筹推进,宏观审慎监管和微观审慎监管有机统一。全文共有 10 章、180 条以及 17 个附件,搭建起统一配套的资本充足率监管体系,严格明确了资本定义,扩大了资本覆盖风险范围,强调科学分类、差异监管,同时合理地安排了资本充足率达标过渡期。

②多层次的资本监管。《资本办法》不仅包括信用风险和市场风险,也将操作风险纳入资本监管框架;同时明确了资产证券化、场外衍生品等复杂交易性业务的资本监管规则,引导国内银行审慎开展金融创新。商业银行资本充足率的监管要求被分为四个层次:第一层次为最低资本要求,即核心一级资本充足率、一级资本充足率和资本充足率分别为 5%、6%和 8%;第二层次为储备资本要求和逆周期资本要求,分别为 2.5%和 0~2.5%;第三层次为系统重要性银行附加资本要求,为 1%;第四层次为根据单家银行风险状况提出的第

二支柱资本要求。《资本办法》实施后,我国大型银行和中小银行的资本充足率监管要求分别为 11.5% 和 10.5%,符合巴塞尔最低监管标准,并与国内现行监管要求保持一致。多层次的监管资本要求既符合巴塞尔协议Ⅲ确定的资本监管新要求,又增强了资本监管的审慎性和灵活性,确保资本充分覆盖国内银行面临的系统性风险和个体风险。

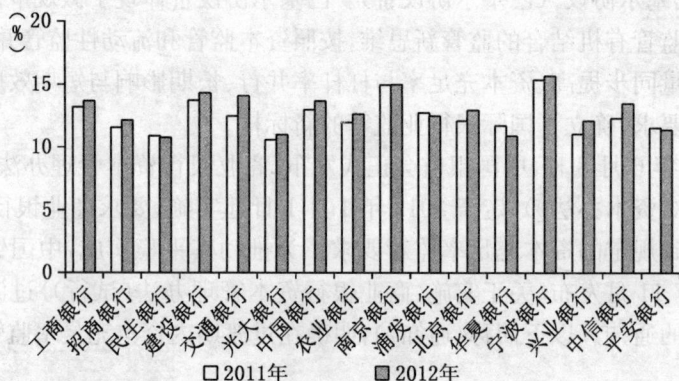

资料来源:Wind 资讯,16 家上市银行年报。

图1-21　2011~2012 年我国 16 家上市银行资本充足率

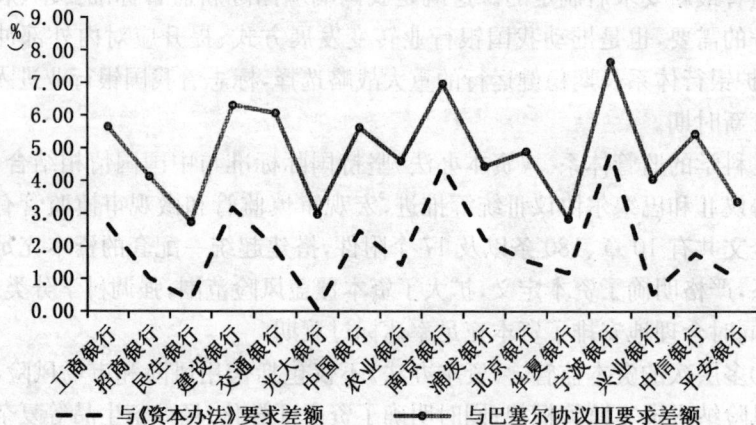

资料来源:Wind 资讯,16 家上市银行年报。

图1-22　2012 年我国 16 家上市银行资本充足率与国内、国际监管要求比较

从图 1-21 可见,2012 年我国 16 家上市银行资本充足率有 12 家较 2011 年有所提高,4 家基本持平。图 1-22 显示,2012 年 16 家上市银行资本充足

率都高于《资本办法》和巴塞尔协议Ⅲ的要求。

③符合国情的监管标准。《资本办法》在资本要求、资本定义、风险加权资产计量和全面风险治理等方面与国际新资本监管标准保持一致,同时也注重与我国银行业实际情况相结合:一是下调小微企业贷款和个人贷款的风险权重,引导商业银行扩大小微企业和个人贷款投放;二是针对国内银行贷款损失准备较高的情况,提高了实施内部评级法的商业银行超额贷款损失准备计入二级资本的上限;三是对银行不合格资本工具的退出给予10年过渡期,缓解资本补充压力。此外,根据我国国情,在国际最低标准的基础上,《资本办法》也适当提高了包括核心一级资本充足率在内的部分监管要求。

④合理过渡期的补充。为推动《资本办法》平稳实施,缓解过渡期内商业银行资本充足率达标压力,银监会发布《通知》,明确提出在过渡期内分年度资本充足率监管要求,并对储备资本要求(2.5%)设定6年的过渡期。《通知》对已达标银行和未达标银行提出差异化要求,未达标银行要在过渡期内达到分年度资本充足率监管要求并制订资本规划,稳步提高资本充足水平。《通知》还要求商业银行科学制订分年度资本充足率达标规划,由监管部门根据宏观经济金融形势和商业银行的具体情况进行灵活、审慎的监管。

《资本办法》的实施是一项系统工程,需要监管当局和商业银行共同努力。相关监管政策需加强与产业政策、财政政策、货币政策的协调配合,兼顾促进经济平稳较快发展、防范金融风险、实施国际规则的要求,营造良好的金融环境。商业银行需加快转变发展方式,合理调整资产结构,加强和改进资本管理,扩大内源性资本补充,积极探索通过发行优先股、创新二级资本工具或开拓境外发行市场等方式筹集资本,有效拓宽资本补充渠道。《资本办法》的成功实施,将有效推动我国商业银行稳健运行,优化系统性风险防范体系,进一步增强我国银行业的国际竞争力。

此外,2012年5月26日,中国银监会发布了《关于鼓励和引导民间资本进入银行业的实施意见》。该实施意见明确表态支持民营资本与其他资本按同等条件进入银行业。对于民营企业参与城市商业银行风险处置的,持股比例可以适当放宽到20%以上;对于民营企业参与村镇银行发展设立或增资扩股的,村镇银行主发起行的最低持股比例由20%降低为15%,而且当村镇银行进入可持续发展阶段后,持股比例还可以调整。这一政策有利于提高民营资本进入银行业的积极性,有利于推动银行业的市场化改革,有利于我国构建符合市场经济规律的健康有序的银行体系。

1.2.4 2013年货币政策与银行业监管展望

(1)2013年货币政策展望

展望未来,2013年中国经济持续增长的动力依然较强,推动内需增长的积极因素在增多,在宏观政策的协调配合下,有望继续保持平稳较快发展的基本态势。

2013年货币政策也会面临新的挑战,国内外经济发展存在诸多不确定因素。一方面,全球经济复苏步伐缓慢,主要经济体宽松货币政策的负面溢出效应加大;另一方面,中国经济发展还面临着复杂的国内外环境,经济企稳的基础还不够稳固,部分领域投资冲动持续较强与经济内生增长动力相对不足并存,结构不平衡问题仍比较突出,资源环境约束增强。物价对需求扩张仍比较敏感,需要特别关注预期变化可能对未来物价产生的影响。在经济转型发展阶段,金融宏观调控需要始终强调防范通胀风险。

因此,2013年中国货币政策将以提高经济增长质量和效益为中心,继续实施稳健的货币政策,保持政策的连续性和稳定性;处理好稳增长、调结构、控通胀、防风险的关系,加强政策协调配合,综合运用数量、价格等多种货币政策工具组合,健全宏观审慎政策框架,保持合理的市场流动性,引导货币信贷及社会融资规模平稳适度增长,以维持货币环境的稳定,着力改进对实体经济的金融服务,保持物价水平基本稳定。

在货币政策的运用中,应根据流动性供需形势,着力优化信贷资源配置,加大存量信贷资产的结构调整力度。同时,应引导市场利率平稳运行,稳步推进利率市场化改革和人民币汇率形成机制改革,提高金融体系配置效率,完善金融调控机制,加快培育市场基准利率体系,引导金融机构增强风险定价能力,用好利率浮动定价权合理定价。同时,应进一步提高中央银行市场利率调控水平,强化价格型传导和调控机制,促进经济金融协调发展。此外,2013年央行还需要进一步深化金融机构改革,坚持市场化取向,推动金融市场规范发展,有效防范系统性金融风险,保持金融体系稳定

(2)2013年银行业监管展望

当前我国银行业仍处于比较好的发展时期,我国经济社会发展基本面长期趋好,国内市场潜力巨大。但是,在外部冲击和内部转型的压力下,银行业面临的风险和困难逐渐增多,对风险管理和监管的要求日益提高。因此,把握好监管的重心才能够提高监管的效率,做到有的放矢。2013年,银行业监管的重心应倾向以下几方面:

①切实防范和化解金融风险。守住不发生系统性和区域性风险底线是首

要任务,应特别注意防控三类风险。

一是严防信用违约风险。对平台贷款风险,继续执行"总量控制、分类管理、区别对待、逐步化解"政策,控制总量、优化结构,支持符合条件的地方政府融资平台和国家重点在建续建项目的合理融资需求;对房地产贷款风险,要认真执行房地产调控政策,落实差别化房贷要求,加强名单制管理和压力测试;对企业集群风险,要加强监测,分门别类采取措施进行防范;对产能过剩行业风险,要坚持有保有压,确保风险可控。

二是严控表外业务关联风险。要严格监管理财产品设计、销售和资金投向,严禁未经授权销售产品,严禁销售私募股权基金产品,严禁误导消费者购买,实行固定收益和浮动收益理财产品分账经营、分类管理。

三是严管外部风险传染。重点防范民间融资和非法集资等外部风险向银行体系传染渗透;禁止银行业金融机构及员工参与民间融资,禁止银行客户转借贷款资金。

②引导银行业积极支持实体经济发展。正确引导信贷投向,重点加强对重点领域和薄弱环节的信贷支持,规范贷款资金使用,确保信贷资金投入到实体经济中。

第一,支持国家重点在建续建项目的合理信贷资金需求。

第二,进一步改进小微企业和"三农"金融服务,确保增速不低于当年贷款平均增速。

第三,积极支持产业升级、绿色环保和消费、外贸等重点领域,做好城镇化配套金融服务。

第四,推动金融资源适度向欠发达地区和"老少边穷"地区倾斜。

第五,督导银行业合理定价、规范收费,严格执行"七不准、四公开"规定,推动降低融资成本。

③深入推动银行业改革转型。主要注重以下五个方面:

第一,积极推进体制机制改革,提高银行业金融机构集约经营和服务水平;深入研究我国银行业"走出去"发展战略,优化海外布局;稳步推进农信社转制,鼓励农信社和农商行向乡村下沉服务网点;按照商业可持续和"贴近基层、贴近社区、贴近居民"原则,探索建立多种形式的便民服务网络,强化社区金融服务。

第二,以稳步实施新资本管理办法为契机,推动银行业金融机构完善公司治理、加强内部控制、改进 IT 和绩效考评,科学设定经营目标和考核指标,增强转型发展的内生动力;引导银行业金融机构适应利率市场化改革要求,优化存贷款品种、结构和质量,加强利差管理和中间业务成本管理,审慎开展综合化经营试点。

第三,督促银行业金融机构落实消费者权益保护要求,广泛开展金融消费者宣传教育和"送金融知识下乡"活动。

第四,鼓励审慎开展金融创新。鼓励银行业创新支持实体经济的金融产品,加快资本工具创新进程。

第五,探索创新民间资本进入银行业的方式,鼓励民间资本参与发起设立新型银行业金融机构和现有机构的重组改制。

参考文献

[1]2012年中国货币政策报告.中国人民银行网站.

[2]刘彬,孙兴春.我国金融监管的现状与对策分析[J].中国新技术新产品,2012(14).

[3]温春福.银行监管是金融改革的重中之重[J].科技资讯,2011(3).

[4]严丽娟.我国金融监管的现状及其未来发展趋势[J].金融领域,2010(35).

[5]中国银行业监督管理委员会.危机以来国际金融监管改革综述.中国银行业监督管理委员会网站.

[6]中国银行业监督管理委员会.中国银监会关于鼓励和引导民间资本进入银行业的实施意见.中国银行业监督管理委员会网站.

[7]中国银行业监督管理委员会.中国银行业监督管理委员会令2012年第1号.中国银行业监督管理委员会网站.

[8]中国银行业监督管理委员会.中国银行业运行报告(2012年度).中国银行业监督管理委员会网站.

2 2012 年中国保险业发展回眸与前景展望

钟明　张康　刘绥豫

2.1　中国保险业整体运行情况

2012 年是"十二五"规划承上启下的一年。在欧债危机动荡、全球金融危机余波尚存的国际经济环境下,中国经济受粗放型经济发展模式的制约,增速进一步下降,资本市场疲软。中国保险业在这样严峻的经济形势下,虽然面临着巨大的挑战,但依然实现了稳步发展,改革开放顺利推进,市场体系建设取得了成效。

2.1.1　保险业整体平稳发展,财产保险增速继续放缓,人身保险有所回暖

2012 年中国保险业保持了平稳发展的态势,全行业共实现原保险保费收入 15 487.93 亿元,较 2011 年的 14 339.25 亿元增长了 8.01%。其中,财产保险的原保险保费收入 5 330.93 亿元,较 2011 年的 4 617.82 亿元增长了 15.44%,但增速降低了 3 个百分点;人身保险的原保险保费收入 10 157 亿元,较 2011 年的 9 721.43 亿元增长了 4.48%。截至 2012 年年末,全国养老保险公司企业年金受托管理资产 2 009.01 亿元,较 2011 年的 1 378.18 亿元增加了 630.83 亿元;全国养老保险公司企业年金投资管理资产 1 711.16 亿元,较

2011年的1 324.7亿元增加了386.46亿元。表2—1反映了2012年1～12月全国各月原保险保费收入及增长情况。

表2—1　　　　　2012年1～12月全国各月原保险保费收入及增长情况　　　单位:万元,%

月份	原保险保费收入	同比增长	财产保险	同比增长	人身保险	同比增长
1	18 917 623.69	10.19	4 946 729.23	3.73	13 970 894.45	12.67
2	13 871 000.4	1.56	3 236 273.72	37.53	10 634 726.69	−5.93
3	15 559 516.7	1.40	4 821 971.86	14.61	10 737 544.85	−3.59
4	10 872 542.62	−0.33	4 448 867.52	9.55	6 423 675.09	−6.19
5	11 562 306.46	9.12	4 447 810.42	19.36	7 114 496.04	3.56
6	14 541 650.44	12.82	5 093 209.01	13.72	9 448 441.44	12.34
7	10 541 112.55	5.56	4 240 190.08	15.55	6 300 922.46	−0.24
8	11 406 633.87	12.35	4 120 912.82	15.92	7 285 721.04	10.42
9	13 487 622.79	13.96	4 561 938.90	16.08	8 925 683.89	12.91
10	10 382 851.67	7.07	3 759 169.55	17.22	6 623 682.13	2.06
11	11 302 562.68	9.32	4 372 910.88	17.04	6 929 651.79	4.95
12	12 433 874.22	14.95	5 259 289.48	17.27	7 174 584.75	13.32

资料来源:中国保险监督管理委员会。

2.1.2　市场集中度持续高位,区域发展水平仍存差距

从保险公司的市场份额来看,2012年中国保险业的市场集中度仍然较高。财产保险市场份额排名前五位的公司依次是:人保股份、平安产险、太保产险、中华联合和国寿产险。2012年中资财险公司的市场份额为98.79%,比2011年降低了0.12个百分点,但仍占据市场绝对主导地位。人身保险市场份额排名前五位的公司依次是国寿股份、平安寿险、新华人寿、太保寿险和人保寿险。2012年中资寿险公司市场份额为95.23%,较2011年降低了0.33个百分点,但同样占据市场主导地位。表2—2反映了2012年中国财产保险市场和人身保险市场排名前十位的中资保险公司和外资保险公司的保费收入情况及市场占比。

表 2-2　　　　　2012 年排名前十位的中资和外资保险公司保费收入情况

中资公司					
财产保险			人身保险		
公司名称	保费收入（万元）	占比（%）	公司名称	保费收入（万元）	占比（%）
人保股份	19 301 796.44	34.90	国寿股份	32 274 080.63	32.411
平安财产	9 878 620.39	17.864	平安寿	12 877 117.27	12.932
太保财产	6 955 028.23	12.577	新华	9 771 851.97	9.813
中华联合	2 455 580.68	4.441	太保寿	9 346 080.14	9.386
国寿财产	2 354 179.71	4.257	人保寿险	6 403 030.2	6.430
大地财产	1 790 222.28	3.237	泰康	6 157 763.88	6.184
阳光财产	1 465 958.45	2.651	太平人寿	3 645 549.83	3.661
出口信用	1 426 007.21	2.579	生命人寿	2 449 026.23	2.459
天安	812 691.22	1.470	阳光人寿	1 571 962.95	1.579
太平	776 814.67	1.405	中邮人寿	1 454 639.72	1.461
外资公司					
财产保险			人身保险		
公司名称	保费收入（万元）	占比（%）	公司名称	保费收入（万元）	占比（%）
美亚	110 282.59	0.199	友邦	869 115.23	0.873
利宝互助	71 556.61	0.129	工银安盛	475 070.87	0.477
安盟	70 640.82	0.128	中美联泰	466 161.91	0.468
安联	57 540.56	0.104	中意	431 388.23	0.433
三星	51 487.73	0.093	信诚	362 360.38	0.364
东京海上	47 159.85	0.085	中英人寿	360 104.56	0.362
三井住友	45 971.79	0.083	华泰人寿	285 686.34	0.287
苏黎世	34 676.57	0.063	中宏人寿	273 195.63	0.274
日本财产	29 455.86	0.053	招商信诺	242 153.71	0.243
国泰财产	26 257.48	0.047	中荷人寿	175 573.36	0.176

资料来源：中国保险监督管理委员会。

　　从保险市场的区域发展来看，全国东部、中部和西部的发展水平依然存在差距，东部继续保持保险市场主力军的地位，市场格局没有发生显著变化。2012 年稳居市场份额前三甲的省区依然是江苏、广东和山东，但与 2011 年相比，江苏的排名上升至第一位，广东屈居第二位。

2012年,全国东部地区16个省市(广东、江苏、山东、北京、上海、天津、浙江、河北、辽宁、福建、海南、深圳、宁波、大连、青岛、厦门)共实现原保险保费收入8 955.06亿元,占全国原保险保费收入的57.82%,较2011年提高了0.47个百分点。其中,财产保险实现原保险保费收入3 113.40亿元,占全国财产保险原保险保费收入的58.4%,较2011年下降了0.74个百分点;人身保险原保险保费收入5 841.67亿元,占全国人身保险原保险保费收入的57.51%,较2011年上升了1.39个百分点。

2012年,全国中部地区8个省(山西、安徽、江西、河南、湖南、湖北、黑龙江、吉林)共实现原保险保费收入3 526.23亿元,占全国原保险保费收入的22.77%,较2011年降低了0.77个百分点。其中,财产保险实现原保险保费收入1 047.69亿元,占全国财产保险原保险保费收入的19.65%,较2011年上升了0.25个百分点;人身保险实现原保险保费收入2 478.54亿元,占全国人身保险原保险保费收入的24.40%,较2011年下降了0.29个百分点。

2012年,全国西部地区12个省、自治区、直辖市(重庆、四川、贵州、云南、西藏、陕西、甘肃、青海、宁夏、新疆、内蒙古和广西)共实现原保险保费收入2 922.36亿元,占全国原保险保费收入的18.87%,较2011年上升了0.15个百分点。其中,财产保险实现原保险保费收入1 087.28亿元,占全国财产保险原保险保费收入的20.40%,较2011年上升了0.08个百分点;人身保险实现原保险保费收入1 835.08亿元,占全国人身保险原保险保费收入的18.07%,较2011年上升了0.38个百分点。表2—3反映了2012年全国31个省、自治区、直辖市原保险保费收入及结构情况。

表2—3　　2012年全国各省、自治区、直辖市原保险保费收入及结构情况　单位:万元,%

地区	原保险	占比	财产保险	寿险	意外险	健康险
江苏	13 012 804.8	8.40	4 409 248.48	7 658 651.63	352 039.98	592 864.72
广东	12 908 561.91	8.33	4 167 961.45	7 595 106.96	331 759.54	813 733.96
山东	9 677 479.93	6.25	3 176 219.62	5 724 807.42	223 859.21	552 593.68
北京	9 230 871.31	5.96	2 670 227.95	5 542 688.11	217 389.57	800 565.68
河南	8 411 318.01	5.43	1 957 714.54	5 954 889.1	127 763.56	370 950.82
上海	8 206 368.07	5.30	2 563 782.44	4 824 489.29	243 300.77	574 795.57
浙江	8 198 769.77	5.29	3 582 222.09	4 012 467.42	231 185.94	372 894.32
四川	8 195 283.43	5.29	2 715 082.95	4 830 719	230 508.1	418 973.38
河北	7 661 582.99	4.95	2 586 542.5	4 590 158.98	143 020.53	341 860.97
湖北	5 333 105.59	3.44	1 352 533.08	3 572 885.76	130 706.06	276 980.69

地区	原保险	占比	财产保险	寿险	意外险	健康险
湖 南	4 651 142.74	3.00	1 449 599.49	2 835 608.63	120 477.63	245 456.99
安 徽	4 536 125.17	2.93	1 690 577.8	2 578 918.13	72 604.43	194 024.82
辽 宁	4 024 157.79	2.60	1 432 438.29	2 277 603.14	82 540.94	231 575.42
深 圳	4 012 657.05	2.59	1 545 093.32	2 112 359.48	107 143.77	248 060.48
福 建	3 847 788.42	2.48	1 337 720.07	2 114 499.86	112 730.97	282 837.52
山 西	3 846 491.09	2.48	1 277 868.41	2 341 088.92	65 532.07	162 001.69
陕 西	3 653 273.14	2.36	1 157 809.79	2 235 881.22	88 766.51	170 815.62
黑龙江	3 441 498.37	2.22	992 537.15	2 195 988.55	70 053.69	182 918.98
重 庆	3 310 267.03	2.14	952 042.97	2 069 964.34	116 318.1	171 941.61
江 西	2 717 188.84	1.75	974 947.29	1 552 419.81	64 572.64	125 249.1
云 南	2 712 984.03	1.75	1 235 389.37	1 162 438.05	108 437.61	206 719
内蒙古	2 477 437.2	1.60	1 198 369.52	1 094 517.78	58 578.7	125 971.2
广 西	2 382 587.13	1.54	922 535.48	1 242 501.24	82 199.96	135 350.45
天 津	2 381 571.5	1.54	907 859.48	1 269 828.31	55 773.75	148 109.96
新 疆	2 355 603.68	1.52	936 810.09	1 136 768.86	90 174.05	191 850.67
吉 林	2 325 407.21	1.50	781 122.62	1 382 347.92	39 744.03	122 192.63
宁 波	1 647 056.24	1.06	862 293.97	692 512.92	40 161.07	52 088.28
大 连	1 606 199.48	1.04	576 564.05	900 489.99	36 060.67	93 084.77
青 岛	1 602 880.55	1.03	649 315.02	814 623.24	36 777.48	102 164.81
甘 肃	1 587 674.91	1.03	559 390.89	908 418.59	37 299.72	82 565.71
贵 州	1 502 155.49	0.97	703 928.83	683 547.11	54 463.76	60 215.79
厦 门	929 176.67	0.60	414 982.75	433 191.94	26 271.15	54 730.83
宁 夏	626 882.77	0.40	264 735.41	287 076.89	16 758.47	58 312
海 南	602 705.69	0.39	251 494.05	307 554.52	16 065.91	27 591.21
青 海	324 007.53	0.21	161 507.74	132 042.14	10 569.47	19 888.17
西 藏	95 372.34	0.06	65 154.73	9 794.34	12 659.29	7 763.98
集团、总公司本级	842 860.23	0.54	825 649.78	1 720.2	7 578.64	7 911.61
全国合计	154 879 298.1	100.00	53 309 273.47	89 080 569.76	3 861 847.73	8 627 607.13

资料来源:中国保险监督管理委员会。

2012年中国保险业发展回眸与前景展望

2.1.3 赔付额继续增长,保险经济补偿功能显现

2012 年,保险全行业原保险赔付和支出 4 716.32 亿元,较 2011 年的 3 929.37亿元增长了 20%。其中,财产保险原保险赔付和支出2 816.33亿元, 比 2011 年的 2 186.93 亿元增长了 28.78%;人身保险原保险赔付和支出 1 899.99亿元,较 2011 年的 1 742.44亿元增长了 9.04%。在人身保险中,人 寿保险原保险赔付和支出1 505.01亿元,比 2011 年增长了 15.69%;意外伤害 险赔付和支出 96.80 亿元,较 2011 年增长了 18.28%;健康险赔付和支出 298.17 亿元,较 2011 年降低了 17.1%。表 2—4 反映了 2012 年 1~12 月全 国各月原保险赔款与给付额及其结构情况。

表 2—4　　　2012 年 1~12 月全国各月原保险赔款与给付额及其结构情况　　单位:万元

月份	赔款与给付额	(1)财产保险	(2)人身保险	①寿险	②健康险	③意外险
1	3 453 928.94	1 714 885.64	1 739 043.3	1 454 020.09	217 777.9	67 245.31
2	3 571 951.99	1 685 599.58	1 886 352.41	1 583 802.2	237 248.65	65 301.56
3	4 693 827.49	2 325 618.97	2 368 208.52	2 001 589.53	274 677.92	91 941.07
4	3 513 802.4	1 977 299.13	1 536 503.27	1 252 861.42	218 161.72	65 480.13
5	3 680 312.47	2 287 823.12	1 392 489.35	1 067 745.2	249 901.83	74 842.32
6	3 714 064.36	2 208 505.3	1 505 559.05	1 207 791.6	225 402.67	72 364.78
7	3 596 582.62	2 318 388.54	1 278 194.1	923 012.84	272 970.39	82 210.87
8	3 810 741.28	2 470 681.27	1 340 060.01	991 092.32	260 687.17	88 280.52
9	3 892 464.85	2 512 864.44	1 379 600.4	1 058 537.3	232 367.14	88 695.76
10	3 373 592.93	2 177 695.87	1 195 897.07	924 498.35	204 030.43	67 368.29
11	4 851 157.4	2 989 472.47	1 861 684.93	1 508 687.81	261 026.12	91 971.00
12	5 010 757.87	3 494 482.05	1 516 275.82	1 076 505.22	327 455.51	112 315.09

资料来源:中国保险监督管理委员会。

2012 年,在北京"7·21"暴雨、"海葵"台风、"布拉万"台风等重大灾害事 故中,保险业较好地履行了赔付责任,保险经济补偿功能显现。"7·21"暴雨 期间,在京保险公司共接到因强降雨造成损失的各类报案4.7 万件,估损金额 约 10 亿元。数家保险公司在赔付之后,又纷纷解囊捐款数百万元,支援北京 灾后重建。2012 年的两场大暴雨,造成北京、天津、上海等地经济损失超过 600 亿元,保险赔付 20 多亿元。台风"海葵"后,浙江、上海、江苏、安徽等受灾 地区共接到保险报案45 681起,估损金额增至 14.6 亿元。

2.1.4 保险行业资产持续快速增长,投资收益水平继续下行

2012年中国保险行业总资产继续保持快速增长的势头。截至2012年年底,全行业总资产为73 545.73亿元,较2011年的60 138.1亿元增长了22.29%;资金运用余额为68 425.82亿元,占行业总资产的93.2%。其中,银行存款23 446亿元,占34.26%;各类债券30 566亿元,占44.67%;股票和基金8 080亿元,占11.81%;长期股权投资2 151亿元,占3.14%;投资性不动产362亿元,占0.53%;基础设施债权投资计划3 240亿元,占4.74%。2012年,全行业共实现投资收益2 085.09亿元,投资收益率为3.39%,较2011年降低了0.21个百分点,为近年来的次低点,仅次于2008年的1.91%。表2—5反映了2012年1~12月全行业累计资产总额、资金运用结构以及增长情况。

表2—5　2012年1~12月保险行业累计资产总额和资金运用结构情况

单位:万元,%

月份	银行存款	同比增长	投资	同比增长	资产总额	同比增长
1	171 392 236.28	25.94	382 269 137.27	14.36	603 163 752.37	18.71
2	185 722 642.68	27.21	384 862 501.65	14.30	619 349 519.45	18.93
3	206 984 823.51	27.32	381 839 223.50	12.64	636 786 170.04	17.78
4	193 498 700.77	26.73	389 844 319.29	13.90	632 770 279.74	18.59
5	198 961 330.09	28.19	395 187 832.21	15.64	643 676 990.06	19.99
6	225 778 045.09	27.86	392 262 057.79	14.05	677 602 308.91	17.91
7	205 109 667.34	28.34	404 662 909.38	13.26	660 870 251.48	17.86
8	206 981 792.79	27.97	405 384 920.62	13.09	664 003 524.78	17.65
9	219 792 585.50	27.91	418 047 674.27	18.00	689 994 600.65	20.51
10	209 385 904.27	24.43	422 254 794.04	14.59	683 367 505.58	17.40
11	212 491 105.41	27.47	427 521 597.52	14.81	692 163 550.32	18.40
12	234 460 040.26	32.19	450 965 776.16	19.50	735 457 303.92	22.29

资料来源:中国保险监督管理委员会。

2012年受国际金融环境波动和国内资本市场持续疲软的影响,中国保险行业的资金运用收益率较低,资产负债匹配不科学。面对保险资金运用收益率低迷、资产负债错配的状况,自2012年下半年开始,中国保监会陆续出台了一系列保险资金运用的新政策,进一步拓宽保险资金运用的渠道,新增投资品种,放宽投资比例,开放投资市场,支持行业创新。这些政策的开放顺应了市场化改革的需求,有利于改善资产配置,提高行业的整体收益。

2.2 2012年中国财产保险市场

2.2.1 财产保险市场保持较快发展态势

2012年,中国财产保险市场继续保持较快增长的态势,全行业共实现原保险保费收入5 330.93亿元,同比增长15.44%,较2011年的增速有所回落,下降了3个百分点。财产保险业增长速度回落与车险业务的增速趋缓密切相关。2011年车险业务增速下降的主要原因有二:一是受GDP增速持续放缓的影响,新车销量疲软;二是受钓鱼岛局势影响,一月份日系车销量大幅缩减。图2-1反映了2012年1~12月全国各月财产保险原保险保费收入与2011年同期数据的对比情况。

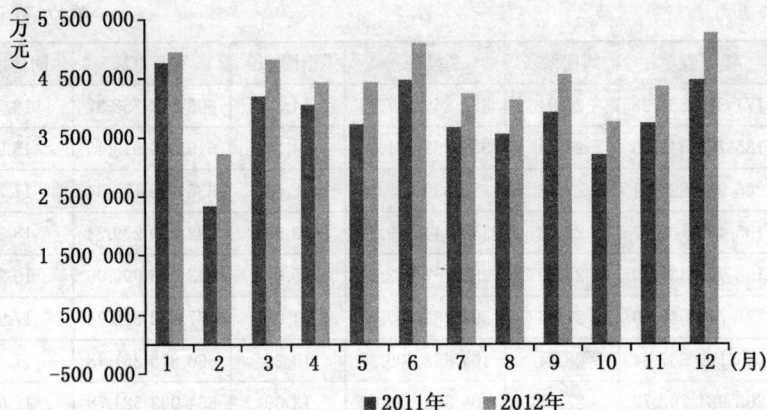

资料来源:中国保险监督管理委员会。

图2-1 2011~2012年全国各月财产保险原保险保费收入对比

2012年,中国财产保险市场只有华信财险、诚泰财险和鑫安汽车保险3家新公司成立,与2011年6家新公司相比,行业格局变化不大,但受宏观经济环境和微观监管环境的影响,财产保险业的发展速度有所回落。

2012年中国财产保险市场的一大特点是一系列政策性保险获得了突破性进展:第一,《农业保险条例》正式颁布;第二,环境污染强制责任保险试点工作全面推进;第三,汇金注资中国出口信用保险公司200亿元,完善其政策性职能,扩大出口信用保险的覆盖面,为促进出口市场多元化和外贸发展方式转变服务。2012年,出口信用保险公司实现保费收入142.6亿元,同比增长

39.3%,承保企业 3.5 万家,提供风险保障2 936.5亿美元,为国家稳定外需作出了贡献,并成为发展速度最快的财产保险公司之一。

2.2.2 《农业保险条例》颁布,政策性农业保险制度初步建立

2012 年 11 月,国务院颁布了《农业保险条例》(以下简称《条例》),并于2013 年 3 月 1 日起施行。《条例》的颁布填补了我国农业保险法律制度的空白,明确了农业保险政策性的法律地位,对规范农业保险活动、保护农业保险活动当事人的合法权益、提高农业生产抗风险能力、促进农业保险事业健康发展具有重要的意义。农业保险实行政府引导、市场运作、自主自愿和协同推进的原则。

《条例》对农业保险的政策性支持作了明确规定:一是国家支持发展多种形式的农业保险,健全政策性农业保险制度;二是对符合规定的农业保险由国务院财政部门给予保险费补贴,并建立国务院财政部门支持的农业保险大灾风险分散机制;三是鼓励地方人民政府采取由地方财政给予保险费补贴等措施,支持发展农业保险,并建立地方财政支持的农业保险大灾风险分散机制;四是保险公司经营农业保险业务依法享受税收优惠,鼓励金融机构加大对投保农业保险的农民和农业生产经营组织的信贷支持力度。

为强化对参保农民利益的保护,《条例》对农业保险合同作了具体规定:第一,不得强制或者限制农民或者农业生产经营组织参加农业保险;第二,为保持农业保险合同的稳定性,农业保险合同当事人在合同有效期内,不得因保险标的危险程度发生变化而增加保险费或者解除保险合同;第三,为保障受灾农户及时足额得到保险赔偿,保险机构接到发生保险事故的通知后,应当及时进行现场查勘,会同被保险人核定保险标的受损情况,并在与被保险人达成赔偿协议后 10 日内,将应赔偿的保险金支付给被保险人,保险机构应当按照合同约定,根据保险标的损失程度足额支付应赔偿的保险金,任何单位和个人不得非法干预保险机构履行赔偿保险金的义务,不得限制被保险人取得保险金的权利;第四,为保证定损和理赔结果的公开、公平、公正,农业生产组织或者村民委员会等单位组织农民投保的,保险机构应当将查勘定损的结果和理赔结果予以公示。

为确保农业保险依法合规经营,防范农业保险经营风险,真正发挥支农惠农作用,《条例》对农业保险的经营规则作了如下规定:第一,保险机构经营农业保险业务,应当符合法定条件,并经国务院保险监督管理机构依法批准。第二,保险机构经营农业保险业务,实行自主经营、自负盈亏,并应当与其他保险业务分开管理,单独核算损益。第三,保险机构应当公平、合理地拟订农业保

险条款和保险费率,属于财政给予保险费补贴的险种的保险条款和保险费率,保险机构应当在充分听取省、自治区、直辖市人民政府财政、农业、林业部门和农民代表意见的基础上拟订。农业保险条款和保险费率应当依法报保险监督管理机构审批或者备案。第四,为切实保证财政给予的保险费补贴依法使用,禁止以虚构或者虚增保险标的、虚假理赔、虚列费用等任何方式骗取财政给予的保险费补贴。第五,不得挪用、截留、侵占保险机构应当赔偿给被保险人的保险金。第六,保险机构应当有完善的农业保险内控制度,有稳健的农业再保险和大灾风险安排及风险应对预案,其偿付能力以及农业保险业务的准备金评估、偿付能力报告编制应符合国务院保险监督管理机构的规定。《条例》明确了若干违反条例的法律责任。

随着城镇化的深入推进,我国农业农村发展正在进入新的阶段,保障国家粮食安全和重要农产品有效供给的任务更加艰巨。《条例》的颁布顺应阶段变化,遵循发展规律,有助于落实国家强农惠农富农政策,发挥保险服务"三农"的功能作用,促进农业增产和农民增收。同时,国家加大农业保险政策支持力度,有利于农业保险覆盖面和渗透度的大幅提升,促进农业保险的快速健康发展。

2012年,全国各省市积极开展了一系列促进农业保险发展的工作。安徽省启用农险地理信息技术系统。该系统综合运用地理信息技术、全球定位技术和遥感技术,集数据采集、灾情监测、分析、预警、决策及指挥调度为一体,可实时动态监测气象、土壤墒情、病虫害等,提供防灾减灾服务。灾害发生后,可通过灾损评估模型推算、GPS、遥感、无人机航拍等手段及时查勘定损,提高查勘定损效率和准确性。湖南省出台了《关于加强全省农业保险基层服务体系建设的意见》。一是加强平台建设:要求在中心乡镇设立营销服务部,在周边乡镇设立农险服务站,村级设立农险服务点。二是加强队伍建设:开展农险的乡镇,应聘请一名保险专(兼)干,负责宣传发动、组织投保、受理报案和协助理赔等工作。开展农险的行政村,应聘请一名协保员,负责收取保费、填写清单、接收报案、现场初审及协助落实理赔到户等工作。三是加强制度建设:制定乡镇农险办公室工作制度,加强业务指导和培训,明确保险专(兼)干和协保员工作职责、业务流程及工作经费标准,明确考核机制,建立健全农险基层服务体系建设长效机制。新疆启动政策性畜牧业保险试点工作,选择玛纳斯、察布查尔及吉木乃农牧区县作为试点,将高代杂交公羊等繁殖种畜及萨福克羊等肉用羊纳入保险范围。畜牧厅专项补贴每县每年100万元保费,县财政配套补贴,农户承担20%的保费。畜牧部门负责给标的佩戴植入性电子芯片或耳标,预防道德风险。上海成立镇级农险推进机构,承担政策宣导、网络服务、协调沟通等功能,通过建立村级协保员制度,实现农险村村有专人负责,重点解决农险"五公开、三到户"问题。四川省印发了《关于新形势下深化农村改革完善农业发展体制机制的意见》,涉及农业保险改革的有:一是鼓励地方政府围绕主导产品选择农险试点项目,拓宽特色保险品种;二是鼓励龙头企业自建基地、生产基地统一投保,农民专业合作社为成员统一投保,以村为单位联户投保;三是加大财政保费补贴力度和对涉农信贷与涉农保险合作发展机制的扶持力度;四是支持公司开展农民家庭财产、农村小额贷款、借款人人身保险等业务;五是建立农险服务网络,确保为受灾农户及时、足额理赔。河南省《2012农业保险工作方案》中扩大了农险覆盖范围。中央财政补贴的农险险种新增3种油料作物保险,并扩展至全省范围开展。原有险种中的玉米、水稻、棉花保额上调。山西省出台了《关于加快推进现代农作物种业发展的实施意见》,提出建立政府支持、多方参与、市场化运作的种子生产风险政策性保险保障机制,对玉米、马铃薯种子生产开展试点,保费由中央财政、省财政、制种企业和农户按 40%、30%、25% 和 5% 的比例分担。陕西省印发了《关于推进农业科技创新加快现代农业发展的若干意见》,提出扩大农险险种和覆盖面,开展设施农业保费补贴试点,扩大森林保险保费补贴试点范围,扶持渔业互助保险,鼓励开展优势农产品生产保险,开展种子生产保险,健全农业再保险体系,逐步建立农业大灾风险转移分散机制。

根据中国保监会主席项俊波在 2013 年全国保险监管工作会议上公布的数据,2012 年全国农业保险保费收入为 240.6 亿元,同比增长 38.3%,为 1.83 亿户次提供了 9 006 亿元风险保障,向 2 818 万受灾农户支付赔款 148.2 亿元。保险业经办新农合县市数量 129 个,受托管理资金 50.5 亿元。小额保险覆盖 3 200 万人,同比增长 33.3%。在专业农业保险公司中,阳光农业保险公司和国元农业保险公司保费增速较快,2012 年分别实现保费收入 22.6 亿元和 19.8 亿元,同比分别增长 33.5% 和 31%。

2.2.3 试点环境污染强制责任保险,加强环境风险管理,完善损害赔偿机制

为贯彻落实《国务院关于加强环境保护重点工作的意见》(国发[2011]35号)和《国家环境保护"十二五"规划》(国发[2011]42号)有关精神,进一步健全环境污染责任保险制度,2013 年 1 月 21 日,中国环境保护部和中国保监会联合印发了《关于开展环境污染强制责任保险试点工作的指导意见》(以下简称《指导意见》)。

《指导意见》明确了强制投保企业的范围:一是涉重金属企业,包括重有色金属矿(含伴生矿)采选业、重有色金属冶炼业、铅蓄电池制造业、皮革及其制

品业、化学原料及化学制品制造业等行业内涉及重金属污染物产生和排放的企业;二是按地方有关规定已被纳入投保范围的企业;三是其他高环境风险的企业。国家鼓励石化行业企业、危险化学品经营企业、危险废物经营企业以及存在较大环境风险的二噁英排放企业等高环境风险企业,投保坏境污染责任保险。

《指导意见》规定了相应的激励和约束机制。对应当投保而未及时投保的企业,环保部门采取的相关约束措施有:一是将企业是否投保与建设项目环境影响评价文件审批、建设项目竣工环境保护验收申请审批、强制清洁生产审核、排污许可证核发,以及上市环保核查等制度的执行紧密结合;二是暂停受理企业的环境保护专项资金、重金属污染防治专项资金等相关专项资金申请;三是将企业未按规定投保的信息及时提供给银行业金融机构,作为客户评级、信贷准入管理和退出的重要依据。环保部门采取的激励措施有:在安排环境保护专项资金或者重金属污染防治专项资金时,对投保企业污染防治项目予以倾斜;将投保企业投保信息及时通报银行业金融机构,由金融机构按照风险可控、商业可持续原则优先给予信贷支持。

《指导意见》对强制保险的责任范畴、保额保费厘定、环境风险评估、环境事故理赔机制、信息公开等内容作了规定,要求环保部门和保险监管部门共同推进环境污染强制保险,环保部门应加快建立环境污染损害鉴定评估机制,规范环境污染事故的责任认定和损害鉴定工作,并依法支持污染受害人和有关社会团体对污染企业提起环境污染损害赔偿诉讼,推动企业承担全面的污染损害赔偿责任,增强企业环境风险意识和环境责任意识。

截至2012年年底,全国已有十多个省(自治区、直辖市)开展了环境污染责任保险试点工作,投保企业达2 000多家,承保金额近200亿元。运用保险工具,以社会化、市场化途径解决环境污染损害,有利于促使企业加强环境风险管理,减少污染事故发生,有利于迅速应对污染事故,及时补偿、有效地保护污染受害者的权益。

2.2.4 交强险市场对外开放,车险条款和费率改革试行

2012年4月30日,国务院公布《关于修改〈机动车交通事故责任强制保险条例〉的决定》(以下简称《决定》)。《决定》将《机动车交通事故责任强制保险条例》第五条第一款由原来的"中资保险公司经保监会批准,可以从事机动车交通事故责任强制保险业务"修改为"保险公司经保监会批准,可以从事机动车交通事故责任强制保险业务",这标志着中国向外资保险公司开放了交强险市场。只要外资保险公司具备经营交强险的资格,就能进入交强险市场,独

立自主地开展业务。

2012 年 10 月,利宝保险公司第一个正式开始销售交强险保单,之后又有数家外资保险公司获得了交强险的经营资格,开始销售交强险保单。随着外资保险公司加入交强险市场的进程加快,不仅促进了车险市场主体的多元化,有助于提升保险服务水平,而且也加剧了车险市场的竞争,中外保险公司共同分享商业车险的"蛋糕"。

2012 年,中国保监会针对车险市场各类恶性价格竞争行为,先后签发了《关于加强机动车辆商业保险条款费率管理的通知》(以下简称《通知》)等多项车险改革的规章制度,从改善服务、改进产品的角度提出逐步建立市场化导向的、符合我国保险业发展实际的条款和费率形成机制。相比较以往费率"一刀切"的做法,《通知》明确车险费率和条款分为三个层级:一是采用"协会条款";二是在协会条款基础上增加保险责任;三是自主开发条款和费率。"协会条款"是指中国保险行业协会组织专业人才力量,研究拟订中国保险行业协会机动车辆商业保险示范条款、机动车辆参考折旧系数和车型数据库,供保险公司参考、使用。中国保监会要求中国保险行业协会至少每两年测算一次商业车险行业参考纯损失率,供保险公司参考、使用。"协会条款基础上增加保险责任"是指保险公司可以参考或使用协会条款拟订本公司的商业车险条款,并使用行业参考纯损失率拟订本公司的商业车险费率。但保险公司必须连续两个会计年度综合成本率低于行业平均水平,且综合赔付率低于 100%。在按照行业参考纯损失率拟订本公司商业车险条款和费率时,才可以在协会条款基础上适当增加商业车险条款的保险责任。根据自有数据拟订商业车险条款和费率保险公司必须符合以下条件:一是治理结构完善,内控制度健全且能得到有效执行,数据充足真实,经营商业车险业务三个完整会计年度以上;二是经审计的最近连续两个会计年度综合成本率低于 100%;三是经审计的最近连续两个会计年度偿付能力充足率高于 150%;四是拥有 30 万辆以上机动车辆商业保险承保数据;五是设置专门的商业车险产品开发团队,配备熟悉法律、车险定价实务的经营管理人员,建立完善的业务流程和信息系统;六是中国保监会要求的其他条件。

2.2.5 保险代理专业化,营销渠道多元化

2012 年中国保监会在"监管引导、市场选择、行业推动、公司负责"的原则基础上,提出了"堵疏结合、退进并举"的实现路径,通过全面综合治理,实现保险代理市场的专业化和规模化。针对财产保险市场,中国保监会除了强化保险公司代理业务的规范化管理外,重点是顺着"产销分离"的思路,下发了

《关于暂停区域性保险代理机构和部分保险兼业代理机构市场准入许可证工作的通知》，暂停汽车销售、维修类兼业代理机构资格核准，形成一种倒逼机制。2012年，有13家保险公司投资设立专属销售公司，以应对监管环境变化。与此同时，有62家大型汽车生产、销售和维修企业将兼业代理机构进行整合，投资设立了专业汽车保险代理（经纪）公司。

2012年，电话营销延续着"群雄逐鹿"的态势，有19家保险公司获得电话营销牌照，业务保持高速发展的势头。与此同时，网络营销也受到市场各主体的战略性重视，保险公司纷纷加大投入，通过自建网站和外部合作，网络营销呈现快速发展的势头。除了电话、网络营销渠道外，财险行业正在实践渠道多元化探索，人保财险、平安财险、太平洋财险和国寿财险等依托集团资源，大力开展内部交叉销售，中小保险公司尝试"联姻式"合作，如永诚财险牵手泰康人寿，太平车险则与合众人寿开展合作。此外，大众保险与浦发银行、永安保险与光大金融、太平保险与东风汽车、天安保险与吉利汽车均开展了多种形式的合作，目的都是为了更好地适应财产保险市场营销体制改革引起的变化。

值得一提的是，"保险超市"这一新型模式开始在我国尝试。2012年，国内首家实体保险体验店——"中联信"在运行一年后宣告转型社区门店模式。保险社区门店模式再度风行，多家保险公司宣布试水社区门店模式。无论是保险体验店还是保险社区门店，均有别于以往保险公司的销售模式，在保险业产销分离的趋势下，保险行商的形象或许正在向保险坐商转变。

2.3 2012年中国人身保险市场

2.3.1 人身保险市场整体发展略现回暖迹象

2012年，中国人身保险市场小幅增长，略现回暖迹象，全行业共实现人身保险原保险保费收入10 157亿元，较2011年增长4.48%。其中，寿险保费收入8 908.06亿元，较2011年的8 695.59亿元增长了2.44%；健康险保费收入862.76亿元，较2011年的691.72亿元增长了24.73%；人身意外伤害险保费收入386.18亿元，较2011年的334.12亿元增长了15.58%。图2－2反映了2012年1～12月全国各月人身保险原保险保费收入与2011年同期数据的对比情况。

2012年是中国人身保险市场迅猛添丁的一年，有东吴人寿、弘康人寿、珠江人寿、吉祥人寿、前海人寿、韩人寿、复星保德信人寿7家寿险公司成立。与以往明显由地方国字号企业主导设立寿险公司不同，2012年地方法人寿险公

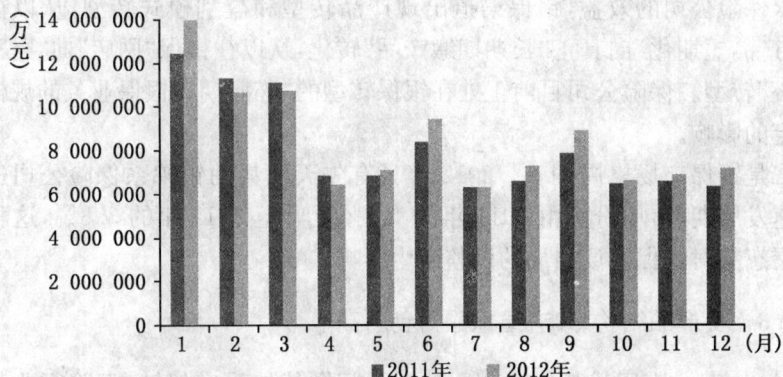

（万元）

资料来源：中国保险监督管理委员会。

图2—2　2011～2012年全国各月人身保险原保险保费收入比较

司有了些许变化，如出现第一家由地方政府主导的地方国企和外资合办的合资寿险公司——中韩人寿，其为浙江国资委旗下企业和大韩生命合资成立；又如出现了第一家由民营资本和外资联合成立的寿险公司——复星保德信人寿，其由民营企业复星集团和美国保德信保险公司合资设立；还出现了以民营资本为主导的寿险公司——前海人寿，其由6家当地民资企业联合设立。

2012年全国寿险公司的保费增长"有起有伏"。居于市场份额第一梯队的寿险公司2012年陷入了保费"滞涨期"，中国人寿、平安人寿、新华人寿、太保寿险、人保寿险、泰康人寿、太平人寿七大寿险公司2012年保费收入分别为3 227亿元、1 287.7亿元、977亿元、934.6亿元、640亿元、615.8亿元、364.5亿元，同比分别增长1.4％、8.24％、3.1％、0.28％、-9％、-9.4％、15.9％；银邮系寿险公司2012年进入了保费"高涨期"，建信人寿、农银人寿、中邮人寿、工银安盛2012年保费收入分别为58.7亿元、41.5亿元、145.5亿元、47.53亿元，同比分别增长358％、31％、81％、197％。

2.3.2　银保渠道转型，银保市场格局调整

自银保新政出台以后，银保渠道的发展受到了显著影响。2012年的银保业务延续2011年的颓势，增长速度继续下滑。2012年银保市场出现了以下两大变化：

一是银保渠道战略转型。银保业务一直以来是保险公司追求市场份额的目标，但银保业务的高手续费使保险公司不得不面对"赚了吆喝不赚钱"的尴尬局面。2012年，越来越多的保险公司放弃了一味追求市场份额的做法，开

始追求保险公司的效益,银保渠道出现产品转型和盈利模式转型,从以往的"期缴产品短期化"向真正"长期期缴产品"转化,从以往银保"网店"向"财富管理中心"转型。保险公司目前正处在银保转型的"阵痛期",银保业务的规模受到一定的影响。

二是银保市场格局调整。2012年具有先天优势的银邮系保险公司进入了快速发展期,市场份额由2011年的1.6%上升至2012年的3.8%,这种快速发展态势对银保市场格局的调整产生影响。

2.3.3 受产品结构影响,退保额再创新高

2012年,一直困扰各保险公司的退保问题依然没有好转,寿险行业整体退保金额再创新高,退保金总额达到1 198.1亿元,同比增幅达30%,退保率为2.76%。四家上市寿险企业——国寿股份、平安人寿、太保寿险、新华保险再度遭遇退保暗礁,退保金额分别为407.31亿元、53.16亿元、123.18亿元、180.93亿元,同比分别增长11.51%、24.29%、28.47%、20.24%。

2012年退保金增加的原因主要有三:一是寿险产品受金融机构理财产品的冲击,导致大量客户流失;二是保险监管部门重拳治理如"存单变保单"等销售误导,引发大量保单退保;三是保险公司对寿险业务进行了结构性调整,"趸缴转向期缴、短期期缴转向长期期缴、短期保单转向长期保单"。

四家上市寿险公司对退保原因的解释是:国寿股份解释称主要是受各类理财产品冲击的影响;中国平安在半年报中解释称主要是某些分红产品退保增加;中国太保解释称主要是因为银行渠道部分产品退保增加;新华保险解释称主要是受市场环境和公司业务规模增长的影响。

简而言之,2012年寿险业退保金增加主要是受资本市场疲软、利率上升、银保新政以及寿险产品结构调整等因素影响。

2.3.4 全面推广小额人身保险,助力和谐社会建设

2012年7月19日,中国保监会发布《关于印发〈全面推广小额人身保险方案〉的通知》(以下简称《方案》),在全国全面推广小额人身保险。2008年,为积极响应中央服务"三农"号召,中国保监会启动了农村小额人身保险试点工作。历经四年的探索,农村小额人身保险通过创新产品和经营模式,不断提高农民保险意识,扩大人身保险覆盖面,为缓解意外事故和疾病等风险对农村家庭的冲击、建设和谐社会作出了积极贡献。为持续推进保险服务的普惠性目标,让更广大低收入群体能够享受到保险服务,增强风险抵御能力,中国保监会在总结试点经验的基础上决定在全国推广小额人身保险服务。

《方案》明确了小额人身保险定义和产品要求。小额人身保险是一类面向低收入人群提供的人身保险产品的总称，具有保费低廉、保障适度、保单通俗、核保理赔简单等特点。小额人身保险产品类型限于普通型定期寿险、意外伤害保险，以及疾病保险和医疗保险。小额人身保险产品的保险金额应不低于10 000元，不高于100 000元，其中定期寿险以及除与新型农村合作医疗结合的补充医疗保险以外的健康保险的保险金额不得高于50 000元。小额人身保险产品的保险期间不得低于1年，不得高于5年，其中团体保险的保险期间应为1年。

《方案》明确了对小额人身保险的支持政策，具体包括：第一，保险公司在开发小额人身保险产品时，可根据市场状况自行设定产品预定利率，但准备金评估利率不得高于3.5%。第二，对于符合小额人身保险产品设计要求并经审核备案的产品，在农村销售的免予征收监管费，在城镇销售的监管部门将协调免予征收监管费。第三，开展小额人身保险成绩突出的保险公司设立保险分支机构的申请优先审批。第四，开展小额人身保险成绩突出的保险公司在保监会开展的各类创新和试点中同等条件下优先给予支持。第五，支持保险公司与银行、电信运营商合作，借助银行自动柜员机和移动通信设备，开展新型便捷的小额人身保险投保和保全服务；鼓励和支持保险公司借助移动终端开展小额人身保险销售，提供随时随地移动出单、打印交费凭证等服务，严格控制出单和收费过程中的道德风险。

《方案》对小额人身保险的推广服务以及监管要求作了相应规定，符合开展小额人身保险条件的保险公司应事先向中国保监会提出开办小额人身保险的方案。方案内容主要包括：一是公司推广小额人身保险的组织领导体系；二是拟开展的区域；三是拟推广的保险产品；四是拟采取的业务模式，宣传、承保、客服和理赔服务举措，以及切实可行的风险控制措施等；五是小额人身保险的三年业务发展规划。经营小额人身保险的保险公司应在每个季度结束后15日内向保监会提交小额人身保险统计表；每年3月底前向保监会提交上年度小额人身保险发展报告，反映上年度小额人身保险发展情况、经营特色、存在的问题及下年度业务发展规划等，发展报告应附精算师签字确认的小额人身保险经营情况表。

《方案》发布以后，小额人身保险在全国范围内得到了积极推广。2012年，小额保险覆盖3 200万人，较2011年的2 400万人同比增长33.3%。为贯彻落实中央支持边疆民族地区发展的政策措施，更好地为民族地区提供保险保障服务，中国人寿根据农牧民的切身需求和消费习惯，专门开发了"国寿农牧民小额团体意外伤害保险"。2012年10月20日，"国寿农牧民小额团体意外伤害保险"在西藏林芝举行了上市仪式,中国人寿保险股份有限公司副总裁苏恒轩代表中国人寿与当地农牧民代表签订了"国寿农牧民小额团体意外伤害保险"第一份保单。此次作为试点的林芝地区,大约有 7 万农牧民首批获得意外伤害保险保障。这一险种专门针对农牧民所面临的意外伤残、意外身故等风险进行保险保障。农牧民小额团体意外伤害保险每人每年的保费仅16.5 元,保额达到 6 万元,且全部由政府埋单。

2.3.5 医改助健康保险异军突起,养老社区行业风行

2012 年中国健康保险市场呈现蓬勃发展的势头,全国健康险保费收入862.76 亿元,较 2011 年的 691.72 亿元增长了 24.73%。从专业健康保险公司的经营业绩来看,2012 年人保健康、昆仑健康、和谐健康、平安健康分别实现保费收入 76 亿元、3.3 亿元、1.09 亿元和 2.1 亿元,同比分别增长 66%、299%、6 478%、60.3%。2012 年,中国保险业经办新农合(即新型农村合作医疗)县市数量 129 个,受托管理资金 50.5 亿元。

2012 年健康保险快速发展与中国医疗体制改革是密切相关的。2012 年6 月 5 日,为深入贯彻落实国务院关于《医改"十二五"规划》的精神,中国保监会下发关于贯彻落实《"十二五"期间深化医药卫生体制改革规划暨实施方案》的通知(以下简称《通知》)。《通知》指出,《医改"十二五"规划》高度重视商业健康保险在多层次医疗保障体系中的重要作用,为商业健康保险的发展创造了难得的政策环境和更大的发展空间。《医改"十二五"规划》的实施,必将对我国保险业的发展产生深远影响。在全民医保顶层制度设计方面,《医改"十二五"规划》提出统筹协调基本医保和商业健康保险政策,把发挥商业保险作用作为提高医疗保障水平、提升医保管理服务能力、解决重特大疾病患者医疗费用保障问题的重要实现方式。在鼓励健康保险发展的政策支持方面,《医改"十二五"规划》提出要完善健康保险产业发展政策,积极发展商业健康保险,满足多样化的健康需求;制定税收等相关优惠政策,鼓励企业个人参加商业健康保险及多种形式的补充保险。在推动健康保险参与医保体系建设方面,《医改"十二五"规划》明确提出积极引导商业保险机构开发长期护理保险、特殊大病保险等险种,满足多样化健康需求;鼓励以政府购买服务的方式,委托具有资质的商业保险机构经办各类医疗保障经办管理服务;积极探索利用基本医保基金购买商业大病保险,有效提高重特大疾病保障水平。

《通知》要求各保监局要加强对辖区内保险公司开展健康保险业务的指导与监督,积极与地方政府相关部门沟通与协调,为商业健康保险的发展争取政策支持和发展空间。《通知》要求各保险公司要高度重视并采取有力措施加快

商业健康保险发展。一是加快健康保险业务创新，在基本医保之外提供优质的健康保险产品和服务；二是积极稳妥地参与各类医疗保障经办管理服务，切实保护参保群众的合法权益，积极探索和完善利用基本医保基金购买商业大病保险和各类补充保险，提高基金使用效率，提升参保群众保障水平；三是大力发展重特大疾病保险，提高重特大疾病保障水平；四是积极探索发展长期护理保险，鼓励将护理保险和护理服务相结合；五是加强健康保险信息系统建设，争取与医疗机构和社保部门实现互联互通；六是探索保险公司兴办医疗机构、参与公立医院改制重组的可行性和有效途径，延长健康保险产业链。

2012 年，保险行业积极投身养老社区的建设。泰康人寿首发业内第一款与高端养老社区相衔接的养老保险产品。合众人寿、中国人寿、太保寿险、太平人寿等已在养老社区上率先试水竣工。从目前在建或将建的养老社区项目来看，保险公司投资养老产业大致分为三种模式。模式一是以泰康人寿为首的通过专门设立的平台进行养老社区建设和运营。该模式的优点是可控性强，便于保险公司的战略制定和实施；缺点是保险公司缺乏房地产开发经验，资金占用规模大，投资周期长。模式二是由保险企业联合其他企业公共设立。如中国人寿开发的河北廊坊养老社区项目，由国寿投资与中冶置业合作，该模式下投资商、运营商、开发商为合作体，共担风险、共享利润，有利于充分挖掘开发商和保险公司各自的优势。模式三是"养生养老综合服务社区"。如中国平安斥资 170 亿元打造的桐乡综合养老区，此模式利用雄厚的自有资金，跳出"只租不售"的养老产业盈利模式，通过整合商业、旅游、度假、医疗、培训等上下游产业链，打造全龄化、一站式养生养老产业的综合平台。

毫无疑问，保险资金投资养老社区算得上是颠覆性创举，不但可以延伸现有保险产业链，还可以延长保险产品的生命周期、提高保险产品内涵价值。

2.4 中国保险中介市场

2.4.1 保险中介市场发展平稳，整体渠道占比略有下降

2012 年，中国保险中介市场发展平稳，但整体占比略有下降。全国保险公司通过保险中介渠道实现保费收入12 757.74亿元，同比增长 3.3%，占全国总保费收入的82.4%，同比减少 3.7 个百分点。其中，保险中介渠道实现财产保险保费收入3 540.33亿元，同比增长 6.5%，占全国财产保险总保费的64.1%，同比减少 5.6 个百分点；保险中介渠道实现人身保险保费收入9 217.41亿元，同比增长 2.18%，占全国人身保险总保费收入的 92.56%，同

比下降 1.8%。

截至 2012 年年底,全国共有保险专业中介机构 2 532 家,比 2011 年同期减少了 22 家。其中,保险中介集团公司 3 家,全国性保险专业代理机构 92 家,区域性保险专业代理机构 1678 家,保险经纪机构 434 家,保险公估机构 325 家。2012 年,中国保监会通过清理整顿代理市场、提高专业中介准入门槛、促进专业中介规模化发展等一系列监管政策,保险专业中介机构的资本实力明显增强,全国保险专业中介机构注册资本 160.75 亿元,同比增长 45.19%,总资产 230.49 亿元,同比增长 34.84%。

截至 2012 年年底,全国共有保险兼业代理机构 206 310 家,其中银行邮政类 144 973 家,汽车企业类 30 902 家,其他类机构 30 435 家。

2.4.2 保险专业中介增速较快,市场实力依旧较弱

2012 年,全国保险专业中介机构实现保费收入 1 007.72 亿元,同比增长 10.8%,占全国总保费收入的 6.5%,同比提高 0.2 个百分点。虽然保险专业中介对保费的贡献度在不断上升,但渠道占比依然较小,整体市场实力较弱。

2012 年,全国保险专业代理机构实现代理保费收入 586.64 亿元,同比增长 10.8%,占全国总保费收入的 3.8%,同比增加 0.1 个百分点。其中,财产险代理保费收入 448.49 亿元;人身险代理保费收入 138.15 亿元。全国保险专业代理机构实现业务(佣金)收入 102.09 亿元,同比增长 25.22%。其中,实现财产险佣金收入 71.74 亿元;实现人身险佣金收入 30.35 亿元。图 2—3 反映了 2012 年全国保险专业代理机构实现保费收入结构情况。

2012 年,全国保险经纪公司实现保费收入 421.06 亿元,同比增长 10.70%,占全国总保费收入的 2.7%,同比增加 0.07 个百分点。其中,财产险保费收入 340.23 亿元,人身险保费收入 64.99 亿元,再保险保费收入 15.84 亿元。全国保险经纪机构实现业务收入 63.68 亿元,同比增长 14.78%。其中,财产险佣金收入 48.48 亿元,人身险佣金收入 8.01 亿元,再保险业务类佣金收入 1.20 亿元,咨询费收入 5.99 亿元。图 2—4 反映了 2012 年全国保险经纪机构实现保费收入结构情况。

2012 年,全国保险公估公司估损金额 265.61 亿元,同比增长 25.5%。全国保险公估机构实现业务收入 15.68 亿元,同比增长 14.96%。其中,财产保险公估服务费收入 15 亿元,人身保险公估服务费收入 915 万元,其他收入 5 897 万元。

2012 年,全国保险专业中介机构共实现营业收入 181.45 亿元,同比增长 20.40%。在营业收入快速增长的同时,保险专业中介机构的经营效益也有所

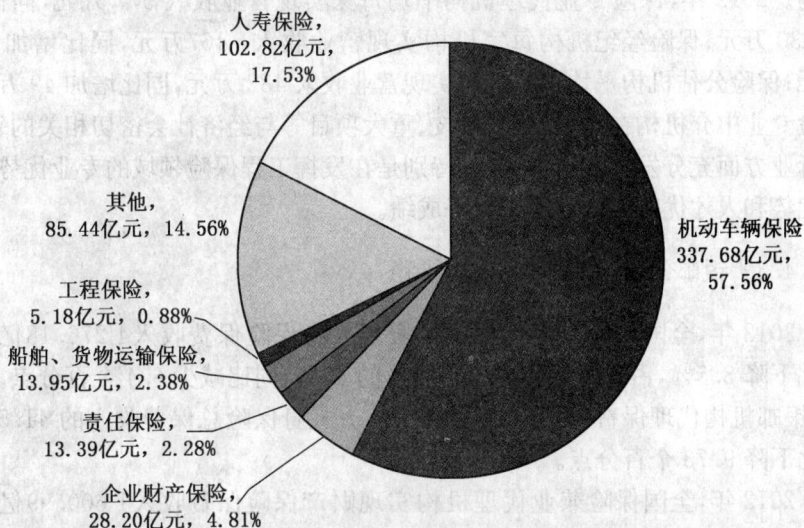

资料来源:中国保险监督管理委员会。

图 2—3 2012 年全国保险专业代理机构实现保费收入结构情况

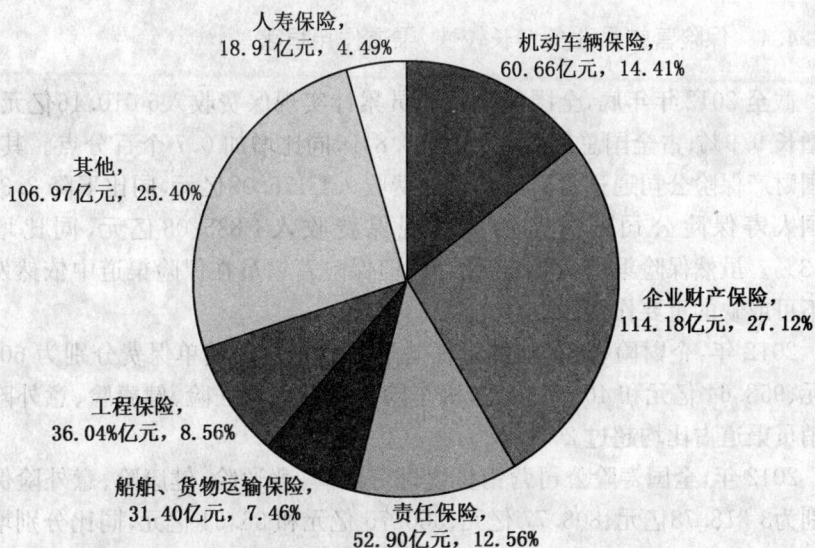

资料来源:中国保险监督管理委员会。

图 2—4 2012 年全国保险经纪机构实现保费收入结构情况

提高。2012年,保险专业代理机构平均每家实现营业收入577万元,同比增加130万元;保险经纪机构每家机构实现营业收入1 467万元,同比增加133万元;保险公估机构平均每家机构实现营业收入482万元,同比增加49万元。保险专业中介机构在高风险、高科技、重大项目等与经济社会密切相关的领域或行业方面充分发挥了积极作用,特别是在发挥工程保险领域的专业优势、数据优势和人才优势方面取得了较好成绩。

2.4.3 银邮代理下滑,车商代理平稳

2012年,全国保险兼业代理机构实现人身保险保费收入4 276.18亿元,同比下降8.5%,占人身保险总保费收入的43%,同比减少6.4个百分点。其中,银邮机构代理保费收入4 131.47亿元,占人身保险总保费收入的41.5%,同比下降9.73个百分点。

2012年,全国保险兼业代理机构实现财产保险保费收入1 600.99亿元,同比增长15.8%,占财产保险总保费收入的29%,与2011年持平。随着汽车消费市场增速的逐步放缓,车险保费尽管仍保持增长,但增幅明显放慢。2012年,兼业代理机构实现车险保费收入1 361.44亿元,同比增长12.8%,占车险总保费的34%,同比减少0.5个百分点。

2.4.4 保险营销员业务增长较快,渠道作用显著

截至2012年年底,全国保险营销员累计实现保费收入6 010.16亿元,同比增长9.9%;占全国总保费收入的38.8%,同比增加0.7个百分点。其中,全国财产保险公司通过营销员实现保费收入1 175.08亿元,同比下降2.3%;全国人寿保险公司通过营销员实现保费收入4 835.08亿元,同比增长13.3%。虽然保险渠道不断创新扩大,但保险营销员在保险渠道中依然发挥着不可或缺的重要作用。

2012年,企财险、机车险和责任险通过营销员的签单保费分别为60.43亿元、958.64亿元和46.30亿元,机车险、家财险、责任险、健康险、意外险的营销员渠道占比均超过20%。

2012年,全国寿险公司营销员代理分红险、普通险、健康险、意外险保费分别为3 318.78亿元、808.77亿元、560.75亿元和66.64亿元,同比分别增长17.1%、-3.1%、22.3%和8.3%。2012年,寿险公司营销员人均保费18.12万元,比2011年增加5.66万元。

2.5 中国保险市场监督管理

2012 年可谓是保险"政策年"。中国保监会发布了《中国第二代偿付能力监管制度体系建设规划》、《保险公司控股股东管理办法》等一系列保险监管办法,推出了若干投资新政和关乎国计民生的农业保险政策、大病医疗保险政策,坚定不移地推进保险营销员管理体制改革。中国保监会主席项俊波在全国保险监管工作会议上明确 2012 年监管工作突出三件大事:第一,重点解决车险理赔难和寿险销售误导问题;第二,建立健全保险市场准入和退出机制;第三,推进农业保险、巨灾保险、个人延税型养老保险发展。

2.5.1 启动和推进第二代偿付能力监管制度建设

2012 年 3 月 29 日,中国保监会发布了《中国第二代偿付能力监管制度体系建设规划》(以下简称《规划》)。《规划》明确用 3~5 年时间建成第二代偿付能力监管制度体系。《规划》提出的总体目标是:第一,形成一套既与国际接轨、又与我国保险业发展阶段相适应的偿付能力监管制度;第二,推动保险公司建立健全全面风险管理制度,提高行业风险管理和资本管理水平;第三,提升我国偿付能力监管制度体系的国际影响力,提高我国保险业的国际地位。《规划》指出第二代偿付能力监管制度体系采用三支柱的整体框架:第一支柱是资本充足要求,主要是定量监管要求,包括资产负债评估标准、实际资本标准、最低资本标准、资本充足率标准和监管措施等;第二支柱是风险管理要求,主要是与偿付能力相关的定性监管要求,包括公司全面风险管理要求、监管部门对公司资本计量和风险管理的监督检查等;第三支柱是信息披露要求,主要是与偿付能力相关的透明度监管要求,包括对监管部门的报告要求和对社会公众的信息公开披露要求。《规划》提出了第二代偿付能力监管制度建立的基本原则、工作机制和具体实施步骤。

2012 年,根据《规划》的实施步骤和中国保监会偿付能力监管部的安排,人保财险、平安财险、太保财险等 8 家财险公司进行了第一轮承保风险的量化测试,并于 8 月 25 日结束。首轮量化测试目的有三项:一是测试产险(包括短期健康险和意外险)的承保风险资本要求的计量方法;二是为产险承保风险资本要求的制定提供方向性结果;三是查找影响产险承保风险资本要求的敏感因素,进行敏感性分析。首轮风险测试意味着第二代偿付能力监管制度建设正式启动,并将为未来制定偿付能力标准提供方向性结果。

2.5.2　推出多项拓宽保险资金投资的新政

2012 年,中国保监会连续下发多项旨在"松绑"保险资金的新政,保险资金运用政策出现了重大变化。新政涉及两个方面:一方面是促进保险资产管理转型,即保险资金投资主体市场化的政策,主要包括《保险资产配置管理暂行办法》、《保险资金委托投资管理暂行办法》等;另一方面是扩大保险资金投资范围的政策,即保险资金投资标的市场化,主要包括《保险资金投资债券暂行办法》、《基础设施债权投资计划管理暂行办法》、《保险资金境外投资管理暂行办法实施细则》、《保险资金参与金融衍生品交易暂行办法》、《保险资金参与股指期货交易规定》、《关于保险资金投资股权和不动产有关问题的通知》、《关于保险资金投资有关金融产品的通知》等。另外,《保险资产托管管理暂行办法》、《保险资产管理产品暂行办法》、《关于拓宽保险资产管理范围的通知》、《保险机构融资融券管理暂行办法》、《关于加强保险资金公平交易防范利益输送的通知》等征求意见稿正在酝酿讨论中。

保险投资新政的出台,意味着保险资金的投资范围可以打破以往体内循环的封闭现状,实现与银行、证券、信托的对接,保险资产管理公司可以逐步淡化保险资金管理的行业局限,参与到泛资产管理行业之中。这些政策旨在提高保险公司的投资管理水平,充分体现市场化原则,优化保险公司资源配置,并最终提升保险公司的偿付能力和竞争力,促进保险行业健康良好发展;同时可以完善保险投资政策体系,帮助保险公司优化资产配置,减少对资本市场的依赖,进一步分散投资风险,有助于保险公司稳定地获得更高的投资收益。

2.5.3　积极推动农业保险和大病医疗保险发展

随着 2012 年 11 月 12 日国务院颁布《农业保险条例》,中国保监会积极推动农业保险发展获得了重大进展。2012 年我国农业保险发展主要表现在四个方面:一是全国农业保险覆盖面稳步扩大,风险保障能力有效提高。从地理区域分布看,农业保险已由试点初期的 5 个省覆盖到全国。从保险品种看,中央财政补贴的品种已达到 15 个。从风险保障能力看,我国农业保险在实现基本覆盖农林牧渔各主要农业产业的同时,在农业产业链前后都有了新的延伸,从生产领域的自然灾害、疫病风险等逐步向流通领域的市场风险、农产品质量风险等延伸。二是市场经营主体不断增加。2012 年我国开展农业保险业务的保险公司已由试点初期的 6 家增至 25 家,适度竞争市场环境正逐步形成。三是政策支持力度连年加大。2012 年,我国享受财政保费补贴政策的农业保险保费规模达到 235.28 亿元,占总保费规模的 97.98%,财政补贴型险种仍是我国农业保险的主要险种,有效地减轻了农民的保费负担水平。四是经济补偿功能持续发挥。2012年,保险公司共计向2 818万农户支付赔款148.2亿元,对稳定农业生产、促进农民增收起到了积极的保障作用。在一些保险覆盖面高的地区,农业保险赔款已成为灾后恢复生产的重要资金来源。

2012年8月30日,由国家发改委、卫生部等六部委联合发布了《关于开展城乡居民大病保险工作的指导意见》。为了积极参与医疗卫生体制改革,推进商业医疗保险发展,中国保监会下发了《关于贯彻落实〈"十二五"期间深化医药卫生体制改革规划暨实施方案〉的通知》。各地方保监局加强对辖区内保险公司开展健康保险业务的指导监督,支持保险业积极参与服务地方医疗卫生改革工作。各保险公司加快健康保险业务创新,积极参与各类医疗保障经办管理服务,大力发展重特大疾病保险,加强健康保险信息系统建设,探索保险公司兴办医疗机构、参与公立医院改制重组的可行性和有效途径,延长健康保险产业链。

2.5.4 加强保险中介市场的监管

为解决保险中介市场存在的问题,中国保监会积极推动保险中介机构的专业化改革和转型,严查重处违法违规的保险中介机构和保险公司中介业务的违法违规行为,努力探索保险营销员体制改革。

在着力引导保险中介市场转型升级发展方面,中国保监会强化准入退出调控。2012年3月26日,中国保监会发布《关于暂停区域性保险代理机构和部分保险兼业代理机构市场准入许可工作的通知》,暂停区域性保险代理公司及其分支机构设立许可以及金融机构、邮政以外的所有保险兼业代理机构资格核准。6月12日,中国保监会再次发布《关于进一步规范保险中介市场准入的通知》,对保险代理公司、保险经纪公司的行业背景和注册资本都进行了限制,积极鼓励保险中介机构规模化发展。9月14日,中国保监会下发《关于支持汽车企业代理保险业务专业化经营有关事项的通知》,鼓励支持汽车企业兼业代理保险业务向专业化转型。中国保监会支持符合条件的保险中介机构建立健全服务体系和网络,支持发展保险中介集团,研究提出了邮政和银行代理保险专业化转型的基本思路,促进保险中介机构转型。

在治理整顿保险中介市场秩序方面,2012年,中国保监会坚持对保险中介市场的顽疾加强治理。全国共查出保险公司中介业务违法违规套取资金近5 600万元,处罚保险公司和保险中介机构85家、各层级责任人员105人,向19家保险总公司发出监管函。全国共清理6 000多家兼业代理机构和222家保险代理公司。为了切实有效防范中介领域风险,中国保监会建立了严重群体性事件月报制度和重大事件即报制度,密切关注中介机构股权激励问题潜在风险,着力跟踪个别重点公司风险处置情况,查处涉嫌非法开展保险业务的相关保险中介机构,有效监管和规范保险代理、经纪公司互联网保险业务以及严肃处理违法违规开展互联网保险业务的保险中介机构。

在积极推动保险营销员管理体制改革方面,2012年,中国保监会发布了《关于坚定不移推进保险营销员管理体制改革的意见》,进一步明确了营销体制改革的态度、目标和措施,引导行业求变、求通、求新。

2.5.5 重点解决保险理赔难和销售误导问题

2012年,中国保监会的重点工作是解决保险理赔难和销售误导问题,为此,中国保监会发布了一系列保护消费者权益、改进保险理赔服务、综合治理销售误导的规范性文件。

2012年1月7日,中国保监会下发《关于做好保险消费者权益保护工作的通知》,从建立完善保险消费者权益保护工作制度和体制、加大信息披露、保障保险消费者的知情权、畅通投诉渠道、维护保险消费者的诉求表达权利、完善调处机制、有效化解保险合同纠纷、普及保险知识、倡导科学理性的保险消费观念、加强诚信建设等各方面切实保护保险消费者的权益。

为规范农业保险经营行为,提高农业保险理赔服务质量,保障投保农户的合法权益,2012年1月12日,中国保监会下发《关于加强农业保险理赔管理工作的通知》,要求财产保险公司应按照"主动、迅速、科学、合理"的原则切实加强农业保险理赔管理工作,做到"定损到户"、"理赔到户"和"理赔结果公开",确保赔案处理规范,赔款及时、足额支付给被保险人。

2012年1月17日,中国保监会下发《中国保监会关于加强和改进财产保险理赔服务质量的意见》,对加强和改进财产保险理赔服务质量的指导思想、基本原则、主要目标、工作措施、工作机制等作了明确规定,着力促进财产保险业提升服务质量和水平,改善社会形象,营造良好的发展环境,切实采取有效措施,促进保险业又好又快发展。

为规范财产保险公司车险经营行为,提升车险理赔服务质量,切实保护保险消费者的合法权益,2012年2月21日,中国保监会颁布《机动车辆保险理赔管理指引》,要求保险公司充分运用信息化手段实现车险理赔集中统一管理,并建立科学合理的理赔考核监督机制;要求保险行业协会统筹协调,提升行业理赔服务水平;要求保险监管部门加强监管,督促落实,切实维护消费者合法权益。

为加大力度规范财产保险市场秩序,切实防范化解风险,引导行业转变发展方式,2012年4月28日,中国保监会下发《关于进一步加大力度规范财产保险市场秩序有关问题的通知》,要求财产保险行业要统一思想,牢固树立可持续发展意识;要高度重视,认真落实法律法规和监管要求;要加强自律,为促进和规范行业健康发展提供有力支持;要强化监管,依法严肃处理违法违规行为;要加强行业服务能力建设,有效保护保险消费者利益。

2012年2月14日,中国保监会下发《关于人身保险业综合治理销售误导有关工作的通知》,要求保险各方要高度重视销售误导问题,扎实开展综合治理销售误导工作。全行业要齐心合力,营造治理销售误导的舆论环境。通知要求各人身保险公司应强化管理,承担起治理销售误导的主体治理责任,认真执行相关监管规定;切实做好风险提示工作,认真开展自查自纠,确保整改工作落到实处;完善内控制度建设,确保各项制度落到实处;加大审计稽核力度,提高总公司的管控能力;强化责任追究机制,加大高管人员的管控责任。通知还要求各保监局要加强监管,切实履行好治理销售误导的区域监管责任;保险行业协会要发挥行业组织的作用,承担起治理销售误导的行业自律责任。

为规范对人身保险销售误导行为的认定,明确执法标准,有效惩处销售误导行为,切实维护投保人、被保险人或者受益人的合法权益,2012年9月29日,中国保监会颁布了《人身保险销售误导行为认定指引》,明确列举了人身保险销售误导行为的认定标准。

2012年10月23日,中国保监会印发了《人身保险公司销售误导责任追究指导意见》,进一步强化了各人身保险公司对销售误导问题的责任追究力度,有效遏制销售误导行为,保护保险消费者合法权益。

为规范人身保险销售行为,防范和治理人身保险销售误导问题,切实保护保险消费者合法权益,2012年11月7日,中国保监会发布了《人身保险业综合治理销售误导评价办法(试行)》,科学、合理、客观地评价并披露综合治理销售误导工作的效果,促进人身保险业持续稳定健康发展。

2013年1月14日,中国保监会下发《关于规范财产保险公司电话营销业务市场秩序,禁止电话营销扰民有关事项的通知》,各财产保险公司应当根据各项要求完善公司相关制度,规范财产保险电话营销业务行为,切实防范电话营销扰民问题发生,共同创造良好的电话营销业务发展环境。对于在电话营销业务经营过程中有令不行、有禁不止、扰乱市场秩序、影响行业形象的保险公司,保监会将依法责令其停止使用电话营销专用产品。

2013年1月15日,中国保监会颁布《保险销售从业人员监管办法》(以下简称《办法》),并于2013年7月1日施行。《办法》对保险销售从业人员的从业资格、执业管理、保险机构的管理责任等方面进行了规定。《办法》规定,保险销售从业人员应当具备大专学历,取得全国通用的资格证书,方可在全国范围内销售保险产品,但允许保监局根据地区实际适当调整。《办法》更加强化保险公司、保险代理机构对保险销售从业人员从业行为的管理责任,保险销售从业人员的违法违规行为,将首先追究所属机构的责任。

2.5.6 出台保险公司控股股东管理办法

为了进一步加强保险公司治理监管,规范保险公司控股股东行为,中国保监会于8月2日颁布了《保险公司控股股东管理办法》(以下简称《管理办法》),并于2012年10月1日施行。《管理办法》共四章41条,以保险公司控股股东与保险公司之间的管控和业务联系为基础,在控制行为、交易行为、资本协助、信息披露和保密、监管配合五个方面作出了规定。《管理办法》的制定和实施,对强化保险公司控股股东行为的规范,切实保护保险公司、投保人、被保险人和受益人的合法权益具有积极的意义。

2.6 2013年中国保险业发展展望

2013年是"十二五"规划实施的关键年,国内经济形势有望逐步转好,经济总量将持续增长,和谐社会建设将稳步推进。展望2013年,中国保险业机遇与挑战并存,抓服务、严监管、防风险、促发展仍将是发展的主线,仍然需要在加强风险防范、拓宽服务领域、创新营销模式、优化资产配置、规范市场体系等方面做出不懈努力。

中国保监会主席项俊波于2013年1月24日表示,2013年可能是保险业发展最为困难的一年,行业的首要任务是"稳增长",并改善行业经营效益。在2012年的改革浪潮推动下,一系列监管新政将保驾护航保险行业的转型发展,发挥"正能量",2013年将成为继续推动中国保险业改革迈向"深水区"的关键期。

2.6.1 保险市场面临费率市场化和营销员体制改革的挑战

2013年车险费率市场化,很可能会拉低车均保费,在新车销量不变的情况下,不利于保费增速提升。从未来趋势看,财险业分化格局势必加剧。大型财险公司有望从灵活的风险选择和风险定价中收益。因为按照改革基调,大型优质财险公司将拥有更多的自主定价权,加上大公司本身盈利丰厚,在市场竞争中有优势,实施改革后,份额或因此进一步提升。而相对来说,中小财险公司本身盈利能力偏弱,且多数只能采用没有优势的协会条款,很可能将面临市场份额逐渐萎缩的境遇。中小财险公司面临的转型压力不言而喻。

在财险市场面临车险费率市场化带来的挑战的同时,寿险市场在2013年则很有可能面临利率市场化和营销员体制改革带来的双重考验。

寿险定价利率市场化改革最早起源于2010年6月,但是后来一直搁置。从2012年中期开始,保监会在多次会议中均提及定价利率改革的决心。预计在2013年下半年推出的可能性很大。定价利率放开对存量业务构成压力,但不会对短期业绩构成影响。保险公司将更加重视保障型产品,但不会诱发价格战。定价利率提升将促使保险公司更加注重产品的保障内容和服务,有助于保险回归保障功能。保险公司囿于资本的约束,打价格战的情况恐不会出现。

中国保监会颁布的《保险销售从业人员监管办法》将于2013年7月1日起施行。保险销售人员的从业销售范围是依据学历和区域的不同进行分级,这将推进保险代理人结构的逐步优化。大专学历以上通过考试获得销售资格可以在全国范围内销售产品,降低学历要求者则限制在对应辖区内销售产品,对县域及少数民族则实行考试特殊政策。政策赋予地方保监局一定调整空间,但保险公司集体面临提升销售人员学历压力和费用压力,倒逼保险公司渠道优化,催生新渠道创新迭出。

在保险中介市场日益规范和完善的背景下,中小型保险公司将会逐步外包保险销售,带动产销分离提速。对保险从业人员监管的提升将直接激发新渠道的拓展和催生费用结构的优化。2013年行业转型将是主题,其包括对产品和渠道的改革。不论是产品还是渠道的转型,均将伴随着保费增速逐渐趋缓,这会导致追求价值的意义大过追求规模。

2.6.2 保险业的主基调是转型和恢复性增长

随着2012年中国人保集团成功登陆香港联交所,六大保险集团(公司)首次聚集资本市场,超过全国3/4的人身保险业务、2/3的财产保险业务和3/4的行业资产实现了上市交易,这意味着保险业正式进入透明经营时代,市场约束将对保险经营产生深远影响,追求价值创造与市值成长将成为行业的主旋律。为此,深入推动转型增长,夯实持续增长基础,以谋求盈利能力与内涵价值持续提升,将在上市主体的共同努力下,逐步成为行业共识。所以,转型与恢复性增长是2013年行业发展主基调。有专家预测,2013年人身保险的增长速度将难以恢复至两位数,财产保险市场仍将保持15%左右的增长,全行业增速有望超过10%。2013年中国保险业的发展将呈现以下特点:

一是宏观经济将延续复苏轨迹,汽车销量增速也将有所恢复,对财产保险业务增长带来短期稳固支撑。2013年,经济将呈现短周期复苏与中周期转型并进态势,预计GDP增速将继续回升至8%左右,但仍处于从高速增长平台向次高速增长平台的转换通道。从汽车销量看,我国已经历近两年汽车销量低增长,根据中国汽车工业协会有关数据测算,2013~2015年将年均增长8%左右。

二是健康保险收入将继续较高增长,年金税收政策有望陆续推出,为养老保险发展提供新的助推力。目前我国年金保险(占比8.5%)和健康保险(占比7%)发展滞后,发展商业养老保险和健康保险是未来解决养老保障问题的重要途径之一。为应对老龄化问题,发达寿险市场都曾出台税收递延等支持政策促进养老保险和健康保险的发展,借鉴国际经验,税收递延型养老保险和健康保险可在中长期增厚寿险保费增速5%左右。

三是营销渠道改革和投资渠道放宽将为行业增速提供动力。营销渠道改革将稳定营销员队伍,提升营销员产能,推动网销、社区门店、交叉销售等多元渠道发展。以资金运用市场化、分散化和综合化为导向的保险资金运用新政,将有利于保险投资收益提升,提升寿险产品相对其他金融产品的竞争力。

四是管理层新政全面实施,将对经营模式创新和业务增速带来新的刺激因素。2012年国内主要保险公司出现重大人事调整,行业高管人员整体调整量将达到1/4以上。随着管理层新政全面实施,在主要保险主体带动下,2013年行业增长动力突显。

2.7 2013年中国保险业改革方向

随着十年粗放型发展的"增长红利"逐渐消失,2012年保险公司的保费增长明显放缓,中国保险业在国际金融危机的大背景下步入了调整期。也正是在这一转折关头,保险监管层充分利用外部环境复杂、行业经营困难倒逼保险业调整结构、转型升级的新机遇,因势利导,顺势而为,注重发挥监管政策的引导和约束作用,推出一系列重大改革措施,增强市场主体深化结构调整的主动性和创造性,直接推动行业转变发展方式,引导和改变着未来中国保险业的发展格局。

2.7.1 加强防范金融风险,加快推进系统重要性保险机构认定

风险防范是金融机构经营管理的重要环节,系统重要性金融机构的认定一开始主要是针对银行业,但随着时间推移,保险业也将被纳入其中。虽然保险业在金融危机中表现出较好的恢复力,但全球金融体系重组和治理措施的

调整必然会影响到保险业。加强风险防范能确保保险市场安全、稳定、健康运行。我国系统重要性保险机构的认定工作正在推进,2013年这项工作也将继续推进,保险业风险识别、防范和预警机制将进一步完善,促进风险处置机制的形成。

2.7.2 丰富保险产品种类,拓宽保险服务领域

为更好地发挥保险服务功能,中国保险业将不断丰富保险产品,拓宽保险服务领域。除大力发展个人寿险、健康保险、养老保险、企业年金保险、与汽车住房消费有关的保险业务外,保险业在2013年的工作重点将体现在以下几个方面:

2012年11月,国务院颁布的《农业保险条例》,使中国农业保险发展开始进入有法可依的新阶段。一方面,从国家层面支持农业保险事业发展,确定了"政府引导、政策支持、市场运作、自主自愿和协同推进"的原则;另一方面,推动农业保险发展的财政补贴、税收优惠、大灾风险分散机制等在法律制度层面得以明确。较之普通生产经营主体的风险覆盖保障,从此农业保险获得了更周全的组织保证和更优惠的政策倾斜扶持,汇集了更大的合力,也进一步夯实了农业保险持续健康发展的制度基础,将为保险业进一步完善农业保障体系、更好服务"三农"提供有力的制度保障。

2012年8月底,保监会会同发改委、卫生部等六部委联合颁布的《关于开展城乡居民大病保险工作的指导意见》,由政府主导、商业保险机构承办的大病保险制度正式全面铺开。未来城镇居民医保基金、新农合基金中将划出一定比例向商业保险机构购买大病保险,这不仅为保险业服务医疗保障体系建设提供了新的模式,也为商业健康保险发展创造了新的机遇,开辟了保险业服务医疗保障体系建设的新途径。当然,这一改革政策对保险业也是一次新的挑战,保险公司需要提高专业服务能力与水平,为今后开展养老等其他类似合作提供有力保障。

税收递延政策将有力激发寿险市场消费需求,对于促进商业养老保险发展、完善多层次社会保障体系具有重要意义。而税收递延试点方案初步确定,给商业养老保险发展带来了新机遇。保监会近期也透露,财政、税务部门以及上海市政府对于上海个人税递延型养老保险试点方案主要内容已经达成一致意见。

此外,总结、推广商业保险参与社会保障、医疗保障体系建设的经验和做法,加快发展与公众利益密切相关的环境污染、公众安全等责任保险,以及继续争取政府支持,建立巨灾保险体系,完善巨灾风险分散转移和补偿机制,也

将是 2013 年保险产品推广改革值得期待的几个方面。

2.7.3 继续推进保险营销员管理体制改革

保险营销员队伍是保险中介市场的重要组成部分,近年来保险营销员管理体制改革的呼声越来越高。2012 年 10 月 8 日,中国保监会发布《关于坚定不移推进保险营销员管理体制改革的意见》,正式将营销员体制改革推到台前,并且首次明确提出保险营销员管理体制改革的 3 年、5 年和长期目标,将选择适当时机和地区先行试点,分别实现阶段性目标和整体目标。2013 年将是中国保险营销员管理体制改革进程中的重要一年,一系列具体改革措施将在监管部门指导下施行。

2.7.4 进一步拓宽保险资金投资渠道,优化保险公司资产配置

为了解决保险资金投资问题,2012 年保监会连续出台了多项投资新政,2013 年初伊始又再度推出几项新政,进一步拓宽了保险资金投资范围、降低投资门槛、细化风险管控,逐步接轨国际成熟市场。保险资金运用政策出现的重大变化,完善了保险投资政策体系,而且帮助保险公司优化公司资产配置,减少对资本市场的依赖,分散了保险资金投资风险,增强了保险资金运用的规范性、专业性和灵活性,并为最终提升保险公司偿付能力和竞争力,促进保险行业健康良好发展奠定了基础,对保险市场乃至金融市场发展将产生深远影响。

2.7.5 推动保险业组织体系优化,促进主体多元化保险市场形成

2012 年上半年,保监会已批准 13 家保险公司成立了保险销售公司,鼓励保险销售专业化、职业化经营,这为建成市场体系完善、服务领域广泛的现代保险业奠定了良好基础。为适应经济社会发展需要和市场需求,2013 年将继续优化保险业组织体系,促进形成主体多元化的保险市场格局。

2.7.6 移动技术和信息技术将继续推动保险业发展

随着保险市场竞争越来越激烈,各家公司纷纷在产品、营销渠道和服务模式上推陈出新。2010 年 10 月,平安保险率先在行业内推行了移动展业模式(MIT),随后,太平洋保险、中国人寿、新华保险、阳光保险、友邦保险、太平保险等也纷纷推出移动展业平台。移动展业的发展不仅靠保险公司自身,还需要跨行业合作,包括联想、华硕、宏基、三星及东芝等都有意于保险移动展业市场。而在第三方支付平台上,快钱、通联等也将形成竞争。

与此同时,保险行业信息共享平台正式起步,保险业信息化建设开启新征程。目前,信息平台管理公司的组建方案已经获得国务院批准,筹备工作全面展开。行业信息共享平台建设对于提升行业信息化水平、提高保险监管效能、促进行业健康发展具有战略性意义。

未来最大的挑战来自商业模式,"转电销"和"强呼出"模式恐难以为继,特别是全国人大《关于加强网络信息保护的决定》的颁布,以及保监会强化消费者利益的保护,还有《中华人民共和国劳动合同法》对"劳务派遣制度"的校正,都将对既有的商业模式产生根本性的影响。行业的电网销业务,需要重新思考并清晰发展模式问题,特别是内生性客户维系和绝对成本优势问题。行业要直面核心竞争力的内涵问题,价格无疑是商业模式的核心元素,但从长远看,肯定不是决定性因素。回归客户本位,回归价值创造是基本取向。

参考文献

[1]2012 年保险专业中介机构经营情况[Z].中国保险监督管理委员会官方网站,2013-03-05.

[2]2013 年国内保险业发展趋势分析探讨[Z].中国行业研究网,2012-12-12.

[3]保费增速连续两年下滑,车险重燃价格战[Z].网易财经,2013-03-16.

[4]保监会环保部联合启动环境污染强制保险试点[Z].和讯网,2013-02-21.

[5]保险公司控股股东管理办法[Z].中国保险监督管理委员会官方网站,2012-08-02.

[6]保险经纪从业人员、保险公估从业人员监管办法[Z].中国保险监督管理委员会官方网站,2013-01-05.

[7]保险销售从业人员监管办法[Z].中国保险监督管理委员会官方网站,2013-01-15.

[8]关于保险公司加强偿付能力管理有关事项的通知[Z].中国保险监督管理委员会官方网站,2012-07-05.

[9]关于加强农业保险理赔管理工作的通知[Z].中国保险监督管理委员会官方网站,2012-02-03.

[10]关于印发《保险公司财会工作规范》的通知[Z].中国保险监督管理委员会官方网站,2012-02-07.

[11]国华人寿与淘宝合作成本千分之二,电商网站争相卖保险[Z].和讯网,2012-12-28.

[12]国务院关于修改《机动车交通事故责任强制保险条例》的决定[Z].中国保险监督管理委员会官方网站,2013-02-22.

[13]农业保险条例[Z].中国保险监督管理委员会官方网站,2013-02-22.

[14]盘点 2012 年保险业:产寿险发展不均,发展瓶颈再现[Z].中国金融网,2012-12-28.

[15]人身保险公司保险条款和保险费率管理办法[Z].中国保险监督管理委员会官方网站,2012-01-15.

[16]人身险费率市场化路线图初定[Z].和讯网,2013-03-16.

[17]中华人民共和国军人保险法[N].新华月报,2012(8)上.

[18]李昕.险企进入银保转型阵痛期,5年期产品大范围叫停[Z].和讯网,2012-12-25.

[19]王和.把握根本,因势利导,创新未来——2012年我国财产保险市场综述[Z].中保网·中国保险报,2013-01-15.

3 2012 年中国资本市场回顾及新一年展望

——资本市场稳健运行、创新和监管

金德环　赵海蕾

3.1　2012 年资本市场运行回顾

3.1.1　债券市场多样化增长

2012 年,债券市场共发行各类债券 8.575 万亿元,较上年增加 8 958.32 亿元,同比增长 11.66%。通过交易商协会注册发行的非金融企业债务融资工具存量突破 4.2 万亿元。在信贷增速保持稳定而国民经济对融资需求日益渴望的背景下,债券市场快速健康发展,有力地支持了国民经济发展,充分发挥了促进经济结构调整、落实国家重大发展战略的积极作用。

如表 3-1 所示,从债券发行市场来看,中央结算公司登记新发行债券 1 421 只,发行量共计 58 658.44 亿元,同比下降 15.73%,占债券市场发行总量的 68.41%;上海清算所登记新发行债券 1 475 只,发行量共计 24 498.57 亿元,占债券市场发行总量的 28.57%;交易所发行公司债和中小企业私募债共计 268 只,发行量 2 594.33 亿元,占债券市场发行总量的 3.03%。

表 3—1   2012 年债券市场发行情况

	发行量(亿元)	发行只数
全市场(A1＋A2＋A3)	85 751.34	3 164
A1:中央结算公司登记托管的债券	58 658.44	1 421
A2:上海清算所登记托管的债券		
短期融资券	11 197.27	1 025
超短期融资券	8 062	152
非公开定向债务融资工具	4 678.3	282
证券公司短期融资券	561	16
小计	24 498.57	1 475
A3:中国证券登记结算公司登记托管的债券		
公司债	2 503.50	187.00
中小企业私募债	90.83	81.00
小计	2 594.33	268.00

资料来源:中国债券信息网。

如表 3—2 所示,从发行债券种类来看,财政部通过银行间债券市场发行债券 1.7 万亿元(包括地方政府债券 2 500 亿元),较 2011 年略有减少;国家开发银行、中国进出口银行、中国农业发展银行在银行间债券市场发行债券 2.1 万亿元;商业银行等金融机构发行金融债券 4 034 亿元;资产支持证券试点范围进一步扩大,5 家金融机构先后获准在银行间市场发行资产支持证券,总计 193 亿元。公司信用类债券发展势头强劲,全年共发行公司信用类债券 3.6 万亿元,同比增长 60.1%。其中超短期融资券 5 822 亿元,短期融资券 8 356 亿元,中期票据 8 453 亿元,中小企业集合票据 100 亿元(含中小企业区域集优票据 29 亿元),非公开定向债务融资工具 3 759 亿元,非金融企业资产支持票据 57 亿元,企业债券 6 499 亿元,公司债券 2 508 亿元。目前,银行间债券市场的债券发行机构包括财政部、政策性银行、铁道部、商业银行、非银行金融机构、国际开发机构和非金融企业等各类市场参与主体,债券种类日趋多样化。

表 3—2   **2011 年和 2012 年主流债券发行品种**

类别	2011 年		2012 年	
	发行总额 (亿元)	发行总额比重 (%)	发行总额 (亿元)	发行总额比重 (%)
国债	15 417.59	24.07	14 442.38	17.90
地方政府债	2 000.00	3.12	2 500.00	3.10
金融债	23 074.30	36.02	25 929.10	32.13
利率债合计	41 491.89	64.77	44 371.48	54.99
企业债	2 485.48	3.88	6 430.31	7.97
公司债	1 291.20	2.02	2 598.33	3.22
中期票据	8 199.93	12.80	11 510.62	14.27
短期融资券	10 162.30	15.86	15 333.47	19.00
信用债合计	22 564.90	35.23	36 317.20	45.01
新债总计	64 056.79	100.00	80 688.68	100.00

资料来源:CSMAR 数据库。

从中央结算公司新发债券的券种结构来看,企业债券发行6 474.31亿元,同比大幅增长 160.49%;政策性银行债发行21 500亿元,同比增加1 527.3亿元,涨幅为 7.65%;商业银行债发行3 933.7亿元,同比涨幅11.8%,2012 年国债发行12 032.8亿元,同比下降3.32%。政策性银行债、国债和中期票据在发行规模中占据主要地位,三者发行量合计约占发行总量的 72.38%。

2012 年年末,我国债券市场托管总量为 26.26 万亿元,比 2011 年增长 17.15%,2008 年以来的年均增长率为 13.74%。而包括企业债、公司债(含中小企业私募债)、中期票据和短期融资券等在内的信用债券托管量,其年均增幅约为 50%。2012 年年末的信用债托管量达到 6.65 万亿元,是 2008 年年末 1.33 万亿元的整整 5 倍。在过去 12 年中,债券市场总体规模迅速扩大。2001 年年末,债券余额达 22.1 万亿元,占 GDP 比重为 18.7%,2012 年年末,债券余额占 GDP 比重已达 50%。

如表 3—3 所示,从交易所和场外交易市场的关系来看,银行间市场债券托管量为 25.9 万亿元,同比增加 16.7%,作为面对机构投资者的场外批发市场,占债券市场余额的 96%;交易所作为面向个人和中小机构投资者的场内零售市场,仅占债券市场余额的 4%。2012 年,银行间债券市场累计成交 263.6 万亿元,同比增加 34.2%。其中,同业拆借累计成交 46.7 万亿元,同比增加 39.8%;债券回购累计成交 141.7 万亿元,同比增加 42.4%;现券成交 75.2 万亿元,同比增加 18.2%。

表 3—3　　　　　　　　　　2012 年债券市场余额

	余额(亿元)	托管只数
全市场(A1＋A2＋A3)	259 604.58	5 177
A1:中央结算公司登记托管的债券	237 569.11	3 570
A2:上海清算所登记托管的债券		
短期融资券	8 326.97	803
超短期融资券	3 531	88
非公开定向债务融资工具	4 502.3	273
证券公司短期融资券	295	9
小计	16 655.27	1 173
A3:中国证券登记结算公司登记托管的债券		
公司债	5 289.43	353
中小企业私募债	90.77	81
小计	5 380.20	434

资料来源:中国债券信息网。

从债券期限来看,银行间债券市场发行期限结构依然以中短期债券为主,但是长期债券所占比重有所上升。期限 5 年以内的债券发行量占比 42.3%,比 2011 年下降 10.6%;期限 5 年(含)到 10 年的债券发行量占比 39.2%,比 2011 年增加 9.4%;期限 10 年(含)以上的债券发行量占比 18.5%,比 2011 年上升 1.2%。

2012 年,银行间市场债券指数由年初的 139.78 点升至年末的 144.68 点,上升 4.9 点,升幅 3.51%;交易所市场国债指数由年初的 131.44 点升至年末的 135.79 点,上升 4.35 点,升幅 3.31%(参见图 3—1)。

3.1.2　股票市场萎靡不振,前高后低

2012 年,先后有 150 家公司以 IPO 的方式登陆 A 股市场,首发实际募集资金共计 927 亿元,为 2009 年 IPO 重启以来的最低值(见图 3—2)。从公告看,上述公司计划投入募集资金总额为 816 亿元,而 2012 年实际只投入了 175 亿元,占比仅有两成左右。

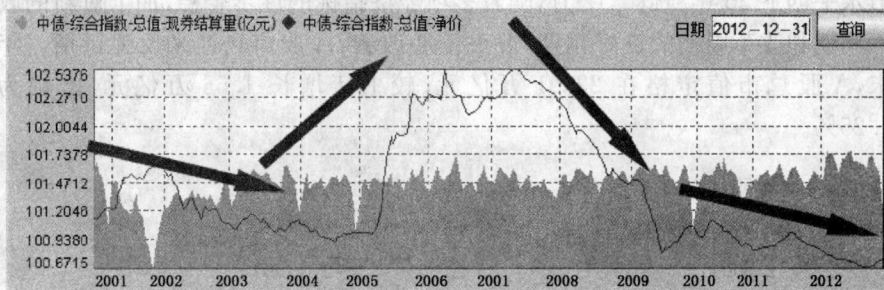

资料来源：中国债券信息网。

图 3－1　2012 年中债综合指数净价指数走势

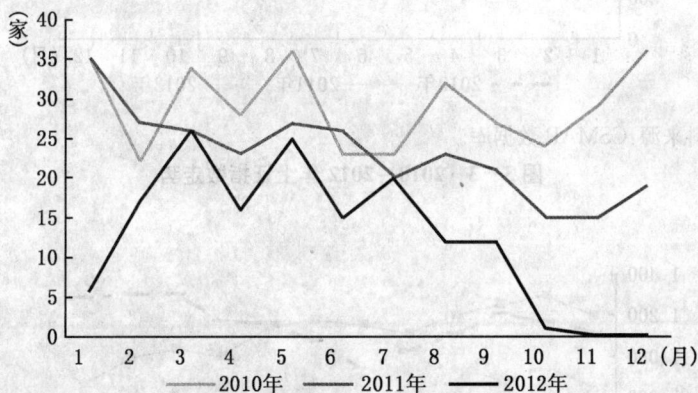

资料来源：CSMAR 数据库。

图 3－2　2010～2012 年 IPO 发行数量

如图 3－3 所示，2012 年，股票指数总体上行。年末上证指数收于 2 269.13点，比 2011 年年底上涨 69.71 点，涨幅 3.17%。全年上证指数最高为 2 460.69点，最低为 1 959.77 点，波幅为 500.92 点。股票市场成交量明显下降。以上证 A 股市场为例，全年累计成交金额 16.4 万亿元，日均成交金额 674.5 亿元，较 2011 年减少 30.5%。行业方面，房地产、金融、家电、有色金属和建筑建材等板块表现相对较好，而服装纺织、机械、商贸和信息服务等板块则跌幅较深。风格上，大盘股票表现显著优于中小盘股，沪深 300 指数全年累计上涨 7.55%，中证 500 指数仅上涨 0.28%，创业板指数下跌 2.14%。

2012 年，A 股总市值和估值水平均在 11 月末跌至全年最低水平，其中，市值规模跌至 19.81 万亿元，跌破 20 万亿元大关；平均市盈率为 11.61 倍，估值水平创下 20 年新低。12 月,随着多项经济指标的逐步企稳,加上对新的政治周期和改革周期的良好预期,股民信心改善,A 股市场迎来反弹行情。年末,A 股总市值定格在 22.91 万亿元,较上年增长 1.55 万亿元,增幅为 7.25%。

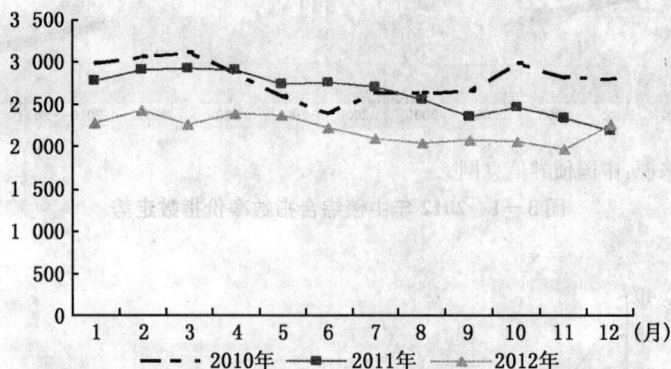

资料来源:CSMAR 数据库。

图 3—3　2010～2012 年上证指数走势

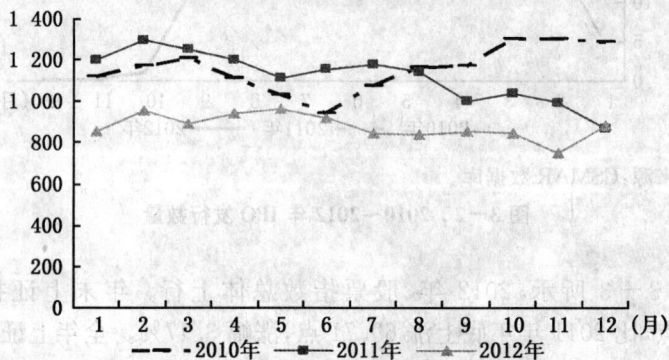

资料来源:CSMAR 数据库。

图 3—4　2010～2012 年深圳综指走势

从 A 股市场结构来看,不同所有制、行业和市场板块的上市公司市值表现各有千秋。1 373 家民营上市公司市值总量为 53 896 亿元,较 2011 年增长 10.81%,平均市盈率水平较 2011 年回升了 23.47%,达 30.62 倍,其估值水平回升幅度和市值规模增长幅度均超过国企;周期性行业与非周期性行业市值增幅差别突出,前者市值增幅明显低于市场平均水平,后者市值则大幅增长;创业板市值占比增速放缓;大市值地区市值表现落后,中西部地区市值活力明显落后于沿海地区。

面对 2012 年低估的企业价值,上市公司市值管理的主动性和优化治理的自觉性进一步升级。上市公司主要股东的增持行动压倒了减持冲动,股东增持数量创近年最高水平;并购重组再掀热潮,637 家上市公司发布并购重组公告,涉及金额 1 845.40 亿元;信息披露合规性提高,自主性信息披露崭露头角;投资者关系管理与媒介关系管理的重要性愈益突出;上市公司将低估值市场环境作为理顺激励机制、激发创造活力的难得机会,股权激励开始走进越来越多的企业。

3.1.3 基金市场增长主要依靠增量基金

截至 2012 年 12 月 31 日,基金业资产管理总规模达到 28 278.39 亿元,存量基金整体遭遇净赎回。低风险的固定收益类产品整体净赎回略大于高风险的权益类产品,货币基金赎回金额最大。公募基金规模与 2011 年相比有小幅上升。规模的增长全部来自于增量基金的贡献:存量基金在 2012 年下降了 1 952.63 亿元,而 2012 年新发基金的总规模为 8 554.76 亿元,占全市场基金比例约 30%。新发行基金中,货币基金占比最高,为 52.85%;债券基金占比 34%;混合型基金发行量最低,仅占所有新发行基金的 0.78%。截至 2012 年 12 月 31 日,正式运作的证券投资基金共有 1 495 只,其中以中国大陆境内市场为投资对象的基金有 1 427 只,以中国大陆境外市场为主要投资对象的 QDII 基金有 68 只。

基金总个数从 2011 年底的 914 只增加到 2012 年底的 1 241 只,基金个数增幅超过 2011 年,刷新了历年发行数量的纪录,增长幅度达到 35.78%(见表 3—4)。从种类来看,封闭式基金 71 只,资产净值 1 371.67 亿元,市场占比 4.89%,份额规模 1 383.06 亿元,市场占比 4.49%。开放式基金 1 236 只,资产净值 26 659.68 亿元,市场占比 95.11%,份额规模 29 451.39 亿元,市场占比 95.51%。

表 3—4 2010 年和 2011 年全部基金规模

截止日期	总数	截止日份额(亿份)	截止日资产净值(亿元)
2011 年	914	26 510.50	21 676.26
2012 年	1 241	35 245.30	28 654.19
增长幅度	35.78%	32.95%	32.19%

资料来源:Wind 资讯,好买基金研究中心。

3.1.4　期货市场趋向稳定,成熟发展

2012 年是国内期货市场的"丰收年"。据中国期货协会数据显示,2012 年全国期市交易规模较前一年有所上升。以单边计算,2012 年全国期市累计成交量为 14.5 亿手,略低于 2010 年 15.6 亿手的历史最高纪录,但比 2011 年增长 37.6%。累计成交金额为 171.1 万亿元,创下历史新高,同比 2011 年增长 24.44%。

上海期货交易所、大连商品交易所、郑州商品交易所三家商品交易所的国际排名继续稳定在全球前 15 位,中国金融期货交易所仅凭沪深 300 股指期货一个品种就跃居全球第 25 位。值得注意的是,中国金融期货交易所在成交量方面仅占总成交量不到 7%,而在成交额方面却已经占据了总成交额的 43%,标志着金融期货已成为国内期市的支柱。2010 年,股指期货横空出世,推动中国期货市场交易额跨越式增长。全年累计成交 15.67 亿手,总成交金额 154.34 万亿元,均为历史最高。2011 年,监管层为控制通货膨胀,对期货市场采取一系列抑制措施,全年成交量 10.54 亿手,成交额 137.51 万亿元,分别下降 32.72% 和 11.03%。2012 年,中国金融期货交易所累计成交量 10.5 亿手,累计成交额为 75.8 万亿元,均为历史最高,同比分别增长 108.41% 和 73.29%,分别占全国市场的 7.24% 和 44.32%,充分显示了股指期货的强大吸引力。在四大期货交易所中,成交量和成交额增幅最为迅猛的是大商所。数据显示,大商所全年累计成交量 6.3 亿手,累计成交额 33.3 万亿元,同比增长 119.01% 和 97.45%,分别占全国市场的 43.64% 和 19.47%。而在四大期货交易所中,仅郑州商品交易所成交出现下滑。数据显示,郑州商品交易所 2012 年累计成交量 3.47 亿手,累计成交额 17.3 万亿元,同比分别下降 14.61% 和 48.04%,分别占全国市场的 23.93% 和 10.15%。

2012 年也是国内期货市场的"创新年"。这一年,不仅期货公司未来业务构架上有所创新,而且期货新品种也加快了创新步伐。2012 年 5 月 10 日,白银期货正式在上期所挂牌交易,白银期货由此成为 2012 年国内上市的首个期货新品种,这也是我国继黄金之后第二个贵金属期货品种。郑州商品交易所于 12 月 3 日成功推出了玻璃期货,紧接着在 12 月 28 日,油菜籽、油菜粕期货又在郑州商品交易所挂牌交易。随着 2012 年我国 4 个期货新品种上市,国内期市品种体系进一步丰富,如今国内期货品种已达到 31 个,覆盖了农产品、金属、能源、化工和金融等国民经济主要产业领域。

3.1.5 信托市场爆发式增长

信托行业已成为中国仅次于银行的第二大资产管理行业。截至 2012 年年末,信托资产管理规模达到 7.47 万亿元,两倍于 72 家基金公司管理资产总和,四倍于 114 家证券公司受托管理资产总和,正式宣告了信托行业以微弱优势压过保险,成为目前中国仅次于银行的第二大资产管理行业。自 2009 年以来,信托资产规模已连续 4 年保持 50% 以上的增长。

信托公司人均净利润连续第四年增长。信托公司 2012 年年报数据显示,2012 年信托业约 1.1 万人管理了仅 7.5 万亿元的资产,行业人均净利润为321 万元,远远超过银行业。以 2012 年人均净利最高的北京银行为例,人均净利 140 万元。数据显示,信托业 2007 年人均净利润曾达到 397.44 万元,2008 年骤降到 245.74 万元,随后稳步回升,至 2011 年已上升到 311.3 万元。

2010 年年末,银信业务总量为 1.66 万亿元,超过信托资产总量的一半;2011 年年末,银信业务总量为 1.67 万亿元,在信托资产总量中占比下降到35%;2012 年年末,银信合作余额约为 2.03 万亿元,但是占比进一步下降,目前仅占全部信托资产的 27%。

贷款信托是主要的信托资金运用方式,工商企业、基础产业与房地产是信托资金的主要投资领域。2012 年贷款信托余额约为 3 万亿元,占信托业管理资产总额的 43%。截至 2012 年年底,工商企业、基础产业(包括基础设施与部分矿产资源类项目)与房地产三者分别占中国信托资金运用额的 27%、24% 与 12.54%(如图 3—5 所示)。

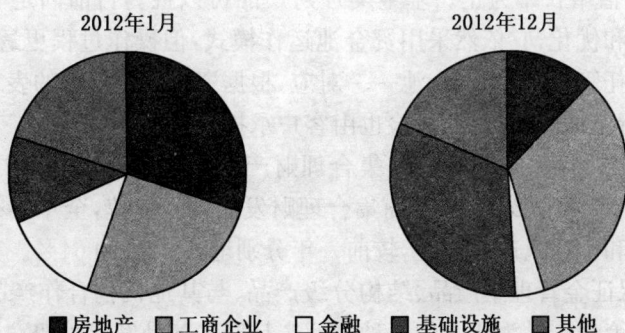

2012年1月　　　　2012年12月

■房地产　□工商企业　□金融　■基础设施　■其他

资料来源:好买基金研究中心。

图 3—5　2012 年信托资金运用变化

由于监管层面加大对房地产信托的管控,政信项目成为信托公司新的业务增长点。而很多政信项目都是投资于基础设施建设,因此此类产品成为最大的类别。大部分信托公司认为,还款来源或者担保来自于地方政府,兑付风险不高。在统计口径上,这类信托一般包括市政建设、道路、公共能源设施、教育、医疗卫生、环保等项目,其融资主体往往为地方政府。基础设施类信托资产从年初 11.53% 的占比,上升到年末 24% 的水平。

从收益上看,房地产信托收益率大大高出其他信托产品。房地产信托平均年收益率达 9.42%,大大高于其他信托类产品。基础设施信托、其他领域信托收益分别为 8.8%、8.15%,金融信托收益则仅为 5.99%。

3.1.6 理财市场发展强劲,风险剧增

根据中金公司的研究数据,截至 2012 年年末,理财产品余额为 7.1 万亿元,其中,银行理财产品余额高达 6.7 万亿元,已高于我国 2012 年全年的中央财政收入(5.6 万亿元)。我国自 2003 年同意商业银行开始发展理财业务以来,已经走过了 10 个年头。在这 10 年多的时间里,商业银行的理财业务如雨后春笋般发展起来,并且规模不断扩大。2007 年时,银行理财的管理规模只有 5 000 亿元,到了 2012 年年底就达到了 7.1 万亿元,年均增速达到了 50%。根据中信证券的研究,2012 年年末银行理财产品中非标准化债权资产约为 2.8 万亿元,占全部银行理财产品的 50%~60%。普益财富数据显示,2012 年,我国国有银行、股份制银行理财产品规模增速分别为 30.62% 和 36.88%,而城市商业银行的发行规模同比增速高达 82.87%。据普益财富统计,截至 2012 年 12 月 31 日,全年运行的类基金银行理财产品共计 57 款,其中 20 款 2012 年的净值增长率为正。基金类理财产品可以视为目前固定收益类理财产品的延伸和优化,它依然采用资金池运作模式,但操作过程更透明,资金由第三方机构托管,产品与资金池一一对应,根据资金池中资产的表现公布净值和收益,银行不做隐形担保,风险也由客户承担。

截至 2012 年年末,旗下成立集合理财产品的券商资管由 2011 年年末的 60 家增加到 70 家。2012 年券商集合理财发展创新提速,全年共有 215 只产品推广发行和 184 只产品成立,较前一年分别增长 97% 和 64%。其中以短期理财产品、保证金管理型产品、结构分级产品、与其他机构合作产品以及对冲套利等创新策略产品为代表的各种"新"产品迎来蓬勃发展时期。

如图 3—6、图 3—7 所示,2012 年第一至第四季度,大集合产品分别成立 13 只、20 只、29 只和 61 只产品,平均募集规模稳定上升;小集合产品四个季度分别成立 3 只、9 只、9 只和 39 只产品。集合理财产品份额数量稳步增长,大集合产品贡献显著。受 2012 年市场大幅震荡的影响,集合理财产品业绩出

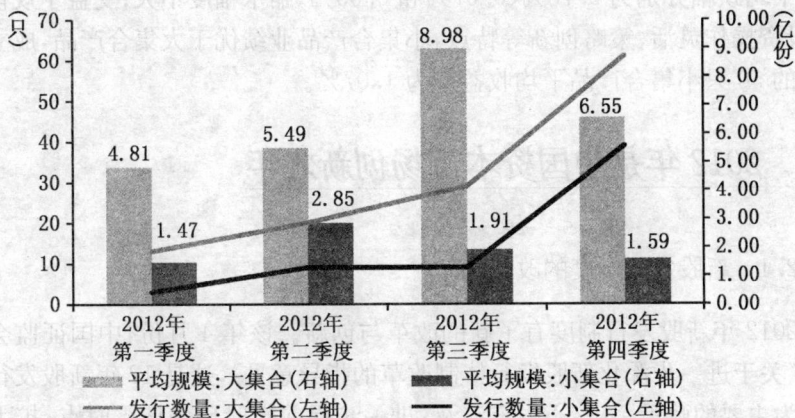

资料来源:国金证券研究所,Wind 资讯。

图 3—6　2012 年各季度集合理财产品发行情况

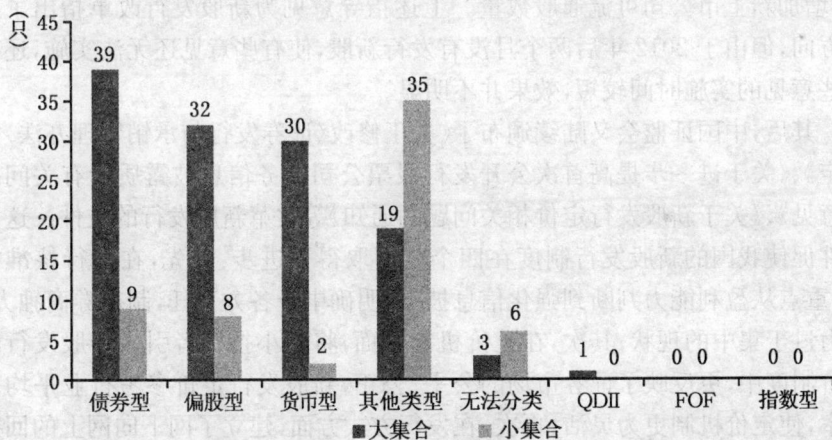

注:无法分类产品为未披露足够产品信息的产品。

资料来源:国金证券研究所,Wind 资讯。

图 3—7　2012 年集合理财产品分类发行情况

现分化。包括大、小集合在内的 209 只成立满一年的非限定性集合理财产品平均收益率为−0.13%;而受益于债市牛市,33 只债券型限定性产品年平均收益率为 6.53%。分类型而言,159 只成立满一年的大集合产品中,3 只指数型产品取得了平均 7.71% 的年度正收益,而其余类型产品均出现不同程度下跌,整体收益率为−0.43%;其中,其他类型、FOF 型和偏股型等主动投资型产品平均跌幅分别为 0.78%、0.67% 和 0.55%,缩水幅度不大;受益于规模较小、投资操作灵活、策略创新等特点,小集合产品业绩优于大集合产品,成立满一年的 50 只小集合产品平均收益率为 1.07%。

3.2 2012 年是中国资本市场创新之年

3.2.1 新股发行制度的改革创新

2012 年新股发行制度有了新的改革与创新。该年 4 月份,中国证监会颁布了《关于进一步深化新股发行体制改革的指导意见》,这是 12 年新股发行市场最为主要的政策,其核心内容涉及:进一步提前新股预先披露时点;扩大询价对象范围;加强对发行定价的监管;提高向网下投资者配售股份的比例,建立网下向网上回拨机制;取消现行网下配售股份三个月的锁定期,提高新上市公司股票的流通性;在首次公开发行新股时,推动部分老股向网下投资者转让,增加新上市公司可流通股数量。上述指导意见为新股发行改革指出了总体方向,但由于 2012 年后两个月没有发行新股,使有些意见还无法实施,还有一些意见的实施时间较短,效果并不明显。

其后,中国证监会又陆续颁布了《关于修改〈证券发行与承销管理办法〉的决定》、《关于进一步提高首次公开发行股票公司财务信息披露质量有关问题的意见》、《关于新股发行定价相关问题的通知》等改革新股发行的文件。这些文件促使我国的新股发行制度在四个方面取得了进步:首先,在发行核准方面,重点从盈利能力判断到强化信息披露,明确中介各方责任,制衡券商独大、权力过于集中的现状;其次,在定价机制方面,将中小投资者引入新股发行的询价制度中,更反映了证券市场的公平、公正,新股发行定价参考行业平均市盈率,使定价机制更为灵活;再次,在发行方式方面,建立了网下向网上的回拨机制,向存量发行制度迈进新的一步;最后,在监管方面,强调了盈利低于预期将被调查,采取限制措施抑制炒新。

当然,改革也存在不足。例如,在核准的关键方面,基本没有大的变化,发行制度市场化改革还需要多方面努力;在定价机制方面,行政干预痕迹仍然明显,存量发行会促使原始股东产生提前套现意愿,对造假行为的处罚力度尚没有起到违规的警示作用。

3.2.2 扩大债券发行品种和规模

2012 年,债券市场累计发行人民币债券 8 万亿元,同比增长 2.4%。其中,公司信用类债券发行规模大幅增加,共计发行 3.6 万亿元,同比增长 60.1%。财政部、国家开发银行、中国进出口银行、中国农业发展银行都在银行间债券市场发行债券 3.8 万亿元,商业银行等金融机构发行金融债券 4 034 亿元;资产支持证券试点范围进一步扩大,5 家金融机构先后获准在银行间市场发行资产支持证券,总计 193 亿元。

虽然债券市场的繁荣发展对于国民经济的发展起到了极大的促进作用,但其缺陷也仍然明显:多头监管,宽严不一;行政性管制严重,市场化的监管体制缺位;资本市场利率的扭曲;发行市场和流通市场割裂,未形成统一价格;银行间债券市场与交易所市场还是两个分割程度较高的市场,债券市场缺乏完善的机构体系;等等。

3.2.3　基金产品市场化发行

(1)货基 T+0,提升资金效率

2012 年 10 月,南方基金、国泰基金和汇添富 3 家基金公司"官网直销货币基金 T+0 赎回方案"业务获批,这意味着货币市场基金可当日赎回当日到账立马取现,而且在非交易日均可操作。随后的 11 月,汇添富推出场内 T+0 货币产品。早在 9 月底,银华、华宝兴业先后上报交易型货币基金,"货币版 ETF"也进入实质阶段。除了"T+0 赎回"和交易型货币基金的推出,货币基金在支付功能上也有创新。华安基金推出货币基金份额的"电子支付"业务,投资者在部分电子商务网站上购物后,可直接使用其持有的华安现金富利货币基金支付相关消费款项。更进一步则是将货币基金与车贷、房贷、信用卡等账户联姻,参与直接消费,向现金化迈进。

(2)填补市场空白,短期理财基金产品疯狂生长

自 2012 年 5 月 9 日首批两只短期理财基金产品——汇添富理财 30 天、华安月月鑫成立以来的半年多时间,短期理财基金已发行 29 只,资产净值总额达到 1 592.75 亿元。与货币型基金相比,在投资范围上,两者都限制于投资货币市场工具或固定收益类产品,两者主要的差异在于可投资债券的范围差异,货币基金只可投资于信用等级在 AAA 级及以上的企业债券,而短期理财基金可投资于信用等级在 A+级及以上的企业债券,投资范围更广。

(3)持债创新高,债基大扩容预演

基金持债规模已超过保险机构,仅次于商业银行,成为债券市场第二大类投资主体。债基成为基金发行的主力品种,截至 12 月 17 日,2012 年新成立的债券型基金共有 61 只,发行总规模为 1 563.72 亿元,加上货币型基金和短期理财基金,占据了发行规模的 70%以上。

如果把债券市场大发展从股市下跌这个小背景下拎出来,放在利率市场化的大环境中,那么未来债市大发展是一个大概率的事。这是因为利率市场化导致银行资金成本上升,推动贷款利率上升,而企业则由于间接融资成本过高而用直接融资来替代,如日本在1974~1983年间接融资比重由94%下降至72%。这必然带动债券市场大扩容,目前我国通过债务融资的比例占信贷市场只有11%左右,而美国则在70%以上。债市将是下一个财富流入的大池子。

(4)RQFII扩容,A股"墙外香"

中国证监会和外汇局于2012年年底推出RQFII制度,初期金额为200亿元人民币,绝大多数投资于债券市场。2012年4月,相关部门进一步提高RQFII额度,增加了500亿元,且这500亿元全部用于投资A股市场;11月,增加2 000亿元人民币投资额度,至此试点总额度达到2 700亿元人民币。种种迹象表明,随着审批加速、投资运作更加便利等一系列措施的陆续实施,境外投资者申购RQFII的积极性不断提高,他们投资A股的意愿也正在加强。

3.2.4 券商资管业务不断开放

与信托公司2012年跨越性发展所对应的7.47万亿元的资产规模相比,以券商资管为代表的非信托资产管理机构资产管理规模在2012年年底达到1.89万亿元,较前一个年度增长了6倍之多。伴随着2012年下半年中国证监会、中国保监会的一系列针对资产管理新政的"松绑"行为,非信托资产管理机构的资产管理业务迅速发展,资产管理业务成为现有金融机构共同角逐的主战场,而对资产管理市场规范发展和管理的渴求,成为对资管市场制度进行顶层设计的源动力。

由于证券公司同时拥有证券发行承销和经纪业务,因此其资产管理业务有可能与其他业务产生协同效应,使证券公司具有独特的资产管理优势。此外,管制的放松还为中小券商设立灵活多样的小型资产管理计划提供了便利,促进市场下调阶段资产管理计划持续稳健运营。

3.3 2012年资本市场的风险积累

3.3.1 信托业盛名之下内忧外患

经历了2012年疯狂成长之后的信托行业如今有喜有忧。一方面,信托公司全行业信托资产规模再创历史新高,有望继续保持较快增长;另一方面,基金子公司等机构开始涉足类信托,行业进入群雄竞合的"泛信托"时代,给信托业带来业务和人才等方面的竞争和挑战。类信托业务不同于真正法律意义上的信托业务,相关机构在该业务操作过程中有可能降低风控标准,但对于信托业而言,仍然形成了一定的竞争压力。如何进一步加快转型和创新步伐,告别野蛮成长的过去,增强持续盈利能力和竞争能力,则是信托行业面临的最大挑战。

从 2012 年下半年起,中国信托行业的违约事件开始逐渐浮出水面:2012 年 6 月,中诚信托旗下融资规模高达 50 亿元的"诚至金开 1 号"煤矿信托的债务人卷入了民间融资诉讼;2012 年 11 月,中融信托因为债务人未能按期偿还 3.845 亿元信托贷款,提请拍卖青岛凯悦中心部分资产;2013 年 1 月 29 日,中国最大的信托公司中信信托宣布,由于三峡全通公司的违约行为,导致相关信托计划的优先级信托受益权不能在预定到期日获得足额兑付,因此将上述优先级信托受益权的到期日延期 3 个月。"中信制造·三峡全通贷款集合资金信托计划"由中信信托在 2011 年 12 月 28 日发起设立,期限为 18 个月,累计募集资金 13.34 亿元。该信托计划的基础资产是对湖北宜昌三峡全通涂镀板有限公司(简称三峡全通)提供的原材料贷款。后者是一家中外合资的钢铁行业企业,主要产品为冷轧精密薄钢板、光纤电缆带钢、镀锌板等。在这笔贷款背后,宜昌市夷陵国有资产经营管理有限公司以其持有的两块住宅与商业用地提供了抵押担保,三峡全通的法人代表也提供了个人连带责任担保。三峡全通违约主要是因为自 2011 年年底以来,钢材价格呈现持续下跌态势,导致钢铁产业全面亏损,以致三峡全通面临严重的资金周转困难。针对三峡全通的违约,中信信托采取了强硬的应对策略。根据最新公告,中信信托宣布各项贷款立即到期,要求三峡全通立即偿还全部贷款本息以及违约金,并要求担保人履行相应的担保义务。如果各方未履行相关义务,中信信托将向有直接管辖权的司法机关要求强制执行。中信信托表示,其既不应该也不会通过为项目垫付资金的方式来解决问题。中信信托的强硬姿态引发业界高度关注。因为在此之前,出现违约的信托公司都会低调处理,通过垫付资金等方式来想方设法地避免直接违约与正面冲突。中信信托的表态,意味着此前中国信托行业的"刚性兑付"时代可能终结。

3.3.2　私募行业面临考验

根据好买基金研究中心的统计,2012 年共成立新的阳光私募产品 166 只,其中传统非结构化产品 99 只,创新型产品 67 只。相比于上年全年 283 只阳光私募产品的发行量来看,2012 年的发行有了一定的回落。不仅是总量上比 2011 年有所回升,而且从每个月的发行量来看,2012 年阳光私募产品的发行量也基本都少于上年同期水平。总的来看,发行量与市场的走势有很大的关联性,相比于 2011 年,2012 年市场无疑是一个更加漫长的寒冬。唯一的两波反弹均出现于年初的第一季度。第一季度的暖流使得阳光私募的发行数量较为稳定,除了 4 月份市场大涨时候私募发行量较低,整个上半年,阳光私募产品的发行量还是比较稳定的,并在 7 月的时候达到了全年的峰值,即单月发行产品 27 只,但这相比于 2011 年的峰值 44 只产品,还有一定的差距(如图3-8 所示)。

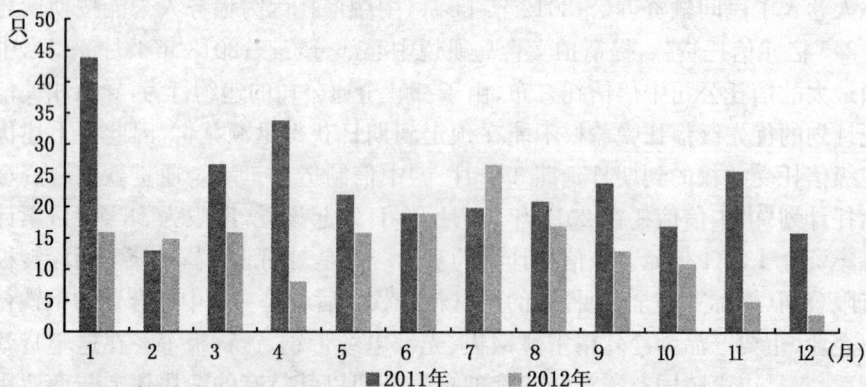

资料来源:好买基金研究中心,数据截至 2012 年 12 月 19 日。

图 3-8 2011 年和 2012 年阳光私募产品发行量对比

清盘,是 2012 年的阳光私募圈子很难避免的一个话题。根据好买基金研究中心的统计,截至 2012 年 12 月 20 日,共有 81 只产品遭遇清盘,其中包括非结构化产品 64 只、创新类产品 17 只。其中,1 月份清盘产品为 9 只,2 月份清盘产品为 4 只,3 月份清盘产品为 1 只,4 月份清盘产品为 7 只,5 月份清盘产品为 4 只,6 月份清盘产品为 10 只,7 月份清盘产品为 13 只,8 月份清盘产品为 11 只,9 月份清盘产品为 10 只,10 月份清盘产品为 3 只,11 月份清盘产品为 9 只。对比之前的发行量,2012 年阳光私募产品的发行量和清盘数量最多的月份均为 7 月份。从清盘的原因来看,有些是因为产品到期主动终止的,也有些是由于触及清盘线而被迫终止的。这就不得不提到私募产品中的清盘线。对于私募公司来说,清盘线的设置有助于公司更加注重风险的控制,对于投资者来说也可以起到一定的保护作用。但清盘线的设置所带来的对于投资的掣肘也是不可否认的。

收益率是很多榜单排行依据之一。根据好买基金研究中心统计,截至

2012 年 12 月 20 日所公布的阳光私募产品的 11 月净值计算出的产品 2012 年以来的收益率,在可统计的 813 只阳光私募产品中(包括非结构化产品和创新型产品),当年以来的平均收益为－5.38％,其中获得正收益的产品有 191 只,占比 23.49％,也就是说,近八成左右的阳光私募产品 2012 年以来的收益为负。

2012 年的熊市对于阳光私募的打击是不言而喻的,尤其对于传统股票多头策略的阳光私募来说,在股市单边下跌的市场之中,不仅挤出了原本估值较高的股票所含的泡沫,同时也错杀了一批本身资质不错的企业,这使得以 A 股为主战场的传统阳光私募在选择投资标的和持有股票的过程中都增加了许多难度。

3.4 2012 年也是资本市场监管之年

3.4.1 股票市场制度改革

改革是 2012 年中国证券业监管的主旋律。自 2011 年 10 月中国证监会负责人换届以来,短短一年时间内证监会出台了 70 余项各类规定、办法和意见,平均不到 6 天就推出一项"新政"。这些举措涉及改革新股发行制度、完善上市公司退市制度、健全上市公司分红制度、建设场外交易市场、打击违法违规行为等诸多方面,已经并将继续对中国股票市场发展和证券法治建设产生重大影响。尽管如此,中国股票市场发育总体而言仍显稚嫩,尚需进一步深化改革,加强监管,切实维护广大投资者的利益。

2012 年中国证监会共发布了 12 期《证监会公告》,总结起来可以从以下三点来看:

(1)改革新股发行制度

不合理的新股发行(包括首次公开发行和上市公司增发新股)制度是中国证券市场的痼疾,其中信息披露和定价机制方面的问题尤为突出。2012 年 4 月 28 日和 5 月 23 日,证监会先后发布《关于进一步深化新股发行体制改革的指导意见》和《关于进一步提高首次公开发行股票公司财务信息披露质量有关问题的意见》,围绕加强信息披露和完善定价机制作出了若干规定。首先,强化信息披露的真实性、准确性、充分性和完整性;其次,调整询价范围和配售比例,进一步完善定价约束机制,加强对发行定价的监管;再次,完善对"炒新"行为的监管措施,维护新股交易正常秩序;最后,加大监管和惩治力度,对于财务信息披露违法违规行为,除依法给予行政处罚并在必要时移送司法机关追究刑事责任外,还将建立首次公开发行股票公司相关中介机构不良行为记录制度并纳入统一监管体系,形成监管合力。

上述政策措施得到市场积极回应,政策效果有所显现。例如,股票定价约束机制逐步增强,新股发行平均市盈率由 2011 年的 48 倍下降到 2012 年 6 月的 31 倍,2012 年上半年新股发行市盈率与二级市场平均市盈率之差比 2011 年第四季度下降了约 25%。

(2)完善上市公司退市制度

上市公司退市是股票市场的正常现象。作为股票市场的一项基础制度,退市制度理应在完善市场机制方面发挥出积极的作用。我国原有退市制度存在标准单一、程序冗长等弊端,未能正常发挥使经营失败的上市公司退出市场的功能,导致大批 ST 公司"停而不退",形成"僵尸股",严重妨碍了股票市场投融资功能的正常实现。2012 年 6 月 28 日,上海证券交易所和深圳证券交易所分别发布《关于完善上海证券交易所上市公司退市制度的方案》和《关于改进和完善深圳证券交易所主板、中小企业板上市公司退市制度的方案》,并于 2012 年 7 月 7 日起施行。这样,加上此前深圳证券交易所已于 2012 年 2 月 24 日发布的《关于完善创业板退市制度的方案》(2012 年 5 月 1 日起施行),我国多层次的资本市场退市制度体系得以建立。

总体而言,两个交易所在完善退市制度方面的思路是一致的,其总体框架和主要措施基本相同,可以概括为两个方面:

①加大退市力度。具体表现在:增加退市指标,引入净资产、营业收入、审计意见类型和市场交易情况等指标;严格恢复上市要求,从多方面涵盖上市公司不适合继续上市的具体情形;简化退市程序,细化退市各相关环节的衔接安排和具体期限,避免相关各方利用退市程序的模糊性延缓和拖延退市。

②建立退市配套机制。具体表现在:通过设置风险警示板和＊ST 标志,警示和释放风险,防范投资者特别是个人投资者参与非理性炒作;设立退市公司股份转让系统,减少上市公司退市后转至其他交易市场的操作不便和运作成本;建立重新上市制度,为退市公司回到交易所集中交易市场预留空间。

(3)建设场外交易市场

设置合理、运行有效的场外交易市场是交易所集中交易市场的必要补充,也是建立多层次资本市场的应有之义。场外市场在我国一度颇为活跃,出现过"全国证券交易自动报价系统"(STAQ)和"全国电子交易系统"(NET)这样的全国性证券交易网络。但自 20 世纪 90 年代后期以来,出于金融安全和风险控制的考虑,这些场外市场被陆续整顿关闭,只留下一个业务范围有限的"证券公司代办股份转让系统",用于解决原 STAQ 和 NET 系统挂牌公司以及交易所退市公司的股票转让问题,即所谓"老三板"。自 2006 年起,以中关村科技园区内的高新技术企业为试点,证券公司代办股份转让系统开始办理非上市股份公司的股份报价转让,形成所谓"新三板"。

场外市场建设工作在 2012 年取得了实质性进展。2012 年 9 月 20 日,全国中小企业股份转让系统有限责任公司正式成立,经营范围包括组织安排非上市股份公司股份的公开转让。该系统除了原中关村高新技术园区加入后的"新三板"外,还加入了上海张江、天津滨海、武汉东湖等高新技术园区,拓展了"新三板"的内容,并适时向更一般意义上的中小企业扩展,确立了"非上市公众公司"的概念,为场外市场的发展提供了进一步的规范和动力。

3.4.2 基金市场引入更多竞争

2012 年 2 月 3 日,中国金融期货交易所发布《中国金融期货交易所套期保值与套利交易管理办法》,开始接受机构投资者及成熟个人投资者的套利交易编码申请。该办法明确规定,套利包括期现套利、跨期套利和跨品种套利等。这是自 2010 年 4 月股指期货上市以来,中国金融期货交易所推出的一项重大改革创新举措。套利编码的推出,为私募基金发行信托产品参与对冲操作打开了一条通道。

2011 年年中,银监会发布《信托公司参与股指期货交易业务指引》,规定信托产品在参与股指期货套期保值交易时,做空股指期货最多对冲 20% 的股票持仓市值。这给私募开发对冲类产品带来了一定的障碍。之后的一段时间,私募发行市场中性产品受到了较大的阻碍。中国金融期货交易所对于套利交易编码的开放,使得私募通过信托产品参与股指期货对冲交易的限制有所打破,私募可以发行全对冲的市场中性产品,这在一定程度上推动了私募基金对冲业务的发展。

(1)QDLP 开闸在即,国外对冲"狼"来了

QDLP(Qualified Domestic Limited Partner,即合格境内有限合伙人)政策实际上是允许注册于海外并且投资于海外市场的对冲基金,向境内的投资者募集人民币资金,并将所募集的人民币资金投资于海外市场。自 2012 年 3 月以来,包括国内资产管理公司和海外对冲基金在内的多家金融机构,已经在积极地申请 QDLP 牌照。

QDLP 的开闸对于国内私募行业的发展会带来一定的影响。从短期来看,首批对 QDLP 有意向的都是一些知名的大型对冲基金,对投资者有较大的吸引力,对国内阳光私募行业会起到资金分流的作用,但是冲击不会很大。一方面,QDLP 的额度仅 50 亿美元,相对于国内约 3 000 亿元人民币的阳光私

募管理规模来说,占比仅在 10％左右;另一方面,了解海外市场的境内投资者数量较少,加上汇率及税收成本,现有阳光私募的客户及潜在客户大量转向 QDLP 也不现实。从中长期看,国内阳光私募将与海外对冲基金同台竞争,是机遇,更是挑战。

(2)新基金法草案面市,私募纳入监管

2012 年 7 月 11 日,《中华人民共和国证券投资基金法(修订草案)》全文向社会公开并征求意见。细看草案全文,最大的看点在于明确了对私募基金监管的条款。近年来,包括私募证券投资基金、私募股权投资基金在内的非公开募集基金发展之路可谓迅速,行业规模逐步扩大,已成为财富管理的重要工具之一。但由于缺乏有效的监管,一些私募都是急功近利地追求投资回报,甚至铤而走险。目前私募的阳光化更多是通过信托来实现,如果能真正给予其"合法"的身份,从信息披露、证券报备等多渠道加强对私募的监管,将有利于树立行业公信力,使行业能更规范健康地发展。对于目前掣肘私募的一些难题,例如信托股票账号限制的放开,股指期货、商品期货等衍生工具投资限制的彻底放开,有了解决的可能。同时,草案考虑私募在发展到一定规模、运作规范之后,可以发行公募产品,也指出了私募发展的最终方向。

(3)私募试水 MOM,有效性仍需验证

继 2012 年 8 月份平安罗素投资管理公司成立国内第一只 MOM 产品后,国内资产管理领域由此开启了"从精选产品到精选管理人"的创新大门。与目前国内主流的资产管理模式相比,MOM 主要是基金管理人通过长期跟踪、研究基金经理投资过程,挑选长期投资风格稳定并取得超额回报的基金经理,以投资子账户委托形式让他们负责投资管理的一种投资模式。MOM 产品具备多种管理优势:一是可以按照自己的产品风格来匹配、筛选相关管理人,相较于 TOT 间接投资,在管理上更加方便、自由和有针对性;二是可以避免 TOT 的双重收费问题。但是,尽管 MOM 创新模式已在中国资本市场局部落地,但有效性仍需要一段时间来验证。

(4)管理期货表现不俗,业务模式有待拓展

如果把所有私募产品进行混排,就会发现 2012 年排在最前面年化收益率超过 100％的几只产品均采用的是管理期货策略。其中,成立于 2011 年 9 月 23 日的颉昂商品对冲 1 期在 2012 年 11 月 22 日取得的当年累计收益率高达 164.32％! 如此骄人的业绩不由得引人瞩目。

管理期货私募以期货作为主要投资标的。目前,国内几家知名的管理期货私募主要投资的品种为商品期货,投资标的包括金属、贵金属、农产品、工业品等。由于期货交易采取保证金制度,通过增加杠杆管理期货基金有可能取

得远超越股票型基金的收益水平。由于信托公司投资范围的限制,许多管理期货私募只好采用有限合伙的形式发行产品。不过,随着未来公募基金专户与期货公司资产管理业务的进一步拓宽和发展,可以预期未来将会有更多采用管理期货策略的基金产品问世。

3.4.3 加强理财产品风险控制

2012年年底,银监会等四部委联合下发了《关于制止地方政府违法违规融资行为的通知》(即"463号文"),对政信合作类基础设施信托在投资公益性项目、地方财政担保还款等多个环节下达禁令。所谓政信合作,是指信托公司与各级政府在基础设施、民生工程等领域开展的合作业务。一位不愿透露姓名的业内人士指出,地方政府借道信托"借新还旧"有其必然因素,"地方政府主导的基础设施项目很多是没有效益的纯公益项目,需要依靠借新还旧维持资金流,但是银行贷款条件苛刻且监管严格,很难施以'援手',地方政府只能向制度灵活的信托公司寻求帮助"。

2012年12月,银监会下发通知,要求各银行全面排查代销第三方产品的业务,重点针对保险、基金、信托、私募、PE等第三方产品;仅仅1个月之后,银监会年度工作会议明确提出要严格监管理财产品设计、销售和资金投向,并推出多项禁令;2013年3月27日,银监会发布《关于规范商业银行理财业务投资运作有关问题的通知》(简称"8号文"),对银行理财产品进行全面、量化的监管;2013年5月9日,央行报告对银行理财市场提出完善信息披露等五大要求。

值得注意的是,此前银监会发布的"8号文"可操作性较强,不仅进一步严格了信息披露制度,还从产品设计层面进行了严厉整顿。"8号文"首次明确定义了"非标准化债权资产",并严格限定商业银行的理财资金投资非标准化债权资产的上限,此举直接限制了银行"通道业务"的规模;不仅如此,新规要求商业银行要实现每个理财产品与所投资资产(标的物)的对应,并做到单独管理、单独建账和单独核算,对新规印发之前已投资的不达标的非标准化债权资产比照自营贷款,按照相关要求,于2013年年底前完成风险加权资产计量和资本计提。根据《信托公司净资本管理办法》规定,各信托公司需根据国家宏观调控政策和银监会监管政策导向积极调整业务规模和业务结构,确保在2011年12月31日前达到净资本各项指标要求。信托公司做任何业务,都涉及相应的风险资本,而集合类产品需要计提的风险资本要高于单一类的信托。而且,由于集合资金产品申报标准严格,程序较复杂,随着截止日期的临近,多数信托公司的净资本告急,因此,在条件允许的前提下,信托公司一般倾向于将产品都做成单一资金类信托产品,导致集合类产品的数量下降。

3.5 中国资本市场新一年展望

3.5.1 侧重扩大中小微企业的资本市场融资渠道

2013年博鳌亚洲论坛年会上,《小微企业融资发展报告:中国现状及亚洲实践》的调查报告正式对外发布。该报告通过对小微企业主的个人财富状况进行调查发现,多数小微企业属于"小本经营",小微企业主仍然处于财富积累的初期,受经济周期波动的影响较大,对财富增值的需求仍然强烈。报告对小微企业主的个人资产规模的调研结果显示,在参访的小微企业主中,逾九成的小微企业主的个人资产规模在1 000万元以下。其中个人资产规模在100万元以下的小微企业主最多,占比达到46.6%,相比之下,个人资产达到1 000万元以上的小微企业主只占一成。

而在财富管理目标上,以增值和保值为财富管理目标的小微企业主占比将近九成,其中51.6%的小微企业主以"增值、追求超额回报、获得更多财富"为财富管理的总体目标。相比之下,只有少部分小微企业主以"传承、规避潜在风险、保障家族财富传承"和以"满足日常生活各种需求"为财富管理目标。

报告显示,银行仍是小微企业融资的首选渠道,但依然存在较大改进空间。在争取外部融资时寻找资金来源的优先顺序方面,有66.7%的小微企业主将向银行贷款排在了第一位。关于在向银行融资时所遇到的问题,"贷款到位时间较长"反映最为集中,占比达45.8%。

银监会正力推小微企业融资租赁,未来将设立专营机构来提供设备融资。在三类租赁公司中,背靠实力雄厚的银行大股东,银行系租赁公司规模优势更为显著。从蹒跚而行到破茧重生,经历了30多年的曲折发展,中国的融资租赁业现已逐步踏上一条快速发展的轨道。从增长率来看,中国融资租赁业的发展非常惊人,公司规模、业务总量呈几何式增长。截至2012年年底,中国融资租赁合同余额已过1.5万亿元,比5年前的240亿元增长了63倍。融资租赁公司总数由2007年年底的93家增长到2012年年底的约560家。

近年来,为有效地解决中小企业融资难的问题,在政策面、市场面和监管层各方推动下,借鉴国际经验,我国推出了非公开定向债务融资工具,即通常所称私募债,包括中小企业私募债等发行机制的创新。

3.5.2 泛资产管理呼唤财富管理顶层设计

券商创新、基金松绑、保险开放、期货突破、私募修法,中国理财市场主体日趋多元化。金融业"分业经营、分业管理"的体制不仅给信托业带来了制度红利,也给包括银行业、证券业、保险业在内的所有金融业态带来了制度红利。相比之下,在资产管理市场上,信托业制度红利的堡垒还是比较脆弱的,早就因为其他金融同业的进入而被日益削弱,只不过前些年其他金融同业的进入多少还被限定在特定的市场范围内,比如商业银行的资产管理基本上被局限在货币市场范围之内,证券公司的资产管理被局限在资本市场范围之内,基金管理公司的资产管理主要被局限在资本市场上的公募证券投资基金范围之内,而保险资产管理的资产范围则被严格局限在保险资金的范围之内。因此,信托业制度红利所遇到的竞争性挑战还不那么明显。

长期以来,"制度红利"被认为是信托行业得到迅速发展的关键因素,监管层希望以对制度的简单复制来获取自身组织在资管市场的迅速发展。而"泛信托"金融机构的文化特质,导致类信托业务难以更好地履行社会责任,管理规模的扩大难以惠及广大投资者,从而不利于整体资产管理市场的长期稳健发展。

在泛资产管理大趋势下,对于信托制度的运用避免了融资过度集中于银行,使得社会融资结构更加合理;为企业提供了长期、稳定的资金,形成多元化融资渠道;促进了新科技成果转化为生产力;丰富了投资者理财选择。从我国情况看,早在多年前,降低银行过高的储蓄率、建立合理均衡的社会融资结构、为企业提供多元化的融资渠道等就已经被呼吁多次,有些甚至已经明确为金融业改革的重要内容。但是,对于这些问题的解决多年未见明显成效。因此,从解决中国经济、金融发展问题的角度,注重从法律制度上区别以信托为主要手段的财富管理与其他金融子行业的区别,重视财富管理需求,探寻以信托制度为依托的财富管理在中国经济发展中能够解决的问题和发挥的作用,应该是中国特色财富管理顶层设计的一个方向。

3.5.3 严控理财产品风险

从整个市场的变化来看,第三方理财正在形成新兴的理财大军,大有与银行竞争理财业务的趋势。这些公司包括信托、集合理财、资产管理、券商集合管理等,由于在银监会未出台规范理财业务的文件前,银行都是和这些第三方理财公司合作,大打高收益理财产品的旗号,而银行出于自身的利益也愿意和他们合作,一方面是攫取高额的代理手续费,另一方面是通过推出这些高收益理财产品吸引市场上的资金作为变相揽存的工具。银监会发布的"8号文"对于我国银行理财市场具有里程碑意义。"8号文"指出,任何时点,银行理财资金投资于非标准化债权资产的余额,均应以理财产品余额的35%或商业银行上一年度审计报告披露总资产的 4% 之间孰低者为上限。在银监会出台"8 号文"后,银行就开始要和这些第三方理财公司形成理财市场上的竞争了。其中,券商和集合理财可能会成为银行的有力争夺者。自 2012 年证监会同意将券商集合理财由审批制改为备案制以后,券商理财业务就被释放出来,由于在投资方面比银行有更大的自主性和灵活性,预计未来几年券商发布的理财产品会有较大幅度的增长。对于投资者来说,在理财产品的选择上,将会更加丰富,而理财市场上的竞争将会日趋激烈。2013 年,银监会也发布了商业银行理财投资运作的要求,要求商业银行理财产品能够达到成本可算、资金可控,特别是信息充分披露。

对于代销合作机构,上海银监局也作出了更加明确的要求。其中包括银行在代销产品前,要求被代理机构提供详细的产品介绍、风险收益测算情况及合格客户标准等,了解和分析产品的主要风险点,并对产品的风险收益等相关数据进行必要的验证。未做尽职调查、调查不审慎或未充分了解产品即进行销售的,银监局将予以问责。此外,银行在售后应要求被代理机构提供产品运行情况的报告,并由其向客户披露。商业银行还要通过独立团队或独立第三方对代销行为抽样回访,发现问题及时纠正补救。

3.5.4 债券市场发展展望

自 1997 年成立至今,银行间债券市场为我国经济发展发挥了重要作用,累计为政府、银行和企业筹资 41 万多亿元(不含央票),为央行公开市场操作提供了平台,为社会提供了存量规模仅小于存款的、交易量规模全国第一的可投资的金融产品,成为世界第三大债券市场。并且,银行间债券市场没有再出现 20 世纪 90 年代中期以前屡屡发生的债券假托管泡沫,证明了其债券托管结算体系的有效性。

然而,银行间债券市场的发展道路不是一帆风顺的。近来暴露的债券市场一些从业人员内外勾结、营私舞弊的现象再次反映了债券市场下一步发展中应解决的一些关键问题。如能认清问题、把握本质、因势利导,我国债券市场将迈上新的台阶,为国家经济和社会转型再立新功。

时下一种流行的看法是,"都是丙类户惹的祸"。其实,银行间债券市场甲、乙、丙账户的托管体系建立是摒除了美欧多级托管体系的弊病,借鉴了香港 CMU 的托管体系经验。该托管机制既能兼顾大中小机构投资人享受中央托管服务的好处,又能避免中央托管机构直接面对素质相对较低的客户,还能便于监测投资人市场风险和道德风险。本次"债市风暴"既能快速查明源头又能不影响债市的基本功能发挥,就是明证。因此鉴于很多丙类户和乙类户中的私募理财户既有活跃债市的作用,又有内外控功能不健全而扰乱市场的一面,妥善的解决办法不是改变其托管体系或一关了事,而是扬其长、避其短,限制丙类户和私募理财乙类户的交易范围:即只允许其向银行间债券市场做市商点击交易,不允许其从一级市场买券,也不允许其在二级市场一对一谈判交易。任何已成交的撤单要向全市场公布,对撤单多的做市商和交易商要约谈,并将约谈内容公布,以防舞弊。这样,既可进一步激活做市商功能,又可使市场分层,增厚道德风险防火墙。对做市商要在国库现金管理、招标发行基本承销额、自动融资融券、公开市场操作等方面提供优惠,鼓励其做市;并扩大做市商数量,提高其服务质量,淘汰不合格的做市商。

应大力发展公募债券基金,鼓励规范的公募理财产品入市,为全社会投资者提供更多平等的债券投资机会。允许公募基金参加债券招标发行承销团,优先保证其对簿记建档债券的认购额。公募基金产品要进一步结构化,鼓励发行高风险高收益的债券基金产品,此举既可支持中小企业筹资,又可满足投资者的不同投资偏好。当然,特别要提醒的是,只要公募基金充分揭示了投资目标与风险,并规范操作,监管当局就不应内部要求基金公司为基民提供隐性担保,并帮助教育基民。监管当局要从制度上推动银行理财等理财产品向公募基金学习,提高经营管理的透明度和规范性:如依托结算公司和商业银行等建立集中的二级产品份额登记和柜台销售系统;此外,理财产品债券资产账户和其代理人自营账户之间的交易要公示等。

监管部门应要求参与债券市场投资的金融机构按金融资产会计分类要求在结算公司等托管机构进行债券资产分类登记,以进一步提高监管的有效性。监管部门应借助市场中介服务机构定期对债券市场投资者和结算代理人的交易行为规范性进行公开评价,鼓励先进批评落后;除对从事债券代持等违规行为进行揭露谴责外,还应重新梳理买断式回购的有关规定,理顺正道。监管部门还应鼓励金融机构采用金联等规范的国产内部债券投资业务电子系统,既提高投资效率,又提高内部监控效率,防止因系统选择不当带来新的操作风险。

本次"债市风暴"揭示出的一个深层次问题,是我国存贷款利率市场化程度亟待进一步提高。利率双轨制不应继续存在,至少也要加速其并轨进程。存款利率长期偏低会刺激消费和合理投资的理论已经不合时宜,当下它还会导致资金向房地产、黄金和债市等市场异常分流,成为特殊阶层利用双轨制利差追逐超额利润的土壤。存贷款利率进一步市场化和再次取消隐性的信贷规模限制,不仅会促进银行业更加成熟,而且会带动债券等其他金融子市场平衡发展。

此外,对于本次"债市风暴"揭示出的债券市场投资者的操作和道德风险,应防止按下葫芦起来瓢,未雨绸缪,对债券发行人的信用风险要加强关注,以免形成系统性风险。应巩固银行间市场金融机构发债人统一文字和数字化双信息披露机制,并抓紧推广到各类债券发行人的管理机制中去。

市场化发行定价机制一直是政策制定者和市场参与各方关注的问题。一个合理有效的发行价格应反映真实的市场资金供求关系,也会对二级市场起到一个信号作用,而不会因为明显偏离市场收益率水平而造成市场的大幅度波动。美国全球金融危机由房地产市场波及信贷市场和债券市场,进而席卷整个全球金融市场,这也充分说明定价机制在金融市场稳定中发挥"牵一发而动全身"的重要作用。从我国债券的发行方式来看,国债和政策性金融债经过多年的探索和实践已经全部实现了公开招标发行的方式,而短期融资、中期票据和企业债主要采用由主承销商组团、簿记建档的方式和公开招标的方式。应该说,无论选择何种发行方式,市场参与各方都应以市场的培育为基本出发点,以建立流动的、有深度的市场为主要目标,在发行定价中充分考虑到信用风险溢价、流动性风险溢价以及对未来利率走势的判断,在以较低成本发行和保障市场流动性之间寻求一个最佳平衡点。

目前,我国债券市场由银行间债券市场、交易所债券市场和商业银行柜台债券市场三个子市场组成。各市场在交易主体、交易品种、托管方式及定价水平方面存在差异,影响了债券市场发挥其资源配置和价格发现功能。理想状态应是市场参与者具有在不同市场间选择的自由,保证市场的流动性、透明度、稳定性、高效率以及低成本,而过多的市场分割无疑会影响流动性、定价机制和相关政策传导机制。

要提高我国债券市场的流动性,解决市场的结构性矛盾,建立统一互联的债券市场是关键。根据目前我国债券市场的现状,推进债券市场的统一互联应分阶段、分步骤进行。

首先,推进上市商业银行进入交易所债券市场试点进程,逐步丰富证券交易所固定收益平台的现券交易品种,逐步完善信用风险、流动性风险、利率风险的风控机制,根据不同市场环境合理制订并调整投资组合的久期目标、期限结构和凸性,提高银行的信用风险管理和定价能力。

其次,逐步完善债券向两个市场同时发行的机制,建立公司债跨市场发行的机制,逐步丰富跨市场交易品种。这样可以丰富债券的投资者,完善市场基准和定价机制,降低发债成本,同时也可以为两个市场的投资者提供更加多元化的投资选择。

最后,随着债券市场参与者和交易品种的统一互联,应当着手在更高层次上整合托管和结算体系,为债券转托管和资金的划转提供便捷、高效的服务。这样债券市场的参与主体可以自由选择投资交易的场所,后台系统能为市场参与主体的跨市场交易提供便捷、高效的服务,从而推进市场体系的完善和市场效率的提高。

总之,有必要从市场基础设施、监管的协调、推动市场统一互联的进程、减少制度性障碍、完善做市商制度、投资者保护机制、加强信用风险管理等方面促进债券市场的创新与发展。而市场的发展一定要相关法律制度先行,包括债券发行、交易、信息披露、监管等各项制度,为投资者创造一个健康有序的市场环境,从而推进多层次资本市场体系和金融稳定的进程。

既然我国债券市场存在场内、场外两个市场,那么在交易定价方面就存在显著差异。作为场内交易市场,交易所债市的主要交易定价由计算机系统集中撮合确定,其交易定价方式与股票交易类似。而占债券市场绝对主流的场外交易市场,银行间债市虽然自2001年开始实施做市商制度,并于2007年2月1日施行《全国银行间债券市场做市商管理规定》,但是由于目前的做市商力量相对薄弱,难以为买卖双方提供充足的流动性,实际上很多品种的交易定价还是由投资者以询价方式与选定的交易对手方逐笔达成交易,这种具有分散性和协议性特征的交易定价方式为交易双方之间带来寻租空间,不规范的丙类账户就此乘虚而入。

虽然发达债券市场也是以场外交易为主的,但是,其交易定价普遍采取完善的做市商制度。作为一种典型的报价驱动机制,做市商由债券市场中实力雄厚和信誉良好的机构担当,做市商不断向投资者报出特定债券品种的买卖价格,保证交易品种能够在此价格上及时成交,通过此方式为市场提供可交易的债券价格。

投资者依据做市商提供的买卖价格进行交易,大宗交易则在做市商报价的基础上由交易双方协议成交。做市商制度既可以增强市场的流动性,又能增加交易价格的透明度,这样的交易定价机制大大缩窄了询价方式下的寻租空间。与成熟市场相比,我国债券市场不透明的交易定价方式扩大了寻租空间。

我国目前的债券发行一般采取利用利率区间面向所有合格投资者的公开招标方式和债券发行人与投资者之间进行询价和询量的簿记建档方式。公开招标方式虽然透明度高,但是容易出现流标,一般用于国债、金融债等发行规模大、流动性较强的品种;而簿记建档方式一般用于企业债,虽然可以保证足额发行,但是招标过程和招标结果不公开,发行价格的确定过程不透明,容易导致寻租和利益输送。由于债券二级市场价格比较平稳,在利益驱动下,盈利空间可观的一级半市场应运而生,这也成为此次债市清查风暴关注的重点领域。

虽然簿记建档存在不透明的弊端,但是,在美国、中国香港等成熟市场中,簿记建档也在债券发行中广泛运用,并没有因此而出现很多负面案例。究其原因,应该是与这些市场完善的监管制度有关。因此,簿记建档发行方式并非问题的根源,不完善的监管制度才是激发不透明的簿记建档负面效应的主要症结所在,监管制度缺失下不透明的发行方式导致利益输送。

综上所述,在投资者参与、交易、发行等方面的不透明是导致债券市场中出现寻租、利益输送等种种违规违法现象的主要原因,因此,未来债市改革的方向要将增加透明度放到首要位置来考虑。具体地,应加快银行间债市和交易所债市的融合,这有利于提高个人投资者参与债券投资的便利程度,也有利于竞价交易方式范围的扩大和做市商制度的完善,同时加强发行制度监管,消除簿记建档发行的负面效应。

建设多层次资本市场是未来资本市场的发展重点,"十一五"中后期和"十二五"前期表现出的"重债券、轻股票"的特点会在政策导向下得到维持,债券市场未来的发展空间依然巨大,此次治理行动将有助于消除债市顽疾,改善运行基础,为债券市场的良性发展奠定基础。

成熟的国债现货市场是国债期货市场健康发展的基础。2012年年底,我国债券余额为27万亿元,其中国债存量7万多亿元。1976年美国推出国债期货时,其可流通国债余额约为4 212亿美元,与GDP之比为23%;我国1995年时这一比例仅为5.43%,2012年已经上升至13%。其中70%的国债余额都在银行手里。除此之外,保险、券商、基金、信托等机构也都持有一部分的国债。机构投资者作为理性的市场主体,已经成为国债市场的主流,避险需求日趋强烈,这为作为风险管理工具的国债期货的推出创造了极为有利的条件。我国国债现货市场已初具规模,足够托起国债期货市场的运行;而国债期货的推出,也将促进国债交易的活跃,提高国债市场流动性,进一步促进国债市场的发展。

国债期货和利率市场化关系密切,国债期货是利率市场化的重要推动力。央行的货币政策调控正逐渐从数量型工具向价格型工具转变,需要增加多种市场化工具,国债收益率、国债期货价格都可以作为政策的重要参考。利率市场化后,各类机构也需要一个市场形成的利率基准和有效的避险工具,国债期货在这两方面都可以发挥重要作用。美国的利率市场化进程比较漫长,从1970年启动利率市场化进程,直到1986年3月废除联邦储备法案中规定的Q条例以后,才完全实现了利率市场化。可见,国债期货也可以在利率市场化的过程中推出,并不一定要等到利率完全实现市场化。2007 年中国推出的 Shibor 利率的建立和完善,成为利率市场化改革的重要内容,相关产品和市场得到了较快的发展,利率市场化进程进一步加速。

国债期货有利于形成基准利率体系。当前我国银行间债券市场的债券远期交易及回购交易日趋活跃,利率互换市场也逐步发展,基准利率收益率曲线的完善尚缺国债期货市场的支持。

目前,我国 4～7 年剩余年限的国债存量最大,市场流动性也较高,国内商业银行的债券组合久期也在这个期限附近。因此,此次仿真交易选择 5 年期的中期国债作为标的,符合当前我国的实际情况。但需要注意的是,目前我国国债期限过于集中,改变单一的期限结构将是未来国债市场进一步完善的方向。

随着人民币跨境贸易的推广,境外持有人民币的政府和机构需要有一个在我国境内投资的渠道,购买和持有我国国债的需求不断增强,也需要国债期货来管理国债价格波动的风险。上市国债期货,有助于增强境外政府和机构持有我国国债的积极性,提升人民币在国际市场中的地位。

3.5.5　控制地方政府融资平台

2013 年,银监会将以控制总量、优化结构、隔离风险、明晰职责为重点,继续推进地方政府融资平台贷款风险管控。具体包括及时化解到期风险,严格控制总量风险,优化存量贷款结构,同时建立风险隔离制度。在优化存量贷款结构方面,银监会将引导新增贷款主要支持符合条件的省级融资平台、保障性住房和国家重点在建续建项目合理融资需求;对于现金流覆盖率低于 100% 或资产负债率高于 80% 的融资平台,要求各银行确保其贷款占本行全部平台贷款比例不高于上年水平,并逐步减少贷款发放,加大清收力度。

3.5.6　清理影子银行

中金认为,中国式的影子银行可以分为三大类:传统商业银行主导的影子银行,负债方主要包括非保本型银行理财产品(4.5 万亿元)、未贴现银行承兑汇票(7 万亿元);采用传统商业银行模式的非银行金融机构,负债方包括委托贷款(6.5 万亿元)、信托贷款(3.7 万亿元);以及较少监管或无监管的影子银行,主要指狭义民间借贷(3.2 万亿元)、小贷公司(0.6 万亿元)、典当(0.25 万亿元)、部分私募股权基金(0.5 万亿元)、融资租赁(1.6 万亿元)。中金认为,市场普遍关心的房地产信托(0.68 万亿元)由于兑付分散且行业资金链改善,风险较低。倒是规模约 1.65 万亿元的基础产业信托在 2013 年即将遭遇集中兑付,值得关注。

根据方正证券的测算,截至 2012 年年底,影子银行总量约 28.6 万亿元,约占当年 GDP 的 55%。影子银行的主要风险在于实体企业违约风险和信用中介资金错配风险,而影子银行的清理将对实体经济与资本市场产生明显的影响。我们认为,随着经济复苏和流动性改善,以及央行对信贷投放目标有所放宽,当前是解决影子银行较好时机。影子银行的存在有利有弊,清理影子银行的着力点应该是如何使影子银行体系的运行更加透明,确保投融资活动处于监管之下,而不是简单地缩小其规模。如何有效清理影子银行呢?我们认为,应根据影子银行各部分的不同风险属性采取不同的措施,清理影子银行需要良好的流动性环境,而券商及金融市场在清理过程中应发挥更大的作用。

首先,根据影子银行各部分不同风险特征采取不同的清理措施。

银行表外业务的清理:对委托贷款和信贷资产转让类的清理应更注重项目风险测度,对信托贷款等的清理应重在解决期限匹配的问题,对未贴现银行承兑汇票的清理应重在防范风险传递至表内。

信托资产的清理:应重点清理投向房地产和基建的信托资产,其关键是确保资产池中的资金与项目一一对应。

民间借贷的清理:借贷隐蔽性强且 30% 左右的资金来自银行体系,应该是清理的重点之一。不过,也正由于其隐蔽性,对民间借贷清理的重心应放在长期制度建设上,致力于完善法律、法规,引导民间资本规范从事借贷活动,促使民间借贷运作更加阳光透明。

其次,影子银行清理需要良好的流动性环境。长期以来信贷在融资结构中占据绝对主导地位,影子银行促进直接融资大发展,是对社会融资的有益补充。我们之所以强调影子银行的风险,原因有二:一是监管缺乏以及风险传递至正规银行体系的可能性,二是影子银行一旦发生风险可能无法应对。在清理影子银行过程中,势必对不少项目的资金链产生冲击,从新的融资工具导入资金需要有转换过程,这时整个市场流动性的充裕将成为清理和转换的必要条件。

再者,证券公司的资管、场外市场业务和债券等形式在影子银行清理过程中发挥更大的作用。例如,资管的资产证券化产品可以实现资金和项目的一一对应,通过大力发展三板业务可以使投融资更加平衡,通过发展场外交易可以解决相关产品的流动性问题,而企业债券融资的发展也将有利于社会融资结构的优化。总之,券商相关业务不但能促进直接融资的发展,而且能确保投融资活动处于监管之中。

影子银行的发展是融资体系适应实体经济需要而发展升级中的一个正常

现象,疏与堵必须协调配合,清理中需要考虑项目、资金、期限、风险、收益的匹配,发挥好金融市场评价和定价的作用。

参考文献

[1]中国上市公司市值管理研究中心.2012年中国A股市值年度报告[R].2013-01-31.

[2]安国俊.多措并举促进债市创新发展[N].证券日报,2013-05-10.

[3]常艳军.信托业扬鞭新十年　坐二更要争一[N].经济日报,2013-03-05.

[4]东吕.小微老板近半资产不足百万　银行仍是首选融资渠道[N].证券日报,2013-04-16.

[5]胡俞越,郭晨凯.推出国债期货恰逢其时　美国债期货带来启示[N].华夏时报,2012-02-18.

[6]郭寅.2012年基金规模榜[J].大众理财顾问,2013(2).

[7]胡俞越.2012—2013中国期货市场创新发展之年[N].期货日报,2012-12-28.

[8]金立新.中国资产管理顶层设计　应该向哪个方向走[N].金融时报,2013-04-08.

[9]李剑峰.增加透明度是债市未来改革方向[N].证券日报,2013-05-10.

[10]李蕾.中金预测中国影子银行规模约27万亿[N].新京报,2013-04-19.

[11]林晓.进一步完善债券市场刍议[N].金融时报,2013-05-11.

[12]刘飞.城商行发力小微金融租赁　银监会欲设专营机构[N].华夏时报,2013-04-27.

[13]乔加伟.银行自营资金大规模对接信托　信托资产勇闯十万亿时代[N].21世纪经济报道,2013-05-17.

[14]石磊.清理影子银行的路径思考[R].方正证券研究所,2013-01-25.

[15]滕晓萌.信托凶猛:7.5万亿资产等于2倍基金4倍券商[N].理财周报,2013-05-20.

[16]王增武.2012年中国的银行理财产品市场[R].中国社会科学院金融研究所,2013.

[17]谢多.中国债券市场发展原因、建议与展望[J].中国市场,2013(7).

[18]许付漪.回顾私募2012"熊"年脚步　八成负收益　清盘不绝[R].好买基金研究中心,2012-12-16.

[19]曾雯璐.柜台交易业务进展放缓　业内静待《债务融资工具管理办法》[N].上海证券报,2013-05-11.

[20]张剑辉.2012券商集合理财迎来行业春天　创新成主旋律[R].国金证券基金研究中心,2013-01-28.

[21]中国人民银行.2012年金融市场运行情况[R].2013-02-01.

[22]中国银行间交易商协会.中国债券市场发展报告(2012)[R].2013.

4 经济动荡中的企业融资环境分析和展望

王甄　徐晓萍　李曜

4.1　上市公司融资环境分析

本部分主要研究中国上市公司自 1992 年开始至 2012 年融资环境的变化和趋势。所有分析都来源于基于上市企业财务数据的实证研究。实证研究主要分为两个部分。一部分基于企业财务报表,计算自 1992 年至 2012 年中国上市公司每年的内部融资(内部现金流)和外部融资(股权融资和债券融资)的变化和趋势。从这些简单的数据分析可以对上市公司的内部和外部资金来源有个大概的了解。另一部分用回归的方法估计中国上市公司每年的投资—现金流敏感性和现金—现金流敏感性[①],这种更为严谨的分析方法使我们能更清晰地了解企业外部融资环境的变化趋势及对企业投资活动的影响。

4.1.1　上市公司融资能力改善程度的分析

这里所使用的财务数据全部来源于国泰安数据库(CSMAR)。我们选取

[①]　投资—现金流敏感性和现金—现金流敏感性是公司金融领域研究企业融资约束的最常用的两种方法。具体细节可参见 Fazzari,Hubbard 和 Peterson (1988)以及 Almeida,Campello 和 Weisbach (2004),或 4.1.3 部分的具体说明。

1992～2012 年这一时间段内所有 A 股上市公司。所有从国泰安获得的数据都经过通货膨胀率的调整至 2012 年年末的货币水平。按照学术界的常规处理,对于有数值缺失值的变量我们都用 0 作为替代值。此外,为了确保实证结果不受异常值的影响,我们对所有实证研究中用到的变量都进行 winsor 的处理,把最大的 1% 样本的值和最小的 1% 样本的值分别调整到 99% 的值和 1% 的值。经过以上样本处理后,最终留下的有 2 392 家公司,总共有 21 380 个观测值。

企业融资环境的变化直接影响到企业在资本市场获得资金的难易程度。融资环境改善将使企业获得更多的外部资金;反之,如果企业融资环境恶化,例如融资成本上升,将使企业获取外部资金变得困难。因此,以下分析上市公司自 1992 年至 2012 年内部融资和外部融资数量的变化和趋势,以此反映上市公司融资环境的变化。

内部融资即企业的内部现金流,外部融资包括股权融资和债务融资。企业每年的现金流——债务融资和股权融资都可以从企业的财务报表上获得,并且在数据分析时,每个变量都会除以当年年初的企业总资产的账面价值以减少企业规模对截面比较的不利影响。表 4—1 显示的是每年上市企业的平均现金流、平均股权融资以及平均债务融资求平均值。

表 4—1　　　　上市公司的平均现金流、平均股权融资以及平均债务融资

年　份	现金流(年平均)	权益融资(年平均)	债务融资(年平均)
1992	1.68%	60.56%	16.91%
1993	1.74%	27.14%	7.86%
1994	8.07%	1.40%	2.99%
1995	6.96%	0.64%	2.50%
1996	6.61%	1.85%	2.37%
1997	9.21%	8.94%	4.56%
1998	9.60%	11.73%	6.11%
1999	7.91%	8.06%	5.50%
2000	7.26%	9.06%	5.38%
2001	4.74%	5.33%	4.15%
2002	4.32%	3.67%	3.48%
2003	5.01%	2.13%	5.35%

年　份	现金流(年平均)	权益融资(年平均)	债务融资(年平均)
2004	4.66%	0.32%	2.85%
2005	3.87%	-1.02%	1.30%
2006	5.76%	3.94%	0.98%
2007	32.17%	1.95%	-16.52%
2008	15.09%	14.72%	18.81%
2009	40.65%	21.38%	96.08%
2010	11.67%	2.35%	5.28%
2011	37.74%	98.62%	29.32%
2012	11.03%	9.95%	20.35%
所有年份平均	11.23%	13.94%	10.74%

　　数据显示,从 1992 年至 2012 年,上市公司平均每年产生的内部现金流占总资产的 11.23%,平均每年通过债务的形式(包括银行贷款和公司债券)获得的外部资金占总资产的 10.74%,而通过股权形式获得的外部资金占总资产的 13.94%。总体上看,企业自身的股权融资要略高于从内部融资获得的资金,但从数量上看并没有很显著的差异。这一简单的结果说明,中国的上市企业通过外部资金融资可能比使用内部资金要花费略少的成本(即使考虑发行费用等),但是这种成本上的差异可能并不是很大,至少没有大到上市企业过度依赖某一种资金的程度,这与美国企业过度依赖于内部资金融资的特点有所不同。对比美国而言,中国上市公司更喜欢用没有偿付压力的股权融资进行筹资。尤其是 2011 年,上市公司股权融资竟然高达 98.62%,虽然这一数据很可能是源于 2011 年的 IPO 高潮,这个从我们后续的实证中使用的样本也可以发现,2011 年新增上市公司的数量几乎占到 2011 年初的 1/3。

　　此外,我们还发现上市公司的债务融资在 2009 年达到顶峰,占期初资产的比重达到了惊人的 96.08%。我们认为一个重要的原因是相关监管部门对公司债发行的放开,主要是政策导向起到引导作用,即 2007 年证监会推出上市公司债,2008 年发改委简化企业债核准程序,这些政策促进了公司债市场的发展以及上市公司发债筹资的积极性。

　　从表 4-1 和图 4-1 中可以分析上市公司的三种融资途径在时间序列上的变化和差异。企业的现金流占总资产的比例在年度之间没有太大的变化,

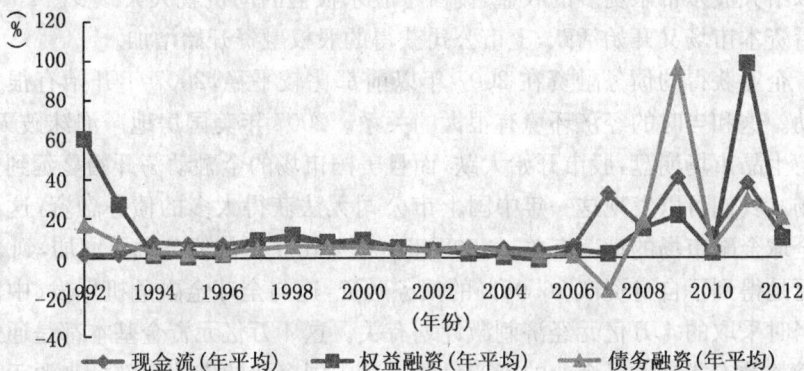

図4-1 各种融资方式的年度情况

表现得比较稳定。从1992年到2006年这一比例基本保持在2%～10%,从2007年开始有所上升。2007年达到了32.17%。但是,2008年由于金融危机演变成经济危机,企业盈利有所下降,现金流也达到了总资产的15%,2009年这一数值更是达到了40.65%。不过2012年回落11%左右。总体来说,从2007年开始,尽管外部经济形势有所波动,企业的经营能力还是比以前有很大的提高,因此内部现金流可以给企业融资提供更大的支持。

企业获得的外部股权融资比内部现金流表现出更大的波动性。在资本市场刚建立的早期,如1992年和1993年,上市企业可以获得大量的股权融资,平均每家企业可以获得总资产60%(1992年)和27%(1993年)的股权融资。资本市场发展的早期,投资者对上市公司热情高涨,上市公司数量也少,所以上市公司可以在股市获得大量的资金。然而这一现象随着资本市场的逐步发展,上市公司的问题越来越多而有所改变。新兴资本市场的一个典型问题是对中小股东的保护不够,使得大股东或者内部人对中小股东的利益侵占问题很严重。在中国,这一问题比其他新兴市场更严重。中国上市公司大股东的股权在当时基本无法流通,大股东无法从提高企业价值,从而增加股权市值中获益。因此,他们更乐于侵占小股东的权益。如果中小股东的利益无法得到保证,投资股票如果对他们来说损失的风险要超过获益的可能,那么最终他们就会选择从股市退出。在这种情况下,上市企业反而更难从股市获得资金。从图4-1可知,从1994年开始到2005年基本呈现这样的趋势,2005年上市公司的融资额达到历史最低点。2005年中国资本市场启动了股权分制改革,拥有非流通股的大股东们为了使流动股上市流通,在股改方案中会给于中小股东一定的补偿;另外,大股东的股权上市流通以后,相比股改前,股权的市值可以给大股东带来更多的收益,侵占小股东权益的动机就大大减少。2005 年以后资本市场又开始活跃,上市公司获得的股权融资开始增加。

企业获得的债务融资在 2007 年以前都比较平稳,2007 年开始有很大的波动。这和当时的经济环境有很大的关系。2007 年美国房地产泡沫破灭,信用衍生品市场崩盘,股市开始大跌,而且美国市场的金融动荡开始蔓延到全球市场。我们可以发现这一年中国上市公司无法获得太多的债务融资,这可能与全球金融市场的动荡有关。2008 年上市公司获得的债务融资增加,到 2009年更是得到了自身资产 96.08% 的债务融资,这与全球金融危机爆发、中国政府当时采取的 4 万亿元经济刺激计划有关。这 4 万亿元资金基本都是通过银行贷款的方式进入了企业的资产负债表。中国企业的借债大部分来源于商业银行,而中国的商业银行基本控制在政府手中,因此,中国企业的债务融资不仅受经济情况的影响,还受到宏观政策变化的影响。此外,2007 年证监会推出上市公司债,2008 年发改委简化企业债核准程序,这些政策也促进了公司债市场的发展以及上市公司发债筹资的积极性。

从以上分析来看,中国上市企业在 1992~2006 年这一段时间内,融资环境并没有太多的变化,不管是内部现金流,权益融资还是债务融资对于总资产来说都保持一个稳定的比例。从 2006 年开始,企业的现金流开始增加,随着资本市场的发展,企业的权益融资也开始逐步增加,融资能力有所改善,企业的债务融资由于主要来源于银行,受政策的影响比较大。总体来说,企业的融资能力有所改善,但改善幅度目前还不是太大。

4.1.2 上市公司现金流敏感性分析

(1)投资—现金流敏感性表明外部融资环境有所改善

金融学研究的一个重要问题就是如何选择企业的内部资金(现金流)还是外部资金(发行股票和借债)为企业的投资活动融资。一个重要结论是,由于存在发行成本、税收差异、信息不对称和代理问题,外部资金的成本总是高于内部现金流。因此,企业总是面临外部融资约束(也称融资约束),即企业在某种程度上无法获得他们想要的外部资金。换个角度说,由于外部融资的额外成本,获得尽可能多的外部资金对企业来说未必是最优的。不过每个公司所面临的融资约束的程度并不相同。在公司金融领域,学者们用投资—现金流敏感性来衡量公司所面临融资约束的程度。

投资—现金流敏感性是基于新古典经济学的投资 Q 理论。这一理论认为,在金融市场不存在摩擦(即外部融资和内部融资相比不存在额外的成本,公司不存在融资约束)时,公司的最优投资水平只取决于公司的投资机会(由

公司的托宾 Q 体现）。这一关系可由以下的实证方程式检验，

$$I_{i,t} = \alpha_i + \beta Q_{i,t} + \varepsilon_{i,t} \qquad (4-1)$$

式中：$I_{i,t}$ 为公司 i 在第 t 年的投资水平；$Q_{i,t}$ 为公司 i 在第 t 年的托宾 Q，反映公司在当年的投资机会；$\varepsilon_{i,t}$ 为误差项。这一关系式的前提假设是资本市场不存在摩擦，企业可以没有成本地从外部市场融资。然而现实情况是，企业外部融资的成本总是高于内部现金流融资。企业为投资活动融资有个先后顺序，先依赖内部现金流，然后再考虑成本更高的外部资金。因此，企业的投资活动在多大程度上依赖于内部资金，能够反映企业内部资金和外部资金之间的差异，即企业所面临的融资约束的程度。Fazzari，Hubbard 以及 Peterson 于 1988 年第一次提出以投资—现金流敏感性来衡量投资对于内部资金的依赖程度，以及公司所面临的融资约束，见公式（4—2）：

$$I_{i,t} = \alpha_i + \beta_1 CashFlow + \beta_2 Q_{i,t} + \varepsilon_{i,t} \qquad (4-2)$$

与式（4—1）式相比，式（4—2）多了一个内部现金流。而回归式中内部现金流的系数 β_1 则体现了投资对现金流的依赖，即投资—现金流敏感性。这一系数反映了企业的融资约束的程度。如果外部资金融资没有额外的成本，金融市场是没有摩擦的，那么投资 Q 理论成立，回归式（4—2）中 β_2 显著地不等于 0，内部现金流前的系数 β_1 为 0，说明企业没有融资约束。如果金融市场有摩擦，外部融资成本高于内部融资成本，那么投资活动依赖于内部现金流，β_1 应该显著为正。融资约束越大，β_1 就应该越大，其反映的企业所面临的融资约束也越大。

在这一部分，我们用投资—现金流敏感性来衡量企业所面临的融资环境变化。首先，我们把 1992～2012 年按每 5 年或 6 年为一个时间段分成四个时间段：1992～1997 年，1998～2002 年，2003～2007 年，2008～2012 年。然后，在每个时间段作投资—现金流敏感性的回归，也即回归式（4—2）。[①]

表 4—2　　　　　　　　投资—现金流敏感性的回归（分阶段）

Investment	Cash Flow	Standard Err.	Q	Standard Err.	Obs.
1992～1997 年	0.647***	0.0562	−0.679*	0.356	1 217
1998～2002 年	0.512***	0.0856	0.235**	0.111	4 642
2003～2007 年	0.202***	0.0512	−0.000578	0.000408	6 503
2008～2012 年	0.353***	0.0348	0.0156***	0.00333	9 018

① 表 4—2 中对回归式（4—2）的估计控制年度效应和公司效应固定不变。

　　从表4—2的结果我们可以发现:第一,在每个时间段,投资—现金流敏感性都是在1%的水平上显著为正。这说明上市公司整体来说或多或少都面临一定的融资约束,在任何时间段投资—现金流敏感性没有为零的。第二,投资—现金流敏感性随着时间的延伸逐期递减。在1992～1997年,投资—现金流敏感性高达0.647。企业每增加1元现金流,就有6角5分用于投资活动,投资活动绝大部分依赖于内部现金流。而这一数字在2003～2007年减少到0.202。这与中国资本市场的发展是很有关系的,资本市场越是发展,企业可获得的外部资金就越多,越不需要依靠内部现金流。这一结果也与前面的结果是吻合的。中国资本市场的发展改善了企业的融资环境,使得融资变得更容易、成本更低。不过,这种改善还需要继续进行下去,因为目前的投资—现金流敏感性还不能算最低。根据 Chen and Chen(2011)年的研究,美国上市公司2012年的投资现金流敏感性基本为0。

　　为了验证结论的可靠性,我们在分阶段估计投资—现金流敏感性以后,又按年估计上市企业投资—现金流敏感性。具体来说,就是每年都估计当年上市企业的投资—现金流敏感性,然后看这些敏感性有没有逐年递减。

表 4—3　　　　　　　　　　投资—现金流敏感性的回归(年)

Investment	Cash Flow	Standard Err.	Q	Standard Err.	Obs.
1992 年	11.59	5.380	0.993	0.831	4
1993 年	0.515	0.349	0.578	0.957	29
1994 年	0.0262	0.0706	−0.113	0.157	100
1995 年	0.687***	0.0501	−0.0308	0.654	273
1996 年	0.179***	0.0622	−0.602***	0.180	305
1997 年	0.466***	0.111	0.213	0.209	506
1998 年	0.346***	0.0992	0.444**	0.197	712
1999 年	0.472***	0.0727	0.257**	0.128	825
2000 年	0.458***	0.0782	0.299***	0.110	924
2001 年	0.295***	0.0704	0.0406	0.0574	1 053
2002 年	0.290***	0.0825	0.171	0.182	1 128
2003 年	0.159*	0.0882	−0.00274	0.0277	1 194
2004 年	0.244***	0.0770	−0.0633	0.0514	1 251
2005 年	0.346***	0.0758	−0.0770	0.0562	1 337

Investment	Cash Flow	Standard Err.	Q	Standard Err.	Obs.
2006 年	0.388***	0.105	0.00701	0.0214	1 344
2007 年	0.171**	0.0687	−0.000669	0.000407	1 377
2008 年	0.288***	0.0658	0.0102*	0.00525	1 495
2009 年	0.171***	0.0661	0.00260	0.00414	1 562
2010 年	0.268***	0.0605	0.00442*	0.00241	1 665
2011 年	0.365***	0.0544	−0.0105	0.0196	2 004
2012 年	0.270***	0.0539	0.0315	0.0239	2 292

由表 4—3 可知,从 1992 年开始到 2012 年,上市企业每一年的投资—现金流敏感性都为正。在这 21 年中,只有在最初 3 年[①],投资—现金流敏感性没有达到 10% 的显著性;而在剩下的 18 年中,有 16 年投资—现金流敏感性达到 1% 的显著性。从总体来看,上市公司都面临着一定程度的融资约束。而随着时间的推移,投资—现金流敏感性逐渐降低。虽然现金流敏感性在这 20 年左右的时间里波动比较大,但还是随时间呈现降低的趋势,从图 4—2 可以更明显地看出这个趋势。

投资—现金流敏感性在 1996 年之前体现出比较大的波动性,而从 1996 年开始呈现明显的下降趋势。表 4—3 和图 4—2 的结果实际上验证了表 4—1

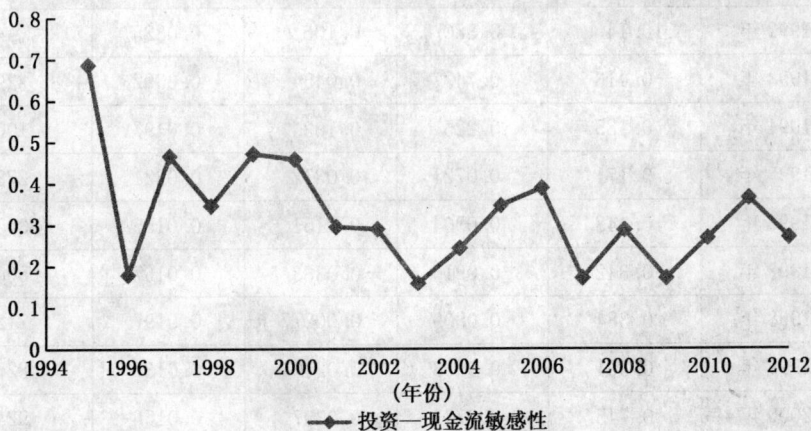

图 4—2 投资—现金流敏感性

① 这 3 年的结果还有可能是因为样本数太小造成的。

经济动荡中的企业融资环境分析和展望

99

的分析:上市企业的融资环境正逐渐获得改善,因此,对于上市公司而言,它们更容易在资本市场上获得外部融资,而不必像以前一样过多地依赖于内部资金为投资活动进行融资。而这种融资环境的改善是与中国资本市场的改革和完善密不可分的。

(2)现金—现金流敏感性表明外部融资环境的改善有限,融资约束依然存在

研究上市公司融资约束的另一种方法是衡量上市公司的现金—现金流敏感性。这一方法首先由 Almeida、Campello 和 Weisbach 于 2004 年提出。这一方法的提出主要是为了避免投资—现金流敏感性作为度量公司融资约束指标的缺陷。现金—现金流敏感性由以下实证方程式度量:

$$\Delta Cash_{i,t} = \alpha_i + \beta_1 CashFlow + \beta_2 Q_{i,t} + \beta_3 Size_{i,t} + \varepsilon_{i,t} \qquad (4-3)$$

式中:$\Delta Cash_{i,t}$ 是指年末和年初相比公司所持有的账面上现金额的增加;β_1 是现金—现金流敏感性。这一指标衡量的是一家公司每增加 1 元的现金流,有多少会存在公司的账面上。如果一家公司没有融资约束,可以很容易无成本地从资本市场上融资,那么它就无需把现金流留存在公司,为以后的投资项目所用,因此,现金—现金流敏感性应该为零。当一家公司面临融资约束,为了避免今后因为缺乏资金而放弃好的投资项目,公司必须留存一定的现金以备未来资金缺乏时所用,因此,现金—现金流敏感性应该显著地为正值。

表 4—4　　　　　　　　　现金—现金流敏感性回归(年)

$\Delta Cash$	Cash Flow	Standard Err.	Q	Standard Err.	Obs.
1992 年	16.14	3.880	−0.106	0.0825	4
1993 年	−0.413	0.747	0.0454	0.0392	29
1994 年	0.185	0.225	0.102**	0.0497	100
1995 年	0.171**	0.0721	0.0312	0.0221	278
1996 年	0.448***	0.0904	0.0151	0.0155	305
1997 年	0.342***	0.0916	−0.0333**	0.0167	506
1998 年	0.384***	0.0809	0.00277	0.0197	712
1999 年	0.361***	0.0553	0.0240*	0.0137	825
2000 年	0.745***	0.0783	0.0397**	0.0156	924
2001 年	0.445***	0.0673	0.0319***	0.00826	1 053
2002 年	0.346***	0.0456	0.0175**	0.00785	1 128

ΔCash	Cash Flow	Standard Err.	Q	Standard Err.	Obs.
2003 年	0.389***	0.0545	0.0152*	0.00779	1 194
2004 年	0.450***	0.0422	−0.00301	0.00643	1 251
2005 年	0.331***	0.0352	−0.00218	0.00209	1 337
2006 年	0.411***	0.0385	−0.00289***	0.00102	1 344
2007 年	0.623***	0.0823	−0.000137***	1.81e-05	1 377
2008 年	0.457***	0.0746	0.00152***	0.000113	1 496
2009 年	0.659***	0.0879	5.51e-06**	2.44e-06	1 565
2010 年	0.807***	0.103	6.99e-05***	2.79e-06	1 668
2011 年	0.894***	0.0920	0.000249***	2.80e-05	2 008
2012 年	0.919***	0.0865	0.000281	0.00145	2 295

    表4—4显示了从1992年到2012年每年上市公司的现金—现金流敏感性。基本上除了前3年外,其他年份上市公司都体现出正的显著的现金—现金流敏感性。然而前3年现金—现金流敏感性不显著的结果很可能是由于样本数量太少而引起的。另外,现金—现金流敏感性也并未随时间而减少,反而一定程度上表现出一种上升的趋势。这个特征从图4—3中清晰可见。尤其是2008年金融危机以后,上市公司的现金—现金流敏感性逐步增加,一个可能的原因是,随着危机的来临,上市公司也有一种"预警性储蓄"的动机,由于

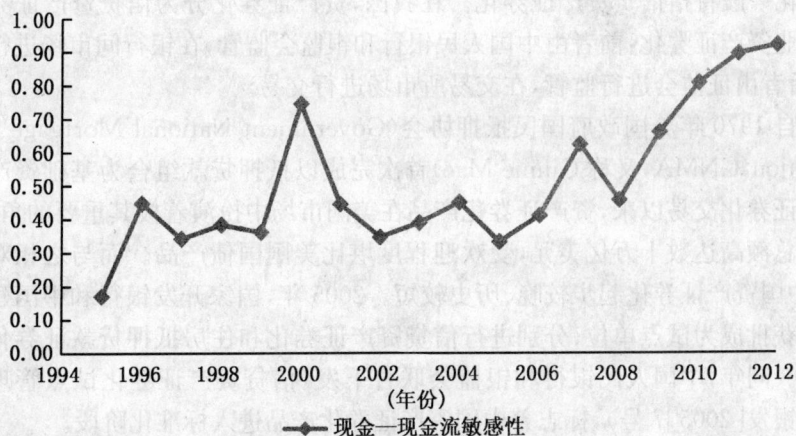

图4—3　现金—现金流敏感性

当前宏观环境动荡不安,为了避免以后出现好的投资项目时不至于由于无法筹集足够资金而放弃,上市公司会愿意保留更多的货币资金,以备不时之需。

4.1.3 2012年企业融资环境和手段的革新变化

2012年中国资本市场在企业融资环境上的革新和变化包括:信贷资产证券化重启、高收益债券试点启动、场外市场建设完善和境内企业境外上市门槛降低。下面将分析这些革新和变化推出的背景及其对中国资本市场和企业融资环境的影响。

(1)信贷资产证券化重启

在2013年的银行系统内部会议上,银监会主席尚福林表示将"推进扩大信贷、租赁资产证券化试点范围"。尚福林主席在2013年4月2日出版的《求是》上发表文章称,需要通过金融创新来推动银行业转变发展方向,并把及时推进信贷、租赁资产证券化被视为其中重要的一环。2013年年初,中国证监会公布了《证券公司资产证券化业务管理规定》(征求意见稿),向社会公开征求意见。信贷资产证券化和企业资产证券化的双推动意味着中国资产证券化将迎来发展的高潮。

①资产证券化背景。

耶鲁大学的弗兰克·J.法博齐教授将资产证券化定义为一个过程,通过这个过程将具有共同特征的贷款、消费者分期付款合同、租约、应收账款和其他不流动的资产包装成为可以市场化的、具有投资特征的带息证券。广义上的资产证券化包括实体、信贷、证券和现金资产证券化。从狭义上来说,资产证券化一般特指信贷资产证券化。在我国,资产证券化分为信贷资产证券化和企业资产证券化:前者由中国人民银行和银监会监管,在银行间市场进行交易;后者由证监会进行监管,在交易所市场进行交易。

自1970年美国政府国民抵押协会(Government National Mortgage Association,GNMA,又称Ginnie Mae)首次完成以抵押贷款组合为基础资产的资产证券化交易以来,资产证券化产品在美国市场中扮演着极其重要的角色,产品总额高达数十万亿美元,受欢迎程度堪比美国国债产品。而与之相对的是,中国资产证券化起步较晚、历史较短。2005年,国家开发银行和中国建设银行获批成为试点单位,分别进行信贷资产证券化和住房抵押贷款证券化的尝试。同年,中国人民银行和银监会联合下发《信贷资产证券化试点管理办法》(银发[2005]7号),标志着中国资产证券化产品进入标准化阶段。

《中国金融》的统计数据显示,2005~2008年,共有11家境内银行业金融机构在银行间债券市场试点,成功发行了17只合计667.83亿元的信贷资产支持证券。2008年之后，在国际金融危机的冲击下，出于宏观审慎的考虑，中国有关金融监管部门放缓了推进资产证券化的脚步。

②信贷资产证券化试点进一步扩大。

2012年5月17日，中国人民银行、银监会和财政部联合发布《关于进一步扩大信贷资产证券化试点有关事项的通知》（银发〔2012〕127号），标志着在2008年金融危机之后陷入停滞的信贷资产证券化于4年之后正式重启。与上一轮试点相比，此轮试点主要包括两方面的创新和改进：一是增加了基础资产、投资机构的种类；二是增加了审慎性措施，具体包括强制风险自留、禁止复杂证券化和增加信用评级机构数量等。具体来说，在上一轮试点中，住房抵押贷款和大型企业贷款是主要的基础资产；而本轮试点鼓励金融机构选择符合条件的国家重大基础设施项目贷款、涉农贷款、中小企业贷款、经清理合规的地方政府融资平台公司贷款、节能减排贷款、战略性新兴产业贷款、文化创意产业贷款、保障性安居工程贷款、汽车贷款等多元化信贷资产作为基础资产，以丰富信贷资产证券化基础资产种类。同时，新的试点引入了更多的中小型银行及非银行金融机构参与投资，意欲解决银行"互持"的问题。另一方面，吸取金融危机的经验教训，新的试点办法增加了一系列防范风险的新措施，如规定信贷资产证券化发起机构应持有由其发起的每一单资产证券化中的最低档次资产支持证券的一定比例，该比例原则上不得低于每一单全部资产支持证券发行规模的5%；明确要求"信贷资产证券化产品结构要简单明晰"，禁止"进行再证券化、合成证券化产品试点"；信用评级机构由原来要求的1家上升为2家，以提高信用评级的公信力，并鼓励探索多元化的评级方式。

试点额度方面，此前国务院共计批复500亿元。截至2013年4月，已有国家开发银行、交通银行、中国银行、中国工商银行和上海通用汽车金融有限责任公司陆续发布相关产品，其中以国家开发银行的101.66亿元为最大发行额，其他各家银行发行额均在30亿元左右。据有关人士透露，包括民生银行、浦东发展银行、中信银行在内的多家商业银行也有计划参与发行资产证券化产品，并已获得了一定的试点额度。

③重启信贷资产证券化的影响及未来发展方向。

在我国当前经济增速放缓、利率市场化步伐加快、银行风险上升的宏观环境下，信贷资产证券化通过将流动性差的银行贷款转化为流动性高的现金，有利于银行分散风险、提高信贷资产流动性、优化资产结构、扩大融资及信贷投放空间。

从市场融资的角度来看，资产证券化给银行再融资提供了新的途径，间接降低了企业融资的门槛和难度。随着我国银行资产规模的持续膨胀，银行再融资问题一波接着一波;由于目前银行的融资渠道较窄,除了正常的发行债券、定向增发等,更常采用的方式是配股:2010年银行业进行了2 700亿元股权融资。推出信贷资产证券化,让银行将其贷款的这部分资产转让出去,是解决银行再融资问题的一条有效途径。若银行能解决好自身再融资难的问题,便可加大对中小微型企业的信贷投放,那么我国中小微型企业融资难的问题将在一定程度上得到缓解。

从银行自身发展的角度来看,推出信贷资产证券化有利于银行创新能力的增长,进一步推动银行系统的良性转型。在利率市场化之前,我国的银行依靠传统的存贷款利息差足以获得可观的盈利,但创新能力不足,经营模式单一;一旦利率市场化得以实现,我国银行业将面临巨大的挑战。而信贷资产证券化作为一种较新的资产负债管理方式,在不增加负债规模的情况下,能够实现资产形态的多元化:银行不一定要将贷款资产持有到期,而可以选择适当的时机将其转卖给市场上其他有相应需求的投资者,并将释放出的资金进行再次放贷或投入到收益更高的资产中去。这一举措在规范化的前提下,给予了银行更多的创新空间。所以,从中长期来看,信贷资产证券化的启动和发展对我国经济及股市将是一大利好。

目前,我国资产证券化的发展仅仅处于起步阶段,与发达国家市场不可同日而语。但资产证券化作为现代金融领域最重要的创新之一,在我国的发展前景是不可限量的。就量上来说,首批500亿元的额度被许多商业银行认为是杯水车薪。据悉,我国目前银信理财合作的存量为1.8万亿元,远远超过500亿元的标准信贷资产证券化额度。我国应逐步开放资产证券化的额度。就内容上来说,资产证券化的基础资产有望进一步丰富。截至2012年年末,银监会监管的20家金融租赁公司总资产规模近8 000亿元,较年初增长接近52%。资产规模的急剧膨胀使快速发展的金融租赁公司对资产证券化愈发地渴望。商务部监管下的租赁公司已利用交易所市场进行了资产证券化的尝试,如远东国际租赁有限公司于2011年8月发行了远东二期专项资产管理计划,共募集资金约12.8亿元。但对于银监会监管的租赁公司而言,尚无此类先例。在2013年银行系统的内部会议上,银监会主席尚福林首次提及将租赁资产纳入试点范围。据有关人士称,在起草《关于进一步扩大信贷资产证券化试点有关事项的通知》时,租赁资产曾被纳入讨论的范围内。由此可见,租赁资产纳入资产证券化试点范围指日可待,只是制度的出台仍需时间。但需要明确的是,我国的金融市场起步较晚,法制监管环境较不完善,对待资产证券化产品这种自主性较高、监管难度较大的金融创新,有关当局和市场投资者应怀有一种审慎的态度,在探索中谨慎前行。

（2）高收益债券试点启动

高收益债券是指信用级别低于"投资级"，即信用评级在标准普尔 BBB 级以下的债券。高收益债券的违约风险高于投资级的债券，为了吸引投资者，它必须支付高于投资级债券的利息收益。高收益债券又被称为"垃圾债"。

学界和业界普遍认为，债市的发展一定程度上可以反映一个国家资本市场的发达程度，而大力发展、完善和规范债券市场亦是我国近年金融发展的重中之重。2012 年 3 月 5 日，时任国务院总理温家宝在政府工作报告中将高收益债券列为当年证监会工作的重点之一。2012 年 5 月 22 日，《深交所中小企业私募债券业务试点办法》发布，标志着高收益债券试点的正式启动；之后上交所也发布了自己的试点办法。试点启动之后，已发行了首批 20 只中小企业私募债，其中包括平安证券、国信证券在内的 8 家券商参与了承销。根据中央国债登记结算公司的数据显示，截至 2012 年年底，沪深两所共有 81 家中小企业完成了私募债的发行，共计募集 90.83 亿元。

①推出"中国版高收益债券"——中小企业私募债券。

中小企业私募债券是指符合工信部相关规定且未在上交所或深交所上市的中小微型企业在中国境内以非公开方式发行和转让的、在一定期限还本付息的公司债券，也被称为中国版的高收益债券。它采用的是备案申请的形式，不需要通过行政审批，但房地产企业和金融企业暂不包括在此次试点允许的发行企业范围之内。中小企业私募债的发行门槛较低，对企业的净资产和盈利没有相应的限制，发行利率也被限定在同期银行贷款基准利率的 3 倍以下。

我国大力发展中小企业私募债券，具有三个重要的战略意义：第一，可以有效缓解中小企业融资难现状；第二，有利于促进公司债的市场化发行，做大中国直接融资市场；第三，为民间资本及有钱人、私募、投机者提供高风险投资品种，并能将地下高利贷、非法集资导入正途，让它们阳光化运作。

2012 年 6 月 8 日，东吴证券承销苏州华东镀膜玻璃有限公司 5 000 万元中小企业私募债券，成为我国首只在交易所市场挂牌的中小企业私募债券，为我国中小企业私募债打响了第一炮。截至 2012 年 7 月底，Wind 数据库显示共有 29 只私募债完成发行。在票面利率方面，29 只中小企业私募债中，票面利率最高的是"12 巨龙债"，为 13.5%，而平均发行利率为 9.1%，大多数债券利率在 8.5%～10.0%之间。

中小企私募债券试点之初，曾一度出现"排队抢购"的火热局面。为了给私募债试点的扩大夯实基础，证监会迅速明确券商资本管理公司和公募基金皆可以参与投资中小企业私募债。尽管如此，试点一年以来，中小企业私募债券市场还是遭遇了发行、交易的双冷局面，2012 年 9 月份甚至出现了"零发行"的现象;在票面利率方面,也呈现出月平均票面利率逐月递减的情况。

造成中小企业私募债行情惨淡的原因主要有以下两个:

第一,市场需求不足。在银行和保险等金融机构投资者缺位的情况下,中小企业私募债券的主要投资者是券商和基金,面临市场需求不足的窘境。首先,这些机构自身的资金存量有限,不足以支撑起整个高收益债券市场。其次,中小企业私募债的发行额度一般较小,在几千万元左右,券商和基金出于风险分散的考虑,不可能购买整只债券,只可能购买其中几百万元的小额度。为了购买这几百万元的额度,券商和基金却要对企业进行详尽的考察、分析和评估,耗费大量的成本,多数券商认为此类交易无利可图。并且,我国的中小企业私募债没有强制要求信用评级,这就在一定程度上又增加了券商和基金尽责调查的难度和成本。所以,在银行、保险等大型金融机构无法参与,券商、基金兴趣淡薄的情况下,债券市场整体的需求量不足,导致行情惨淡。

第二,发行利率与风险、流动性不匹配。目前,我国中小企业私募债券的发行利率多在9%左右,考虑到其风险和市场流动性,该利率水平对于投资者来说并没有特别的吸引力。随着发行企业整体资质的下降,综合考虑信用风险、流动性风险等因素,低于10%的票面利率已不足以吸引投资者的目光。但是从实际情况出发,提高利率会受到多方面的限制。首先,试点办法明确将利率限制在"同期银行贷款基准利率的3倍"之内。再者,从企业的角度出发,中小微型企业能否承担更高的利率令人怀疑。

事实上,我国现在高收益债券的发展陷入了"两难"的境地:一方面,期望通过大力发展债市来丰富资本市场的结构,拓宽企业融资渠道;另一方面,又害怕风险膨胀,尤其是针对债券违约,市场现在表现出的是"零容忍"的姿态。目前,我国大多数高收益债券在增信后评级在AA级以上,而在占全球高收益债券市场60%以上的美国市场中,大多数债券评级在BB和B级左右。曾有券商坦言:"这么多年来,我国债券市场上没有出现过真正的违约案例,而任何一家券商都不想打破这条纪录。"风险和收益的匹配是金融市场的第一准则,面对高收益债券不高的收益、较差的流动性和较大的违约风险,行情的冷清也在情理之中。

②拟推出可交换私募债。

为促进中小企业私募债的发展,2013年3月,有关部门拟推出中小企业可交换私募债,允许拟融资企业将所持有的上市公司股份用于债券增信,并依据约定条件将私募债券与上市公司股份交换。上述新型债券的性质与上市公司可转债相似,不同点在于上市公司可转债以自身股份作为转换标的,而可交换私募债则以发行人在A股市场持有的无限售条件、权属无瑕疵的流通股作为转换标的。可交换私募债若能推出,将提高中小企业私募债券的吸引力。目前,中小企债券较差的流动性一直广受诟病。而尽管《中小企业私募债券业务试点办法》中明确规定中小企业私募债可以附带认股权或可转股条款,但中小企业自身的股权流动性亦不高,且估值难以确认。在这种情况下,若能允许中小企业以 A 股市场上市公司的股票作为质押,无疑将提高资产的流动性,降低中小企业债券的信用风险,减少企业的融资成本。

高收益债券作为债市和企业融资渠道中重要的组成部分,发展前景仍然十分广阔。随着我国资本市场信息披露、风险控制、违约体系及信用评级系统等多方面的改革和进步,债券市场基础建设的不断健全和完备,中小企业私募债将会迎来新的发展机遇。

(3)场外市场建设进一步完善

自国家提出建立多层次的资本市场以来,我国的资本市场建设已经取得了长足的进步,但距离发达国家的资本市场仍有一定的距离。目前,我国的资本市场体系主要包括主板、中小板、创业板和场外交易市场(包括三板、柜台交易市场等)。但是,不同市场的发展极不均衡:A 股主板市场虽然仍需完善,但相对于 2009 年才启动的创业板和初具雏形的场外市场而言,发展程度遥遥领先。为加速完善场外市场的建设,2012 年 8 月,获国务院批准,证监会对"新三板"进行了扩容;2012 年 10 月,7 家证券公司成为首批证券柜台交易业务试点;2013 年 3 月,《全国中小企业股份转让系统业务规则》(试行)出台,我国转板机制终于迈出了历史性的一步。

①"新三板"扩容。

"新三板"市场特指中关村科技园区非上市股份有限公司进入代办股份系统进行转让试点。"新三板"的"新",体现在挂牌企业均为高科技企业而不同于原转让系统内的退市企业及原 STAQ、NET 系统挂牌公司。2006 年年初,"新三板"市场成立。2011 年 12 月,在"新三板"市场挂牌的企业突破 100 家。

"新三板"扩容指的是在保留原有中关村科技园区的基础上,2012 年 8 月,证监会将上海张江高新区、武汉东湖新技术产业开发区和天津高新区列入试点范围内。证监会进一步表示,扩大"新三板"试点得按照总体规划,一步一步地推进;市场期待其他符合条件的高新技术园区,包括苏州高新技术产业开发区、成都高新技术产业开发区、沈阳高新技术产业开发区、广州高新技术产业开发区等储备项目丰富的 8 个园区在不久的将来亦成为试点。

"新三板"扩容将会带来挂牌企业数量的增长和挂牌企业股票交易的活跃,对主板和创业板形成有效的补充,多方机构都将从中受益。首先,券商是其中最直接的受益者。挂牌企业的增加和相关业务的增长为券商的利润收入提供了新的来源。其次,在 A 股市场 IPO 受阻的情况下,"新三板"也将成为私募股权投资基金新的退出渠道。再者,"新三板"扩容也被业界认为是解决中小企业融资难的一大手段。

尽管如此,"新三板"市场的发展却仍面临着诸多障碍和困难。有相关人士调研发现,"新三板"市场部分股票遭遇了"零交易"的情况。2012 年"新三板"总成交笔数甚至较 2011 年减少 22.8%,换手率亦从 2011 年的 3.21% 下降至 2.61%。较低的市场活跃度可能会使私募股权投资基金难以实现真正意义上的项目退出,而合理的交易机制和定价是影响市场流动性的两个关键问题。2010 年至今,特别是扩容之后,"新三板"市场受到的关注越来越多,挂牌公司的股价也有一定的提升。但在报价方面,仍是以老股东报卖兑现收益为主,交易价格无法达成一致是"新三板"市场交易数量有限的主要原因。因此,提高流动性的核心是改革交易机制,尤其是引入做市商进行合理定价,有利于提高"新三板"市场的价格发现功能。做市商制度是指以做市商报价形成交易价格、驱动交易发展的证券交易方式。做市商是指在证券市场上,不断向公众投资者报出某些特定证券的买卖价格,双向报价并在该价位上接受公众投资者的买卖要求,以其自有资金和证券与投资者进行证券交易的特许证券交易商。

认识到交易机制的问题之后,2013 年 2 月 2 日,中国证监会公布《全国中小企业股份转让系统有限责任公司管理暂行办法》,明确规定挂牌股票转让可以采取做市方式、协议方式、竞价方式或证监会批准的其他转让方式。这是扩容之后我国为完善"新三板"市场作出的又一次有益尝试,具体措施成效如何仍需要时间去检验。

②证券柜台交易业务试点。

柜台交易市场是指没有集中交易场所的资产交易网络,股票交易在交易所以外的各种证券交易机构柜台上得以实现,是场外市场的一部分。其典型代表是美国的纳斯达克(NASDAQ)市场。

纳斯达克是由美国全国证券交易商协会于 1968 年 2 月 8 日建立的柜台交易市场,建立的初衷是为了规范混乱的场外交易,并为中小企业融资提供新的平台。经过半个世纪的发展,纳斯达克已经成为全球第二大证券交易市场,在其中挂牌上市的公司超过 5 000 家。在纳斯达克挂牌上市的公司遍布各个行业,但主要融资主体是包括计算机、电子科技和生物技术等在内的高新技术行业公司。并且,纳斯达克还是全世界首个采用全球电子交易系统的股票市场,在多个国家和地区设有计算机销售终端。

为实现与国际接轨并建立、完善多层次资本市场的目标,在 2012 年全国证券期货监管工作会议上,证监会主席郭树清提出了我国场外市场建设的新思路,从原来"加快中关村代办股份转让系统试点扩大工作,推进统一监管下的全国场外市场建设"调整为"以柜台交易为基础,加快建立统一监管的场外交易市场,为非上市股份公司提供阳光化、规范化的股份转让平台"。2012年5月的证券公司发展创新座谈会明确了"拓展证券公司基础功能,发展证券公司柜台业务"的革新方向。

同年10月,9家证券公司向证券业协会递交了柜台市场建设实施方案;7家证券公司成为首批柜台市场交易业务试点。首批试点的7家证券公司具体包括:海通证券、国泰君安、国信证券、申银万国、中信建投、广发证券和兴业证券。2012年12月,《证券公司柜台交易业务规范》公布,标志着我国证券公司柜台交易试点正式启动。2013年年初,12家证券公司递交了申报方案,申请成为第二批试点,其中8家券商获得试点资格。目前,第三批试点的申报工作正在紧锣密鼓地筹备当中。有关人士表示,全国试点券商的个数将控制在20~25个左右。为了控制规模,后续的审批标准将会愈发严格。

目前,证券公司柜台交易市场的产品正受到市场的热烈追捧。2013年3月4日,海通证券发行63天预期年化收益率4.7%的"海通月月财优先级2月期2号",发行规模达到1.5亿元,是首发5款柜台交易产品其中一款同类型产品的滚动发行。有关人士表示,该产品的募集期仅为一天,"产品上市后5分钟即售罄"。如此火爆的场面,也不难理明券商为何争先恐后地希望成为试点者。

其实,相对于主要服务高新技术企业的"新三板"而言,在新的资本市场构架下,柜台市场更多专注于小微企业融资。小微企业具体包括小型企业、微型企业、家庭作坊式企业、个体工商户等,根据企业从业人员、营业收入、资产总额等指标,结合行业特点进行划分。目前,我国的小微企业接近5 000万家,数量巨大。由于这些企业单笔的融资需求较小,融资成本较高,登录A股市场甚至三板市场的可能性几乎为零。为小微企业迫切的融资需求找到一条可行的出路,成为我国金融改革的重点之一,而证券公司柜台交易市场就是其中一种有益的尝试。证券公司柜台交易市场的存在,相当于为小微企业融资搭建了一个"量身定做"的店头市场。该市场对企业经营规模、股权转让、证券发行的要求要明显低于证券交易所所设定的标准。随着国家政策对小微企业融资的关注,我国柜台市场的发展和完善有望进一步提速,有关配套措施、规范的出台指日可待。

③探索转板机制。

为了明确各市场板块的定位,加速完善我国多层次的资本市场,引入优胜劣汰的升降机制成为目前我国金融改革的当务之急,各方皆在呼吁尽快推出转板制度。2013年2月8日,全国中小企业股份转让系统有限责任公司发布的《全国中小企业股份转让系统业务规则(试行)》明确,"新三板"挂牌公司可向中国证监会申请首次公开发行股票并上市,也可向证券交易所申请股票上市。同年3月10日,深交所总经理宋丽萍对于"新三板"挂牌公司转创业板的规范要求进一步加以明确。转板机制的打通为我国"介绍上市"提供了一条新的途径。"介绍上市"是指企业在上市前不需要实质上拿出股票向社会公众销售,而直接申请上市。因为企业只是向证券交易所申请获得将其证券在市场上挂牌买卖的资格,本身并不涉及即时资金的筹集,所以无需在证券的销售方面作出任何安排。这种制度将上市和筹资一分为二,更为灵活。而"新三板"挂牌公司通过"介绍上市"的形式登陆沪、深证券交易所,迈出了我国探索市场化转板机制宝贵的一步。

从融资企业的角度来看,当企业发展进步到符合高层次市场(如主板、中小板等A股市场)的条件时,可以选择转板。转板对于企业扩大投资者基础、提高企业知名度、增加股份流动性和优化股东结构而言都有极大的促进作用。与之相对,如若企业技术退步、竞争力下降、经营亏损,则考虑降级甚至退市。这有利于企业降低成本,寻找新的转型机会。退市机制的存在也会让上市企业担负更多的压力,使公司治理真正做到从内部约束出发,而非单纯依靠外部法制。从市场的角度来说,适当的激励措施会鼓励更多企业到低层板块挂牌,提高市场发行、交易量,优化市场的资源配置功能,使我国的资本市场连成一个有机整体,也使"新三板"等市场能够成为A股市场的蓄水池。同时,降级、退市机制也有助于维护市场声誉,提升投资者信心。

目前,我国的转板机制还处于探索阶段,有关部门虽然出台了相关规则,但离正式展开大规模试点还有一定的距离。"介绍上市"机制可能导致三板市场成为A股市场的跳板,众多企业蜂拥而至会造成市场混乱,最终,可能导致两种上市方式指标的同质化。因此,在"介绍上市"和IPO这两种政策之间寻找一个平衡点是转板机制顺利实施的关键所在。

2013年3月5日,时任国务院总理温家宝在作政府工作报告时提出加快发展多层次资本市场,稳步推进利率、汇率市场化改革,扩大人民币跨境使用,逐步实现人民币资本项目可兑换等深化金融改革措施。28日,国务院总理李克强主持召开国务院常务会议,提出发展多层次资本市场要有新举措。与转板机制的发展、完善一样,我国资本市场的建设还有一条漫长的路要走。

(4)境内企业境外上市门槛降低

2012年12月证监会发布《关于股份有限公司境外发行股票和上市申报

文件及审核程序的监管指引》，并从 2013 年 1 月 1 日起正式实施。该指引取消了境内企业境外上市的"四五六"条件和前置程序，极大地降低了我国企业境外上市的门槛。境内企业境外上市门槛的降低有利于缓解我国 A 股市场 IPO 的压力、丰富中小企业的融资途径。2013 年 5 月，证监会副主席刘新华对媒体表示，证监会将继续积极稳妥地推进对外开放，支持境内企业以直接方式赴境外上市。

①门槛降低的背景。

1999 年证监会发布的《关于企业申请境外上市有关问题的通知》要求境内企业满足一定条件方可在境外上市，其中的"四五六"条件即是指公司净资产规模在 4 亿元人民币以上，融资规模不低于 5 000 万美元，公司年净利润不低于 6 000 万元人民币。一般来说，能满足这些条件的企业多为大型国有企业，大部分中小民营企业很难直接跨过"四五六"门槛。在这种情况下，中小民营企业大多选择通过"红筹模式"实现在境外上市，既通过将内地公司境内资产以换股等形式转移至境外注册公司，并用境外公司持有境内资产进行上市。

随着我国资本市场的发展，越来越多的中小民营企业也面临着上市融资的需要，"四五六"条件的存在极大地限制了这类企业的境外融资渠道。虽然我国创业板市场的发展和成熟在一定程度上给中小企业融资提供了新的平台，但是目前我国 A 股市场整体堵塞严重：截至 2013 年 1 月 5 日，证监会公布的首发申报企业情况显示，排队 IPO 企业共有 882 家，其中包括沪市主板、深市中小板共 541 家和创业板 341 家。在这 800 余家企业中，绝大多数满足境外的上市标准。因此，证监会放宽境内企业境外上市门槛无疑是希望在进一步满足中小企业融资需求的同时分流 A 股市场 IPO 的压力，提高中国资本市场在全球范围内的配置能力。

②门槛降低的可能影响。

降低境内企业境外上市的门槛有助于缓解 A 股 IPO 排队现象，但是在短期内不会形成境外上市的高潮。一方面，由于制度、法律和会计准则的原因，大多数企业还是把 A 股市场作为上市的首选。如在境外上市，企业要适应新的会计准则和法律规范，成本较高；同时，企业还需考虑自身业务的性质，进行利弊权衡。自 2010 年经历了中资概念股境外的火爆热潮之后，中概股近年的状况令人担忧：2011 年仅有 15 家企业在美国上市，数量不足 2010 年的一半；而 2012 年仅有 2 家中资企业在美国上市，合计融资 1.53 亿美元，同比下降 90%。全球经济复苏缓慢、资本市场冷清和中概股信用堪忧是近年中资公司在境外上市情况不容乐观的主要原因。与此同时，A 股市场上投资者非理性导致的定价偏高、监管措施不到位、惩罚力度小等特点都增加了企业境外上市的隐性成本。就拿 A 股和 H 股进行比较,两者的股价差异已经持续多年;近年 A 股市场回落股价虽有向 H 股靠拢的趋势,但两者之间的水位差仍然不容忽视。此外,与境外市场相比,A 股市场的监管较不严格,惩罚措施也属于"隔靴搔痒";A 股公司热衷于粉饰报表,上市前一年冲刺报表乃是行业潜规则,面对境外市场对于造假后果的严惩,大多数公司望而却步。

综合上述原因,降低境内企业境外上市的门槛将有利于满足我国中小民营企业的融资需求,并缓解 A 股市场 IPO 排队的压力。但是,境外市场分流的作用有限,短期内可能并不会出现境外上市的高潮。

4.2 中小微企业融资

改革开放 30 多年来,我国中小企业发展迅猛,已经成为我国经济发展的重要力量,为我国的经济增长作出了重大贡献。据统计,目前我国中小企业数量已达到 1 100 多万户,占全国企业总数的 99% 以上,提供了近 80% 的城镇就业岗位,完成了 75% 以上的企业技术创新,创造的最终产品和服务价值相当于国内生产总值的 60% 左右,纳税额约占国家税收总额的 50% 左右。[①] 中小企业在推动经济增长和社会发展的过程中起到了不可替代的作用。自 2012年以来,经济运行的下行压力与成本上升的压力,使中小微企业面临用工成本大幅上升、原材料成本难以控制、订单量下降、税负沉重以及融资难等困境。

4.2.1 中小微企业的融资现状

按照资金的来源,中小企业融资渠道可以分为两种:内源融资和外源融资。内源融资主要包括企业初创时的自有资金以及在后续经营过程中积累的资金,这部分资金往往有限。随着企业规模扩大,内源融资往往无法满足企业的资金需求,此时就需要通过外源融资来获得资金。外源融资分为间接融资和直接融资两种形式。目前我国中小企业外源融资方式比较单一,主要依靠银行等金融机构的间接融资,通过股票和债券发行进行直接融资的企业数量和融资规模都较小。

(1)间接融资

①商业银行。

在以商业银行为主导的金融体系中,银行贷款是中小企业最主要的外源性融资渠道。中国人民银行《2013 年一季度金融机构贷款投向统计报告》显

---

① 全国工业商业联合会:《我国中小企业发展调查报告》,2011 年 5 月 24 日。

示,截至 2013 年第一季度末,小微企业贷款余额 11.78 万亿元,同比增长 13.5%。小微企业贷款余额占全部企业贷款的 28.2%。[1] 如图 4—4 和图 4—5所示,2008 年金融危机以来,我国银行业金融机构中小企业贷款余额持续增长,其与我国小微企业贷款余额变化一致,但中小企业贷款余额以及小企业贷款余额同比增速却持续下降。另外,我国中小企业贷款结构也处于不断变化之中,主要表现在小微企业贷款余额占比不断增加。小微企业贷款占比同比大幅下降主要是因为在经济下行周期,小微企业贷款给银行的信贷质量带来了较大的压力,银行对小微企业惜贷的偏向越来越显著。银行为了减少风险,会调整结构,降低对风险贷款的配置比例,其中就包括小微企业贷款。

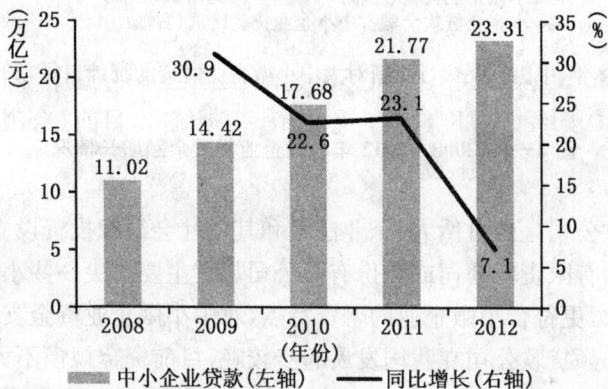

说明:2012 年,中国人民银行更改对中小企业信贷的统计口径,分大、中、小微企业。图中 2008～2011 年均为中小企业贷款总额,2012 年为中小微企业贷款总额。

图 4—4　2008～2012 年中小企业贷款余额增长情况

　　尽管金融部门为缓解当前中小企业融资难问题采取了不少措施且取得一定效果,但对中国众多中小微企业而言,贷款难问题依然存在。据全国工商联调查显示,规模以下企业 90% 没有与金融机构发生任何借贷关系,小微企业 95% 没有与金融机构发生任何借贷关系。[2] 我国银行贷款主要投放给大中型企业,大企业贷款覆盖率为 100%,中型企业为 90%,小企业仅为 20%。[3] 而微型企业从银行获得的贷款则更少,它们面临的融资难问题则更为严峻。
　　②小额贷款公司。

① 中国人民银行:《2013 年一季度金融机构贷款投向统计报告》。
② 《中小银行难救微小企业金融》,中财网。
③ 穆娟:《小微型企业期待更务实的金融政策支持》,《中华工商时报》2011 年 11 月。

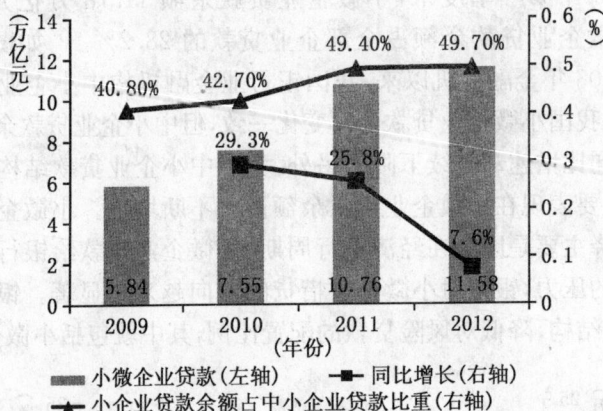

说明:2012年,中国人民银行更新对大中小微企业信贷的统计口径,2012年数据均为小微企业贷款。

图4—5 2008~2012年小微企业贷款余额增长情况

　　小额贷款公司是由自然人、企业法人和其他社会组织投资设立的,经营小额贷款业务的有限责任公司或股份有限公司。它主要解决一些小额、分散、短期的资金需求,更符合小微企业的融资特点,对中小微企业资金支持具有重要作用。由于小额贷款公司在我国发展起步较晚,目前资金规模不大,对中小微企业资金支持也有限,因此,地方政府不断推出促进小贷公司发展的举措。据《2012年小额贷款公司分地区统计表》①显示,截至2012年年底,全国小额贷款公司机构数达到6 080家,比上年增加了1 698家;贷款余额5 921.38亿元,比上年增长51.26%。小额贷款公司覆盖了全国各个省份,贷款余额超过100亿元的地区达到19个。

　　小额贷款公司在蓬勃发展的同时,也面临一些问题,直接影响到其为小微企业提供资金支持。首先,小额贷款公司资金来源渠道较窄。央行规定,小额贷款公司的主要资金来源为股东缴纳的资本金、捐赠资金以及来自不超过两个银行业金融机构的融入资金,并且规定融入资金不得超过资本净额的50%,不允许吸纳公众存款。在这些限制性要求下,小额贷款公司难以取得长远发展,也无法持续发挥其为小微企业提供资金支持的作用。其次,小额贷款公司盈利水平较低,税收负担沉重。由于小额贷款公司属于非金融机构,其税赋按照一般工商企业来缴纳,包括25%的企业所得税和5.56%的营业税及附

---

① 中国人民银行:《2012年小额贷款公司分地区统计表》。

14 000
12 000
10 000
8 000
6 000
4 000
2 000
0

5 921.38

3 914.74

1 975.05

773
1 334
817.2

2 614
1 780.93

4 382
3 318.66

6 080
5 146.97

2009   2010   2011   2012
(年份)

▨ 实收资本(亿元)   ——▲—— 贷款余额(亿元)   ——◆—— 机构数量(家)

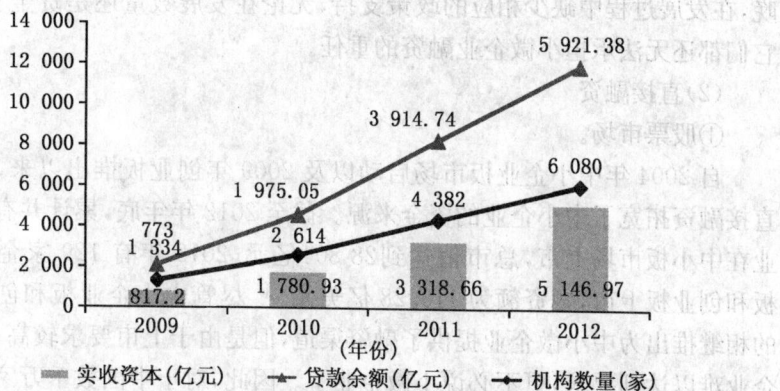

图 4—6 2009～2012 年全国小额贷款公司数量及贷款余额

加费用,扣除税收和营运成本后,小额贷款公司实际收益率往往低于设立时股东的收益预期,这严重削弱了股东追加资本金扩大经营规模的积极性。最后,监管主体不明确,导致对小额贷款公司监管不到位。小额贷款公司作为非金融机构,不在银监会和中国人民银行的监管范围内,主要是由地方金融办对其进行监管。而金融办在监管中往往只注重注册资本、股东资格审查等准入监管,缺少对小额贷款公司的日常经营活动的现场检查和非现场监测。由于监管存在漏洞,不少小额贷款公司还存在违法违规行为。部分小额贷款公司的贷款利息已接近或达到高利贷水平,未发挥其应有作用。

③村镇银行。

在中小企业的间接融资中,村镇银行的作用不容忽视,特别是对农村的小微企业来说,由于农村地区商业银行分支机构较少,因而获得银行贷款非常困难,村镇银行的出现,可以缓解这部分小微企业的资金需求。而且村镇银行往往与小微企业同属于一个区域范围,具有一定的信息优势和成本优势,能更有效地促进小微企业的发展,因此,村镇银行从成立起便得到了地方政府和监管部门较多的支持。中国人民银行统计数据显示,截至 2012 年年底,全国有765 家村镇银行,贷款余额 2 324 亿元。在已组建机构中,设在中西部地区的占比 55%,贷款余额 80% 以上用于"三农"和小微企业。中西部贷款农户数占到全部贷款农户数的 70% 以上。

综上所述,2012 年我国商业银行等金融机构对中小微企业的贷款不断上升,一定程度上改善了中小微企业的融资状况。商业银行的贷款更多覆盖中型企业,只能满足少数小微企业的资金需求。村镇银行、小额贷款公司等新型金融机构也在为小微企业提供资金支持上起到一定作用,但是由于它们起步晚,在发展过程中缺少相应的政策支持,无论在发展数量还是资金实力方面,它们都还无法承担小微企业融资的重任。

(2)直接融资

①股票市场。

自 2004 年中小企业板市场启动以及 2009 年创业板推出以来,股票市场直接融资拓宽了中小企业的资金来源。截至 2012 年年底,累计共有 701 家企业在中小板市场上市,总市值达到 28 804 亿元,2012 年有 129 家企业在中小板和创业板上市,融资额为 115.28 亿美元。① 尽管中小企业板和创业板市场的相继推出为中小微企业提供了融资渠道,但是由于上市要求较高,很多中小企业难以达到要求,更不必说小微企业了。因此,对于中国数千万家中小微企业而言,真正能够获得上市资格并成功发行上市的企业非常有限。

②债券市场。

随着中小微企业融资难成为社会关注的热点,中小企业集合票据、中小企业集合债券、中小企业贷款专项金融债等为中小微企业在债券市场获得融资提供了渠道。中小企业集合票据是指一定区域内具有核心技术、产品具有良好市场前景的中小企业,通过政府专项风险缓释措施的支持,在银行间债券市场发行的债务融资工具。截至 2012 年年底,全国共累计发行 91 只集合票据,为中小企业募集资金 231.47 亿元。其中,仅 2012 年就发行 46 只,共募集资金 106.02 亿元,融资额同比增长 60.08%(见图 4—7)。由此可知,中小企业集合票据在一定程度上缓解了部分中小业资金短缺的困境。

中小企业集合债是通过牵头人组织,以多个企业所构成的集合为发债主体,发行企业各自确定债券发行额度分别负债,采用统一的债券名称,统收统付,以发行额度向投资人发行的约定到期还本付息的一种企业债券形式。通过集合债形式发债,不仅解决了中小企业由于资信评级低、融资成本高等原因很难独立进行发债融资的难题,也开创了中小企业新的融资模式,为中小企业提供了中长期融资工具。然而,由于中小企业集合债发行时涉及企业数量众多,审批程序复杂等原因,其发展较为缓慢。2012 年全年共发行 5 只集合债券,分别是 12 石开小债、12 中关村债、12 合肥中小债、12 扬州中小债、12 芜中小债,为中小企业募集资金 14.81 亿元,融资额比上年增长 4.44%,见表4—5。

---

① 清科研究:《2012 年中国企业上市研究报告》。

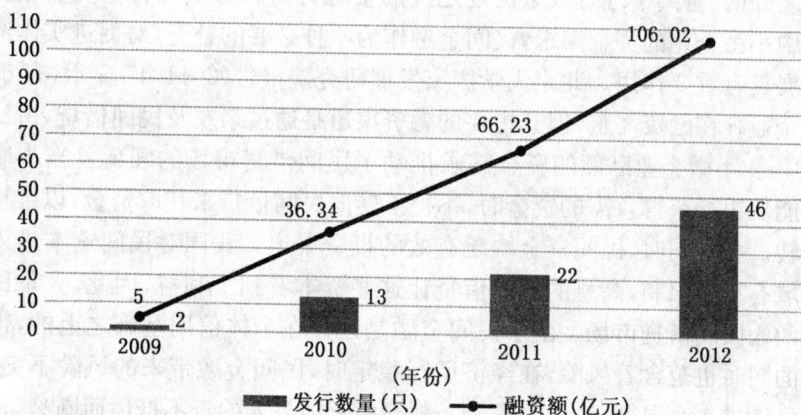

资料来源：Wind资讯。

图4—7　2009～2012年中小企业集合票据发行数量与融资额

表4—5　　　　　　　　　　2012年发行的5只集合债的基本情况

	12石开小债	12中关村债	12合肥中小债	12扬州中小债	12芜中小债
发行人数量	5	3	4	5	7
发行总额（亿元）	1.78	5	1.75	2.18	4.1
票面利率（年率）	7.2%	5.9%	7.58%	7.15%	7.3%

资料来源：清科数据库。

尽管中小企业集合票据和集合债券是通过债券市场直接融资解决中小企业融资难问题的有益探索，自推出以来也为部分中小企业解决了融资问题，但是，债券市场对中小企业融资服务的支持力度仍相对有限，同时它们的发行仍局限于经济条件较好、政府财力较大的发达地区，债券涉及的企业范围也比较窄。

近年来，银行间债券市场快速发展，其在我国债券市场拥有主导地位，债券交易量占9成以上。为严控商业银行的风险敞口尤其是交易风险，中国人民银行决心整顿银行间债券市场。这一措施将对中小企业集合票据的发行构成影响，预计2013年其发行数量将受到控制，增速会降低。

（3）民间金融

民间金融又称为非正规金融，一般是指处在政府批准并进行监管的金融

经济动荡中的企业融资环境分析和展望

活动之外的、游离于现行政策法规之外的金融行为。由于现有正规金融无法满足中小微企业的资金需求,民间金融作为一种必要的补充,对促进实体经济的发展具有重要作用。北京大学国家发展研究院报告(2011 年)显示,有 63%小微企业存在融资需求,但其主要的融资渠道是通过亲友及民间借贷,占比高达 50%。小微企业巨额的资金需求推动了民间借贷市场的旺盛。当小微企业不能从银行获得急需的资金时,不得不转向民间借贷来获取资金,以维持企业运转。与此同时,民间资金缺乏有效的投资渠道。我国对民间资本进入投资领域有重重限制,高息的民间借贷让这些资本看到了利益,因此,大量民间资本涌入民间借贷市场。由于民间金融是建立在个体信用基础之上的,带来效率的同时也蕴含着风险,在经济运行稳定时,民间金融带来的风险不突出,一旦经济进入衰退期,这种融资链条就会由于债务人的资不抵债而断裂,从而对社会产生冲击。

2012 年以来,由于宏观经济形势发生变化,通胀压力、股市低迷、楼市调控等因素的存在,使许多地方民间资金借贷的内容和性质都发生了变化,出现了一些问题。民间金融活跃的浙江频繁曝出民营老板卷钱跑路的行为,这给繁荣的民间借贷市场降了温。民间金融风波让外界对浙江很多中小微企业的诚信产生了怀疑,企业信用的破坏导致银行对企业以及企业相互间的信任度降低。银行对中小微企业放贷更加谨慎。[①] 同时,投资者为了保险起见,对把钱投入民间借贷市场越来越谨慎。这不仅形成了民间资金严重的供需不均衡,而且也导致民间借贷市场越来越不景气。民间金融的存在是我国经济发展方式存在一些不足,经济失衡,加上我国长期金融抑制造成的必然结果。民间金融的发展是对正规金融的一种补充和替代,为难以获得正规融资渠道的中小企业提供了融资渠道,支持了中小企业的健康发展,因此,应从法律角度对民间金融进行规范和保护,正确引导其发挥积极作用,继续为中小企业提供动力。

由图 4-8 可见,银行贷款是中小企业融资的最主要渠道,但是在经济运行下行时,绝大多数的小微企业很难从银行获得贷款;小额贷款公司、村镇银行等新型金融机构在提供小微企业贷款上有一定作用,但是由于自身规模有限等原因,发挥的作用十分有限;股票市场融资和债券市场融资规模逐渐增大,但是融资总额与间接融资总额相比相去甚远,较高的上市要求以及融资成本也限制了绝大多数小企业参与直接融资。巨大的融资需求与有限的资金来源推动了民间借贷市场的迅速发展,很多小微企业在资金紧张的时候为了维

---

① 《跑路潮让温州诚信蒙阴影》,《浙江日报》2013 年 5 月。

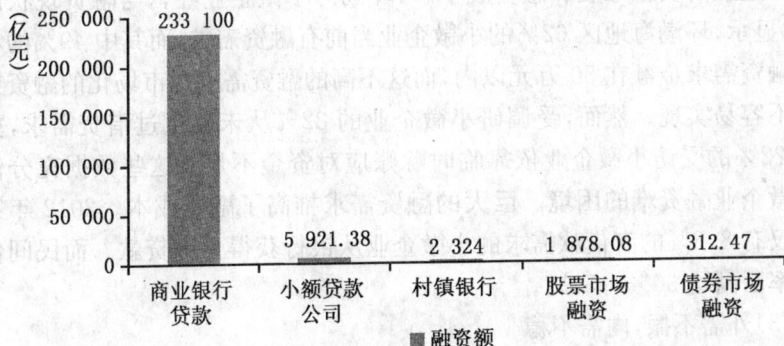

说明：由于数据可得性原因，无法获得中小微企业通过民间借贷融资的数据。
资料来源：《2012年金融机构贷款投放统计报告》。

图4—8　2012年中小企业各融资渠道情况

持运转，不得不从民间借贷市场进行融资，这同时也增加了小微企业资金成本的压力。

4.2.2　中小微企业普遍面临融资难困境

(1)中小微企业面临"高成本、低利润"的窘境

①原材料成本持续上涨，利润下滑。持续的通胀压力导致原材料价格上涨。据上海调查总队对上海各区县200家中小企业的调研显示，奉贤区受访的8家企业2011年上半年原材料价格涨幅在5％～15％，闵行区近八成受访企业反映原材料价格上涨是影响企业经营状况的主要原因，松江区30家受访企业中有7家明确表示原材料上涨后企业生存出现危机。[①] 据《中国经济时报》的抽样调查结果，小微企业利润率整体维持在较低水平，约一半企业利润处于5％～9％，不盈利、亏损和利润率很低所占比例总计超过30％，利润率在10％以上的企业不到20％。

②企业用工成本上升，成为中小微企业面临的最主要困难。据中国企业家调查系统发布的《2012中国企业经营者问卷跟踪调查报告》显示，在企业经营发展中遇到的最主要困难的选项中，选择人工成本项目的企业占到75.3％。

(2)资金环境偏紧，融资难且融资成本高

在稳健的货币政策指导下，商业银行信贷资金管制加大，进一步推高了中

经济动荡中的企业融资环境分析和展望

119

---

① 国家统计局上海调查总队：《本市中小企业融资压力加剧，盈利状况堪忧》，2011年。

小企业企业的贷款难度和融资成本。《环渤海小微企业经营与融资现状调研报告》显示,环渤海地区 62％的小微企业当前有融资需求,而其中 49％的小微企业融资需求金额在 50 万元以内,而这不高的融资需求在市场化的融资渠道中并不容易实现。然而,受调研小微企业的 32％从未发生过借贷需求,更有接近 22％的受访小微企业依靠临时赊账应对资金不足。这些数据充分体现了小微企业融资难的困境。巨大的融资需求推高了融资成本。2012 年第一季度仅有 8.6％的有借款需求的小微企业从银行获得全部贷款。而民间借贷年利率已高达 30％～50％。

(3)外需不振,内需不稳

全球经济形势下滑,欧美地区等居民消费需求萎缩,使我国出口导向型中小微企业订单减少。据海关统计,2012 年我国外贸进出口总值38 667.6亿美元,比 2011 年同期降低 6.2％,为近十多年来最低。除受外部需求减少造成订单下降,汇率波动以及人民币升值进一步压缩了出口型中小企业的利润空间。2012 年人民币升值幅度为 1.03％,波动幅度为 2.67％,人民币升值降低了中小企业产品的价格竞争力,使得欧美国家的订单转移到价格更低的国家和地区。

4.2.3 中小微企业融资展望

改善中小微企业融资现状应着重于拓展其融资渠道,增加资金可得性。除了现阶段以银行贷款为主的融资体系之外,发展各类适合中小微自身特点的融资途径尤为重要。下面主要以政策性金融和互联网金融两类金融服务为代表对中小微企业融资前景进行展望。

(1)政策性金融

商业银行"惜贷",直接融资渠道狭窄,民间金融成本高昂,中小微企业面临恶劣的外部融资环境。为了扶持中小微企业的发展,各级政府部门不遗余力开展各项政策支持,但因部门间缺乏有效的协调,效果并不明显。一方面,少数中小微企业从多个渠道获得支持,存在多重扶持、资源浪费现象;另一方面,最需要获得融资扶持的企业反而得不到有效的支持。因此,统筹、专业、有效的政策性金融体系的制度建设刻不容缓,成立一个权威的政策性金融机构来协调部署扶持性政策,可以为中小微企业提供更广泛、更完善的服务。

①政策性金融体系的制度创新。

首先,明确政策性金融的扶植重点。根据我国的国情,对中小微企业进行合理分层,针对性地支持特定的企业群体,例如分初创型高科技企业、环保型企业、出口型企业、劳动密集型企业等,合理分配扶持重点。在政策实施时,需要对不同区域作差异化调整。

其次,完善相关法律、法规。在《中华人民共和国中小企业促进法》的基础上,拟订更具操作性的条款与之配套;建立和完善适应对象明确的法律、法规;同时,对中小微企业涉足股权市场和债券市场制定相应的法律法规,以保障其健康成长。

最后,健全政策性金融组织架构。目前各省市大多存在中小企业局,但在业务运行过程中往往由于各部门之间的协调问题,提高了中小微企业的交易成本,致使政策措施效果不佳。因此,将多个部门有关中小微企业的职能合并,成立独立的、较高级别的管理机构不失为一个好方法。另外,应建立相关的政策性金融机构,在保证政策的公益性同时增加市场的效率。

②政策性金融机构的构建。

首先,成立政策性金融信贷机构。目前我国存在的三大政策性银行各司其职,但是与中小企业融资相关的业务没有针对性,这就需要考虑设立专门的中小企业信贷资金池,集合政府扶持中小企业的各专项资金,通过三大政策性银行的渠道扶持中小企业,关注商业银行难涉入的领域,同时特别关注对就业有较大促进作用的企业,为它们提供低息、长期的贷款。创立一家全新的中小企业政策性银行,在组织结构方面,需要中央与地方合作,深入地方,以在信息渠道、资金调配方面取得规模效应,由地方政府根据民情因地制宜;在提供服务方面,针对不同的中小微企业,提供不同的业务产品,优先发挥政策性银行的担保业务,以较少的资金调动商业金融机构的巨大资源。

其次,完善政策性担保和再担保体系。目前我国已建立由政府主导的较大范围的融资担保体系,但操作效率不高。在完善担保制度的过程中,应建立层次明晰的信用担保体系,在再担保的抵押物选择上应灵活适应中小企业的特点,健全和完善与担保及再担保相关的法律、法规,在具体的担保制度及风险分担机制上采取不同的再担保方式。

再次,成立政策性投资基金。借鉴国外成功经验,尝试由政府投资基金与民间投资资金一起成立中小企业投资公司。在公司资金的募集过程中,从资本市场引进专业的风投基金,采取政府担保方式使资金池放大。政府采取"支持、引导、不干涉"的态度参与运作,实施有效的监管模式使其规范发展,同时辅助优惠的政策措施搭建中小企业投资公司的政府支持体系。

(2)互联网金融

互联网金融(IOF)是互联网时代金融的新生态。互联网金融与传统金融的区别不仅仅在于金融业务所采用的媒介不同,更重要的在于参与者通过互联网有了更有效的直接接触,使得金融业务的透明度更高,中间成本更低,方式上更为便捷,融资效率也更高。

目前国内银行体系已经形成国家政策性银行、国有控股商业银行、股份制商业银行、城市商业银行、农村金融机构、小额贷款公司的层级结构,覆盖了大型国有企业、地方政府企业、中小民营企业、农户及个体商户。虽然银行在服务客户层级上不断下沉,但受制于数据、技术和成本,仍无法完全覆盖,市场最缺的还是中小微企业及农业金融服务。互联网金融的兴起,尤其是P2P信贷及阿里小贷等网络小额贷款和信用支付的发展,正是对小微企业金融服务市场最大的补充。

从国内金融实践来看,互联网金融作为依托互联网开展的金融服务,主要表现形式为网上银行、以支付宝为代表的第三方支付、以人人贷为代表的P2P信贷以及以阿里金融为代表的网络小额贷款和信用支付。下面我们主要以互联网金融业态中的P2P网络借贷平台和阿里小额贷款为重点进行介绍。

①P2P网络借贷平台。

P2P网络信贷是指个人通过网络平台相互借贷,它主要针对的是那些信用良好但缺少资金的个人或小微企业主,对于这些借款人,无需他们提供贷款抵押物,只是通过了解身份信息、银行信用报告、企业税务、水电账单支付及其他相关信息等,来确定贷款额度以及贷款利率,然后中介机构将这些信息提供给资金出借人,由他们双方直接达成借款协议,资金出借人获取贷款利息。

目前,我国网络借贷平台运作模式主要有以下三种(见表4—6):

表4—6 P2P网络借贷平台运作模式对比表

模式	运作方式	主要特点	代表
线下—线下模式	线上开发信贷业务与线下开发投资者并举,然后线下撮合	优点: ①线下撮合,涉及环节少; ②模式相对简单,易复制; ③销售模式与保险、直销类似,人才补充容易。 缺点: ①缺乏足够的透明性,坏账率不易被发掘,易出现不可控的系统性风险; ②容易被用作非法集资或传销的外壳。	宜信

模式	运作方式	主要特点	代表
线下—线上模式	线下发展信贷产品,线上吸引投资者进行融资,目前 P2P 行业公司主打这种模式	优点: ①更透明、规范; ②基于本地化的服务,风险控制相对更严谨。 缺点: ①操作流程相对繁琐; ②对从业者要求较高,既要了解线下业务,也要掌握计算机技术。	新新贷(针对小微企业);贷帮(针对农村个体)
线上纯P2P 模式	线上开发信贷产品与线上开发投资者同步	优点: 操作便捷、透明。 缺点: ①纯粹网络信用标,易引发逾期,安全性低; ②坏账相对较难控制,风险控制较难操作; ③中间环节作假相对便捷。	人人贷、拍拍贷

　　基于互联网技术的 P2P 信贷平台,通过技术创新,不但可以在一定程度上解决信息不对称问题,满足个人的借款需求,还可以为个人提供投资理财的机会。相对于民间借贷,其透明性程度高;相对于传统金融中介,它降低了贷款的成本和贷款审查的成本,突破了地域的限制,更具有灵活性和指向性。这是 P2P 信贷平台上交易双方都有利可图的基础。

　　据统计,至 2013 年 1 月底,全国活跃的网贷平台已超过 300 家。2012 年整个网贷行业的成交量高达 200 亿元,无论从机构数量还是交易金额来看,国内的网贷行业都可谓初具规模。国内商业银行将大部分客户范围锁定在所贷金额数目较大的大客户上,市面上的中小贷款公司无法完全接受小额贷款者,而 P2P 信贷正是针对那些信用良好但缺少资金的个人或小微企业主,因此贷不到款的小微企业主与个人无不把 P2P 信贷公司当作最后的"救命稻草"。虽然与银行发放的中小企业贷款相比,其规模微乎其微,但其增长速度远远高于银行小贷业务的增长(见表 4—7)。这对于整个社会,尤其是小微企业具有重大意义。

经济动荡中的企业融资环境分析和展望

123

表 4—7   银行业金融机构小企业贷款余额与 P2P 网络信贷交易总量对比表

年度	银行小企业贷款余额（万亿元）	增长率	P2P 网络信贷交易总量（亿元）	增长率
2009	5.8	31.82%		
2010	7.5	29.31%	0.24	
2011	10.8	44.00%	5.45	2 170.83%
2012	<14.77	<36.76%	91.81	1 584.59%

注：①2012 年度银行小企业贷款余额实际上小于 14.77 万亿元，1 477 万元亿是小型和微型企业贷款余额。

②表中余额和交易总量均为累计值。

就目前来看，由于服务客户群的差异，P2P 行业尚未对商业银行小贷业务造成实际性的冲击，更多地是对我国金融体系的补充和完善；但随着行业的蓬勃发展，P2P 作为一种创新的金融模式，对商业银行乃至整个金融业的影响不可小觑。

作为网络金融的新兴事物，目前 P2P 网贷存在较大风险，这是由于 P2P 网贷的快速发展领先于我国金融监管和法律保障体系的发展。特别是目前的分业经营和分业监管的体制，造成了金融市场中直接金融和间接金融的人为割裂，在对 P2P 等金融创新的监管方面存在先天的不足。

我们认为，在对 P2P 借贷平台进行监管时，不能为了控制风险采取"简单粗暴"的方法将其定义为非法集资，同时也不能由于其影子银行的性质对法律真空听之任之。作为一项具有强大生命力和发展前景的金融创新，在针对 P2P 的相关法律制定过程中既要考虑约束力，又必须留出更多的发展空间，这样才能保证 P2P 金融健康良性地发展。

②阿里小额贷款。

阿里金融亦称阿里巴巴金融，为阿里巴巴旗下独立的事业群体，主要面向小微企业、个人创业者提供小额信贷等业务。目前阿里金融已经搭建了分别面向阿里巴巴 B2B 平台小微企业的阿里贷款业务群体以及面向淘宝、天猫平台上小微企业、个人创业者的淘宝贷款业务群体，并已经推出淘宝信用贷款、淘宝订单贷款、阿里信用贷款等小贷产品（见表 4—8）。

表 4—8 阿里小贷主要产品情况

	淘宝(天猫)订单贷款	淘宝(天猫)信用贷款	阿里巴巴信用贷款
平台类型	B2C平台,为淘宝和天猫的卖家提供订单贷款和信用贷款。		B2B平台,为阿里巴巴上的企业客户提供信用贷款。
贷款额度	1元~100万元	1元~100万元	中国站会员:2万~100万元;中国供应商站会员:2万~300万元
贷款期限	最长30天	最长6个月	最长12个月
贷款方式	卖家凭借"卖家已发货"的订单就可以申请贷款。	平台商户凭借信用记录即可申请的无担保、无抵押贷款。	循环贷:获取一定额度作为备用金,不取用不收利息,随借随换。固定贷:获批后贷款一次性发放。
计息方式	按日计息	按日计息	按月计息
贷款利率	日利率0.05%(年利率约18.25%)	日利率0.06%(年利率约21.9%)	循环贷:日利率0.06%(年利率约21.9%),用几天算几天,单利。固定贷:日利率0.05%(年利率约18.25%)。

　　据阿里金融统计数据显示,截至2012年年底,阿里金融累计借贷的小微企业超过20万户,企业全年平均占用资金时长为123天,实际付出的年化利率成本为6.7%。另外,由于阿里金融可以通过分析中小微企业往来的交易数据、信用数据、客户评价数据等,掌握它们可能需要的资金量,进而测算出它们可能的还款时间,从而使放贷风险大大降低。除此之外,网络技术和数据的收集整理,使阿里金融信贷成本大大降低。相比于P2P信贷模式,以阿里金融为代表的网络小额贷款对商业银行小微贷款业务尤其是中小银行小微贷款业务的影响更大,对中小微企业的服务能力也更强。

　　以阿里金融为代表的网络小额贷款和信用支付最大的优势在于整合了电子商务过程中所形成的数据和信用,解决了传统金融行业对个人和小企业贷款存在的信息不对称和流程复杂的问题,由此实现了良好的风险控制和资本回报,具有较大的发展空间。

　　非银行业网络金融业务与商业银行业务在不断相互渗透,交叉程度日益加深,经营边界日趋模糊,在一些特定领域会对商业银行带来较大冲击。非银行业网络金融是对金融生态的有益补充,双方存在竞争和合作关系。可以预见,在双方共同健康平稳发展的同时,小微企业融资难困境也会得到一定程度的解决。

4.3 我国风险投资和私募股权

4.3.1 我国风险投资发展现状

进入 2012 年,我国创业投资市场不断下滑,各机构面临来自内部和外部的双重考验。2012 年中外创投(venture capital,VC)共新募基金 252 只,已知募资规模的 247 只基金新增可投资于中国大陆的资本量为 93.12 亿美元,同比降低 67.0%,单只基金规模更是回落至历史底位(见图 4—9)。在投资方面,全年共发生 1 071 起投资交易,其中披露金额的 959 起投资总量共计 73.20 亿美元,同比出现下降,但仍处高位;退出方面,全年共有 246 笔 VC 退出交易,其中 IPO 退出 144 笔。[①] IPO 退出占各类退出方式的比重一再下滑,退出回报水平大打折扣,VC 开始寄望于并购等其他形式的退出。

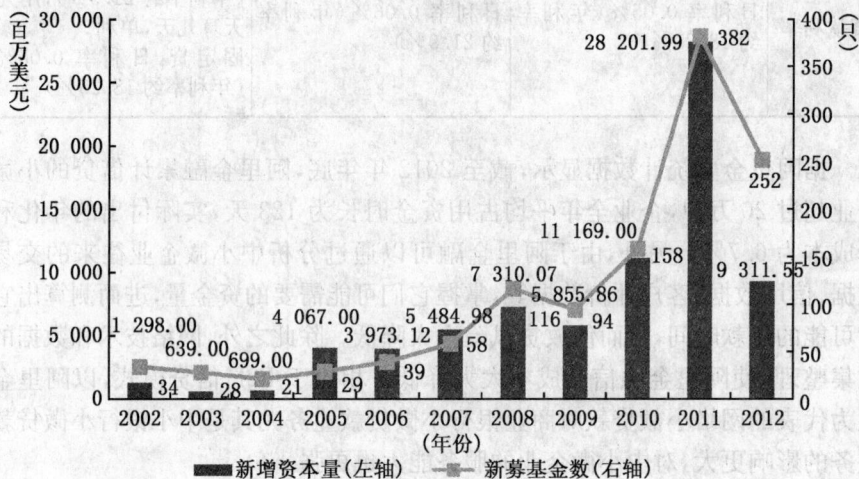

资料来源:清科研究中心(www.zdbchina.com),2013 年 1 月。

图 4—9 2002～2012 年中国创业投资机构基金募集情况比较

---

① 统计数据均来自清科研究中心的数据。本章后续的统计数据主要来自清科和投中集团两大数据库。

以下是2012年我国风险投资行业的一些特征：

(1)人民币基金在创投市场的新增资金中占据主导

尽管2012年我国创投市场募资较2011年大幅降低，但是超过了2010年全年新募基金数量。在平均募资规模方面，2012年新募基金的平均规模为3 769.86万美元，是2005年以来的最低点。

2012年下半年，监管层对机构投资者进入股权投资领域不断推出新的政策，使得市场募资难的问题得到一定程度的改善。根据清科研究中心的调研结果显示，未来一年内，56.2％的机构投资人（即有限合伙人LP）对VC/PE市场的资产配置比例将保持同一水平，43.8％的机构投资人将提升在VC/PE投资领域的资产配置比例。可见，在经历了2012年VC/PE"寒冬"之后，机构LP对2013年的投资市场持较为积极的态度。2013年，VC募资市场将呈现回暖趋势。

从新募集完成的基金币种来看，2012年，人民币基金保持领先地位，252只新募集完成的基金中有236只为人民币基金，占比93.7％；募资总额437.83亿元人民币，占比74.5％。外币基金方面，2012年外币基金仅募集16只，占比6.3％；募资总额23.74亿美元，占比25.5％。平均募资规模上，人民币基金平均募资规模为1.89亿元人民币，美元基金平均募资规模为1.58亿美元，是人民币基金的5.29倍。

近年来，以社保基金、政府财政资金和上市公司、民营企业、富裕个人等为代表的本土有限合伙人（LP）群体逐渐形成。2009年我国创业板的正式运行，更是给本土创投机构注入了一针强心剂，进一步催化了本土创投的发展，人民币基金随之得以快速发展。随着新政策对保险资金、社保资金、券商直投以及公募基金等参与股权投资的放宽，各类本土有限合伙人正在成为人民币基金的重要力量，未来人民币基金募资仍将占据绝对优势。

(2)创投市场投资下降但仍处高位

2012年，中国创投市场共发生投资1 071起，投资总额73.20亿美元，尽管较历史最高峰的2011年有所降低，但相比前几年，VC市场投资案例数和金额均呈现增长态势。随着宏观经济的逐步转暖，下半年以来，VC市场投资出现好转趋势。

2012年，中国创投市场所发生的1 071起投资分布于23个一级行业中。其中互联网、生物技术/医疗健康、电信及增值业务行业获得投资案例数最多，分别为162、124、103起，投资金额分别为15.79亿、7.26亿、5.45亿美元，同样位居前三位。

从各行业的投资表现来看，互联网行业多年以来一直位居首位，2012年

图 4—10 2002~2012 年中国创业投资市场总量比较

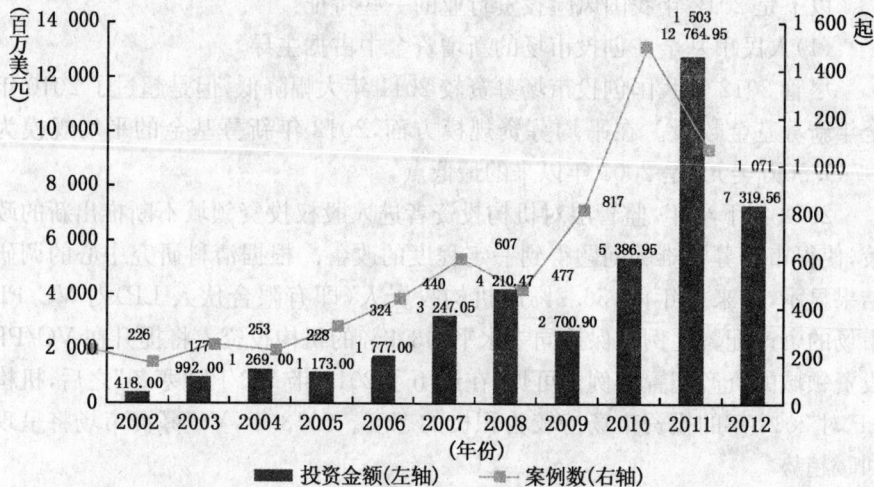

资料来源:清科研究中心,www.zdbchina.com,2013 年 1 月。

投资案例数和投资金额分别占投资总量的 15.1% 和 21.6%。2012 年 11 月,YY 语音赴美上市,是停止了八个多月的中资概念股在美国的首次上市,也为中国互联网企业赴美上市再次带来福音,为互联网领域的风险投资注入了信心。生物技术/医疗健康行业近两年投资比重不断上升,2012 年投资案例数和金额比重分别达 11.6% 和 9.9%。另外值得关注的是娱乐传媒行业,2012 年娱乐传媒行业投资案例数和金额均位于前十位,共投资 36 起,投资总额 2.98 亿美元。我国经济高速增长,人均 GDP 也出现快速增长,在此背景下,居民对文化和精神的需求被大大激发,存在巨大的市场增长空间。同时,在政策红利不断释放、文化产业基金踊跃设立的背景下,文化产业投资热度不断上扬。

(3)创投市场 IPO 退出出现僵局,并购退出的比重加大

2012 年,中外创投共发生 246 笔退出交易,同比下降 46.1%,VC 退出难度进一步加大(见图 4—11)。从退出方式上来看,共有 67 家 VC 支持的企业 IPO,涉及退出交易 144 笔,占退出交易总数的 58.5%,较上年同期 68.7% 的占比进一步下滑。与 IPO 的低迷相比,股权转让和并购退出逐渐活跃。2012 年 VC 以股权转让方式退出共 44 笔,占比为 17.9%;并购退出 31 笔,占比 12.6%(见表 4—9)。

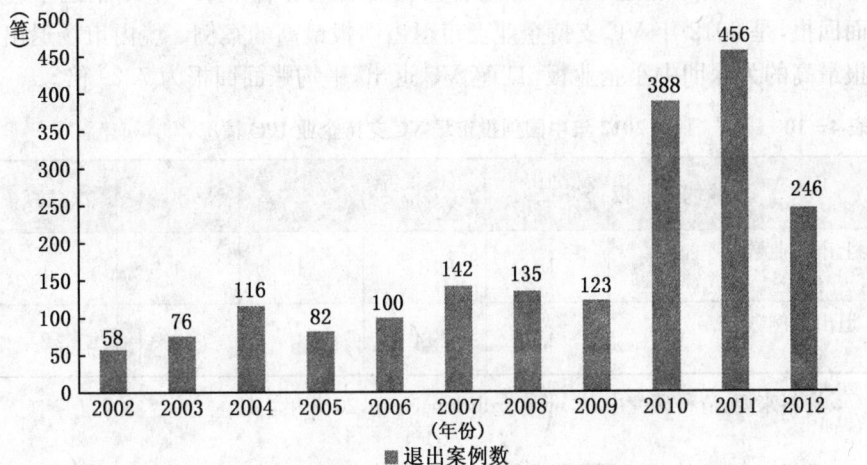

资料来源：清科研究中心，www.zdbchina.com，2013 年 1 月。

图 4—11　2002～2012 年中国创投市场退出情况比较

表 4—9　　　　　2012 年中国创投市场退出方式分布（按退出数量，笔）

	IPO	并购	股权转让	管理层收购	清算	回购	未披露	其他
百分比	58.5%	12.6%	17.9%	7.3%	0.4%	1.2%	1.2%	0.8%

资料来源：清科研究中心，www.zdbchina.com，2013 年 1 月。

　　从目前市场来看，境内外 IPO 市场难言乐观。2013 年在国内证券市场 IPO 排队上市的企业达 800 余家，境外 IPO 尽管预计呈现回暖趋势，但难以实现较大的转机。在当前 IPO 退出呈现颓势的情形下，VC/PE 机构正逐步寻求多样化的退出方式，以并购、股权转让为代表的退出方式成为退出的重要选择，多元化退出方式是 PE/VC 市场发展的必然趋势。近年来，中国并购市场有了长足发展，在活跃度和市场规模两方面都增长迅速。随着我国经济在未来的回暖，并购市场有望再次出现突破并创造新的纪录。并购退出作为欧美 VC/PE 主要的退出方式，未来在国内风险投资退出中将占据越来越重要的地位。

　　从 2012 年 VC 支持企业上市情况来看，共有 67 家 VC 支持企业上市，境内上市依然占据主导。2012 年仅 3 家 VC 支持的企业于境外上市，分别分布于纽约证券交易所、NASDAQ 和法兰克福证券交易所。境内 IPO 退出主要集中于深圳证券交易所创业板，共有 38 家 VC 支持企业上市。在退出回报上,2012年11月底上市的 YY 语音为背后的投资者带来 10.19 倍的平均账面回报,是 2012 年 VC 支持企业上市退出回报最高的案例。境内市场退出回报最高的为深圳中小企业板,41 笔 VC 退出,平均账面回报为 7.29 倍。

表 4—10　　　　　　2012 年中国创投市场 VC 支持企业 IPO 情况

	深圳创业板	深圳中小企业板	上海证券交易所	纽约证券交易所	NASDAQ	法兰克福
上市企业数（家）	38	18	8	1	1	1
退出案例数（家）	80	41	14	4	3	2

资料来源:清科研究中心,www.zdbchina.com,2013 年 1 月。

4.3.2　2012 年我国私募股权行业发展现状

(1)2012 年私募股权投资市场投资规模分析

2012 年国内共披露私募股权投资(PE)案例 275 起,投资总额 198.96 亿美元,相比 2011 年全年(404 起案例、投资总额 290.15 亿美元)分别下降31.9%和 31.4%。[①] 2012 年投资规模同样低于 2010 年,并与 2009 年基本持平(如图 4—12 所示)。

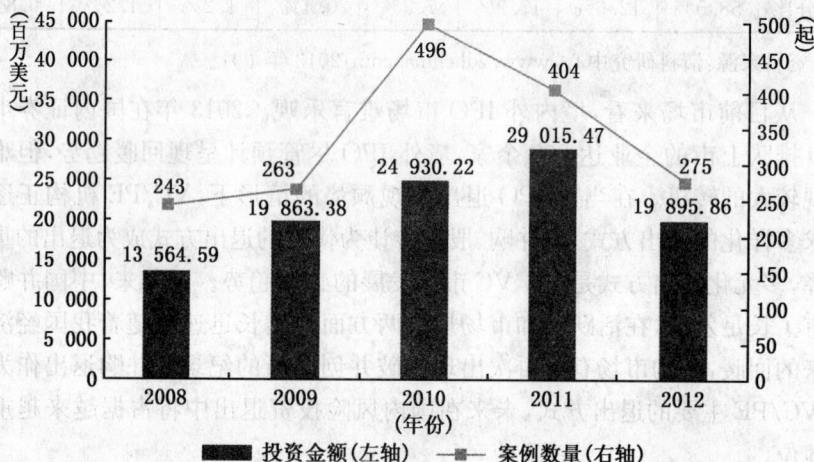

资料来源:CVSource,www.ChinaVenture.com.cn,2013 年 1 月。

图 4—12　2008～2012 年中国私募股权投资市场投资规模

①　数据来自投中集团的统计。

自 2011 年第四季度开始,我国 PE 市场活跃度呈现下滑态势,进入 2012 年以来,随着宏观经济及资本市场的持续低迷,PE 市场投资规模一直保持较低水平。预计进入 2013 年后,我国 PE 投资将触底反弹,投资活跃度有所增长。

我国 PE 投资将从规模增长转向投资价值的深度挖掘及布局多元化。相比于市场整体规模变化,行业内新竞争格局的形成,机构专业化、品牌化的转型路径,将成为未来一年我国 PE 行业更值得关注的现象。

从平均单笔投资规模来看,2012 年平均单笔投资规模为 7 235 万美元,相比 2011 年基本持平。由于二级市场低迷状态导致上市公司估值及投资回报率逐渐下降,2012 年我国 PE 一级市场投资估值也有所下调,但由于阿里巴巴集团 20 亿美元私募股权融资、信达资本引入 103.7 亿元战略投资等巨额案例,2012 年平均单笔投资规模并未出现明显变化。

从 PE 投资整体行业分布来看,2012 年我国 PE 投资涉及 19 个行业。其中,制造业依然是投资最为活跃的行业,披露案例 45 起,占比 16.4%;其次分别是能源矿业和医疗健康,分别披露案例 32 起和 25 起,房地产、金融行业分别披露案例 23 起和 22 起,而其他行业披露案例均在 20 起以下。

从各行业投资规模来看,金融行业披露投资总额 52.78 亿美元,占比 26.5%,居各行业之首,其中,仅信达资产引入社保基金、瑞士银行、中信资本等战略投资者案例涉及投资总额即达到 103.7 亿元人民币(约合 17.51 亿美元)。互联网行业以 29.61 亿美元投资总额居第二位,主要案例包括阿里巴巴集团因回购雅虎持股引入 20 亿美元 PE 投资、京东商城引入 4 亿美元的新一轮融资等。上述两行业均因特殊案例而位列行业投资规模的前两位。

从整体来看,制造业、能源、化工、农林牧渔等传统行业依然是 2012 年 PE 投资的重点领域,这一行业分布情况与过去几年基本相同。值得关注的是,医疗健康行业投资活跃度相比 2011 年有所增长,这也显示出在 2012 年宏观经济表现低迷状态下抗周期性行业投资价值的凸显。

表 4—11　　　　　　2012 年私募股权投资市场十大披露金额投资案例

发生时间	企业简称	行业	投资金额 (US $M)	投资机构
2012-09-19	阿里巴巴集团	互联网	2 000	中投/中信资本/国开金融/博裕投资
2012-03-16	信达资产	金融	1 751.18	社保基金/瑞士银行/中信资本/渣打银行
2012-07-16	兴中控股	制造业	600	TPG

发生时间	企业简称	行业	投资金额 (US $M)	投资机构
2012-08-30	中节能太阳能	能源及矿业	422.18	鄱阳湖资本
2012-01-12	冀东水泥	建筑建材	323.36	新天域资本/GIC
2012-11-13	京东商城	互联网	400	OTTP/老虎基金
2012-09-05	兆恒水电	能源及矿业	300	摩根士丹利
2012-02-28	必康制药	医疗健康	250	太盟投资集团
2012-07-03	苏宁电器	连锁经营	202.64	弘毅投资
2012-07-09	神州租车	连锁经营	200	华平

资料来源:投中集团(www.ChinaVenture.com.cn),2013年1月。

(2)2012年中国私募股权投资市场投资类型分析

从投资类型来看,成长型(Growth)投资依然是2012年PE投资的主要类型,共披露案例169起,投资总额达99.54亿美元,分别占比61.5%和50.0%。PIPE(private investment in public equity,即上市公司的定向增发)投资共披露案例81起,投资总额77.78亿美元,分别占比29.5%和39.1%,在PIPE投资案例中,投资于境外上市公司案例为16起。并购(buyout)投资共披露案例25起,投资总额21.53亿美元,占PE投资总量比例为10%左右。

表4—13　　　　　　2012年中国私募股权投资市场不同投资类型投资

投资类型	案例数量	占比	投资金额 (百万美元)	占比	平均单笔投资金额 (百万美元)
Growth	169	62%	9 954.48	50%	58.90
PIPE	81	29%	7 788.7	39%	96.16
Buyout	25	9%	2 152.68	11%	86.11
总计	275	100%	19 895.86	100%	72.35

资料来源:投中集团,www.ChinaVenture.com.cn,2013年1月。

2012年,境外中国概念股私有化(所谓私有化,即指上市公司下市)热潮依旧持续,并为PE机构带来投资机会,如亚信联创的私有化交易由管理层及中信资本联合发起,分众传媒的私有化发起方则包括方源资本、凯雷等多家PE机构。三生制药、7天酒店、美新半导体等公司的私有化交易也均有PE机构参与。由于上述交易仍在进行中,因此并未纳入本年度统计。

(3)2012年券商直投业务发展现状

2012 年我国 VC/PE 市场整体呈现低迷状态,在此形势下,券商直投投资的活跃度同样出现下滑。而退出方面,尽管 IPO 退出案例数量相比 2011 年有所增长,但账面回报金额及回报率均有所下滑。不过,2012 年仍然有直投公司成立,证券公司对于直投业务依旧保持较高积极性。

截至 2012 年年底,国内共成立 47 家券商直投公司,总计注册资金规模达到 346 亿元(见表 4—14)。2012 年新成立的 12 家券商直投公司总计注册资本为 28 亿元,单家公司注册资本均在 3 亿元以下,另外 2012 年共有 13 家直投子公司获得母公司增资,合计增资 51 亿元。

各直投公司中注册资本最大的依然为金石投资有限公司,经过 2012 年增资后,注册资本达到 59 亿元;其次分别是海通开元、光大资本和广发信德,注册资本分别为 57.5 亿元、20 亿元和 20 亿元。目前注册资本超过 10 亿元(含 10 亿元)的直投公司已达到 9 家。

除使用资本金投资之外,目前共有 13 家券商成立多只人民币直投基金,其中有 10 只人民币基金披露目标募资规模,总计达 360 亿元;另有两只美元基金由中金在海外成立,基金规模分别为 5 亿美元和 8 亿美元。

投中集团根据券商直投公司注册资本金规模、直投基金规模、投资案例数量、投资规模、退出回报规模、回报率这 6 项指标对券商直投公司进行评比,并推出"CVAwards 2012 年度中国券商直投公司排行榜",位列前十位的分别是金石投资、中金佳成、海通开元、广发信德、国信弘盛、光大资本、平安财智、长江成长资本、银河创新资本和鲁证投资。相对于 2011 年,2012 年券商直投排名并未出现太大变化,金石投资凭借在投资、退出以及基金管理方面的出色表现依然位列首位;中金佳成作为我国最早的券商直投试点,以及最早成立直投基金的机构,同样保持活跃;海通开元尽管在 2012 年无退出案例,但凭借 17.5 亿元新增注册资本、新成立直投基金以及活跃的投资表现,排名升至第三位;广发信德及国信弘盛在退出方面依然表现活跃,分列第四名和第五名。

表 4—14　　　截至 2012 年年底国内券商开展直接投资业务情况　　　　单位:亿元

证券公司	直投子公司	注册资本(截至 2012 年年底)	证券公司净资本(2011 年年底)	可用于直接投资资本量	注册时间
中信证券	金石投资有限公司	59	500.30	75.04	2007-10
中金公司	中金佳成投资管理有限公司	4.1	46.79	7.02	2007-10
华泰证券	华泰紫金投资有限责任公司	5	206.36	30.95	2008-08
国信证券	国信弘盛投资有限公司	10	117.82	17.67	2008-08
中银国际	中银国际投资有限责任公司	6	47.84	7.18	2008-09

2013中国金融发展报告

证券公司	直投子公司	注册资本（截至2012年年底）	证券公司净资本（2011年年底）	可用于直接投资资本量	注册时间
平安证券	平安财智投资管理有限公司	6	46.87	7.03	2008-09
海通证券	海通开元投资有限公司	57.5	313.43	47.01	2008-10
光大证券	光大资本投资有限公司	20	143.24	21.49	2008-11
广发证券	广发信德投资管理有限公司	20	226.21	33.93	2008-12
申银万国	申银万国投资有限公司	5	121.56	18.23	2009-04
国泰君安	国泰君安创新投资有限公司	15	175.60	26.34	2009-05
中信建投	中信建投资本管理有限公司	1.5	82.49	12.37	2009-07
国元证券	国元股权投资有限公司	10	104.24	15.64	2009-08
招商证券	招商致远资本投资有限公司	6	144.90	21.74	2009-08
中投证券	瑞石投资管理有限责任公司	5	61.87	9.28	2009-09
银河证券	银河创新资本管理有限公司	10	123.82	18.57	2009-10
长江证券	长江成长资本投资有限公司	5	86.12	12.92	2009-12
东海证券	东海投资有限公司	3	34.64	5.20	2009-12
东吴证券	东吴创业投资有限公司	3	59.56	8.93	2010-01
国联证券	国联通宝资本投资有限责任公司	2	21.20	3.18	2010-01
东方证券	东方证券资本投资有限公司	7	88.79	13.32	2010-02
第一创业	第一创业投资管理有限公司	2	22.93	3.44	2010-02
宏源证券	宏源创新投资有限公司	2	47.03	7.05	2010-03
兴业证券	兴业创新资本管理有限公司	4/2	58.96	8.84	2010-04
西南证券	西证股权投资有限公司	6	77.26	11.59	2010-04
齐鲁证券	鲁证创业投资有限公司	9	77.20	11.58	2010-05
华西证券	华西金智投资有限责任公司	1	49.43	7.42	2010-05
安信证券	安信乾宏投资有限公司	3	59.29	8.89	2010-06
方正证券	方正和生投资有限责任公司	17	85.96	12.89	2010-08
渤海证券	博正资本投资有限公司	1.5	29.34	4.40	2010-10
东北证券	东证融通投资管理有限公司	2	29.14	4.37	2010-11
东莞证券	东证锦信投资管理有限公司	1	19.52	2.93	2011-05
山西证券	龙华启富投资有限公司	1	42.65	6.40	2011-07
国海证券	国海创新资本投资管理有限公司	1	20.38	3.06	2011-08
中原证券	中原鼎盛创业投资管理有限公司	2	27.59	4.14	2012-02

证券公司	直投子公司	注册资本(截至2012年年底)	证券公司净资本(2011年年底)	可用于直接投资资本量	注册时间
浙商证券	浙商资本管理有限公司	3	35.37	5.31	2012-03
信达证券	信风投资管理有限公司	2	42.69	6.40	2012-04
南京证券	南京巨石创业投资有限公司	2	30.14	4.52	2012-05
太平洋证券	太证资本管理有限责任公司	2	19.11	2.87	2012-05
红塔证券	红证利德资本管理有限公司	2	30.43	4.56	2012-06
国金证券	国金鼎兴投资有限公司	2	28.46	4.27	2012-06
民生证券	民生通海投资有限公司	3	25.56	3.83	2012-07
大通证券	大通创新投资有限公司	2	22.33	3.35	2012-07
新时代证券	新时代宏图资本管理有限公司	1	15.95	2.39	2012-09
西部证券	西部优势资本投资有限公司	2	26.73	4.01	2012-09
长城证券	长城长富投资管理有限公司	3	43.19	6.48	2012-11
华融证券	华融天泽投资有限公司	2	29.90	4.48	2012-11
合计	47家	321.1	3 750.2	562.53	

就行业的投资情况而言,在目前已成立的47家券商直投公司中,有27家(含旗下直投基金)于2012年有投资案例披露,投资案例共计104起,投资总额约53.45亿元,投资数量及规模相比2010年和2011年均明显下滑(如图4—13所示)。2012年仅有金石投资和海通开元两家直投公司的投资案例超过10起,投资金额分别为15.90亿元和10.79亿元。中金佳成、国信弘盛、广发信德、长江资本等公司披露投资案例也达5起以上。从投资规模来看,全年投资额超过1亿元的直投公司共有12家。

由于2012年资本市场持续低迷,在退出数量略有增长的情况下,账面回报金额反而出现较大幅度下滑。2012年共有25家券商直投投资企业实现IPO,涉及9家券商直投公司,共发生账面退出25起,总账面回报金额达20.29亿元,平均账面回报率达1.78倍(如图4—14所示)。

4.3.3 我国风险投资和私募股权行业存在的问题

(1)有效的、高质量的增值服务缺失

在2008年年底,时值金融危机爆发,国内著名的餐饮企业俏江南为了缓解现金压力等原因决定引入外部投资者。俏江南当时曾公开宣布,向鼎晖投资等机构出让10%股份,融资金额为3亿元。2011年年中,俏江南创始人张

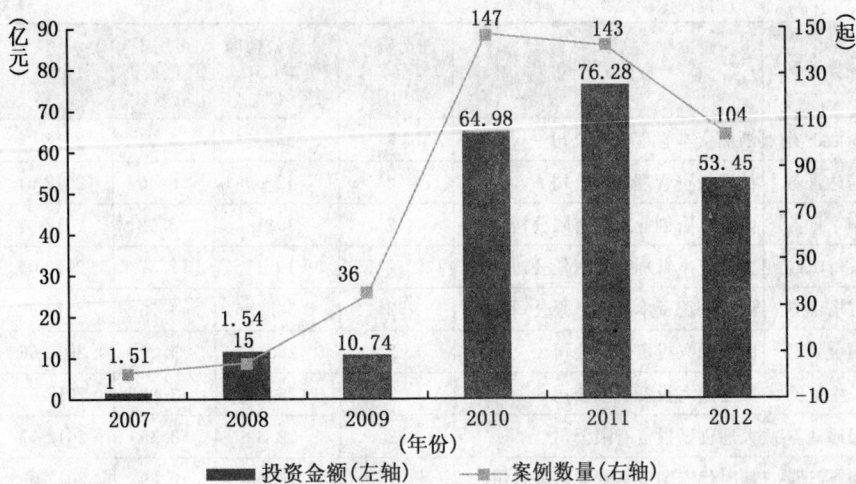

资料来源:投中集团(www. ChinaVenture. com. cn),2013 年 5 月。

图 4—13　2007~2012 年中国券商直投投资规模

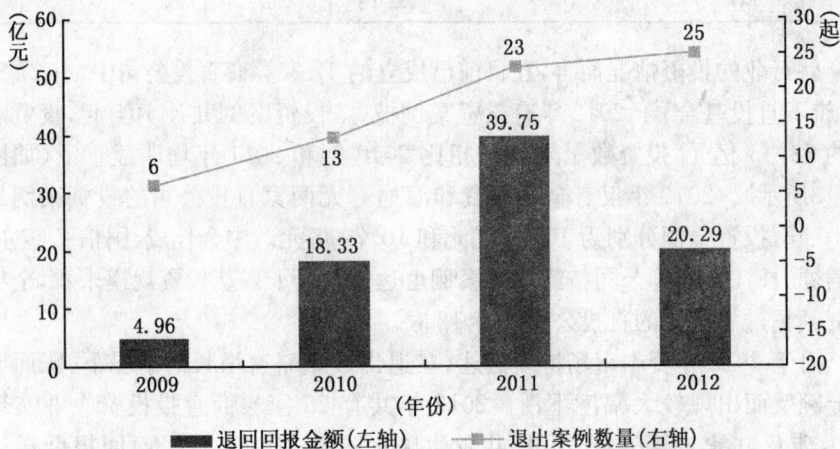

资料来源:投中集团(www. ChinaVenture. com. cn),2013 年 1 月。

图 4—14　2009~2012 年中国券商直投公司 IPO 账面退出情况

兰在接受媒体采访时公开指责投资方鼎晖投资,称"引进鼎晖投资是俏江南最大的失误,毫无意义",并称"他们什么也没给我们带来"。鼎晖投资这样一个业内大牌 PE 机构遭到了被投企业无情的责难,真实显现出了鼎晖和被投企业间的微妙关系,一定程度上反映了鼎晖在该项目投后管理和增值服务方面的不足。

　　事实上这只是一个缩影。这次事件凸显了 PE 行业增值服务的实质性缺失。国内著名的私募股权管理机构东方富海董事长陈玮曾表示："与国际著名的 PE 投资机构相比,本土 PE 除了资金规模、专业投资能力和经验方面的不足之外,还有一根软肋是投资后的增值服务和项目管理。本土 PE 要么是广种薄收,只投资不管理;要么一投资就派人紧盯着资金,怕项目企业乱花钱。更重要的是,对投资项目的增值服务相比国际知名 PE 差距较大,往往限于投资与上市服务两个环节。"

　　随着 PE 行业经历了数年自发扩张生长后,渐渐地随着外部经济环境变化而进入了一个调整期,本土市场中以往的投资更多是基于一、二级市场间的套利投资行为,而现在这种简单套利投资时代已经一去不复返了。目前创投市场上优质项目变得越来越稀缺,"僧多粥少"的现状困扰当前创投市场。

　　如今国内有意向融资的企业不仅在乎"能投多少钱",而更在乎"能带来什么"。企业对资源的在意程度远远超过了单纯对资本的兴趣。曾经高速发展的 VC/PE 行业已经走到了一个新的十字路口。在好项目相对有限的现状下,如何争取到项目、如何提升投资的回报率,成为了 VC/PE 机构的新命题。

　　(2)PE 行业的利润回报率下降

　　受中国证监会"史上最严财务核查"(指 2012 年以来中国证监会对申报 IPO 企业进行的财务审查)的影响,IPO 撤单的企业数量飙升。截至 2013 年 4 月 3 日,已有 167 家企业终止审查,其中创业板有 106 家企业进入终止审查名单,占比高达 63%。随着创业板在审企业的大批撤单,深交所中小板成为 VC/PE 背景企业排队申请 IPO 候审占比最高的板块,中小板可能取代创业板成为未来 VC/PE 机构 IPO 退出的主要渠道。

　　截至 2013 年 6 月,国内资本市场 IPO 重启时间未定,在这之前的半年多时间里,低迷的资本市场对 VC/PE 带来的最直接的影响就是投资回报率的下降。中国证监会 2013 年 4 月 3 日披露的 IPO 申报企业基本信息表显示,目前 IPO 在审企业共有 724 家,其中具有 VC/PE 背景的企业为 317 家,占比达 43.8%,达晨创投、九鼎投资、深创投等投资机构参股企业数量处于领先地位。退出渠道的收窄,将直接降低 VC/PE 的投资回报率。IPO 暂停时间越久,排队公司越多,愈演愈烈的"堰塞湖"现象将直接增大 VC/PE 退出的压力。

　　目前我国资本市场中新股发行暂停,企业在二级市场的估值持续回归。境外市场上,中资概念股在诸多质疑声中集体下挫,并导致 IPO 融资窗口的严格收紧。在这样的形势下,VC/PE 投资机构的盈利空间受到不断挤压,未来无论是境内退出还是境外退出,都面临较大压力。

（3）多层次的退出渠道尚未建立

退出是私募股权基金运行机制设计中重要的一环。国外成熟的资本市场已经形成了集 IPO、柜台交易、产权交易、并购市场等为一体的多层次资本市场,给 VC/PE 提供了多层次的退出渠道。

目前在我国资本市场的发展中,由于各级政府对资本市场的定位不清晰,PE 行业缺乏统一监管等因素,导致 PE 退出渠道集中于深圳证券市场中的创业板和中小板,退出渠道十分狭窄。加之 2012 年 10 月后我国 IPO 市场的暂停,使得私募股权基金退出渠道不通畅的问题显露无疑。2012 年 9 月,国内"新三板"市场(即北京中关村科技园区中小企业代办股份转让系统)正式启动扩容试点,来自北京中关村、天津滨海、上海张江和武汉东湖四家高新技术园区的 8 家公司在"新三板"市场挂牌交易,正式将天津、武汉、上海三地科技园区的企业纳入原北京中关村科技园区股份代办转让系统,标志着"新三板"市场的扩容开始。"新三板"在市场监管和风险控制方面也取得了重要经验。扩大试点前,已有 134 家企业在"新三板"挂牌,其中有 7 家企业转到创业板或中小板上市。从整体看,挂牌公司运行平稳,业绩优良,一批具有较强自主创新能力的挂牌公司正在稳健成长。

上海、重庆、广州等地方政府组建的股权交易托管中心(俗称"四板"市场)也于 2012 年纷纷组建,多层次的资本市场将有利于股权投资机构的退出。

4.3.4 我国风险投资和私募股权行业的未来展望

（1）投资市场回暖在即,整体规模平稳增长

2012 年年底,我国宏观经济已开始呈现回暖迹象,并对 A 股市场产生积极影响。进入 2013 年后,这一现象将逐渐传导至 VC/PE 投资领域,并推动市场缓慢回暖。加上 2012 年资本市场"寒冬"中企业估值出现理性回归,预计未来一年中国 VC/PE 投资活跃度将有所增长,投资规模出现反弹。

考虑到投资机构积压的大量退出需求在短期内无法得到充分释放,且投资回报率也难以达到预期水平,股权投资机构的投资策略仍将普遍保持谨慎,预计 2013 年全年投资规模将很难恢复至 2011 年的高峰水平。相比于市场整体规模变化,行业内新竞争格局的形成,机构专业化、品牌化的转型路径,则将成为未来一年我国 VC/PE 行业更值得关注的现象。

（2）PE 机构整合重组加速

2012 年我国 PE 行业遭遇"寒冬",尽管 2013 年市场有望小幅回暖,但多数基金依然难以获取预期回报,进而加速行业洗牌。总体来看,强者愈强的

"马太效应"也将在 PE 行业出现,一些专业化、品牌化的 PE 受到市场认可,进而获得更多资金支持,而这些优秀机构有望进一步吸收其他基金的投资份额或团队。

在行业加速重组的过程中,部分未得到业绩支撑的基金,可能难以得到后续资金支持而退出市场;部分机构则遭遇大股东分拆或重组,进而出现业务转型或团队的整体变更;而部分基金则有望通过整合或建立联盟,以"抱团取暖"的方式分散风险。2012 年因较多市场的不确定性,行业内人事变动频次明显下降,而未来随着行业格局的进一步明晰,行业内的人事变动将再次恢复活跃。

(3)赴美上市窗口艰难重启,投资回报难达预期

2012 年国内仅有唯品会及欢聚时代两家中国企业赴美上市,目前仍有大量企业存在 IPO 融资需求,背后则是 VC/PE 的巨大退出压力。在上述因素驱动下,2013 年再次重启赴美上市窗口将是必然结果,但能否由此开启新一轮赴美上市高峰则不容乐观。一方面,境外投资者持谨慎的投资态度,对投资标的会十分挑剔,仅以"概念"实现上市几无可能;另一方面,在财务造假风险、VIE 风险依然未得到有效解决的前提下,二级市场投资者也很难给予中国企业较高估值。

对 VC/PE 投资机构而言,境外 IPO 退出依旧艰难。相比预期回报水平,如何变现成为更加紧迫的问题。除了并购、同业转让等途径,谋求境内上市也成为重要选择。目前,已有公司考虑拆除 VIE 架构并转为 A 股上市,未来这一趋势将愈演愈烈。而从长远来看,投资机构加强价值发现及增值能力则更加必要——挖掘最具潜力企业,帮助企业规范财务制度、优化商业模式,并实现良好盈利,这才是解决中国企业境外上市困境的最终解决之道。

(4)退出渠道趋于多元化

如上所述,境外退出渠道收窄,要求投资机构寻求更多退出可能。而 A股市场目前的 IPO 排队状况,也同样为投资者退出带来巨大挑战。2012 年,我国并购市场、PE 二级市场均呈现出愈加活跃的状态,在当前的退出压力下,2013 年这一发展趋势将更加明显。

在并购方面,传统行业并购整合仍在持续进行当中,而 TMT(科技、媒体、通讯)等新兴产业内,随着企业巨头的出现,并购整合能力逐渐加强,尤其在互联网及移动互联网行业,行业巨头全国布局的加速,将促进更多并购交易的出现。而上述行业正是目前创投资本最为集中的领域。

在 PE 二级市场方面,更多 FOFs(基金的基金)的出现、PE 二级市场联盟的出现,都为 PE 二级市场提供了重要基础支撑,并将带来更多交易机会。此

外,2012年"新三板"加速扩容,预计2013年将有更多企业及投资机构将目光转向"新三板",进而推动其交易更加活跃,使之成为VC/PE投资者重要投资方向及退出渠道。

(5)PE入法难有突破,行业自律组织作用加强

2012年《中华人民共和国证券投资基金法》修订经历数次波折,最终PE基金未被纳入其中。以目前的争议程度来看,未来PE监管问题或将再次搁置,并维持现有的政策管理格局。不过,2012年曾引发业界热议的合伙制基金"浮盈税"传闻,则有望在未来一年获得新进展。统一的国家级征税政策,有望改变目前"各自为政"的地方征税的乱象。

在PE立法艰难前行的同时,未来行业自律组织将发挥越来越重要的作用。2012年12月,上海市公安部门对复星创投前总裁陈水清的调查材料显示,陈存在利用其个人控制的"影子公司"先于复星创投、以低价入股拟投资企业的行为。[1] 如该案件最终宣判,有望实质性推动我国PE行业的自律。

(6)机构投资者活跃度增强,LP市场逐步优化

2012年,随着大量个人投资者退出VC/PE市场,我国LP市场的机构化趋于活跃,各类FOFs快速发展,社保基金、保险公司稳步推进。2013年,我国本土LP市场结构将进一步优化,保险公司仍是最值得期待的LP类型。2012年下半年,保监会的政策加快了保险资金投资PE步伐,目前已有中国平安、中国人寿、太平人寿、太平洋保险、泰康人寿、安邦保险等多家保险机构获得私募股权投资牌照。未来,保险资金投资VC/PE基金有望实现实质性进展。

此外,2012年证监会发布新政推动券商资产管理业务创新发展,公募基金获准通过子公司开展PE业务。未来,证券公司和公募基金管理公司均有望以投资PE基金的方式间接参与PE市场,进而为我国本土LP市场增加新的机构投资者类型。

(7)并购基金迎来发展时机

2012年我国并购基金开始进入新的发展阶段。11月,中信金石投资基金正式启动,宣布目标募集规模为80亿～100亿元;11月16日,平安信托董事长兼CEO童恺确认已发起成立并购基金,正在招募团队;11月30日,上海国际集团召开投资推介会,宣布将成立20亿美元"上海国际全球并购基金"。2013年,上述并购基金均有望正式投入运作,将改变过于依赖Pre-IPO的中

---

① 参见赵静、戴小河:《PE受贿第一案:上海复星创投总裁陈水清涉嫌商业贿赂》,《证券市场周刊》2012年12月3日。

国私募股权投资格局。

我国并购基金可分为两大类型，即境内并购基金和跨境并购基金。对前者而言，随着 Pre-IPO 投资机会越来越少，产业间并购整合所带来的投资机会将为投资者所看重，而二级市场持续低迷造成的企业估值下降，也为并购投资带来机会；对跨境并购基金而言，近年来我国企业"出海"频繁，PE 机构参与其中的机会大大增加，此前弘毅、中信资本、中信产业基金等机构投资的案例，已为跨境并购基金运作提供了良好借鉴。

(8)政策推动券商直投市场化，直投基金加速扩容

2012 年年底，中国证券业协会向各券商直投子公司下发《证券公司直接投资子公司自律管理办法》(征求意见稿)，明确规定券商发行直投基金将由证监会行政审批监管改为在证券业协会备案，并首次明确界定了管理团队的跟投行为："直投基金的投资管理团队可以作为直投基金的出资人对直投基金投资的项目进行跟投。"

2013 年，该管理办法有望正式出台，并对券商直投基金业务的市场化转型产生实质性影响。一方面，备案制的实行将加快券商直投公司设立基金步伐，但相比此前中金佳成、金石投资等动辄数十亿元的基金规模，新成立直投基金规模会明显较小，且投资策略相对灵活；另一方面，跟投机制的建立，将推动直投公司形成市场化团队激励机制，未来将吸引更多市场化基金管理人才的加入。

(9)跨境投资的政策尝试

根据 2012 年 10 月份保监会发布的新政，保险资金的境外投资品种从原先的股票和债券扩展至固定收益类、权益类、货币市场类、不动产以及股权投资基金等，进而为保险公司美元资金投资 PE 提供了出口，而保险公司也成为美元基金募资的潜在 LP 之一。2012 年 12 月，上海酝酿多日的 QDLP 政策(合格境内有限合伙人)也已经进入最后审批环节。据悉，首批 QDLP 申请额度区间暂定为 30 亿～50 亿美元。与 QFLP 试点不同，QDLP 则侧重于推动境内人民币基金投资境外市场。

从短期来看，上述政策"试点"意味较强、涉及资金额度较小，预计未来 1～2 年间对我国 VC/PE 市场尚难以产生实质性影响；但从长期来看，上述政策尝试将稳步推进人民币国际化及 PE 资本的跨境流动，对未来 PE 机构投资方式及退出渠道的多元化布局将带来深远影响。

参考文献

[1]清科研究中心网站,http://research.pedaily.cn/report.

[2]投中集团网站,http://www.chinaventuregroup.com.cn/research/.

[3]吴静.风险投资发展趋势与建议[J].经济论坛,2011(7).

[4]熊超.我国私募股权投资基金发展的现状及对策探析[J].中国市场,2012(22).

[5]阳顺英.风险投资退出机制问题研究[J].前沿,2012(19).

[6]张丽萍.我国风险投资发展中存在的问题及对策[J].科技情报开发与经济,2011(2).

5 欧洲主权债务危机:成因、前景及其对中国经济的影响

金洪飞

5.1 引言

2009 年年底,希腊爆发主权债务危机;其后,债务危机由单一的希腊国家债务危机演变为整个欧元区的债务危机,并引发了整个欧洲乃至全球的经济衰退。自 2010 年以来,欧洲主权债务连续 3 年入选中国银行国际金融研究所与金融时报社联合发布的"年度国际金融十大新闻"。欧洲债务问题在"2010年度国际金融十大新闻"排名第三,而在 2011 年和 2012 年的年度国际金融十大新闻中则都位列第一。尽管欧盟和 IMF 等国际组织对陷入债务危机的国家采取了各种救助措施,然而欧洲债务危机乃至欧元区的前景依然扑朔迷离。在本章中,我们将简单回顾欧洲危机的发展历程,分析原因,展望前景,进而讨论其对我国经济的影响。

5.2 关于主权债务危机的一些事实

5.2.1 历史上的主权债务危机

为了理解欧债主权债务危机的成因和发展前景,我们首先应当对历史上的主权债务危机有所了解。事实上,主权债务危机的历史由来已久。根据记载,早在公元前 4 世纪,Attic Maritime Association 就发生了主权债务违约。当时,阿提卡海洋联盟中的十城邦未能如约偿还提洛神庙借款(Winkler,1933)。最早的现代意义上的主权债务违约则发生 1344 年的英国,出于对法国国王腓力六世没收其在法国之领地的愤怒,爱德华三世于 1937 年 11 月率军进攻法国。1340 年 6 月,英国舰队在斯勒伊斯海战中大获全胜。但由于军费开支过于巨大,爱德华三世无力持续作战。1344 年,爱德华三世甚至宣布破产,导致佛罗伦萨的两家大银行倒闭。1557 年,西班牙国王菲利普二世拖欠了主要从南部德国银行借贷的短期借款(Kohn,1999)。而法国在大革命期间的债务违约高达 8 次之多。在 19 世纪以前,西班牙的债务违约不少于 6次。而 19 世纪中,德国、葡萄牙、奥地利和希腊各违约了 4 次,西班牙违约了7 次。可以说,目前的大多数发达国家在历史上都有过多次的主权债务违约(Reinhart et al. ,2003)。

在第二次世界大战以后,主权债务违约则主要集中在非发达经济体。根据 Reinhart 和 Rogoff(2008)的数据(见表 5—1),在 1950~2006 年,世界各国共发生 87 次主权债务违约,其中非洲国家发生了 22 次,欧洲国家发生了 7次,亚洲国家发生了 11 次,拉美国家发生了 47 次。而这些主权债务危机则无一例外地发生在非发达经济体。由于非发达经济体往往把本国货币钉住于某发达国家之货币,因而债务危机又经常引发货币危机。20 世纪 80 年代初爆发的拉美国家的货币危机、1998 年的俄罗斯卢布危机、2001 年的阿根廷比索危机都是由债务危机引起的。然而总体而言,非发达经济体的债务水平远远低于发达经济体,却屡屡发生债务危机,这成为了债务违约领域最为令人困惑的问题。2009 年年底开始的欧洲主权债务问题,则又向我们提出了新的问题:为何发达经济体也陷入了债务泥潭?而目前主权债务水平最高的日本,却为何仍然未发生主权债务违约?

表 5—1　　　　　　　　　1950～2006 年间各主权债务的违约或重新安排

国　家	年　份	国　家	年　份
非洲（22 次）			
阿尔及利亚	1991	摩洛哥	1983,1986
安哥拉	1985	尼日利亚	1982, 1986, 1992, 2001, 2004
中非共和国	1981,1983	南非	1985,1989,1993
科特迪瓦	1983,2000	赞比亚	1983
埃及	1984	津巴布韦	1965,2000
肯尼亚	1994,2000		
亚洲（11 次）			
印度	1958,1969,1972	菲律宾	1983
印度尼西亚	1966,1998,2000,2002	斯里兰卡	1980,1982
缅甸	2002		
欧洲（7 次）			
波兰	1981	俄罗斯	1991,1998
罗马尼亚	1981,1986	土耳其	1978,1982
拉丁美洲（47 次）			
阿根廷	1951, 1956, 1982, 1989, 2001	洪都拉斯	1981
玻利维亚	1980,1986,1989	墨西哥	1982
巴西	1961,1964,1983	尼加拉瓜	1979
智利	1961, 1963, 1966, 1972, 1974,1983	巴拿马	1983,1987
哥斯达黎加	1962,1981,1983,1984	巴拉圭	1986,2003
多明尼加	1982,2005	秘鲁	1969, 1976, 1978, 1980, 1984
厄瓜多尔	1982,1999	乌拉圭	1983,1987,1990,2003
危地马拉	1986,1989	委内瑞拉	1983,1990,1995,2004

资料来源：Reinhart 和 Rogoff（2008）。

欧洲主权债务危机：成因、前景及其对中国经济的影响

5.2.2 OECD 国家的债务和财政赤字

同企业或个人的债务危机一样,主权债务危机同业可以分为清偿性债务危机(solvency crises)和流动性债务危机(liquidity crises)。所谓清偿性债务危机,是指发生债务危机的经济体的债务水平超过了其偿还能力,债务重整(debt restructuring)或推迟还本付息只能延后危机爆发的时间,但无法避免危机的最终爆发。而流动性危机则是由政府暂时的资金周转不灵引发的,只要在紧缩经济的前提下给予适当的资金支持,便可渡过难关,因此通过债务重整最终可以避免债务危机的爆发。清偿性债务危机的重要指标就是其债务比过高,而流动性债务危机的指标是正常的债务比和过高的赤字比。当一个债务总量水平在正常范围内的经济体暂时出现较大的财政赤字时,如果市场认为该经济体会爆发债务危机而不愿意继续购买其债权,该经济体政府将无法为其赤字进行融资,到期债务也将无法如期还本付息,从而爆发危机;但是,如果市场对该经济体的财政保持信心而愿意继续借钱给该政府时,那么该经济体就能获得足够的资金克服暂时的财政困难而避免债务危机的爆发。因此,流动性危机往往具有自我实现的特征。对于偿债能力而言,一个经济体是否能够偿还其主权债务依赖于其债务存量与偿债能力之比,通常的指标有债务存量与 GDP 之比、债务存量与出口额之比或债务存量与政府收入之比。一个经济体将来的财政盈余之现值如果超过现有的债务存量,那么其主权债务是能够偿还的。国际上通常认为一个经济体如果其债务比不超过 60% 以及赤字比不超过 3% 时,该经济体的公共财政是安全的,而且这也是各成员国加入欧元区的前提条件。

表 5—2　　　　　　　欧元区国家的财政赤字占 GDP 之比　　　　　单位:%

年份 \ 地区	欧元区	德国	爱尔兰	希腊	西班牙	法国	意大利	葡萄牙	英国	冰岛
2001	−1.9	−2.8	0.9	−4.5	−0.6	−1.5	−3.1	−4.3	0.5	—
2002	−2.6	−3.7	−0.4	−4.8	−0.5	−3.1	−2.9	−2.9	−2.1	—
2003	−3.1	−4.0	0.4	−5.6	−0.2	−4.1	−3.5	−3.0	−3.4	—
2004	−2.9	−3.8	1.4	−7.5	−0.3	−3.6	−3.5	−3.4	−3.4	—
2005	−2.5	−3.3	1.6	−5.2	1.0	−2.9	−4.3	−5.9	−3.4	4.9
2006	−1.4	−1.6	2.9	−5.7	2.0	−2.3	−3.4	−4.1	−2.7	6.3
2007	−0.7	0.3	0.1	−6.4	1.9	−2.7	−1.5	−2.7	−2.7	5.4
2008	−2.0	0.1	−7.3	−9.8	−4.2	−3.3	−2.7	−3.5	−5.0	−13.5

年份＼地区	欧元区	德国	爱尔兰	希腊	西班牙	法国	意大利	葡萄牙	英国	冰岛
2009	−6.3	−3.0	−14.3	−15.4	−11.1	−7.5	−5.4	−10.1	−11.4	−9.9
2010	−6.0	−3.3	−31.2	−10.5	−9.3	−7.1	−4.5	−9.8	−10.3	−7.8
2011	−4.1	−1.0	−13.0	−9.2	−8.5	−5.2	−3.8	−4.2	−8.4	−4.4

资料来源：OECD 网站。

  表 5-2 给出了部分欧元区国家 2001～2011 年的赤字比数据。从该表中，我们可以发现除德国外的其余国家自 2009 年开始都有大量的财政赤字。这些国家自 2009 年开始出现大量财政赤字的一个重要原因是它们加大了财政支出以挽救因 2008 年美国金融危机而陷入财务困境的金融机构。对于希腊而言，自加入欧元区以来，其财政赤字就一直超过 GDP 的 3%。而意大利也只有在 2002 年、2007 年和 2008 年的财政赤字低于 GDP 的 3%。大量财政赤字的积累自然导致了公共债务的增加。

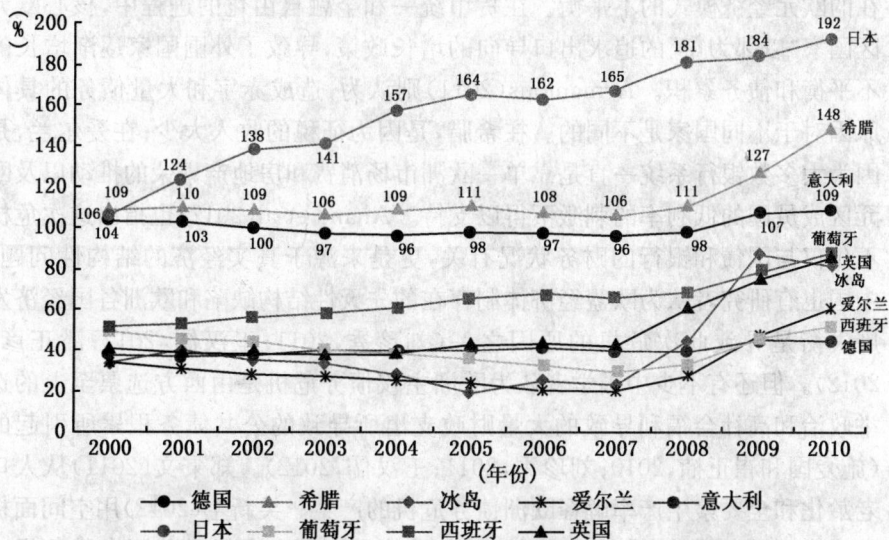

资料来源：OECD 网站及各国央行并经作者计算。

图 5-1　若干 OECD 国家的中央政府债务占 GDP 之比

  图 5-1 给出了一些 OECD 国家的中央政府债务占 GDP 之比。我们可以发现，希腊、意大利和葡萄牙等国家 2009 年以及 2010 年的债务比远远高于60%，因此这些国家发生债务危机似乎是可以理解的。但是该图中的数据同

欧洲主权债务危机：成因、前景及其对中国经济的影响

样也给我们提出两个问题:第一,日本的债务比是这些国家中最高的,英国的债务比也远远高于60%,但为何日本和英国没有发生债务危机? 第二,西班牙在2000~2010年的债务比远远低于60%,但为何发生了主权债务危机?

5.3 欧洲主权债务危机的原因分析

关于欧洲主权债务危机的成因,西方学者大多是从欧元区内部机制进行解释。Bibow(2012)强调了德国在欧洲主权债务危机形成中的角色,他认为此次危机并不只是债务危机,更是银行和国际收支的双重危机。德国自20世纪90年代以来采取的竞争性工资以及欧元区统一的货币政策使得德国产品在世界市场和欧盟市场中保持着绝对的竞争力,从而获得了长期的国际收支顺差,欧元区其他国家产生了大量的国际收支逆差。区域内部的竞争和经常账户的失衡以及由此产生的债务流是问题真正之所在。与此相类似,Pérez-Caldentey 和 Vernengo(2012)认为欧洲债务危机是核心国家与非核心国家内在的欧元经济模式的不平衡。在货币统一和金融自由化的进程中,核心欧元区国家"以邻为壑"的追求出口导向的增长政策,导致了外围国家逐渐增长的不平衡和债务累积。Armanious(2011)则认为,造成赤字和大量债务的具体原因对于不同国家是不同的。在希腊,是因为征税的收入太少;在爱尔兰,是因为大多数银行系统一直是靠单一欧洲市场消费和房地产繁荣的推动以及欧元区成员国的低利率的刺激下得以支持。Anand et al(2012)也指出这次危机不仅仅与国债和银行的财务状况有关,更是来源于真实经济的结构性问题。中国也有研究者认为欧盟经济体制存在的先天性结构缺陷和欧洲各国经济发展失衡是导致此次危机的原因之一(刘珍秀,2011;王汉儒,2012;潘正彦,2012)。但还有不少中国学者认为欧洲主权债务危机是由西方选票至上的选举政治和高社会福利导致的大量财政支出所导致的公共债务积累所引起的(施爱国和崔正楠,2010;刘珍秀,2011;王汉儒,2012)。郑秉文(2011)从人口老龄化和全要素生产率解释欧洲债务危机的产生。吴新生(2012)用空间面板数据模型研究了欧洲债务危机的成因,认为欧洲债务危机是美国次贷危机冲击、经济增长乏力、欧元体制缺陷、高福利水平支出与政府效率低下等多种因素作用的结果。

5.3.1 财政赤字和主权债务的可持续性

一个经济体在某个时点的主权债务是其历年财政赤字积累而成的,主权债务存量与财政赤字之间存在重要的联系。我们可以把主权债务与政府财政赤字的关系表示为如下的差分方程：

$$B_t = B_{t-1}(1+R_t) + D_t \qquad (5-1)$$

其中，B_t 为 t 期末的政府债务之名义价值，B_{t-1} 为 $t-1$ 期末的政府债务之名义价值，R_t 为 t 期的名义利率，D_t 为 t 期的政府原始财政赤字。原始财政赤字等于包含转移支付在内的政府支出之价值减去政府收入之价值。媒体上公布的财政赤字，则需要在原始财政赤字基础上再减去为未到期债务所支付之利息。在公式(5-1)中，假定政府债券都是 1 年期的。公式(5-1)表示 t 期末的政府债务余额为 $t-1$ 期末政府债务余额的本息之和加上 t 期的财政赤字。在公式(5-1)的两边同时除以 t 期的国内生产总值(GDP)Y_t，则得到：

$$\frac{B_t}{Y_t} = \frac{B_{t-1}}{Y_t}(1+R_t) + \frac{D_t}{Y_t} \qquad (5-2)$$

我们用 G_t 表示 t 期的 GDP 名义增长率，即实际 GDP 增长率和通过膨胀率之和，公式(5-2)就可以变为：

$$\frac{B_t}{Y_t} = \frac{B_{t-1}}{Y_{t-1}(1+G_t)}(1+R_t) + \frac{D_t}{Y_t} \qquad (5-3)$$

而进一步地，令 $b_t = B_t/Y_t$，$d_t = D_t/Y_t$，我们可以得到下面的债务增长模型：

$$b_t = \frac{1+R_t}{1+G_t}b_{t-1} + d_t \qquad (5-4)$$

在公式(5-4)中，b_t 和 d_t 分别为债务余额和财政赤字占 GDP 之比，即所谓的债务比和赤字比。为了让分析变得相对简单一些，我们不妨假定 GDP 增长率、名义利率和原始赤字比皆为常数，此时公式(5-4)就变为：

$$b_t = \frac{1+R}{1+G}b_{t-1} + d \qquad (5-5)$$

显然公式(5-5)是关于债务比的差分方程，我们把此方程称为政府预算方程。当 $R < G$ 时，我们可以得到该差分方程的均衡解为：

$$\bar{b} = \frac{1+G}{G-R}d \qquad (5-6)$$

而当 $G > R$ 时，公式(5-5)所表示的债务比是一个爆炸性增长的过程，从而也是不可持续的，意味着债务危机的爆发是不可避免的。

另外，就算 $G > R$，然而当 G 和 R 比较接近或者赤字比 d 很大时，均衡债务比 $\bar{b}$ 同样会很高，而当这个比例很高时，市场仍然会认为该经济体的主权债务不可持续。公式(5-5)告诉我们，如果一个经济体的债券利率一直低于名义经济增长率时，其主权债务是可持续的；当一个经济体的经济增长率过低或利率过高时，其主权债务是不可持续的。在公式(5-5)中，我们假定利率是外生的,但事实上一个经济体的债券利率通常与其债务存量之间存在重要关系。当一个经济体的债务存量较高时,市场预期到债务违约的概率增加,因此,要求更高的风险溢价,债券利率上升,政府为赤字融资的成本增加。此外,当经济体在某一时期出现大量财政赤字,为弥补赤字需要发行大量债券时,政府债券供给量的增加会导致其价格下跌。而债券的面值是固定的,价格的下跌就意味着利率的上升。因此,过高的债务水平、过大的财政赤字和过低的经济增长率都有可能引发主权债务危机。图 5-2 给出了希腊、意大利、爱尔兰、葡萄牙和西班牙五个国家在 2007~2012 年间的 10 年期国债年利率的月度数据。图 5-3 给出了这五个国家在 2006~2012 年间的名义 GDP 增长率。比较这两个图,我们发现这些国家的国债利率一直是高于 GDP 增长率的。在图 5-2 中,2010 年以前这些国家的 10 年期国债利率基本上在 5% 左右,而在 2010年以后希腊、爱尔兰和葡萄牙的利率迅速攀升,远远超过了 5%,意大利和西班牙的利率没有明显变化,一直维持在 5% 左右。在图 5-3 中,自 2008 年开始,这些国家的名义 GDP 增长率就从未超过 5%,特别是希腊的名义 GDP 已经出现连续 4 年的负增长。利率水平超过名义 GDP 增长率,就意味着即使在财政预算零赤字时,债务比也会像滚雪球一样越滚越大。更何况这些国家近几年财政赤字一直居高不下,于是债务比的攀升是理所当然的。

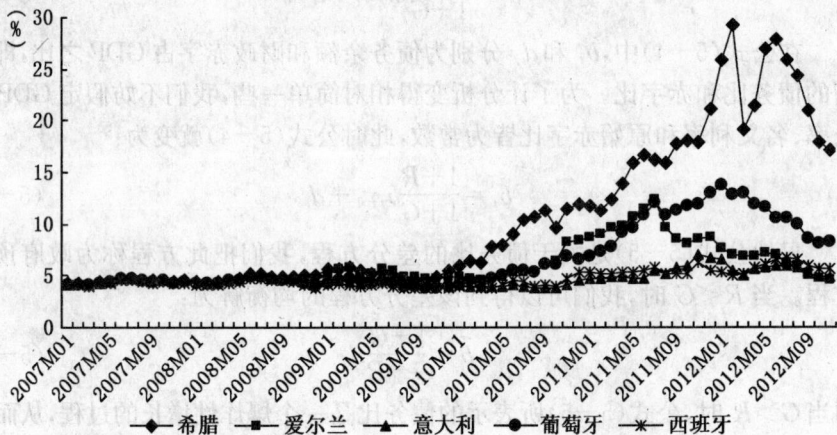

资料来源:OECD 网站。

图 5-2　希腊等五个欧元区国家的 10 年期国债利率

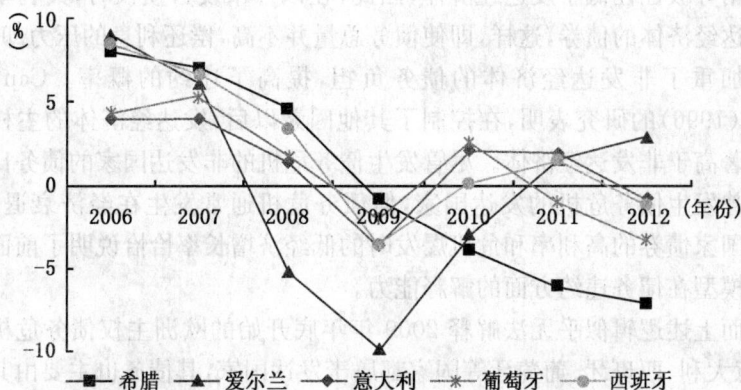

资料来源：OECD 网站。

图 5—3　希腊等五个欧元区国家的名义 GDP 增长率

5.3.2　货币主权、债务计价货币和主权债务违约

前面提到，当一个经济体的债务比过高，超过其偿还能力时，就会发生清偿性债务危机。自第二次世界大战以后，非发达经济体的主权债务比例远远低于发达经济体，但主权债务违约却屡屡在非发达经济体中发生。撇开目前的欧洲主权债务危机，第二次世界大战以来的几乎所有主权债务危机都发生在非发达经济体。

主权债务的违约与以何种货币作为计价货币存在重要的关系。如果一个经济体的中央政府发行的债务都是以本币计价的，那么从理论上而言，它可以做到永远不违约。当债务到期时，中央政府可以发行新的票据让中央银行购买，再把从中央银行获得的本国货币支付给到期债券的持有者。通俗地讲，中央政府只要让印钞厂开工就行了。这实际上就是债务货币化的过程，其后果就是通货膨胀。当前的发达国家债务大多是以本币计价的，如英国的主权债务大多是以英镑计价的，美国的主权债务主要是以美元计价的，日本的主权债务主要是以日元计价的。这就是第二次世界大战以后发达经济体很少爆发主权债务危机的原因之一。

当然，如果中央政府的债务是以外币计价时，由于无法印制外币来偿还债务，违约也就成为可能。对于非发达经济体而言，国内储蓄往往不足，相当一部分的政府财政赤字需要从境外获得融资，而境外投资者对这些举债的非发达经济体的货币没有信心，这些债务大多是以外币计价的。此外，非发达经济体的信用等级往往低于发达经济体,因此,在以外币发行债权时,其利率往往高于发达经济体的债券,这样,即使债务总量并不高,偿还利息的压力却很大,这无疑加重了非发达经济体的债务负担,提高了违约的概率。Cantor 和 Packer(1996)的研究表明,在控制了其他因素以后,发达经济体的主权信用等级显著高于非发达经济体。尽管发生债务危机的非发达国家的债务比例还低于不曾发生债务危机的发达国家,但债务危机通常发生在经济衰退时期。非发达国家债券的高利率和危机爆发时的低经济增长率恰恰说明了前面的债务增长模型在债务违约方面的解释能力。

然而上述逻辑似乎无法解释 2009 年年底开始的欧洲主权债务危机。像希腊、意大利、西班牙、葡萄牙等国家都属于发达国家,其债务也主要由其本币欧元计价。为了理解欧洲债务危机,我们可以从地方政府的债务谈起。对于地方政府而言,本币计价的债务和外币计价的债务是没有差别的,其债务比例过高都会爆发债务危机,因为地方政府无法控制印钞厂。就货币发行权而言,欧元区的成员国已经变成了欧盟的地方政府,失去了自主发行货币的权利。其债务尽管是以本币欧元计价,但是债务比达到一定程度会引发债务危机。此外,由于成员国失去了货币主权,经济受到不良冲击时,只有使用扩张性财政政策,这就导致了公共债务的增加。因此,统一的货币是欧洲主权债务危机爆发的一个重要原因。

5.3.3 产品和要素的跨境流动与欧洲主权债务危机

在欧洲一体化进程中,资本和商品在欧盟成员国、欧元区成员国之间流动性逐渐加强。资金、商品具有充分流动性。资本和商品在欧元区内部的自由流动使得生产可以在欧元区内部进行高度分工。资本会流向那些技术发展水平高的国家或地区,从而生产也会在这些地区进行。图 5—4 给出了欧元区 12 国在 2000~2012 年以 2005 年不变欧元价格计算的每小时劳动的实际产出来衡量的劳动生产率。从该图中,我们发现在这最早的 12 个欧元区成员国中,葡萄牙的劳动生产率最低,紧随其后的是希腊、西班牙和意大利,而这几个国家恰恰是债务比最高的国家,也是在此次主权债务危机中情形比较严重的国家。希腊、西班牙、意大利和葡萄牙等国家的劳动生产率远远低于其他欧元区主要国家,于是生产就集中到了劳动生产率比较高的国家,这些国家就出现了产业空洞化。但由于受语言、文化、生活习惯等影响,劳动力在欧元区的流动性不高。这样,生产率较低的国家在拥有相对较低的产出水平的同时,也会出现相对较高的失业率。产业空洞化使得政府的税收收入下降,而高失业率则使得政府在社会保障方面的支出增加,从而也就加大了财政赤字。因此,欧元区的建立导致商品生产高度分工,但人员流动相对滞后,其结果是富者愈富、穷者愈穷。而欧盟中央财政转移制度的缺失,使得南欧这些劳动生产率较低国家的财政出现问题。对于西班牙而言,其本身的债务比并不是很高,但是其高失业率使得市场认识到该国在将来很长一段时间内会因事业救助等原因使得公共债务迅速增加,从而提前引爆其债务问题。

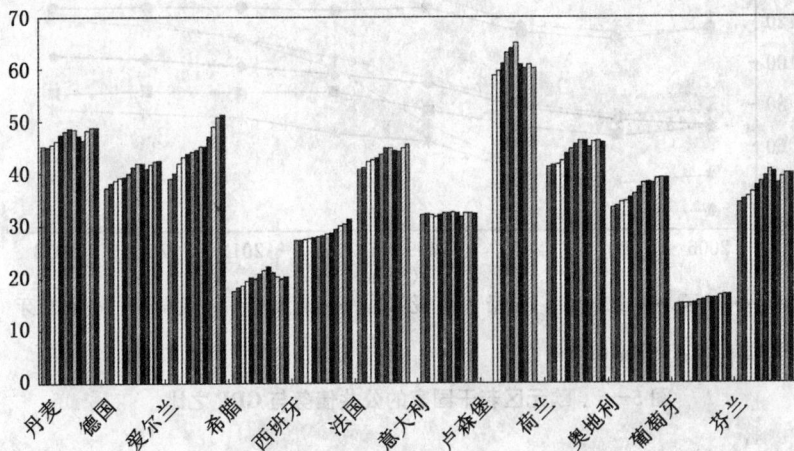

图5—4　欧元区12国的单位劳动时间的产出(2005年以欧元价格计算)

5.4　欧洲主权债务问题的前景

5.4.1　欧元区主权债务的持续性

图5—5的数据表明,欧元区这些国家的中央政府债务占GDP之比已经远远超过国际上公认的60%的安全线。而考虑到地方政府的债务,这些国家公共债务与GDP之比将更高。图5—5给出了法国、德国、意大利、西班牙、葡萄牙、爱尔兰和希腊这七国2006~2013年公共债务与各自GDP之比的数据,其中2013年是估计数据。从该图中可以看到,从2009年开始,这7个国家的公共债务就一直超过GDP的60%。而从2010年开始,除了西班牙外的6个国家的该数据就超过80%。而目前,除了德国和西班牙外,法国、意大利、葡萄牙、爱尔兰和希腊的公共债务都已经超过了GDP。并且我们可以发现,在2010年以后,除了德国和意大利的公共债务比保持稳定外,其余5个国家都在迅速攀升。这说明欧洲主权债务危机属于清偿性危机,而不仅仅是流动性

危机。

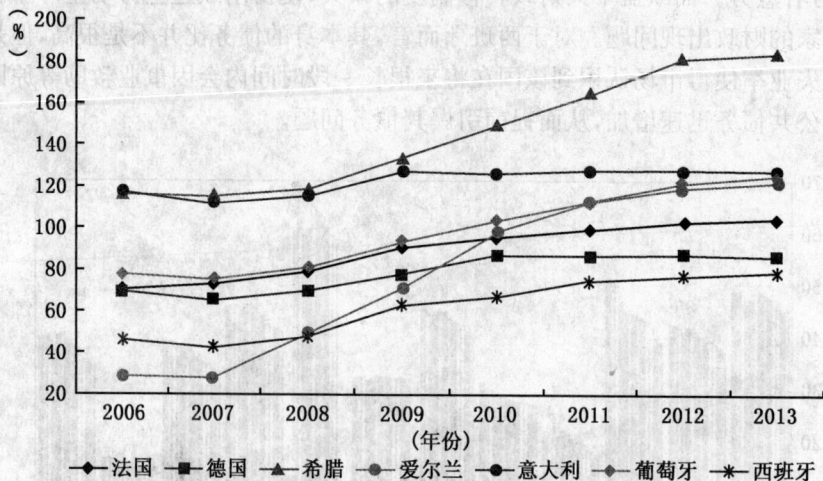

资料来源：OECD 网站。

图5—5 欧元区若干国家的公共债务与 GDP 之比

在公式(5—4)中，我们可以假定原始的赤字比 $d_t=d+e_t$，其中 e_t 为零均值的随机扰动项。这样公式(5—4)就变为：

$$b_t=d+\frac{1+R_t}{1+G_t}b_{t-1}+e_t \qquad (5-7)$$

进一步地，假设 $(1+R_t)/(1+G_t)$ 为常数 ϕ，则得到一个 AR(1)过程：

$$b_t=d+\phi b_{t-1}+e_t \qquad (5-8)$$

显然，上式中的 ϕ 是正数，当 $0<\phi<1$ 时，公式(5—8)是一个平稳时间序列；而当 $\phi\geqslant1$ 时，债务比 b_t 为非平稳过程，这就意味着这个经济体的公共债务是不可持续的。

我们以欧元区 12 个国家[1]在 2000～2010 年间的中央政府债务比的面板数据为样本，估计了以下 AR(1)过程：

$$b_{i,t}=d+\phi b_{i,t-1}+e_{i,t} \qquad (5-9)$$

得到估计结果：

---

[1] 欧元区 12 国分别为奥地利、比利时、芬兰、法国、德国、爱尔兰、意大利、卢森堡、荷兰、葡萄牙、西班牙、希腊。

$$\hat{b}_{i,t} = -1.174 + 1.043 b_{i,t-1} \qquad R^2 = 0.988$$
$$se \quad (4.123) \quad (0.073) \qquad \overline{R}^2 = 0.968 \tag{5-10}$$
$$t \quad (-0.284) \quad (14.22) \qquad DW = 1.28$$

在公式(5—10)中,系数下第一行括号中的数字为系数的标准误差,第二行括号中的数字为假设系数为 0 时的 t 统计值。显然,系数 ϕ 的估计值是大于 1 的,说明欧元区这些国家的债务比数据在总体上是不稳定的,其爆炸性增长路径是不可持续的。

表 5—3　　　　　　　　　欧元区 12 国债务比的单位根检验和平稳性检验

方 法	统计值	概率值
LLC (零假设:序列具有共同单位根)	−1.02772	0.1520
IPS(零假设:各国的序列具有不同的单位根)	−0.40985	0.3410
Hadri-Z(零假设:序列是平稳的)	4.08315	0.0000

注:LLC 为 Levin,Lin and Chu(2002)提出的面板单位根检验统计量,IPS 为 Im,Pe-saran andShin(2003)提出的面板单位根检验统计量,在零假设成立时,LLC 和 IPS 是渐进标准正态分布的,其左侧为拒绝域;Hadri 为 Hadri(2000)提出的面板平稳性检验统计量,在零假设成立时,Hadri 也是渐进标准正态分布的,但其拒绝域在右侧。

当然,如果债务比是非平稳序列,那么 t 统计量将不再服从 t 分布,我们在检验系数 ϕ 是否大于 1 时,就不能采用 t 检验了。我们需要采用面板数据的单位根检验,来验证 ϕ 是否大于 1,即债务比的平稳性。表 5—3 给出了欧元区 12 国债务比的面板数据的单位根检验和平稳性检验结果。LLC 统计量和 IPS 统计量的概率值都大于 10%,说明在 10% 的显著性水平下都不能拒绝单位根假设,而 Hadri-Z 统计量的概率值则说明在 1% 的显著性水平下拒绝平稳序列的假设。因此,单位根检验和平稳性检验的结果是一致的,这充分表明欧元区各国的债务比数据是非平稳的,从而其债务是不可持续的,这也说明债务危机的必然性。

5.4.2　债务危机国能否通过自身力量度过危机

对于清偿性债务危机,债务重整或延期还款是无法从根本上解决的。清偿性债务危机的无外乎违约或通货膨胀。但是,货币主权的丧失使得这些深陷债务泥潭的国家无法通过创造通货膨胀来稀释债务。

而当一个经济体不能用通货膨胀来稀释债务时,唯有通过增收节支、保持持续的财政盈余来降低债务比。然而,欧洲国家经济的下滑,使得增收无从谈起,而节支则会使得本不景气的经济雪上加霜。如果想走出债务困境,这些国家必须得让经济复苏。我们可以从国民收入的恒等式来分析这些债务危机国经济复苏的前景。在开放经济下,一国的 GDP 可以表示为:

$$Y = C(Y^D, Y^E, R) + I(Y^E, R) + G + NX(Q, Y, Y^*) \qquad (5-11)$$

在式(5—11)中,Y 为一个经济体的 GDP,C 为私人部门的消费,I 为企业投资,G 为政府对最终产品的购买,NX 为净出口。私人部门的消费 C 通常是当前可支配收入 Y^D 和将来预期国民收入 Y^E 的递增函数,同时也是利率 R 的递减函数。而当将来经济不景气时,产品会出现销售困难,因此,投资也是未来预期国民收入 Y^E 的递增函数。当然,低利率有利于促进投资,因此,投资又是利率水平 R 的增减函数。净出口通常是实际汇率和境内外收入的函数,实际汇率的升值将降低境内生产之产品的相对价格和提高境外生产之产品的相对价格,从而可以改善净出口。而境外收入的提高则有利于出口,境内收入的提高则会增加进口。

从总需求看,经济复苏可以通过增加消费、投资、政府购买或净出口来实现。但是欧元区的这些债务危机国的经济不景气使得居民不敢消费,对将来经济缺乏信心使得企业也不敢投资。货币政策的缺失,使得这些国家又无法采取扩张性的货币政策来刺激消费和投资。在美国金融危机后,全球经济普遍不景气。图 5—6 给出了美国和日本自 2008 年第一季度以来的实际 GDP 增长率。我们可以发现,在 2008 年第三季度到 2009 年年底的 6 个季度中,美国和日本的实际 GDP 同比增长率都是负的。自 2010 年第一季度开始,这两

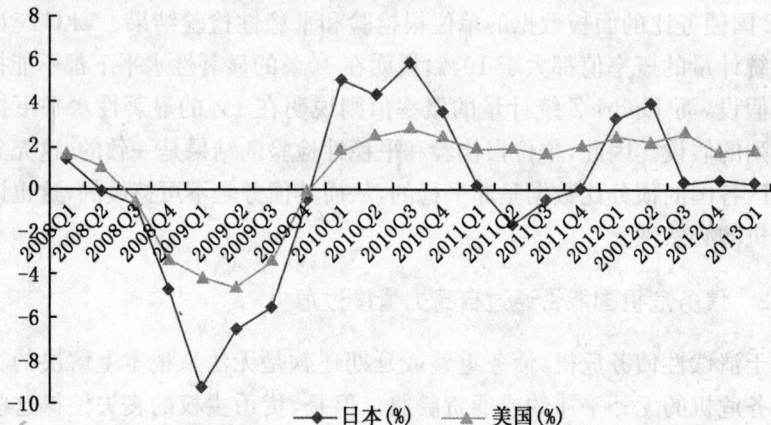

资料来源:OECD Statistics。

图 5—6　美国和日本的经济增长率

个国家的 GDP 开始正增长。但是,美国的 GDP 季度增长率几乎只保持在 2% 左右。而日本尽管在 2010 年的经济增长较好,但从 2011 年开始又出现了负增长;2012 年的前两季度出现了短暂的经济增长,但从 2012 年第三季度开始,经济增长率基本上接近于 0。外部经济的不景气使得欧洲国家的出口也难有起色,欧元区国家又无法调整汇率来刺激出口,所以也就无法寄希望于外部需求来让经济复苏。债务危机本身又限制了这些国家采用扩张性财政政策来刺激经济。因此,这些深陷债务之中的欧元区国家靠自身的力量是无法走出衰退而平稳渡过债务危机的。

5.4.3 外部救助是否有效

既然危机国无法靠自身的力量平稳渡过危机,那就只能靠外部来进行救助。但外部的救助是否能够拯救这些在债务泥潭中奄奄一息的国家呢?当各国交出货币主权成为欧元区成员国时,从货币政策角度而言,各成员国已经成为欧盟的地方政府。如同一国的中央政府极不愿意看到地方政府违约或破产,欧盟必然会对陷入债务危机的成员国进行救助,因为希腊、意大利、葡萄牙和西班牙等国家违约将会对欧元区造成巨大的破坏,甚至会造成欧元的崩溃和欧元区的解体。但是救助行动的本质是节俭国的公民为奢侈国的公民埋单,会助长道德风险,同时也会受到非危机国公民的反对。而且受全球金融危机的影响,非危机国也存在大量的失业,也需要大量的财政支出来解决本国的失业问题;而且德国、法国等国家的银行和金融机构因大量持有危机国的债券而陷入困境,因此德国和法国这些债务问题不太严重的国家首先考虑的是救助国内的金融机构。处于两难境地的欧盟只能采取这样的做法:同意对危机国展开救助,但同时会对危机国的支出决策施加各种直接或间接的约束,比如要求采取紧缩性的政策以减少财政赤字。然而,一旦危机国接受欧盟的条件,采取紧缩性政策,又会使消费和投资下降,使经济进入衰退的恶性循环,这也必然导致危机国公众的强烈反对。

为了应对债务危机,希腊政府于 2010 年 4 月 23 日向欧盟和 IMF 申请援助。2010 年 5 月 2 日,希腊救助机制启动,在这第一轮的援助计划中,欧盟和国际货币基金提供总额将达到 1 100 亿欧元的贷款。而希腊获得贷款的条件是采取紧缩性政策以降低财政赤字。欧盟为希腊制定的 2010 年和 2011 年的目标财政赤字比为 8.1% 和 7.6%,但是实际的赤字却高达 10.6% 和 9.6%。到 2012 年年初,第一轮援助的钱已所剩无几。于是希腊只得寄希望于欧盟和 IMF 启动第二轮金额高达 1 300 亿欧元的援助。否则希腊于 2012 年 3 月到期的 145 亿欧元债务将出现无序违约。为了获得第二轮援助,希腊议会于 2012

年2月3日通过了该国与欧盟和国际货币基金达成的关于第二轮救援贷款的协议。该协议要求希腊政府实施如下的紧缩性政策:将私营部门的最低工资标准降低22%,2012年年内减少32亿欧元政府开支,裁减1.5万名公务员。尽管欧元区财长在2012年2月21日就该援助方案达成了协议,然而国际货币基金组织迟迟不同意该方案。2012年3月,希腊政府实施了私营债权人债券置换计划(PSI),在这个债务互换中,每100欧元的债券将换得面值31.5欧元的新发希腊债券和EFSF发行的面值15欧元的短期票据,这些新债券的期限为11~30年。私人债权人将接受53.5%的票面损失。这表明希腊主权债券已经发生了实质性的违约。

2012年10月2日,希腊议会通过了2013年政府预算草案。根据该草案,希腊要在2013~2016年间削减145亿欧元的支出。这意味着各种公共支出会继续减少。如果继续实施紧缩,希腊民众的生活将会雪上加霜,国内经济将遭受更大打击,社会动荡在所难免。2012年10月8日,欧洲稳定机制正式生效。这是一个总额为5 000亿欧元的欧元区应对债务危机的永久性救助基金,旨在向因融资困难而需要帮助的欧元区国家或银行提供资金支持。作为申请贷款的条件,危机国需要履行实施财政紧缩和结构性改革的承诺。希腊之所以削减政府预算支出,就是为了获得欧洲稳定机制的救助。然而,就在欧盟峰会前一天的2012年10月17日,希腊国内发生24小时大罢工,以抗议该国新的紧缩措施,这些新的紧缩措施都是希腊为获得救助而许诺要达到的要求。2012年11月14日,欧洲多国发动大规模罢工及抗议活动,反对欧盟及各成员国政府实施大规模财政紧缩政策。这个被称为"团结行动日"的抗议罢工活动由欧洲工会联合会发起,包括西班牙、葡萄牙、意大利、希腊、比利时、德国、法国、英国在内的23个国家的40多个团体响应罢工倡议。本来欧盟、欧洲央行和IMF计划在2012年9月根据希腊是否完全实施2012年3月承诺的紧缩及改革措施情况来决定是否向希腊发放315亿欧元的贷款,然而,由于希腊在2020年的债务比无法降低到120%,各方在希腊削减债务议题上出现重大分歧,该项贷款一直悬而未决。直到2012年11月27日,国际债权人同意再削减希腊400亿欧元(约合519亿美元)债务,使希腊公共债务占GDP的比例到2020年降至124%,欧盟、欧洲央行和IMF才达成协议,同意自2012年12月13日开始向希腊发放新的贷款。而此前的2012年11月12日,欧元区财长同意希腊达成财政目标的时限由2014年延长至2016年。这样才使得希腊民众可在层出不穷的紧缩政策下稍微喘了一口气。

除希腊外,欧盟和国际货币基金组织还对爱尔兰和葡萄牙进行了救助。2010年11月28日,在布鲁塞尔召开的欧盟财长会议通过了总额为850亿欧元的爱尔兰救助方案。这使爱尔兰成为继希腊后的第二个因主权债务危机而接受外界救助的欧元区成员国。该850亿欧元来自于三个渠道：其中的627亿欧元来自于欧盟和IMF联合设立的备用救助机制；48亿欧元来自英国、瑞典和丹麦提供的双边贷款；175亿欧元是爱尔兰动用本国资源的自筹资金。而这850亿欧元救助资金主要用于两个方面：350亿欧元用来救助因房地产泡沫破裂而陷入困境的爱尔兰银行业（其中100亿欧元为爱尔兰银行注资，250亿欧元为应急资金）；500亿欧元用于满足爱尔兰政府的财政支出。

2011年4月2日，国际信用评级机构惠誉宣布将葡萄牙的主权信用一举下调了3个等级，使得葡萄牙成为第三个被引爆的欧元区主权债务危机国，表明了第三波欧洲主权债务危机的到来。当时即将离任的葡萄牙总理苏格拉底在2011年3月25日表示，葡萄牙仍然能够通过金融市场为本国融得资金，因而无需从外部获得救助。然而，话音刚落，葡萄牙政府就在2011年4月6日向欧盟请求资金援助，以缓解债务危机。2011年5月16日，为确保欧元区和整个欧盟的金融稳定，欧盟财长一致通过对葡萄牙实施为期3年、规模达780亿欧元的援助贷款。而作为救助条件，到2013年葡萄牙必须减少财政预算赤字，对其国内医疗保险和公共管理等方面进行改革，并实施大规模的私有化计划。

欧盟和国际货币基金的救助计划虽然在一定程度上缓解了希腊、爱尔兰、葡萄牙等国家的债务问题，但以紧缩政策为前提的救助计划无法从根本上解决该问题，从长远看反而可能使问题更为严重。就希腊而言，在紧缩政策的影响下，经济的衰退程度反而加剧。希腊在2010年、2011年和2012年的实际GDP增长率分别为－4.9％、－7.1％和－6.4％。葡萄牙在2011年和2012年的实际GDP增长率分别为－1.6％和－3.2％。而意大利和西班牙在2012年也出现了负增长，它们的实际GDP增长率分别为－2.4％和－1.4％。作为欧元区第四大经济体的西班牙，虽然其债务比是欧元区国家中最低的，但是其陷入困境的银行却需要大量资金注入以提高资本金比例。如果动用财政资金救助银行，那么其政府债务将大幅提高。目前西班牙虽未向欧盟申请全面救助，但在2012年6月25日，其财长致信欧元集团主席，就银行业面临的资金困难正式向欧元集团提出救助申请。欧元区第三大经济体意大利的债务比例仅低于希腊，在欧元区中排在第二位。2011年年底，欧元区的主权债务为8.285万亿欧元，其中意大利的主权债务为1.897万亿欧元。根据2013年4月10日发布的一份意大利经济规划文件预计，到2013年年底意大利的公共债务占GDP的比例将上升至130.4％，高于2012年年底的127％，2014年公共债务的目标将从之前的123.1％上调至129％。整个欧元区在2011年年底的平均债务比高达 95.6%,所以一旦西班牙和意大利提出全面救助申请,整个欧盟也将是有心无力。

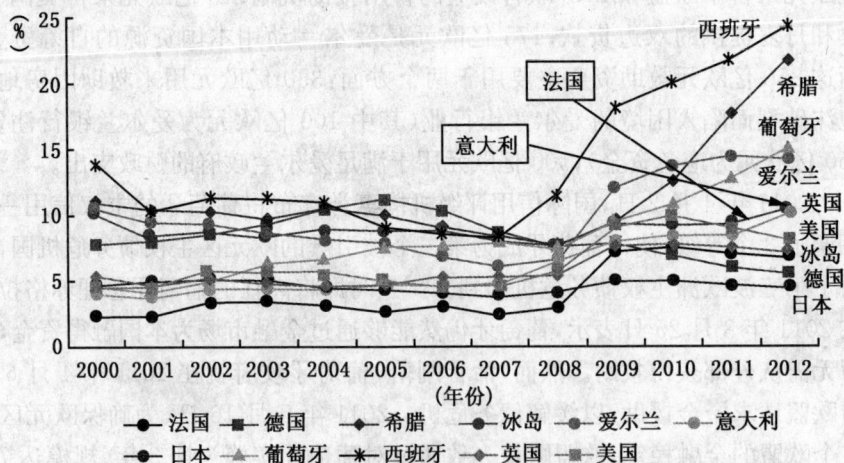

资料来源:OECD Statistics。

图 5—7　若干 OECD 国家的失业率

在欧元区中,还有一个更为严重的问题——失业。图 5—7 给出了若干 OECD 国家的失业率。从该图中可以发现,在欧洲债务危机爆发后,爱尔兰、葡萄牙、希腊和西班牙的失业率迅速上升。目前西班牙的失业率接近 25%,希腊的失业率已超过 20%,而葡萄牙和爱尔兰的失业率接近 15%,意大利的失业率已达到 10%。居高不下的失业率,意味着这些国家在将来很长一段时间内会因失业救助等在社会保障方面增加大量的财政支出,债务比的继续攀升将不可避免。而且在各个年龄段中,年轻人的失业问题更为严重。图 5—8 和图5—9给出了希腊和西班牙年轻人的失业数据。在 2011 年,15~19 岁的希腊年轻人的失业率达到了 56%,西班牙更是高达 64.1%。而这两个国家 20~24 岁的劳动力失业率也都已经超过 40%。由于雇主在招聘员工时往往会看重应聘者的工作经历,因而年轻人一旦失业,就很难再找到工作。特别是对于那些未就业就先失业者而言,即便以后经济复苏,也很难在劳动市场就业。

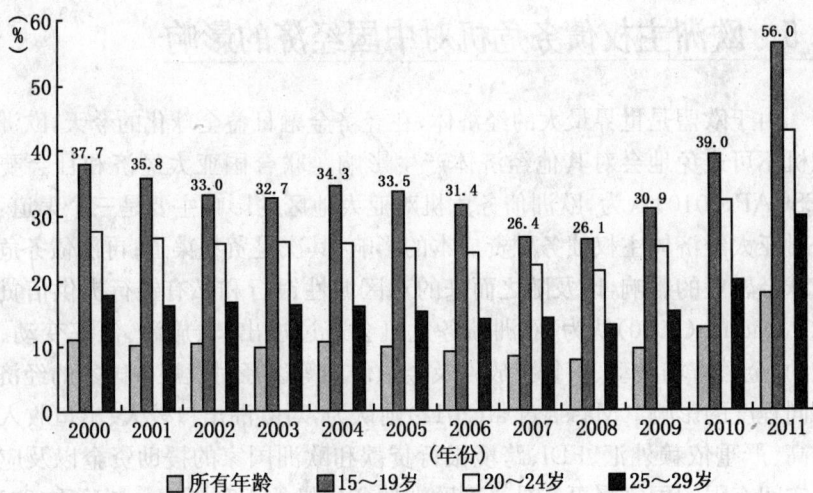

图5—8 希腊的失业率

所有年龄　15～19岁　20～24岁　25～29岁

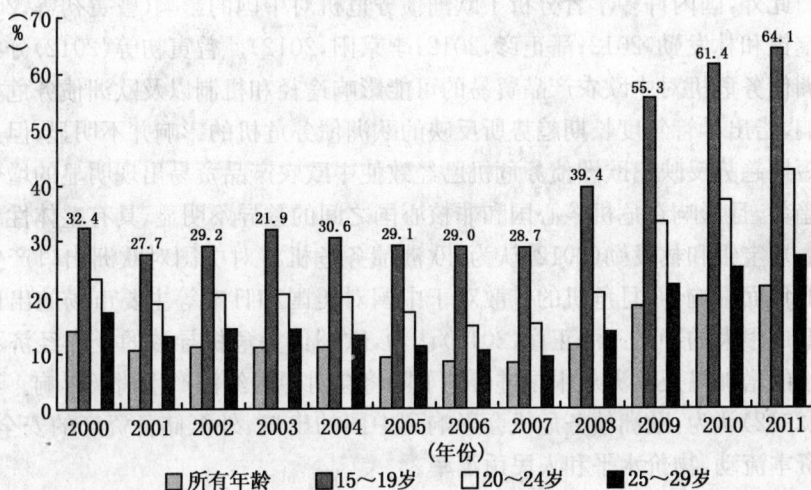

图5—9 西班牙的失业率

所有年龄　15～19岁　20～24岁　25～29岁

5.5　欧洲主权债务危机对中国经济的影响

　　由于欧盟是世界最大的经济体,在经济金融日益全球化的今天,欧洲债务危机不可避免地会对其他经济体产生影响。联合国亚太经济和社会委员会(ESCAP,2010)认为,欧洲债务危机对亚太地区的影响主要是三个渠道:首先是对亚太经济体主权债务融资成本的影响;其次是贸易渠道;再次债务危机对全球金融业的影响,以及随之而来的对区域性银行和私有银行提供信贷的影响。Dadush(2010)认为,欧洲债务危机会通过进出口、旅游、汇率变动、资本流动、金融市场波动、信贷投放以及金融传染等途径对发展中国家的经济产生不同程度的影响。Massa et al(2012)则认为,对欧洲出口较大、出口收入弹性较高、严重依赖外汇、FDI、跨境银行贷款和欧洲国家的援助资金以及应对政策空间有限的国家将更容易受到欧洲债务危机的不利影响。刘珍秀(2011)则认为,受债务危机影响,欧元区各国的经济差距正在拉大,欧洲债务危机也暴露出欧洲银行业的潜在风险,不仅引发了金融市场的动荡,引发了欧洲社会的动荡,也威胁了全球金融市场的稳定以及大宗商品市场,导致原油价格大幅下跌。此外,国内许多学者分析了欧洲债务危机对中国的影响(曾寅初等,2012;郑宝银和林发勤,2012;潘正彦,2012;李京阳,2012)。曾寅初等(2012)分析了欧洲债务危机对中欧农产品贸易的可能影响途径和机制以及欧洲债务危机的影响,指出尽管年度长期趋势所反映的欧洲债务危机的影响并不明显,但是月度短期趋势反映出欧洲债务危机已经致使中欧农产品贸易出现明显的增长放缓趋势,且影响在危机核心国和非核心国之间的差异不明显,具有整体性的特征。郑宝银和林发勤(2012)认为,欧洲债务危机将对中国对欧洲出口产生巨大的负面影响,并且危机的扩散对于中国对美国和日本等主要市场的出口也将造成很大的冲击。潘正彦(2012)认为,欧洲债务危机导致的全球经济不确定性的增加以及欧洲从中国进口的下降将会对中国经济产生消极影响。李京阳(2012)认为,欧洲债务危机会影响到中国的出口、外汇储备资产的安全、跨境资本流动、物价水平和人民币汇率。

　　由于国内商业银行持有的欧元资产比例很低,因而欧洲主权债务危机对中国银行业的直接影响可谓微乎其微。危机对中国的影响主要体现在出口和外商直接投资方面,进而影响到中国的经济增长和就业。

5.5.1　对中国贸易出口的影响

　　根据金洪飞、万兰兰和张翅(2011)的研究,国际金融危机对我国的出口贸易有显著的影响。同样,欧洲主权债务危机也会影响到我国的出口贸易。目前欧盟是我国最大的贸易伙伴,我国对欧盟的出口占我国对外出口的 20% 左右。欧洲主权债务危机通常可以通过收入途径和价格途径(即汇率途径)影响到我国的对欧出口。

欧洲经济的低迷导致欧洲居民收入的下降和欧洲企业投资的下降,这使得欧洲对华的进口需求下降。而欧洲债务危机导致的欧元汇率贬值也降低了我国产品在欧洲的竞争力,进一步打击我国在欧洲的出口。我国的出口商品主要为制造业产品,这些产品是可以延迟消费的,一旦经济不确定性增加时,其消费会迅速降低。此外,危机导致的欧洲内部市场萎缩,使得欧盟更加在意外来产品对其本地企业的冲击,加紧对内部市场的保护。而更重要的是,深陷欧洲债务危机中的欧洲金融机构对其进出口企业的贷款能力和贷款意愿都急剧下降,使欧洲的进口商无法获得贸易融资,从而只好降低包括我国商品在内的进口。表 5—4 给出了 2008~2012 年我国对欧元区 12 国的商品出口增长率数据。从该表中我们可以看出,受美国金融危机引发的全球金融危机的影响,2009 年我国对这些国家的出口都是负增长的,而且负增长率的数字很大。2010 年工业化国家出现了经济的短暂复苏,我国对欧元区 12 国(除卢森堡外)的出口恢复增长。2012 年我国对欧元 12 国中(除卢森堡和芬兰外)10 国的出口出现了负增长,这说明欧洲债务危机已经对我国的对欧出口产生了全面而且严重的不利影响。而由于欧洲主权危机的持续性,我国对欧出口低迷将持续下去。

表 5—4　　　　　　　2008~2012 年中国对欧元区 12 国的出口增长率　　　　　单位:%

国家\年份	比利时	德国	法国	爱尔兰	意大利	卢森堡	荷兰	希腊	葡萄牙	西班牙	奥地利	芬兰
2008	17.2	21.5	14.6	−2.6	25.7	73.1	10.8	24.5	26.2	25.5	14.1	11.7
2009	−26.9	−15.7	−7.9	−54.2	−24	−14.2	−20.1	−15.1	−17	−32.3	−19.3	−38.4
2010	31.6	36.3	28.9	0.7	53.8	−67.6	35.5	14.5	30.7	29.2	29.8	21.5
2011	32.7	12.3	8.5	8.7	8.2	61.5	19.7	−0.2	11.5	8.5	20	20.8
2012	−13.7	−9.4	−10.3	−3.1	−23.9	22.6	−1	−9	−10.7	−7.5	−8.4	12.1

资料来源:IMF,Direction of Trade Statistics。

5.5.2　对中国 FDI 流入的影响

我国引进的外商直接投资主要集中在涉外的制造业,欧债危机对我国出口贸易的不利影响也会导致外商对我国外向型企业的直接投资下降。FDI 的数量不仅与跨国企业的投资意愿有关,也与其投资能力有关。欧洲债务危机致使欧洲企业财务状况恶化以及银行贷款能力下降,使得欧洲企业对外投资能力减弱,欧洲跨国公司可能因母公司资金紧张而收回部分海外投资。从2012年11月开始到2013年3月,我国实际利用外资连续5个月出现负增长。其中欧债危机的持续是一个重要原因。目前对于欧债危机还没有妥善的解决办法,欧洲经济将在很长一段时间内低迷不振,因此我国的FDI流入也不会在短期内有所改观。

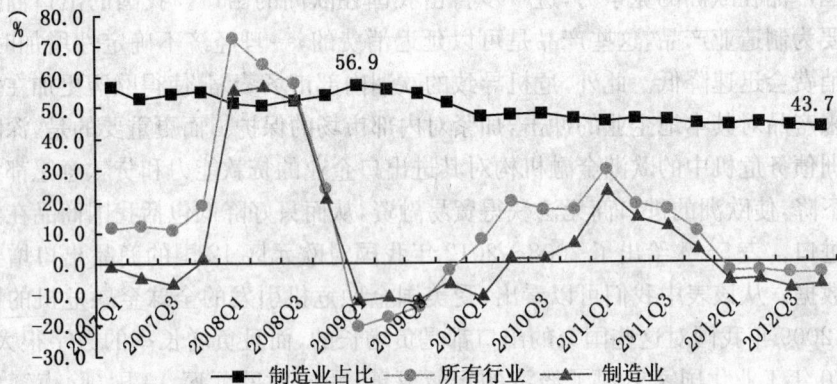

资料来源:中经统计数据库;商务部网站。

图5-10 2007～2012年中国实际利用外资数据

图5-10给出了我国2007～2012年间所有行业实际利用外资和制造业实际利用外资同比增长率以及制造业实际利用外资占所有行业之比的季度数据。从图5-10中我们可以看到,制造业实际利用外资数量一直占所有行业实际利用外资数量的一半左右。其中,2009年第一季度制造业实际利用外资占比高达56.9%,2012年为43.7%。所以,制造业FDI流入的增长率的下滑会使得我国整体的FDI流入增长率下滑。图中所有行业的实际利用外资和制造业实际利用外资增长率曲线的趋势是完全一致的。2012年的4个季度当中,制造业的实际利用外资同比增长率分别为-4.7%、-5.1%、-7.5%和-6.2%,而所有行业实际利用外资同比增长率分别为-2.0%、-3.0%、-3.8%和-3.7%,这说明中国实际利用外资数量的下降主要是由于制造业实际利用外资数量下降造成的。

5.5.3 对中国经济增长率和就业的影响

改革开放后,我国的经济开始了长达30多年的高增长。但在此过程中,出口增长率远远超过GDP的增长率,从而使得出口在我国GDP中所占比重越来越大。1978 年我国出口总额仅为 167.6 亿元人民币,占 GDP 的 4.6%,而 2006 年的出口总额为77 597.2亿元人民币,占当年 GDP 的 35.9%。[①] 在美国金融危机后,出口总额的增长速度下降,从而使得出口占 GDP 之比有所下降。鉴于出口在 GDP 中占比高,欧洲主权危机导致的我国对外出口的下降必然会直接影响我国的经济增长率。此外,FDI 流入的减少会影响国内投资,出口不景气也会影响到出口企业的投资。出口和投资的下降将直接影响GDP,而且通过支出乘数效应,欧洲债务危机对中国的经济增长影响还会进一步加大。

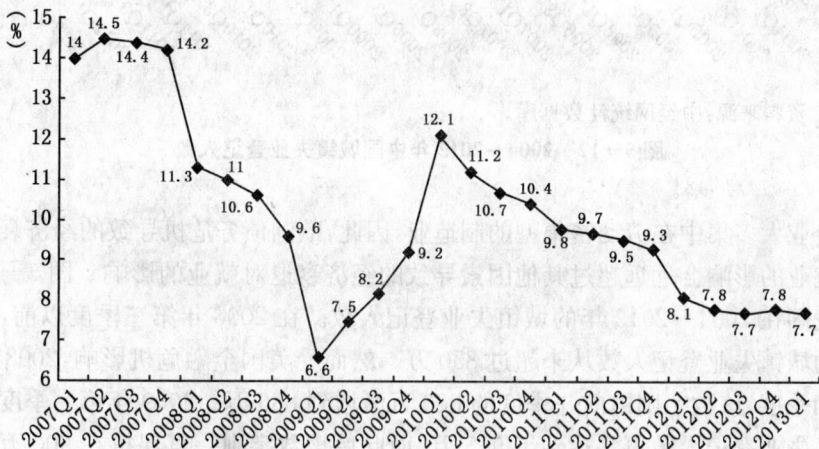

资料来源:中经网统计数据库。

图 5-11 2007~2013 年中国 GDP 同比增长率

图 5-11 是 2007 年第一季度至 2013 年第一季度我国 GDP 同比增长率。受美国次贷危机引起的全球金融危机的影响,我国的实体经济在 2008 年下半年出现下行,2009 年第一季度同比 GDP 增长率下滑到历史最低点 6.6%。尔后由于政府采取大量的经济刺激政策,以及国际经济的短暂复苏,在 2010 年第一季度,我国的 GDP 同比增长率达到了 12.1%,随后的 7 个季度中,经济增长率虽有下降,但一直在 9% 以上。但受到欧债危机的影响,2012 年开始,我国的经济增长率明显下降,到目前已经连续有 4 个季度的经济增长率低于8%。

经济增长的下滑必然对我国的就业产生不利影响。我国的出口企业和外

---

① 数据来源于中经网统计数据库。

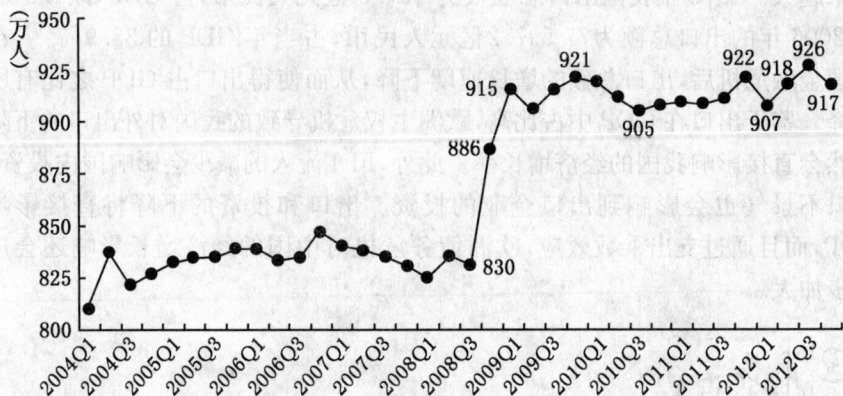

资料来源:中经网统计数据库。

图 5-12　2004~2012 年中国城镇失业登记人数

资企业大多集中在劳动密集型的制造业,因此,欧洲债务危机导致的经济衰退对就业的影响会远远超过其他因素导致的经济衰退对就业的影响。图 5-12 是我国在 2004~2012 年的城镇失业登记人数。在 2008 年第三季度以前,我国的城镇失业登记人数从未超过 850 万。然而受美国金融危机影响,2008 年第四季度,该数字则由前一季度的 830 万激增到 886 万。2009 年第一季度的城镇失业登记人数更是达到了 915 万,而此后该数字则一直保持在 900 万以上,这也说明了失业的持续性。

在当前的国内外经济背景下,我国大学生就业形势显得更为严峻。根据教育部于 2012 年 11 月 24 日发布的《关于做好 2013 年全国普通高等学校毕业生就业工作的通知》,2013 年我国普通高校毕业生规模将达到 699 万,比 2012 年增加 19 万人。教育调查咨询机构麦克思在 2013 年 6 月发布《2013 届大学毕业生就业报告》(麦克思研究院,2013),该报告显示 2013 届本科毕业生的签约率为 35%,比 2012 年下降 12%,硕士毕业生的签约率为 26%,比 2012 年下降 9%,高职高专毕业生的签约率为 32%,比前一年下降 14%。对应届生而言,2013 年已经成为毕业生最难就业的一年。大学生就业难的一个主要原因是毕业生的供过于求。就供给而言,大学的扩招使得大学生人数急剧增加,使得大学毕业生的供给远远大于市场需求,不仅在总量上如此,在结构上也明显供过于求。这说明除了招生规模外,专业方向和课程的设置也与社会设计需求存在一定的脱节。因此,即使在正常年份,大学生也存在就业难的问题。然而在经济下滑的背景下,社会对大学毕业生的需求也出现下降,这就加剧了供求矛盾。在正常年份,用人单位会为将来发展而储备一定的人才,因此,一些专业不对口但值得培养的高潜质人才也会被雇用。而在经济形势严峻之际,用人单位用于培养和培训新员工的费用大幅削减,人力资源的补充大幅减少,普遍实行保守的发展战略和紧缩的财务战略。即使需要招聘,也往往优先录用有工作经验、可以不经培训而直接上岗的人才。而应届毕业生一旦没有及时找到工作,那么他在将来找到工作的难度会大大增加。

参考文献

[1]Anand,M. R.,G. L. Gupta and R. Dash. The euro zone crisis: Its dimensions and implications [EB/OL]. eSocialSciences Working Papers,No. 4764. 2012.

[2]Armanious,A. N. R.. The Sovereign Debt Crisis in EU and MENA: Mechanisms and Challenges [EB/OL]. Manuscript,2012.

[3]Bibow,J.. The Euro Debt Crisis and Germany's Euro Trilemma [EB/OL]. The Levy Economics Institute Working Paper,No. 721. 2012.

[4]Dadush,U.. Paradigm Lost: The Euro in Crises [M]. Washington,D. C.: Carnegie Endowment for International Peace. 2010.

[5]ESCAP. European debt crisis: implications for Asia and the Pacific [R]. MPDD Policy Briefs,No.4,August 2010.

[6]Hadri,K.. Testing for Stationarity in Heterogeneous Panel Data [J]. *Econometric Journal*,2000(3).

[7]Im,K.S.,M.H. Pesaran,Y. Shin. Testing for Unit Roots in Heterogeneous Panels [J]. *Journal of Econometrics*,2003(115).

[8]Kohn,Meir. Merchant Banking in the Medieval and Early Modern Economy [EB/OL]. Dartmouth College,Department of Economics Working Paper No. 99-05,1999.

[9]Levin,A.,C.F. Lin,and C. Chu. Unit Root Tests in Panel Data: Asymptotic and Finite-sample Properties [J]. *Journal of Econometrics*,2002(108).

[10]Massa,I.,J. Keane and J. Kennan. The euro zone crisis and developing countries [EB/OL]. Overseas Development Institute Working Paper. No. 345. 2012.

[11]Pérez-Caldentey,E. and M. Vernengo. The Euro Imbalances and Financial Deregulation:A Post-Keynesian Interpretation of the European Debt Crisis [EB/OL]. The Levy Economics Institute Working Paper,No. 702. 2012.

[12]Reinhart,C. M. and K. S. Rogoff. This Time is Different: A Panoramic View of Eight Centuries of Financial Crises [EB/OL]. NBER Working Paper,No. 13882. 2008.

[13]Reinhart,Carmen M.,Kenneth S. Rogoff,Miguel A. Savastano,2003. "Debt Intolerance", Brookings Papers on Economic Activity,Vol. 34(1).

[14]金洪飞,万兰兰,张翅.国际金融危机对中国出口贸易的影响[J].国际金融研究,2011(9).

[15]李京阳.欧债危机对中国的影响及国际货币体系的改革思考[J].财经科学,2012(3).

[16]刘珍秀.欧洲主权债务危机的根源、影响及警示意义[J].上海管理科学,2011(12).

[17]麦克思研究院.2013年中国大学生就业报告[M].北京:社科文献出版社,2013.

[18]潘正彦.欧债危机加剧下中国外贸发展态势分析[J].国际贸易,2012(2).

[19]施爱国,崔正南.欧债危机成因与前景的制度分析[J].国际经济战略,2010(9).

[20]王汉儒.国际货币体系视角下世界经济失衡与纠偏——兼论欧债危机爆发的根源[J].当代经济研究,2012(7).

[21]吴新生.季风效应、制度空间依赖与欧债危机传染——基于空间面板数据模型的经验研究[J].世界经济与政治论坛,2012(3).

[22]曾寅初,刘君逸,梁筱筱.欧债危机对中欧农产品贸易的影响分析[J].农业经济与管理,2012(2).

[23]郑宝银,林发勤.欧洲主权债务危机及其对我国出口贸易的影响[J].国际贸易问题,2010(7).

[24]郑秉文.欧债危机下的养老金制度改革——从福利国家到高债国家的教训[J].中国人口科学,2011(5).

第二编

人民币国际化专题编 *

---

* 本编内容为上海国际金融中心研究院课题摘选。

6 人民币国际化概述

丁剑平　　陈岚　　吴文生

本部分从分析世界各主要货币国际化的历程入手,总结经验教训,分析归纳货币国际化的路径。从国际货币职能的角度出发,我们重新审视了人民币国际化的现状,更加深入地探讨了目前推进人民币国际化中存在的问题,权衡人民币国际化的成本和收益,提出了不同路径下人民币国际化可能遇到的阻力,从而为以后的政策抉择提供参考。

6.1　各主要货币国际化的经验教训

6.1.1　货币国际化的定义

对于货币国际化的概念界定,按货币功能划分能提供一个相对完善的框架。根据 Kenen 的定义,货币国际化是指一种货币的使用超过国界,在发行国境外可以同时被本国居民或者非居民使用和持有。他对货币的国际使用按货币功能划分提供了较早的理论探讨。Chinn and Frankel 编制了国际化货币所具备的国际功能的一份清单(见表 6—1)。根据这份清单,一种国际化货币能为居民或非居民提供价值储藏、交易媒介和记账单位的功能。具体来说,它可以用于私人用途的货币替代、投资计价及贸易和金融交易,同时也可以用作官方储备、外汇干预的载体货币以及钉住汇率的锚货币。余永定认为,这种划分可以作为理解货币国际化的理论框架。

表 6—1　　　　　　　　　　　国际货币职能

货币功能	官方用途	私人用途
价值储藏	国际储备	货币替代和投资
交易媒介	外汇干预载体货币	贸易和金融交易结算
记账货币	钉住的锚货币	贸易和金融交易计价

资料来源：Chinn and Frankel(2005)，Will the Euro Eventually Surpass Dollar as Leading International Reserve Currency.

（1）记账货币（计价职能）

国际货币的价值尺度是指国际货币作为一种单位价格，可以用来衡量或表现国际市场上"所有商品和劳务的价值"，从而可以方便地进行比较。在私人部门交易中，国际货币的价值尺度职能是作为计价货币在国际贸易中表示国际间商品与劳务的价格，或者表示国际投资时的债权债务关系。在公共部门中，国际货币发挥价值尺度是作为其他国家基准货币的货币锚来表示的。

（2）交易媒介（结算职能）

马克思的货币理论认为，货币发挥支付手段的职能是以货币偿付债务。西方经济学理论认为，货币的支付手段职能是经济行为的发生与货币支付在时间上的分离所引起的货币单方面运动。在私人部门交易中，其作用是在商品劳务交易中充当交易媒介，被用于国际贸易支付和债务清偿等。在公共部门交易中，其作用是政府对外汇市场进行干预和为国际收支差额进行融资。

（3）价值贮藏（贮藏职能）

货币的贮藏手段在一国国内表现为储藏一定的购买力，而作为国际货币，其贮藏手段则转化为货币的储备，表现为居民的价值保存和国家的外汇储备。

从货币职能的角度，实现完全国际化的人民币应该担当结算货币、计价货币和储备货币三种功能。那么，研究一国货币国际化的过程，也就是研究一国货币如何实现上述三方面职能的过程。在讨论人民币国际化之前，我们先分析各主要货币国际化的过程和模式，取其精华去其糟粕，为人民币国际化路径的选择提供经验教训。

6.1.2　主要货币国际化的经验教训

（1）美国

①美元国际化历程。

以布雷顿森林体系的瓦解为转折点，美元国际化历程经历了两种完全不同的模式。布雷顿森林体系下,美国凭借其第一大经济体的经济实力,借助马歇尔计划,美元贷款大量涌入欧洲,采用强势美元政策;而布雷顿森林体系解体后,美国凭借美元已有的价值效应,大力推行美元债务化。而在此过程中,欧洲美元市场是伴随着美元国际化过程自发产生的。

第一,经济实力——美元的坚实后盾。

两次世界大战,美国可以说从中获利颇多,因为战争基本没有在美国本土进行,而且美国通过贩卖军火在战争中大发横财。第二次世界大战后,美国取代英国,一跃成为世界第一大政治军事和经济强国。战后美国的对外贸易额占全世界的 1/3,工业生产占资本世界的 56%,黄金储备占 75%。美国正是凭借它强大的经济实力,才奠定了货币国际化的基础。

表 6—2   第二次世界大战前后美国主要国家经济实力对比

	年份	美国	英国	法国	联邦德国	日本
工业生产	1937	42.0	12.5	5.0	12.0	4.0
	1948	53.9	11.7	4.0	3.6	1.0
出口贸易	1937	14.2	11.3	4.1	10.3	5.2
	1948	32.5	9.8	4.0	0.5	0.4
黄金储备	1937	50.5	16.4	10.9	—	0.07
	1948	74.5	4.9	1.7	—	0.03

资料来源:《二次世界大战后资本主义国家经济情况统计录编》。

对比当时世界各国的状况,美国可以说是一枝独秀(见表 6—2),巨量的黄金存款使得美元变得更加坚挺。同时,在金融市场的发展方面,由于战争,使得英国伦敦这个曾经的世界金融中心不得不让位于纽约,无论是债券市场还是股票市场,纽约已经远远超过了伦敦,加上美国强劲的经济实力,人们也对纽约市场充满信心,尽管此时的伦敦市场还是国际金融中心,但是已经远远不能与纽约相比了。强大的政治、军事、经济实力以及完善的金融实力,加上第二次世界大战结束之际美国希望成为世界霸主的迫切愿望,助推美元登上了历史舞台。

第二,布雷顿森林体系下美元国际地位的确立。

布雷顿森林体系的核心是双挂钩(美元与黄金挂钩,其他货币与美元挂钩)的设计制度,把美元国际化推上一种国家货币所能达到的最高层次。尽管当时为了顾全英国,英镑区得以保留,但是就在此时,英国自身的经济问题给美元创造了一统天下的千载难逢的机会。1946 年,英国战后经济困难,不得

人民币国际化概述

不寻求美国的援助,美国政府一次性给英国提供 37.5 亿美元的贷款,但是也提出了苛刻的条件,包括英国必须承认美国在国际货币体系中的领导权,并恢复英镑和美元的自由兑换,这导致持有英镑的国家纷纷用持有的英镑兑换黄金,并换取美元,英镑也因此慢慢退出了国际货币的历史舞台。

1947 年,伴随着美元霸权的确立,美国开始实施美元在全世界的扩展计划。在欧洲,美国实施马歇尔计划,对各国提供贷款,援助其经济建设,以控制欧洲各国;在亚洲,美国扶持日本恢复经济。美国在整个世界造成一种美元荒的现象,而当时也确实如此,世界各国都在储备美元。美国正是通过这些所谓的经济扶持向世界输出美元,同时美国可以大捞铸币税,把本国的经济风险转向他国,绑架世界经济,后来的几次金融危机由美国波及全世界也充分证明了这点。而且,美国可以以此来影响其他各国,干预他国的政治和经济,不费一枪一弹就可使全世界经济陷入瘫痪。在这期间,加上美国保持着世界头号强国的地位,美元在国际的地位如日中天,自此世界进入了美元世纪。

第三,布雷顿森林体系的缺陷。

尽管布雷顿森林体系看起来很完善,在设计之初也确实运行得很好,充分发挥了它维持国际秩序的职能,对战后世界经济的建设起到了重要作用,但是,它也有内在的缺陷,而恰恰这个缺陷是一国货币充当世界货币最致命的缺陷。这一缺陷在 20 世纪 50 年代由美国耶鲁大学教授罗伯特·特里芬发现并提出来:美元既是一国货币,又是世界货币。作为一国货币,它的发行必须受制于美国的货币政策和黄金储备;作为世界货币,美元的供给又必须适应于国际贸易和实际经济增长的需要。由于黄金产量和美国黄金储备量增长跟不上世界经济发展的需要,在"双挂钩"原则下,美元便出现了一种进退两难的境地:为了满足世界经济增长对国际支付手段和储备货币增长的需要,美元的供应不断增长;而美元供给的不断增长,又会导致美元同黄金的兑换日益难以维持。美元的这种两难,就被称为特里芬难题,而后来发展的趋势确实验证了这点。20 世纪 60 年代,越南战争爆发,为了应付战争开支,美国政府不得不几次增发货币,这种极度扩张的货币政策使得欧洲积累了大量的美元,促成了欧洲美元市场的发展。

第四,布雷顿森林体系崩溃后的美元。

虽然 1973 年后布雷顿森林体系崩溃了,但是从世界贸易结算和储备货币等方面来看,美元仍处于基准货币的位置,大部分国际贸易仍然以美元结算,美元仍是世界通用的货币。整个 20 世纪 70 年代,美元一直处于持续贬值的状态。到 1978 年止,与 1973 年相比,美元贬值的幅度达到 8%,同时美国的国内通货膨胀率达到 9%。为了保卫美元,美国政府宣布了一揽子计划,提高贴现率,与其他各国进行货币互换合作。到了80年初,美元终于走上了升值的通道。据统计,到1982年,美元较1978年升值25%。

20世纪80年代,国际经济形势发生了巨大的转变。日本由于成功地进行了产业升级,在对外贸易方面和美国的顺差不断扩大;美国恰恰相反,对外贸易出现巨额赤字,为了刺激美国的经济,美国政府采取的一系列减少税收、增加支付的方案也导致了美国财政出现巨大的赤字,在双赤字的影响下,美元不断升值,而美元的不断升值进一步打击了美国的出口,使得本来就不景气的美国经济更是雪上加霜。为了解决美国因美元汇率过高而导致的巨额贸易逆差问题,1985年9月,美国、日本、联邦德国、法国和英国五个发达国家的财政部部长以及央行行长在纽约广场饭店举行了会议,认为美元的汇率过高,达成联合干预外汇市场的协议,以解决美国巨额的贸易赤字问题。这就是后来所称的"广场协议"。"广场协议"达成后,在西方各国政府的联手干预下,从1985年2月到1987年3月,美元的贬值幅度达到36%左右,此时各国政府为了维持汇率稳定,再次联手干预外汇市场,又开始购进美元,使得美元在国际联合干预下保持了基本稳定。

尽管当时美国还是世界上的头号强国,但是美元已经失去了往日的辉煌。经历了两次石油危机之后,美国在20世纪80年代的经济也是日益衰退,美元的霸主地位摇摇欲坠。为了重振美国经济,挽救美元,时任美国国务卿基辛格出访沙特,与沙特以及其他同盟达成一个交易:将美元作为唯一一种石油交易的计价货币,而美国承诺给这些国家提供安全保护。由于石油是全球期货市场上交易量最大的一种商品,一旦这种商品只能用美元交易,就使得各个国家进口石油必须使用美元,这样,美元的需求量一下子变得很大。基辛格的策略解了美国的燃眉之急,为美元后来走上强盛之路打下了基础。

②美元离岸市场的发展。

一般来说,欧洲美元市场的发展主要分为三个阶段:

一是初始发展阶段。从20世纪50年代初到50年代中期,为欧洲美元市场发展的初期阶段。在这一时期,欧洲美元市场虽然不断扩大,但是规模还不是很大。1957~1960年英国政府对于英镑融资的限制,以及20世纪50年代后欧洲各国经常项目货币可兑换的实现,促使各国贸易商更多地使用美元作为结算货币,促进了欧洲美元市场的发展。据估计,欧洲美元存款1957年年末约为10亿多美元,1960年年末约为20亿美元,1962年年末约为50亿美元。

二是快速发展阶段。从20世纪60年代中期到70年代中期为欧洲美元市场的快速发展阶段,也是欧洲货币市场的全球扩散阶段。在这一阶段,欧洲美元市场的存款规模由 1963 年年末的 70 亿美元上升到 1973 年的 1 321亿美元,年复合增长率为 134％。这一时期欧洲美元市场的发展,直接得益于美国在国内实施的一系列限制政策。由于侵朝、侵越战争和海外支持频繁,美国经常账户从 20 世纪 50 年代开始就不时出现逆差。从 1958 年起,美国国际收支差额扩大,对外流动性负债逐年增加。美国为了改善国际收支逆差状况,减少资金外流,于 1963 年开始对本国居民购买外国债券征收"利息平衡税",规定美国居民购买外国企业在美国发行的证券取得的利息须要另行纳税,税率最初为 15％,后来提高到 22.5％,这使外国企业在美国发行证券遇到很大困难。另外,1965 年美国又要求其跨国公司自愿限制对外直接投资,这项要求于 1968 年强制执行。这项规定迫使外国企业以及美国的跨国公司转向欧洲货币市场筹集资金。美国《1933 年银行法》Q 例条规定,授权联邦储备委员会对银行定期存款规定最高利率,而欧洲市场的利率不受限制。1966 年,美国对银行发行的可转让定期存单也实行此规定,导致此项存单业务量骤减,大量企业资金转移到欧洲美元市场,成为非银行金融资产。欧洲美元市场参与者的多元化以及产品的多样化也是欧洲美元市场发展的一大动因。从资金去向上看,截至 1963 年年底,在伦敦的各国银行对非银行部门的负债总额中,美国银行占了 32％,日本银行占 9.8％,美国银行将欧洲美元汇给美国总行以缓解流动性危机,日本银行则将欧洲美元兑换成日元用于国内的工业扩张。从资金来源上看,除了美国的国际收支赤字外,各个国家中央银行、BIS 等国际组织也出于不同的目的将资金投放于欧洲美元市场。在产品方面,欧洲美元贷款在利率结构和存款期限上更加灵活。在欧洲美元市场上,存款者可以获得更高的利率并有更多的期限选择,贷款者可以以更低的价格筹集资金。

三是进一步发展阶段。1974 年以后,一些新的因素使得欧洲美元市场继续快速发展。1973 年 10 月,石油输出国组织宣布提高石油价格,开始积累大量石油资金,取得了巨额的顺差,获取了大量的美元资金,而这部分资金则以短期存款的方式存放在欧洲美元市场。1971 年布雷顿森林体系瓦解,西方普遍实行浮动汇率制度,外汇买卖增加,这也扩大了对欧洲美元市场资金的需求。同时,美国对外贸易连年出现巨额逆差,造成更多的美元流入欧洲美元市场。这一时期,许多发展中国家尤其是非石油国家为了发展经济或者弥补国际收支逆差,纷纷到欧洲美元市场筹集资金;苏联和东欧国家也都在利用欧洲美元市场上的资金。

这样,欧洲美元市场真正成为交易量最大、地区跨度最广的离岸市场。

欧洲美元市场一经出现,就呈现出了与传统货币市场不同的特征。欧洲美元市场主要有这样三个特点:第一,摆脱各国金融管理当局的干预,几乎是市场机制起作用;第二,形成了一套新的更加灵活与独立的国际利率体系;第三,造就了一批经营欧洲美元市场的欧洲银行和国际联合银行型的中介机构。这三个特点使得欧洲美元市场在金融领域有了广阔的发展空间。

欧洲美元市场的发展对于美国国内金融体系的改革产生了一定的倒逼作用。

首先,欧洲美元市场的发展倒逼美国利率市场化改革。由于欧洲美元市场的贷款利率较低,存款利率较高,大量美元资金流向欧洲美元市场。欧洲美元市场贷款利率低、存款利率高的特征,吸引大量美元流入。统计表明,从20世纪80年代开始,不论是全口径统计还是剔除金融机构部门,非居民在海外金融机构的美元存款规模一直大于在美国境内金融机构的存款规模。截至2008年年末,美国居民在国内和海外的美元存款总规模分别为11.74万亿美元和1.52万亿美元,占比分别为80.5%和11.5%;而非居民的美元存款在美国国内和海外的总规模分别为8 090亿美元和2.58万亿美元,占比分别为24%和76%。迫于资金外流和银行业务流失的压力,美联储于1966年年末修改了Q条例,提高了部分定期存款账户(大于10万美元)的利率上限,又于1970年废除了对存款期在90天以内的大额可转让定期存单的利率管制,从而使得存款额超过10万美元的客户获得了高收益。此外,金融创新层出不穷,如大额可转让支付命令账户、货币市场账户等的出现,也提高了小客户的收益率。1996年,Q条例被废止。美国的利率市场化改革基本完成。

其次,欧洲美元市场的发展迫使美国废除了"利息平衡税"、"自愿限制对外信用计划"等措施。20世纪60年代,美国实施"利息平衡税"和"资源限制对外信用计划",以应对国际收支逆差,缓解美元外流。但是,这些措施的最终功效却是南辕北辙。1964年,美国的银行将其42%的国际贷款从国内转移到了国外。到1973年,这一比例上升到了90%。为了改变这种不利的局面,这些管制措施在1968年以后逐渐放松,到1974年完全被废止。

再次,欧洲美元市场的发展有利于美国境内金融机构的完善。为了使美国的银行在欧洲美元市场中与外国银行处于同等的竞争地位,美国对本土银行的海外分支机构管制逐渐放宽。1969年,美联储批准了巴拿马空壳分行的设立;1977年,美联储把对美国本土银行由于海外分行向美国客户贷款而征收的存款准备金从4%降低到1%;1988年,美联储开始允许设立国际银行设施,这相当于在境内设立了一个离岸美元市场,使得美国的银行在境内就能开展离岸市场业务。

虽然欧洲美元市场在美元国际化过程中扮演了重要角色,但是它也在一定程度上对美国的在岸市场和货币政策产生了负面影响。第一,欧洲美元市场使得美国货币总量和货币乘数的统计和分析更加困难。欧洲美元市场上的存款只能依据国际清算银行等组织发布的季度报告和年度报告来加以估计,无法了解到每月或者每周的详细数据。第二,欧洲美元市场加剧了货币量与CPI、GDP等宏观变量之间相关性的下降,促使美联储货币政策中介目标从货币量到联邦基金利率的改变。第三,在固定汇率条件下,欧洲美元市场的美元大量流入美国境内,导致美国境内流动性过剩的压力。

③美元国际化的模式。

美元国际化的路径可以概括为:依托全球性货币汇率制度安排,美元成为唯一的国际计价单位和与黄金相同的国际储备货币;与黄金脱钩、失去制度基础后,美元依赖先入为主的存量优势在世界信用货币体系中处于优势地位;国际政治经济实力的强大巩固和发展了这种优势,美元继续充当国际货币的"领头羊"。

美元国际化的模式具有历史的特殊性,它是国际金属本位制度向现代信用货币制度发展的过渡环节。历史选择了美元,经历了将近30年的美元时代,赋予了美元许多"先天"的优势,这是其他任何货币都"望尘莫及"的。20世纪上半叶的两次世界大战,成就了美国超越英国的梦想,同时也就奠定了美元国际化的政治经济基础。今天,任何其他货币想通过国际制度安排实现国际化几乎是不可能的。因为历史不会倒退,事物发展的路径依赖总是具有连续性的,除非这种连续性被人为破坏。

(2)德国

①马克国际化的历程。

第二次世界大战结束后,各国政府当时最重要的任务就是重振经济,无疑在这方面做得最好的就是德国和日本。随着一国经济的增长,该国货币在国际上的地位也会越来越被关注。尽管在1999年欧元正式启动后,马克退出了流通领域,但对我们来说,马克无疑有着重要的研究意义。

第一,飞速增长的贸易规模——马克国际化的基础。

国际贸易对马克的作用突出表现在进出口商对交易货币的选择上。根据货币理论,一国货币作为交易结算工具使用的范围越广,就会越被人们所熟悉,其信息的寻找成本也越低,从而会增加该货币的国际使用。

第二次世界大战后,德国对外贸易不断发展,从1950年到2005年期间,除个别年份外,德国对外贸易都一直保持着不断增长的势头。据统计数据显示,1950年,德国进口额在58亿欧元左右,出口额在43亿欧元左右;到2005年,出口额达到7 862亿欧元,进口额达到6 256亿欧元,增长了100多倍。随着德国贸易规模的不断扩大,其在世界贸易中的比重得以上升,到1989年,德国出口份额已经占到 11.4％,尤其对发达国家的出口份额增长到 13.1％,而同期美国贸易占世界的份额只有 12.1％,对发达国家的份额只有 10.3％。出口份额的增加充分反映了德国制造业的竞争能力明显提高,同时对德国马克国际地位的提高产生了巨大的促进作用。

德国对外贸易发展存在一个明显的特点,即长期保持贸易顺差。在对外贸易的实践中,德国凭借其出口产品的竞争力一直保持着较好的贸易记录。同时,德国的进出口贸易依存度都比较高,说明德国成为国际贸易的一个重要参与者,德国的经济贸易与世界的联系比较紧密。德国出口竞争力的提高使马克具有对美元与英镑升值的条件,为马克国际化向高级形态发展创造了良好的对外条件。

德国对外贸易的发展,尤其是德国出口的发展,促进了德国金融业的国际化。出口的扩张形成了对金融服务的需求,大出口商和外国分支机构要求德国银行提供更加便宜的服务和金融支持,因为获得本国银行的信息成本要低于外国银行。但是,德国的贸易也并不是分散于世界各地,根据国际贸易发展的经验,国际贸易都具有本地区倾向,德国的贸易也呈现这种现象。就集中的程度而言,德国和日本都没有达到美国的水平,它们的出口集中在欧洲和东亚地区,而这其中的大部分又集中于欧洲,德国同欧洲地区相对稳定的贸易发展在促进欧洲区域贸易一体化的同时,也推进了德国在贸易一体化基础上借助区域合作,最终通过马克和欧元的形式来推进货币国际化。

随着贸易进出口顺差的不断扩大,德国面对同样来自美国的不断增加的贸易压力,德国应付的办法就是走一条典型的从区域化到国际化的道路。德国政府向来都是以发展国内经济为最优目标,为了防止通货膨胀,其对当时马克的升值表示了一定的容忍度,并采取了一系列的金融自由化措施。同样,德国政府对于建立德国"国际金融中心"一直都是持保守态度,但是对于国内金融市场的国际化采取了非常积极的态度,在"三元困境"中明确地选择了保持独立的货币政策和资本流动,这为马克的国际化赢得了主动权,提供了基础。

第二,稳定的货币币值与汇率水平——马克的国际信誉基础。

如果一个国家具有较高的通货膨胀率,就会使名义利率贬值,增加货币使用成本。而汇率的频繁波动增加了风险和获得信息的成本,使得贸易和非贸易商品以及资产的交易价格计算非常困难,从而损害了国际货币的基本职能。德国的金融政策主要侧重于维持德国马克的币值稳定。同时,德国政府向来把通货膨胀作为头号敌人,持零容忍态度。德国的央行完全独立于政府,政府不能通过央行乱发行钞票来弥补财政赤字,也不能向银行任意融资,政府如需要资金,同样要从资本市场上去筹措。中央银行还可以通过贴现率、准备金率、债券回购等办法来控制货币供应量,以确保马克的稳定和经济的持续发展。

德国稳定的货币政策提供了货币的可信度,降低了人们对通货膨胀的预期,减少了不确定性。表 6—3 显示了当时世界上几个发达国家之间的通货膨胀率的比较,德国明显低于其他各国。因此,相对于其他国家来说,德国的货币稳定政策为马克成功地保持稳定的内在价值作出了巨大贡献,使德国马克成为欧洲货币体系的关键货币。

表 6—3　　　　　　　　　　　六国通货膨胀率比较　　　　　　　　　　单位:%

时　　间	德国	美国	英国	日本	法国	瑞士
1970~1974 年	5.6	6.1	9.6	10.7	7.7	7.1
1975~1979 年	4.2	8.1	15.7	7.5	10.2	2.9
1980~1984 年	4.5	7.5	9.6	3.9	11.2	4.4
1985~1989 年	1.3	3.6	5.3	1.2	3.6	2.1
1970~1989 年	3.9	6.3	10.0	5.8	8.1	4.1

资料来源:安格斯·麦迪逊:《世界经济千年史》,北京大学出版社 2003 年版。

1975~1989 年期间,德国马克汇率变动在西方工业化国家中是最低的,仅为 1.0%,而美国为 2.0%,英国为 1.9%,日本为 2.2%,法国为 1.1%,瑞士为 1.6%。这些都表明联邦德国达到了当时控制通货膨胀、稳定货币价值的目标。

②德国金融市场的发展。

德国的金融市场在这一期间也得到了很大的发展。1975 年,德国在国外的银行分支机构仅 68 家。但是,20 世纪 70 年代后期的经济快速发展推动了机构的对外扩张,至 1990 年,其国外银行分支机构数达到 225 家,其中一半在欧洲,对区域内金融交易和结算的顺利进行作出了贡献。20 世纪 80 年代中期的金融自由化和金融开放提高了德国的国际金融中心地位。从非居民持有的马克资产和负债来看,无论是欧洲马克还是以马克计值的外国债券均有数倍的增长。同时,在欧洲各国的交易中,以马克计值的比重最大,马克日益重要的地位还促进了马克在欧洲作为干预货币作用的发挥。在欧洲货币体系中,1979~1982 年,干预货币的 73.7% 是美元,用马克等干预只占 1/4,到 1986~1987 年,美元的比重下降到 28.3%,大部分干预货币都是马克。与此同时,马克在外汇储备中的比重也越来越高,在工业国家的外汇储备中,马克所占比重从 1980 年的 14.3% 上升到 1989 年的 22.5%。

为适应市场的发展,德国进一步取消了一系列外汇管制。1985 年,德国取消对以马克为单位的欧洲债券的发行规模和发行时间的限制;1986 年,扩大了银行经营业务范围,促进了国际金融市场的快速发展;1989 年,宣布取消利息收益预扣税,废除了限制金融市场的大部分规定。德国金融自由化和金融市场的开放,为国内外居民提供了具有良好收益性、流动性和安全性的投资工具,降低了交易成本,提供了价值储藏和投资增值的场所,增加了对马克的需求,为马克赢得了国际市场。1989 年,两德统一,货币也实现了统一。由于市场的自由发展,马克成为美元之后的第二大国际货币。严格来说,马克并没有形成真正的离岸市场。

　　③马克国际化的模式。

　　德国政府并不刻意推动马克的国际化,但却积极参与了欧洲货币合作。德国马克是通过推动区域货币合作而间接促使本币走上国际化道路的。货币当局并未主动提出货币国际化的问题,而先是完善金融体制和放开经常项目,后放开资本项目,并成为当时世界上为数不多的完全实现资本和经常项下可自由兑换的国家,这为马克的流入和流出创造了基础性条件,所以,德国马克国际化走的是一种较为被动的模式,是国际贸易市场交易的需求、各国储备资产保值增值的需求等因素"逼迫"德国马克国际化了。

　　受欧洲经济一体化影响,欧洲货币联盟在各国政治家的推动下逐步实施。德国强大的经济实力与德国马克币值的稳定使得马克成为欧洲货币体系中的主导货币,马克国际化区域性的趋势自发形成。考虑对金融市场的限制直接影响到德国金融市场的发展,从 20 世纪 80 年代中期开始,德国央行相继取消或放松了绝大部分金融市场限制,使得德国马克在国际金融市场上的运用逐步上升,形成了一条比较典型的自发的国际化路径。

　　(3)英国

　　①英镑国际化的历程。

　　第一,英镑的兴起和国际化地位的确立。

　　英镑取得世界货币地位主要由于当时英国经济在整个资本主义世界中的地位以及政治和军事的崛起。强大的"日不落帝国"通过贸易以及殖民手段逐步确立了英镑作为国际货币的地位。据统计,当时的国际贸易中,90%的国际结算使用的都是英镑,许多国家的中央银行的国际储备不是黄金而是英镑;同时,英镑还提供对外长期贷款,在其他国家发生外汇支付困难时可充当最后贷款人。就这样,在实际货币流通中,英镑代替了黄金成为世界货币,而且因为英镑可以自由无限制地兑换黄金,在伦敦开设银行账户可以获得利息,而储存黄金不但没有利息还要支付保管费,使得英镑更加受欢迎。此时,虽然国际金本位制基础是黄金,但实际上英镑已经取代黄金执行了国际货币的各项职能。当时,大英帝国凭借其"世界工厂"的经济大国地位和"日不落帝国"殖民统治关系,以及在贸易、海运、海上保险、金融方面的综合优势,使英镑成为世界上使用最广泛的国际货币,也促使伦敦成为了当时的世界金融中心,这些更加进一步奠定了英镑国际化的良好基础。

在这段时期,为了向全世界提供英镑的流动性,英国一直保持着贸易收支赤字,而运输、保险、金融等非贸易收支账户则保持着盈余,结果是经常账户项目总体保持盈余。英国将经常账户的盈余对外进行投资,据统计,当时英国对外投资占英国总投资的40%,进一步推动了英镑在世界范围内的应用。英国的国际收支大体保持平衡,避免了国际收支失衡带来的黄金的巨额流动。英镑很好地充当了世界货币的角色,确立了其国际统治地位。

第二,英镑国际地位的衰退。

一国货币成为国际垄断货币,也很难摆脱本国经济发展的影响,它是随着主权国经济地位的变化而变化的,当主权国经济地位衰弱时,其货币的国际职能也不可避免地会退出世界舞台,让位于更强的货币。

英镑在金本位制下占据霸主地位将近100年之后,也面临着一些"瓶颈",如英镑和黄金固定的汇率制,随着黄金产量的增长远低于商品生产的增长,导致黄金不能满足日益扩大的商品流通需求,这就极大地削弱了金铸币流通的基础,从而也削弱了英镑的国际地位的基础。同时,1873~1896年的经济大萧条使得英镑的地位受到威胁,其他国家货币也开始挑战英镑的特权地位。这一时期其他资本发达国家不仅在经济上有赶超英国之势,而且在国际市场上的贸易地位和实力显著提高,直接威胁到英国的世界地位,其中美国和德国就开始利用它们日益强大的经济实力向英镑直接发出挑战。

第二次世界大战使得英国的经济实力进一步削弱。战后英国的世界第一的黄金储备地位被美国取代。英国的贸易总额减少了70%,英镑的购买力不断降低,这就必然导致持有者对英镑丧失信心,英镑作为世界结算货币逐渐被美元取代,世界货币开始进入美元世纪。

②英国离岸市场的发展。

伦敦离岸金融市场是内外混合型离岸金融市场。内外混合型离岸金融市场是指离岸金融市场业务和国内金融市场业务不分离,目的在于发挥两个市场的资金和业务相互补充和相互促进的作用。这类市场资金的流入和流出并不严密,可以向国内流入或从国内向境外流出。对从境外流入资金的利息不征收利息税,外汇资金也不实行存款准备金制度,该市场允许非居民经营在岸业务和国内业务。

伦敦金融市场是资本主义世界的一个最早、最大的国际金融中心。从18世纪60年代到19世纪40年代,英国的工业革命推动了英国资本主义的发展,经济实力不断增强,对外贸易扩展尤为迅速。这样,英国经济和政治的中心伦敦便成为世界贸易中心,英镑也成为最主要的国际支付工具。伦敦金融市场的国际信贷、外汇交易量均居世界第一,保险、金属矿产交易居世界前列,证券交易居世界第二,外国银行的集中程度也超过纽约、东京居世界第一。伦敦城的兴衰与英国政治经济的发展,可以说是关系密切。各国商人通过伦敦进行债权、债务的清算,使伦敦成为国际贸易的枢纽和国际资金的汇集地。伦敦的金融体制日益完善,逐渐成为国际金融中心。

除许多外部原因外,伦敦金融市场具备重要的自身条件。

在国际银行业方面,伦敦由于对国际银行业务没有准备金要求和对国际银行业的设立采取比较自由的态度,在最近期间仍保持其作为世界最大的国际银行业中心之一的地位,占国际业务总额的1/5以上。

在国际债券方面,由于伦敦的限制性管制条件和财政条件比其他金融中心宽松,因而欧洲债券市场发源在伦敦并主要在伦敦得到发展。近年大多数发行安排和约65%的初次发行都在伦敦进行。而且,不但欧洲债券的发行市场主要在伦敦,其二级市场也主要在伦敦。据国际债券经理商协会资料,各金融中心的欧洲债券商号有1 000多家,设在伦敦的就有1/3。据市场估计,欧洲美元债券的二级市场交易额有近3/4在伦敦进行。此外,为了规避德国的公司债券交易税,德国许多债券也在伦敦交易,估计在伦敦交易的德国政府债券约占总交易的30%,国际德国马克债券约占50%,德国马克浮动利率票据约占80%~90%。欧洲日元债券的交易则几乎都集中在伦敦。

在股票方面,由于市场活力与辅助条件(如调研等)优势,伦敦也是买卖与分配国际股票的主要世界中心,这在伦敦证券交易所大改革之后尤为显著。本来,伦敦虽然按市场价值计算,只是世界第四大国内股票市场,次于东京、大阪和纽约,但在伦敦国际证券交易所挂牌上市的外国公司数量却比任何其他国家证券交易所多得多。从上市公司角度来看,伦敦市场管理严格、有效,且其上市程度较纽约要简便得多,上市费用更是远远低于纽约,具体体现在以下方面:

首先,离岸金融交易的币种是市场所在地的国家以外的货币(即英镑以外的欧洲货币)。

其次,除离岸金融业务以外,还允许非居民经营在岸业务和国内业务,但必须缴纳存款准备金和有关税款,而且金融机构严格控制"全面业务"执照的发放量。因此,在这类市场上,在岸业务远远小于离岸业务规模。仅从存款来看,伦敦银行业有英镑存款和其他通货存款之分,1975~1984年,清算银行英镑存款增长218倍,而同期其他通货存款增长618倍。

最后,国际特征非常明显。伦敦离岸金融市场是国内金融市场和国际金融市场一体化。无论在货币市场、证券市场或外汇市场,都有这种表现。欧洲货币市场发展之后,不同市场的界限就被打破,银行业的英镑业务和外国通货业务很快联成一体。证券交易所改组成国际证券交易所之后就成为世界上最国际化的交易所。

英镑成为主要的国际货币是由两个因素造成的:一是英国具有世界第一的经济实力;二是英国具有世界最完善的金融体系。前一个因素是根本性因素,后一个因素是技术性因素。

(4)日本

①日元国际化的历程。

日元国际化真正开始的阶段是20世纪60年代后半期。在由外至内的一点上,日本发生了不可避免的变化,即贸易与资本交易的自由化。1969年,日本开始成为净债权国,其经济地位逐渐上升,从而要求在国际社会中获得合理的待遇。同时,20世纪60年代的越战使得美元的地位开始出现动摇。1964年,日本成为IMF第八成员国后,日元的国际化就开始了。

1976年对于日元是非常具有历史意义的一年。日元开始作为硬通货在国际上占有一定的地位,同时日元的国际化也有了发展。日元国际化之进展主要体现在三大方面:一是积极地发行日元债券,二是有些国家将日元纳入其外汇储备,三是过去全部以美元计价的贸易部分开始使用日元计价。日元的升值使得国外进口商愿意使用日元计价,这一特征在船舶出口方面尤其明显,几乎所有的船舶出口都使用日元计价;同时,日本其他具有代表性的产品如汽车、电子产品等也开始使用日元计价。

1984年日元—美元委员会的设立,进一步推动了日元的国际化。其实在某种意义上,日本政府根本不情愿开放国内金融市场和放松欧元对日元交易的规制。面对美国的种种压力,日本政府提出了旨在促进日元国际交易和整理金融、资本市场的综合经济对策,提出了以下具体的措施:一是金融自由化;二是实行欧洲日元交易自由化,也就是为境外居民提供日元便利的第一步措施;三是建立东京离岸市场,以方便东京欧洲日元交易。可以说,这一时期日元国际化是在美国的要求下得以实现的,日本官方对于日元作为国际货币来使用的立场,如果不是被动的,最多也是中立的,不少日本学者对20世纪80年代一直"吞吞吐吐"的日元国际化的具体做法表达了强烈的不满。那是因为日本放弃了日元国际化的黄金时期,很多措施都影响了日本经济后期的发展。

在 20 世纪 80 年代日元国际化的过程中,遇到的第一个难题就是本币在本国对外贸易中使用的比例太低。日本推动日元贸易结算的努力早于其正式宣布日元国际化。两次石油危机后,为规避汇率风险,日本就开始逐渐推行本币结算。1980 年,日元结算在本国出口和进口贸易中只占 31% 和 4%,远低于同期美国(85%、60%)、英国(76%、33%)和德国(83%、45%)。到 1989 年,即日本官方正式宣布日元国际化 5 年后,日元结算在本国出口和进口贸易中的比重也只有 37% 和 15%。此后,随着泡沫危机的爆发和持续的经济低迷,这两个比重迄今也未见起色。

对于日元在日本对外贸易中使用较少的现象,存在两种似是而非的观点:

第一种观点是,由于日本采取出口导向的经济发展模式,使得日本企业对海外市场过于倚重,以至于丧失了在贸易中的谈判能力。然而,事实是:在整个 20 世纪 80 年代,日本的出口占 GDP 比重、净出口占 GDP 比重以及贸易依存度这三个指标都接近于美国,远低于德国,到了 1990 年,日本的贸易依存度甚至已经低于美国。

第二种观点是,日本独特的贸易模式阻碍了日元在进口和出口贸易中的使用。以 1989 年日本的贸易结构为例,在按产品类别划分的进口贸易中,中间品、能源和原材料分别达到 47.6% 和 49.6%;在按出口区域划分的出口贸易中,欧美占了 54.4%。所以,日本的贸易结构表现为从发展中国家进口中间品、原材料,加工后出口到发达国家。发达国家(欧美)的货币本身就是强币,日元难以在出口贸易中发挥作用;同时,发展中国家普遍采用钉住美元体制,日本企业为了规避频繁波动的汇率风险,进口方也多使用美元。

日元国际化的第二个教训就是在国内金融改革尚未真正展开的时候,就急匆匆地放开了资本项目。日本国内主要的金融改革措施(利率市场化、债券市场管制放松、股票市场“大爆炸”改革、废弃主银行体制等)都发生在泡沫危机爆发后的 1993 年、1994 年和 1997 年,在正式宣布日元国际化的前后,日本采取的主要“改革”措施实质上都是些资本项目开放的措施,如 1983 年和 1984 年的欧洲日元贷款业务、1984 年的日元汇兑管制放开等,而当时日本的金融体系还是一个行政管制盛行的主银行体制。

在国内实施金融管制、资本项目完全放开的背景下,在日元的离岸市场和在岸市场之间,就上演了一出日后被日本学者称作“再贷款”的游戏:日本的富裕资金从在岸市场流到离岸市场,然后又从离岸市场回流到在岸市场。简单地说,就是日本人“自己人玩着自己的钱”。在这场游戏中,主角是日本的银行业。观察 20 世纪 80 年代日本国际投资头寸资产方的“其他投资”和负债方的“其他负债”(其中日本银行业的资产和负债占据了绝大多数),我们可以发现,

1984 年正是资金大进大出的起点。在 1984～1990 年间,日本银行业的对外资产由 1 050 亿美元飙升到 7 250 亿美元,同期,日本银行业的对外负债则从 1 300 亿美元飙升到 9 040 亿美元,净流入的资金从 250 亿美元飙升到 1 800 亿美元。

对于日本再贷款游戏的结局,今天我们已经看得很清楚:第一,流出的资金再次回流到国内弊端重重的股票市场和地产市场,成为推动 1990 年泡沫危机和随后长期经济萧条的重要原因;第二,在面临 1990 年泡沫危机和 1997 年亚洲金融危机的双重打击后,日元离岸市场的发展以及在很大程度上基于此的日元国际化进程陷入倒退。

②日本离岸市场的发展。

自 1980 年以来,日本推动了金融自由化改革,取消或放宽了许多金融限制,包括存款利率自由化、促进短期金融市场发展、金融业务多元化、扩大欧洲日元交易、以日元计价的外国债券自由化、设立日元离岸市场等。其中,为了推进日元国际化,1984 年 6 月,允许境外银行对日本居民提供短期欧洲日元贷款;1985 年 4 月,允许国内银行对非居民提供长期欧洲日元贷款;1989 年 5 月,允许境外银行对日本居民提供长期欧洲日元贷款。

日本离岸市场的发展得益于多方面的原因。

首先,"赤字财政"政策是日本金融市场改革的强大推动力。日本从 1965 年开始发行国债,财政对国债依存率越来越高。1970 年为 34.7%,1983 年达到了 26.5%。1985 年国债余额占日本国民生产总值的 50%。随着国债发行量的增大,城市银行对政府的摊派方式越来越不满。因此,20 世纪 80 年代,日本政府放松了金融管制,为银行金融公开市场创造了一些条件。

其次,日本于 20 世纪 80 年代进入低速增长阶段,剩余资金难以在生产领域牟利,逐渐走向金融市场。1985 年 6 月,日本政府允许银行自由买卖债券。在国内金融割据的局面被打破,逐渐形成统一的以利率水平反映供求关系的资本自由市场状况下,日本机构逐渐向海外输出过剩资金,牟取巨额股息和红利。因此,对日本来说,把东京打造成国际金融市场有利于资本输出。

再次,国际压力是推动日本离岸中心建设的催化剂。20 世纪 70 年代初,外国金融机构在日本受到利率等诸方面的限制,难以开展业务。其他国家纷纷要求日本开放金融市场,国际化的压力越来越大。1984 年 5 月,日美发表了"关于日本金融自由化、国际化及日元国际化"的双边协议,以此为契机,日本金融市场的自由化、国际化加快了步伐。

1986 年 12 月,日本离岸金融市场正式成立。在日本离岸金融市场开展业务可以享受一系列的优惠措施,比如离岸账户免征 20% 的利息预扣税,利率不受限制,无法定准备金要求,等等。到 1988 年 12 月,该市场参与者已经从刚刚建立时的 181 家扩张到 187 家。日本离岸市场通过"特别国际金融账户"运作。离岸账户的资金必须通过日本央行设立的"资金划拨相关账户"进入国内金融市场。"资金划拨相关账户"是日本央行的一个政策调节账户。日本央行当局可以通过这个账户监控离岸市场资金向在岸市场的转移规模,也可以通过调节该账户的准备金率来调控进入资金的规模。

日本离岸市场的发展在一定程度上推动了日元国际化,为非居民提供进行日元投资的平台,刺激国际投资者进入离岸市场,扩大在离岸市场上的日元金融产品交易。相关统计表明,1986～1990 年,非居民的日元交易量从 192 亿美元迅速增加到 2 150 亿美元,占非居民交易货币结构比重也从 21.6% 上升到 43.4%。1990 年,在日本进出口额中,进口额以日元结算的比重为 37.5%,出口额为 8%,分别比 1980 年提高了 8.1 个百分点和 12.1 个百分点。

另外,日本离岸市场的发展对日本利率有重要影响。日本离岸市场的利率是以资金的供求关系决定的,金融当局不加管制,因而欧洲日元和海外的欧洲日元市场的利率形成联动状态。由资金供求关系决定的东京离岸利率,同样也反映香港、新加坡的供求关系。反映离岸资金供求关系的利率对日本国内金融市场的利率也有一定的影响。尽管东京市场属于内外隔离型,但是它还是能以调平头寸等多种渠道间接影响国内市场的资金供求,从而使得国内利率水平在某种程度上受制于东京离岸市场水平。

但是,日本离岸市场在发展过程中出现的问题具有很好的借鉴意义。

首先,日本离岸市场在运行过程中没有真正做到内外分离,离岸市场与在岸市场之间上演了一场"再贷款游戏"。1984 年,日本废除了外汇兑换限制,原则上外汇资金可以自由兑换为日元,并且可以作为国内资金使用。由此,银行可以不受限制地将外汇兑换成日元,或吸收欧洲日元,将其运用于国内市场。日本外汇银行在逐利动机下,将离岸市场筹集的资金贷给日本境内机构和企业,这些离岸资金以对外负债的方式被自由兑换为日元进入国内市场。余永定(2011)分析了当时日本的国际收支平衡表,以及在多个离岸市场的负债和债券头寸,从数据上证明了日元离岸市场看似繁荣的景象背后是空洞的投机交易,而且这样的做法是不足以持续的。20 世纪 90 年代末的亚洲金融危机使得这场"再贷款"游戏走向末路。从另一方面来说,由于日本采用了纽约型隔离式离岸市场的形态,离岸市场和在岸市场的分割使得没有管制的欧洲日元市场的发展远甚于尚未完全成熟的东京日元离岸市场,出现了"金融市场空洞化"的现象。由于上述两个原因,经历了 20 世纪 90 年代初泡沫危机和 90 年代末的金融危机的双重打击后,日元离岸市场的发展以及在很大程度上基于此的日元国际化进程陷入倒退。

其次,日本离岸市场的发展加剧了日元的资产泡沫。日本于20世纪80年代中期产生资产泡沫的主要原因在于过于宽松的货币政策。当时,日元受到美元的压力大幅升值,日本货币当局采用低利率政策试图避免外汇投机。在日元大幅升值的背景下过早开放外汇管制,导致大量外币资金进入日本套利,加剧了泡沫。

综上所述,日本资本管制和汇率制度安排的不协调,阻碍了离岸市场在日元国际化过程中扩大"网络外部性"功能的发挥。在浮动汇率制度下,汇率的波动隔绝了国外通货膨胀向国内的传递,从而导致日本国内实际利率相对较高,境外资金回流本国。因此,人民币国际化过程中,要协调好资本项目开放、汇率制度安排和利率市场改革之间的关系,促进离岸市场功能的发挥。

③日元国际化的模式。

日元国际化走过的是一条金融深化与发展的道路,通过外汇自由化、贸易自由化、经常账户自由化、资本流动自由化、利率与金融市场自由化使日元成为国际经济活动中普遍使用的货币。而境外日元的增加,尤其是欧洲日元市场的发展又加速了国内金融制度的自由化改革,金融制度的调整与改革是金融发展深化的具体表现,金融自由化进一步促使日元国际化。日元国际化道路的基础来自日本经济实力和国力的提升,在谨慎的财政与货币政策作用下,日本的贸易和经常项目在大多数年份保持了顺差,国际储备的积累成为日元国际信誉的坚实基础。20世纪80~90年代,日元币值稳中趋升,正是日本经济与储备实力上升的体现。日元国际化的历程表明,对于大多数国际货币,实现国际化只能依托本国经济发展、政策稳定,在经济实力和综合国力达到一定水平之上时推进金融深化改革与发展,其中,拥有充足的国际储备是重要的前提条件。

(5)小结

尽管各主要货币的国际化道路各不相同,但依托的基础是一致的,即雄厚的经济实力。

第二次世界大战后的美国是世界的一极,是超级大国,它有能力主宰国际政治、经济格局,国际规则与制度的形成处处体现了美国的利益,这种优势是其他任何一个国家所不具备的。日元国际化是在新的国际经济秩序形成过程中,依靠不断增强的经济实力,为谋求国际货币与金融利益,从自身金融的深化、改革和发展中完成的。日本在自然条件上属于小国,日本坚持开放的发展战略,充分利用国外资源和市场,在国际分工体系中处于有利的位置,对外贸易和投资的发展带动了货币金融的国际化。加之日本政府采取了谨慎的财政货币政策,保证了国际收支的平衡,在大多数年份实现对外收支盈余。这样,日元有了充足的外汇储备作保障,国际信誉提高,在国际经济贸易金融活动中的影响扩大。20 世纪 70 年代是日元国际支付能力提升的时候,也正是美元的国际地位下降之时,日本政府抓住了这一历史机遇,在金融自由化改革中不断深化,最终实现了日元的国际化。综合比较看,马克国际化模式是区域经济联合体推进本地区货币国际化可以借鉴的路径,日元国际化模式是主权国家货币国际化可以借鉴的路径,而美元国际化对大多数国家而言没有借鉴的意义。目前按照我国的经济背景,美元以及英镑的国际化过程模式根本无法复制,日元国际化模式又不是很成功,所以我们要考虑实际情况,吸取日元的教训,寻找人民币国际化的路径。

6.1.3　货币国际化的模式比较

分析各主要货币国际化的历程,其路径大体上可以分为两种:大陆型和岛国型。

(1)大陆型

大陆型国家的货币国际化路线的显著特点是依托大陆经济体,以在岸市场的发展带动离岸市场的发展,以价值效应带动网络效应,从而实现结算职能、计价职能和贮藏职能三方面的作用,实现全面的国际化。

在美国和德国推进货币国际化的过程中,其离岸市场的发展是与货币国际化相伴而生的结果。美国政府在 20 世纪 60 年代对美元国际借贷和投资的限制促成了欧洲美元市场的发展。而到了 70 年代,德国货币当局限制非居民发行马克债券,其结果是德国以外的欧洲马克市场迅猛发展。一个国家货币能否走出国门,最终是由这个国家的经济规模、国际贸易和国际金融在全球的影响力决定的。德国马克境外市场的发展并没有得到德国货币当局的支持,但是市场力量最终起了决定性作用。而欧洲马克市场的迅速发展,又反过来迫使德国政府放弃对马克境外交易的限制。由此可见,市场需求是德国马克和美元实现国际化的真实原因。

美元和欧元是第二次世界大战结束后货币国际化最成功的两个案例,但是这两种货币的国际化路径也大相径庭。德国首先加入区域货币安排,即众所周知的欧洲货币单位,随后一种新的单一的区域货币取代了所有成员国货币。德国模式是以放弃主权货币为妥协,以区域高度一体化为依托,在全球金融秩序中以货币联盟形式获得一席之地。而美国模式是美元在全球范围内寻求独自主导作用的货币国际化模式。这一模式需要货币发行国在全球范围内有足够的经济、政治和军事实力。

(2)岛国型

英镑和日本是岛国型货币国际化的典型代表,其共同点是大力发展离岸市场,以离岸市场的发展倒逼在岸市场的改革。大力发展离岸市场的实质是借用离岸市场的低税收、无管制等优势,放宽市场参与者的进入门槛,从而吸引资金和参与者。在这种模式下,货币国际化路径片面强调的是货币的结算职能,而非计价职能和贮藏职能。

从日元国际化的历史进程来看,其"贸易结算＋离岸中心"模式并不成功,其国际贸易结算地位依然较低,离岸金融市场"倒逼"资本项目过早开放并带来资产泡沫。连日本学者也承认,国际化后的日元至多是一种"载体货币",其主要功能是用于国际金融市场中的套利交易。日元国际化"贸易结算＋离岸市场"模式的大致轨迹为:1960 年,为应对汇率风险而推行日元在进出口贸易中结算;1984 年,为推动日元离岸市场发展而开放资本项目;1997 年亚洲金融危机后,着力加强亚洲区域货币合作。实际上,由于各种结构性因素的制约,这种模式很难成功,表现为日元的贸易结算地位依然较低。

以储备货币来衡量,日元在全部国际储备货币中的份额由 1995 年的 6.78% 下降到 2009 年的 3.01%,英镑为 4.29%,都远远低于美元(62.17%)和欧元(27.3%)。从计价货币的角度,我们可以看到,在国际债券余额中,英镑和日元的规模都很小。2012 年,美元和欧元的国际债券余额分别为 116 720亿美元和122 500亿美元,而英镑和日元分别只有21 558亿美元和 7 143亿美元。作为结算货币,在全球外汇市场中,英镑和日元的交易量也远远小于欧元和美元。从这些角度看,对于其是否算是真正成功实现了货币国际化,很多学者表示质疑。事实上,1990 年泡沫经济危机之后,日本学者就已经认识到,国际化后的日元最多是一种"载体货币",其主要功能就是用于国际金融交易中的套利交易。

借鉴美国和德国的经验教训,如何化解"特里芬难题",如何实现人民币从结算货币到计价货币的职能递进,以及最终实现储备货币职能,是我们推进人民币国际化过程中要解决的问题;而借鉴英国、日本的经验教训,如何保证离岸市场不仅仅发展成为套利套汇场所,则成为人民币国际化过程中的研究课题之一。

6.2 环境视角的人民币国际化条件

6.2.1 推进人民币国际化的背景

随着我国经济的高速发展和综合国力的提升,人民币国际化问题引起了国内理论界与实务界的关注。目前,对人民币国际化的观点主要有三种:赞成、渐近式进行、反对。本研究认为,在目前国际货币发行国家普遍采取"量化宽松货币政策"的大环境下,美元、欧元、日元供给"泛滥成灾",而新兴市场经济国家普遍面临着通胀压力,它们的货币也"被动"扩大供给。此时让非居民持有本币则可以暂缓通胀压力,同时也增加了一条类似于"公开市场冲销操作"的渠道。研究最后提出:完全可以在现有资本项目和汇率机制维持不变的情况下,加快人民币国际化的进程。"按部就班"日元国际化的先例可以被视为错失良机导致的。

(1)国外环境

自从布雷顿森林体系确立了"各国货币与美元挂钩、美元与黄金挂钩"的"双挂钩"体系后,美元的国际化地位逐步确立。虽然布雷顿森林体系已被现行牙买加体系取代,"双挂钩"被取消,但美元事实上依然充当着国际货币,许多国家货币依然事实上钉住美元,美元依然主导着国际货币体系。

由于美元现在已经没有钉住黄金的硬性要求,美元扩张的内在冲动加强。依靠美元的国际地位,美国向全球输出美元流动性,这给以美元为储备货币的国家带来了重大的损失和风险。随着全球经济、贸易以及国际储备需求的不断增长,作为各国外汇储备的最主要币种,美元及其定值资产必然不断增加。美国贸易赤字持续扩大,导致美国经济形成高消费、高负债和高杠杆经济运行模式。美国不断扩大的经常账户赤字必须依靠外部资本的不断流入来弥补,大量资金的流入降低了美国利率水平,使美国以极低的成本满足了资本需求,进一步助推美国的低储蓄和高负债行为,放大美国金融经济泡沫。同时,美国的经济金融监管体系没有制定相应措施"保驾护航",反而放松监管,致使资本流向风险比较高的金融衍生品,日积月累,必然发生金融危机或经济危机,而且在单极化货币格局下,这种危机可以通过经济体系和金融体系迅速转嫁到世界各地,让全世界为其分担金融危机带来的损失。在这样的条件下,各国都提出了改变现有美元主导的单一国际货币体系的诉求。

2008年以来的世界金融危机使得各国意识到单一美元体制的弊端,关于国际货币体系的思考和讨论更加激烈,区域货币合作和多元化货币体系的发展进程加快。如欧洲的货币一体化、拉美国家的美元化,以及非洲的区域货币合作都取得了一定的进展。欧元和美元等主要货币的危机为人民币的国际化提供了契机。后金融危机时期,随着美国经济霸权地位渐趋衰落,世界经济增长重心凸显向东方转移的变化趋势。在本次金融危机中,美国和欧洲都受到了重创。美国作为危机的发源地,金融市场和实体经济都受到了严重的打击,目前经济复苏仍较脆弱。短期内美国经济运行仍面临政府支出削减谈判等政策不确定因素影响。同时,疲软的就业市场可能继续拖累市场信心恢复。为了应对危机,美国不断实施的量化宽松政策使得各国美元储备不断缩水,而随后的欧洲主权债务危机使得欧洲各国应接不暇。欧债危机使得他国持有的欧债资产也受到巨大损失。亚洲是本次危机中受影响较小的地区,而日本经济发展却跌入低谷。由于我国近年来持续强劲的发展趋势,已发展为世界第二大经济体。人民币在本次危机中不断逆市升值的趋势加强了人民币的国际信用。

综上所述,2012 年以来,世界经济继续处在深度转型调整期。美国经济温和复苏,财政整顿进展缓慢。欧债危机形势得到缓解,但对实体经济的影响日益加深。受外需萎缩和国内消费需求不足影响,日本经济下滑。大部分新兴经济体增长势头放缓,面临的不确定性因素增加。

(2)中国在全球"流动性泛滥"中的理性选择路径

欧美债务危机爆发以来,欧美为了应对危机采取零利率政策,美国还追加推出了新一轮的 QE3 政策,所有债务危机的最后解决都是靠增发货币。在现行国际货币体系下,这些政策使得全球经济都承担着长期通胀的风险,而新兴市场经济国家都被动地吸收了"输入通胀"。我国作为最大的发展中国家,也面临着同样境况。失业问题和经济下滑也逼迫货币信贷政策再次适度宽松。在改革开放以来的 30 多年里,我国广义货币供应量(M2)增长平均在 20% 左右,在很长一段时间内都维持在低通胀环境中稳定高速增长。这在很大程度上得益于两个主要路径:一是央行的公开市场操作(我们把这类公开市场操作称为"境内层")冲销了由外汇占款引发的通胀;二是因住房制度改革吸收了大量资金流向房地产相关行业,缓解了通胀。然而,目前继续这两条路径的空间已经不大了。一旦货币供应量减速,其他所有的社会问题都会爆发出来,甚至会陷入恶性循环的泥沼。伴随着人口老龄化的加剧,激发就业者提高劳动生产率显得更为重要。为此,我国也将选择宽松货币政策("与狼共舞")。此时,通过人民币国际化,将货币引入离岸市场,同时可以获得人民币的"外部性"(externality)效应。这也是所有国际货币发行国所采取的惯例(通过利率来调整在岸与离岸市场本币的流量)。我们把这类操作称为"境外层"。

只要不是本币现金流出境外,央行可以在境内通过对国际收支各个子项目的监管来判别资金的流向和用途,从而采取防范措施,做到"放"与"管"的动态结合。毕竟,所有在境外的本币交易最终会在境内商业银行的账户上反映出来。

6.2.2 推进人民币国际化的条件基本成熟

许多学者认为,决定一国货币国际化的是该国本身强大的经济实力、稳定的政治影响力。外部环境在一定程度上只能加速或延缓一国的货币国际化进程而已。换句话说,一国货币能否走出国门,最终是由这个国家的经济规模、国际贸易和国际金融在全球的影响力决定的。我国作为世界第二大经济体、第一大贸易国和外汇储备国,人民币应该取得与我国经济、政治实力相当的地位。

(1)经济总量

在世界产出、贸易与金融中拥有较大份额的国家,其货币具备成为储备货币的天然优势。一国的 GDP 规模和贸易规模,可作为衡量该国在世界经济中相对权重的主要指标。我国国际经济地位的上升为人民币国际化提供了坚实的经济基础。我国现在已经是世界第二大经济体,名义 GDP 在 2009 年超过了日本,是印度的近 4 倍;按照购买力平价的国际美元折算,我国 2009 年的经济规模甚至是日本的 2.1 倍、印度的 2.5 倍。从国际经济发展规律来看,当一国经济实力增强之后,本国货币必然要走上国际化道路。

从表 6-4 中可以清楚地看到,我国的 GDP 发展速度远远超过美国和日本,发展势头不容小觑,维持了 9% 以上的增长率。我国在短时期内实现了经济的跨越式增长,发展潜力很大。

表 6-4 　　　　　　　　2005~2011 年中、美、日三国 GDP 及 GDP 增长率

		2011 年	2010 年	2009 年	2008 年	2007 年	2006 年	2005 年
中国	GDP (亿美元)	73 185	59 305	49 913	45 218	34 941	27 130	22 569
	增长率 (%)	9.3	10.4	9.2	9.6	14.2	12.7	11.3
美国	GDP (亿美元)	149 913	144 194	138 983	142 193	139 618	133 145	125 643
	增长率 (%)	1.7	3.0	-3.5	-0.4	1.9	2.7	3.1
日本	GDP (亿美元)	586 715	548 842	503 514	484 921	435 633	435 676	457 188
	增长率 (%)	-0.70	4.44	-5.53	-1.04	2.19	1.69	1.30

资料来源:World Development Indicators。

(2)国际贸易与外汇储备

国际贸易和外汇储备为人民币国际化提供了重要的支持。我国与美国、欧洲等贸易额不断增长,双边和多边贸易持续发展。从表 6-5 中可以看出,我国对外贸易一直持续为经济发展提供了 30% 左右的贡献率,虽然受到本次金融危机的影响,2009 年发展有所放缓,但依然保持了 26.7% 的贡献。

表 6—5　　　　　　　　　2005～2011 年中国出口贸易发展状况

	2011 年	2010 年	2009 年	2008 年	2007 年	2006 年	2005 年
出口额（亿美元）	22 960	18 156	13 333	15 817	13 422	10 616	8 368
出口占GDP 比重（%）	31.37	30.61	26.71	34.98	38.41	39.13	37.08
出口增长率（%）	8.77	27.71	−10.32	8.41	19.83	23.89	23.65

资料来源：World Development Indicators。

　　我国经过近 20 年的持续经常项目和资本项目顺差,积累了大量美元外汇储备,如今已是美国最大的债权国。而历史经验证明,债权国货币更有可能成为世界货币。从长期来看,美元贬值和美国政府债券价格下跌不可避免,这将对我国造成巨额资本损失。更为麻烦的是,我国在现阶段能采取的措施十分有限。我国必须竭尽所能降低可能的损失,减少失误,避免使情况更加恶化。在此背景下,人民币国际化、国际金融体系改革以及区域金融合作正被提上我国的政策议程。

　　从图 6—1 中可以清楚地看到我国外汇储备持续增长的进程,到 2012 年已经有 3.3 亿元的外汇储备。大量的外汇储备既是我国人民币国际化的基础,也是我国积极促进人民币走向国际化的原因。

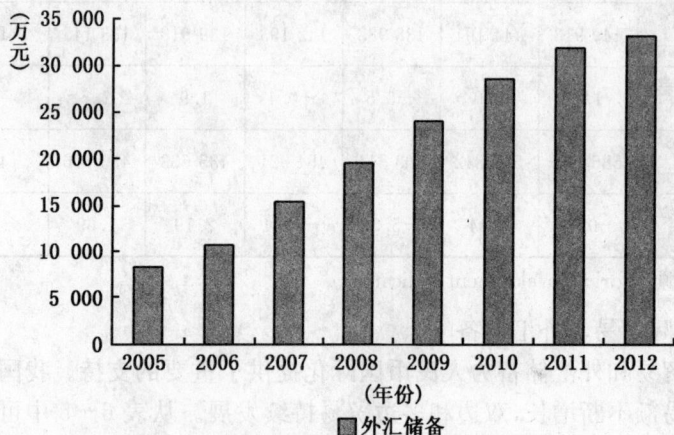

资料来源：国家外汇管理局。

图 6—1　2005～2012 年国家外汇储备规模

（3）金融体系

学者普遍认为，一国货币要成为世界货币，该国必须具有完善的货币与资本市场，资本市场必须开放、自由，并且具有相当的广度、深度与流动性。近年来，我国金融体系和金融市场发展迅速。资本市场、期货交易、大宗商品交易等加速发展，各种形式的金融机构不断涌现，金融市场规模和活跃度稳定增长，市场功能进一步深化，各子市场运行差异加大，市场结构变化明显，金融市场产品和交易方式创新继续稳步推进，市场制度进一步完善。金融体制改革提供了体制保障。

目前，我国金融企业上市步伐不断加快，国有商业银行体制改革不断深入，银行不良资产逐步剥离和核销，金融监管体制不断改善。2012年，我国银行业的盈利能力有所增强，资本充足率达到了10％以上。这些改革措施促使我国在较短的时间内建立起现代化的银行制度和比较完善和发达的金融体系，使之适应国际金融市场，为人民币走向国际化创造了有利的软环境。

图6-2显示了2003~2012年我国银行业金融机构的总资产与总负债规模。从图中我们可以清楚地看到，银行业规模持续稳步增长，为我国经济发展提供了持续而有力的资金支持。

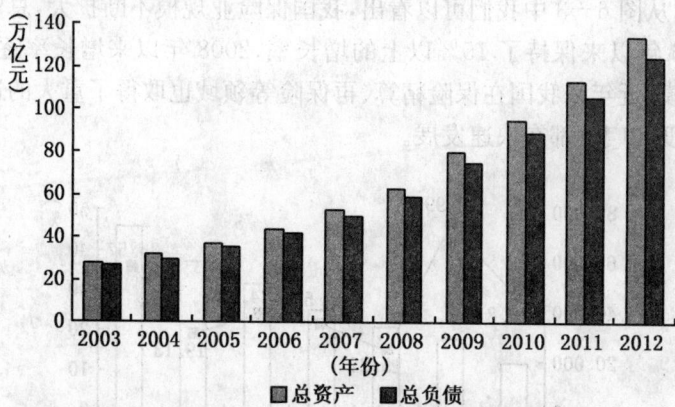

资料来源：中国银行业监督管理委员会。

图6-2 2003~2012年银行业金融机构资产规模

当前我国金融市场的交易规模持续发展，在加快资金流动、资源优化配置上取得了较大的发展，直接融资和间接融资之间合作得很好，这样才有助于我国金融市场的发展和我国金融市场的国际化。

从表6-6中我们可以看出，我国证券市场上市公司逐步增多，直接融资在我国企业发展中发挥越来越重要的作用,虽然受到此次金融危机的影响,上证综合指数出现了下跌,但股票市场成交金额依然持续增长,说明我国股票市场的活跃度越来越高。另外,期货等衍生产品发展也很迅速,成交额增长很快,我国金融市场呈多样化发展。

表6—6   2005～2011年中国证券市场主要统计数据

	2005年	2006年	2007年	2008年	2009年	2010年	2011年
境内上市公司数(A股、B股)(家)	1 381	1 434	1 550	1 625	1 718	2 063	2 342
股票市价总值(亿元)	32 430	89 404	327 141	121 366	243 939	265 423	214 758
股票成交金额(亿元)	31 663	90 469	460 556	267 112	535 987	545 634	421 647
上证综合指数(收盘)	1 161.06	2 675.47	5 261.56	1 820.81	3 277.14	2 808.08	2 199.42
期货总成交额量(亿元)	134 462	210 046	410 000	719 173	1 305 107	3 080 592	2 750 269

资料来源:中国监督管理委员会年报。

另外,从图6—3中我们可以看出,我国保险业规模不断扩大,总资产逐年增加,2006年以来保持了15%以上的增长率,2008年以来增长率逐年上升。不仅是规模,近年来我国在保险精算、再保险等领域也取得了重大的进步。保险业的深度和广度都在快速发展。

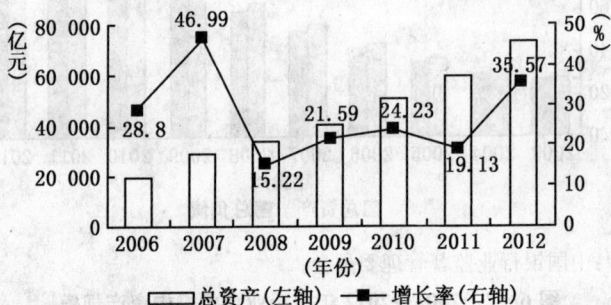

资料来源:中国保险业监督管理委员会。

图6—3 2006～2012年中国保险业总资产及增长状况

随着我国经济和金融的发展,基金、信托、租赁等多种多样的金融形式出现并迅速发展。图6—4显示了2006～2012年我国基金业的发展情况。从图中我们可以看出,新募基金数持续增长,到 2012 年已经达到 369 只。募集金额虽然受到金融危机的影响有显著的下降,但逐渐兴起的基金业仍为活跃我国金融市场发挥了重要的作用。

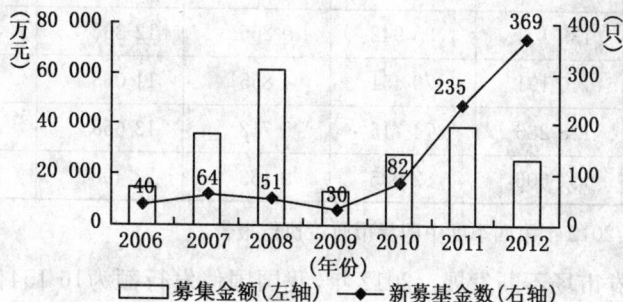

资料来源:清科数据库。

图 6—4　2006～2012 年中国新募基金数与募集金额情况

　　我国社会融资结构呈多元化发展。从表 6—7 中可以看出,2012 年全年社会融资规模为 15.76 万亿元,为历史最高水平,比上年多 2.93 万亿元。从 2012 年 5 月开始,社会融资规模连续 8 个月超过万亿元并高于上年同期。2012 年全年社会融资规模明显高于上年,主要是由于信托贷款、企业债券、人民币贷款和外币贷款融资较为活跃,这四类融资合计为 12.66 万亿元,比上年多 3.05 万亿元。从 2002 年到 2012 年,总社会融资规模稳步增长,人民币贷款与外币贷款不断增长,虽然股票融资各年表现不一,但总体还是呈现增长的趋势,企业债券的增长尤为明显。金融体系为经济的发展提供了源源不断的资金支持,逐渐多元化的融资渠道满足了多元化的融资需求。

表 6—7　　　　　　　　　　　**2002 年以来社会融资规模**　　　　　　　　　　单位:亿元

年　份	社会融资规模	人民币贷款	外币贷款	企业债券	非金融企业股票融资
2002	20 112	18 475	731	367	628
2003	34 113	27 652	2 285	499	559
2004	28 629	22 673	1 381	467	673
2005	30 008	23 544	1 415	2 010	339
2006	42 696	31 523	1 459	2 310	1 536
2007	59 663	36 323	3 864	2 284	4 333

年　份	社会融资规模	人民币贷款	外币贷款	企业债券	非金融企业股票融资
2008	69 802	49 041	1 947	5 523	3 324
2009	139 104	95 942	9 265	12 367	3 350
2010	140 191	79 451	4 855	11 063	5 786
2011	128 286	74 715	5 712	13 658	4 377
2012	157 606	82 035	9 163	22 498	2 508

资料来源:2012年第四季度中国货币政策执行报告。

我国债券市场不断发展。2012年,我国国债发行额为16 154亿元,其中:
地方政府债券为2 500亿元;金融债券发行额为26 202亿元,同比增加2 711亿
元,主要是国家开发银行及政策性金融债券,为21 415亿元;公司信用债券发
行额为37 365亿元,比上年同期增长13 817亿元,主要有企业债券、短期融资
券、超短期融资券、中期票据、非公开定向债务融资工具、公司债券等。

利率市场化是指利率的决定权交给市场,由市场主体自行决定利率的过
程。利率市场化是金融市场健康发展需要的,也是货币国际化进程中不可或
缺的。我国正在积极推进利率市场化的进程。利率市场化的过程,实质上是
一个培育金融市场由低水平向高水平转化的过程,最终形成融资工具品种齐
全、结构合理、信息披露制度充分的完善的金融市场。同时,利率市场化将有
利于中央银行对金融市场间接调控机制的形成,对完善金融体制建设起到至
关重要的作用。我国2009年以来利率市场化进程加快,利率衍生品交易迅速
提高,从图6—5中可以看出,不论是交易笔数还是本金额,我国利率衍生品交
易大大增加。

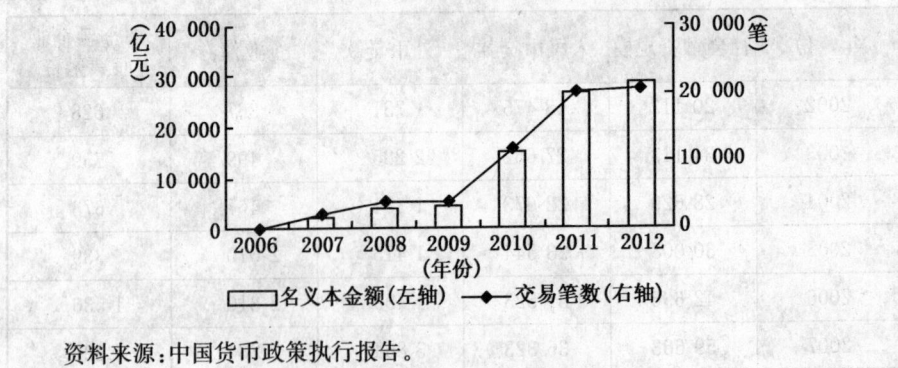

资料来源:中国货币政策执行报告。

图6—5　利率衍生品交易情况

在金融市场不断发展的基础上,我国注重金融监管制度建设。我国现行金融监管体制的基本特征是分业监管。2003年中国银行业监督管理委员会正式组建,接管了中国人民银行的银行监管职能,由此我国正式确立了分业经营、分业监管、三会分工的金融监管体制。中国银监会的主要职责是负责制定有关银行业金融机构监管的规章制度和办法,审批银行业金融机构及分支机构的设立、变更、终止及其业务范围;对银行业金融机构实施现场和非现场监管;审查银行业金融机构高级管理人员任职资格;负责国有重点银行业金融机构监事会的日常管理工作;等等。中国证监会作为全国证券期货市场的主管部门,主要职责是研究和拟订证券期货市场的方针政策、发展规划;统一管理证券期货市场,监管股票、可转换债券、证券投资基金的发行、交易、托管和清算;监管上市公司及其有信息披露义务股东的证券市场行为;等等。中国保监会的主要职责是主管全国商业保险,依法对保险经营活动进行监督管理和业务指导,培育和发展保险市场,促进保险企业公平竞争,等等。

2011年,证监会出台多项法律、法规和部门规章,不断丰富和完善证券期货的基本法制体系。2011年3月23日,证监会公布《期货公司期货投资咨询业务试行办法》,从资本实力和合规角度对期货公司申请期货咨询业务作出了规定。期货投资咨询业务推出后,将逐步改变过去那种单纯依附期货经纪业务、"以客户炒单"为目的的咨询服务模式。2011年5月23日,证监会颁布《关于修改〈中国证券监督管理委员会冻结、查封实施办法〉的决定》,自2011年10月1日起施行。新规定要求实施冻结应当依照有关规定,向协助执行部门出示冻结决定书,送出冻结通知书,并在实施冻结后及时向当事人送达冻结决定书;当事人应当将被冻结情况告知其控制的涉案财产的名义持有人。相关法律制度的出台和实施,有助于推动债券市场创新和规范发展,促进黄金市场规范健康发展,深化新股发行体制改革,稳步推进多层次资本市场建设,加强证券经营机构监管。

(4)货币影响力

货币影响力包括对此货币的信心、货币现行使用状况、转换成本和国际惯性等。货币币值的稳定性是检验其是否可以发展为世界货币的重要标准。一种货币被使用得越多,这种货币的影响力就越大,对新加入者就越有吸引力。

人民币汇率基本稳定,具有良好的国际信用以及充足的国际清偿能力。1994年外汇管理体制改革以来,人民币汇率一直稳中有升,为提高人民币的国际地位、增强人们对人民币的信心、逐步实现人民币的自由兑换和国际化提供了较为可靠的保障。人民币在1997年亚洲金融危机中的表现使得人民币在亚洲取得了重要信誉。从图6—6中我们可以清楚地看出人民币兑美元汇率稳中有升的情况。

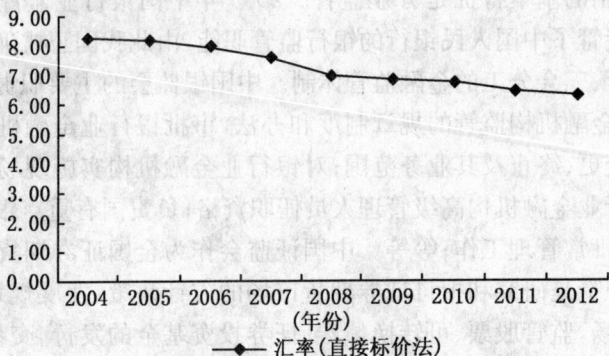

资料来源：World Development Indicators。

图6—6 2004～2012年人民币兑美元汇率

如今,在我国与许多周边国家的边境贸易甚至一般贸易中,人民币被广泛使用。人民币在蒙古当地流通现钞总量中占有很大比例,东南亚国家柬埔寨的领导人则鼓励国民使用人民币,与此同时,在朝鲜、越南、缅甸及俄罗斯,人民币都受到不同程度的欢迎。

西方学者通过理论和实证研究发现,国际货币使用具有历史惯性。国际货币的网络外部效应,使得人们倾向于选择当前使用范围最广的国际货币。从当前国际货币转换到一种新货币,除了需要支付转换成本以外,还要考虑网络外部性所形成的不确定因素。如果其他人不转换到新货币,新货币就不能形成网络外部效应,使用新货币就要支付更多成本。这就使得人们更倾向于使用现行国际货币,形成国际货币的历史惯性。

(5)政府意愿

国际货币影响因素理论和实践显示,政府意愿对一国货币国际化作用很大。美国政府对美元国际化一贯采取积极态度,是成就美元主导地位的重要力量。而在第二次世界大战后的四五十年里,德国、日本、法国实施严格的资本账户控制和金融管制,降低了市场流动性和货币吸引力,进而加强了美元的国际支配地位。我国政府对于人民币国际化采取的是积极态度。

面对金融危机,我国政府不仅在国际货币体系改革中发挥更加积极主动的作用,而且高度关注和积极推动人民币国际化,并取得可喜进展。我国政府长期以来十分支持人民币国际化的进程。2009年周小川出席了在伦敦的G20金融峰会,提出创建与主权国家脱钩的、能保持币值稳定的国际货币的建议。2011 年在我国南京举办的 G20 国际货币体系改革研究会,更是大大提升了我国在整个国际金融领域的影响力。这些都显示了我国积极参与货币体系的对话与合作。2009 年 4 月 2 日在伦敦举行的 G20 金融峰会强调要促进国际货币体系多元化、合理化,这是我国政府对国际货币体系改革的基本立场。

我国金融业"十二五"规划明确指出,要完善汇率形成机制,利率市场化,资本项目自由化,人民币跨境使用逐步扩大,支持有关国家将人民币纳入国际储备。

综上所述,我国经济发展迅速,政局稳定,综合国力大大提高,在国际上的地位和政治影响力不断提升,金融市场的深度和广度逐渐增加,外汇储备丰富,政府积极推动人民币国际化计划,这些因素为人民币国际化提供了有利条件。

6.2.3 实证分析人民币国际化的条件

泰勒(2012)认为,人民币国际化将弥补当前"单一核心"的国际货币体系的固有缺陷,不仅对中国的发展有利,也将为国际货币体系的稳定作出贡献。他还指出,人民币国际化具有很多优势,比如经济实力、财政状况等,但目前仍然受制于金融市场发展的程度、法律制度的健全等因素。富兰克(2012)认为,在一国货币国际化的决定因素中,最基本的应包括该国的经济规模、金融市场的深度以及国际市场对币值的信心。李婧(2011a)认为,人民币资本和金融项目可兑换以及汇率的稳定性和可测性是决定人民币国际化的重要因素。Chinn 和 Frankel(2008) 使用了 1973～1998 年以及 1999～2007 年数据考察了主要储备货币的决定因素,认为 GDP 与贸易、金融体系的发达程度、对货币的信心以及货币网络的外部性(Network externalities)四个方面是一国货币成为储备货币的主要决定因素。而有些学者认为,稳定而且较低的通货膨胀率,开放的、具有深度和广度的金融市场(金融市场发展的成熟度),经济规模和世界贸易份额是一国货币国际化的关键所在(Tavlas,1991;Hartmann,1998;Cohen,2000)。李稻葵和刘霖(2008)利用 1967～2004 年数据从经济规模、汇率年度平均升值幅度、汇率波动幅度、通货膨胀率、真实利率和贸易顺差等方面来考察一国货币国际化的影响因素,研究结果显示,一国经济规模的大小是最重要的影响因素,同时币值的稳定和升值潜力也是决定因素。刘艳靖(2012)使用了 1980～2008 年数据,对主要国际储备货币构成进行了经验分析,得到了与李稻葵和刘霖(2008)几乎一致的结论。还有部分学者强调人民币汇率稳定对人民币国际化的重要性(MacKinnon 和 Schnabl,2011;Nakagama,2004;余永定,2011b;徐建国,2012)。Dobson 和 Masson(2009)指出,在人民币实现区域化或国际化目标之前,中国金融体系必须作出改革。深度发展的金融市场是人民币国际化的必经之路。

根据以上文献,一国货币国际化的决定因素可以大致归结为如下四类:经济规模、金融市场发展的成熟度(广度、深度和流动性)、汇率的变化以及宏观经济的稳定。

以下我们对人民币国际化的条件进行实证分析。

(1)经济规模变量的回归结果

经济规模变量显著为正,而且系数远远大于其他变量的系数,这一结果与李稻葵和刘霖(2008)、韩剑(2011)的发现相一致。这说明一国强大的经济基础是其货币在国际储备货币体系中取得相应地位的重要支撑和保障。没有强大的经济实力,一国货币成为国际储备货币是不现实的。

随着我国经济保持高速持续增长,截至 2011 年年底,按现价计算,我国经济总量(GDP)和对外贸易总量(进出口)跃居世界第二位,仅次于美国(欧盟除外)。图 6—7 显示了 2011 年 5 个储备货币国和 5 个新兴经济体 GDP 占世界总 GDP 的百分比。按现价计算,我国经济总量占比首次超过 10%,领先于日本,但仍然远远落后于美国。表 6—8 给出了 2011 年各主要经济体进出口占世界进出口总量的百分比。数据显示,除欧盟外,我国出口已经超过美国,位居第一位,进口仅次于美国,位居第二。巨大的进出口总量,使得我国与世界的贸易联结日益紧密。Errico 和 Massara(2011)使用无向图网络分析法和各种贸易数据,发现我国与世界各国的贸易联结程度从 2000 年的第六位上升至 2010 年的第二位,仅次于荷兰。贸易联结程度的提高为人民币国际化在初始阶段创造了良好的条件。

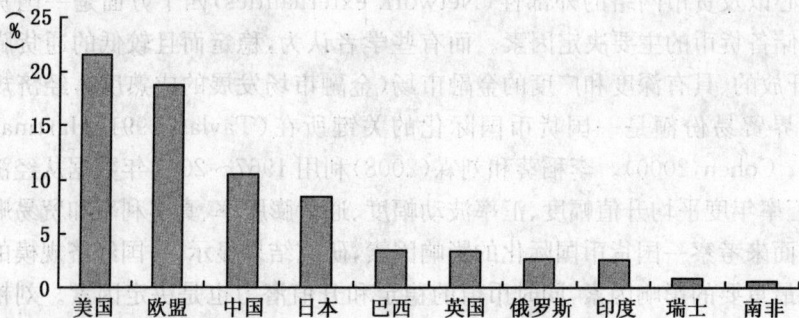

资料来源:世界银行 GDI 数据库。

图 6—7 2011 年各国(地区)GDP 与世界 GDP 比重(按现价计算)

表 6—8 　　　　2011 年各国(地区)进出口占世界总进出口比重(按现价计算) 　　　单位:%

国家(地区)	出口	进口	进出口
欧盟	25.60	25.22	25.41
中国	10.43	9.56	9.99
美国	8.13	12.42	10.28
日本	4.52	4.68	4.60
俄罗斯	2.87	1.77	2.32
英国	2.60	3.49	3.04
印度	1.63	2.47	2.05
巴西	1.41	1.30	1.35
瑞士	1.29	1.14	1.21
南非	0.53	0.67	0.60

资料来源:世界银行 GDI 数据库。

　　20 世纪 40 年代,美元借助布雷顿森林体系,正式确立了其在全球货币体系的霸主地位,美国此时经济总量大约占全球的 10%。80 年代,日元国际化时,日本的经济总量约占世界经济的 8% 左右。毋庸置疑,我国已经完全具备了人民币国际化所需的经济基础。

　　(2)金融市场发展成熟度的回归结果

　　金融市场发展的成熟度(广度、深度与流动性)同样是决定性因素之一,其系数显著为正,大小仅次于 GDP。这也与历史经验相符合。从世界各主要储备货币国际化的历史进程看,虽然所处的环境、背景不同,但无不具有非常发达的股票、债券、外汇和衍生品等发行、交易和监管体系。因此,发达的国内金融体系是人民币成为国际货币的关键所在。

　　下面拟从广度、深度和流动性三个方面来分析我国金融市场发展的现状。所谓广度,是指市场中要有大量的可获取的金融工具供投资者使用;所谓深度,是指对一个特定的子市场,比如衍生品市场,也要有大量可供运用的金融工具;而流动性是指市场上要有规模以上的成交量。如果货币和资本市场没有足够的成熟度,即使资本和金融项目实现可兑换,本币资产也不能吸引国外投资者持有,因为他们持有的人民币资产无法及时变现或避险。鉴于金融体系的复杂性,以下仅从银行业、债券市场和外汇市场三个方面着重分析。

　　依照 Mckinnon(1973)的研究,广义货币 M2 与 GDP 之比被认为是测度经济货币化与金融化的指标之一。2011 年年底,我国 M2 与 GDP 之比达到

181%,远高于美国的 83%,但小于日本的 237%。然而,我国金融体系的成熟度还远远落后于主要的储备货币国。

从宏观上看,我国的金融体系仍然以央行主导下的国有商业银行为主体。商业银行的存贷款利率水平和信贷规模并不是由市场决定的,这使得商业银行的经营处于垄断地位,缺乏业务创新和市场竞争能力,其经营结果是信贷结构相对单一,非金融企业的贷款占 3/4(参见表 6—9),而其中绝大部分都由国有企业获得,中小企业处于非常尴尬的境地。而且利率的非市场化,使得商业银行能够获得丰厚的无风险利差收入。国有商业银行的经营模式,使得利率市场化改革和资本与金融项目的开放步履维艰。人民币国际化,迫切要求商业银行转变经营模式,提高市场竞争能力。在银行体系没有充分改革之前,推进利率市场化和资本与金融项目开放是非常危险的,否则,将会对金融和实体经济的稳定带来巨大挑战。如果资本与金融项目开放,由于资本市场规模相对较小,一方面,国内经济货币化程度较高,资本大幅外流的可能性较大,另一方面,国际热钱、大量资本流入,都会造成资产价格的剧烈波动,为金融体系和实体经济的稳定和健康发展造成巨大威胁。总之,银行体系的改革和发展,在很大程度上决定了我国金融体系的改革和发展。

表6—9 国内金融机构人民币贷款的运用 单位:%

	2008 年	2009 年	2010 年	2011 年	2012 年
居民	18.81	20.46	23.50	24.89	24.86
非金融企业	81.19	79.54	76.50	75.11	75.14

注:2012 年数据截至 7 月份。

资料来源:中国人民银行网站。

一国债券市场的发展是金融市场发展的一个重要指标。虽然我国国内和国际债券在近年来迅速发展,但无论从规模上还是流动性上,仍远落后于主要储备货币国家。国内债券,特别是高质量、高信用的政府债券以及人民币国际债券都是外国政府和投资者持有人民币资产的重要组成部分,债券市场的发展将有助于人民币成为国际金融产品的计价货币和载体货币(vehicle currency),从而可以进一步促进在国际贸易中用人民币进行定价和结算。首先在国内债券市场上,政府债券仍然占绝大部分。2011 年,国内债券余额约 3.3 万亿美元,其中,政府债券占约 50%。从总量上,相比美国约 25 万亿美元、日本14 万亿美元的规模仍有相当大的距离。此外,由于利率的非市场化,债券的定价仍然缺乏基准的利率期限结构这一重要的基本面,因此,利率市场化改革任重而道远。

从国际债券市场则能更清楚地看到一国货币在国际金融产品交易中的地位,因此,国际债券的计价币种构成也能体现一国货币国际化的程度。根据国际清算银行 BIS 对国际债券的定义,一国国际债券主要包括三个方面:一是由国内机构和国外机构在本国发行的以外币计价的债券,二是国外机构在本国市场上发行的以本币计价的债券,三是本国机构发行针对国外投资者的本币债券。表 6-10 给出了按币种分类的各主要储备货币国和新兴经济体的国际债券余额(amount outstanding)。从表中可以看到,以五大储备货币计价的国际债券在 2009~2012 年这四年间均占比 95% 以上,而以人民币计价的国际债券仅占比约 0.1%,其他新兴经济体货币情况类似。因此,在金融产品交易中,人民币要实现规模计价功能仍需很大努力。作为国际债券的一种,以人民币计价的熊猫债券(Panda Bond)的发行,对推进人民币国际化进程有着非常积极的意义,它不仅可以拓宽人民币投资渠道,而且对于缓解外汇储备增长的压力、提升以人民币计价的国际债券的发行量有着重要意义。

不过,我们应该看到人民币国内和国际债券市场在最近几年的迅速发展。国内债券市场从 2000 年到 2011 年年均几何增长率达 11.7%,市场容量增长 15 倍多;国际债券市场从 2005 年开始迅猛发展,从 2005 年年初的 12 亿美元规模发展到 2012 年年初的 500 多亿美元,年均几何增长率达 26%。这说明以人民币计价的债券规模正在迅速扩大。鉴于我国具有较低的外部债务头寸,特别是政府债务头寸,我国国内和国际债券可以在保持较低的国内通货膨胀率和较高信用等级的前提下有长足的发展。

表 6-10　　　　　　　　　国际债券余额(按币种)　　　　　　　　单位:10 亿美元

币　种	2009 年	2010 年	2011 年	2012 年
欧元	12 380.10	11 799.56	11 723.20	12 250.15
美元	9 430.58	10 506.31	11 312.97	11 672.17
英镑	2 145.73	2 092.61	2 061.56	2 155.87
日元	693.75	760.39	758.06	714.31
瑞士法郎	365.35	400.91	389.01	402.84
香港元	62.05	61.45	60.27	62.93
人民币	14.27	19.18	45.58	51.44
巴西雷亚尔	23.91	35.48	45.73	47.42
俄罗斯卢布	13.29	15.06	19.75	24.34

币　种	2009 年	2010 年	2011 年	2012 年
印度卢比	0.59	1.45	3.62	4.15
全球余额	26 059.26	26 769.86	27 565.82	28 599.38

资料来源：国际清算银行 BIS Quarterly Review。

　　外汇市场的交易量标志着一国货币在国际商品市场和金融市场的地位，因此，它是衡量一国货币作为载体货币的一个重要变量，也在一定程度上反映了一国货币国际化的程度。表 6-11 给出了国际清算银行关于全球外汇市场每三年一次的调查统计数据，按币种和金融工具进行了划分。

表 6-11　　　　　全球外汇市场外汇交易量（按币种和金融工具）　　单位：10 亿美元

金融工具 币种	即期交易	远期	外汇互换	货币互换	期权买入	期权卖出	总外汇 合约
美元	1 187.70	391.50	1 600.10	38.31	105.53	101.00	3 377.81
欧元	691.21	149.69	609.80	17.67	57.45	54.98	1 555.08
日元	300.21	115.11	278.90	6.60	34.50	31.40	755.28
英镑	212.98	54.84	222.21	2.57	12.87	13.42	512.56
瑞士法郎	92.09	19.08	127.08	1.68	9.20	8.37	253.32
人民币	8.12	14.25	6.83	0.06	3.16	3.52	34.26
巴西雷亚尔	8.52	12.87	0.79	0.39	3.04	3.19	27.22
印度卢比	13.53	13.42	6.79	0.05	2.19	2.43	37.74
南非兰特	9.11	2.86	15.63	0.15	0.77	0.78	28.78

说明：表中反映的是 2010 年 4 月日均交易量数据。

资料来源：国际清算银行 BIS Statistics。

　　数据显示，5 个储备货币国在全球外汇交易中仍占绝大部分。人民币即期交易量在所有即期交易中是最小的，人民币远期交易高于其他新兴经济体，但远远低于主要储备货币国。在外汇互换、货币互换和期权交易方面，其规模仍然非常有限。衍生品市场流动性较小的一个主要原因是受限于政策层面，衍生品市场起步较晚，基本上是从 2005 年以后逐步发展起来的，随着资本与金融项目的逐步开放，衍生品市场必将快速发展起来。衍生品市场的发展对国外投资者进行多样化、多手段的人民币资产的投资，套期保值，规避风险起着非常重要的作用，因此，建立一个规范有序、高效运作的衍生品市场显得极其重要。

　　总体而言，就广度、深度和流动性而言，我国金融市场的发展虽然近年来取得了较大的进步,但仍然与人民币国际化所需要的条件相差较远(Lin 2009,2011;Prasad,2012)。

(3)资本和金融项目开放程度的回归结果

作为资本和金融项目开放程度的两个代理变量均显著为正,完全符合预期,这充分表明资本和金融项目的开放对一国货币国际化是非常重要的,没有资本和金融项目的开放,该国货币就不可能在国际商品和金融市场上成为计价货币,进而就不可能实现国际化的目标。事实上,五大储备货币国都具有最高的资本和金融项目的开放程度(Chinn 和 Ito,2008;Presad,2012)。

人民币国际化并不意味着资本与金融项目的完全和自由兑换,但是资本与金融项目在一定程度上可兑换是人民币国际化的必要条件。接下来考察我国资本和金融项目在多大程度上可兑换,或者说资本和金融项目开放的程度如何。文献中衡量一国资本和金融项目开放的程度,有两种常用的做法:一种是使用名义指标(de jure measure),另外一种是事实指标(de fact measure)。所谓名义指标,是指运用已知的官方和相关机构提供的数据和事实,经过某种算法运算得到的一种指标,借以反映该国资本和金融项目的开放程度。常见的有 Chinn-Ito 指数(Chinn 和 Ito,2008)、Schindler 指数(Schindler,2009)和 Miniane 指数(Miniane,2004)。然而,Schindler 指数时间数据序列并不全,而且 Miniane 指数未包括我国的数据,因此,这里仅考虑 Chinn-Ito 指数。该指数的计算依赖于 IMF 公布 AREAER 年度报告[①]中提供的某些虚拟变量的值,而这些虚拟变量的值只有当对应的政策发生较大变动时才改变,因此,Chinn-Ito 指数具有一定的局限性,但从宏观上看,该指标仍具有一定的参考价值。表 6—12 给出了 1990~2009 年该指标在 10 个国家的变动情况。

表 6—12   **Chinn-Ito 指数**

国　家	1990 年	2000 年	2009 年
美国	2.48	2.48	2.48
英国	2.48	2.48	2.48
瑞士	N.A.	2.48	2.48
日本	2.48	2.48	2.48
德国	2.48	2.48	2.48
巴西	−1.84	−1.15	0.43

---

① Annual Report of Exchange Arrangement and Exchange Restriction,IMF。

国　　家	1990 年	2000 年	2009 年
俄罗斯	N.A.	−0.79	0.17
南非	−1.84	−1.15	−1.15
印度	−1.15	−1.15	−1.15
中国	−1.84	−1.15	−1.15

注:−1.84 表示处于封闭状态,2.48 表示处于最高的开放状态,N.A. 表示无法获取数据。

资料来源:Chinn & Ito(2008);Presad(2012)。

从表 6-12 中可以看出,从 20 世纪 90 年代以来,5 个主要的储备货币国,其资本和金融项目开放程度一直处于最高的开放状态,而 5 个新兴经济体仍然处于不同程度的封闭状态,其中,南非、印度和中国几乎处于相同的非开放状态。然而,我国政府自 2009 年以来为资本和金融项目的开放了做出了诸多努力,包括个人对外汇款限额的大幅提高,企业对外直接投资、QDII、QFII 政策的放松等。不过这些措施和努力并没有在指数中得到体现,因此,分析的结论不能仅局限于该指数,有必要从事实指标这个角度来进一步考察。文献中,衡量一国资本项目开放程度标准的做法,通常是考虑该国与国际金融市场一体化的程度,而最能体现与国际金融市场一体化程度的指标是该国对外的资产和负债(Kose 和 Prasad,2009;Presad,2012),即总外投资部头寸(gross external position),因此可以考察中国国际投资头寸表。国际投资头寸表能全面体现一国对外的资产(债权)和负债(债务),其中资产包括对外直接投资(DI)、对外证券组合投资(PI)、储备资产(RA)以及其他投资,而储备资产则包括外汇储备、货币黄金、SDR 等。负债方面则包括 FDI、对内证券组合投资及其他投资。表 6-13 给出了 2004~2011 年中国国际投资头寸以及资产和负债对 GDP 的比值,从中可以看到几个明显特点:第一,总外部投资头寸在最近 7 年内迅速上升,增长了 4 倍多;第二,对外资产始终大于负债,这为我国宏观经济和金融体系稳定运行提供了经济基础;第三,资产和负债对 GDP 的比值在近 3 年来都超过了 100%。但由于资产大于负债,而且负债中超过半数是 FDI 投资,因此不具有结构性风险。换言之,我国资本和金融项目在近年来开放程度得到了很大提高,而且保持了较低的负债资产比率,较为安全。

为了能更清楚地了解这种开放程度的大小,有必要在国际范围内作横向对比。图 6-8 中,选取了 5 个主要储备货币国和 4 个主要新兴经济体的国际投资头寸及其与 GDP 之比。

表 6—13　　　　　　　　　　　　　中国国际投资头寸

项目 年份	资产 (10 亿美元)	负债 (10 亿美元)	资产负债 (10 亿美元)	资产/GDP (%)	负债/GDP (%)	资产负债/ GDP(%)
2004	933.44	652.68	1 586.12	48.32	33.79	82.11
2005	1 229.11	815.60	2 044.74	54.46	36.14	90.60
2006	1 690.43	1 050.27	2 740.70	62.31	38.71	101.02
2007	2 416.20	1 228.09	3 644.29	69.15	35.15	104.29
2008	2 956.69	1 462.87	4 419.56	65.41	32.36	97.78
2009	3 460.09	1 638.15	5 098.24	69.33	32.83	102.16
2010	4 126.00	2 335.40	6 461.40	69.57	39.38	108.95
2011	4 718.20	2 943.40	7 661.60	64.65	40.33	104.98

资料来源:国家外汇管理局网站,IMF World Economic Outlook (WEO) 数据库。

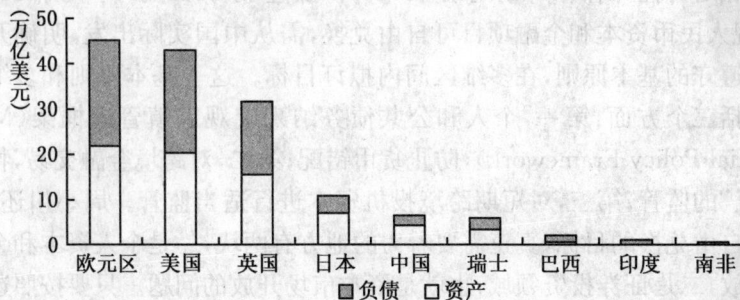

(A)总外部头寸

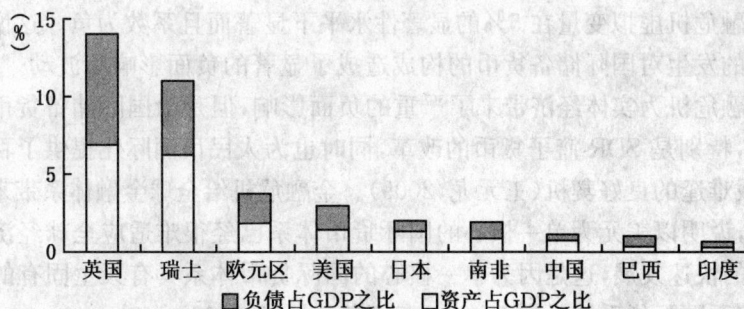

(B)总外部头寸与 GDP 之比

资料来源:IMF IFS CD-ROM 和 World Economic Outlook (WEO) 数据库。

图 6—8　储备货币国和主要新兴经济体国际投资头寸对比表(2010 年)

从图6—8(A)中可以看到,我国总外部投资头寸已经超过瑞士,也大大超过其他新兴经济体,但是还远远落后于其他主要储备货币国。从图6—8(B)总外部头寸与GDP之比来看,我国资本和金融项目的开放程度仍然远远落后于5个储备货币国,甚至落后于南非。但在新兴经济体中,我国仍然有较高的开放程度,超过了巴西和印度。

综上所述,无论从名义指标,还是从事实指标来看,我国资本和金融项目的开放程度都远落后于国际储备货币国,因此,在推进人民币国际化之前,资本和金融项目的开放仍需要作出相当的努力。

自1996年年底人民币实现经常项目可兑换以来,我国政府一直在考虑"有选择"、"分步骤"、"逐步有序"地实现资本和金融项目可兑换(周小川,2012)。这种"逐步有序"的原则包括"先长期、后短期、先直接、后间接"的精心设计的投融资渠道的有序开放,这是因为长期投融资渠道和直接投融资渠道的风险相对可控(高洪海和余永定,2010;伊藤隆敏,2012)。周小川(2012)指出,实现人民币资本和金融项目可自由兑换,需从中国实际出发,明确开放进程中要遵守的基本原则,在多维区间内拟订目标。这一基本原则和多维区间主要包括三个方面:第一,个人和公共债务纳入宏观审慎管理框架(Macroprudential Policy Framework),防止货币错配;第二,对跨境金融交易,特别是对"三反"的监管;第三,对短期跨境投机资本进行适当监管。周小川还指出,实现可自由兑换的目标,真正需要着力的地方有两块,一是个人资本和金融项目的开放,二是证券投资领域,也就是资本市场开放的问题。只要按照这些原则有序稳步推进,人民币离资本和金融项目可兑换的目标就没那么遥远。

(4)金融危机虚拟变量的回归结果

金融危机虚拟变量在5%的显著性水平下显著而且系数为负。这说明金融危机的发生对国际储备货币的构成造成了显著的负面影响和波动。同时,虽然金融危机为实体经济带来了严重的负面影响,但是为国际储备货币体系的改革,特别是SDR篮子货币的改革,同时也为人民币国际化提供了百年不遇、千载难逢的良好契机(王元龙,2009)。金融危机给全球金融体系带来的严重冲击,说明以美元为单一核心的国际货币体系已经很难适应全球经济和金融市场的快速发展,这是因为单一核心的国际货币体系具有天生固有的不稳定性,多元国际货币体系呼之欲出(李伏安和林杉,2009)。

此外,回归的结果显示,汇率的升值幅度和相对通货膨胀率虽然符合预期,但是并不显著。这说明短期的汇率波动并不会对国际储备货币的构成造成实质性影响,只有长期的过度偏离均衡汇率才会产生实质性影响。相对通货膨胀率不显著,说明短期较高的通胀率对该储备货币有消极的影响,但该影响的程度相对较小,可以忽略。从长期看,如果不发生恶性通货膨胀,该国货币就不会发生大幅度贬值现象,因而也不会影响到其在国际储备货币体系中的比重。

从长期来看,完善汇率形成机制改革,发现均衡水平,对人民币国际化非常重要。完善人民币汇率形成机制,使人民币汇率在合理、均衡的区间上更具弹性,其根本目的在于保持人民币汇率基本稳定,从而使人民币资产价值长期稳定,成为保值甚至增值的可靠安全的国际资产,为人民币国际化进程做好铺垫。国际金融学中的"不可能三角"说明一国在固定汇率制度、独立的货币政策以及资本的自由流动三个政策上不可能同时实现。人民币国际化要求资本与金融项目的可兑换,如果央行追求独立的货币政策,那么更具弹性的人民币汇率将是必然的选择(高红海和余永定,2010)。在资本与金融项目开放的背景下,弹性汇率将有助于人民币汇率均衡水平的发现,减少人民币汇率过度偏离均衡水平,进一步维持人民币汇率的稳定。

完善人民币汇率形成机制,可以着眼于以下几个方面:第一,完善人民币汇率更具弹性化的形成过程是一个动态过程,而这一过程不可能一蹴而就,必须结合资本和金融项目的开放而逐步推进。第二,进一步扩大人民币汇率的双向浮动区间。2012年4月14日,中国人民银行宣布人民币汇率的浮动区间从2007年的0.5%扩大到1%。但这一浮动区间仍然相对保守,可以考虑逐步扩大汇率的带状浮动区间至5%或更高。第三,加强货币市场建设,引入更多的市场参与主体,大量的市场交易主体意味着交易者更加异质化,有利于弹性汇率机制的形成。

孙立行(2010)指出,完善人民币汇率形成机制是人民币国际化的重要影响因素,并给出了汇率形成机制的改革方案。

Obstfeld(2011)认为,一国货币作为储备货币的一个关键特征就是,货币价值具有可测性。这意味着一国物价和汇率水平必须保持稳定。而这又取决于一国宏观经济政策目标特别是货币政策的最终目标要以维持稳定而且较低的通货膨胀率为目标,而且也取决于一国宏观经济环境的稳定性。

从国际投资头寸来看(见表6—14),巴西具有最高的负债资产比,负债是资产的2.43倍,日本最低,仅为0.55倍,而我国也具有非常低的比率,负债与资产比仅为0.57。这一较低的负债与资产的比率,说明我国具有非常安全的外部头寸,从而也为我国宏观经济的稳定运行提供了可靠的外部保障。

表6—14   外部头寸:负债与资产比(2010年)

国　家	负债/资产
巴西	2.43
印度	1.54
南非	1.23
美国	1.12
欧元区	1.08
英国	1.04
瑞士	0.76
中国	0.57
日本	0.55

资料来源:IMF IFS CD-ROM 和 World Economic Outlook (WEO) 数据库。

　　虽然我国货币政策的最终目标是多重的,但近年来,通货膨胀率却维持在相对稳定和可控的水平上。从通货膨胀率大小来看,相对其他新兴经济体而言,我国仍然具有较低的通货膨胀率,最近10年内,年均通货膨胀率为2.7%,略高于主要储备货币国,但远低于其他新兴经济体,印度为7.2%,巴西为7.4%,俄罗斯为13.4%。表6—15给出了基于CPI的年度通货膨胀率的波动情况。主要储备货币国自20世纪70年代以来均维持较为稳定的通货膨胀率。最近10年内,相比其他新兴经济体,我国有着相对稳定的通货膨胀率。

表6—15   年度通货膨胀的波动率

国别(地区)	1970~2011年	1980~2011年	1990~2011年	2000~2011年
美国	2.90	2.48	1.09	1.09
英国	1.76	1.76	1.72	1.07
日本	4.62	1.86	1.20	0.67
瑞士	2.49	1.83	1.63	0.67
欧元区	—		0.68	0.67
中国	—	6.93	6.22	2.22
南非	4.17	4.47	3.52	2.54
巴西	—	719.28	812.39	2.74
印度	5.20	3.13	3.23	2.84
俄罗斯	—	—	199.66	4.41

说明:表中数据基于年度CPI的标准差。

资料来源:World Bank,WDI & GDF 数据库。

因此,从上述分析来看,较为安全的外部头寸为我国宏观经济的平稳运行提供了外部保障,较为稳定且相对较低的通货膨胀率为人民币国际化提供了良好的宏观环境。

以上从经验研究的角度,利用1999Q1~2011Q4的季度面板数据,考察了5种主要国际储备货币国际化的主要宏观决定因素。其中一国经济规模、金融市场发展的成熟度、资本与金融项目的开放程度等是一个货币国际化的重要宏观决定因素。并在此基础上,结合国外现状,分析了人民币国际化所具有的优势和面临的挑战,得到了如下的结论:

第一,经济规模是一国货币国际化的最关键因素之一。我国巨大的经济实力是人民币国际化最重要的保障因素,毫无疑问,我国已具备了人民币国际化所需要的经济基础。

第二,金融市场发展的成熟度是人民币国际化的第二个重要决定因素。分析发现,我国金融市场的成熟度还未能满足人民币国际化的要求。在资本与金融项目开放之前,金融市场的改革迫在眉睫,特别是银行体系和利率市场化的改革必须先行。

第三,资本与金融项目的开放程度是一国货币国际化的又一个关键因素。然而,我国资本与金融项目仍有相当程度的限制,还不能满足人民币国际化的要求。分析表明,资本与金融项目的开放任重而道远。

第四,美国次贷危机对国际储备货币的构成造成了纯粹性的负面影响。这说明单一核心的国际货币体系具有天生的不稳定性,特别是在金融危机的冲击下,这种缺陷暴露无遗,从而为人民币国际化进程提供了良好的契机。

第五,相比大多数发达和发展中国家,我国宏观经济具有较好的稳定性,特别是维持稳定和相对较低的通货膨胀率,在很大程度上可以促进人民币国际化。

6.2.4 进一步推进人民币国际化

自2012年以来,世界经济继续处在深度转型调整期。美国经济温和复苏,财政整顿进展缓慢;欧债危机形势得到缓解,但对实体经济的影响日益加深;受外需萎缩和国内消费需求不足影响,日本经济下滑;大部分新兴经济体增长势头放缓,面临的不确定性因素增加。这样的国外环境给我国推进人民币国际化提供了一个契机。

从经济实力和宏观经济运行的稳定性来看,人民币国际化已经具备了初始条件,虽然仍然受制于金融市场发展、资本与金融项目的开放等因素。2012年9月,中国人民银行发布了《金融业改革和发展“十二五”规划》,对深化金融机构改革、利率市场化改革、人民币汇率形成机制以及资本与金融项目可兑换给出了清晰和可行的思路和框架,为今后的改革和发展指明了方向。因此,有理由相信,人民币国际化的进程将更加畅通。

6.3 职能视角的人民币国际化条件

6.3.1 人民币职能发挥

余永定(2011)简单总结了当前人民币国际区域使用所达到的程度。根据表6—16,我们发现,人民币目前既不能发挥价值储藏的职能,也不能作为官方用途的锚货币。虽然人民币已经开始成为贸易和金融计价的载体和计价货币,但是作用范围十分有限。

具体来说,我国在人民币国际化进程中已经取得了一些进展,在官方和民间已经发挥了部分职能。人民币的价值储藏功能在官方仍然是不承认的,但在民间,尤其是香港,在人民币储蓄、政策性银行和商业银行发行债券、财政部亚洲债券基金第二阶段发行人民币国债、QFII方式下人民币股权投资等方面,人民币可以部分行使价值储藏的功能。作为交易媒介的人民币,无论是在清迈倡议和互换协议,还是在跨境交易中都已经发挥了一些作用。人民币作为计价单位目前在官方依然没有实现,但在民间可以作为债券发行的计价货币。综上所述,人民币的国际化已经取得了一些进展,民间发展速度快于官方,交易方面发挥的作用较大,但离最终真正实现国际化依然任重而道远。

表 6—16 人民币功能

人民币功能	官方用途	私人用途
价值储藏	国际储备(无)	货币替代和投资 中国香港人民币储蓄 政策性银行和商业银行在中国香港发行债券 财政部亚洲债券基金第二阶段发行人民币国债 QFII方式下人民币股权投资
交易媒介	载体货币 清迈倡议下的双边互换(4项) 各国央行双边互换协议(6项)	结算货币 《跨境交易人民币结算试点管理办法》项下规定的范围
记账单位	锚货币(无)	债券发行计价货币

资料来源:高海红、余永定,《国际经济评论》,2010年第1期。

6.3.2 从货币职能看人民币国际化现状

(1)人民币结算功能的发挥

①人民币在与邻国的贸易中大量使用。

早在2003年,在我国与周边国家和地区的贸易交易中,人民币就已经成为被广泛接受的结算和支付货币。迄今为止,我国已与越南、蒙古、老挝、尼泊尔、俄罗斯、吉尔吉斯斯坦、朝鲜和哈萨克斯坦等8个国家的中央银行签署了有关边境贸易本币结算的协定。例如,在蒙古国,人民币已在流通中占到绝大部分;在乌兰巴托外汇交易市场上,人民币和美元是交易总额最大的两种外币;在越南,可以通过非官方银行兑换人民币;在韩国,餐馆和商店都接受人民币支付。人民币在我国与邻国的贸易中被大量使用,在这些国家的流通量也越来越大。表6-17汇总了部分我国与邻国贸易中人民币的使用情况。

表6-17　　　人民币在我国与邻国贸易中的使用情况及在当地的流通状况

国　家	人民币在贸易中的使用情况及在当地的流通状况
朝鲜	朝鲜出口贸易中的7.5％用人民币结算。据估计,人民币在朝鲜边境的流出额和流入额分别为3.07亿元和3.2亿元左右。人民币在朝鲜被称为"第二美元"。
蒙古	我国与蒙古的边贸结算只用人民币。2006年,中蒙边境人民币结算量为34.8亿元,占辖区边境贸易结算总量的46.29％。蒙古境内流通的货币50％是人民币,在与中国接壤的省区这一比例更高达80％～90％。据测算,我国每年流入蒙古的人民币约为13亿元,在蒙古的人民币存量约为8亿元。
越南	人民币已成为中越贸易结算首选货币。2004年,人民币现金留在越南的达64亿元,约占境外人民币总滞留量的30％左右。
缅甸	在缅甸边境地区,贸易结算基本使用人民币,有"小美元"之称。在缅甸北部掸邦第四特区首府小勐拉,人民币已取代缅币成为主要流通货币。
老挝	在老挝东北三省,人民币可完全替代本币流通,甚至深入老挝腹地。
柬埔寨	人民币广泛作为贸易结算货币并作为国家的储备货币之一。

资料来源:杨长湧,《人民币国际化的现状及相关问题分析》,《宏观经济管理》2010年第6期。

近年来,人民币在周边地区的流通范围越来越广,越来越多地被用于边贸支付结算。在东南亚地区,人民币已经成为仅次于美元、欧元、日元的硬通货;在西南边境地区,人民币有"小美元"之誉;在蒙古国、俄罗斯、哈萨克斯坦、马来西亚、印度尼西亚、菲律宾和韩国等其他周边国家,人民币也被用作支付和结算货币。通过旅游、劳务输出等渠道,人民币现钞越来越多地进入了新加坡、马来西亚、泰国、越南等国的货币兑换市场,人民币在这些地区形成了一定规模的流量和存量。在我国港澳地区,人民币的可接受度更高,港澳地区金融机构的人民币存款稳步增长。截至 2010 年 12 月,存款规模达到了 3 150 亿元人民币。

②贸易结算开闸"试水"。

跨境人民币结算是指以人民币报关并以人民币结算的进出口贸易结算。它的业务种类包括进出口信用证、托收、汇款(包括预收预付款和货到付款)等多种结算形式。目前,依法注册成立并获得进出口资格的企业均可开展出口货物贸易人民币结算业务,自主选择以人民币进行计价、结算和收付。

2008 年金融危机爆发之后,我国对外贸易面临严峻的挑战。在此形势下,国务院常务会议决定对广东、长三角地区及港澳地区的货物贸易以及广西、云南与东盟的货物贸易进行人民币结算试点。2009 年 4 月 8 日,国务院常务会议决定在上海、广州、深圳、珠海、东莞这 5 个城市首先开展跨境贸易人民币结算试点。这标志着人民币结算由此前仅限于边贸领域开始向一般国际贸易拓展。2009 年 7 月 2 日,中国人民银行等六部门联合发布《跨境贸易人民币结算试点管理办法》,为之保驾护航。首批参加跨境贸易人民币结算的试点企业有 365 家。2011 年 8 月 23 日,中国人民银行等六部门联合发布《关于扩大跨境贸易人民币结算地区的通知》,明确河北、山西、安徽、江西、河南、湖南、贵州、陕西、甘肃、青海和宁夏的企业可以开展跨境贸易人民币结算;吉林、黑龙江、西藏、新疆的企业开展出口货物贸易人民币结算的境外地域范围,从毗邻国家扩展到境外所有国家和地区。出口试点企业名单由原来的试点制变为重点名单监管制度。至此,跨境贸易人民币结算境内地域范围扩大至全国,基本完全放开。2012 年 2 月,中国人民银行等六部委再次联合发布《关于货物贸易人民币结算企业管理有关问题的通知》,明确所有具有进出口经营资格的企业均可开展出口货物贸易人民币结算业务。至此,我国从事出口货物贸易、服务贸易、其他经常项目的企业均可选择以人民币进行计价、结算和收付。

两年多来,人民币跨境流动机制逐步建立,人民币在跨境贸易中的作用显著增强,有力地支持了对外贸易和实体经济的发展。从 2009 年 7 月开始,我国开展跨境贸易人民币结算试点,当年累计实现结算金额 36 亿元。2010 年以来,随着跨境贸易人民币结算试点范围扩大,跨境人民币结算业务快速增长。截至 2011 年 12 月末,累计实现跨境贸易人民币阶段金额 2.6 万亿元,其中 2010 年和 2011 年分别为 5 063 亿元和 2 万亿元。2011 年,全国共办理跨境贸易人民币结算金额 2.08 万亿元,比上年增长 3.1 倍,其中,货物贸易人民币结算金额 1.56 万亿元,比上年增长 2.6 倍,约占同期海关货物进出口总额的 6.6%,比 2010 年上升 4.4 个百分点;跨境服务贸易及其他经常项目结算金额 5 202.2 亿元,比上年增长 6.6 倍。自试点开始至 2011 年 12 月末,银行累计办理跨境贸易及其他经常项目人民币结算业务 2.58 万亿元。2012 年,累计实现跨境贸易人民币结算29 400亿元,其中,货物贸易20 600亿元,服务贸易 8 765亿元,分别比上年增长 32% 和 68.5%。其中从每一季度来看,跨境贸易人民币结算金额也是呈现不断增长的趋势(见表 6—18)。

表 6—18　　　　　　　2009～2012 年跨境贸易人民币结算数据　　　　单位:亿元

年　份	货物贸易	服务贸易	合　计
2009	32	4	36
2010	4 380	683	5 063
2011	15 606	5 202	20 800
第一季度	3 056	547	3 603
第二季度	4 468	1 416	5 884
第三季度	4 056	1 867	5 923
第四季度	4 026	1 372	5 398
2012	20 600	8 765	29 400
第一季度	4 166	1 638	5 804
第二季度	4 521	2 195	6 716
第三季度	5 555	2 435	7 990
第四季度	6 358	2 497	8 890

资料来源:中国人民银行货币政策执行报告。

跨境人民币收付平衡状况显著改善。2011 年,全年累计发生跨境贸易人民币实际收付金额 1.58 万亿元,其中实收5 835亿元,实付9 994.3亿元,收付比由 2010 年的 1:5.5 提高到 1:1.7,收付平衡状况显著改善。2012 年,全年跨境贸易人民币结算实收 1.30 万亿元,实付 1.57 万亿元,净流出2 691.7亿元,收付比由 2011 年的 1:1.7 上升至 1:1.2(见图 6—9)。

与境内发生人民币结算业务的境外地域显著扩大。至 2011 年年末,与境内发生人民币实际收付业务的境外国家和地区达 181 个,比 2010 年年末增加 89 个,全球覆盖范围达 3/4 以上,其中香港地区人民币实际收付累计结算量占比为 63.7%,比 2010 年年末下降 10.4%,业务地区集中度下降。

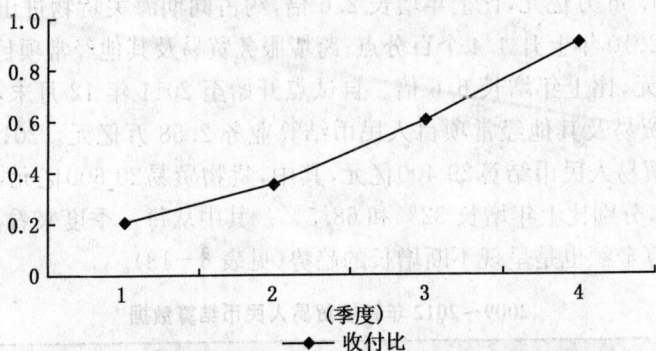

资料来源:中国人民银行货币政策执行报告。

图6—9　2011年跨境贸易人民币实际收付比例变化

各地区结算量实现平稳较快增长。全国有13个地区跨境贸易人民币结算量超过200亿元,其中北京结算量占跨境贸易人民币结算总额的18.6%,深圳占比14.7%,上海和广东(除深圳外)均占比13.5%。8个边境省(自治区)累计结算量约为1 165.3亿元,占比6.2%。

③跨境投资结算。

表6—19　　　　　　　2011～2012年人民币跨境直接投资结算业务　　　单位:亿元

	外商直接投资	对外直接投资	合　计
2011年	907.2	201.5	1 108.7
2012年	2 535.8	304.4	2 840.2
第一季度	470	28.7	498.7
第二季度	626.9	158.7	785.6
第三季度	626.9	33.6	660.5
第四季度	990.8	83.4	1 074.2

资料来源:中国人民银行货币政策执行报告。

2011年1月13日,中央银行发布《境外直接投资人民币结算试点管理办法》,明确跨境贸易人民币结算试点地区的银行和企业可开展境外直接投资人民币结算试点,支持国内企业"走出去"的格局。境外直接投资人民币结算试点的启动,使人民币国际化再迈出实质性一步。境外直接投资人民币结算试点的推出,使得人民币国际化实现了贸易层面和资本层面同时发展的局面,人民币国际化的进程推进了一步。2011年,全国共办理人民币对外直接投资

(QDI)结算金额201.5亿元,其中人民币对外直接投资流出占全国非金融类对外直接投资的比重为4.1%。2012年,实现人民币对外直接投资共计304.4亿元,远高于2011年。从表6－19中可以看出,2012年人民币跨境直接投资结算业务外商直接投资是2011年的2.8倍,增长显著,对外直接投资增速没有这么快,但是也呈现增加趋势。

境外直接投资人民币结算试点的启动,为海外市场人民币的供应提供了另一个有效渠道,由此将进一步推进人民币在海外的运用。这一新的试点将与目前正在开展的跨境贸易人民币结算互相配合、互为促进,从而逐步提高人民币资金在海外的循环使用量。这一试点也将进一步推动中国企业"走出去"。从全球范围来看,我国目前已是对外直接投资的第五大来源地。我国企业境外直接投资的总量将以每年40%～50%的速度增长。鉴于此,许多学者预测,在2011～2020年,人民币国际化将获得突破性进展。

外商直接投资(FDI)人民币结算有序推进。2011年10月,中国人民银行发布《外商直接投资人民币结算业务管理办法》,明确银行可按照相关规定为境外投资者办理外商直接投资人民币结算业务。2011年,全国共办理外商直接投资人民币结算金额907.2亿元,其中人民币外商直接投资流入占全国非金融类外商直接投资的比重为10.8%。2012年实现外商直接投资人民币结算金额为2 535.8亿元,是2011年的两倍多,季度变化也是稳步增长。

境外项目人民币贷款业务正式展开。自2009年11月以来,我国先后批准国家开发银行、中国进出口银行、中国工商银行等9家银行开展境外项目人民币贷款试点。在总结试点经验的基础上,2011年10月,中国人民银行发布《中国人民银行关于境内银行业金融机构境外项目人民币贷款的指导意见》,境外项目人民币贷款在全国正式展开,所有符合条件的境内银行都可以依法开展境外项目人民币贷款业务。截至2011年年末,境外项目人民币贷款合同金额累计532亿元,贷款余额319亿元。

境外机构投资银行间债券市场试点顺利。2010年8月,中国人民银行发布《关于境外人民币清算行第三类机构运用人民币投资银行间债券市场试点有关事宜的通知》,允许境外中央银行(或货币当局)、港澳人民币业务清算行和境外参加行这三类境外机构运用通过货币合作、跨境贸易和投资人民币业务获得的人民币资金投资银行间债券市场,为境外机构依法持有的人民币提供了合理的保值渠道。至2011年12月末,我国已批准境外央行和工银亚洲、汇丰银行、渣打银行、中银香港等51家机构投资银行间债券市场,共核定额度1 765.5亿元。

人民币合格境外机构投资者(RQFII)境内证券投资启动。2011年12

月,证监会、中国人民银行和外汇局联合发布《基金管理公司、证券公司人民币合格境外机构投资者境内证券投资试点小法》。随后,中国人民银行发布《关于实施〈基金管理公司、证券公司人民币合格境外机构投资者境内证券投资试点办法〉有关事项的通知》,证监会和外汇局也分别发布了相应的实施细则,进一步明确了相关的管理要求。截至2012年1月底,首批共计200亿元人民币的RQFII投资额度已经分配完毕,共有21家符合条件的试点机构获得首批试点资格。RQFII试点工作的开展,将进一步推动我国资本市场对外开放,推进人民币跨境使用。

④双边货币合作。

双边本币互换取得积极进展。中国人民银行的货币互换实践始于《清迈倡议》下的货币互换机制。2000年5月6日,在泰国清迈召开的东盟国家与中国、日本、韩国财长会议上通过《建立双边货币互换机制的倡议》,号召东盟国家及中、日、韩三国在自愿的基础上,建立双边货币互换网络,以便在一国发生外汇流动性短期或出现国际收支问题时,有其他成员集体提供应急外汇资金,以稳定地区金融市场。2001年,中国人民银行在《清迈倡议》框架下同泰国银行签署了金额为20亿美元的货币互换协议,这是中国人民银行第一次对外签署中央银行间的货币互换协议。随后,中国人民银行又同日本、韩国、印度尼西亚、马来西亚、菲律宾等国家的中央银行签署了货币互换协议。

2008年国际金融危机爆发后,东亚地区的部分国家开始超越区域金融合作框架,转而采取由各自中央银行签署双边协议,以本币换取本币的形式相互提供流动性。

随着人民币在国际贸易和投融资中的使用快速增长,人民币在国际上的影响力和接受度不断提高,境外主体对人民币的需求不断增加,越来越多的国家和地区的中央银行或者货币当局提出与中国人民银行开展货币互换的请求,双边货币互换的作用从以维护地区金融稳定为主,逐渐过渡到维护地区金融稳定和便利经贸往来并重上来。中国人民银行先后与多个国家和地区的中央银行或货币管理当局签署了双边本币互换协议。这些互换协议的签署,体现了我国积极参与国际金融救助的负责任的大国形象,有力地维护了地区的金融稳定。

2011年,中国人民银行货币互换工作取得了新的重大进展。中国人民银行分别与新西兰、乌兹别克斯坦、蒙古、哈萨克斯坦、泰国和巴基斯坦6个国家的中央银行签署了总额为1 177亿元人民币的双边本币互换协议;与韩国央行、中国香港金融管理局续签了双边本币互换协议,互换额度分别由1 800亿元人民币、2 000亿元人民币扩大到3 600亿元人民币、4 000亿元人民币。2012

年,中国人民银行又分别与阿联酋、乌克兰、马来西亚、土耳其、澳大利亚签订了双边本币互换协定,与蒙古续签协议并扩大了原协议的规模。

截至 2013 年 3 月底,中国人民银行已经与 21 个国家和地区的中央银行或货币当局签署了双边本币互换协议,协议总规模达到20 112亿元人民币,具体情况见表 6－20。为了体现发展历程,与韩国、中国香港、蒙古、新加坡、马来西亚的展期协议和修改协议签订后,原协议仍在表格中有所体现。

表 6－20　　中国人民银行与其他央行或者货币当局双边本币互换一览表

伙伴	签订时间	额度 (亿元)	期　限	目的及用途
韩国	2008-12-12	1 800	3 年,经双方同意可展期	方便韩国在华企业进行融资,推动双边贸易发展,维护金融安全。
中国香港	2009-01-20	2 000	同上	有需之时向两地商业银行的分支机构提供短期流动资金,为发债提供资金供给。
马来西亚	2009-02-08	800	同上	方便双边结算,降低美元汇率风险,刺激双边贸易,维护金融安全。
白俄罗斯	2009-03-11	200	同上	推动双边贸易及投资,促进两国经济增长;将人民币作为储备货币。
印度尼西亚	2009-03-23	1 000	同上	支持双边贸易及直接投资,以促进经济增长,并为稳定金融市场提供短期流动性。
阿根廷	2009-04-02	700	同上	支持双边贸易及投资,以促进经济增长;人民币充当支付结算工具。
冰岛	2009-06-09	35	同上	推动双边贸易及投资,加强双边金融合作。
新加坡	2010-07-23	1500	同上	推动双边贸易及投资,加强双边金融合作。
新西兰	2011-04-18	250	同上	加强双边金融合作,促进两国贸易和投资。
乌兹别克斯坦	2011-04-19	7	同上	加强双边金融合作,促进两国贸易和投资。
蒙古	2011-05-06	50	同上	促进双边贸易发展,为金融体系提供短期流动性。
哈萨克斯坦	2011-06-13	70	同上	加强双边金融合作,便利两国贸易和投资。
俄罗斯	2011-06-23	双边本币结算协议	同上	进一步深化中俄两国的金融合作,促进双边贸易和投资增长。
韩国	2011-10-26	3 600	同上,原协议失效	加强双边金融合作,促进两国贸易和投资,维护地区金融稳定。

伙伴	签订时间	额度(亿元)	期 限	目的及用途
中国香港	2011-11-22	4 000	同上,原协议失效	维护两地和区域金融稳定,便利两地贸易和投资,支持香港人民币离岸市场发展。
泰国	2011-12-22	700	同上	加强双边金融合作,促进两国贸易和投资,共同维护地区金融稳定。
巴基斯坦	2011-12-23	100	同上	加强双边金融合作,促进两国贸易和投资,共同维护地区金融稳定。
阿联酋	2012-01-17	350	同上	加强双边金融合作,促进两国贸易和投资,共同维护地区金融稳定。
马来西亚	2012-02-08	1 800	同上,原协议失效	维护区域金融稳定,便利双边贸易和投资。
土耳其	2012-02-21	100	同上	加强双边金融合作,促进两国贸易和投资,共同维护地区金融稳定。
蒙古	2012-03-20	100	原协议的补充协议,扩大规模	维护区域金融稳定,便利双边贸易和投资。
澳大利亚	2012-03-22	2000	三年,经双方同意可展期	加强双边金融合作,促进两国贸易和投资,共同维护地区金融稳定。
乌克兰	2012-06-26	150	同上	加强双边金融合作,促进两国贸易和投资,共同维护地区金融稳定。
新加坡	2013-03-07	3 000	同上,原协议失效	加强双边金融合作,便利双边贸易和投资,为金融市场稳定提供短期流动性支持。
巴西	2013-03-26	1 900	同上	加强双边金融合作,便利两国经贸往来,共同维护金融稳定。

资料来源:根据中国人民银行相关公告整理。

与此同时,我国与周边国家的双边贸易本币结算稳步推进。自 20 世纪 90 年代起,我国与周边国家开始签署双边贸易本币结算协定,允许在边境贸易或者一般贸易中使用双方本币或人民币进行结算。我国和其他国家签署的本币计算协定主要分为两类:一是边境贸易本币结算协定,允许在特定边境地区的双边贸易中使用双方本币或者人民币结算;二是一般贸易本币结算协定,允许一般贸易中使用双方本币或者人民币结算。2009 年以前主要是前者,截至 2011 年年底,我国与 9 个国家和地区签订了本币结算协定;2009 年之后随着双边经贸的深化,开始签署后者,主要有俄罗斯和白俄罗斯。

我国与邻国越南、老挝、尼泊尔、俄罗斯、吉尔吉斯斯坦、蒙古、朝鲜、哈萨克斯坦、日本等签订了一系列双边合作和结算协定(见表 6－21)。这些双边结算协定有力地促进了人民币在双边贸易中的使用。

表 6—21 中国与邻国双边结算协定

国　家	协议名称	签署日期
越南	中国人民银行与越南国家银行关于结算与合作的协定	2003-10-01
老挝	中国人民银行与老挝人民民主共和国银行双边合作协议	2002-02-04
尼泊尔	中国人民银行与尼泊尔银行双边结算与合作协议	2002-06-17
俄罗斯	中国人民银行与俄罗斯联邦中央银行关于边境地区贸易的银行结算协定	2002-08-22
	《2002 年 8 月 22 日签署的中国人民银行与俄罗斯联邦中央银行关于边境地区贸易的银行结算协定》的纪要	2004-09-24
吉尔吉斯斯坦	中国人民银行和吉尔吉斯斯坦国家银行双边支付和结算的协定	2003-12-18
蒙古	中国人民银行与蒙古银行关于支付和结算的协定	2004-07-05
朝鲜	中国人民银行和朝鲜中央银行双边支付和结算协定	2004-10-26
哈萨克斯坦	中国人民银行与哈萨克斯坦国家银行关于边境地区贸易的银行结算协定	2005-12-14

资料来源:根据中国人民银行相关公告整理。

　　我国先后与越南、蒙古、老挝、尼泊尔、俄罗斯、吉尔吉斯斯坦、朝鲜、哈萨克斯坦签订了边贸本币结算协定。1993 年,中越两国中央银行签署了《中越关于结算与合作协定》,在协定规定的制度安排框架下,从 1995 年开始,广西四家商业银行分别与越南有关银行签订了边贸结算协议,建立了代理结算合作关系,并于 1996 年在全国首家试行办理边贸人民币结算业务。

　　经国务院批准,中国人民银行发布消息,2011 年 6 月 23 日,中国人民银行与俄罗斯联邦中央银行在俄罗斯签订了新的双边本币结算协定。协定签订后,中俄本币结算从边境贸易扩大到了一般贸易,并扩大了地域范围。协定规定两国经济活动主体可自行决定用自由兑换货币、人民币和卢布进行商品和服务的结算与支付。协定将进一步加深中俄两国的金融合作,促进双边贸易和投资增长。

　　随着边境地区与周边国家双边经贸往来日益密切和跨境人民币结算试点的推进,企业和金融机构对人民币对非主要国际储备货币直接报价交易的需求日益强烈。为促进贸易投资便利化,满足经济主体降低兑换成本的需要,中国人民银行积极推动人民币对非主要国际储备货币直接挂牌交易,包括银行柜台挂牌和银行间市场区域交易。

　　(2)人民币计价职能的发挥

　　人民币作为计价货币的作用主要体现在以人民币计价的国际债券的发行

和流通方面。国际债券主要有熊猫债券和离岸市场债券(点心债、宝岛债)。

①熊猫债券发展缓慢。

熊猫债券是以人民币计价的在中国(在岸市场)发行,并在中国出售的人民币债,属于外国债务,比如日本的武士债。2005年2月18日,中国人民银行、财政部、发改委和证监会联合发布《国际开发机构人民币债券发行管理暂行办法》,并于2010年9月16日进行了修订。该管理办法对国际开发机构人民币债券的范围、发行主体、监管主体等进行了规定。中国第一批熊猫债券于2005年10月14日正式在银行间债券市场发行,发行主体为亚洲开发银行。随后,国际金融公司也发行11.3亿元的人民币债券。2009年12月1日,亚洲开发银行宣布第二次在中国发行10亿元人民币的10年期的熊猫债券。

根据上述管理办法,熊猫债券所筹集的资金不得转换成外汇转移到境外,因此熊猫债券对外汇资产以及资金的流出、流入并不会产生影响。即使该管制放开,由于最可能发行人民币债券的海外机构是在中国有大量现金流收入的海外企业、推动中国境内杠杆式收购的大型国际私募基金,以及希望快速拓展中国境内业务的外资金融机构,它们通过发债所得的人民币用于购买美元的机会并不高。

②点心债仍"一枝独秀"。

随着人民币国际化进程的加快,香港作为人民币离岸市场,其债券市场取得了显著的发展。2007年6月8日,中国人民银行和发改委联合颁布了《境内金融机构赴香港特别行政区发行人民币债券管理暂行办法》。该条文规定,政策性银行和国内商业银行可在港发行人民币债券,发行需获中国人民银行和发改委审批,并由发改委颁发配额,债券收益及资金调回需在外汇管理局备案。国家开发银行作为第一家在离岸人民币市场发行债券的中资银行,于2007年发行了市值50亿元的人民币债券。同年7月到9月间,中国进出口银行和中国银行分别赴港发行人民币债券,之后交通银行、中国建设银行和汇丰(中国)、东亚(中国)加入发行行列,累计发行总规模300亿元左右,并在二级市场挂牌交易。2009年9月,中央政府又在香港发行人民币国债60亿元。从2007年第一只人民币离岸债券登陆香港以来,人民币债券离岸市场发展并不迅速而是十分缓慢,2008年又因受到全球金融危机影响,致使其信用风险和信用利差备受关注。直到2009年人民币国际化问题被提上议程后,香港人民币债券市场才逐步恢复。主要动因来自于2009年和2010年上半年中国人民银行对人民币跨境贸易结算试点范围的扩大和在港人民币业务(尤其是存款)的快速增加,使离岸人民币债券市场从2010年7月开始进入高速增长阶段。尤其是中国人民银行与中银香港于2010年7月签署修订后的《香港银行人民币业务的清算协议》，为人民币金融产品的推出扫清障碍。

目前，人民币离岸债券市场有以下特点：发行规模不断扩大，香港市场2011年点心债的发行规模达到1 740亿元人民币，大幅高于2010年的400亿元人民币；发行机构的数量也从2010年的约20家增至2011年的100家左右；发行主体不断多元化，香港金融管理局于2010年2月发布《香港人民币业务的监管原则及操作安排的诠释》，除国内商业银行和政策性银行外，海外金融机构、跨国企业和跨国组织也参与到发债主体中来，同时国内在港上市企业（如红筹股）也开始利用香港人民币离岸债券市场的平台融资发债；就品种而言，目前主要有两种离岸债券（见表6－22）：一是以人民币发行、以人民币结算的债券，称为"点心债"；二是以人民币发行、以美元或其他外币结算的债券，称为合成型债券。

表6－22 点心债与合成型债券的区别

	点心债	合成型债券
投资者主体	需在港设立人民币账户，对投资者有严格要求。	无需持有人民币基金，对投资者无特殊限制。目前买家主要来自亚洲（占75%～90%），而其余来自非洲地区。
发行主体	发行金融债要求国内政策性银行和商业银行（不包括港澳台），同时满足核心资本率大于4%，且最近3年持续盈利。	目前多为国内房地产企业或境外上市的国内企业
交易量	10亿～15亿元人民币	35亿元人民币
平均期限	2～3年	3～5年
评级	有评级	无评级
流动性（日市场换手率）	<2亿元人民币	5亿～10亿元人民币
发行主体是否可使人民币资金回流	是，但需一事一议审批。	是，因获得本金为美元，利用目前现行结售汇制度，将美元汇入境内即可。
汇率影响	因所有支付皆以人民币定价和交割，无汇率影响。	因每期利息支付和最终本金交割以定价日（或招债说明书）规定的汇率而非交割日汇率支付，以美元兑人民币汇率为例，若人民币持续升值，投资者获得所有汇率升值收益。

资料来源：裴长洪、余颖丰：《人民币离岸债券市场现状与前景分析》，《金融评论》2011年第4期。

截至 2012 年 11 月末,香港累计发行人民币债券 2 983 亿元,其中 2012 年 1～11 月,香港市场共发行人民币债券 1 139 亿元。点心债目前主要由内地银行及其在香港的附属银行发行,占总发行量的 43%,内地政策性银行占发行量的 12%,中国财政部占 15%,其余的 30% 主要为国际性大型银行和跨国企业,约占 5% 和 7%。

2011 年 4 月 14 日,花旗集团宣布正式推出离岸人民币"点心债"指数,该指数对在海外发行和结算的人民币"点心债"的表现进行衡量与评估,包括由政府、机构、跨国组织以及企业发行的固定票息的、最短期限为 1 年、最低金额为 10 亿元的人民币离岸债券。

③宝岛债奋起直追。

台湾地区离岸人民币市场的宝岛债也在迅速发展。为扩大宝岛债发行规模,2013 年 4 月,台湾地区金融监管单位拟简化企业对专业机构投资人发行宝岛债的申请程序,由现行的事前核准制改为事后报备制。依照现行的国际债券申请程序,债券发行人须将相关书件送交包括台湾"央行"、"金管会"等主管机关审理,其审理时间分别为 7～10 个工作日和 7 个工作日,事后报备制的推出将大大节约发债的时间成本。此外,计息方式拟不限固定利率,由发行者自行决定,发行条件更有弹性。另外,台湾地区"金管局"与"财政部"正在讨论,是否可将现行外国人投资宝岛债的利息所得税税率从 15% 修改为 10%,从而与本地投资者税率保持一致。

中国信托商业银行于 2013 年 3 月发行了台湾地区首只离岸人民币债券,债券规模为 10 亿元人民币,2016 年到期,票面利率 2.9%。台湾地区最大的纺织厂远东新世纪于 2013 年 5 月 2 日完成人民币债券发行询价,3 年期、5 亿元人民币债券询价参考利率为 2.95%。该公司另外将发行台湾地区第一只日元债,债券规模为 50 亿日元,3 年期。此债券将采用浮动计息,以 3 个月期伦敦同业日元拆放利率(JPY LIBOR)加 110BP 作为询价参考利率。这是台湾地区首只双币计价的公司债。该企业考虑到其大陆地区子公司收付款货币多为人民币,以母公司名义发行人民币债券,不仅可以取得较子公司更优惠的发行成本,更可取得长期、固定、无汇率风险的人民币资金,以取代部分美元借款。而在日元走弱的情况下,发行日元债券,建立负债仓位,可实现应收账款的避险需求,同时也可取得中期资金满足日元投资需求。

台湾地区目前只有中国信托银行发行宝岛债,其余发行公司均在询价及审核阶段。

④人民币在区域债券市场有限使用。

发展区域债券市场是金融领域的另一个区域安排。亚洲债券基金第二阶段(ABF2)于2005年6月正式发起,其种子资金总计达到20亿美元。亚洲债券基金的第一阶段(ABF1)的主权和准主权发行债券都是以美元计价的债券;而在ABF2,则允许在8个市场上发行以当地货币计价的债券,其中包括中国、中国香港、印度尼西亚、韩国、马来西亚、菲律宾、新加坡和泰国市场,人民币在中国基金发行中得到相应使用。通过这些安排,人民币在区域债券市场已经可以有限使用了。

(3)人民币贮藏职能的发挥

为增强地区金融稳定,"10+3"财长会议于2000年5月在泰国清迈达成《清迈倡议》。根据《清迈倡议》,相关国家可分别向"共同外汇储备基金"投入一定金额的外汇储备资金,这样,当某个国家面临外汇资金短缺困难时,其他国家可以帮助其缓解危机。2010年3月24日,东盟与中日韩(10+3)财长和央行行长以及中国香港金融管理局总裁共同宣布《清迈倡议》多边化协议正式生效。协议参与国根据协议规定的程序和条件,在总规模达1 200亿美元的外汇储备库中,用其本币与美元实施互换。

从人民币作为国际储备货币的角度看,2005年,印度储备银行就把人民币纳入一篮子货币中,是人民币国际化的一个重大突破。在后危机时代,不少国家的央行开始将人民币纳入国际储备货币体系中,以应对美元贬值带来的威胁。11年以来,已有尼日利亚、智利、泰国、蒙古等国家将人民币纳入外汇储备。

从私人领域看,人民币在香港离岸市场实现了一部分的货币替代和投资。2004年至今,香港人民币存款余额在不断增长中,而且增长速度高于同期的港币存款和外币存款(2006年除外)。这在一定程度上反映了留在香港的人民币的迅猛增长,具体数据见表6—23。

表6—23　　　　　　　　香港金融机构人民币存款状况　　　　单位:百万元人民币

年　份	活期及储蓄存款	定期存款	总　计
2004	5 417	6 710	12 127
2005	10 620	11 966	22 586
2006	12 228	11 175	23 403
2007	22 539	10 861	33 400
2008	38 118	17 942	56 060
2009	40 662	22 056	62 718
2010	117 573	197 365	314 938

年　份	活期及储蓄存款	定期存款	总　计
2011	176 398	412 132	588 529

资料来源:香港金融管理局网站(http://www.hkma.gov.hk/)。

人民币存款证正迅速发展。人民币存款证是以人民币计价及结算的定息债务工具,类似于短期票据,主要为 1 年期以下,全部由金融机构发行,以满足资金流动性需要。德意志银行的报告指出,至今已有约 1 010 亿元存款证发行,目前市场上仍未到期的存款证约 890 亿元,相当于离岸人民币固定收益市场的 1/3。银行更多选择通过发行人民币存款证的方式吸收人民币资金是人民币存款减少的原因之一。根据香港金融管理局债务工具中央结算系统(CMU)托管数据显示,2013 年 4 月 15 日~4 月 19 日,共有 5 家银行在香港离岸市场发行 22 只人民币存款证(见表 6-24)。发行总量为 41.31 亿元,发行规模较上周有小幅缩小。发行期限从 3 个月至 1 年不等。3 个月期存款证的加权平均票面利率上行 9BP 至 2.32%,6 个月期和 1 年期存款证的加权平均票面利率分别下行 13BP 和 5BP 至 2.56% 和 2.82%。其中,中国银行香港分行发行 2 亿元、3 个月期的贴现存款证。

表 6-24　　　　　离岸人民币存款证发行情况(2013 年 4 月 15~19 日)

发行人	3	6	9	12	总计(万元)	期限(月)	平均票面利率(%)	涨跌(BP)
农业银行	37 000			80 000	117 000	3	2.32	9
中银港分		60 050		47 500	107 550	6	2.56	—13
东亚银行				10 400	10 400	9	2.8	—
建银亚洲				13 000	13 000	12	2.82	—5
永隆银行	52 750	21 150	15 000	76 250	165 150			
总　计	89 750	81 200	15 000	227 150	413 100			

资料来源:香港金融管理局网站(http://www.hkma.gov.hk/)。

然而,随着 2010 年年底市场对人民币升值预期的逆转,香港离岸市场人民币存款规模发生大幅下降。这让我们不得不质疑人民币贮藏职能的发挥。

6.3.3　职能视角的人民币国际化条件

学界对人民币国际化含义的研究层出不穷,角度也不断丰富。从国际货币职能角度,部分学者对人民币国际化的条件作了相关研究。

根据国际货币的职能,国内学者(李稻葵和刘霖,2008;高海红和余永定,

2010)认为,人民币要成为国际化货币,也应该符合以下三个条件:第一,在国际贸易和结算中,以人民币结算的进出口贸易达到相当的比例;第二,以人民币计价的国际商品(特别是大宗商品)和金融产品成为官方和非官方的主要投资工具;第三,人民币成为各国央行的主要储备货币之一。

综观我国目前人民币国际化的现状,人民币在国际经济活动中的第一个条件(即结算货币的职能)基本实现,而第二个条件(即计价货币的职能)的实现将成为接下来人民币国际化的突破口,从而为第三个条件(即贮藏货币的职能)的实现作铺垫,也能更好地巩固作为结算货币的职能的发挥。如何实现人民币在国际舞台上由结算职能到计价职能到储备职能的递进,是我们下一步要研讨的问题。

6.4 人民币国际化路径

6.4.1 人民币国际化的成本和收益

在探究人民币国际化推进路径之前,我们必须明确人民币国际化的落脚点是什么。人民币国际化是不是仅仅是政策目标? 还是实现其他政策目标的手段? 我国人民币国际化的关键是什么? 在回答这些问题之前,需要简要分析人民币国际化的收益和成本。

(1)人民币国际化的收益

第一,人民币国际化可以降低我国企业所面临的汇率风险:尽管需求风险依然存在,但人民币国际化意味着更多的外贸和金融交易将由人民币计价和结算,因此,我国企业面临的汇率风险将降低;在计算国际清算银行资本充足率要求时,金融机构人民币资产权重的增加将降低外汇风险的冲击。

第二,人民币国际化有望解决"原罪"问题。发展中国家在参与全球化经济活动时的一个与生俱来的缺陷或者"原罪",就是本国在国际市场买卖的商品和服务、本国持有的海外资产或负债都用美元等国际货币计价而不是用本国货币计价,因而国际汇率的大幅度波动使本国经济遭受重大伤害。1997年爆发的亚洲金融危机就充分暴露了这一点。

第三,人民币国际化可以帮助我国维持外汇储备的价值。我国是世界上外汇储备最多的国家。然而,全部外汇储备都是以外币计价的资产。其中,以美元计价的资产占70%以上,美国等国家只要通过简单的通胀手段就可以稀释债务。假设我国能要求美国把我国所持有的美元资产转化为人民币计价的资产,那么,我国将不用担心美元贬值。

第四，人民币国际化有助于我国货币当局向外部世界收取铸币税。铸币税是货币发行国获取的货币面值和货币发行成本之间的差额。一种国际货币的增发等价于向世界其他国家收取铸币税。人民币国际化的实现，可以在某种程度上抵消我国不得不向美国所支付的铸币税。

（2）人民币国际化的成本

人民币国际化也伴随着巨大的风险。尽管一种货币的国际化并不等于资本项目自由化和本币可完全自由兑换，但是，资本项目自由化和本币一定程度的可自由兑换是一种货币国际化的前提条件。在我国金融体系十分脆弱、资本市场规模有限、经济结构缺乏弹性、金融机构缺乏竞争力的情况下，贸然推进资本项目开放，给国际投机资本的套利提供了机会，很可能导致严重的金融危机。日元的遭遇和亚洲金融危机就是典型的例子。亚洲金融危机的经验表明，如果一种货币完全国际化，则意味着投机者在国际金融市场上可轻易获得这种货币，国际货币的发行国将非常容易遭受国际投资者的攻击。

既然推进人民币国际化是大势所趋，那么，我国推进人民币国际化的核心利益是什么？什么是人民币国际化成功推进的标志？如何把握合适的推进路线和着力点？

从上面人民币国际化的收益和成本分析我们可以看到，人民币国际化战略的核心利益在于两个方面：一是摆脱"原罪"，降低企业汇率风险，即通过国际贸易、国际金融交易的商品和资产的人民币计价，我国参与全球化的企业、金融机构和政府可以最大限度地消除绝大部分的汇率波动风险，赢得全面的国际竞争优势和主动权；二是实现外汇储备保值增值。而这两个作用的实现，其关键是人民币计价功能的发挥。

坚持推进人民币国际化的这两个核心利益，并以此作为评判人民币国际化是否成功的衡量尺度，我们才能再来探讨人民币国际化的路径。

6.4.2　目前人民币国际化中的问题

现阶段人民币国际化进程主要沿着两条主线开展：一是跨境贸易人民币结算，二是香港离岸人民币市场的发展。

我国选择了贸易进口结算作为突破口。官方的观点是：在进口环节使用人民币，有利于人民币有序流出，增加境外人民币存量，从而为人民币在其他环节实现国际化创造必要的条件。我国货币当局的思路似乎是：通过对进口支付人民币，大量人民币流到境外，然后境外人民币通过购买人民币债券、人民币 FDI 等形式流回大陆。随着人民币在跨境贸易和金融交易中越来越多地充当结算货币、替代货币、投资货币等，人民币的国际化程度将不断提高，并最终成为国际货币乃至国际储备货币。

我们来思考"离岸中心"的逻辑起点。因为进口贸易结算使得人民币在海外的存在已经具有一定规模,为了使这笔人民币资金能够得以流畅运转从而促进人民币国际影响力的形成,建设离岸中心以为境外人民币的运作提供基础设施便是必要的。如此,我们发现"离岸中心"和"贸易结算"这两大布局是相辅相成的,发达的离岸市场为进口贸易结算项下流出的"人民币源头水"提供了"蓄水池"。

就目前来看,这似乎是遵循了日本"贸易结算+离岸市场"的路径。遗憾的是:这一路线图过于粗略,更为重要的是,某些人民币国际化的政策和措施与人民币国际化的初衷背道而驰。

(1)人民币结算存在结构性不对称

进一步分析人民币跨境贸易结算额,我们发现,人民币跨境贸易结算存在着结构性不对称。当前,人民币跨境贸易结算主要用于货物贸易出口、货物贸易进口以及服务贸易与其他经常项目这三个方面。根据张明(2011)的统计,2010年第一季度到2011年第一季度,货物贸易出口、货物贸易进口、服务贸易三方面人民币结算额占人民币跨境贸易总额的比重分别为8%、80%与12%。

从人民币跨境结算额统计表(见表6-25)中可以看到,人民币跨境贸易结算总额从2010年第一季度到2012年第二季度基本呈迅速扩大的趋势,尤其是2010年第三季度以后,受政策支持,人民币跨境结算额增长了将近3倍。出口和进口人民币跨境贸易结算额也快速增长,但是跨境人民币结算额进口支付远远大于出口。如2011年第二季度,人民币出口结算1 140亿元人民币,而进口结算达到4 832亿元人民币;2012年第二季度,人民币出口结算1 505亿元人民币,人民币进口结算达到5 208亿元人民币。

表6-25 人民币跨境贸易结算额　　　　　　　　单位:亿元人民币

季 度	总 额	出 口	进 口
2010年第一季度	183.5	12.7	170.8
2010年第二季度	486.6	67.2	419.4
2010年第三季度	1 264.8	164.2	1 100.6
2010年第四季度	3 128.5	416.1	2 712.4
2011年第一季度	3 603.2	398.2	3 205.0
2011年第二季度	5 972.5	1 140.1	4 832.4

季　度	总　额	出　口	进　口
2011 年第三季度	5 834.1	1 709.6	4 124.5
2011 年第四季度	5 402.9	2 979.1	2 423.8
2012 年第一季度	5 805.0	1 923.8	3 881.2
2012 年第二季度	6 714.0	1 505.9	5 208.1

资料来源:中国人民银行网站。

从这些数据可以看出,迄今为止的人民币跨境贸易结算体现出明显的"跛足"特征:80%的人民币跨境结算额源自我国进口企业用人民币支付进口,而我国出口企业收到人民币占人民币跨境贸易结算额比重还不到 10%。

从人民币跨境贸易结算占比来看(见表 6－26),从 2010 年第一季度到 2012 年第二季度,人民币跨境贸易结算占比不断增长,从起初的 0.44% 上升到 10.86%。进口/出口情况从 2011 年后开始有所好转,从 2010 年的 10% 左右下降到 4% 左右。

表 6－26　　　　　　　　　　人民币跨境贸易结算占比

季　度	总额占比	出口占比	进口占比	进口/出口
2010 年第一季度	0.44%	0.09%	0.88%	10.22
2010 年第二季度	0.97%	0.18%	1.61%	9.16
2010 年第三季度	2.35%	0.38%	4.08%	10.61
2010 年第四季度	5.69%	0.94%	9.70%	10.3
2011 年第一季度	6.84%	1.51%	12.16%	8.0
2011 年第二季度	10.17%	3.69%	17.36%	4.7
2011 年第三季度	9.35%	5.14%	14.14%	2.8
2011 年第四季度	8.83%	9.27%	8.34%	0.9
2012 年第一季度	10.66%	7.06%	14.27%	2.0
2012 年第二季度	10.86%	4.55%	18.12%	4.0

资料来源:根据中国人民银行网站资料整理。

进口贸易采用人民币结算就意味着原先进口购汇的美元需求减少,相应地,也意味着中国人民银行原先可以减少的外汇储备没有减少。人民币用于进口支付的规模远高于出口收到人民币的规模,这将会导致我国外汇储备存量的加速上升。我国企业出口收到的是美元,但进口支付越来越多使用人民币,这意味着外汇储备用于支付进口的传统职能渐被削弱,从而导致外汇储备的加快累积(如图6—10所示)。考虑到现行货币发行体制下外汇资产构成了央行的主要资产,因此,外汇储备的增加又对应着基础货币投放的增加和国内流动性的泛滥。

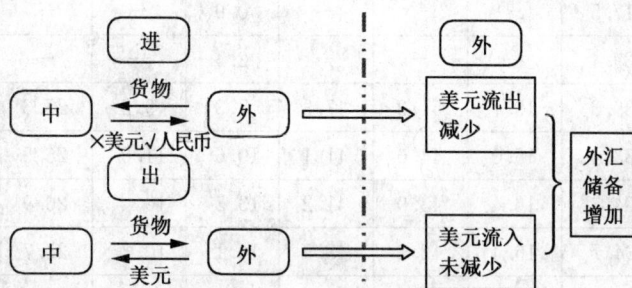

图6—10　外汇储备

例如,2011年第一季度我国新增外汇储备1 974亿美元,同期内人民币货物贸易出口与进口结算额分别为202亿元和2 854亿元,这意味着,如果以市场汇率折算,"跛足"的人民币跨境贸易结算使得外汇储备增长了大约408亿美元。与此同时,随着美国、欧洲、日本等国家不断实施扩张的货币政策使货币贬值,持有大量的以美元、欧元或者日元外汇储备使得我国外汇储备资产大量缩水。

对于人民币贸易结算过程中的单向货币替代现象,部分是由于在试点过程中,对人民币进口贸易结算放得较开,却对人民币出口贸易结算限制较严。根据2010年6月的《关于扩大跨境贸易人民币结算试点有关问题的通知》,人民币进口贸易结算可由20个省的所有企业办理,但人民币出口贸易结算仅限于16个省的试点企业。不过,其根本原因恐怕还在于我国出口企业的谈判力量较弱,缺乏定价权乃至结算货币选择权。

2011年8月,全面开展对外直接投资和外商直接投资人民币结算,在跨境投资人民币结算中也存在着收付不平衡的问题。2011年跨境人民币结算金额为1 108.7亿元,其中对外直接投资人民币结算金额201.5亿元,外商直接投资人民币结算金额907.2亿元,后者是前者的4.5倍。2012年第一季度,对外直接投资人民币结算金额为28.7亿元,外商直接投资人民币结算金额为470亿元,后者是前者的16倍。

反观1970～1998年日元跨境贸易结算占比,我们发现,在日元国际化过程中,日元的出口收入一直大于日元的进口支付(如表 6—27 所示)。

表 6—27   **1970～1998 年日元跨境贸易结算占比**

年份	出口至:				进口自:			
	世界	美国	欧盟	东南亚	世界	美国	欧盟	东南亚
1970	0.9	—	—	—	0.3	—	—	—
1975	17.5	—	—	—	0.9	—	—	—
1980	29.4	—	—	—	2.4	—	—	—
1985	39.3	19.7	51.3	47.3	7.3	9.2	27.3	11.5
1987	33.4	15.0	44.0	41.1	10.6	11.6	26.9	19.4
1988	34.3	16.4	43.9	41.2	13.3	10	26.9	17.5
1989	34.7	16.4	42.2	43.5	14.1	10.2	27.7	19.5
1990	37.5	16.2	42.1	48.9	14.6	11.6	26.9	19.4
1991	39.4	16.5	42.0	50.8	15.6	11.2	31.4	21.6
1992	40.1	16.6	40.3	52.3	17.0	13.8	31.7	23.8
1993	39.9	18.0	41.0	52.5	20.9	13.8	45.0	25.7
1994	39.7	19.4	40.9	49.0	19.2	13.3	38.6	23.6
1995	37.6	17.5	37.2	44.7	22.7	21.5	44.8	26.2
1996	35.2	15.9	36.1	46.3	20.6	16.4	46.1	24.0
1997	35.8	16.6	34.3	47.0	22.6	22.0	49.3	25.0
1998	36.0	15.7	35.0	48.4	21.8	16.9	44.3	26.7

    造成人民币跨境结算"跛足"的原因主要是在持续的人民币升值预期背景下,企业利用内地与香港两个人民币现汇市场的汇率差价进行套利(张明,2012)。2010 年人民币有升值预期,香港的美元价格低于内地美元价格,有进口美元支付的企业在香港人民币购买美元以支付进口,使跨境贸易人民币进口结算的比例上升。从 2011 年下半年开始出现人民币贬值预期,香港美元价格高于内地美元价额,有进口美元支付的企业在内地用人民币购买美元以支付进口,使跨境人民币结算规模下降,从而使跨境贸易人民币结算收付比下降。可见,人民币跨境结算"跛足"问题的改善并不是实质的改善,而是基于人民币汇率预期变化的改善。

    人民币跨境结算中的"跛足"现象会导致两个后果:一是尽快支付人民币使得进口购汇的美元需求减少,直接后果是加剧我国外汇储备的累积进而可能使国内流动性增加;二是外商直接投资的人民币金额远高于对外直接投资人民币的金额,意味着外国人用外币资产与人民币资产置换,在未来的人民币升值过程中,我国将蒙受福利损失。

(2)人民币计价职能的缺失

在涉外经济领域中以人民币计价,主要包括三层含义:一是将人民币作为交易计价货币,即各部门在开展各类涉外经济活动中,如产品和服务的定价、对外报价、结算或债权债务的清偿计值等,以人民币作为价值计量货币;二是将人民币作为管理计价货币,即国家有关部门在履行对涉外经济的行政管理职能时,采用人民币作为核准价值的计量货币,如商务部门核准外来直接投资、收购、兼并等事项,采用人民币作为价值计量货币;三是将人民币作为统计计价货币,即国家相关部门在开展统计数据的采集、汇总以及公布的过程中,采用人民币作为价值的计量货币。

自 2009 年跨境贸易人民币结算试点以来,我国各项涉外经济活动采用人民币结算的政策安排相继到位。但是,我国的涉外经济管理活动仍然以外币为主,存在"外资=外汇""跨境交易=外汇收付"的认识误区,没有从根本上改变将外币作为计价货币的路径依赖,人民币作为计价货币的功能有限,一定程度上阻碍了人民币国际化进程的推进。

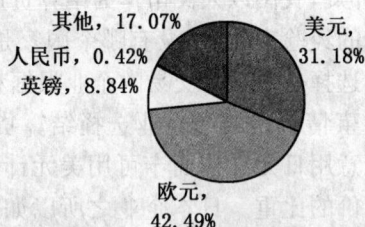

其他, 17.07%
人民币, 0.42%
英镑, 8.84%
美元, 31.18%
欧元, 42.49%

图 6—11 人民币在全球支付体系中的份额

人民币国际化能否使得企业减少汇率风险,要看企业用什么货币计价,而不是取决于企业用什么货币结算。一旦计价货币选定,汇率风险就已经确定,用什么货币结算一般对企业规避汇率风险没有影响。文献中对汇率风险的讨论都集中在计价货币的选择上,而我国货币当局在谈人民币进出口结算时,从来没有提过人民币计价的问题。调查显示,许多人民币结算企业依然用美元计价,更可笑的是,即使是中国人民银行的统计数据,仍然用美元表示。

人民币国际化成功推进的标志和人民币国际化计量指标是不一样的概念。一种货币的国际化程度通常可由三种指标计量:一是在各国央行外汇储

人民币国际化概述

备中的所占比重;二是在贸易、投资和金融交易的结算和支付中的占比;三是在商品和资产交易计价中的占比。但是,人民币国际化成功推进的核心在于市场经济和金融交易中计价功能的发挥。商品和服务的计价功能派生出结算和支付功能;而金融资产的计价功能派生出财富贮存和外汇储备资产的权重。

人民币计价功能的缺位是人民币结算"跛足"的根本原因。人民币在全球支付体系中的份额不到 0.42%。在推动人民币国际化的过程中,政府过于强调人民币在跨境贸易投资中的结算功能,而忽视了人民币计价功能的实现。在试点过程中,我国政府对人民币进口贸易结算放得较宽,但对人民币出口贸易结算管得较严格。在 2010 年 6 月发布的《关于扩大跨境贸易人民币结算试点有关问题的通知》中,人民币进口贸易结算可有 20 个省、自治区、直辖市的所有企业办理,但是人民币出口贸易结算却仅限于 16 个省、自治区、直辖市的试点企业。

另外,在人民币升值预期的作用下,外国企业愿意持有人民币资产(即对我国出口并收到人民币)从而享受人民币升值收益;但没有多少外国企业愿意借入人民币并用以支付来自我国的进口,因为这样做将不得不承担人民币升值的额外成本。这样的人民币国际化是不可持续的,一旦人民币升值预期减弱,资金流向就会发生逆转。

鉴于此,我们不禁怀疑,我国以人民币作为结算货币作为国际化起点的路线图是否合理。从各国的经验来看,还没有哪个国家是按照路线图实现货币国际化的。结算货币的选择是由从事交易的企业根据利益最大化的原则自行决定的。政府所能做的事情就是给予企业选择结算货币的自由,比如日本。日本出口企业普遍不愿意用日元计价而宁可用美元计价,日元出口计价的比重始终远远高于进口计价的比重。日本企业之所以如此,又同日本的产业结构、企业组织和企业市场定价行为等因素有关。

人民币升值不可能是连续和持续不变的,升值预期和某些短期利益不能成为人民币国际化的基础。以升值预期为基础,一切可能归于零。人民币出口结算的动因在很大程度上取决于人民币的升值预期,因此,以人民币出口结算作为国际化的起点是不可持续的。我们应该更致力于人民币计价职能的发挥。

(3)离岸市场倒逼资本项目开放

由于人民币跨境贸易结算主要发生在进口方,并且主要是经过香港,因此,近些年来香港积蓄了大量的人民币存款。至 2011 年 3 月底,在港人民币存款规模已逾4 500亿元。而且,根据过去一年的发展速度,业内普遍预测年底人民币存款规模可轻松突破万亿。与此同时,香港人民币离岸市场的发展却非常滞缓。自 2007 年以来,全部人民币债券发行额也不到 1 000 亿元。加之这些债券通常为两年以内的短期债券,存量人民币债券规模更是大打折扣。在债券市场之外,以人民币计价的结构化金融产品和信托产品虽屡有创新,但规模微不足道。

在港人民币存款的飙升和人民币离岸市场发展的滞后使得人民币资金的收益率远低于内地,并由此引发了一个潜在但愈发强烈的呼吁:为了推动离岸市场发展进而推动人民币国际化,内地应该尽快放开资本项目管制,以让香港人民币资金回流至内地,从而形成一个双向流通机制:以人民币进口贸易结算为主的输出、以人民币离岸市场资金回流为主的输入。事实上,除了金融机构和在港人士之外,国内的一些资深学者近期也提出要加快资本项目的开放。

总之,尽管我们已经取得了不少成绩,但是目前我国人民币国际化过程中还存在着不少问题。为了成功推进人民币国际化,我们需要进一步探索人民币国际化的路径。

6.4.3　人民币国际化的路径

(1)对我国现状的审视

历经近 20 年的持续经常项目和资本项目顺差,我国积累了巨额的美元外汇储备。美国持续增加的净外债和急剧恶化的财政状况严重威胁着我国外汇储备的安全。2009 年 3 月,周小川提出创造与主权国家脱钩的国际储备货币的主张,但这一主张很快被搁置,在亚洲金融危机期间开始的亚洲金融合作也一直未取得明显的进展。在此背景下,2009 年 7 月,跨境贸易人民币结算试点工作正式启动。2010 年下半年,跨境人民币业务取得突破性进展。2011 年上半年,经香港处理的人民币贸易结算总额达 8 040 亿元;与此同时,人民币债券的跨境发行也取得进展。跨境人民币结算和离岸市场的发展是目前推进人民币国际化的两条主线。

当前,人民币国际化所采取的“离岸中心＋贸易结算”总体布局十分类似于当年日元国际化的模式。由于存在人民币升值预期,人民币在进出口贸易结算中的比重远大于出口贸易,这样,人民币的境外存量得以扩张。我国货币当局的最初想法是:进口环节使用人民币将有利于人民币的有序流出,从而增加境外人民币存量,进而为人民币在其他方面实现国际化创造必要的条件。然而,我们稍加思索就会发现,这是一种只重视“国际化”之表面而忽视“国际化”之最终目标的思路,强势的人民币通过进口项下流出国门以扩大海外存在的结果是增加了人民币的负债。

然而,我们切不可将此简单地理解为人民币国际化进程中必须付出的代价。根据国际经验,本币国际化存在两种性质相反的方式:一是本币债务式国际化,二是本币债权式国际化。虽然这两种方式在性质上南辕北辙,但是,美国货币当局就在美元国际化过程中将这两种方式运用得灵活自如。布雷顿森林体系建立之初,美元强势,借助马歇尔援助计划,美元贷款大量涌入欧洲,实现了初期美元的债权式国际化。然而对于欧洲而言,这是一笔沉重的债务,导致欧洲长时间被美元束缚。如今,美元弱势,美国货币当局与政府部门的思路异常清晰,那便是大力推行美元债务国际化,这一债务国际化之网似乎更加强大,使得东亚各国在美元陷阱中欲罢不能,克鲁格曼更是一语道破天机:"美国从来没有打算还钱。"余永定(2011)通过对五种情况的简单计算无可争议地说明了强势本币的债务式国际化将使我国进一步深陷"美元危机"。当下,我们应立即将推进人民币国际化的模式由债务式国际化转向债权式国际化,倘若这种"南辕北辙"的模式被继续维持,我们必将得到"桔生淮北"的结局。

那么,日元和人民币国际化进程中所推行的"离岸中心"建设是否合理呢?我们姑且先不对其作定性评价,我们来思考"离岸中心"的逻辑起点。因为进口贸易结算使得人民币在海外的存在已经具有一定规模,为了使这笔人民币资金能够得以流畅运转从而促进人民币国际影响力的形成,建设离岸中心以为境外人民币的运作提供基础设施便是必要的。如此,我们发现"离岸中心"和"贸易结算"这两大布局是相辅相成的,发达的离岸市场为进口贸易结算项下流出的"人民币源头水"提供了"蓄水池"。但是,这是站在"贸易结算+资本输出"模式基础上的考量。

为了加深对问题的认识,我们有必要考虑成熟的欧洲美元市场与建设中的人民币离岸市场的关键性差异。一个具有启发性的问题是——"欧洲美元"离岸市场是在美国货币当局推动下形成的吗?国际金融史告诉我们,欧洲美元市场是在资本逐利性的驱动下自发形成并繁荣的。欧洲美元市场提供了比美元在岸市场更高的存款利率与更加优惠的贷款利率,较小的存贷利差使得欧洲美元市场极具竞争力。反观人民币离岸市场的现状,在无外生冲击的一般情况下,CNH 的汇价持续高于 CNY,存款利率却持续低于 CNY(与欧洲美元市场的状况恰好相反)。这种不符合利率平价的状况得以持续存在是由于我国对 CNY 汇率和利率的持续干预,这也使得 CNY 和 CNH 间的套利套汇行为得以持续进行。余永定(2012)对 CNY 和 CNH 间的套利套汇机制与结果作出了清晰的分析。而这种长期大规模的套利套汇在美元离岸市场与在岸市场间是不存在的。如果说美元离岸市场的繁荣是自生的,那么人民币离岸市场(主要是香港)的所谓"健康发展"是依靠中国政府政策支持的。若是离开了这些政策(也就是在 CNY 的汇率自由化或是浮动区间扩大化以及利率市场化之后),香港的人民币离岸市场便将枯萎,因为这一市场本身并不具有吸引力。而我国则会成为套利套汇损失的最终承担者。这样一来,我国货币当局采用债务式国际化模式推进人民币国际化的选择会使我国在进口贸易结算项下发生的强币债务增加,并在 CNY-CNH 套利套汇方面蒙受巨大损失。

(2)人民币国际化的路径之争

显然,不同的货币国际化模式选择会引致不同的成本与收益,最终造成迥异的结果。但是,有关人民币国际化模式选择问题的声音并不一致。

关于人民币国际化的路径选择,许多学者都提出了自己的观点。有的学者认为,应慎重选择国际化的时机,不要贸然推进。例如,何帆(2009)认为,人民币国际化很可能不是政策推动的结果,而是水到渠成的结果;并且认为,汇率改革和金融体制改革应在人民币国际化之前,人民币国际化在时机不成熟的时候不要贸然推进。露口洋介(2011)认为,就目前来看,人民币结算仅限于经常项目和一部分资本项目,尽管人民币交易在香港已较自由,但达到"国际化"程度还尚须时日。我国当局允许跨境贸易人民币结算的目的之一是摆脱对美元的过度依赖。在人民币完全实现"国际化"之前,推动货币多元化是一种次善之策,而中日间贸易结算使用日元对两国也是一种选择。

但是大部分学者认为,应加快推进人民币国际化的进程。从人民币国际化的必要性来说,石巧荣(2010)认为,我国目前还是一个不成熟债权国,面临着以国外资产形式积累的国民财富不断贬值、货币冲销难度加大、经济结构失衡加剧等多种经济困境。摆脱这些困境的唯一出路就是加快人民币国际化进程。人民币国际化不仅对于我国经济稳定健康发展有重要作用,而且对整个国际货币体系改革有重要的作用。陆前进(2010)指出,我国应发挥人民币在国际货币体系中改革中的作用,推进人民币国际化进程。李稻葵、尹兴中(2010)认为,美元、欧元、人民币三足鼎立是国际货币体系发展的方向,人民币国际化是对我国最为现实和有效的选择。为了成功地以人民币国际化有力推动国际货币体系改革,须作出以下努力:完善金融市场,平稳实现人民币完全可兑换,采取双轨制步骤推动人民币国际化进程,认同并承担国际货币发行者的国际责任,为应对短期内可能出现的国际货币重大变动做好准备。黄益平(2009)认为,此次金融危机已将我国推到了世界经济的前台,我国应加速人民币国际化进程;我国没有必要浪费很多宝贵时间在创立地区性货币上面,应将政策重点放在人民币国际化上;改革首先应集中于真正落实参照一篮子货币的有管制的浮动汇率制,开放大部分资本流动,提高货币政策的透明度和独立性,主要是真正建立以市场为基础的利率体系。

虽然黄益平(2009)认为不应创立地区性货币,但关于人民币国际化的具

人民币国际化概述

体路径选择,大部分学者都认为应该分阶段推进。杨长湧(2010)认为,人民币国际化的目标应该是实现在东亚、东南亚和上海合作组织的区域化。在具体的路线图设计上,应分短期、中期和长期三个阶段分步推进。短期目标:3年左右,在我国与东盟四国(越南、缅甸、老挝、柬埔寨)、上海合作组织四国(俄罗斯除外)、蒙古以及朝鲜的经贸往来中,使人民币成为主导货币。短期到中期的目标:3~5年,巩固人民币区域化在第一阶段的成果,使人民币成为上述各国的储备货币之一;同时,扩大人民币在我国与印度尼西亚、泰国和菲律宾的经贸往来中的使用。中期目标:5~10年,使人民币成为我国与上述各国的主要贸易结算货币、区域内人民币金融资产的计价交易货币以及上述各国的重要外汇储备货币之一,初步形成货币网络效应;在此基础上,扩大人民币在马来西亚、韩国、新加坡和中国台湾地区与我国经贸往来中的使用。长期目标:10年以上,与日元合作,共同主导亚洲区域货币合作的方向。蔡珞珈(2010)在剖析人民币区域化现状及其障碍的基础上,提出了由政府推动人民币从周边化走向亚洲化的渐进道路,具体来说分为"三步走":初步实现人民币周边化阶段,使人民币逐步成为边境贸易的主导货币;实现人民币亚洲化初级阶段,使人民币成为亚洲国家间贸易与非贸易的主要结算货币,甚至成为部分亚洲国家的储备货币;实现人民币亚洲化的高级阶段,推动人民币成为区域内的主导货币。实现上述路径的具体措施包括:促进人民币跨境流通,增强人民币贸易结算功能;完善人民币出入境管理制度,加强人民币境外流通监管;发展人民币离岸金融市场,建设人民币结算中心;发展人民币离岸金融市场,建设人民币结算中心;签署货币互换协议,参与区域储备合作;开放国内金融市场,放松资本账户管制;参与区域金融市场建设,推动人民币资产区域流通;保持汇率平稳波动,参与区域汇率政策协调。金丽红、杜文洁(2009)在总结日元国际化、拉美美元化的经验教训的基础上,提出人民币国际化应该分阶段推进的路径选择:首先是实现人民币在资本项目下的自由兑换,在货币自由化之前,先实现利率市场化、汇率市场化、贸易自由化,并且长期资本自由化在前,短期资本自由化在后;其次是实现人民币区域化,使人民币成为边境流通货币,成为国际性金融活动的媒介和国际金融资产,成为境外储备资产;最后是实现人民币国际化。李伏安、林杉(2009)提出了人民币国际化"五步走"的战略,其中前三步是短期措施,后两步是长期的战略发展目标。这五步分别为:以人民币作为贸易结算工具,科学发展和加快完善人民币资本市场,发行人民币主权债,发展人民币衍生产品,健全资本市场、稳步推进金融创新与信用体系建立。目前看来,这些措施已经在稳步推进。

总的来说,分阶段推进人民币国际化就是实现人民币从区域化到国际化的过程。李晓、付竞卉(2010)认为,处于美元霸权影响下的东亚地区在储备货币、汇率制度的选择和贸易结构调整方面面临着许多困境,使其短期内难以放弃对美元体制的依附和支持。因此,现阶段东亚地区尚不具备改革国际货币体系的能力。未来突破困境的可行路径是,通过加强东亚区域货币金融合作,渐进地改革国际货币体系,进而削弱美元霸权。在此过程中,人民币国际化的路径选择问题至关重要。而具体到人民币国际化问题,借鉴日元国际化的教训,在现阶段的美元体制下,人民币不具备走直接的国际化道路的条件和能力,通过区域货币合作的集体行动有助于减轻各种国际压力,减少人民币国际化的成本,因此,人民币国际化应该通过区域货币金融合作来实现,即通过人民币的区域化来推进其国际化。束斌(2012)通过分析日元国际货币化遇到的挫折,认为某种货币的基础条件再好,但如果缺乏政府长期、正确和全面的战略规划与引导,其也难以成为国际货币。笔者认为,在很长的一段时期内,人民币将处于提高国际影响力即"国际化"的进程中,而并非"国际货币化"进程。笔者还认为,人民币国际化应充分吸取日元国际货币化的教训,中国人民银行应统筹考虑建立人民币国际化的基础,包括:以利率市场化为中心,逐步实现金融自由化;逐步开放资本项目汇兑和市场管制;培育国内金融机构的国际竞争力;扩大金融市场规模,完善金融市场机制建设;促进亚洲周边国家建立"人民币圈",对日本使日元成为东亚区域货币的活动保持适当"警惕"。在此基础上,人民币国际货币化进程可参照欧元模式,尝试先成为区域型货币,最终成为国际货币。

另外,许多学者从推进人民币国际化的具体措施出发,提出了推进人民币国际化的有益建议。王慧、赵亚平(2013)认为,鉴于国际分工程度和市场交易效率是货币国际化的基础,建议我国采用"跨国公司＋国内金融改革"的路径,通过跨国公司的发展提升我国在国际分工体系中的地位,通过国内金融改革提高市场交易效率,推动人民币国际化。王晓雷、刘昊虹(2012)在分析了人民币跨境贸易结算失衡问题后,建议"积极鼓励对外人民币直接投资、离岸人民币信贷和人民币互换协议,在现有的外汇管理框架下,通过资本项下实现人民币净流出,应该更加有利于人民币国际化的持续健康发展"。王华庆(2010)指出,人民币国际化是一项长期的极其艰巨的系统工程,对于当前来说更为实际的问题是如何将人民币打造成更便利、更为贸易伙伴信任和接受的计价和结算货币。陶士贵(2009)认为,人民币的完全自由兑换和国际化并非短期内就可实现,需要具备相应的条件,否则会给我国经济金融的稳定发展带来不利影响。在实施步骤中,可先行推进人民币的"国际可接受性",提高非居民对人民币的普遍接受范围和程度,从而体现我国在人民币国际化进程中的主动性、可控性和渐进性,为人民币的完全可兑换和国际化赢得更多的时间和空间,且避免承担过多的国际社会责任,减少制度变迁的成本,不失为一条新的路径。曲凤杰(2010)提出,后危机时代人民币国际化的定位应该是发挥区域核心货币的作用。巴曙松认为,人民币国际化从边境贸易结算等市场自发行为开始转化为政府从制度配套层面主动配合市场需求来推动的层面。孙健、魏修华、唐爱朋(2005)在详尽考察美元、欧元及日元货币国际化路径的基础上,指出人民币国际化战略的过程中存在两种可能的路径选择——在大陆、港澳台"一个中国"范围内实施"欧元模式",在东南亚及东亚等更大区域范围内推行"日元模式",这两种路径对于我国来说都是兼容的。李稻葵、刘霖林(2008)认为,可以采取一种双轨制的步骤,充分发挥境内、境外两个市场的作用,包括在境内实行有步骤、渐进式的资本账户下可兑换,逐步改善金融市场的运作效率,在境外充分运用香港的优势,尽快扩大人民币证券市场规模,推进人民币国际化的进程。殷剑峰(2011)在《人民币国际化:"贸易结算+离岸市场",还是"资本输出+跨国企业"——以日元国际化的教训为例》一文中探讨了不同的货币国际化模式选择对其最终效果的影响。该文以日元国际化的教训为例,说明了"贸易结算+离岸市场/资本项目开放"的日元国际化模式之所以失败的原因:其一,除了政治、军事因素以及国内金融市场发展滞后之外,日本非金融企业缺乏国际竞争力,尤其是匮乏有影响力的跨国企业,是日元贸易结算不能顺利推行的根本原因;其二,国内金融改革尚未展开就急忙放开资本项目,这在当时造成了一个横跨在岸和离岸市场的"再贷款游戏",并成为1990年日本泡沫危机和长期经济增长乏力的重要原因。以史为鉴,该文建议,在国内金融改革实质推动并基本完成前,人民币国际化应该从激进、危险的"贸易结算+离岸市场/资本项目开放"模式转向渐进、稳定的"资本输出+跨国企业"模式。

我国经济学家在谈及亚洲货币合作议题时主要有两派意见:其一,淡化对待亚洲货币合作,代之以使人民币成为世界关键货币之一的目标,其相应的政策是加快人民币国际化进程,使所有亚洲区域金融合作之努力均服务于人民币国际化这个总目标,如黄益平(2009);其二,大部分学者不主张人民币国际化,至少是反对激进的人民币国际化,而是主张我国积极稳妥地参与亚洲货币合作,条件合适时不妨努力去建立亚洲统一货币,并让其与美元和欧元一起参与构建新的三元国际货币体系。

综合上述专家学者的观点,人民币国际化的进程从功能角度来看,是从贸易计价货币到投资货币再到储备货币的过程;从空间上来看,是人民币实现周边化到亚洲化再到国际化的过程;从人民币如何成为储备货币的视角来看,是人民币直接成为储备货币还是通过制度化改革成为储备货币;从双边关系上看,是人民币如何成为双边主权货币结算货币。这些观点的共同点是认为人民币国际化要分步走,人民币不完全可兑换,人民币国际化首先需要国内金融市场的发展。

6.4.4　认清人民币国际化中可能出现的问题

历史上各国推行本币国际化的背景不同、路线图各异,最终结果也大相径庭。对于我国来说,现阶段推进人民币国际化也是在不断摸索中前进。目前要求提出人民币国际化到底走哪条路才能通向成功,是不太现实的。我们能做的就是结合我国现实情况,权衡不同路径的利弊,扬长避短。无论走哪条路,我们都要充分了解其可能出现的问题,未雨绸缪。

首先,"特里芬悖论"新解。由于美元与黄金挂钩,而其他国家的货币与美元挂钩,美元虽然取得了国际核心货币的地位,但是各国为了发展国际贸易,必须用美元作为结算与储备货币,这样就会导致流出美国的货币在海外不断沉淀,对美国来说就会发生长期贸易逆差;而美元作为国际货币核心的前提是必须保持美元币值稳定与坚挺,这又要求美国必须是一个长期贸易顺差国。这两个要求互相矛盾,因此是一个悖论。根据"特里芬难题",在我国双顺差的背景下,人民币无法成功实现国际化。

其次,摆脱"原罪",计价功能的实现是关键。在美元和马克的国际化进程中,在岸市场的发展是关键。在国际市场中,谁掌握了从资源采集到中间品分包再到最终品销售的产业链条,谁控制了销售品牌、销售渠道和核心技术,谁就拥有了资源配置、利润分配以及使用何种货币结算的权力。在日元国际化的过程中,日本对外直接投资比例过低,难以建立以本国企业为核心的生产链条,而间接投资大量用于购买美国金融资产和房地产,我们要吸取这个教训。推行人民币贸易结算存在现实障碍:一是我国主要贸易伙伴拥有强势货币;二是大宗商品多以美元定价;三是我国对外贸易中外商投资企业居于主导地位,掌握了货币结算的选择权,人民币离岸金融市场使我国面临资本账户开放的压力。

再次,摆脱"套利套汇"的离岸市场困境。由于发展离岸市场的实质是降低投资者进入门槛,通过低税收、无管制、低成本等优势吸引投资者,所以离岸市场的发展一般都是自发性的,而且往往伴随着套利套汇现象的产生。如何让人民币最终不像日元那样仅仅成为"载体货币",如何让离岸市场摆脱"carry trade"的困扰,这是我们在发展离岸市场时应该注意的。

最后,处理好人民币国际化与资本项目开放、利率市场化、汇率改革的关系,防止内地市场"金融空洞化",这也是人民币国际化成功实现必须越过的屏障。 一般来说,实体部门改革应摆在所有经济改革的最前面,其后是金融部门改革,最后才是放开资本项目。即使资本项目放开,也需要结合国内实体经济部门和金融部门改革的进展,采取"先直接投资项目、后证券金融项目""先长期项目、后短期项目"的原则。为了实现人民币国际化,需要放开资本项目,而这必须以国内金融改革和金融发展为前提。从日本的教训看,离岸金融市场往往"倒逼"资本项目开放,而非国内金融市场改革。实际上,离岸市场并不是本国货币国际化的必要条件,而仅仅是结果。以美元离岸市场为例,其发端于20世纪50年代,发展于70年代,而美元早在1945年就取代英镑成为世界货币。

7 人民币国际化中存在的问题研究

丁剑平　陈岚　吴文生

货币国际化是把"双刃剑",既带来收益,又有风险。世界银行前首席经济学家和高级副行长、诺贝尔经济学奖得主斯蒂格利茨教授在分析资本市场自由化或国际化时曾指出:资本市场自由化是一把"双刃剑",但是其中的一面要比另一面锋利得多。当市场很乐观时,即市场过度繁荣时,资本大量流入,即使只有很小一部分资本流入生产领域,经济增长率还是上升了。在发达国家,非理性繁荣后面紧随着非理性悲观,发展中国家也同样如此,而且情况只会更加严重。尽管发达国家能够很好地承受这些市场波动,但这些波动对于发展中国家的影响就严重多了。结果,发展中国家在资本流出时所遭受的损失要比在资本流入时获得的收益大得多。从国际经验来看,处于国际化进程中或参与国际货币合作的货币,如果收益大于成本,且货币国际化的风险能够得到有效控制,其国际化进程就会不断向前推进。随着人民币国际化进程的推进,人民币国际化的收益和成本问题也会凸显出来。目前从整体上看,人民币国际化是利大于弊的,但仍需要密切关注人民币国际化进程中以及人民币充分国际化后面临的风险。在一国货币国家化进程中可能会出现种种问题,而"特里芬难题"是任何货币成为国际货币的过程中不可避免的问题。在本章中,我们将从一个新的角度——货币的基本职能去分析"特里芬难题"。我们会发现,国际货币的供给与需求是不均衡的,这给人民币国际化创造了一个很大的机会。后面的几节,我们对人民币国际化中可能存在的其他问题也作了一些分析,以尽可能扬长避短、趋利避害,达到人民币国际化效用最大化。

7.1 "特里芬难题"

7.1.1 "特里芬难题"的提出

20 世纪 60 年代,美国经济学家罗伯特·特里芬提出:"如果关键货币(Key Currency)国家维持国际收支平衡,那么其他国家就无法拥有足够的储备,从而无法支持贸易和交易的扩张,进而导致经济停滞;世界储备的合适增长速度,只有通过关键货币国家债务的不断增加来实现,这会加重对该国清偿债务能力的怀疑,特别是当债务超出其不断减少的黄金储备时。"特里芬两难可以解释为美国以外的成员国必须依靠美国国际收支续保持逆差、不断输出美元来增加它们的国际清偿能力(即国际储备),这势必会危及美元信用,从而动摇美元作为最主要国际储备资产的地位;反之,美国若要维持国际收支平衡,稳定美元,则其他成员国国际储备增长又成问题,从而会发生国际清偿能力不足,进而影响到国际贸易与经济的增长。这样,美元实际上处于两难境地。并且,特里芬据此预言布雷顿森林体系会由于这一内在矛盾而必然走向崩溃。这已为后来的事实所证明。"特里芬难题"的本质含义概括起来就是:国际清偿能力的需求不可能长久地依靠国际货币的逆差输出来满足。这一难题实际上在布雷顿森林体系之前的国际货币体系中就已存在,只不过在布雷顿森林体系中表现得更为突出、更为典型罢了。

布雷顿森林体系崩溃后,仍以美元为中心的多元储备和有管理的浮动汇率为特征的牙买加体系开始建立。由于该体系实现了国际储备多元化,美元已不是唯一的国际储备货币和国际清算及支付手段,因而在一定程度上解决了"特里芬难题"。但这一体系能不能从根本上解决这一难题呢?从多元储备体系的现实情况看,美元仍占有很大优势,能在国际储备中占一席之地的也只有美元、日元、欧元等极少数国家(地区)的货币。这种多元储备制,不论其币种和内部结构如何变化,国际清偿力的需求仍要靠这些国家货币的逆差输出来满足,实质上是没有变化的。所以说,多元储备体系没有也不可能从根本上解决"特里芬难题",因而也终将逃脱不了崩溃的命运。

7.1.2 新"特里芬难题"

(1)新"特里芬难题"的提出

20 世纪 90 年代以后,"特里芬难题"再度重现:国际货币体系的稳定取决于美元的稳定,美元的稳定取决于美国的国际收支平衡,但全球清偿力供应又依赖于美国的国际收支逆差,美国的"铸币税特权"又推动美国的经常账户逆差不断扩大,从而形成了所谓的"新特里芬悖论"。

最早提出新"特里芬难题"的是马克麦考利(McCauley)(BIS,2003)。他在国际清算银行 2003 年第一季度的经济评论中从美国与东亚国家资本流动关系出发,考察在美国经常账户赤字不可持续条件下,美国国际金融中介地位与其吸收国际投资头寸状况恶化之间的冲突。他认为,美国通过相对安全的负债来吸引东亚资本,弥补美国的国际收支逆差,使得东亚成了实际意义上美国的"准银行"。但是,这种"准银行"的货币(美元)供给有赖于美国对东亚地区的直接投资和美国的经常账户逆差。所以,当美国的经常项目赤字不可持续时,"准银行"的"货币供应"就会收缩,这又反过来影响美国的金融市场,对美国的国际金融中介地位造成威胁。

(2)新"特里芬难题"形成的机理

新"特里芬难题"形成的机理包括以下几个方面:

①经济发展状况的不同。20 世纪 80 年代,美元、马克和日元与发达国家的大三角经济结构形成了一个相对有效的国际本位货币"垄断竞争"结构,其主要表现为:尽管美国在全球经济和国际货币体系中依然占据主导地位,但在技术创新和劳动生产率上的相对优势已经下降,日本和西欧的经济增长率和劳动生产率提高的速度要高于美国。根据麦迪森的计算,1950~1973 年,美国、西欧和日本的劳动生产率年均复合增长率分别为 2.77%、4.77% 和 7.74%,1973~1990 年则为 11.41%、21.35% 和 21.97%。这种劳动生产率上相对优势的变化就表现为美元地位的相对下降和美元的贬值。1985 年后,与美元贬值相适应,欧洲经济和货币一体化进程加快,日本也进一步开放市场,加快了日元国际化进程,欧盟和日本有能力吸收美元贬值的冲击,"大三角"经济是相对稳定的。显然,美国经济势力的相对下降有助于国际本位货币"寡头垄断市场"的稳定。

②世界经济格局的变化。20 世纪 80 年代,发达国家国际收支调节的有效性还在于各国采取了合作策略。麦迪森(1997)在评论战后经济增长时指出:东西方的分裂加强了资本主义经济之间的利益协调,美国以一种负责任和慷慨的方式发挥着领导作用,向欧洲提供了大量的援助,促进了互相关联的合作程序和自由贸易政策。1987 年年初的"卢浮协定",显示了西方共同努力,谋求美元稳定的努力。为了避免金融危机,日本甚至不惜代价,压低本国利率,要求本国投资者增大对美国金融市场的投资(布伦纳,2003)。20 世纪七

八十年代,在发展中国家,经济成功起飞和持续增长的主要是小国和地区,如东亚"四小龙"和"四小虎",对国际货币体系的运行不具影响力。而发展程度相对较高的巴西和墨西哥等拉美大国,正陷于债务危机的泥潭,失去了在国际货币体系中的话语权。中国与印度这两个发展中国家的大国正处于经济起飞的前期,在全球经济格局中还微不足道。在这一背景下,尽管这一结构是"一币独大"的,汇率的国际收支调节机制还不够灵敏,但发达国家间国际收支的调节是相对有效的,美国还能接受国际纪律的约束,以收缩国内经济,服从外部均衡的要求。

1992年后,克林顿政府通过国内的财政紧缩和货币贬值,在1996年后实现了国内财政收支的平衡和国际收支的相对平衡,从而也为美国经济乃至全球经济的增长创造了宏观条件。从20世纪90年代开始,国际的政治和经济环境发生了根本性的变化,原来相对稳定的多元国际本位货币体系的基础开始动摇,国际经济又出现了"一枝独秀"的单极化倾向。由于冷战结束,西方发达国家间的政治同盟开始松动。美国基于经济和军事上的强势,呈现出国际政治关系的"单边化"倾向。而随着欧盟经济一体化的深化和规模的扩展,欧盟在国际政治关系上的独立性增强。而自广场协议达成以来,以日本为代表的亚洲国家与美国经济增长的同步性已大大地削弱了(关世雄,2003)。根据关世雄的计算,两者的相关系数从1971~1984年的0.731下降为1985~1998年的0.175,说明区域内的贸易增长要高于区域间贸易增长。经济区域化倾向的出现也动摇了发达国家间国际合作的政治基础,在汇率和其他经济政策上难以实现有实质意义的合作。

③经济全球化的进一步发展。20世纪90年代以来,基于技术革命基础上的经济和金融全球化是加重现行国际货币体系矛盾的又一重要因素。20世纪90年代新技术革命对国际经济的最大影响是空间的缩小和时间的缩短,或距离的消失,并冲击了一切妨碍全球化的制度和习俗,把民族国家卷入国际竞争的大潮。在技术革命和经济全球化的推动下,跨国公司成为全球生产的组织者和协调者,并实现了按价值链组织全球分工,降低了成本,提高了利润水平,20世纪90年代中后期出现的低通胀、高增长就是技术革命和全球化的重大成果;经济全球化也使越来越多的发展中国家卷入全球化的大潮,加快了全球制造业向低成本地区转移的趋势,其直接效应就是发展中国家在全球贸易中的比重提高,出口竞争力增强,贸易顺差增加。

发展中国家随着出口导向的FDI流入,出口竞争力提高,从总体上看呈现贸易收支的顺差。这样,在实体经济层面,发展中国家的比较优势得到了体现,制造业向发展中国家转移成为全球经济发展的长期趋势;经济全球化也加快了发达国家经济结构的调整,使其国内经济成为以服务业为主导的经济,2000 年,服务业增加值占 GDP 的比重美国为 73%,英国为 74%,德国为 71%,法国为 74%,日本为 62%(世界经济统计,2003)。

表 7—1 世界贸易结构构成 单位:%

项　目	发达国家		发展中国家		东亚和东南亚	
年份	1985	2000	1985	2000	1985	2000
总值	68.9	63.5	30.3	33.6	10.1	18.7
高技术产品	83.2	63.4	16.6	35.4	10.9	29.1

资料来源:转自陈志昂《经济全球化与"新特里芬悖论"》,《经济理论与经济管理》2005年第 1 期。

④国际金融环境的变化。在全球经济中,发达国家通过治理结构、全球价值链以及地理配置这三个核心要素组织国际生产体系,以提高效率和利润水平。如果说经济全球化在一定程度上提升了发展中国家的出口竞争力,而金融全球化则导致全球财富的重新分配和发展中国家的福利损失,使美国的财产性收入提高,刺激了消费和投资,扩大了美国国际收支逆差。

首先,美国自 20 世纪 80 年代开始进行了金融自由化改革,使美国成为全球金融创新的发源地。从 20 世纪 90 年代以来,美国 1/3 的投资是在金融行业。1990~1999 年间,制造业占 GDP 的比重从 28%下降到 22%,而金融和不动产业从 4%上升到 5%。1990~2000 年,美国 4 个主要的证券交易所的交易值从 18 867 亿美元上升到 329 943 亿美元。上市公司筹资额从 31 052亿美元上升到 152 144 亿美元,增加了将近 4 倍(世界经济统计,2002)。美国资本市场成为全球最大的市场,吸引着全球的资金流向美国,使美国可创造金融资产,弥补经常账户的逆差。

其次,从金融全球化角度看,发达国家的投资基金和养老基金成为全球最主要的套利者,以获取发展的收益。弗朗索瓦指出,金融全球化的一个主要的原动力就是通过操纵在新兴金融中心进行的金融投资,实现让他人支付一部分发达资本主义国家退休人口社会保障的目的。这些投资基金在全球的活动既加剧了发展中国家的经济震荡,也形成了财富效应,加剧了内部经济的不均衡。根据布恩(Boone,2001)等对西方私人财富结构的研究,1980~2000 年间,西方的财富结构中,金融财富的比重总体上均是提高的,但美国最高,占77.14%,日本、法国和意大利相对较低,为 46.1%、51.14 和 52.2%。

再次,美国的财产性收入在 20 世纪 90 年代后半期急剧增长,使美国的消费增加,储蓄减少。在传统的双赤字理论中,强调的是当期的流量平衡,而没有考虑财富存量的收入效应。伯库斯等(Backus et al.,1994)曾构建了一个两国一般均衡的随机成长模型,认为一国发生长期劳动生产率提高时,将使其产出提高,价格水平下降。这时,资本就会大量进入这个国家,刺激投资,提高消费水平,从而使储蓄小于投资,产生贸易收支逆差。而将财富效应加入这个模型,就更有可能扭曲流量平衡。从这个模型可见,当没有资本流动时,一国的投资是有限的,不会产生吸收理论边际支出倾向大于1的状况;但在经济和金融全球化时代,技术创新国的跨国公司能在全球迅速获得创新红利,提高股价,并吸引资本向创新国集聚。全球性的组合投资又将进一步产生财富效应,刺激消费扩张。这样,根据国际收支中的吸收理论,将会改善关键货币国和技术创新国的国际收支。因为货币贬值具有国民经济的激励效应,国民经济增长既会直接引起进口增加,也会通过财富效应增加进口,从而出现"贬值—出口增加—经济增长—进口更多增加"的循环。

我们发现,其实新"特里芬难题"与"特里芬难题"本质上是一样的,只是美元的价值不再以黄金衡量,但是美元内在的价值还是随着美元的不断输出而降低。美元危机在浮动汇率制下仍然存在,只是表现方式不同而已。其最终结果是,与"特里芬两难"一样,美国的经常项目逆差不可持续。

"特里芬难题"告诫我们:依靠主权国家货币来充当国际清偿能力的货币体系必然会陷入"特里芬难题"而走向崩溃。不论这种货币能否兑换黄金,不论是哪一国货币,不论是一国货币还是几国货币,也不论是以一国货币为主还是平均的几国货币,其实质道理是一样的,因而其结果也会一样。"特里芬难题"揭示的意义正在于此。这对于我们分析未来国际货币体系的发展无疑有着重要的启示作用。目前人民币正在朝着国际货币的方向前进,如果不解决"特里芬难题",即使人民币能成为世界货币,最终的结局我们也能预料。

7.1.3　新"特里芬难题"是否持续

"特里芬难题"在提出当时是合理存在的,也见证了布雷顿森林体系的瓦解,但当前的"新特里芬难题"未必仍然持续,或其产生的影响已得到缓和,主要有以下原因:

一是货币的信用化降低了国际货币发行量对币值的影响。布雷顿森林体系时期,黄金直接与美元挂钩,美元的发行量与本国黄金储备直接相关,当货币发行量持续高于黄金储备量的时候,美元将无法完全有效地兑换成黄金,美元有贬值压力,影响其国际货币地位。但随着国际贸易量的迅猛增长,缓慢的黄金增长已无法支撑美元的发行量,这必然降低美元的可兑换性,而目前包括美元在内的主要货币均是信用货币,货币的发行量与黄金的储备量之间的关系日益弱化,美元的高发行量并未影响世界各国对美元的信心,美元仍然是"硬通货",是生息资产,相对黄金来说更具有优势。当然,当美国资本流出减少而美元发行量未减少到导致国内货币供应量增加时,美国国内容易产生通货膨胀,超过一定程度,则会影响美元的国际地位。

二是资本项目顺差形成的国际资本的回流缓解了国际收支逆差。当前国际货币体系下,资本借助各类金融产品和交易流动更为迅速。"特里芬难题"的关键点就是持续的货币输出虽能履行其世界货币的职能,但无法支撑世界各国对货币的信心。实际上,美国巨额的经常项目逆差有很好的"缓冲垫",即资本项目顺差。美国在全球的经济地位勿庸置疑,美元的国际货币地位也较为稳定,各国在发展经济的同时必然需要本国外汇资产的保值和增值,购买美元资产是最保险的投资方式,如购买美国国债、股票,投资美国企业等。美元作为世界上最广泛的储备资产,其安全性和流动性在一定时期内是可以保障的,这导致美国资本项目持续顺差,大量国际资本回流美国,缓冲其经常项目逆差。布雷顿森林体系时期,由于美元和黄金挂钩,美国承诺世界各国可以固定比例互兑黄金和美元,美元回流方式主要是世界各国将持有的美元向美国兑换黄金,所以超额发行美元导致美元贬值的同时,会加速美元回流。而当前国际货币体系下,美元与黄金不挂钩,超额发行的美元的回流方式是购买美国发行的债券,这并不影响美元的币值。且由于美元的贬值将会导致世界各国持有的美元资产缩水,这种紧密的关系反而有可能使得美元进一步升值。

在一定时期内美国的国际地位较难撼动,美国可以凭借其主权信誉不断发行美元,一部分满足国内经济活动需要,另一部分通过经常项目输出满足世界各国国际贸易的需要,同时美元通过美国资本项目回流至国内,只要国际贸易活动持续扩大,这种资本循环就能持续,国际货币体系内在的矛盾就不会对经济活动产生显著影响,由此,当前国际货币体系不存在根本性矛盾,通过良好的国际协调和贸易规则的建立,完全能够保持当前国际经济平稳发展。马克麦考利(McCauley)提出的新特里芬悖论是基于特里芬(Triffin)基本原理的延伸,是在布雷顿森林体系瓦解后的国际货币体系下的新表现形式,相对于原来的特里芬悖论,最大的不同就是脱离了黄金与美元挂钩的基本原理,引入了资本项目收支。因此,新"特里芬难题"是否在一定时期内对经济活动有显著影响,需要考察国际储备供应和需求量、国际收支以及经济增长情况。

7.1.4 国内对"特里芬难题"的研究

国内学者对特里芬悖论的研究始自 20 世纪 90 年代。吴富林(1992)从多元化国际通货条件的角度,对特里芬悖论进行论证,认为特里芬悖论是国际货币制度一个永恒的难题,并对如何协调因特里芬悖论产生的问题提出了一定建议。陈志昂(2005)对新特里芬悖论的形成机理进行了研究,提出了基于风险补偿和福利均衡货币政策模型,认为要缓解新特里芬悖论产生的问题,除了美国采取紧缩的财政政策外,东亚国家应加强经济合作和货币的一体化,共同调节汇率水平,并支持欧元作为国际本位货币的地位。王秋玉(2007)提出,美国平衡贸易收支的途径仅能采用资本项目顺差来弥补贸易项逆差,一旦两者不能平衡,就会影响美元币值的稳定和世界经济的正常运行,要建立一种新的世界货币体系,脱离某一国别货币单独行使国际结算和国际储备职能。当然,也有学者质疑特里芬悖论的存在。曾辉等(2009)从可兑换性和流动性关系、国际收支与流动性关系、关键货币国家货币政策目标定位三个角度分析,提出特里芬悖论并不成立,现行的国际货币体系并不存在根本性矛盾,美国国内经济失衡造成了经常账户的赤字,进而造成了全球经济失衡。上述研究普遍从经济学原理和传统理论角度进行分析,部分也加入了一定的数据和图形分析,但没有系统地证明经济理论是否符合实际情况。

7.2 "特里芬难题"中的国际货币动态解读

从传统"特里芬难题"的解读中得到的事实是,一国在货币国际化进程中无法绕过"特里芬难题",因此,"特里芬难题"成为国际储备货币稳定性问题的重要理论依据。

7.2.1 "特里芬难题"传统观点

(1)从传统贸易的角度看"特里芬难题"

对特里芬问题的研究实际上是与国际货币的形成过程紧密联系的。Barry Eichengreen(2005)指出,1914年之前,英国作为世界上第一个工业化国家和最大的贸易国而成为世界金融中心,由于它是世界原材料的主要进口国、制成品的主要出口国,并且金融业发达,英镑自然成为国际货币;英国的殖民政策也使得英镑的国际货币地位加强,英镑成为唯一的国际货币。

Paul Krugman(1984)指出,美国虽然在进出口中出现逆差状况,但综合各方面的指标,美元仍能保持主要国际货币的地位,马克、日元并不能取代美元。Kiyotaka Sato(1999)通过实证检验指出,虽然日本与东亚其他国家的经济联系紧密,进出口贸易活跃,但由于美元的广泛使用,东亚其他国家与日本之间的贸易可能使用日元计价,但其他国家间的贸易仍用美元。在外汇市场上以日元计价的外汇交易只占极小一部分,大部分外汇交易仍以美元计价。

东亚其他国家的进出口商为规避汇率风险,使用美元作为计价货币。日元占比低的原因部分是由于日本进口商品中原材料占比过高。

Eichengreen(1998)和 Persaud(2004)提出,国际货币具有网络外部性,一旦一种货币成为国际货币,便很难退出,英镑也是如此。Eichengreen(1998,2011)指出,美国虽然自 19 世纪 90 年代末成为贸易顺差国,GNP 在 1870 年超出英国,出口贸易总额在 1912 年超过英国成为世界最大的出口国,但除了对美国极度依赖的加拿大和菲律宾采用美元作为储备货币外,其他国家并没有将美元作为储备货币。Eichengreen(2005)指出,第一次世界大战爆发后,虽然美国的出口贸易扩大,贸易持续顺差,并且远离战争成为世界加工厂,由战前债务国成为战后债权国,为美元国际化打下了良好的基础,但美元并没有迅速成为主要的国际货币。Eichengreen and Flandreau(2008)指出,美元在 20 世纪 20 年代末才与英镑并肩成为国际主导货币。但经济"大萧条"发生后,英国凭借其殖民优势又重占上风(政治原因而非经济因素)。第二次世界大战后,美国工业产值约占世界一半,黄金储备占世界的 2/3。Eichengreen(1998)指出,1955 年后美元超出英镑成为主要的国际货币,美国贸易总体仍为顺差;同时,德国经济发展,贸易顺差扩大,马克占比稳步上升。

自布雷顿森林体系崩溃后,美元在国际储备货币中的占比下降。由于日本的经济与贸易迅速发展,日元在国际货币中的占比上升。欧元区成立后,欧元并不能迅速取代美元的国际地位。但美国的经常账户若持续逆差,则会导致美元贬值,削弱美元的国际地位。Menzie Chinn and Jeffery A. Frankel(2007)指出,美国经常账户恶化,政策失误。美元贬值会是欧元取代美元的因素之一。Marc Flandreau and Clemens Jobst(2006)指出,贸易因素是美元取代英镑的主要原因,人民币要成为国际货币,应大力发展国际贸易。M.Obstfeld(2011)认为,美国的财政赤字政策是可持续的,并且古典的"特里芬难题"在资本自由流动的今天并不存在,因为新兴市场国家需要具有流动性和安全性特点的储备资产,而美国国债是其唯一的选择。美国的财政赤字政策为世界提供了流动性,新兴市场国家经济的持续增长保证了美国赤字政策的可持续性。

(2)从现行的国际货币体系下看"特里芬难题"

余永定(2011)指出,美国借助于其国际货币的地位,可以通过币种结构的调整消除其负债,由债务国变为债权国,即美国通过对外债权以外币计价,对外债务以美元计价,采取美元贬值和高对外投资回报率等方式,可以由债务国转为债权国,维持其经常账户逆差和财政政策赤字的可持续性。陈建奇(2012)建立一个动态的模型,通过分析研究表明,在现代国际货币体系下,当货币发行国实际经济增长率大于等于通货膨胀率与国际储备货币收益率之和时,国际储备与实际 GDP 之比的动态路径收敛,国际储备具有内在稳定性;当实际经济增长率小于通货膨胀率与国际储备货币收益率之和时,国际储备资产不再具有稳定性。然而,前面提到的"特里芬难题"关注的是国际储备货币稳定性极端情形下的一种逻辑推测。我们是否能从一个新的角度去看待"特里芬难题"?

7.2.2 实证结果

我们采用简单的回归来考察影响几大国际货币需求的因素。首先,从回归结果看,GDP 增长率和汇率的波动率对一国货币国际化影响最大。GDP 代表一国的综合国力和发展状况,其中的科技发展对各国居民持有该国货币具有很大的预期心理作用。综合国力的提高会大大提速该国的货币国际化。为此,我们增加了专利申请总量(patent)作为补充说明。虽然不如 GDP 显著和影响大,但专利申请代表科技发展的符号和显著性也是符合我们模型的预期的。其次,汇率波动率越大,对投资者或持有者来说,其持有该货币的风险也越大,两者呈负相关关系。尤其是该变量对国际货币的形成前期意义更大。汇率稳定对国际货币的计价功能的形成也是十分重要的。结果符合两者之间的负相关关系。

7.2.3 "特里芬难题"的国际动态解读

最引人关注的是净出口与该国货币国际化直接的关系。此处,我们要对特里芬两难(Triffin Dilemma)进行修正。"由于美元与黄金挂钩,而其他国家的货币与美元挂钩,美元虽然取得了国际核心货币的地位,但是各国为了发展国际贸易,必须用美元作为结算与储备货币,这样就会导致流出美国的货币在海外不断沉淀,对美国来说就会发生长期贸易逆差;而美元作为国际货币核心的前提是必须保持美元币值稳定与坚挺,这又要求美国必须是一个长期贸易顺差国。这两个要求互相矛盾,因此是一个悖论。"该命题的结论是世界货币体系的稳定不能依赖任何单一国家来保障。其命题(悖论)的最大问题是没有区分在取得国际化货币地位之前和取得国际化货币地位之后的特征(见图7-1)。美元的扩张似乎是美国和其他国家之间的双向选择,是国际社会对美元的供求关系的选择,解决这一矛盾就应该从美元的供求关系中寻找答案。各国应该积极调整国际收支平衡,供应方应该积极解决国际收支赤字问题,而需求方则应该减少大量贸易顺差和资本的大量流入。许多国家主张,美国应该采取紧缩的国内货币政策和保持国际收支顺差。然而,长期以来通过财政和国际收支双赤字实现的美元扩张给美国带来了巨大的国家利益,就此而言,美国很可能会继续利用美元的国际地位把"特里芬难题"发展到极致。在特里芬教授提出美元"悖论"的时代,美国的贸易仍是连年顺差,而且在资本项下也在不断扩大资本输出规模,其投资净收益每年也有上百亿美元,可以作为支付进口的重要资金来源。美国贸易项下的顺差直到1981年才结束,资本项下的顺差直到1985年才结束。

一个理论的提出本来应该与实践相符合才会被认可,可"特里芬难题"却滞后了二十九年。现在看表面上符合了美国情况,可以解释美国的贸易逆差和美元贬值,可以前呢? 为什么同一个理论就不能解释1981年以前美国的金融和贸易情况呢? 这个理论也一样解释不了日本、德国、法国等国的经济和金融现象,因为这些国家的货币也是国际流通货币,它们一样输出货币也被其他国家吸纳,却没有出现什么必定要出现的贸易逆差。这样一个非常不合常理而且漏洞百出的理论为什么就能够大行其道呢?

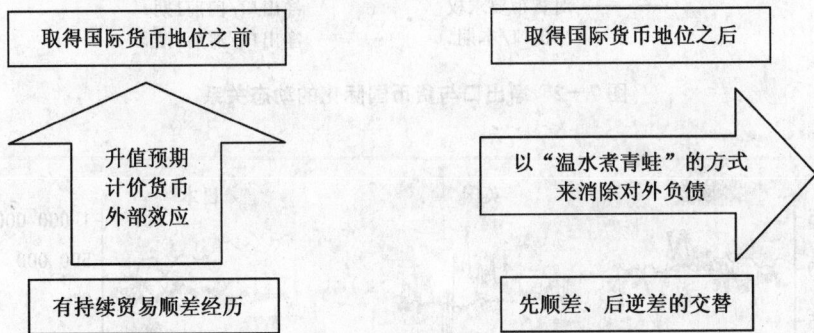

取得国际货币地位之前	取得国际货币地位之后
↑ 升值预期 计价货币 外部效应	以"温水煮青蛙"的方式 来消除对外负债 →
有持续贸易顺差经历	先顺差、后逆差的交替

图7—1 对"特里芬难题"分阶段的解读

要客观地评判"特里芬难题"还得依据各个主要货币形成的历史和其贸易收支之间的动态关系。虽然本研究使用的是净出口的提前和滞后变量,但这种交替影响也说明了国际货币的动态维持方式,我们可以用图7—2表示。

对外贸易逆差依据特里芬的推断应该用对外投资的顺差来抵补,形成对称型。原始数据(见图7—3)也揭示了这种趋势。回归结果表明:在贸易逆差显著的时候,对外投资变量显著,并有助于提升国际货币的地位。

一国货币成为国际货币前需要保持吸引力,如币值稳定、经济规模足够大、贸易顺差等;在成为国际化货币之后,要输出本国货币,主要方式为贸易逆差与对外投资。一国货币国际地位不变与贸易逆差可持续并不冲突,因为有第三种因素,具体以美元为例进行说明。布雷顿森林体系解体后,美元不再与

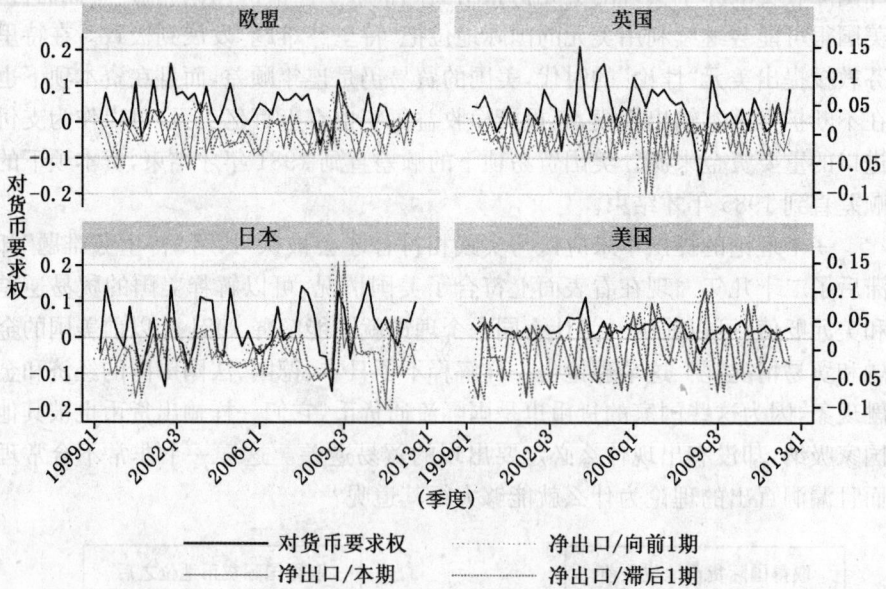

图 7—2　净出口与货币国际化的动态关系

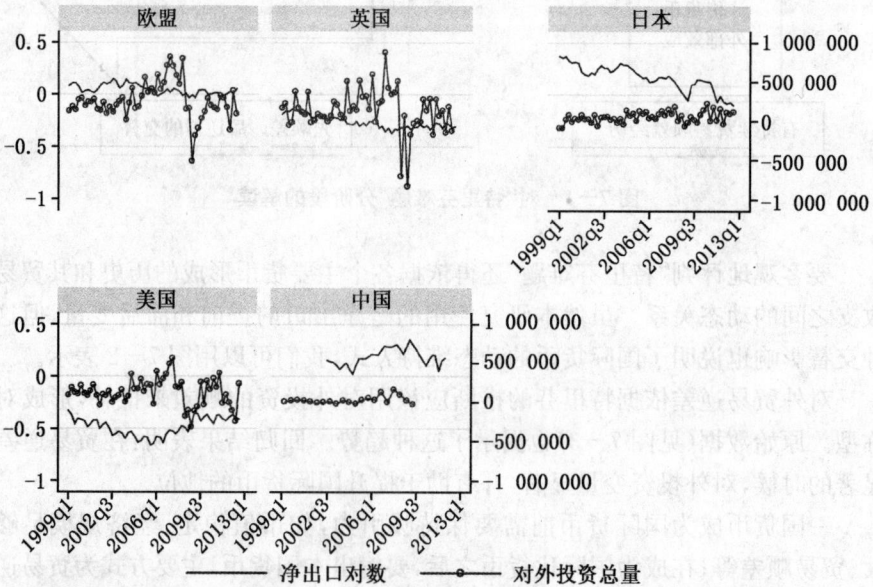

说明:欧盟的对外投资是用德国的数据替代的。

图 7—3　贸易逆差与对外投资的关系

黄金挂钩,但仍是主要的国际化货币,主要原因在于:

第一,国际社会对计价货币的需求与美元外部性的原因交互影响;第二,美国自身的创新能力。两种原因交互影响决定了美元自布雷顿森林体系崩溃后的国际地位:国际社会对计价货币的需求、美元的外部性、美国自身的创新性。美国自身的创新性保证了美国可以持续逆差,对外持续输出美元。只要美国保持其创新性,它就能提供其他国家的必需品,即其他国家非常依赖美国及其创新性,不得不接受其贸易逆差这一现状,具体表现在国际收支平衡表中,美国经常项目中进出口为逆差,但收入与服务项目为顺差,且金融与资本项目顺差。

7.2.4 结论

以上是对"特里芬难题"从一个新的角度进行的思考,但是也留给我们关于国际化货币的以下思考:

一是货币输出指标的衡量。以美国等国家的货币为例,美元充当着国际货币计价单位的职能,其为世界提供流动性的手段不仅有贸易逆差的方式,对外直接投资、证券投资和其他投资也会输出美元为世界提供流动性。我们可以对贸易逆差、对外直接投资、证券投资和其他投资数值求和,然后减去其他国家对美国的直接投资与证券投资,将其作为美元输出的指标。

二是国际对计价货币的需求。国际贸易与金融领域需要一种或几种货币作为计价与结算货币,由于美元的网络外部性具有优势,并且美国的创新能力领先世界,因而其他国家对美元充满信心。在这里,我们可以用每个国家每年申请专利的数量作为其创新的衡量标准。

三是国际对计价与结算货币的需求与供给是否平衡。世界贸易总额远大于美国、德国、日本、英国的贸易逆差,即从交易需求上来看,对货币的交易需求大于其供给。所以,从货币职能的供求角度来说,这是人民币国际化的机会。

7.3 人民币国际化中的货币替代问题

7.3.1 货币替代的历史和类型

货币替代现象最早出现于 1904 年,巴拿马政府允许美元在其境内流通。之后,随着世界经济自由化和全球化趋势的增强,货币替代的表现类型愈发多样。货币替代的多样性为我们厘清不同经济发展阶段和开放程度下货币替代的规律提供了丰富的素材,在此,我们着重分析最具代表性的三种货币替代类型。

(1)早期的货币替代——拉美国家的美元化

20世纪70年代拉美国家出现的美元化现象反映的是发展中国家在经济发展和体制改革过程中遇到的货币替代问题,其中以阿根廷"自由兑换计划"的实施最为典型,可以总结出若干值得借鉴的经验。

以高通货膨胀率为重要特征的宏观经济波动会导致货币替代现象的出现,特别是在国内不存在可以抵御通货膨胀的有效可替代性资产的条件下,情况将更为严重。但是,即便该国通货膨胀得到成功的治理,货币替代仍然可能会持续。正是由于严重的通货膨胀导致公众对比索产生信任危机,从而引发阿根廷美元化。之后,为了控制过高的通货膨胀率,阿根廷政府将汇率作为反通胀的工具。虽然通货膨胀率有所下降,却又导致比索币值高估的现象,引发公众对比索未来贬值的预期,加剧了货币替代现象。

蒙代尔提出的三元悖论在理论上反映了一国政府在处理货币替代现象时所面临的难题。典型的货币局制度要求本国货币与某种特定外币的汇率固定下来,并且严格按照法律规定使货币发行量随外汇总量联动。但是,"自由兑换计划"的本质是货币局制度的某些特征与中央银行的某些特征相混合的制度。在这种制度下,中央银行除了持有大量的外汇资产以外,还持有本国资产,政府在认为必要时可以干预外汇市场并且对兑换加以限制,而这在典型的货币局制度下是不允许的。这种干预迫使货币当局同时瞄准两个实际上不可协调的目标——汇率目标和货币供给目标。由于"自由兑换计划"使比索钉住美元,阿根廷的利率也随着美元利率的上升而提高,此时政府唯一的选择是采用扩张性的财政政策,其结果是大量公共债务的积聚。在这种情况下,政府又陷入保持固定汇率制度与缓解债务危机的两难境地。

一国在经济上和政治上与美国的过度紧密联系甚至依赖可能成为摆脱货币替代困境的制约因素。阿根廷一向奉行以美国为中心的全方位务实外交,在政治上追随美国,在经济上加强与美国的联系,扩大与美国的贸易,吸引美国投资。一旦阿根廷放弃本币而实行美元化,必将形成对美国经济和美联储货币政策极强的依附,而这种依附没有任何的双边协议作保证。出于经济利益的考虑,美国财政部要避免美元化的国家依赖于美国财政部的支持,也不想在美元化国家发生危机时充当救援人。

(2)区域性的货币替代——货币替代的高级形式

与拉美美元化不同,欧元的出现创立了一种货币依靠区域货币合作成为替代货币进而走向国际化的有效方式,为许多国家实现增强本国货币国际竞争力目标提供了重要的参考范式。欧元的货币替代模式是基于区域一体化的基础上展开的,是实现区域政治、经济均衡和提升经济金融国际竞争力的产物,是政府政策有意推动的结果,也有着极大的参考价值。

欧元货币替代的进程是挤压其他非强势货币国际空间的进程。虽然欧元的出现让美元在各个国际市场的份额都有所下降,却并没有颠覆美元的主导地位,避免了美国因感到威胁而施加的干扰。但是,相对处于劣势的英镑和日元由于欧元的出现已经基本退出国际货币的第一梯队阵容,成为国际金融市场中的主要配角。欧元化的过程是货币影响力不断向周边国家和地区溢出的过程。欧元地位与作用的变化反映了冷战结束后欧洲地缘政治和地缘经济的变化。苏联解体后,大批东欧国家开始了重新融入欧洲的过程,欧盟也积极帮助这些国家制定稳定的宏观经济政策,创造条件使其进入欧洲经济发展的大轨道。由于入盟能够带来显著的政治和经济收益,东欧及巴尔干半岛国家在经济上主动参与欧盟地区的经济分工与合作,在货币金融政策上自觉接受欧洲货币体系的三阶段政策安排。当经济合作发展到一定阶段,需要向纵深推进并且涉及国家主权转让时,溢出效应就能够极大地促进其他领域的融合,使得欧元的国际影响力大为提升。

与此同时,充分的制度安排和政策协调成为欧元真正实现货币替代的重要保障。贯穿欧元诞生和发展全过程的是大量具有法律效力和约束力的文件、协议和一整套相应的机构设置,这些都有效促进了各国间宏观经济的协调与趋同,成为日后欧元顺利发行和良好运转的基础。

满足各参与国权益的利益平衡机制为欧元的有效运行奠定了可持续发展的坚实基础。欧元化模式下的利益平衡机制不仅体现为各成员国利益均沾,弱小国家甚至享有优先受益权。比如欧洲央行的指导利率使得德国和意大利成为单一货币运行初期的利益让渡国家,希腊、爱尔兰和卢森堡等国家的经济因为较为宽松的环境而发展不俗。欧洲央行总裁理事会的"一国一票"制可以确保在重大事件的决策中,小国也能拥有平等的发言权,有效避免了欧洲货币联盟成为个别大国借以扩大国家权力的俱乐部。

(3)国际层面上的货币替代——特别提款权

特别提款权(SDR)是人类历史上第一次集体创设的超国家的国际储备资产,由国际货币基金组织发行,是为了维护布雷顿森林体系、解决国际清偿力不足的问题而创立的。但是,就其目前在国际储备中的地位而言,它始终未能实现创设之初以及 IMF 第二次条款修订中所预期的成为替代黄金和储备货币的世界范围内最主要的储备资产。回顾创立至今近 40 年的历史可以发现,SDR 作为替代资产的衰落有其必然性。

第一,使用受限极大地束缚了 SDR 替代其他资产的国际空间。SDR 是依靠国际法律而创造的储备资产,分配是无偿的,具有支付手段、价值尺度、贮藏手段的职能,但是没有进入流通领域,不可以直接用于对外支付,只能够在官方和有限的私人市场中使用。

第二,不平衡的利益分配机制使得发展中国家不愿意大量持有 SDR。与欧元化的利益平衡机制不同,SDR 的分配拉大了发达国家和发展中国家之间国际清偿力的差距。IMF 是按照各成员国所占的基金份额进行 SDR 分配的,份额越多的国家得到的 SDR 越多。这种不公平的分配方法引起发展中国家的强烈不满,它们一直要求增加基金份额并且将 SDR 与援助联系起来。

第三,缺乏物质基础、纯粹账面资产的性质令 SDR 的普遍可接受性大打折扣。SDR 是各成员国在基金中的一种账面资产、虚拟资产,不同于黄金储备和外汇储备。黄金储备本身就是一种有价值和使用价值的商品,外汇储备是以储备货币发行国的实际资源和财富为后盾的,而 SDR 只是一种价值形式,缺乏与其价值形式相对应的价值实体。一旦世界经济发生重大波动甚至变故,缺乏物质基础的 SDR 的可接受性将受到冲击。

7.3.2 货币替代的理论研究

参考实践中呈现的三种货币替代类型,学术界首先对货币替代的形成机制进行了深入的探讨。其核心是围绕货币的不同职能论述开放经济下的货币需求理论,进而阐明货币替代的形成机制,大致可以分为四种主流理论学说。

(1)货币服务的生产函数理论

货币服务的生产函数理论从货币的综合效用角度出发,认为在给定资产约束的条件下,人们会根据持有本外币的相对效益和机会成本来调整持有比例以获得最大化的货币服务。Miles(1978)、Joines(1985)、Bergstrand 和 Bundt(1990)采用固定替代弹性的 CES 生产函数检验了美国、加拿大、英国等主要工业化国家货币之间的替代弹性,证明了货币替代的存在。部分学者将生产函数理论细化,比如 Saurman(1986)探讨了"Shipping-the-bad-money-in"效应,指出本币的贬值率导致实际利率的上升,通过价格水平的变化引发货币替代现象。Zou(1993)的研究证明,当本外币无法配合提供流动性服务时,美国和拉美国家政府合作的结果是在降低通货膨胀率的同时引发货币替代现象。

(2)货币需求边际效用理论

Sturzenegger(1994)采用 Baumol-Tobin-Barro 模型和苏联与阿根廷的数据表明在一国经济处于高通货膨胀时期引入新的货币,从长期看经济主体将更多地使用这种新的货币。以 Bordo 和 Ehoudhri 为代表的货币需求边际效用理论则将货币服务具体化为便利支付,使用货币需求的交易动机来解释货币替代现象。Calvo(1985)利用跨期模型研究证明,一国政府若在宣布维持既定的通货膨胀率和利率的同时改变货币供应量,如果本外币的替代弹性大于消费和流动性服务之间的替代弹性,那么汇率将出现短暂的升值,反之则相反。

(3)货币需求的现金先行理论

作为边际效用理论的延伸,货币需求的现金先行理论(Cash-in-advance Theory)强调货币的交易媒介功能,区别在于不把货币直接引入效用函数而是看作交易者在购买时所面对的约束。Boyer和Kingston(1987)通过构建两国的现金先行模型,证明由于存在金融约束,货币替代现象的产生增加了汇率波动的不确定性。Guidotti和Vegh(1993)的研究发现,金融创新通过改变使用不同货币的相对成本,进而改变了商品的相对价格,通过减少金融约束降低使用外币的相对成本,将导致本币名义汇率上升而实际汇率下降,取消使用外币的限制使得一国政府可以取得他国的铸币税,进而影响消费、实际汇率和对本外币的需求。货币需求的资产组合理论从价值贮藏的角度出发,将不生息的货币余额看作是个人所持有的一种资产形式,出于保值和规避风险的目的,人们根据不同资产的收益率均值和方差调整所持有的本外币资产的比例,进而导致货币替代的出现。该理论将货币服务的生产函数理论从实物经济的范畴扩展到了金融经济的范畴。

当一国国内存在较为发达的金融市场和交易工具时,人们不仅可以通过本外币之间的兑换来分散持有单一货币的风险,还可以购买其他金融资产,因此,货币替代的范围被延伸至资产替代(King,Putnam和Wilford,1975)。Sargent和Wallaee(1985)采用的预期效用最大化模型不仅满足了资产组合理论的要求,也考虑了货币提供的服务特性。他们认为,风险厌恶的经济个体为了避免汇率风险而持有外汇,但是如果存在无息债券,汇率风险也可以通过借入债券规避,产生资产间的替代。

(4)货币预防需求理论

1986年,Poloz撰文指出,以往的货币替代学说都没有考虑到获得货币资产所需支付的流动性交易成本以及消费者支出的不确定性,因此提出货币预防需求理论,主要就是考虑当经济主体遇到交易成本和支出不确定性时,如何调整资产组合形式,从而导致货币替代现象的产生。Ratti和Jeong(1994)放宽了Poloz对跨期的限制,假设居民的消费和货币需求决策是跨期的效用最大化问题,表明如果在货币需求函数中考虑外币因素,那么实际汇率的波动将成为货币替代的成因。

基于四种主流的货币替代形成机制理论学说,学术界进一步论证货币替代对经济产生的影响,讨论主要集中于货币替代与汇率水平、货币政策、财政政策、国际收支和汇率制度的关系。

(1)货币替代与汇率水平之间的关系

当本币的内在价值下降时,人们对本外币需求的相对变动导致货币之间的大规模替换,必然会造成汇率的波动。但是,在货币尚未实现完全的自由兑换时,货币替代的正常渠道受阻,此时货币兑换往往转入地下,造成黑市交易中本币汇率的大幅度贬值。而在官方的外汇市场上,由于存在着汇兑限制,即使人们预期到本币价值的下降,也无法进行大规模的货币兑换,汇率水平并不能够充分反映外汇市场的实际供求情况,本币的名义汇率要高于其实际价值。于是,现实经济中就出现了名义汇率与真实汇率的偏差,造成价格信号的扭曲,这无疑又增加了人们对汇率进行准确预期的困难。

(2)货币替代与货币政策和财政政策之间的关系

即便在完全的浮动汇率制下,国内居民对本外币的相对需求变化也会改变国内的货币总量,使得货币需求方的国际联系更加明显,货币当局的决策将受到其他国家货币政策的制约而无法完全阻隔外国货币的冲击对本国经济的影响(Miles,1978)。Joines(1985)认为,根据现金交易数量学说,当货币替代发生时,两国的持币成本都将发生变动,相应地,两国的货币流通速度将发生变化,即本币流通速率要受到外币持币成本的影响。Carlos(1993)指出,在部分准备的存款制度下,由于初始外币存款的增加意味着银行可用于贷放的资金不断增加,这部分资金在国内的金融体系中循环贷放和存入直到所有的外币存款都成为本币的银行准备金、流通中的现金和经常项下的赤字,因此,由外币资产转化形成的本币信贷增量将造成国内货币的被动扩张,必然有损一国货币政策独立性的发挥并且影响货币当局对金融体系的控制权。如果货币当局完全漠视货币替代的作用,坚持按照"单一规则"来增加货币供给,那么,来自货币替代的外部冲击就极可能使国内货币供给大大高于或者低于国内货币需求,前者会引发通货膨胀,而后者则会造成通货紧缩。

货币替代会减少被替代货币国家的铸币税收入,恶化财政收支情况。一方面,由于在面临较高的通货膨胀时,居民选择可以持有外币,这就使政府通过铸币税来融资的能力下降,使本来就紧张的财政预算更加难以平衡。另一方面,本国居民大量持有外币,实际就是将铸币税交到发行外币国家的政府,实质是税收的流失,本国的经济资源未能在本国发挥作用也就降低了本国的福利水平。如果一个国家希望能获得这种额外的铸币税收入，并且采取一种非合作的博弈行动而提高本国货币收益，其结果是各国的通货膨胀率都得到降低，但是由于非对称型货币替代的存在，这个结果在现实中是很难达到的。

（3）货币替代与贸易之间的关系

由于 J 曲线效应的作用，货币替代现象在短时期内将导致国际收支经常项目下的大幅度逆差（包括贸易项目和非贸易项目），而在一段时期之后，如果本币汇率的贬值程度满足马歇尔—勒纳条件，那么贸易项目的收支状况将有所改善，而非贸易项目的逆差则不会有本质的变化，最终的经常项目收支状况要看两者相对变化的程度。从短期资本账户的收支来看，货币替代的表现形式之一就是大量的短期资本外逃，造成本国短期资本收支的突然恶化和本币汇率的更大幅度贬值，进而形成又一轮资本外逃的恶性循环。从长期资本账户来看，货币替代的发生常常是与本国通货膨胀率的上升及投资收益率的下降紧密结合在一起的，而替代的结果往往又加剧了本币汇率的贬值，这些因素都加剧了外商从事长期投资的风险程度，在国内投资环境和金融管制程度没有大变动的情况下，一般外国对本国的长期直接投资将出现下降的趋势。此外，由于货币替代会加剧本币的贬值，本国政府和企业之前所借的长期外债到期支付的本币数额要远远高于贬值之前，而且外国的金融机构也不愿继续向该国提供长期信贷，这无疑会加重本国的偿债负担，恶化长期资本项目的收支。

（4）货币替代与汇率制度之间的关系

虽然汇率制度的类型不是货币替代的决定因素，但是汇率制度的选择通过影响货币币值的稳定性和可测性在货币替代过程中发挥着作用。信用货币发挥货币功能的基础在于人们对货币的信心，即币值的稳定是信用货币发挥货币功能的关键。货币价值的持续稳定，为货币在更广阔的空间内使用提供了内在基础。在固定汇率制度下，当本币被高估，则意味着未来本币将贬值，市场对本币的评价下降，资本外逃，一国有爆发国际收支危机和货币危机的风险；当本币被低估，则意味着本币将会升值，市场对本币的评价上升，资本大量流入，可能导致资产泡沫和通货膨胀。从这个意义上说，浮动汇率制可以增加汇率形成的市场化程度和灵活性，有利于本币对外价格趋于合理，提高本币的国际信誉，对保证开放条件下的金融稳定有相当重要的意义。但是，拉美大部分国家货币当局允许高估本币币值的本质是其对工业发展所需进口投入进行补贴的无奈选择。

从以上分析可以看出，经济学理论通常将货币替代现象视为宏观经济问题。然而，用纯粹的经济学方法分析其背后包含的国际利益因素是不够精准和全面的。在全球经济一体化不断深化的今天,政治考量越来越深地影响了一国的经济活动。每一个参与货币替代的经济实体,无论是主权国家还是超国家行为体,都是国际政治舞台的参与者,都试图用其权力影响经济活动,以达到经济和政治利益最大化的目标。替代货币发行国的政治稳定在货币替代的萌芽阶段(跨境使用)就支撑了对该货币未来价值的信心,而之后的发展都是各国综合实力相对变化的体现。比如,许多推行新自由主义政策的拉美国家领导人都有一定的亲美背景和倾向,为20世纪90年代美元化在拉美一些国家逐渐得到进一步实施提供了间接条件。而为了积极推行金元外交,美国政府也相应地增加了国外美元流通量,主动恢复金本位制和建立以美元为中心的布雷顿森林体系则体现了美国独霸世界的政治野心。20世纪90年代的卢布危机就反映出当时俄罗斯国内政治的动荡不安,也被看作是苏联冷战失败和国家地位下降的象征。进入21世纪,人们愈发感受到在欧元的经济影响背后是其巨大的政治影响力。随着欧盟经济一体化向深度和广度发展,政治为经济服务已经成为欧盟未来发展的不可回避的选择,大西洋关系中的共同维护西方特性的政治需求正在向维护经济利益转化(Plumme,2005)。

7.3.4 人民币国际化进程中的货币替代现状

近年来,随着我国经济的快速发展、对外开放程度的提高,国内对美元等国际货币的支付结算等需求较大,出现美元等硬外币替代人民币的"美元化"现象;同时,随着中国—东盟自由贸易区的建立和发展,人民币在周边国家或地区的流通规模越来越大,人民币又以替代货币身份出现,替代周边国家的货币。这些都说明货币替代与货币反替代是人民币国际化进程中的必然现象。

(1)人民币替代周边国家货币

①人民币替代周边国家货币的现状。

人民币国际化的进程,对于周边小国来说是一种货币替代过程,对我国来说是本币替代外币的过程。虽然人民币还不能完全自由兑换,并且也还不是国际货币,但随着经济往来的密切发展,由于人民币币值比较稳定,尤其是亚洲金融危机时期人民币成功地保持了其购买力,享有较好的国际声誉,因而在周边国家流通的范围和规模不断扩大,并在一定程度上发挥着国际货币的职能,出现越来越普遍的人民币替代他国货币的现象。在蒙古国,人民币的流通已占其货币总量的60%;在泰国、越南、缅甸、朝鲜、俄罗斯、尼泊尔等国家,人民币也可以全境或局部流通;有些国家的居民还将人民币作为储藏手段,甚至官方宣布人民币为自由兑换货币。因此,有些学者称此新现象为与"美元化"相对应的"人民币化"。

2005 年,中国人民银行总行开展了人民币现金在周边接壤国家和港澳地区跨境流动的调查,调查范围为港澳地区以及接壤的 16 个国家。调查结果表明,2004 年年末,人民币现金在周边接壤国家和港澳地区的滞留量约为 216 亿元,比 2001 年调查的滞留量多 34 亿元,占当年我国现金流通量的 1%。其中,人民币滞留于越南的数量最大,达到 64 亿元,占境外人民币现金总滞留量的 30%;其次为港澳地区和缅甸,人民币现金滞留量均在 50 亿元左右,分别占境外人民币现金总滞留量的 23% 左右。从总量方面来看,2004 年人民币流出入总量约为 7 714 亿元,其中流出约为 3 906 亿元,从境外回流的数量约为 3 807 亿元。人民币跨境流动总体表现为净流出,净流出数量约为 99 亿元,占当年现金累计净投放的 5.8%。港澳地区是人民币现金流量最大的地区,2004 年流出入总量约为 7 058 亿元,占人民币现金跨境流出入总量的 91.15%;其次为越南,2004 年人民币流出入总量约为 75 亿元,占人民币跨境流出入总量的 1.11%。

②人民币在周边国家替代的原因。

对于人民币在国际化进程中替代周边国家货币、呈现区域"人民币化"的动因,主要可从实体经济和金融经济两个层面来考察。

从实体经济层面来看,一是在提供劳务过程中,出于日常支付手段的需要。周边一些国家和地区出于吸引我国游客等目的,对人民币在当地的流通采取放任的政策。如新加坡、马来西亚和泰国等国家对本国使用人民币采取默认的态度,其国内商店大多有人民币的兑换点;柬埔寨政府公开号召本国人民大量使用人民币。自 2004 年 1 月 1 日起,香港持牌银行正式开办有关个人人民币业务,以满足个人小额旅游需要。二是在边境贸易中,出于贸易结算的需要。在边贸结算中,人民币起到了举足轻重的作用。其中,中蒙边境贸易基本以人民币结算,中越边贸 90% 以人民币结算。在范围更大的大贸易结算中,人民币也开始扮演一定的角色。我国已分别与越南、尼泊尔、蒙古、俄罗斯、老挝、吉尔吉斯斯坦及朝鲜签订了双边货币结算与合作协议;巴基斯坦、越南、尼泊尔、蒙古、俄罗斯五个国家已通过立法,允许在出口贸易中使用人民币进行结算。

从金融经济层面来看,人民币替代周边国家货币是出于价值贮藏的需要。在一些国家和地区,人民币被称为"第二美元",成为当地居民保值增值的重要币种,甚至已开始进入国际储备货币行列,如马来西亚、韩国中央银行已将人民币作为其储备货币之一;在我国与日本、韩国等国家签订的双边互换协议中,允许使用人民币与对方国家货币互换。

(2)人民币国际化进程中仍不可避免的货币替代

人民币国际化中存在的问题研究

近几年来,由于人民币汇率始终呈稳中有升的趋势,大部分学者的研究都表明,我国的货币替代呈下降趋势;并且由于最近国内利率上调及美元持续贬值,人民币已积累了大量的升值预期,使得一些国际游资溜进国内赌人民币升值,也使得国内不少民众纷纷把美元等外币兑换成人民币,出现货币反替代现象。从表面上看,造成人民币升值或积累较大的升值预期,货币替代下降,甚至出现货币反替代的直接原因是我国的利率上调、国际收支顺差和外汇储备大幅增长,但其背后还有许多深层次的原因,主要表现为:首先是现行的汇率制度还难以真实反映外汇供求,在这一制度下企业无法自愿地持有外汇,由此强卖而形成的汇率不可能是真正意义上的市场价格,不可能真实反映外汇供求水平,形成的人民币汇率也是扭曲的。其次是人民币尚未成为完全可兑换货币,这种状况必然抑制对外汇的真实需求,加剧外汇市场的供大于求,拉动人民币汇率走高。因此,我国目前的人民币汇率水平是在人民币汇率机制尚未完全市场化情况下表现出来的一种现象,所出现的货币反替代可能是暂时的。从人民币流出的原因来看,在亚洲金融危机之后,为了兑现币值稳定的承诺,人民币实行了事实上钉住美元的汇率制。几年以来,这一缺乏弹性的汇率形成机制导致人民币面临强大的升值压力。这是当前持有人民币能够获得较高预期收益以及人民币在周边国家和地区颇受欢迎的主要原因。从这个角度上讲,现在发生在周边国家和地区的人民币替代行为是一种变相的"美元化"行为——表面上反映的是对人民币的信心,更深层次上反映的则仍然是人们对于美元的信心。

(3)人民币国际化进程中货币替代的特点

从人民币流出的途径看,人民币对周边国家和地区的主要流出途径是边境非法交易(赌博、毒品、走私等),旅游者携带出境、边境贸易等。而一般国际货币输出货币的重要途径大多是资本项目下的本币输出,而由于人民币在资本项目下不可自由兑换,且国内建设也亟须资金,因而人民币形式的对外投资和单纯资本流出并没有成为人民币流出的主要途径。因此,对那些存在人民币替代本币现象的周边国家(地区)而言,人民币的可得性较弱,从而使人民币与本币的可替代性受到了限制,人民币对其本币的替代过程中的自我强化机制由此受到扼制。以上这些分析说明,无论是"美元化"还是"人民币化"的货币替代现象,当前人民币国际化渐进式进程中的货币替代主要呈现不对称性的特点。

7.3.5 人民币国际化进程中货币替代影响的利与弊

货币替代与货币反替代是人民币国际化进程中的必然现象,这些现象对我国经济的影响就如一把"双刃剑",有利有弊。

(1)人民币国际化进程中货币替代的有利影响

人民币国际化进程中货币替代的有利影响主要包括:第一,可以带来可观的铸币税收入和通货膨胀收益;第二,可以降低汇兑成本和汇率风险,促进国际贸易和边境旅游业的发展;第三,可以提高我国的国际地位;第四,可以缓解货币错配状况;第五,可以促进我国金融业参与国际市场竞争和国际化的发展,增强竞争实力和影响力。

(2)人民币国际化进程中货币替代的不利影响

第一,货币政策的独立性遭到削弱,货币政策的有效性受到影响。由于存在货币替代现象,当人们对人民币币值有下降的预期时,就会将其财富转换成那些币值坚挺的外币来保存,流通领域中的外币数量就会增加,货币替代最终使得我国央行独立运用货币政策的能力遭到削弱。货币替代的出现使得货币供求的国际联系更加明显,令本国货币当局的决策或多或少地受到其他国家货币政策的制约。货币替代的存在会使各国的货币政策之间产生高度的相关性,同时也就减少了我国货币政策的独立性和有效性,使得央行在决策和实施时不得不考虑其他国家的政策情况。同时,货币政策实施效果的好坏,很大程度上取决于货币供应量的精确统计。当人民币替代他国货币通过各种途径流往周边国家,或流出之后又公开或隐蔽地流回境内,就无法按传统的方法精确计算我国的货币供应量,进而使我国货币政策的中介目标难以选择。人民币在周边国家的货币替代会进一步削弱利率这一宏观调控工具的运用,使利率难以符合中介目标的条件,即可控性、可测性和抗干扰性难以达到,从而弱化宏观调控的效果,货币政策有效性受到影响。

第二,影响我国国际收支统计的质量和有效性。当前,我国居民与非居民之间以人民币计价结算的货币记录,未纳入我国国际收支平衡表的统计范畴。而在与周边国家的对外交易中,人民币用于探亲、旅游、边境贸易方面的规模越来越大,直接影响到我国经常项目的精确统计,进而对我国国际收支的平衡产生很大影响。

第三,会加大反洗钱、反造假的难度。人民币替代周边国家的货币,为不法商人洗钱提供了渠道。因为人民币的流出主要是通过地下钱庄或地摊银行等非法途径,给人民币走私及洗钱带来方便,而这就加大了我国反洗钱的难度;同时,人民币大规模的流出也增加了人民币被伪造的可能性。有关研究证明,货币被伪造的概率与货币流通的范围呈正比关系。因此,随着人民币替代周边国家货币程度的提高,境外人民币的制假者和伪造人民币的数量就会增多,如果大量假币进入境内外流通领域,势必破坏人民币的国际信誉以及影响我国经济的正常发展。这种现象一旦出现，势必加大我国反假防伪的难度。

7.3.6　总结与启示

迄今为止，货币替代的趋势越来越清晰地反映出货币之间的竞争与再分配，这是历史演进的必然。Cohen(1997)指出，从总体上看，掌握国际货币主导权的国家通过输出通货膨胀掌控国际金融与贸易，获得实体经济的收益以及铸币税的好处，然而大多数国家的政策独立性在一定程度上被削弱，在政治和经济上都承受了损失。目前的国际货币体系被普遍认为是由美元和欧元主导、日元次之的不对称的寡头垄断格局，而在未来极有可能出现美、欧、亚三大货币区鼎立的结构，其中人民币的崛起已经成为国际学术界争论的焦点。从货币替代的发展前景来看，国际货币体系在很长一段时间内都难以形成单一货币垄断的局面，人民币国际化的目标导向应该在于成为多极化货币体系中的一极，在其他货币的竞争与挑战中赢得应有的权威和国际地位。

关键货币是由最强的经济实力提供的，这乃是一个传统的事实。一国货币作为国际货币所包含的各项职能都与该国强大的综合国力、较高的经济发展水平以及强有力的国际投资地位密不可分。从世界经济和金融发展的历史和状况看，只有少数经济实力强盛的国家的货币才能被国际社会接受，成为国际化货币。在国际经贸中是否使用该国货币进行计价和结算，不是由货币发行国主观决定的，而是取决于市场对货币购买力的信心，而这种信心来自于对该国经济实力的认同。除此以外，一国货币真正成为替代货币还需要一定的发展契机，美元的兴起与英镑的衰落虽然根源于美国与英国经济实力的对比，但是也离不开发生的两次世界大战和 20 世纪 30 年代弥漫资本主义世界的经济大萧条等重大事件的影响。目前人民币在西方市场的竞争力还不强，但是在周边国家和地区已经享有"第二美元"的美誉。凭借这一发展契机和优势，人民币可以在东盟、"10＋3"框架下积极开展货币合作，成为区域性可自由兑换的主导货币，并且承担其亚洲投资资产和主要储备资产的职能。当人民币成为世界各国和地区经济贸易和投资往来中结算的主要货币，成为国际和地区性金融机构使用的主要货币，成为各国和地区政府的主要储备货币时，人民币就实现了在全球范围内的国际化，成为国际货币体系中重要的一极。

货币替代理论还为近期中国、巴西、俄罗斯和印度"金砖四国"提出的超主权货币的发展提供了解释和参考。此次金融危机使得汇率波动带来的负增强机制愈发明显，国际货币体系的内在缺陷更是暴露无遗。此时提出超主权货币正是顺应了世界各国希望有一种有效的国际货币来保持金融稳定的需求。但是，从货币替代理论的角度出发，一般来说，现代货币最为本质的特征就是建立在主权国家信用担保的基础上,离开了主权国家的信用担保,信用货币是无法确立的,更不用说发挥货币功能。而超主权货币正是与国家主权相脱钩的,没有国家主权为信用担保,因此,这种国际货币一定将是世界各国政治协商的结果。那么,即使政治协商可以进行,但由于当前各国的经济发展水平及在国际经济生活中的地位悬殊十分巨大,各国在这种政治协商中的利益诉求相差甚远,因而达成一致意见的成本是非常昂贵的。即便可以通过政治协商建立起超主权货币,还要面临一个由什么样的机构来管理运作的问题。

再者,国际货币需要行使计价、结算、贮藏及投资的功能,其定价也是难题。如果采用 20 世纪 40 年代凯恩斯曾提出的以 30 种有代表性的商品作为定价基础建立国际货币单位"Bancor"的方法,由于各国生产商品所内含的要素价格可能相差甚远,这样定价的国际货币也就无法准确地反映各国货币的比值关系。因此,创造性地改革和完善现行国际货币体系,推动国际储备货币向着币值稳定、供应有序、总量可调的方向完善,从根本上维护全球经济金融稳定是必需的。但是,这种创造性改革必须建立在现实的基础上。面对国际货币体系的困境,如何面对既有的现实,寻求最终目标之路,才是实现理想的基础。

7.3.7 应对措施

随着我国经济的快速发展和对外开放程度的提高,以及中国—东盟自由贸易区的建立和发展,在人民币货币替代而"美元化"的同时,人民币以替代货币的身份出现进而替代周边国家货币并进入他国流通领域的规模越来越大,人民币成为区域性货币几成现实,并会向国际性货币方向发展。然而,我们应清醒地意识到人民币国际化进程中货币替代对我国经济带来有利影响的同时,不容忽视其不利影响。为此,应该研究和采取应对措施来防范货币替代可能带来的负面影响。

一是建立人民币出入境的监测、预警和调控机制。通过建立人民币出入境监测网,来准确统计和预测人民币外流的范围和规模,以便对其实施有效监管。同时,修订和完善我国国际收支平衡表,将我国居民与非居民之间以人民币计价结算的经济交易纳入国际收支统计的范畴。

二是采取措施引导和鼓励个人及企业通过银行结算,从而将人民币的对外流动逐步纳入银行体系。通过正规银行结算,不但可减轻金融监管部门的负担,而且可以规范人民币计价结算,同时还可通过银行为外贸企业提供优质服务,提高其在结算市场上的竞争力,扩大市场份额。

三是完善金融防范体系,减缓因人民币替代周边国家货币而给金融市场带来的冲击;同时,采取先进的防伪技术和建立必要的制度保障,减少和打击伪造和洗钱等非法行为。

四是稳定发展宏观经济、实施稳健的宏观经济政策和构建良好的汇率形成机制。基于以前缺乏弹性的汇率形成机制下的人民币低估是造成持有人民币收益高于外币,从而使人民币替代外币的最直接原因,而当人民币的升值压力以某种形式释放出来(可能是宣布人民币升值或者汇率形成机制的根本性改变)之后,这一直接原因将不复存在。因此,最终人民币的国际化还是有赖于稳定发展的宏观经济、稳健的宏观经济政策和良好的汇率形成机制。只有这样,才有可能在长期内实现持有人民币的较高收益,从而使人民币国际化进程顺利推进,实现人民币对他国货币替代的自我强化机制效应。

7.4 人民币国际化中的货币回流问题

人民币要成为国际货币,必须同时具备国际支付结算、国际储备等功能,而要实现这几项功能,则需要建立境内货币流出机制和境外货币回流机制。在人民币流出机制建设中,需要通过以人民币支付结算的货物和服务进口贸易以及对外投资等手段来推动人民币成为国际经贸和金融投资活动中的计价货币。随着境外人民币规模的迅速膨胀,建立人民币回流机制成为关注的焦点。人民币回流有利于我国宏观经济发展,但若不对其及时有效地引导和管理,也会对我国经济发展造成一定冲击。

7.4.1 人民币回流具有客观基础

近年来,在央行的大力推动下,我国跨境贸易人民币结算业务快速发展,客观上造成人民币回流业务迅猛增长。

(1)跨境人民币业务强劲增长

2011年,我国与181个国家和地区进行了跨境人民币交易业务。跨境贸易人民币结算业务累计发生2.08万亿元,相当于我国全球贸易额的10.5%,同比增长4.1倍,比2009年更是增长了560倍之多(参见图7-4)。在资本账户交易方面,人民币对外直接投资达到907亿元,比上年增长了58%。

(2)香港人民币离岸市场规模迅速扩大

人民币业务在香港强劲增长。据德意志银行统计,截至2011年年底,香港共有超过132家金融机构提供人民币业务;在港的离岸人民币存款规模增长到6 200亿元,占香港银行业存款总额的10.4%。跨境人民币贸易结算在2012年达到3.7万亿元,约占中国全球贸易的15%,离岸人民币净债券发行

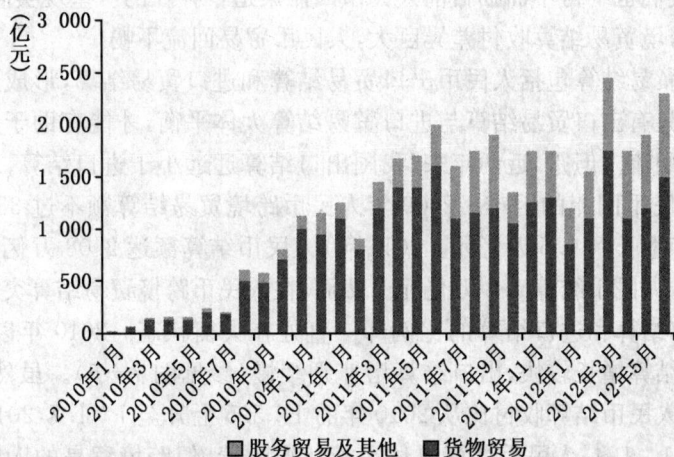

资料来源：中国外汇管理局。

图7—4 跨境人民币结算金额

达2 400亿元，其中1 500亿元用于对外直接投资。

(3)香港人民币债券市场迅速发展

2007～2010年，香港人民币债券发行额分别为100亿元、120亿元、160亿元和210亿元。截至2011年年底，香港人民币债券的累计发行规模达到1 500亿元，约占香港存款总额的10%。在香港，人民币已成为继港币和美元后的第三大货币。

(4)"出境"人民币等待"入境许可"

伴随着飞速发展的跨境贸易人民币结算业务，在人民币回流需求旺盛的情况下，若回流通道不畅，"出境"人民币可能成为投机和非法套利的载体。据外汇局调查，现实中存在地下钱庄以即期汇率"卖出价"向境外企业"购买"其持有的人民币，并通过出售人民币非法套利的现象。同时，还有不少境外企业通过关联公司将人民币兑换成其他货币计价的金融资产，以寻求高收益的投机行为，倘若出现道德风险或清盘赔付，则企业会面临较大的投资理赔风险。人民币回流若能合理引导，客观上对我国对外经济发展及人民币国际化起到促进作用：增强人民币跨境结算的吸引力；以"强区域化"推动人民币国际化；助推资本市场战术层次化进程。

7.4.2 人民币回流渠道存在的问题

尽管人民币回流对我国经济发展以及人民币国际化有着重大的促进作

用,但是我们也不得不面临目前人民币回流渠道中存在的一些现实问题。

(1)跨境贸易结算收付差异巨大,人民币贸易回流不畅

跨境贸易结算包括人民币出口贸易结算和进口贸易结算,形成人民币的收和付。只有出口贸易结算与进口贸易结算大体平衡,才能有助于人民币从国外顺利回流。但是,近两年来,我国出口结算远远小于进口结算,贸易失衡加剧了人民币回流的困难。2009年人民币跨境贸易结算额不过35.8亿元,到2010年增长到0.5万亿元。2011年,人民币结算额达2.08万亿元。2012年上半年,人民币结算1.3万亿元。然而,在人民币跨境贸易结算突飞猛进的同时,出口结算和进口结算的比例却一直处在失衡状态。2010年以来,跨境贸易进口结算增长较快,出口结算增速则缓慢(参见图7—5)。虽然2011年跨境贸易人民币结算收付比从2010年的1:5.5上升至1:1.7,2012年收付比提高至1:1.4,人民币结算收付平衡状况改善,但跨境贸易的人民币收付比例依然差距较大,有很大一部分国外进口企业不愿意用人民币支付,导致人民币通过贸易结算渠道回流的数额有限。

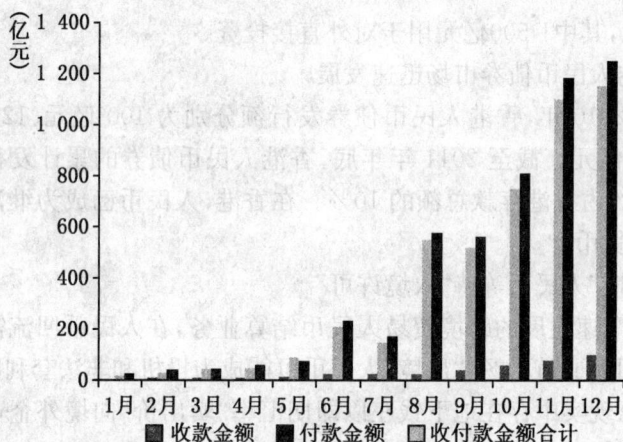

资料来源:中国外汇管理局。

图7—5 2010年人民币跨境结算金额(按月)

(2)人民币资本回流规模较小

人民币通过资本项目回流主要有三种形式:投资银行间债券、境外直接投资、投资国内证券。

①投资银行间债券受到限制性配额的制约、回流规模受限。中国人民银行于2010年8月16日发布《中国人民银行关于境外人民币清算行等三类机

构运用人民币投资银行间债券市场试点有关事宜的通知》,允许境外中央银行或货币当局、香港和澳门地区人民币业务清算行和跨境贸易人民币结算境外参加行三类机构运用人民币投资境内银行间债券市场。截至 2011 年 5 月 2 日,获批银行已达 20 家。据中央国债登记结算公司相关数据粗略估计,境外机构买入银行间市场的债券量可能超过 100 亿元。但是,银行间债券市场的试点项目仍受到限制性配额的制约,中国央行将向境外央行和银行发放这些配额,人民币通过此渠道回流的规模受限。

②境外直接投资领域受到限制。2010 年年末,各试点地区共办理人民币跨境投融资 701.7 亿元;2011 年,银行累计办理外商直接投资人民币结算业务 907.2 亿元;2012 年上半年,银行累计办理外商直接投资结算金额 918.1 亿元。在对外直接投资人民币结算不断增长的同时,跨境人民币直接投资在中国境内投资的领域却受到了限制。根据 2011 年 10 月商务部印发的《关于跨境人民币直接投资有关问题的通知》,跨境人民币直接投资在中国境内不得直接或间接用于投资有价证券和金融衍生品及用于委托贷款或偿还国内外贷款,这大大限制了人民币回流的规模。

③境外机构人民币投资国内证券业务发展不畅。2011 年 12 月 16 日,证监会宣布《基金管理公司、证券公司人民币合格境外机构投资者境内证券投资试点办法》,允许符合一定资格条件的基金管理公司、证券公司的香港子公司作为试点机构,运用其在港募集的人民币资金在经批准的人民币投资额度内开展境内证券投资业务,初期试点额度约人民币 200 亿元,为控制风险还规定,其中不超过募集规模 20% 的资金可投资于股票及股票类基金。但是,香港证监会 2012 年 3 月发布的第一季度报告表示,在香港发行的人民币合格境外机构投资者基金(RQFII)遭到市场冷遇,200 亿元的 RQFII 额度至今只卖出半数,部分基金被迫延长认购期。之所以 RQFII 遭冷遇,原因主要有两点:一是管理费太高。RQFII 的管理费在 1%~1.5%,再加上最高 5% 的申购费,RQFII 的平均净回报率仅在 4% 左右,收益有限。二是投资品种有限。由于投资范围 80% 都限制在债券市场,产品同质化,收益率不高。根据中国人民银行泉州中心支行课题组对主要国际货币发行国资本及金融账户国际收支情况的研究,国际货币通过境外直接投资和境内债券市场回流的数量占总回流资本的 50%~60%。而我国人民币通过资本项目回流的总额刚超过千亿元,与国内跨境贸易结算过万亿元的数额相比相差甚远,与 50% 的比例相比更是差距巨大。之所出现这种现状,原因主要有两点:一是时间短。我国允许境外投资者进行资本项目投资仅仅两年的时间,人民币资本回流从无到有,规模的增大需要一个过程。二是限制多。在资本不能自由流通的情况下,虽然央行

人民币国际化中存在的问题研究

发布了一系列推动境外投资的政策,但对于投资者资格和投资额度的限制比较苛刻,这就限制了人民币资本账户回流的规模。

7.4.3 人民币大规模"回流"的潜在风险

缺乏科学管理和引导的人民币大规模"回流"会引发一系列问题,需要引起高度重视。

(1)间接扩大信贷规模,削弱货币政策效应

人民币资金回流,由此产生的派生存款,客观上增加了通货膨胀压力,从而对货币政策的效果产生冲击,不利于货币政策中间目标的实现,也将影响稳定物价这一最终目标。境外回流人民币难以设置量化指标,因而可能会牵制央行的货币投放和回笼步伐。此外,香港离岸金融市场没有法定准备金比率的要求,银行实际保留的准备金比率通常低于在岸金融市场。在货币创造乘数的作用下,回流人民币可能对我国货币政策体系带来一定冲击。无论是人民币贸易融资还是人民币外债,均间接扩大了信贷规模,增加了宏观调控难度。人民币贸易融资不属于境内银行的表内业务,未纳入中国人民银行信贷调控范畴,境外人民币资金通过专业银行转贷给境内企业客观上扩大了银行的信贷规模,使央行的宏观调控政策指标失灵,给当前稳健货币政策带来不利影响,削弱了央行政策调控效果。

(2)人民币资金表外运行成监管盲区,银行业务风险日益积累

资金的表外运行极易造成外汇监管盲区。而境外人民币融资的法规条例尚不健全清晰,商业银行利用政策空白私自确定账务处理标准。如中国银行将人民币海外代付纳入表内进行会计核算,而将自行开发的"人民币协议付款"放在表外,而二者并无实质性区别。资金的表外运行、核算,不利于银行及时确认自身业务风险,也不利于中国人民银行、外汇管理局等部门进行汇总统计、实时监控,给外汇资金监管带来困难。

(3)利差汇差的存在加剧热钱流入

目前,香港一年期的人民币存款利率在0.6%左右,而国内为3.25%,在港发行的人民币债券收益率比境内同类收益率要低50~200个基点。利率差和收益率差为资本跨境套利提供了诱饵,投机者可能先将短期逐利资本转移至香港并换成人民币,再通过回流机制进入境内资本市场,豪赌人民币升值,从而加剧热钱流入风险。国家外汇管理局《关于规范跨境人民币资本项目业务操作有关问题的通知》规定,境内机构借用人民币外债,原则上按现行外债管理规定操作,但在实际操作中,未对人民币外债实行专户管理,借入的人民币外债进入企业结算账户后,外汇管理局无法对资金使用的合规性进行及时

的跟踪调查,因此,人民币外债极易成为热钱流入的渠道。

（4）影响人民币汇率稳定

一是短期较大规模的人民币回流会导致国际金融市场人民币供需关系发生变化,加大人民币升值压力。二是内地汇率制度与香港人民币离岸市场汇率制度存在着衔接缺口,内地实行有管理的浮动汇率制度,而香港的汇率制度则完全由市场供求决定,国际投机者可能利用香港金融市场来冲击人民币汇率制度。

（5）阻滞人民币离岸市场发展进程,不利于人民币国际化

根据国际货币发展进程经验,一国货币走向国际化或成为硬通货的重要前提是境外有大量沉淀,而一国货币回流的方式主要有境内机构赴境外发行债券、允许境外合格投资者投资以本币投资本国证券市场、允许参加境外银行间债券市场以及以本币开展外商直接投资等。目前,人民币回流渠道尚不健全,大量通过贸易融资方式回流境内,违背国际化历史经验,也有悖于人民币国际化初衷,不利于人民币国际化,阻碍了人民币离岸市场的有序发展。

（6）监管缺位或冲击外汇管理政策效果

按照现行体系,外汇局对外币外债实行余额指标管理。而人民币业务隶属中国人民银行管理,中国人民银行暂未将人民币外债纳入余额指标管理,导致涉外主体频频利用人民币规避外汇监管,从而促使未在统计监测范围的隐性外债增多。

7.4.4　人民币回流的主要渠道及制约因素分析

（1）人民币回流的主要渠道

随着跨境贸易人民币结算的深入开展,境外人民币回流快速发展。目前人民币的回流渠道主要有以下几种:

第一,人民币存款回流。香港的人民币以存款形式存放于香港的银行,香港的银行再存放于清算行中银香港,中银香港再将其存放于中国人民银行。

第二,人民币贸易融资。贸易融资是涉外企业缓解资金压力的重要方式。自人民币跨境结算试点推出以来,以人民币为计价的贸易融资发展迅速,人民币跨境贸易融资产品创新层出不穷,如中国工商银行的"出口人民币海外代付"、中国银行的"协议融资"等。

第三,人民币投资内地银行间债券市场。2010年中国人民银行公布了三类机构,包括境外央行、港澳清算行和境外参加行,可运用人民币投资内地银行间债券市场。

第四,人民币直接投资。虽然目前政策尚未允许境外人民币资产到境内

直接投资,但 2011 年 8 月 17 日时任国务院副总理李克强在访港期间表示:支持香港发展成为离岸人民币业务中心,支持香港企业到境内人民币直接投资。在欧美债务危机愈演愈烈、日本经济增长停滞的大背景下,高速发展的中国内地经济依然是相对安全且收益可观的"避风港",人民币直接投资即将会成为境外人民币资产回流的重要途径。

第五,股票市场。2011 年 8 月 17 日,时任国务院副总理李克强在访港期间明确表示:允许以人民币境外合格机构投资者方式(RQFII)投资境内证券市场,起步资金 200 亿元。进一步开放资本市场,为人民币回流境内资本市场打开了另一个重要通道。一旦该种业务对外开放,滞留在香港的人民币资金恐成波涛汹涌之势"涌入"国内股市、债市。目前,大部分人民币还是以第一个渠道即以现钞渠道回流内地,其他四个渠道在政策和规模上都有所限制。银行间债券市场投资只对境外央行、港澳清算行和境外参加行三类境外机构开通;RQFII 初期投资额度只有 200 亿元;FDI 人民币出资金额 3 亿元人民币及以上、投资于国家宏观调控行业的,必须报商务部审核,且人民币 FDI 不得投资证券及衍生品。

(2)主要制约因素

当前,人民币回流渠道不畅的根源主要有四个:一是在境外,人民币离岸市场功能不健全,境外人民币的运用渠道狭窄,海外人民币持有者难以找到保值增值的渠道。二是在境内,资本账户管制较为严格,海外人民币难以流回境内寻找投资机会。三是境内银债市场只向境外三类机构限制性开放。2010年 8 月,央行发布了《关于境外人民币清算行等三类机构运用人民币投资银行间债券市场试点有关事宜的通知》,允许相关境外机构进入银行间债券市场投资试点,但目前试点仅限于香港、澳门地区人民币业务清算行,跨境贸易人民币结算境外参加银行和境外中央银行或货币当局,境外机构只允许在核准的额度内进行投资。四是人民币 NRA 账户资金境内运用方式有限。2010 年 9月,央行制定了《境外机构人民币银行结算账户管理办法》,但是仍没有具体的操作指引。目前人民币 NRA 资金用途最主要集中在结算上,可通过非居民账户完成人民币贸易结算,但该账户只享受活期存款的利率。

境外人民币投资渠道较少的问题会带来三方面影响:首先,会影响到跨境贸易人民币结算的进一步扩大化,很多进出口企业持有人民币却发现投资无门,可能会放弃人民币结算的想法;其次,可能会造成地下钱庄等民间机构乘机参与人民币自由兑换工作,给金融安全造成不稳定;最终,可能影响到人民币国际化进程。

7.4.5 建立人民币回流机制的政策建议

目前,人民币还没有以第三方货币身份参与他国国际贸易结算支付,跨境贸易人民币结算与回流还有很长的路要走。从美元、日元等主要国际货币的循环经验来看,本币国际化的本质应该是境外接受程度的逐步提升,而不是仅仅体现资本利差。因此,应沿着人民币国际化的有效轨迹建立人民币回流机制。

(1)发挥离岸市场的作用和推进 QFII 建设

首先,夯实香港人民币离岸资金池。调控人民币回流节奏和规模,实现人民币贸易结算、投资和储备的国际货币功能,就应该发挥香港作为海外人民币交易、储备桥头堡的作用,而调控人民币回流的一个重要手段是建立资金池。因此,可以考虑在香港设立试行的、限额管控的离岸人民币资金池,中国人民银行联合发改委、商务部等部门,协调香港金融管理局、在港银行、证券交易所共同维护资金池的运行。同时,可考虑通过契约控制流动阀门:当资金池蓄存量不足时,关闭阀门继续蓄存,并鼓励人民币债券、固定利息产品、房地产投资信托产品、保险与再保险产品、ETF 基金(即交易型开放式指数基金)等金融产品创新;当资金池蓄存量达到限额时,打开阀门,让回流人民币沿着政策渠道进入境内,放缓其对货币政策、汇率制度的冲击。

其次,完善货币互换,推动人民币区域内跨境回流。目前,中国人民银行分别与十余个国家和地区签订了总额为约万亿元人民币的货币互换协议,但没有公布这些协议中的实质互换数量。建议央行结合人民币国际化的战略安排,在货币互换协议中增设央行对金融机构的人民币购售汇制度安排,以打通境外人民币持有者与当地金融机构、所在国央行的购售渠道。同时,充分发挥我国在亚洲经济格局中的地缘优势,探索向周边国家非居民发行人民币债券的途径,并鼓励境内商业银行开发更多针对周边国家金融客户的人民币保值、增值产品,回流区域内沉淀的人民币资金。此外,尝试建立非可自由兑换货币平盘准备金,用于购买贸易双方金融机构办理结售汇业务中形成的外汇买卖敞口头寸,以减轻人民币的海外派生成本。

最后,加快推进小 QFII 建设。在我国尚不能完全放开资本管制的阶段,允许境外主体将合法获得的人民币资金通过 QFII 渠道进入境内资本市场,可以扩大境外人民币使用范围,提高人民币在国际市场的可接受度,完善人民币的国际价值储藏功能。2010 年,央行与中银香港签署了修订后的《香港银行人民币业务的清算协议》,使得香港银行为金融机构开设人民币账户和提供各类服务,证券和基金公司开设人民币账户不再受限,在港发行人民币基金也成为可能。这一现实与人民币 QFII 方案中最可行的部分相结合,便诞生了"小 QFII",即境外人民币通过在港中资证券及基金公司投资 A 股市场,其与 QFII 业务不尽相同。新协议的签署也意味着"小 QFII"推出的技术障碍被清除,因此其也成为境外人民币回流目前最被看好的重要通道。

(2)建立完善的人民币检测体系和(或)离岸人民币利率机制

①建立完备的人民币回流统计监测体系。当前,一方面应强化对人民币回流的统计监测,另一方面也应强化对滞留境外人民币的量化分析和流动监测,完善央行、商务部、银、证、保等监管部门间的信息交换机制。央行要与国外央行建立信息交换机制,主动监测境外人民币流动信息;加强窗口指导,合理引导人民币回流的节奏和规模;可通过与国外央行建立信息交换机制,第一时间获得境外人民币流动的监测信息;可与汇丰(中国)等在港发行人民币债券的外资银行建立信息交往契约,以挖掘香港人民币离岸市场上的微观交易信息;密切监管跨境人民币融资的资金用途,严防"人民币热钱"流入;制定跨境人民币融资的资金登记监测制度,特别是对于当前的人民币外债和即将在香港推行的人民币直接投资,更应设立专用账户,对资金的使用情况进行筛选、登记,以切实防范"人民币热钱"流入。

②建立健全离岸人民币市场利率体系。逐步形成以人民币国债到期收益率曲线为核心的中长期基准利率和以香港银行间人民币拆借利率(Hibor)为代表的短期基准利率体系,为离岸人民币市场发行各种人民币金融产品提供定价基础。继续放宽市场主体的定价范围,推进货币市场基准利率体系(Shibor)建设,并提升其在中长期的定价参考价值,增强价格杠杆对境内外金融资源的调控作用,消除跨境套利空间。

(3)培育境外人民币债券市场和稳步推进资本项目可兑换

①进一步发展境外人民币债券市场规模。一方面,扩大境外人民币债券市场发放主体和发放规模;另一方面,开放内地银行间债券市场,除了已经允许投资境内银行间市场的三类境外机构,还可以向更多的境外持有人民币的机构投资者开放银行间债券市场。在允许财政部、境内金融机构赴港发行人民币债券的基础上,逐步开放境内非金融机构、国有大型企业、优质民营企业赴港发行人民币债券的条件,并逐步扩大人民币债券发行规模。目前已经允许人民币合格境外投资者(RQFII)将批准额度内的外汇结汇投资于内地证券市场,RQFII 的投资规模还可随境外人民币资金的规模进一步扩大;做大香港离岸市场规模,将人民币资产池子做大,增加以人民币计价的金融产品。

②建立健全人民币贸易融资制度。尽快建立人民币跨境贸易融资制度,明确人民币贸易融资监管主体。加强对创新产品的监管和统计,明确规定银

行创新产品要及时向外汇局备案,按月统计上报贸易融资情况;强化银行贸易融资产品真实性审核义务,明确客户办理人民币贸易融资业务的基本条件和资料;对人民币融资性担保和人民币外债实行余额指标管理,加强监测预警,减少隐性外债和或有负债的影响。

③稳步推进资本项目可兑换,完善人民币回流渠道。实践证明,一国资本与金融项目的开放程度是该国货币国际化的重要条件。要稳步推进资本与金融项目可兑换进程,逐步开展境外人民币项目融资、境外企业在"国际板"上市、开放股权市场成立合资公司,逐步健全境外人民币贸易融资、境外机构投资银行间债券市场、境内机构境外发行人民币债券、人民币 FDI 以及 RQFII 制度等,完善人民币回流渠道。监管部门可通过对投资机构进行资格审查、对投资交易进行真实性审核以及对总投资规模和投资流向进行控制,从根本上控制人民币的境外流通。

(4)规范人民币 NRA 账户和适当拓宽境外人民币融资的范围

①规范人民币 NRA 账户操作,适当放宽资金运用渠道。在《境外机构人民币银行结算账户管理办法》的基础上,制定更为详细的人民币 NRA 账户操作规程。放宽人民币 NRA 账户的资金运用,适当增加人民币 NRA 账户余额资金质押、结售汇业务和投资理财等的运用;进一步规范商业银行表外业务;中国人民银行、银监会、外管局有效联动,将人民币贸易融资、人民币外债等业务纳入表内,建立统一、通用的商业银行境外人民币融资产品创新监管监测机制,把境外人民币融资、投资统一到监管体系内,扫除监管盲区。

②将跨境人民币融资纳入信贷和外债规模调控范围。跨境人民币融资作为本币外债,理应纳入信贷总量管理。建议将人民币贸易融资和人民币外债统一纳入信贷总量和外债总量调控范围内,对人民币跨境贸易融资实行规模控制,使得回流资金总体处于可控范围之内;把握好人民币国际化与资本项目管制之间的平衡,分辨真实的回流需求,避免投机性资金通过回流机制迂回进入内地。

7.5 人民币国际化中存在其他一些需要关注的问题

随着人民币国际化进程的不断深入,一些其他的问题可能需要引起我们的注意。在推进人民币国际化的过程中,我们要能够预见这些问题的发生,以便尽早准备好应对的措施。下面我们就分析人民币国际化中可能会存在哪些问题。

7.5.1　货币国际化带来的"货币锚"效应

（1）"货币锚"效应的有利影响

货币的国际化逐渐让国际化的货币成为了一个"货币锚"，这也是货币国际化所带来的一个效应。一部分学者认为，其他国家与发行国际化货币的国家开展货物贸易和服务贸易的过程中，都把国际化的货币作为这一区域中的一个"货币锚"来看待。而"货币锚"是使用国际化货币国家货币币值波动的一个基础，在当前的国际货币体系中，发展中国家的"货币锚"一般由币值稳定的国际化货币来充当（Paul R. Masson，2001）。

一般而言，美元或欧元能够成为大部分发展中国家一段时期以来的"货币锚"，主要原因是由于美国或欧元区长期以来是众多发展中国家的主要贸易投资伙伴，这也是所谓的"最优'货币锚'区域理论"（Christopher M. Mei-ssner、Nienke Oomes，2009）。当然，对于使用国际化货币的国家而言，选择恰当的"驻锚"货币，有利于保证本国币值的稳定，促进货币市场化汇率的形成。例如，在1997年亚洲金融危机之前，东盟国家实行的几乎全是单一的钉住美元的固定汇率制度，其原因是美元几乎是一种无风险的货币资产（Elias Papaio-annou、Richard Portes、Gregorios Siourounis，2006）。在亚洲金融危机以后，东盟国家继续加强了美元"货币锚"的地位，美元在这些国家的对外经济往来中处于绝对的支配地位。到2002年时，东盟的各个国家都在不断地增加美元的官方储备，以达到进一步稳定本国货币币值、降低对外负债规模的目的（McKinnon、Ronald and Gunther Schnabl，2004）。但是，随着美国在对外经济往来中地位的下降，美元在发展中国家"货币锚"中的角色也在改变。在发展中国家对外的经济往来中，美元作为计价货币的比例也呈现出明显的调整过程。

（2）"货币锚"效应的不利影响

发达国家较大的国内市场规模和对外贸易数额，令它们不会更多地钉住某种货币（这样只会带来金融体系的不稳定），而愿意采取浮动汇率制度来调节内部均衡和外部均衡之间的不协调。对于美国、欧元区和日本而言，由于其他国家长期钉住它们的货币作为"货币锚"，会让这些国家出现国际收支逆差（Maurice Obstfeld、Kenneth Rogoff，2000），在资本大量流出的同时，也导致国内经济失衡，这必定会影响金融的稳定，抑制经济的增长。

7.5.2　货币国际化与经济增长以及金融稳定之间的相互影响

关于货币国际化、金融稳定与经济增长，众多研究表明，它们之间应当是一种互相制约、互相促进的关系。货币国际化是金融体系发展过程中不可或缺的一个环节，而稳定的金融市场有助于促进经济的增长；反之，金融体系的不稳定会对经济增长有巨大的负面作用，甚至使经济发展出现倒退的局面。无论货币国际化、金融发展处于哪一个阶段，金融的不稳定都会影响到经济的增长。随着金融机构的种类和数量的增多，金融创新产品不断出现，金融商品和金融服务的数量及其种类也在不断增加，影响金融稳定的因素越来越多。金融系统的风险是各国重点关注的一个问题，也是金融稳定的一个关键因素。而金融资产在银行体系中的频繁流动会提高金融系统危机产生的概率，同时，银行系统的非对称性则会加速金融风险的传递效应。再次，经济增长对金融稳定是有重大影响的，如果经济发展速度过快，超过了生产要素内在的增长需求，必定会带来经济发展的失衡，导致伴随经济快速发展的金融体系出现过速发展，从而使并不稳健的金融体系无法承受快速发展的经济所蕴含的巨大风险，增加金融体系的不稳定因素。

宏观调控的难度将加大。人民币成为国际货币之后，将会有大量的人民币在国际金融市场上流通，这就有可能扰乱我国国内货币政策，影响国内宏观调控政策的效果。例如，当国内因发生通货膨胀而实施紧缩的货币政策、提高利率时，国内商业银行可很方便地从境外市场借入大量人民币资金以满足客户的借款需求，其他趋利性资本也会迅速流入。大量人民币资金迅速回流，势必导致紧缩政策的效应难以发挥，使货币政策的制定和执行陷入被动局面。所以说，货币国际化同发行国际化货币的国家内部宏观经济政策的协调统一是非常重要的。

7.5.3 人民币国际化中的监管问题

人民币国际化意味着我国金融市场、经济体系遭受外部冲击的可能性加大。人民币国际化将使我国国内经济与世界经济密切相关，国际金融市场的任何风吹草动都会波及国内，国外经济危机、通货膨胀等都会通过国际途径传递到国内。特别是如果人民币的实际汇率与名义汇率出现偏离，或是即期汇率、利率与预期汇率、利率出现偏离，就会给国际游资以投机套利的机会，刺激短期投机性资本的流动，对国内金融市场产生巨大冲击。人民币国际化也会增加中国金融监管的难度。一方面，由于对境外人民币现金需求和流通的监测更加困难，将会加大中央银行对人民币现金管理的压力；另一方面，伴随着人民币资金跨境流动而出现的非法资金流动不仅会增加反假币、反洗钱的难度，而且将影响国内金融市场的稳定。人民币国际化还将使我国面临货币逆转的风险。一旦我国国内经济形势发生逆转，就可能动摇其他国家对人民币的信心，人民币持有者就会在各种国际货币间进行调换，形成对人民币的挤兑和抛售,这种货币的逆转将对我国国内经济产生冲击,而且货币逆转带来的救助货币危机的成本和干预汇率的成本也会给我国造成巨大损失。

(1)人民币国际化过程中的监管主体

人民币国际化问题主要涉及人民币的流进和流出、外币的流进和流出。因此,作为监管主体,只能是代表我国政府负责货币发行和流通事务的中央银行。在具体操作中,国内的货币发行和流通由中国人民银行负责管理,涉及外汇的流动问题由中国人民银行通过国家外汇管理局来执行。当然,国家外汇管理局要加强与国家有关管理部门如国家发改委、商务部、海关总署、证监会以及金融机构等的信息沟通和政策协调。

(2)人民币国际化过程中的监管目标

①保持人民币币值的基本稳定。包括两方面的内容:一是要保持国内物价的稳定;二是要保持人民币汇率的稳定,以防范汇率的剧烈波动导致资本的投机性大幅度转移。人民币汇率的稳定,既可以促进我国进出口贸易的发展,又可以吸引更多的外资为我国经济建设服务。

②保持国际收支平衡,以促进国民经济的健康发展。国际收支平衡包括经常项目和资本项目的平衡。在监管过程中,要密切注意资本项目,尤其是短期资本项目的平衡状况。

(3)人民币国际化过程中的监管内容

①货币供给量的变动。在人民币国际化过程中,社会对货币的需求不仅局限于国内市场,还包括国际市场对人民币的需求。因此,中央银行在决定货币供给量时,应综合考虑国内外两个市场的需求,既要防止通货膨胀,也要防止通货紧缩。如果国际市场对人民币需求增加,那么,货币供给量就应相应变动。否则,人民币流出到国外,在本国市场上就会显得货币供给不足,物价会上涨,进而影响到对外贸易和汇率,影响国际收支平衡等。

②本外币流进和流出的控制。主要是对资本项目的一些控制(因为我国已实现了经常项目的可兑换),防止大量的资本流入我国,对人民币的供需和我国经济发展产生影响。对于外币的监管而言,监管资本流入比监管资本流出更容易、更有效。如在现阶段实行的 QFII 制度是一种有限制地引进外资、开放资本市场的过渡性制度,实际上是中国人民银行和证监会对资本流入我国的一种引导和限制,抑制外资对我国资本市场的过度冲击。而正在设计中的 QDII 制度则是对资本流出的一种限制,是允许在资本项目未完全开放的情况下,我国内地投资者到海外资本市场进行投资。

③利率和汇率的波动状况。不管是人民币还是外币,都具有趋利性。国内外金融市场利率和汇率的任何变动都会引起人民币和外币的流动。如果不

能平衡国内利率和国外利率的关系,平衡本国汇率与其他国家货币汇率的关系,就会引起资本在国际市场的大幅度转移。

④投机性资本。要分析资本的流入是长期性的还是短期性的,是投资还是投机,防止投机性资本对我国经济的冲击。只有具备足够的外汇储备和灵活的人民币发行机制、渠道,才能抵制国际游资的冲击。如1997年的亚洲金融危机中,我国就成功地防范了这次危机对我国的影响。

⑤外汇买卖。加强外汇买卖的管理,实行结售汇制,防范外汇敞口风险。

⑥套汇套利活动。防止套汇套利活动对外汇市场的冲击。

(4)人民币国际化过程中的监管方式和手段

人民币国际化对中央银行的监管提出了更高的要求,需要采用一些新的监管方式和监管手段。

①宏观经济政策的适度运用。要充分利用财政政策和货币政策,两者松紧搭配适当,能够进行微调,并要能够与汇率政策和外贸政策等进行协调配合,实现本外币和内外政策的均衡。这是保持国民经济持续稳定增长、国际收支平衡、利率和汇率稳定的有力手段。

②法律手段。法律手段是最具有强制性和威慑力的经济管理手段。人民币在国际化过程中有可能引发各种违反法律规定的趋利行为,需要健全和完善的法律予以打击,并保护合法的交易行为。

③非现场监管制度的建立。由于人民币国际化过程中涉及的主体众多,仅仅依靠现场检查不仅成本高昂,而且很难收到实效,因此,需要建立完善的非现场监管制度。具体要求各金融机构提供完备的各种统计报表,提高金融统计的覆盖面、时效性和质量,提高信息透明度;对国际收支平衡表做详细分析,找出疑点作为监控重点。

④预警系统和指标体系的建立。监管工作是一种动态过程,危机的出现也有一个动态的发展过程。通过建立预警系统,监测指标变化过程,可以及早发现问题,防范风险的爆发。可重点监测以下指标:对外贷款和投资、外债余额、短期和中长期资本的进出数额和余额、大额资本的进出、人民币离岸市场的利率和汇率等。

⑤中央银行的干预。任何汇率制度下,中央银行都会对外汇市场进行干预,但干预程度会有所不同。我国目前实行的是单一的有管制的浮动汇率制,但人民币汇率长期以来变化不大,波幅很小,这与固定汇率无多大差别,中央银行的干预是显而易见的。在人民币国际化的过程中,中央银行根据形势所需进行干预,也是必要的,这种干预实际上起到一种监管的效果,因为任何干预都会影响经济中的货币供求状况。

8 计价货币

丁剑平　陈岚　吴文生

　　我国对发达国家的出口商品定价历来因买方垄断而陷入被动局面,这导致我国为维护本国厂商的利益去稳定汇率,这又最终导致我国被动地积累了大量的外汇储备。而当前的人民币跨境结算等措施没有从根本上改变这种被动状态。当人民币有升值预期时,人民币支付进口增多,但出口仍然多采取外币方式。这将恶化我国对外资产的比重结构。究其根源,是在对外经济活动中,人民币计价功能相对弱化,也就是货币的价值尺度与支付手段功能分离。美元化和其外部性是阻碍两者结合的主要原因。这也是日元国际化难以推进的原因之一。强化计价功能的路径是提升我国出口商品的不可替代性(异质性),争取对大宗商品、期货等衍生品的人民币计价,积极向尚未美元化区域对外投资。这样,人民币国际化才具有可持续性。

　　在积极推动人民币跨境结算实践中,我国资产负债的币种结构没有得到改善。若让这种问题继续持续下去,将有碍于人民币国际化进程。本章将此问题与计价货币的职能结合起来进行分析。

8.1　计价货币理论综述

8.1.1　计价货币选择理论

　　(1)传统的计价货币选择理论

早期关于国际贸易中货币计价的文献主要从交易成本、产品特性等方面展开研究。

　　①Swoboda 假说：根据不同货币的交易成本选择计价货币。

　　从长期来看，选择一种货币作为计价货币可以减少交易成本。Swoboda(1968)认为，那些交易成本低廉的货币将成为贸易的交易媒介，原因之一是低廉的交易成本反映出此类货币在外汇市场上具有高度的流动性。Swoboda(1968)认为，在外汇市场，流动性高的货币其交易成本较低，具有较低交易成本的货币则有可能成为国际贸易的交换媒介。

　　McKinnon(1979)从行业特性的角度入手，认为一个行业的产品如果同质并且在特定市场进行交易，则该行业将倾向于用某种交易成本较低的单一货币进行计价。而 Krugman(1980)指出，媒介货币的选择存在惯性。当某种货币在市场上确立了主导地位，行业内的个体公司将不再有动力转而使用另一种计价货币，产品价格的波动受制于竞争对手。因为这种转换将提高交易成本并增加销售的不确定性。因此，一旦某种货币凭借着诸如低廉成本之类的优势确立了市场主导地位，即使出现了另一种类似低廉成本的货币，原来的货币仍将牢牢占据主导位置。

　　由于存在规模效应，一种货币在外汇市场的交易规模越大，其交易成本和信息收集成本就越低。因此，国际贸易中使用外汇市场交易量大的单一货币计价可以降低成本、提高效率，产生重要的"密集市场外部性"(thick market externalities)，从而有利于其在国际贸易中成为被广泛接受的计价货币(Cohen,1998；Hartmann,1998；Rey,2001)。Tavals(1990)强调在充分竞争的市场上交易的初级产品和金融产品具有产品标准化、差异化程度低的共同特征，使用国际货币交易可以更高效，因而在这些产品的贸易中，交易双方愿意接受广泛使用的货币计价结算。

　　②Grassman 法则：根据不同的贸易对象国选择计价货币。

　　Grassman 从贸易对象国的角度研究跨境贸易计价货币选择。Grassman(1973,1976)在利用 1968 年瑞典的进出口贸易数据研究其国际贸易计价货币的选择时发现，瑞典出口贸易中 66％的交易使用瑞典克朗计价，以美元计价的交易仅占 12％，而瑞典进口贸易中仅有 26％以瑞典克朗计价。丹麦也存在类似的情况。由此可见，两国的国际贸易都倾向于以商品生产国货币作为计价货币。

　　Grassman 的进一步研究表明，对于发达国家之间的工业制成品贸易，贸易双方使用最多的计价货币是商品生产国货币，其次是以出口对象国货币即进口国的货币计价，很少使用第三国货币计价。这种现象被称为 Grassman

法则或 Grassman 规则。

Grassman 法则较好地解释了 20 世纪六七十年代发达国家之间贸易的计价货币使用情况。Page(1977)等分别对日本、德国、英国、荷兰等发达国家的计价货币进行了研究,验证了 Grassman 法则。但随着研究对象的增加,Grassman 法则不断受到挑战:发展中国家同发达国家之间的大部分贸易,无论是出口还是进口,主要采用发达国家的货币计价,而发展中国家之间的贸易却经常使用第三国货币(主要是国际货币)计价,这是不争的事实。

③McKinnon 假说:根据不同的贸易商品选择计价模型。

McKinnon 从不同贸易商品特质的角度研究跨境贸易计价货币选择。McKinnon(1979)将贸易商品分成两类:一类是出口商议价能力强、具有价格支配能力的异质化商品,称为 I 类贸易商品(Tradables I);另一类为单个厂商不具有价格支配能力的同质化商品,称为 II 类贸易商品(Tradables II)。工业制成品等 I 类贸易商品的贸易,主要以生产国货币计价,而能源原材料等同质化商品(II 类贸易商品)的贸易主要以美元等其他国际货币计价。

McKinnon 假说也可以用 Grassman 法则来解释:发达国家出口的主要是技术含量高的工业制成品,用本国货币计价的出口比例高;而发展中国家出口的主要是初级产品和同质化产品,用美元或进口国(发达国家)的货币计价。

初级商品是同质商品,初级商品的出口商更关心竞争者的价格,因此,他们想要选择和竞争者相同的货币。Goldberg and Tille(2005)研究了产品特性对国际贸易计价货币选择的影响。研究结果表明,厂商在出口可替代性高的产品时,为了使自己在竞争中不处于被动地位,倾向于选择与竞争对手相同的货币计价,其结果是大部分需求价格弹性高的贸易商品使用单一货币计价。同时,他们强调了组织交易以及参考定价在美元作为计价货币时的重要作用。但这种作用在逐渐降低,这可能是美元作为国际货币的重要性日益减少的原因。Goldberg 和 Tille(2008)利用 24 个国家的面板数据对国际贸易计价货币选择进行了实证分析,得到了类似的结论:出口商品中同质商品所占比重越大,美元计价比例越高。

(2)微观企业决策模型

20 世纪 80 年代以后,研究者从厂商利润最大化的视角研究跨境贸易计价货币选择。这些阐述计价货币选择微观决定因素的微观企业决策模型主要有企业预期利润最大化模型、讨价还价模型、市场份额模型。

①预期利润最大化模型。

企业预期利润最大化模型以厂商利润最大化为目标,寻求厂商计价货币选择的局部均衡,重点讨论企业成本、产品需求的变化对计价货币选择的影响。汇率可以自由波动,不仅会带来价格的不确定,而且会导致需求的不确定。如果价格是汇率波动前确定的且知道的,订单是汇率冲击之后发出的,那么由于出口商不知道进口商购买时的有效价格,若出口商仍用本国货币定价,将面临需求风险(Baron,1976),于是便出现了出口商用本国货币定价时的价格不确定。Baron(1976)研究了垄断出口厂商出口商品时的计价货币选择问题。研究结果显示,不同的计价货币选择将影响到预期价格、利润和贸易数量:如果垄断出口商面对线性需求函数,且边际成本不变,那么以进口商货币计价会使该厂商获得较高的预期利润。Giovannini(1988)修正了Baron(1976)线性需求函数和边际成本不变的假设,从而拓展了Baron(1976)的分析。

Giovannini(1988)通过建立企业预期利润最大化模型,研究了汇率波动情况下垄断型厂商出口时的计价货币选择问题。Giovannini发现企业利润函数、需求函数和成本函数的不同均影响到计价货币的选择。企业出口商品的异质性大、竞争力强,则产品需求的价格弹性小,该产品的出口就可以选择本币计价;反之,则选择出口对象国货币计价。这是对McKinnon假说的一个理论阐析。

Donnenfeld and Zilcha(1991)的经典模型表明,出口需求弹性较小的商品在出口时具有定价权,但受汇率波动的影响较大,汇率越不稳定,可能造成国外市场价格的波动就越大,从而导致预期利润下降。因此,相对于用生产国货币计价,以出口目标国货币计价是一个优势策略。因此,在这种情况下,汇率波动将导致出口企业选择LCP。Donnenfeld and Haug(2003)通过对加拿大进口贸易货币选择的实证分析,认为找到了能够支持Donnenfeld and Zilcha(1991)结论的证据,即更高的汇率风险会促进LCP的运用,而减少PCP或VCP的运用。然而,几乎所有的估计在统计学上均不显著。

Bacchetta and Wincoop(2002)通过比较分析垄断厂商和寡头垄断厂商在不同计价货币情况下厂商预期利润的大小,利用局部均衡模型研究了汇率不确定情况下厂商的国际贸易计价货币选择问题。在此基础上,实证分析了美、德、日、英、法、意、荷七个工业国家出口中以本国货币计价的影响因素,认为市场份额比国家规模对国际贸易中计价货币选择的影响更大。

②讨价还价模型。

讨价还价模型通过建立出口商和进口商讨价还价的博弈模型,研究了贸易双方计价结算货币选择的激励机制,探讨了贸易双方的谈判能力对计价结算货币选择的影响。

Bilson(1983)研究了贸易双方寻找和接受以生产者货币计价的激励和动

力,进而提出了一种贸易双方有关价格和计价货币选择的双边讨价还价模型。模型显示,承担汇率风险将会带来不必要的损失,尤其是在存在长期契约时。因此,接受以生产者价格计价的进口商在谈判中会通过调整价格来维持其边际收益,以弥补汇率波动带来的损失。Viaene and de Vries(1992)将远期市场引入谈判的策略,认为出口商和进口商会就计价货币的问题谈判,双方都会偏向本币。他们发现,出口国的货币优势可能是由出口公司的先发优势造成的,也可能是由公司的垄断出口力量造成的。Saeed and Patrik(1998)利用谈判理论,从厂商和市场两个侧面,建立了一个出口贸易中货币计价选择的讨价还价模型。研究表明,日用品等消费者导向产品、长期贸易关系中的出口方更愿意选择 LCP,出口产品差异化程度高、出口产品对于买家很重要、出口市场竞争程度低、产品价格制定者、具有更强讨价还价能力的出口商更愿意选择PCP。

Goldberg and Tille(2009)认为出口商具有使用本国货币的动机,以尽可能减小汇率波动对其单位收益的影响。但他们的研究表明,贸易双方谈判的结果是倾向于选择进口国货币,当然,出口商会以提高价格的方式来应对可能产生的外汇波动风险。Goldberg and Tille(2009)假定出口商与两家客户开展贸易谈判,其中一家客户的订单额大些。如果不能与一家大客户达成协议的话,就意味着出口商的收入会相对较低,而收入的边际效用就会相对较高。因此,当与一家订单额大的进口商进行谈判时,谈判结果会倾向于进口商的偏好而使用进口国货币计价。

③市场份额模型。

市场份额模型研究了一国贸易的市场份额对其按本国通货计价比重的影响,认为一个大的经济体往往越有能力,并且越倾向于选择本国货币。

Bacchetta and Wincoop(2005)的研究表明,出口国贸易商品的市场份额越大,则以出口国货币计价的百分比越高。美、德两国的平均市场份额远高于其他国家,故以本国通货计价的贸易所占的百分比最高。尽管日本是第二大工业化国家,但其出口依存度较低,市场份额也较低,因此,在出口中用日元计价的比重较低。

Donnenfeld and Haug(2003)通过构建模型证明:公司规模越大,在国际贸易中讨价还价的能力就越强,因此更倾向于选择本国货币计价而不用他国货币计价。他们利用加拿大 6 年内 12 个代表性出口行业的国际贸易计价选择数据进行的实证分析结果也验证了上述结论。

大国经济总量大,进出口市场份额也较大,加上大国货币国际化程度高,增加了大国出口商的讨价还价能力,进而提高了以出口国货币计价的比例,其往往越有能力且越倾向于在国际贸易中选择本国货币计价(Hartmann,1998;Fukuda and Ono 2006)。他们还认为,国际贸易计价货币选择具有相当大的惯性和趋同性。Wilander(2004)和 Silva(2004)利用瑞典和荷兰的相关数据进行了研究,也得出了类似的结论。

Kamps(2006)利用 42 个国家的面板数据,因变量分别选择美元计价比例、欧元计价比例和本国货币计价比例,自变量选择对美国(欧元区国家)的出口比例、与美国(欧元区国家)的通货膨胀差、美元(欧元)对本国货币汇率的波动、异质化出口商品的比例等,实证分析了计价货币选择的决定因素。实证结果表明,对欧元区国家出口的比例越高,用欧元结算的比例越高;同质商品占出口商品的比重越大,用美元计价的比例越高,用欧元计价的比例较低。另外,汇率波动不是提高美元计价比例的原因,企业的 PTM 行为没有提高以美元计价的出口比例。Goldberg and Tille(2009)的研究表明,出口国的市场份额更大,将会使所有的出口商减少使用进口国的货币,而增加使用出口国的货币。这就反映了最初选择使用的货币总是市场份额较大一方的货币。

综上所述,跨境贸易计价货币选择的微观影响因素主要有贸易对象国的不同、产品的需求价格弹性、预期利润、讨价还价能力、出口市场竞争情况、公司规模和产品市场占有率等。但是我们发现,由于在能源原材料方面存在强大的计价功能,美元即便处于长期贬值的趋势,其在跨境贸易计价结算的地位依然没有动摇。研究国际重要能源原材料定价权在计价结算货币选择中的重要作用,将为我国推进人民币跨境贸易结算提供重要的政策依据。

(3)宏观经济冲击模型:计价货币选择的宏观决定因素

最近几年的研究认为,一国宏观经济因素的较大波动,会使计价货币的选择偏离该国货币而转向其他币种。相对老牌工业化国家而言,新兴市场国家宏观经济的波动较大,因此,这些国家的货币在国际贸易计价结算中被使用的频率相对较低。

①货币供给冲击模型。

货币供给冲击模型通过建立动态一般均衡模型,研究货币供给变化、通货膨胀的高低等宏观因素对计价结算货币选择的影响。

Magee and Rao(1980)按照通货膨胀的高低区分了强势及弱势货币,在低通胀工业国家和高通胀发展中国家之间的贸易中,低通胀工业国家的货币是强势货币,在计价结算中占据主导地位。Tavlas(1997)的研究表明,德国一直以来都采取较稳健的货币政策,故其通货膨胀率较低,汇率波动幅度也较小,因此,历史上德国进出口中使用马克计价结算的比例较高。

Devereux and Engel(2001)假设本国和外国货币供给变化存在差异,由此建立了一个动态一般均衡模型,利用模型分析了发达国家和发展中国家不同的厂商国际贸易计价选择行为,以及这种计价选择行为对汇率传递效应的影响。Devereux and Engel(2001)的模型没有直接比较 PCP 和 LCP 下的预期利润,而是聚焦于分析一个厂商作出与其竞争厂商相同计价货币选择的条件。研究发现,该条件是计价货币国家的货币供给波动幅度小,即货币政策相对稳健的国家的货币是贸易双方计价货币的共同选择。对于货币供给波动幅度小的国家,该国企业出口就会选择 PCP,而进口方选择 LCP。同时,这种计价货币的选择方式也会使汇率波动对该国进口价格的传导较低,从而减少对国内物价的冲击。Gopinath,Itskhoki and Rigobon(2010)创立了一个相互影响的价格设定体系的动态内生货币选择模型,认为计价货币选择不是外生的,与汇率的传递效应有着交互影响关系。Devereux,Engel and Storegaard (2004)的研究结果表明,货币供给的波动往往与汇率的波动相联系,稳定货币供给的货币政策规则能够增强货币持有者的信心,同时,在一定程度上抵消汇率的价格传递效应对国内物价的冲击,从而提高选择该国货币进行计价结算的可能性。

Wilander(2004)发现在一个稳定金融市场中,在不存在资本控制和黑市的条件下,低通货膨胀会促进本币在国际贸易中用于定价。Wilander(2004)假设低差异化的产品更不可能被生产者用来定价,瑞典摩托制造业 60% 的出口和造纸、纸浆 25% 的出口是用瑞典克朗计价的,这一点似乎证明了他的假设。Silva(2004)的研究也表明货币竞争力的加强、金融市场的深化以及高通胀趋势的消失会增加该国货币的使用。

②汇率波动模型。

汇率波动模型是在企业利润最大化函数中,引入不同国家的汇率波动情况,研究汇率波动和汇率制度变化对计价结算货币选择的影响。

Johnson and Pick(1997)和 Friberg(1998)认为,厂商会通过比较出口国货币对进口国货币汇率波动幅度和第三国货币对进口国货币汇率波动幅度大小,决定选择进口国货币、出口国货币还是第三国货币作为计价货币。Engel (2002)进一步研究了产品价格存在粘性时跨境贸易计价货币选择的情况。Bacchetta and Wincoop(2002)的局部均衡和一般均衡模型分析结果显示,在权衡本币和第三国货币作为计价货币的选择过程中,如果哪种货币与贸易伙伴国货币的汇率波动幅度更小,则该货币将被选择作为计价货币。

Donnenfeld and Haug(2003)通过建立多元回归模型研究了加拿大不同出口行业的货币选择问题。实证模型的解释变量包括汇率风险、贸易伙伴国的距离和规模。实证结果表明:只有汇率波动的估计结果在统计上有意义,并

表现出 LCP 和汇率波动的正向关系;高汇率风险会导致竞争产品的出口企业
LCP 的选择。Wilander(2004)作了一个类似的有关瑞典工业出口定价决策
的实证分析。然而,Wilander(2004)关于汇率风险的研究结果却与 Donnen-
feld and Haug(2003)相反,即汇率波动和本币定价是呈反向关系的。这可能
有两个原因:首先,Wilander(2004)使用了汇率波动率作为对汇率风险的度
量,而 Donnenfeld and Haug(2003)使用的是远期汇率;其次,Wilander(2004)
分析的对象是瑞典的出口,而 Donnenfeld and Haug(2003)的分析对象是加拿
大的出口。

Goldberg and Tille (2005)对 24 个国家的国际贸易计价货币选择数据进
行分析后发现,美元在计价货币中的主导地位不仅要归功于美国经济的影响
力,还与新兴市场国家实行钉住美元的汇率制度有关。如果一国货币钉住美
元,在国际贸易中用美元计价结算等同于用本币进行计价结算,就会避免汇率
波动风险及由此带来的需求冲击。Ligthart and da Silva(2007)实证分析了
1987~1998 年荷兰企业出口到 OECD 30 个国家的计价货币选择,自变量选
择预期通货膨胀率、汇率波动率、失业率,再加上金融市场成熟度、原材料贸易
占商品贸易的比重、是不是欧盟成员国等。面板数据的实证结果表明,荷兰盾
在贸易计价货币中占比少的原因是:贸易对象国的金融市场高度发达,贸易对
象国占世界贸易的比重大,荷兰盾预期贬值。但 Silva(2004)的研究表明,汇
率波动以及汇率预期在计价货币的选择上并不是决定性的。Kamps(2006)的
研究也表明,汇率波动不是提高美元计价比例的原因。

综上所述,跨境贸易计价货币选择的宏观影响因素主要有通货膨胀高低、
汇率波动幅度、货币供给大小和经济总量强弱等。但是,我们认为影响计价货
币选择的宏观因素还应考虑一国的利率水平、资产收益率高低和经济增长快
慢等。日元资产的收益率低于美元资产的收益率可能是日元在日本跨境贸易
计价结算比例不断下降的重要原因。渐进的人民币升值趋势、较快的经济增
长速度、稳健的宏观经济环境和较高的资产收益率将为跨境贸易人民币结算
量的提高创造有利的外部条件。

8.1.2 计价货币影响因素

(1)交易成本

一种货币的交易成本越低,该货币成为计价货币的可能性就越大。Swo-
boda(1968)指出,使用单一的计价货币,可以导致整体交易成本下降,进而导
致外币持有规模下降。他发现,一国国际贸易规模越大,该国货币在外汇市场
上交易量越大,该国货币成为计价货币的可能性也就越大。

麦金农(1979)强调,进口商主要在价格不确定和需求不确定之间进行选择。对于同质商品和初级产品,出口商是一个价格的接收者,考虑较多的是价格的不确定性,一般不会选择本国货币计价,而倾向于采用交易成本低的货币计价。对这些商品采用同一种货币进行计价将增加这些商品价格的国际可比性,增加市场透明度。对于高度异质的商品,出口商可以设定市场价格,所以考虑较多的是需求的不确定性,因此多用本币计价。

克鲁格曼发现,当平均交易成本随着交易量的增加而下降时,交易成本最低的货币,也就是交易量最大的货币将成为计价货币。Rey 也发现,开放程度最大的国家,与其他货币兑换时交易成本最小的国家的货币将成为计价货币。Devereux 和 Shi 讨论了使用计价货币的效率,效率大小取决于整个经济系统中币种的总数量、交易货币国家经济的规模和货币政策。

(2)通货膨胀

计价货币的通货膨胀率直接影响国际结算时进出口双方的利益,因此,在选择计价货币时,进出口双方会参考不同货币的通货膨胀率。Magee 和 Rao 指出,拥有强货币和弱货币(低通货膨胀率和高通货膨胀率)的两国进行贸易时,强货币充当计价货币的比例较高;弱货币充当计价货币的比例较低。如果双方货币都是可兑换货币,而且通货膨胀风险相当,则双方货币充当计价货币的比例相当。

(3)汇率波动

汇率波动直接影响出口商的对外报价,也影响进出口双方的经济利益,因此汇率波动对计价货币的选择有重要影响。Grassman(1976)指出,发展中国家和发达国家之间的贸易主要是以发达国家的货币计价,讨价还价能力较强的企业选择本国货币计价以规避汇率风险。

Psge 认为,企业有使用本国货币的强烈偏好,这被认为是规避汇率风险的需要。如果贸易合约是由出口商发起,而且是出口商第一次设立贸易合同,则 PCP 计价是出口商的最优策略。进口商品占进口商消费支出的比例越低,出口收入占出口商销售收入的比例越高时,出口商对定价战略越不关心。

Donnenfeld 和 Zilcha 发现,汇率波动性越强,以外国货币度量的出口商价格的易变性越高,预期的利润就越低。在此情况下,出口企业将选择 LCP 计价。

Fukuda 和 Ono 提出了垄断竞争的开放经济模型,分析了汇率不确定条件下计价货币的选择策略。他们认为,计价货币的选择不仅取决于对汇率变动的预期,还取决于历史习惯。

(4)商品特性和市场价格

出口商品的特性不同,市场竞争状况就不同,计价货币的选择也不同。约翰逊和匹克(1997)从进出口商品竞争的角度阐释了计价货币的选择模型。他们认为,如果出口企业有权力控制出口商品的定价而实现价格歧视时,那么这个企业会面临着来自同行的竞争。进口国家同行的出口企业如果不以进口国家货币对出口商品进行计价,就无法确定出口企业的海外市场商品需求量。因此,这对所有商品实行相对较为统一的定价对于出口企业来说非常重要。这样,同业竞争者选择工具货币来定价可能成为一个最优解。

Bacchetta and Wincoop(2005)指出,对出口商定价策略影响最大的因素是出口成本的需求弹性和出口商品需求的价格弹性。当商品的需求有很高的价格弹性,边际成本随产量的增加而迅速提高时,企业倾向于选择消费者愿意接受的货币来计价。他们同时还指出,出口企业选择计价货币时,还希望在同行间得到一种"联合效应"。这里的联合效应实际上就是由货币所带来的价格波动、海外需求市场变化和交易成本变化的综合效应。

Engel(2005)在变动价格和固定价格两种情况下提出出口企业选择定价的静态模型。他认为,出口企业选择所在进口国家货币计价和东道国货币计价得到的结果是不一样的。在变动价格的情况下,如果出口企业所在国家的货币变化程度小于进口企业所在国家货币的变化程度,那么选择出口企业的国家货币无疑是一个最佳决定。恩格尔(2006)提出了一个选择计价货币的模型,认为价格粘性对计价货币的选择和价格灵活变化时对计价货币的选择结果类似。

Goldberg and Tille(2008)认为出口商品的需求市场对价格非常敏感时,为了避免受到其他市场的"联合效应",出口企业倾向于选择一种工具货币来计价。他们进一步指出,"羊群效应"与"联合效应"都会影响国际贸易中计价货币的选择,而"联合效应"是"羊群效应"的基础。计价货币产生的"羊群效应",可以从企业的收益和产品成本两个角度展开分析。当出口企业选择计价货币时,会导致边际收益曲线和边际成本曲线一起发生移动。因为产品价格在降低的时候,也就是边际收益曲线在降低的时候,计价货币的选择必须让边际成本降得更低,以实现一部分利润。

研究计价货币选择影响因素的早期经典文献如 Grassman(1973)和 Page(1981),对发达国家之间贸易,以及发达国家和发展中国家之间的贸易中计价货币选择的模式进行了分析。此后一些学者试图从贸易额的角度来分析计价货币的选择影响因素,如 Kamps(2006)以国家总量加总的进出口数据来分析影响计价货币的选择影响因素。在发达国家,由于数据获得困难,因而很难对公司级别的数据对计价货币进行研究。Friberg and Wilander(2008)为了克

计价货币

服研究计价货币问题的数据限制,进行了一项对瑞典出口公司的问卷调查,得到了计价货币的决定因素的经验分析结果,然而他们设计的问卷中缺乏对贸易伙伴的特点及目标的题目。伊藤隆敏(Ito,2011)对227家公司调研反馈得出:推进本币国际化的"瓶颈"在于"当地本币壁垒",这主要由跨国生产链上的地区当地美元化以及最终消费国本币强势所构成。

对于尚处于货币国际化起步阶段的国家来说,平抑外贸结算中的汇率波动,减少汇兑成本与汇率风险是货币国际化更为重要的目的。许祥云和吴烨(2011)通过实证分析表明,2008年金融危机爆发后,日元相对出口中标价货币"汇率"的升值是以日元标价的出口价格和企业收入大幅下降的关键原因。他们证明日元兑标价货币汇率的变动是由日本出口的标价结构及日元对主要标价货币的名义汇率决定的。这说明货币国际化程度对企业的日元标价的出口价格和收入具有直接的影响。通过提高一国货币的国际化程度,确实能够对企业的出口价格及收入产生正面影响。

(5)世界贸易份额

世界贸易份额与货币的地位(份额)有较强的正相关关系。一般来讲,在世界贸易中占有较大份额的经济体,其货币被用于计价结算的比重较高。因为一国在世界市场或他国市场具有越高的市场份额,其竞争力越强,厂商的市场能力越强,在贸易合同货币选择中就越有选择本国货币的能力(从而可以规避出口商的汇率风险)。美元在国际贸易计价中的主导地位与美国在世界贸易中的份额密切相关。根据WTO的统计数据,2011年美国货物出口与进口占世界货物贸易的份额分别为12.4%和20.3%,占据第一的位置,与之相对应的是美国对外出口中95%使用美元计价,进口中则为85%。

(6)经济体大小

货币价值基础来源于货币发行方的经济实力,经济体大小与本国货币的竞争力呈正相关关系,经济体的大小也往往与其货币国际化程度成正比,越大的经济体其货币竞争力越强,一个大的经济体往往有能力并倾向于选择本币进行计价,进口国也有意愿使用更加国际化的大国货币进行计价结算。

(7)商业周期

商业周期反映经济体对商品的需求变动情况,外国市场处于商业周期的衰退阶段会影响对进口产品的需求,需求变动影响到出口商的产品销售,市场供过于求,此时出口商处于谈判的不利境地,出口商将更愿意使用进口国货币计价作为其市场策略的一部分。相反,进口商提高了自己的议价能力,为规避风险,其更有能力和倾向选用本国货币而不是出口国货币,从而影响到出口国货币在计价中的竞争力。

(8)货币的外汇市场深度

当非货币发行国厂商使用该种货币计价时,无论是付款或收款,必然面临货币的兑换问题,从而也就产生交易成本。交易成本的大小与外汇市场规模成反比,一种货币作为外汇在外汇市场上的交易规模越大,则买卖差价越小,交易者的搜寻成本越小(较大市场规模带来较高的流动性);同时,更多的直接兑换的建立,也减小了交易者的交易费用,从而提升该货币在国际贸易中的计价竞争力。美元作为媒介货币使用的原因之一,就是美元市场的深度使其交易成本非常小。

8.2   从计价货币视角看日元国际化失败的原因

8.2.1   日资企业的汇率战略——基于日本学者的研究

日本学者为了验证东亚统一货币篮子的有用性,融合了经过理论预想和意见听取的案例分析,汇编成研究成果报告。

通过对能代表日本的 12 家主要出口企业的最新调查的详细研究,关于2000~2009 年日资企业计价货币的选择、汇兑风险管理、价格设定的实际状况,提出了新"定型化事实",验证了理论的整合性。

第一,达成的日资企业的汇率战略要尽可能把海外当地法人从汇兑风险中释放出来:通过向发达国家出口时选择当地货币支付而向东亚出口时选择以美元支付的交易方式,采取了稳定销售价格的行动。这是文献里所述的PTM(Pricing-to-Market)和整合性。

第二,近几年在东亚以美元支付结算的增加,起因于关键货币在金融交易方面的便利性,加上美国作为出口目的地国的重要性,伴随着区域内生产据点的构建,以及同一企业集团内部交易的增加。

第三,从市场竞争的激烈程度来看,即使汇率发生巨大变化,出口企业轻易重新规定价格是困难的。特别是在日资企业的最重要区域——东亚,以美元结算的统一化倾向不仅让总公司承担日元兑美元的风险,而且还造成了让区域内本地企业也承担本地货币兑美元的汇率风险。在日益扩大的东亚区域内贸易中,若区域内各国通货兑美元发生更大的变动,根据汇率政策协调,区域内各国间的汇率安定才会成为重要课题。可以说,那里存在着与日元汇率密切相关的东亚统一货币篮子战略的新的意义。在这种格局下,日元作为计价货币的可能性渺茫。

日本跨境企业对计价货币的选择路径和演化过程如下:

(1)计价货币、传递效应与当地市场定价的关系(见图 8—1)

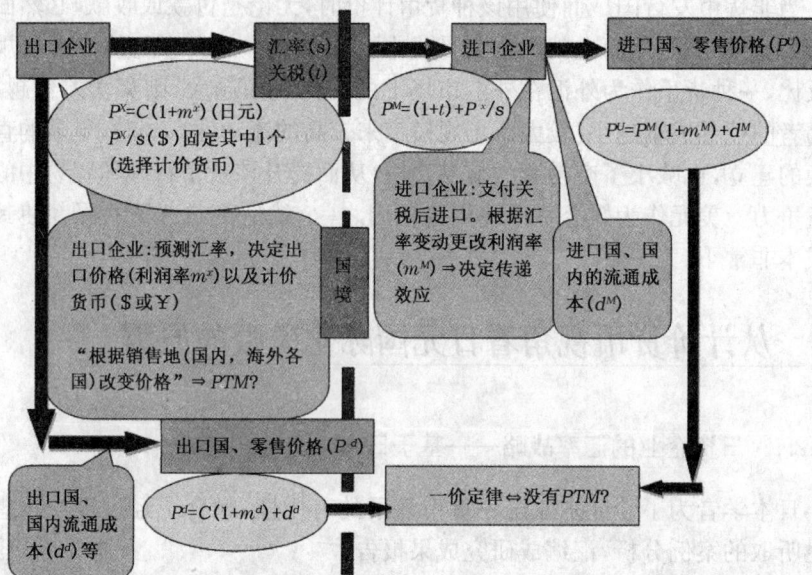

图 8—1　计价货币、传递效应、当地市场定价(PTM)的关系

(2)外币支付交易自由化(见图 8—2)

A. 外币支付交易自由化之前

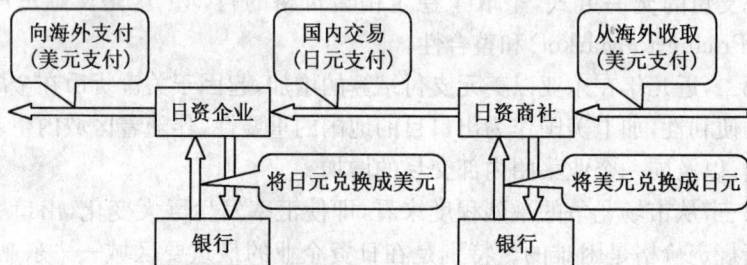

B. 外币支付交易自由化之后

图 8—2　日本国内交易中外币支付决算的自由化

在日本外币支付交易自由化之前,日资出口商收到从海外的美元支付后,要先通过银行将美元兑换成日元,然后才能在国内交易中用日元支付;而国内的企业收到日元后要通过银行将日元兑换成美元,才能在进口时向海外支付美元。

在日本外币支付交易自由化之后,日资出口商收到从海外支付的美元后可以直接在日本境内与日资进口商发生交易,支付美元;而日资进口商则可以用收到的美元直接向海外支付。

(3)净额结算自由化

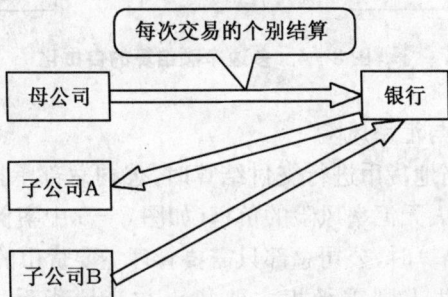

如图 8－3 所示,在净额结算自由化之前,母公司与其子公司 A 和子公司 B 每次交易实现的收付都要分别与银行发生一次结算,也就是说,总共有三次结算;而在净额结算自由化以后,母公司只需与银行进行一次净额结算后余额的清算。

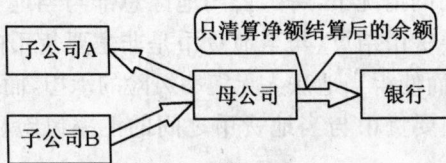

图 8－3　日本净额决算的自由化

如图 8－4 所示,多边净额结算自由化之前,日本的公司总部与 A 国子公司、A 国子公司与 B 国子公司、B 国子公司与日本的公司总部分别发生交易,需要分别清算三次;在多边净额结算自由化之后,通过财务结算中心,可以实现多边的头寸压轧。

A. 多边净额结算自由化之前

```
┌──────────┐                      ┌──────────┐
│ 公司总部 │ ───────────────────> │ 子公司   │
│ （日本） │                      │ （A国）  │
└──────────┘                      └──────────┘
       ↖            ┌──────────┐        ↗
         ╲          │ 子公司   │      ╱
           ─────────│ （B国）  │──────
                    └──────────┘
```

B. 多边净额结算自由化之后

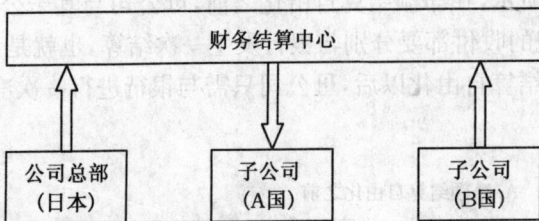

```
┌────────────────────────────────────────────┐
│                财务结算中心                  │
└────────────────────────────────────────────┘
     ↑                 │               ↑
     │                 ↓               │
┌──────────┐     ┌──────────┐    ┌──────────┐
│ 公司总部 │     │ 子公司   │    │ 子公司   │
│ （日本） │     │ （A国）  │    │ （B国）  │
└──────────┘     └──────────┘    └──────────┘
```

图8-4　多边净额结算的自由化

（4）计价货币与汇率风险

当集团内以当地货币进行支付结算时，公司总部承担当地货币结算的汇率风险，而当地法人无汇率风险的负担（如图8-5中案例A所示）；当集团内以主要货币支付结算时，公司总部只需要管理主要货币的风险，当地货币为非主要货币的当地法人则需承担主要货币与当地货币之间的汇率风险（如图8-5中案例B所示）。

在有跨国公司的情况下，跨国公司地区总部与当地货币是主要货币的当地法人之间用主要货币结算，与当地货币是非主要货币的当地法人之间通过当地货币结算，从而使得当地法人无汇率风险的承担，而跨国公司地区总部承担一部分地区的主要货币与当地货币之间的汇率风险（如图8-5中案例C所示）。

各跨国公司地区总部与公司总部之间以主要货币进行清算支付，因此，公司总部仍然需要管理主要货币的汇率风险。

在建立跨国公司汇率管理总部的情况下，公司总部、各跨国公司地区总部通过跨国公司汇率管理总部实现集团内部结算交易的多边净额结算和风险管理（如图8-6所示）。

（5）不同公司计价货币选择特点调查

调查发现（见表8-1），第一类企业，即无全球化的汇率管理总部的公司

案例A：总部承担汇率风险的情况

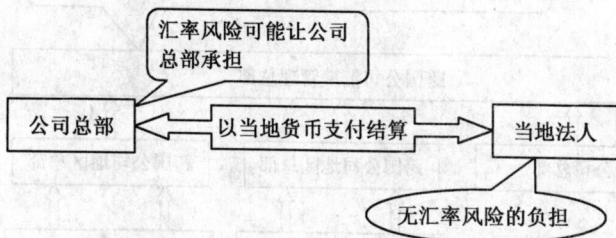

案例B：当地法人承担汇率风险的情况

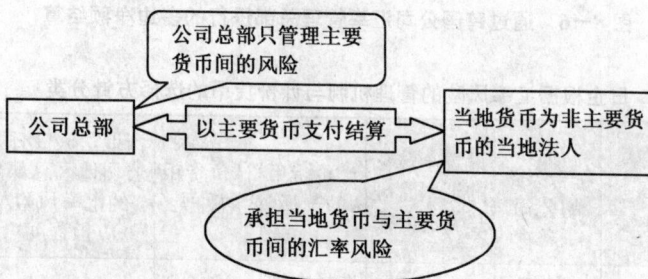

案例C：跨国公司地区总部承担一部分汇率风险的情况

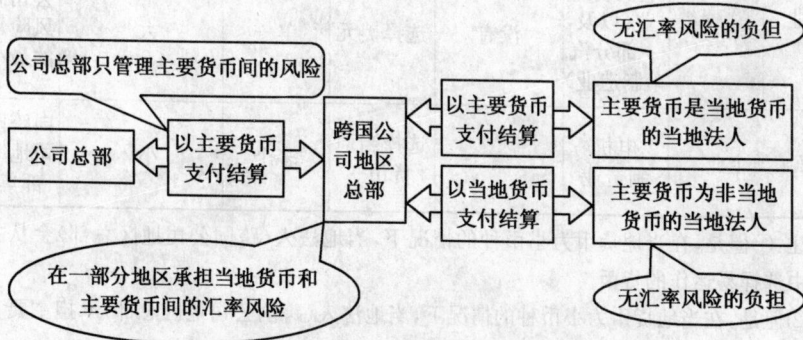

图8-5　集团内计价货币的选择和汇率风险的分配

中,汽车制造业通常选择当地货币作为计价货币,跨国公司地区总部承担的汇率风险小,汇率风险向公司总部集约;电机制造业通常选取美元作为计价货币,跨国公司地区总部承担当地货币与美元之间的汇率风险,而公司总部只需管理美元汇率风险。在此种情况下,无法有效预期交易成本的削减(如图8-7所示)。

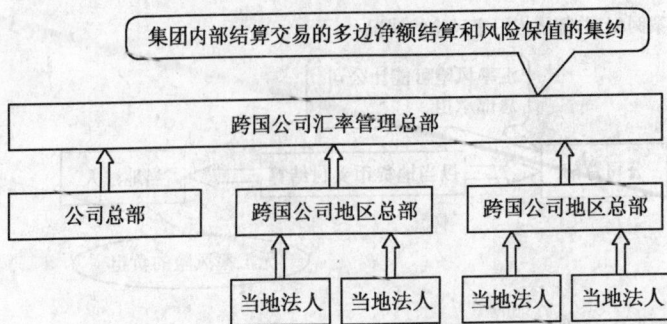

图8—6 通过跨国公司汇率管理总部进行的多边净额结算

表8—1 日企根据汇率风险的管理机制与计价货币的选择方针分类

分 类		符合条件的公司	设置全球化的汇率管理总部的公司	计价货币的选择	计价货币的种类	当地法人(跨国公司地区总部)的汇率风险负担程度	汇率风险的集约
第一类企业	A集团	汽车制造业	没有	选择本地货币①	多个	小②	向公司总部集约
	B集团	电机制造业(以及一部分汽车制造业)	没有	选择美元	单一	大③	公司总部风险承担的最小化
第二类企业		电机制造业	有	选择当地货币①	多个	小②	向跨国公司地区总部集约

注:①但是,在当地货币为小币种的情况下,当地法人(跨国公司地区总部)会从主要货币中选择易运作的货币。

②但是,在当地货币为小币种的情况下,当地法人(跨国公司地区总部)承担主要货币与当地货币间的汇率风险。

③当地法人(跨国公司地区总部)承担美元与当地货币间的汇率风险。

第二类企业,即拥有全球化的汇率管理总部的公司,如电机制造业,通常选择当地货币作为计价货币,汇率风险向跨国公司地区总部集约。在此种情况下,可以预期交易成本的削减(如图8—7所示)。

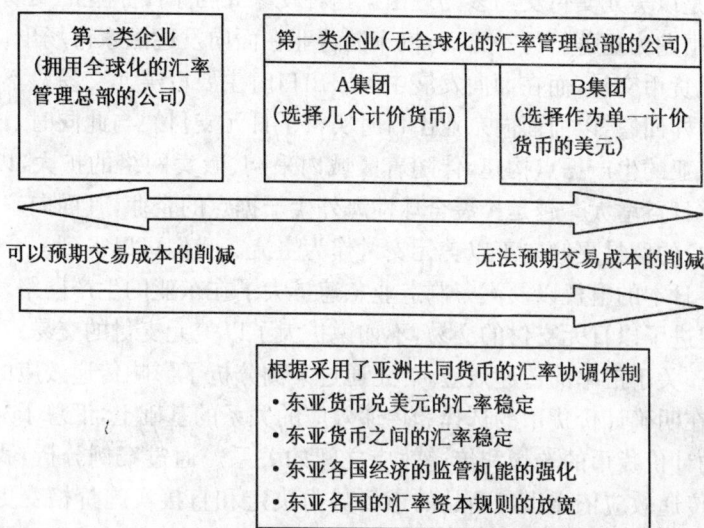

图 8—7 汇率交易成本的削减

8.2.2 小结

本节从日本企业的汇率战略这一微观视点出发,针对"对于日本企业为什么期待东亚共同货币篮子"这一问题,通过对日资企业实施调查,就日本企业在进出口时关于计价货币(标价货币、结算货币)的选择和贸易价格设定的实际状况进行了汇总,围绕以下观点分析了日本企业的汇率战略。

第一,在多样的汇率交易选项下,通过调查日本主要出口企业——汽车和电机制造业,明确近几年日本企业在实际中采取了什么样的汇率战略。近年,许多主要出口企业采取了通过在集团内部交易时选择计价货币使总部(日本)风险集约化的汇率战略,实行尽可能让海外的生产、销售据点从汇率风险中解放出来的基本方针。但是,这样的基本方针的达成,如果是在当地货币是小币种的情况下是有困难的。特别是在日资企业扩大生产、销售据点的亚洲区域,这样的倾向更为显著。一方面,存在着将计价货币统一为美元的倾向;另一方面,在几个主要的电机制造业中,设置着作为使多种货币间的汇率风险集约化的财务结算中心——跨国公司汇率管理总部。

第二,对日本企业的计价货币选择的现状和决定要因进行分析,特别关注其对东亚贸易的影响。电机制造业以美元支付的交易占据非常大的比重,东亚区域内活跃的零部件、中间产品的交易也多以美元支付。作为出口目的地国的美国(或者说美资企业)占的比重大,而且在外汇市场上美元的交易量最

计价货币

大,这也是以美元支付交易多的理由。这种现象在与集团企业的交易(企业内部交易)中尤为显著。另一方面,汽车制造业在面向发达国家市场出口时主要使用当地货币交易,而在面向发展中国家出口时主要以美元交易。不过,有几个企业这样回答:以前面向东亚出口时实行了日元支付。与此同时,日本企业强化在东亚的生产据点构建,伴随着区域内采购、贩卖网络的扩大,以美元支付的比重日益增大。越是扩展全球性海外生产据点的企业,其面向东亚(或者是区域内)的贸易更倾向于以美元支付作为主流。我们可以得到一个结论:虽然近几年日本的电机以及汽车制造业急速扩大了在东亚的生产网络,但是,与其说是促进了以日元支付的交易,不如说扩大了以美元支付的交易。

第三,关于汇率的传递效应,首先通过案例分析了影响传递效应的主要原因,进而在明确计价货币的选择和传递效应的关系的基础上,汇总了从案例中分析出的计价货币的选择和传递效应之间的关系。通过案例分析,我们主要了解到,传递效应依靠出口商品的市场势力决定和直接实施价格变更的情况很少,更多的是利用转型机会,将汇率的变化反映在价格上。我们还得到了几点启发:实事求是地测量传递效应时的注意事项以及近几年传递效应低下的原因。

以上述日资企业汇率战略为前提,能预想出:今后东亚各国即使从钉住美元制度过渡到较灵活的汇率制度上,也无法改变美元作为关键货币的优势性,美元将作为结算货币继续使用。而且很多日本企业判断出:现阶段,在实务中,无论是从流动性层面上,还是从管制层面上,取消新加坡元、港币等的东亚货币作为决算货币,彻底地实施汇率风险管理是不可能的,并且这种情况很难迅速改善。

在这样的状况下,日本企业期待的东亚共同货币篮子,与其说是想成为欧元那样的单一货币,起到削减交易成本的作用,不如说是希望通过使用共同货币篮子的区域内汇率协调体制来安定东亚货币行情交易。

这次的企业调查,得到了在东亚发展生产据点的日本代表性出口企业的极大协助。但是,从日本企业整体来看,样本数还非常少。

总而言之,日本企业已经无法再通过计价货币在东南亚地区推动日元国际化。不仅是美元的外部性效应,而且东亚当地货币不协调,更主要的还是日资企业为削减成本的自发行为。

8.3 从日本"本币壁垒"看人民币国际化

本币国际化的实质就是要让本国企业和资产从汇率风险中解放出来,不仅通过结算来减小交易成本,而且还通过定价权的设定获得长期效应。本节不准备再重复英镑、美元和欧元(或马克)形成国际货币过程中的要素构成,而把重点直接转移到亚洲,这是为了避免"刻舟求剑"。因为不仅时代变了,而且地域也变了。只有日本在时间段和地理位置上与中国才最具有可比性。两国货币国际化在时间上都处于后布雷顿森林体系的浮动汇率体系时代,在区域上都处于东亚地区(存在着美元化的外部效应)。日本从开始的结算货币着手朝着成为计价货币努力,但一直很难逾越"当地本币壁垒"。我国是否也将会面临同样问题? 计价货币的功能是否也会难以落实? 结算功能随行就市,计价功能才具有可持续的外部效应。

8.3.1　日本企业对日元国际化感受的经验回归

日元国际化历程由来已久,大体可以分为三个阶段。第一阶段,20 世纪 70 年代以前,第二次世界大战后的日本迅速从战争的创伤中恢复过来,经济高速发展。在这一阶段,日本存在严格的金融管制,几乎谈不上国际化。1964 年,日本成为国际货币基金组织第八条款国后,在国际商品和外汇交易中才开始使用日元。日元国际化的第二阶段源于布雷顿森林体系的解体。20 世纪 70 年代中后期,日本经济达到了新的高度。在以美国为首的国际各界压力之下开始被动地推行国际化,这一阶段日元的国际化进程可以概括为日元的"升值史"。第三阶段是在 1997 年亚洲金融危机之后,日本开始积极主动地谋求日元国际化,谋求在亚太地区的发言权,但是由于"瓶颈"的出现,其效果并不理想。

本节希望通过最能反映日本实体经济发展情况的各重要产业在这场货币国际化大潮中的表现,来判断日元国际化对日本经济的影响,以及各产业发展与货币国际化二者的关系。本节从货币国际化对国内产业结构的影响这一角度,选取日本法人企业统计调查(各期时间序列数据)从 1973 年至 2011 年所有 29 个行业的诸多财务数据以及这些年份日本的诸多宏观数据,对行业进行分类,从微观结构(财务指标)入手,更深层次地揭示货币国际化对宏观经济的影响。

从回归结果看,日本企业很少从金融市场筹措资金,大多靠自有资金来扩展业务。这也充分证明日本金融市场对企业来说不十分有效。企业不是靠增加劳动力来扩大再生产,而是靠使用技术等来扩张。第一个汇率虚拟变量描述了在 1973~1988 年期间日元的急剧升值和随后的 1989~2010 年期间日元的急剧波动,在此前后,日元的离岸市场形成,日元的离岸交易彻底自由化(见表 8-2)。所有企业虽然都受到影响,但是此时的日本企业都在竞争力最强的时期,尤其是家用电器和汽车造船业等部门。尽管日元升值,此时的业绩还是好的。第二个汇率虚拟变量告诉我们日元急剧波动时刻对企业业绩是会产生冲击的。制造业从日元贬值受益,而房地产和服务业则不显著。

表8—2　　　　　　　　**1988年前后的日本金融自由化**

1980年	12月	新的外汇和对外贸易管理法生效,原则上进出口交易自由化
1984年	4月	废除了必须基于实际需求的远期外汇交易的管制
	6月	废除了对用外币计价的基金转换日元的禁令,释放了可以对海外市场的居民以日元计价的贷款
1985年	10月	大额定期存款利率开放
1986年	12月	日本的离岸(JOM)市场建立
1993年	6月	定期存款利率完全开放

　　量化宽松的货币政策对所有日本企业的业绩都是有作用的,对制造业的影响相对更大一些。日元国际化的进程也对制造业的业绩有正效应。而该效应大于对外贸易增长的贡献。唯一不显著的是对外贸易对房地产业的影响。但这是在情理之中的。总之,日本对内的量化宽松货币政策和对外的日元国际化的推动还是落到了企业层面的,只是强弱有所不同罢了。日元国际化对不同行业的效应也是因企业而异的。既然企业可以从日元国际化中得益,那么日元国际化就应该有可持续的基础。事实上,日元国际化进程一路下滑,直到美国次贷危机后才有所回升。产生这一问题的根源在哪里?

8.3.2　调研日本企业中得知的本币国际化的"瓶颈"

　　通常来说,计价货币是指在进出口贸易中商品标价采用的货币,而结算货币是指在进出口贸易中最终采用哪种货币进行结算和支付。企业选择某种货币作为计价货币,如果不以该种货币进行实际结算,就只是增加了对于汇率进行计算的过程。但是,如果选择本币作为计价货币,一定会促使企业对于以本币衡量的企业成本收益相对更加敏感,增加企业对于本币的重视度,并能够促进最终使用本币结算,提高企业对于定价权的追求。计价货币的选择是货币国际化可持续的条件。伊藤隆敏等(Ito,2008,2011)学者对日本企业在日元国际化中的反馈长期予以关注,分别写过两篇论文,尤其关注本币国际化中最核心的问题"计价货币的选择"。

　　根据问卷反馈,他们认为,出口是公司内部贸易(与附属公司交易)还是公司间的贸易(与非附属公司交易),在日本公司对计价货币的选择中是有影响的。同时,亚洲子公司将日本的零部件组装成品向美国出口的公司更倾向于在日本向亚洲的贸易中使用美元作为计价货币。因此,子公司是否在当地市场或是第三方市场进行产品供应这一条包括在问卷调查中。针对日本制造企业在亚洲发展的生产网络的调研项使得其问卷调查区别于以往其他问卷设计的论文。

问卷于 2009 年 9 月由日本 RIETI 通过邮件形式发给东京证券交易所上市的 920 家制造工业部门公司,选出那些在 2008 年合并财务报表(大多数公司是依据 2009 年 3 月份报表)报道有"国外销售"(海外活动的代理变量)的公司,共 227 家。调查内容大体分为四个部分:第一部分,针对外汇风险的风险控制系统和技术;第二部分,针对汇率浮动的价格制定策略;第三部分,计价货币在日本总公司与世界各地的整体出口总额中的结构比重以及在选择计价货币时所遵循的任何准则;第四部分,以目的国家或地区和以贸易伙伴类型划分的计价货币份额。

从伊藤隆敏等(Ito et al., 2011)对日本制造业企业的调研数据中可以发现,日本企业出口的计价货币和结算货币往往是同一种。日本企业计价货币的选择呈现出地域差异,在往美国、欧元区和英国的出口中,进口国的货币是占比最大的计价货币。如在对美国出口中,77.9%的制造业出口计价货币是美元,而 21.8%是日元计价;在往欧洲地区的出口中,51.0%制造业出口是以欧元计价的,35.3%是以日元计价的,美元在计价货币中的比重仅为 13.6%;在往新兴经济体的出口中,进口国家的货币很少被用作计价货币。其中,在往美洲和拉丁美洲国家的出口中,美元是大型公司最常使用的计价货币,如墨西哥;在往其他新兴市场国家的出口中,当地货币很少作为计价货币,日元是占比最大的计价货币,并且占比超过了 50%,其次是美元(如图 8-8 所示)。

然而,高度异质化产品或较强的产品竞争力有助于整体出口产品的日元标价,如在对欧洲的出口中,只有 30%的精密仪器出口是以欧元计价的,而61.7%是以日元计价的。虽然在以上数据中,日元计价的比例看起来也是可观的,但是这部分出口贸易主要是由日本企业在海外的子公司与母公司或合作伙伴之间的贸易贡献的。日本的出口对于日元在海外"攻城略地"贡献有限。

虽然日元的国际化对于日本上市企业的经营是有利的,但是日本企业的出口对于日元国际化的推动却是有限的,这也引起了我们对于人民币国际化的反思,即依靠企业来推动人民币国际化,可以到什么程度?

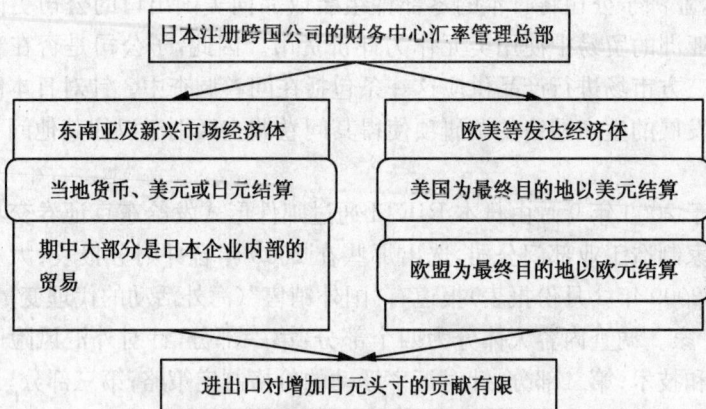

図8—8　日元国际化遭遇当地货币壁垒

8.3.3　与日本比较后中国企业所遇到的现实

日本企业遭遇当地货币壁垒,使得日元国际化进程举步维艰。无论在哪一个国家,生产商都希望风险最小化。最佳状态则是计价货币与结算货币的统一(本币国际化)。生产商可以通过"强势"产品来采用自己国家的货币标价,但前提是对方当地消费者能够接受。而让对方当地消费者接受的前提是:存在产品的异质性,性价比超过当地同类商品。对于当地消费者而言,最优支付方式则是以本币为主。除了在东南亚地区美元和本币混用(美元化国家)外,通常结算的汇兑风险集中在销售商身上。有财务中心汇率管理总部或区域总部的跨国公司则可以通过公司内技术处理将风险成本最小化。

上海国际金融中心研究院课题组在 2012 年年末和 2013 年年初组织了调研,发出了近百份问卷,收回有效问卷 25 份;同时,结合中国人民银行上海总部跨机构人民币业务部的 5 家企业的跨境人民币业务案例,在此基础上进行了归纳分析(见图 8—9)。

此外,鉴于人民币离岸市场的活跃性增强,渣打银行于 2012 年 11 月发布了人民币系列调查报告。这个系列报告包含如下两项内容:第一,记录四个离岸人民币产品(存款、贸易结算和国际支付、债券和存款证以及汇兑)交易量的月度人民币全球化指数;第二,关于公司意见的季度调查报告。《离岸人民币回顾》是由资产基准研究部门(Asset Benchmark Research)撰写的。《人民币全球化指数》报告可在渣打银行的网站(http://research.standardchartered.com)上获取。在第一期《离岸人民币回顾》中,来自亚洲和欧洲的约 150 位财务主管和财务专员参与了网上调查,调查问题主要是是否已经在参与主要区

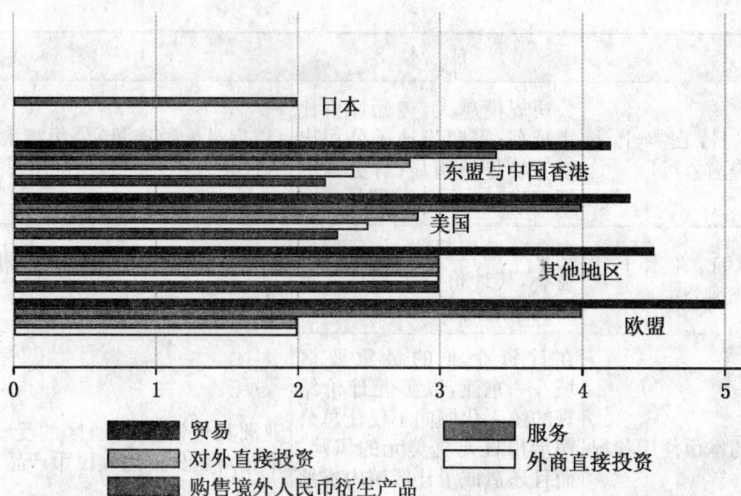

图8—9　来自部分中国企业对人民币结算使用目的和地区的反馈

域的六种离岸人民币业务(存款、贸易结算、汇兑交易、离岸人民币债券、借款、有价证券投资)。在后续的访谈中,还有超过20位受访者给出了他们的意见和评论。在汇总了上述大量来自企业层面的信息后,该报告比较了中日企业在本币国际化进程中的异同反馈(见表8—3、图8—10和图8—11)。

表8—3　　　　　从企业案例反馈看中日在本币国际化进程中的异同

	日　本	中　国
使用本币计价结算的最大目的	总公司要尽可能把海外当地法人从汇兑风险中释放出来。	公司中有一半是受套期保值的需求驱动;管理汇率风险(占54%)。
使用本币的其他目的	因产品异质性、产业分类而有所不同;没有详细统计信息。	节约成本(占50%);改善同中国企业交易的贸易条件(占33%);增加同中国买家和供应商的交易机会(33%);更好地管理利率风险(17%);更及时地与中国伙伴做生意（17%）;受中国伙伴要求(17%);受母公司要求(8%)。
总部财务集中管理趋势	同一集团贸易内将定位于贸易交易中的计价货币选择作为了达成最佳汇率战略的重要手段。	通过将所有风险敞口综合考虑以减小风险,这样货币管理就能更加有效。

307

2013中国金融发展报告

	日　本	中　国
大企业（日：在本土注册；中：跨国公司）	公司规模越大,美元计价比重越高;需向当地子公司出口的趋势越明显;有更强的倾向进行公司内部贸易。	(以雇员人数衡量)公司越大,越是人民币外汇产品的积极用户。
小企业（日：在本土注册；中：跨国公司）	在合并销售量中,公司规模越小,其计价货币的日元计价比重越高。	小型公司使用离岸人民币借贷最少。
在亚洲的本币使用状况	在日资企业的最重要区域——东亚,以美元计价结算的统一化倾向不仅让总公司承担日元兑美元的风险,而且还造成了让区域内本地企业也承担本地货币兑美元的汇率风险。	亚洲其他国家和地区的受访企业中相对更少使用人民币产品。
向发达国家出口	多数日资企业向发达国家出口时,选择对方当地货币支付交易方式,也就是进口国货币计价。	多数使用美元和欧元。
向亚洲以外的其他发展中国家的出口	日元都是占比最大的计价货币并且占比至少超过了50%。在公司间的贸易中,公司有强烈的倾向选择日元作为计价货币。	没有详细的统计信息。
制造企业的反馈	根据217家回应的公司,日元计价占最大份额（48.2%）,美元次之（42.2%）,欧元的计价份额约占7.1%,而其他货币所占份额非常低(2.7%)。	根据两家总部在伦敦的制造业企业的回馈,用人民币结算,可以使套汇基于预期,进行NDFs外汇风险控制;可以利用集团财务功能处理这些交易;可以在香港开CNH账户,对固定价格的供应合同融资、企业间的股息和利率支付进行套期保值。这两家企业未来还要将境外的美元转换成人民币向境内贷款。

　　首先,两国企业在往东南亚贸易中都面临当地美元化的阻力,在往欧美的交易中又面临当地货币的强势狙击,日元和人民币国际化推进艰难。这是两国企业面临的相同问题。

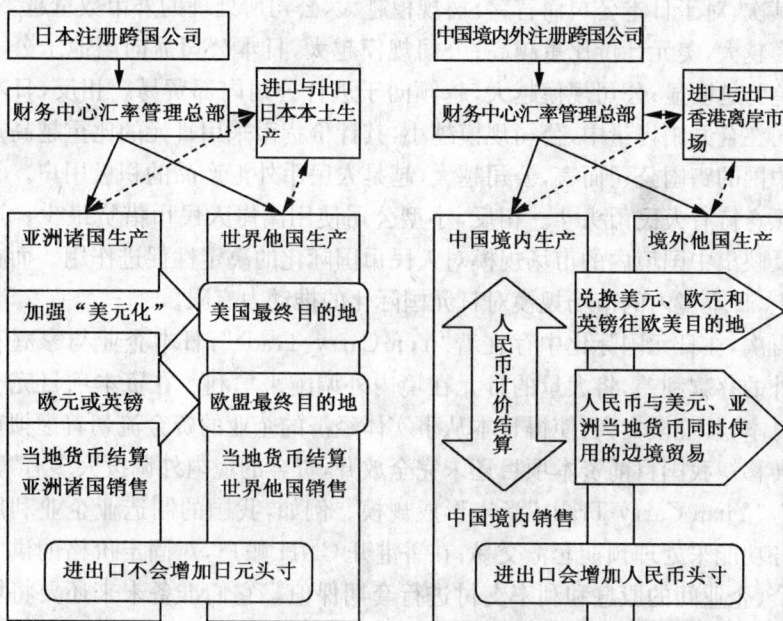

图 8—10　中日两国货币国际化区别根源之一

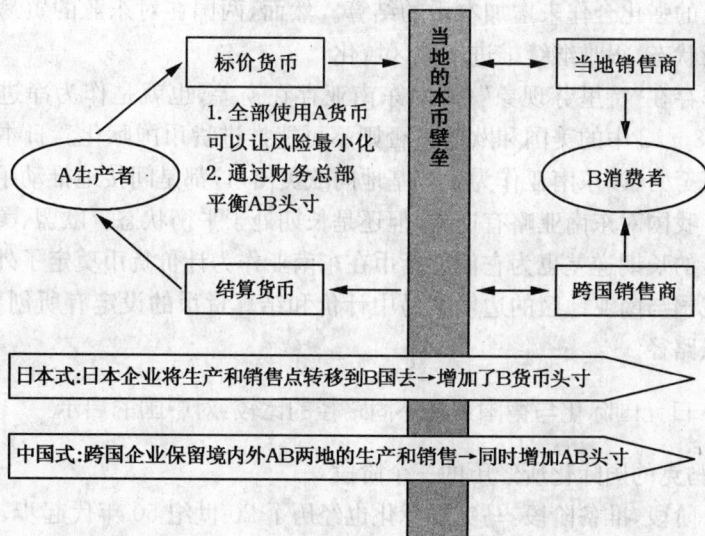

说明:简单假定中日两国都是以生产和出口为主的国家(A),欧美等国家都是以消费和进口为主的国家(B)。

图 8—11　中日两国货币国际化区别根源之二

其次,对于日本公司而言,公司规模越大,公司所处理的外币数量越多;公司规模越大,美元计价比重越高;公司规模越大,日本公司需向当地子公司出口的趋势越明显;公司规模越大,越倾向于进行公司内部贸易。相反,日本的小公司在合并销售量中,公司规模越小,其计价货币采用日元的比重越高。对于在中国的跨国公司而言,公司越大,越是人民币外汇产品的积极用户。它们更加愿意持有人民币头寸。相反,小型公司使用离岸人民币借贷最少。这里可以反映出中国境内的市场规模对人民币国际化的决定性促进作用。而在这一点上,日本境内的市场规模对日元国际化的推动力有限。

再次,在日元国际化中存在着"Yen-Carry-Trade",日本企业与家庭利用境内外的存款利差,将大量的日元在境内外调配来牟利。在资本项目完全开放的日本,其规模之大,使得日本从事实体经济的企业的资金流朝着虚拟市场炒作转移。我国目前资本项目还未完全放开,资金的境内外调拨大多有"真实背景","Yuan-Carry-Trade"尚未形成规模。例如,我国的制造业企业利用集团财务功能来处理预期套汇交易;在香港开 CNH 账户,对固定价格的供应合同融资、企业间的股息和利率支付进行套期保值。它们准备未来还要将境外的美元转换成人民币向境内贷款。

最后,两国都试图将东南亚作为本币国际化的第一站,也就是通过投资和贸易量上的强化合作来增加本币的结算。然而,两国在对东亚的贸易上基本处于平衡状态,很难继续推进本币区域化。

除非存在"特里芬现象"(即对东南亚存在逆差,也就是作为净进口消费国,如图 8-12 中的美国和欧盟),否则不可能推进货币国际化。日本在东南亚的所有努力(以东南亚作为生产基地向欧美出口)都是间接地推动了美元的国际化。我国对东南亚略有逆差,但还是长期处于平衡状态。欧盟、美国在此地区保持的长期逆差也为它们的货币在东南亚作为计价货币奠定了外部性基础。对我国与南亚地区的边境贸易中计价和结算货币的设定有所创新,不失为另一条路径。

8.3.4 日元国际化与德国选择不同路径的比较:对中国的启示

(1)马克的国际化所经历的三个阶段

第一阶段,准备阶段:马克国际化也经历了 20 世纪 50 年代起步、60 年代发展。这一阶段,德国(西德)经济的复苏为马克的国际化打下了坚实的基础,同时,德国(西德)从 1950 年到 1958 年逐渐实现马克的自由可兑换,为马克的国际化迈出了第一步。

第二阶段,发展阶段:集中在 20 世纪 70~90 年代。在此期间,德国经济

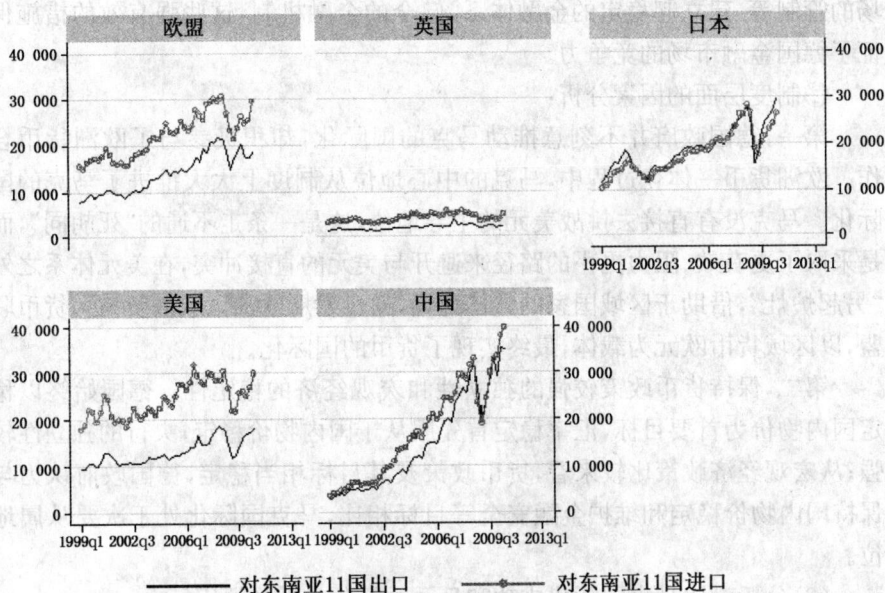

图 8—12 主要货币国家对东南亚的进出口格局

实力进一步增强,出口贸易份额进一步扩大。借布雷顿森林体系崩溃之机,德国通过推动欧洲区域货币合作,且本身一直采取低通胀的货币政策,使得马克的币值稳中有升,为马克在国际市场赢得了良好的信誉,马克逐渐被国际市场认可,成为除美元之外的第二大储备货币。到20世纪90年代,马克基本实现了国际化。

第三阶段:1999年1月1日,欧元面世。鉴于德国在欧盟经济中的地位,我们可以把欧元看作"升级版"的马克,这标志着德国马克经过近半个世纪的努力,借助于地区经济和货币合作的力量,成功实现了货币的国际化。

(2)马克成功实现国际化的原因

①经济层面的因素分析:

第一,强劲的经济实力和巨额的贸易顺差为马克坚挺提供了强有力的保障。

第二,由于德国政府长期以来把保持低通胀和币值稳定作为主要的货币政策目标,马克的币值一直稳中有升,使得马克在国际上一直保持很高的信誉度。

第三,尽管德国政府对马克国际化并不是持积极的态度,但是为了推动本身经济的发展,德国政府逐渐放松金融管制,例如放松利率、外汇以及资本市

计价货币

场的管制等,建立起稳定的金融体系、健全的金融机制,这些强有效的措施保证了德国金融市场的竞争力。

②制度层面的因素分析:

第一,德国政府并不刻意推动马克的国际化,却积极参与了欧洲货币合作。欧洲货币一体化过程中,马克的中心地位从制度上大大推进了马克的国际化。马克没有直接去挑战美元的主导地位,这是一条走不通的"死胡同",而是采取了更有效、阻力更小的路径来避开与美元的直接冲突,在美元体系之外"另起炉灶",借助于区域国家的整体力量,通过发展欧洲区域内贸易和货币联盟,以区域货币欧元为载体,最终实现了货币的国际化。

第二,保持货币政策较强的独立性和宏观经济的稳定性。德国始终以稳定国内物价为首要目标,汇率稳定首先服从于国内物价稳定,央行的独立性较强;从宏观经济政策比较来看,货币政策及其目标相当稳定,德国政府认为与保持国内物价稳定和维护金融安全等目标相比,马克国际化处于次要从属地位。

(3)分析对比马克国际化成功和日元国际化失败的原因

两国货币国际化相似之处在于:

第一,日元与马克国际化的背景相似。

第二,日元与马克国际化的过程相似,都经历了经常项目与资本项目的开放历程,都通过大力发展外向型经济扩大本国货币的影响力,都经历了国力上升、本币升值的过程。

第三,两国政府在本币国际化的态度上都比较审慎。

但是,在马克退出流通前,马克已成为仅次于美元的国际主要货币,其国际地位明显超过日元,在官方外汇储备和国际市场的使用中,马克所占比例大大超过日元,同时,随着20世纪90年代泡沫经济破灭,日元国际化进程出现停滞,可以说日元的国际化是不成功的。究其原因,币值稳定和欧洲经济货币一体化是两个重要因素。

①币值稳定。德国中央银行根据经常项目和资本跨境流动状况动态调整对资本项目的管制措施,并主动允许马克升值,保证了货币政策的独立性和有效性,成功实现了长期低通胀。由于马克对内价值长期保持稳定,对外价值逐步上升,使马克成为名副其实的硬通货,推动了马克的国际化。而日本央行的独立性较弱,政策目标重在促进经济增长,实施了格外宽松的货币政策,遂导致日本国内形成了严重的资产价格泡沫。1990年资产价格泡沫破灭后,日本经济陷入长达20年的衰退,日元国际化也陷入了长时间的停滞状态。

②欧洲经济货币一体化。德国政府依靠区域内国家集体的政策约束和制度安排,减轻了马克国际化来自外部的冲击,进一步提升了马克的国际货币地位;同时,借助于区域国家的整体力量,通过发展欧洲区域内贸易和货币联盟,以区域货币欧元为载体,最终实现了货币的国际化。而日本在相当长一段时期内忽视促进日元稳定的地域经济基础和金融环境。在缺乏区域货币合作的情况下,面对美元和马克的双重竞争与压力,日元以单打独斗的方式挑战美元,试图在经济实力不断提升的基础上,通过货币可兑换的若干阶段渐进推动日元国际化,其难度可想而知。

(4)马克的国际化对人民币国际化的启示

第一,经济实力是决定主权货币国际化的关键要素。因此,我国要维持较高的经济增长,保持国内宏观经济的长期稳定,尽可能打牢人民币国际化进程的基础。

第二,一国币值的稳定会为该国货币赢得良好的信誉度,这是市场接受该种货币的重要原因。

第三,吸收德国马克与日元国际化的经验教训,我国可以通过区域化与推动周边国家结算作为人民币国际化起点,实现区域化与国际化的点面结合。

第四,积极建立健全金融体系,为国内外居民提供安全性较高、流动性强以及具有较高收益性的金融工具,加快人民币完全可自由兑换进程。

第五,警惕和防范其他经济体对人民币的干涉,坚持独立的国内经济政策,根据国内国际形势,制定独立的货币政策和财政政策。

第六,以建立香港人民币离岸中心作为人民币国际化的突破口。

总而言之,马克能够成功实现国际化,除了一些基本的经济因素外,还有两个重要因素:德国政府采取了适当的货币政策,以及借助区域化来推动国际化。马克的国际化路径具有一定的参考性,我们可以借鉴其中的一些措施。例如,推行稳定的货币政策,保持国内宏观经济的稳定。在货币国际化过程中,政府不应起主导作用,而只是为其创造有利条件,让市场主动去实现这个过程,同时,在货币国际化过程中,一定要以国内经济最优为目标。此外,还可以适当地推行人民币区域化以隔离美元,减轻单枪匹马应付美元"狙击"的压力。

然而,由于中国和德国的经济环境不同,亚洲和欧洲的情况也不一样,欧洲大陆的经济、历史文化等条件以及德国在欧洲经济中独一无二的地位,使得德国在推动区域货币化时"一呼百应";但在亚洲,各国的经济制度以及发展的程度、人们的意识形态、历史文化背景等各不相同,使得人民币区域化推行起来面临着很大的困难,更不用说货币一体化了。日元国际化的推进就是在亚洲地区"栽跟斗"了。

大中华货币圈则是比较现实的路径。这是中国的特色:一是经济面积可以与欧元区相媲美;二是统一的中华民族即便出现"Carry-Trade"也是"肥水不流外人田"。等到中华货币圈内的经济持续增长和金融市场机制完善后,人民币国际化就是"水到渠成"的事情。

8.4 强化"计价功能"是货币国际化可持续性的基础

人民币国际化成功推进的标志和人民币国际化计量指标是不一样的概念。一种货币的国际化程度通常可由三种指标计量:一是在各国央行外汇储备中的所占比重;二是在贸易、投资和金融交易的结算和支付中的占比;三是在商品和资产交易计价中的占比。但是,人民币国际化成功推进的核心在于市场经济和金融交易中计价功能的发挥。商品和服务的计价功能派生出结算和支付功能;而金融资产的计价功能派生出财富贮存和外汇储备资产的权重。

8.4.1 计价功能的缺失——结构性不平衡的根源

主要国际货币国家由于自身的财务困境,采取了无限期宽松量化货币政策来缓解自身内部经济问题。这意味着全世界的债务人联合起来,通过诸如"发行货币"、"延长债务期限"等种种方式来"赖掉"他们的债务。而债权国要从根本上降低这种资产被缩水的风险,本币国际化则是他们的必选之路。

我国出口所获得的"债权"多是以外币计价的。为了使我国对外资产人民币化,人民币跨境贸易结算等措施相继推出。随着人民币交易规模的扩大,其衍生品离岸交易的需求也在增加。然而,总体效果仍然堪忧。出口收汇仍然是美元形式,进口在升值预期下用人民币来结算,就意味着人民币债务和美元资产同时增加,资产负债的币种结构更加恶化。这表现为我国的债权在贬值,而债务在升值。此外,当人民币升值预期减弱或出现贬值趋势时,离岸市场上的人民币来源就会出现问题。近期香港离岸市场上的人民币就出现了流动性不足。通过"要政策"调节虽然可以缓解,但无法从根本上解决问题。也就是说,货币的贬值与升值预期左右着结算量和离岸市场的流动性。

国际资产负债关系中呈现的新兴市场国家拼命储蓄,将其出口创汇"借给"发达国家用,这是因为这些发达国家金融市场的产品相对完善。它们的跨国公司可以得到金融产品的融资并以再投资的方式转到新兴市场国家获得巨额利润。如美国国债利率为1.6%(10年),2011年我国总债权是5万亿美元,总债务是3万亿美元,有2万亿美元净债权。我国非但没有收到利息,反倒支付了 270 亿美元。因为美国在华的回报率是 33%,大跨国企业是 20%,而我国在美国的回报率是 3%。这就是"斯蒂格利茨怪圈"现象。债权国若要跳出这个怪圈,在一开始出口收汇时就要采用本币,从源头上杜绝或降低这种可能。此外,我们必须清醒地认识到本币国际化的"内功"是本国金融市场和衍生产品的完善。

8.4.2 强化"计价功能"是货币国际化可持续的基础

长期以来,在人民币国际化的研究中,大多数文献从货币各种职能逐一展开分析,没有将货币的价值尺度与支付手段功能有机地结合起来,也没有突出人民币计价功能。所谓计价功能,就是产品(或劳务)用人民币标价,即商品的出售和购买以人民币标价。这就意味着在进行商品交易的时候必须以人民币为价值标准来审定,也可以增加用人民币进行实际结算的概率。至于什么时候能用本国货币结算,取决于企业的微观行为。计价功能具有外部效应(可持续性强),而结算功能则是随行就市,伴随着利益随时发生逆转。

我国目前推动的主要是结算活动。交易的产品没有用人民币计价,而是用其来结算。当人民币有升值预期时,境外机构才愿意接受人民币结算。一旦人民币升值预期发生逆转,境外的人民币持有动机会大幅降低,离岸市场上依靠人民币进行结算的流动性也相应减少,产生"倒逼"现象,要求资本项目扩大开放。这种跟着预期而变的流动性会加重我国外汇储备币种的结构性问题。

我们应参考日元国际化的"前车之鉴"。现阶段,在人民币升值预期状况下推进的人民币跨境结算应防止出现迫于发达国家的买方垄断而在进口时使用人民币结算、出口则仍然使用外币结算的"跛足"现象。该结果恶化了原来就成问题的我国对外资产币种结构,对实现人民币国际化的目标影响很大。结算货币往往是根据汇率预期方向而增加和减少的。相比较,计价货币则会形成"惯性",具有"外部效应"。日元国际化的"短板"就是在计价货币上难以推行。在参考日本企业出口计价结算货币的调研数据后我们发现一种现象,那就是日本企业的出口对日元国际化的促进效果有限。东南亚地区的美元化和欧美本币强势的"瓶颈"让日本企业难以推进本币国际化。所谓的"瓶颈",就是当地本币壁垒,这主要由跨国生产链上的地区已经美元化或最终消费国本币强势所构成。日本跨国企业与其说是推动日元国际化,倒不如说是推动了美元国际化。为此,不要以增加多少人民币结算单位来判断人民币国际化的进展,因为这是不稳定的,而应该把更多关注放到培育人民币作为计价货币的功能上来。这里,不是要对计价与结算功能分出高低来得出"计价功能"优

计价货币

于"结算功能"的结论,而是要让那些推行人民币国际化的措施不要偏离方向,注重两者的匹配和有机结合。

8.4.3 培育人民币作为计价货币的职能

国际货币各种职能的形成不是短期就能促成的。结合当前推动人民币加入特别提款权(SDR)的准备,我国要达到 SDR 货币标准还有很大的差距。在这些标准(诸如在各国外汇储备中所占比重、即期外汇市场交易量、外汇衍生品交易份额、国际债券所占比重等)中,我国要抓住关键的职能来获得"纲举目张"效应。考虑到计价货币的外部效应(externality effect)最强,尤其要对该功能加以培育,其具体推进方法可以参考如下:

(1)提升商品的"异质性"以获得定价权

以德国为例,虽然汇率波动一直较大,但是其自身的制造业出口受到的影响较小,因为它们出口的产品是采用本币定价。将德国和我国的出口数据相比较,发现德国出口呈现出卖方垄断的特点,而我国出口则相反,呈现出买方垄断的特点。从美国商务部公布的进口产品价格数据来看,德国商品的价格与德国马克或欧元的汇率呈正比,而从我国进口商品的价格则是不变的。也就是说,德国出口商品可以将汇率波动所造成的价格变动风险转嫁到买方头上,而我国的出口商必须自己承受汇率风险。日本经济和产业研究所对 12 家出口企业和 227 家上市公司的调研结果也表明,只有在日本产品和服务有"异质性"的领域,在全球交易中才能获得计价的长期效果。

若我国出口商品以人民币计价,即使人民币汇率有所波动,企业仍然可以只承担很小的风险,这同时还可以改善我国对外资产的币种结构。德国以本币计价的根基在于其产品的独特性,这就保证了它自身的"垄断性"。而我国出口的产品由于被替代性较强,议价能力也就相应较弱。以企业微观主体来推进人民币计价,则必须从提高我国产品的独特性入手。

(2)在对外援助和资本输出中促进人民币计价

以美国在第二次世界大战后推进的"马歇尔计划"为例,当时,美国政府向海外提供资金。各国政府获得资金后,从美国私人部门购买商品,美国政府则通过税收或出售债券的方式从美国私人部门回流资金。也就是说,美国通过资本项目逆差输出美元、经常项目顺差回流美元的方式真正建立起了美元的国际循环模式,扩大了美元的国际使用(如图 8—13 所示)。

我国也可通过以资金援助形式借出美元,要求偿还人民币等方式,推进人民币的跨境使用。为了避免如同日本跨国企业实质上帮助推进"美元化"的结局,我国跨国企业在区域的选择中必须考虑产业链上是否在美元区或最终出

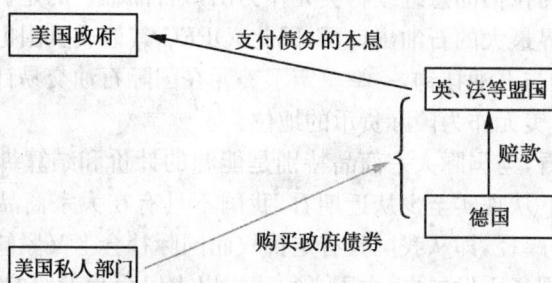

图 8-13　马歇尔计划

口国是否在强势货币国家。"突破口"应放在美元化最弱的地区来推进人民币国际化。

（3）在与我国对外贸易有长期逆差的地区内推进人民币计价

我国的产品在非洲、拉美等国家具有广泛的市场，为此首先应推进在这些国家的人民币计价。

东亚地区由于其本身的特殊性，推进人民币国际化的难度较大。虽然我国对东亚地区国家大多存在逆差，但逆差很小，类似于日本对东南亚的逆差，不足以形成人民币在东南亚的境外存量。相比较而言，欧美国家在东南亚一直保持着长久的巨额贸易逆差，这使得东南亚美元化根深蒂固。为此，在这些地区，我国要根据国别差异有针对性地推进人民币国际化，用人民币计价和支付来自这些国家的出口，或采用置换美元资产等方式改善目前的被动状态。

（4）在大宗商品交易中以买方势力来推进人民币计价

19 世纪的"煤炭—英镑"体系铸就了英镑的国际货币地位。英国是世界上第一个被煤改造得焕然一新的国家。几个世纪以来，英国的煤产量一直高居世界首位。从某种程度上说，正因为如此，工业革命才首先在英国发生。1830 年，英国煤产量占世界煤产量的 4/5。1848 年，英国的铁产量比世界其他国家铁产量的总和还多。而到了 1851 年，伦敦举办首届世界博览会时，英国被拥为世界的生产中心，它把触角延伸到了全世界。英国的超级大国地位一直保持到了 19 世纪末期，这在很大程度上要归功于煤，以及英国把煤转化为动力和热能的能力。最主要的是日不落帝国通过用英镑定价煤炭，使英镑成为国际货币，促成了英国成为世界上第一个现代工业化国家。

布雷顿森林体系的崩溃使美元和黄金脱钩，牙买加体系的诞生又规定发行货币不能和黄金挂钩。当时，OPEC（石油输出国组织）国家想摆脱石油美元计价机制，但美国在 20 世纪 70 年代和沙特阿拉伯签订了所谓的"不可动摇的协议"：沙特阿拉伯同意继续将美元作为出口石油唯一的定价货币。由于沙特阿拉伯是世界最大的石油出口国，因此，OPEC其他成员国也接受了这一协议。从此，美元与石油挂钩，一举奠定了美元在国际石油交易计价货币中的垄断地位，延续了美元作为国际货币的地位。

从历史上看，与国际大宗商品特别是能源的计价和结算绑定权往往是货币崛起的起点。从现实至少从近期看，我国不具有在大宗商品和能源上的定价权，故须另辟蹊径，即从我国具有定价权而国际社会上又紧缺的战略性资源商品入手。纵观货币发展史，中国必须建立以人民币为参照的定价体系，这将是人民币主权货币在国际商品贸易中崛起的新路径，也是人民币国际化的关键一步。

我国在某些国际大宗商品交易市场所占份额较高（见表8-4），因此，也可以尝试通过寡头买方地位，向市场上推进人民币计价。同时，在我国境内的商品期货交易所中，也可以逐步推进用人民币计价的交易品种。

表8-4   中国在大豆、天然橡胶、铁矿石和原油贸易进口中的占比   单位：万吨

	大豆进口			天然橡胶进口		
	世界总计	中国	占比	世界总计	中国	占比
2005 年	6 539	2 904	44%	633	132	21%
2006 年	6 788	3 066	45%	667	150	22%
2007 年	7 441	3 315	45%	755	154	20%
2008 年	7 708	3 744	48%	728	161	22%
	铁矿石进口			原油进口		
	世界总计	中国	占比	世界总计	中国	占比
2005 年	73 588	27 526	37%	188 520	12 682	6.7%
2006 年	78 485	32 630	42%	219 632	14 588	6.6%
2007 年	82 500	38 309	46%	221 046	16 317	7.4%
2008 年	88 850	44 356	50%	212 204	17 888	8.4%

最近也有专家指出，我国稀土交易中存在交易机制欠合理、物流体系不完备、交易品欠丰富等突出问题；指出舟山大宗商品交易中心开展用人民币定价的稀土交易具备了国务院相关文件的政策条件，占据了独特的区位和地理优

势,是未来上海国际金融中心的自然延伸。

(5)金融产品和制度创新

金融衍生产品的人民币计价是货币国际化的关键一环,也是新兴市场经济体货币是否实现赶超的希望所在。只有本土金融市场的新的制度设计和产品创新才能让资产负债币种结构达到最佳匹配,同时,非居民才会更长久地持有人民币。

9 离岸市场与人民币国际化

丁剑平　陈　岚　吴文生

主要国际货币的兴起往往与离岸市场的发展有着密切的关系。离岸市场的发展对货币国际化来说是把"双刃剑"。英镑的国际化成也在离岸,败也在离岸;日元的国际化最终因为离岸市场上的"再贷款游戏"而停滞不前;而美元和马克的国际化中,离岸市场更多的是提供了外部性。

随着人民币国际化进程的加快,香港作为人民币国际化的桥头堡,其离岸人民币业务已经取得了一系列进展。尤其是在 2010 年 7 月,中国人民银行放松了对香港离岸人民币即期交易的限制,使得香港离岸人民币业务获得里程碑式的发展机会。伦敦、新加坡、中国台湾的人民币离岸业务也在蓬勃发展。但是,随之而来的是套利、套汇活动的屡禁不止。

那么,离岸市场的建设在人民币国际化过程中到底扮演着什么角色? 如何正确处理离岸市场与在岸市场的关系? 如何避免离岸市场发展成为套利套汇场所? 研究发现,在货币国际化过程中,离岸市场的作用有限,主要在于扩大一国货币的网络外部性。

9.1　人民币离岸市场的发展现状

9.1.1　香港人民币离岸市场的发展

人民币国际化是我国经济发展的必然趋势。香港作为人民币国际化的桥头堡,其离岸人民币业务已经取得了一系列进展,尤其是在 2010 年 7 月,中国人民银行放松了对香港离岸人民币即期交易的限制,使得香港离岸人民币业务获得里程碑式的发展机会。经过两年多的快速发展,香港已经形成了一个可兑换的人民币汇率市场和人民币债券市场,香港人民币的 REITs、股票市场、货币市场、利率掉期和外汇掉期等衍生品市场也在发展之中。市场上的人民币产品和参与者不断丰富和扩大,越来越多的跨国公司和投资者利用这个迅速发展的人民币市场来解决人民币融资和贸易结算的需要。新加坡、伦敦、纽约等国际金融中心也开始对发展人民币离岸市场表现出浓厚的兴趣。

(1)香港人民币离岸市场政策回顾

从 21 世纪初开始,中央政府和香港特区政府就开始酝酿出台推动香港发展离岸人民币业务的政策。2003 年,中国人民银行发布公告,宣布为香港个人人民币业务提供清算服务,香港正式开展个人人民币业务,包括存款、兑换、汇款和信用卡服务等,降低了使用人民币的成本,有效提高了人民币在香港的普及程度。同年 12 月,中国银行(香港)被委任为香港人民币业务清算行。2004 年 2 月,香港银行正式开办人民币业务,这标志着近年来香港金融业中最值得关注的一项业务扬帆起航。

2007 年,有关部委发布《境内金融机构赴香港特别行政区发行人民币债券管理暂行办法》,正式建立香港人民币债券发行机制。随着人民币跨境贸易结算的推进,2008 年 7 月 10 日,国务院批准《中国人民银行主要职责内设机构和人员编制规定》,新设立汇率司,其职能包括"根据人民币国际化的进程发展人民币离岸市场"。人民币离岸市场的发展开始于 2009 年 7 月份。中国人民银行牵头的六部委发布了《跨境贸易人民币结算试点管理办法》,自此人民币国际化迈出了第一步。尤其是 2010 年 7 月 19 日,中国人民银行和香港金融管理局签署了《中国人民银行与香港金融管理局合作备忘录》,并对"香港人民币业务清算协议"作出修订并且付诸实施后,香港的人民币离岸业务迅速发展,真正成为人民币走出境内开始人民币国际化的第一个离岸市场。之后,多项新措施陆续推出:允许在内地推行港股 ETF,允许香港企业的人民币资金以 FDI 及"小 QFII"的形式到内地投资,跨境贸易人民币结算推广至所有进出口企业及 RQFII 登陆香港等,香港人民币离岸中心的地位因此得以加强。

2011 年 1 月,中国人民银行公布《境外直接投资人民币结算试点管理办法》,允许内地企业和金融机构利用人民币开展境外直接投资。该办法的颁布对加速人民币国际化无疑具有里程碑式的重要意义。首先,人民币对外直接投资放开后,将会激发出人民币在其他海外地区的需求,使香港作为人民币离岸金融中心吞吐人民币资金的功能得到真正发挥,使人民币从香港与内地的

"小循环"扩大到人民币海外的"大循环"。其次,人民币用于非金融海外投资,不仅意味着投资的人民币资金最终仍将用于国际贸易,增强人民币计价结算功能,还会增加海外人民币资金的沉淀量,增加海外人民币资金来源。

2011 年 2 月,"十二五"规划纲要明确提出,支持香港发展成为离岸人民币业务中心和国际资产管理中心。2011 年 8 月,时任国务院副总理李克强在香港公布了包括"积极支持香港人民币市场发展,拓展香港与内地人民币资金循环流通渠道"等多项支持香港发展离岸人民币业务的政策措施。香港人民币离岸市场在 2012 年继续了快速的发展。从表 9—1 中可以看出,经过 2012 年一年的发展,香港人民币离岸市场人民币投资品种进一步丰富,回流渠道进一步增加,回流机制进一步完善。

表 9—1 香港人民币离岸市场 2012 年大事记

时 间	事 件
2012 年 2 月	人民币计价黄金 ETF 推出
2012 年 4 月	RQFII 额度从 500 亿元增加至 700 亿元
2012 年 5 月	境内非金融企业赴港发债政策正式出台
2012 年 6 月	继续在香港发行人民币国债 安排境内银行和企业继续在香港发行人民币债券 继续拓宽人民币在境外的使用 允许第三方在香港人民币离岸中心进行贸易及投资的人民币结算 · 发展离岸人民币贷款市场 · 丰富离岸人民币产品 · 继续扩大 RQFII 额度,增加可参与主体范围,丰富相关产品种类以及放松 RQFII 的投资限制 · 指出广东省积极探索,继续扩大跨境人民币业务试点,创新粤、港、澳三地人民币业务
2012 年 7 月	深圳发展前海新政,其中与香港有关的政策包括: · 允许前海探索拓宽境外人民币资金回流渠道,配合支持香港人民币离岸业务发展,构建跨境人民币业务创新实验区 · 支持设立在前海的银行机构发放境外项目人民币贷款;在 CEPA 的框架下,积极研究香港银行机构对设立在前海的企业或项目发放人民币贷款 · 支持在前海注册、符合条件的企业和金融机构在国务院批准的额度范围内在香港发行人民币债券,用于支持前海开放建设
2012 年 9 月	人民币期货推出
2012 年 10 月	收支双币双股上市,合和基建成功以配售方式发售人民币计价股票
2012 年 11 月	RQFII 额度从 2 000 亿元增加到 2 700 亿元
2012 年 12 月	《前海跨境人民币贷款管理暂时办法》正式出台

从离岸人民币市场建设角度来看,上述已经出台的政策措施效果明显,基本解决了两方面的问题:一是确立了香港人民币业务的运行和监管制度。根据"一国两制"原则,香港人民币业务的运行和管理以香港和内地金融监管机构协调配合为基础,香港当地人民币业务按照香港当地的法律和法规开展,涉及香港与内地之间的跨境人民币业务应该按照内地有关法律法规开展。二是构建了香港人民币回流内地以及内地人民币流向香港的资金循环机制,初步解决了香港人民币资金的来源和使用渠道问题。目前香港与内地人民币资金的清算和结算渠道比较顺畅,香港可以通过贸易、投资等多种渠道从内地获得人民币资金,并将人民币资金投资于内地实体经济和金融市场。

(2)香港人民币货币市场

①人民币存款。

香港早期的人民币存款主要来自香港居民每天换汇(额度为人民币6 000元)和内地游客随身携带入境的人民币现钞。2004年2月,32家香港银行开始接受人民币存款,当时全港全部人民币存款只有89 000万元。2005年,香港居民个人人民币现钞兑换最高限额由6 000元提高到2万元,香港居民个人人民币汇款最高限额提升至8万元。2005年,香港人民币存款达到261亿元,香港金融管理局认可经营人民币业务的银行也达到了38家。2010年7月,中国人民银行和香港金融管理局签订了人民币贸易清算补充协定以后,人民币存款有了飞跃式增长,每月平均增加360亿元,其中主要以企业贸易清算项目下的人民币企业存款形式流入银行体系。到2013年2月,香港人民币存款共计651 721百万元,占香港银行外币存款的比例达到19.2%(如图9—1所示),且香港人民币存款占香港银行总存款的比例达到7.73%。2月末香港人民币CDs的总量为1 425亿元。2013年3月,香港地区企业和内地跨境人民币实际收付累计量占比52%,通过香港清算行渠道收付的跨境人民币资金共计76 147亿元。香港是首要的人民币业务开展地区,人民币已经成为香港地区的第二大外币币种。

随着香港人民币业务的发展,被许可经营人民币业务的机构数目也不断增加,从2004年2月的32家发展到目前的140家,总共增加了108家。其中,2010年新增了60家,香港人民币市场取得了突破性发展(如图9—2所示)。

为什么香港离岸人民币市场从2010年起发展得如此之快?究其原因,一方面,人民币跨境贸易结算的开展,促使人民币资金源源不断地流入香港。2010年人民币跨境贸易结算总额为5 348亿元,其中内地与香港之间产生的

离岸市场与人民币国际化

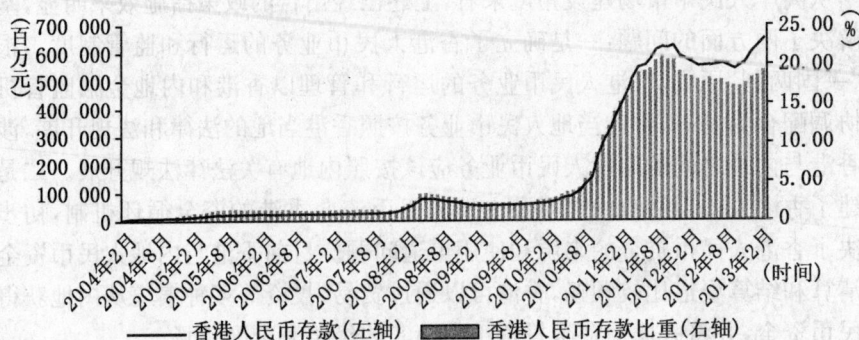

资料来源:CEIC。

图9—1　香港人民币存款

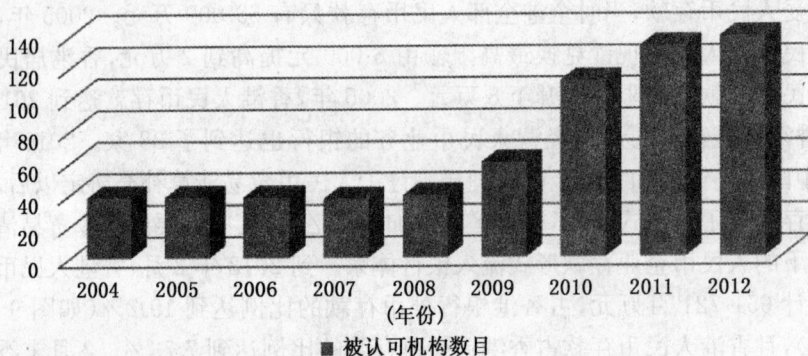

资料来源:CEIC。

图9—2　香港人民币业务机构数目

跨境贸易结算额高达3 692亿元人民币,占比高达69%[①];另一方面,2010 年 7 月中国人民银行与香港金管局签署的修订后的人民币业务清算协议,极大地降低了香港企业与居民利用人民币进行结算的成本。基于上述两个重要的原因,2010 年下半年,香港的人民币跨境贸易结算规模和人民币存款增量出现了跨越式发展,分别为上半年的 13 倍和 8 倍,从而带动了香港离岸市场的发展。

从 2011 年 9 月开始,作为香港人民币流动性重要指标的香港人民币存款

---

① 路透中文网:《香港跨境贸易人民币结算汇款额月度数据一览》。

开始下降。至 2012 年 3 月末,香港人民币存款累计下降了 11％,在香港全部外汇存款中的占比下降了 3 个百分点。产生这种趋势的原因主要有两个:一方面,香港人民币回流内地投资渠道的放开,使得部分人民币从香港市场回流内地;另一方面,人民币现汇升值幅度的减缓,挤出了因套利动机而持有人民币的需求。

在香港人民币存款规模持续攀升的同时,我们产生了一个疑问:吸引香港居民与企业持有人民币的到底是人民币金融产品本身价值还是人民币单边升值预期? 基于人民币升值预期的套利行为虽然一定程度上刺激了香港人民币离岸市场的发展,但真实的贸易和投资需求才是市场发展的主要驱动因素。2012 年,香港人民币存款证的存量达到 1 173 亿元,同比增长 60％。人民币存款证的增长导致客户存款分流和人民币回流增长。客户存款余额较 2011 年的高点略有下降,2012 年年底达到 6 030 亿元,同比增长 2.45％,增幅低于 2011 年的 86.9％。香港人民币客户存款和存款证共计 7 020 亿元,同比增长 6.9％,虽然增速较 2011 年有所下降,但是仍保持了稳定增长的势头。在 2011 年 9 月以来香港离岸市场人民币升值预期消失的情况下,目前香港人民币资金池维持稳定的情况比较准确地反映了人民币的实际需求。

2012 年 6 月,中国人民银行等六部委联合下发了《出口货物贸易人民币结算重点监管企业名单》,跨境人民币结算业务全面推开,所有进出口企业都可以选择人民币进行计价、结算和收付。2012 年,跨境贸易人民币结算量保持较快增长,银行累计办理跨境人民币结算业务 2.94 万亿元,同比增长 41％,其中,货物贸易结算金额 2.06 万亿元,服务贸易及其他经常项目结算金额 8 764.5 亿元(如图 9—3 所示)。全年跨境贸易人民币结算实收 1.3 万亿元,实付 1.57 万亿元,净流出 2 691.7 亿元,收付比由 2011 年的 1∶1.7 上升至 1∶1.2。

根据对企业的调研,我们发现,很多跨国企业和内地企业同时有进出口业务,对人民币结算有真实的需求。以人民币取代其他货币(比如美元)与内地企业进行结算有助于管理其外汇风险。人民币长期升值潜力和较高的利率也对企业短期流动性管理有很大的吸引力。相关调研显示[①],跨国公司使用人民币贸易结算需要修改一些内部规则和基础设施,有些正在考察系统的可操作性,尤其是政策的透明度、持续性和稳定性。在获得足够的资讯和建立信心后,相信更多跨国公司会使用人民币进行贸易结算。2012 年,内地 10.5％的对外贸易是以人民币结算,目前内地监管机构已经放开了全国范围的人民币

---

① 马骏、徐剑刚等:《人民币走出国门之路——离岸市场发展与资本项目开放》,中国经济出版社 2012 年版。

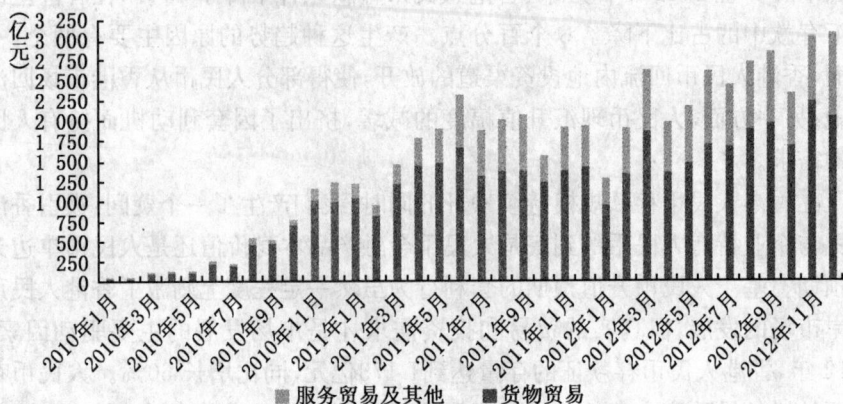

资料来源:中国人民银行网站。

图 9—3　跨境人民币贸易结算量

进出口贸易结算,但是,相对于发达国家本币贸易结算的占比,人民币贸易结算仍有很大的增长空间。

②人民币贷款。

相对于其他离岸产品,离岸人民币贷款发展较为缓慢。根据香港金融管理局资料(见图9—4),2010 年香港离岸人民币贷款余额仅为 18 亿元,2011年扩大到 303 亿元,2012 年为 790 亿元。截至 2013 年 2 月,香港离岸人民币贷款余额为 858 亿元,相当于离岸存款及点心存款证余额的 11%。

2013 年 1 月,中国银行(香港)有限公司、汇丰银行(香港)有限公司等 15家经营人民币业务的香港银行与深圳市前海开放投资控股有限公司等 15 家在前海经济合作区注册的企业举行了跨境人民币贷款集体签约仪式,共签约前海跨境人民币贷款项目 26 个,协议总金额约 20 亿元人民币,所贷人民币资金将全部用于前海地区的开发建设。前海控股等 15 家注册在前海的企业成为首批获得跨境人民币贷款的企业,率先获得来自香港的低息人民币贷款。在人民币国际化的大背景下,前海跨境人民币贷款的启动,将打通香港人民币回流国内的通道,拓宽离岸市场人民币投资渠道,以吸引更多的人民币资金停留在境外。换言之,境外对人民币需求的上升,也有利于人民币国际化进程。

除了缺乏定价指标外,人民币大部分时间处于强势,也使企业对持有人民币负债不感兴趣。不过,在同等条件下,企业在香港获得人民币贷款,其利率较内地低 1~1.5 个百分点,且获得贷款较为容易,从长期看仍有发展潜力。

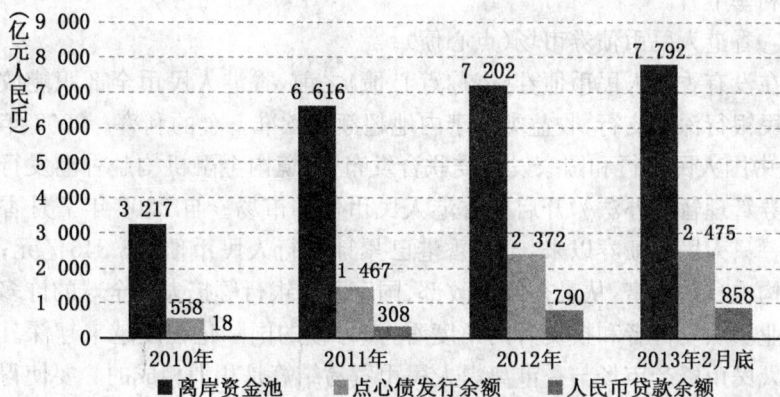

注:离岸资金池＝人民币存款余额＋点心存款证(CDs)余额。

资料来源:HKMA。

图 9—4　离岸人民币贷款

③人民币同业拆借。

随着离岸人民币市场的参与银行由 2010 年的 153 家增加至现今的 207 家,同业拆借市场成交量也随之大幅增长,人民币拆借日均成交量由 10 亿元增加至 80 亿元,达到港元拆借成交量的 45%,而一年前仅在 5%。目前市场上以隔夜至 1 个月交易最为活跃,3 个月以上成交量稀疏。

香港财资市场公会(TMA)拟推出人民币香港银行同业拆息(CNH HI-BOR)定价机制,这将使香港有机会建立具有公信力的短期利率指标,进一步完善收益率曲线。计划中的 CNH HIBOR 将包括隔夜、1 周、2 周、1 个月、2 个月、3 个月、6 个月、9 个月及 12 个月九种期限,并根据 15～18 家活跃于人民币同业市场的报价银行所报利率计算确定。

CNH HIBOR 指标的建立有助于各项利率产品定价更加透明,进而深化离岸人民币衍生品市场,人民币市场参与者得以对冲风险,对香港巩固离岸人民币中心龙头地位有着深远影响。定价机制的建立可为贷款产品的定价参考提供可靠基准,促进离岸人民币贷款市场的进一步发展;也可引领离岸人民币利率掉期市场的发展,并协助市场参与者对冲人民币业务的利率风险,从而进一步增强香港作为离岸人民币业务中心的竞争力。香港银行公会表示欢迎 CNH HIBOR 定价机制,认为可增加市场透明度,有利于人民币借贷活动及推出利率掉期等相关衍生工具,从而扩大人民币融资渠道。中信国际司库陈镜沐则表示,零售客户或可间接得益。他解释称,随着产品种类愈来愈丰富,银行需要更多资金推动有关产品发展,或需要从市场吸纳人民币资金,带动人民币利率上升。

④香港人民币债券市场（点心债）。

在没有香港人民币债券（俗称点心债）之前，香港人民币全部职能放在中国人民银行深圳支行，收益类似于内地超额存款准备金的利率。2007年6月8日，中国人民银行和国家发改委联合发布了《境内金融机构赴香港发行人民币债券管理暂行办法》，开启了香港人民币债券市场。自2007年7月香港发行第一只人民币债券以来，至今香港已累计发行人民币债券3 345亿元；发行者结构也日益丰富，从最初的财政部、国家开发银行等扩大到全球的许多银行和企业。从发行者和投资者的角度看，点心债的国际化程度越来越深。香港离岸人民币资产市场与香港离岸人民币贸易结算是相辅相成的。要使得香港人民币贸易结算可持续发展，需要给香港离岸市场存留的人民币提供相应的人民币资产市场来投资。点心债作为人民币定息汇券产品，为国际投资者提供了分散投资和管理风险的新工具。

为了解决香港银行界人民币存款的运用问题，也为了加快人民币国际化进程，2007年6月8日，中国人民银行与国家发改委联合发布《境内金融机构赴香港特别行政区发行人民币债券管理暂行办法》，开始着力推进香港人民币债券市场的发展。同年7～9月，国家开发银行、中国进出口银行和中国银行分别赴港发行人民币债券，之后交通银行、中国建设银行和汇丰（中国）银行、东亚（中国）银行加入发行行列，累计发行总规模300亿元左右，并在二级市场挂牌交易。2009年9月，中央政府又在香港发行人民币国债60亿元。2010年7月，中国人民银行与中银香港签署修订后的《香港银行人民币业务的清算协议》，为人民币金融产品的推出扫清障碍。

2010年8月，中央银行发布《关于境外人民币清算行等三类机构运用人民币投资银行间债券市场试点有关事宜的通知》，即217号文。217号文允许境外的中央银行或货币当局、港澳人民币清算行、跨境贸易的人民币结算境外参加行三类境外机构运用开展央行货币合作、跨境贸易和投资人民币业务所获得的人民币资金来投资银行间债券市场。同月，麦当劳在香港发行3亿元人民币债券，这是首家跨国公司在香港发行人民币债券。为了贯彻落实"十二五"规划中支持香港成为离岸人民币中心的要求，扩大人民币的跨境使用，中国人民银行从2012年开始允许香港地区的保险机构参照三类机构申请投资银行间债券市场。这是三类机构的情况。2011年12月，证监会、中国人民银行和国家外汇管理局发布了《基金管理公司、证券公司、人民币合格境外机构投资者境内证券投资试点办法》，允许基金管理公司、证券公司的香港子公司作为人民币合格境外投资者运用在香港募集的人民币资金投资境内证券市场。随后,根据试点办法,中国人民银行发布了一个具体的实施规定,允许RQFII在香港募集的人民币资金投资银行间债券市场。2013 年,证监会、中国人民银行、国家外汇管理局发布了新的 RQFII 的试点办法,新的办法扩大了试点机构的范围并放宽了投资领域的限制。

截至 2013 年 3 月末,共有 106 家境外机构进入银行间债券市场,其中包括 19 家境外央行、3 家国际金融机构、2 家主权财富基金、2 家港澳人民币清算行、51 家境外参加银行、9 家境外保险公司、20 家 RQFII 的试点机构。目前还在审批的境外机构还有 34 家,已经获批进入的 106 家境外机构截止到 3 月末在银行间债券市场的托管量已经超过了 2 000 亿元人民币,大约占银行间债券市场总托管量的 8%。

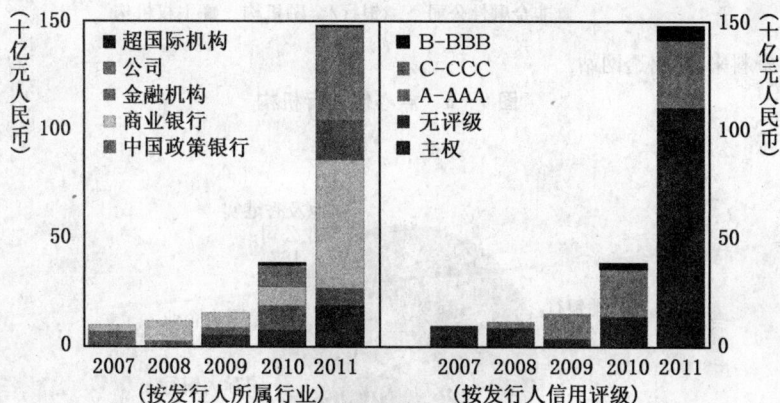

注:2011 年数据截至当年 9 月。
资料来源:路透网站。

图 9—5 点心债发行量

截至 2013 年 3 月,香港累计发行人民币债券 3 345 亿元,其中内地机构在港累计发行 805 亿元,财政部发行 570 亿元,境外机构在港累计发行 1 970 亿元。

从点心债发行人的结构看,点心债目前主要由内地银行及其在香港的附属银行发行,占总发行量的 43%,内地政策性银行占发行量的 12%,中国财政部占 15%,其余的 30% 主要为国际性大型银行和跨国企业,约占 5% 和 7%,如图 9—6 和图 9—7 所示。

从点心债的信用评级来看,参加评级的企业债越来越多,从 2011 年的 31% 上升到 2012 年的 44%。但是,参与评级的债券总体上来说比例较小,不

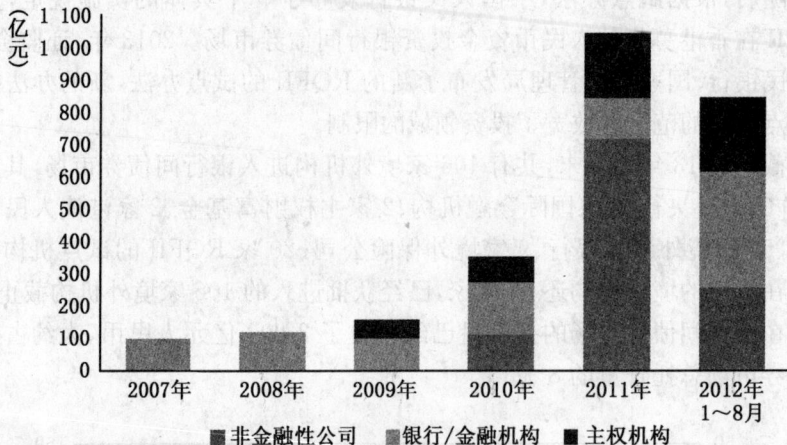

资料来源:路透网站。

图 9—6 点心债发行机构

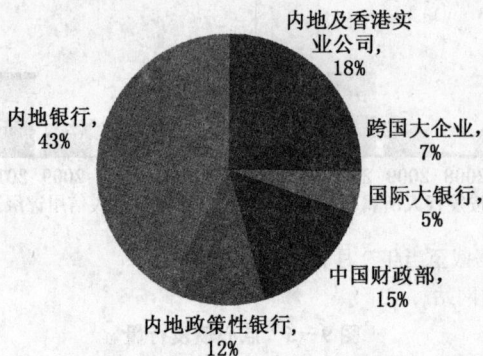

资料来源:马骏、徐剑刚等:《人民币走出国门之路——离岸市场发展与资本项目开放》,中国经济出版社 2012 年版。

图 9—7 2011 年香港离岸人民币市场各类发行者份额

到债券总量的一半。从评级结果来看,2012 年被评为 A 级的债券有 31％,被评为 BBB 级和 BB 级的分别为 7％和 6％(如图 9—8 所示)。

从点心债的发行期限来看,80％是 3 年以内的短期融资债券,最长的债券是银行发行的 15 年期债券(如图 9—9 所示)。从 2011～2012 年的变化中看,香港人民币离岸市场上的点心债越来越多元化,债券期限也越来越长,体现了投资者信心的增加。

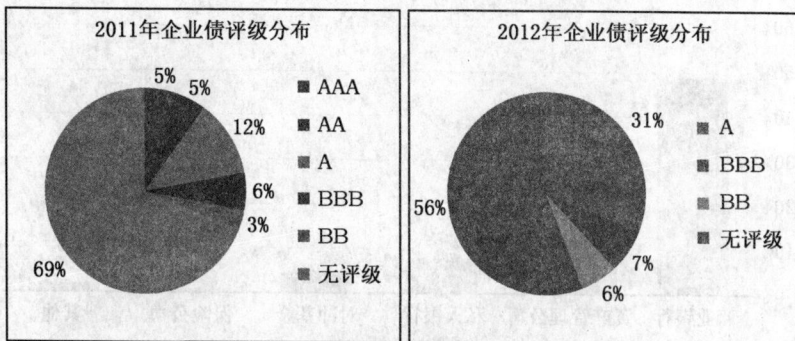

2011年企业债评级分布

- AAA
- AA
- A
- BBB
- BB
- 无评级

5% 5%
12%
6%
3%
69%

2012年企业债评级分布

- A
- BBB
- BB
- 无评级

31%
56%
7%
6%

资料来源:香港离岸人民币市场动态月报。

图9-8 企业债评级

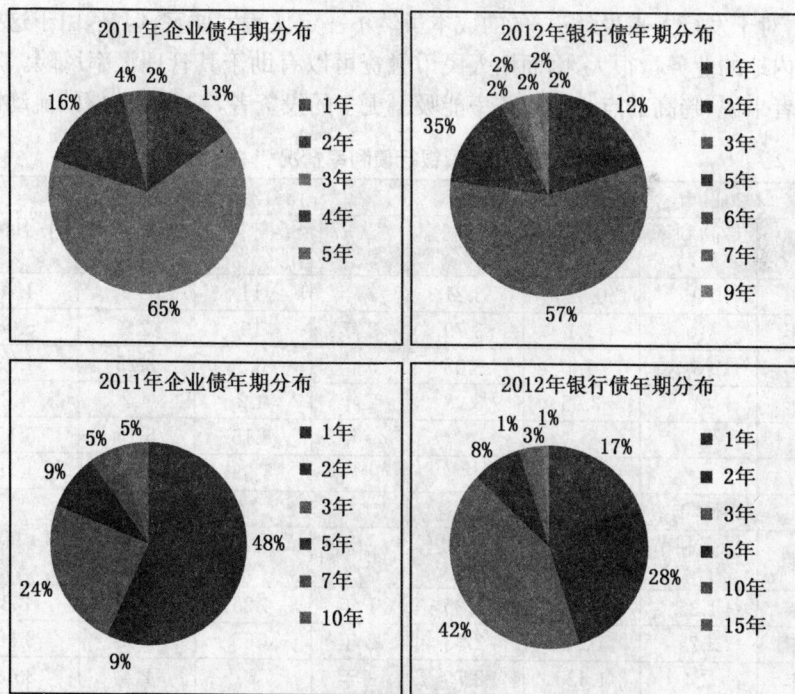

2011年企业债年期分布

- 1年
- 2年
- 3年
- 4年
- 5年

4% 2% 13%
16%
65%

2012年银行债年期分布

- 1年
- 2年
- 3年
- 5年
- 6年
- 7年
- 9年

2% 2%
2% 2% 2% 12%
35%
57%

2011年企业债年期分布

- 1年
- 2年
- 3年
- 5年
- 7年
- 10年

5% 5%
9%
24%
9%
48%

2012年银行债年期分布

- 1年
- 2年
- 3年
- 5年
- 10年
- 15年

1% 1%
8% 3% 17%
28%
42%

资料来源:香港离岸人民币市场动态月报。

图9-9 企业债、银行债年期分布

从点心债的投资者结构来看,机构投资者对点心债的需求最为旺盛。资产管理公司和银行占85%,对冲基金占5%左右(如图9-10所示)。

离岸市场与人民币国际化

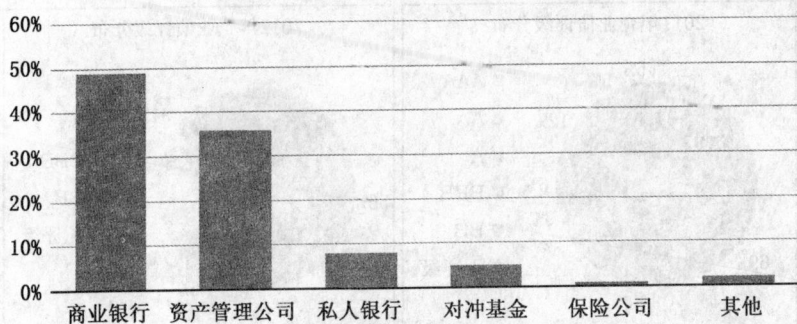

资料来源:香港离岸人民币市场动态月报。

图 9—10 点心债投资者机构类型占比

从点心债的收益率来看,2012 年点心债的收益率有所上升(如表 9—2 所示)。对于发行人来说,点心债的成本虽然不一定比美元便宜,但是,由于这些机构与内地的业务量很大,因而用人民币融资可以有助于其管理汇率风险。对于投资者来说,趋高的点心债收益率能吸引更多的投资者,扩大点心债的流动性。

表 9—2　　　　　　　　　　　企业债、银行债利率情况

2011 年企业债利率情况				2012 年企业债利率情况			
年期	最高利率(%)	最低利率(%)	平均利率(%)	年期	最高利率(%)	最低利率(%)	平均利率(%)
2 年	9	0.625	3.21	2 年	11	2.9	4.76
3 年	10	1.1	3.79	3 年	10	2.9	5.08
5 年	5	1.4	3.08	5 年	6.5	3.25	4.03
7 年	4	3.95	3.98	7 年	4.2	4.2	4.2
				9 年	6.15	6.15	6.15
				10 年	4.38	4.38	4.38
2011 年银行债利率情况				2012 年银行债利率情况			
年期	最高利率(5)	最低利率(%)	平均利率(%)	年期	最高利率(5)	最低利率(%)	平均利率(%)
1 年	1.35	1.35	1.35	1 年	4.25	2.5	3.3
2 年	3.25	0.95	2.33	2 年	4.55	1.88	3.35
3 年	3.4	1.625	2.79	3 年	5	2.4	3.43
5 年	2.75	1.65	2.2	5 年	4.13	3.35	3.58
10 年	2.85	2.85	2.85	10 年	4.61	4.6	4.61
				15 年	4.2	4.15	4.18
				20 年	4.3	4.3	4.3

资料来源:香港离岸人民币市场动态月报。

9.1.2 其他人民币离岸市场的发展

(1)新加坡人民币离岸市场

2009年7月,我国正式启动跨境贸易人民币结算试点,明确境外试点地域范围为港澳地区和东盟国家。华侨银行等新加坡银行开始开展人民币结算业务。从2011年1月开始,汇丰银行(新加坡)、大华银行、华侨银行、星展银行等新加坡银行陆续开始接受人民币存款,提供人民币理财产品,标志着新加坡人民币离岸市场正式形成。

2012年7月,在中新双边合作联委会第九次会议上,我国商务部和新加坡签署构成中新自由贸易协定的组成部分。根据内容,在新方给两家中资银行各一张特许全面银行业务牌照以后,中方选择一家作为新加坡人民币业务清算行。10月,新加坡金融监管局向中国银行新加坡分行、中国工商银行新加坡分行颁发了牌照。

2013年2月,中国人民银行授权中国工商银行新加坡分行作为新加坡的人民币清算行。同年4月,中国人民银行与中国工商银行新加坡分行签订《关于人民币业务的清算协议》。根据协议,新加坡及我国的金融机构除可以通过代理行渠道为客户办理跨境人民币结算业务外,也可以通过清算行渠道为客户办理跨境人民币结算业务。同日,中国人民银行与新加坡金融管理局签订了关于新加坡人民币业务的合作备忘录。这两个文件的签署,将有利于中新两国企业和金融机构使用人民币进行跨境交易,进一步促进贸易、投资自由化和便利化。新加坡金融监管局指出,未来双方在人民币业务和清算机制上将有更密切的合作。

目前新加坡丹迪金融机构提供的人民币离岸业务大致可以分为三个方面:一是银行提供的人民币结算、贸易融资、远期交易、代理行的清算、资金拆借、定期和活期存款、人民币信用证服务;二是新加坡证券交易所推出的人民币汇率期货结算服务;三是人民币投资和资产管理。

新加坡的人民币业务在总量上仅次于香港。2013年3月末,我国与新加坡跨境人民币实际收付业务累计7 131亿元,占总量的9.1%。新加坡成为竞争人民币离岸中心的有力对手。自2010年以来,新加坡投资者持有人民币债券增长较快,人民币债券持有额占离岸人民币债券余额的近30%。

(2)台湾人民币离岸市场

2012年8月,两岸货币管理机构签署了海峡两岸货币清算合作备忘录,同意以备忘录确定的原则和合作框架建立两岸货币清算机制,双方将各自选择一家货币清算机构,为对方开展本方货币业务提供结算清算服务。同年9

月 17 日,台湾方面宣布选择台湾银行上海分行担任大陆地区新台币清算行。12 月 11 日,中国人民银行授权中国银行台北分行担任台湾地区人民币清算行。

2013 年 2 月,两岸的货币清算机制开始实质运作。台湾首批 46 家银行开办人民币业务,这标志着"货币直航"由此实现。两岸货币清算机制的建立,为两岸金融合作打开了一扇大门。

尽管人民币货币清算机制启动才几个月,但台湾的人民币业务正飞速发展。据环球统一银行金融电讯协会 3 月 27 日公布的"人民币追踪"报告,台湾在过去 6 个月的人民币支付额增加 120%,超越美国和澳大利亚。统计资料显示,自 2011 年 7 月台湾开放国际业务分行(OBU)办理人民币业务以来,截至 2013 年 3 月 31 日,54 家台资银行 OBU 人民币存款余额达 297.95 亿元人民币;自 2013 年 2 月 6 日台湾开放指定办理外汇银行(DBU)办理人民币业务以来,截至 4 月 15 日止,53 家 DBU 累计人民币存款余额也突破 200 亿元,达到 202.27 亿元人民币。累计岛内银行包括 OBU 及 DBU 的人民币存款余额达到 500.22 亿元。

截至 2013 年 3 月,国际金融业务分行和指定办理外汇银行人民币存款 400 亿元。内地与台湾跨境人民币实际金额累计 2 663 亿元,仅次于香港和新加坡。资金跨境流动和财富跨境配置所衍生出来的金融需求,要求台湾发展人民币离岸市场。渣打银行 2012 年底的一项研究报告指出,至 2015 年年底,台湾人民币存款占总存款的比重将达到 5%,最终扩大到 35%。

人民币投资产品也陆续出现。中国信托商业银行发行了台湾首只离岸人民币债券,也称为"宝岛债"。中国信托发行的 10 亿元人民币债券将于 2016 年到期,票面利率为 2.9%。

(3)伦敦人民币离岸市场

除了香港、新加坡和中国台湾,伦敦也在努力争取人民币离岸市场的地位。事实上,将伦敦建成人民币离岸交易中心的努力一直在紧锣密鼓的运筹中,伦敦金融城的银行家们早就把人民币离岸中心问题列入议事日程,相关的接触和谈判一直没有停止过。2012 年 1 月,英国财政部与香港金融管理局宣布成立一个由银行业代表组成的合作小组,以推动香港与伦敦在离岸人民币业务发展方面的合作。香港金融管理局从同年 6 月开始延长香港人民币及时支付结算系统的运作时间至 15 个小时,为伦敦及欧洲时区其他金融中心的金融机构通过香港的平台进行离岸人民币支付交易的结算提供更长时间的运作窗口。2012 年 4 月,英国的财政大臣和中英知名金融机构启动将伦敦打造成人民币离岸金融市场,并且发布了报告。报告显示,伦敦提供的人民币产品服务种类齐全,其交易量的快速增长充分展现了伦敦市场的发展状况。

首次发债的是汇丰银行。2012 年 4 月,汇丰银行在伦敦发行了首批人民币债券,发行额度为 20 亿元人民币,开启了继香港之后的第二个离岸人民币债券市场。此次发行被认为是伦敦迈向人民币离岸交易中心的重要一步。2012 年 12 月,中国建设银行通过其伦敦分行发行了 10 亿元人民币债券,成为首家在伦敦发行人民币债券的中资银行。

近年来,伦敦的人民币贸易结算额增长迅速。2011 年年末,累计人民币贸易结算额在 350 亿元左右,占全部人民币贸易结算量的 1.3% 左右。人民币贸易结算的增长也推动了人民币支付(包括贸易支付和非贸易支付)与人民币外汇交易量的增长。

自 2011 年起,伦敦人民币支付显著上升。到 2013 年 3 月末,我国境内与英国的跨境人民币实际收付业务金额累计达 1 310 亿元,其中收款 805 亿元,付款 503 亿元,在所有国家(地区)中排名为第八。另外,在伦敦人民币外汇交易市场中,现汇交易达到日均 3 亿~5 亿元人民币,人民币外汇掉期达到 3 亿~6.5 亿元人民币,人民币外汇互换约 5 000 万美元。伦敦人民币支付与外汇市场近年来的活跃将使其成为重要的人民币离岸中心。

(4)香港人民币离岸市场的优势

①特殊的政策优势。虽然内地一些城市和银行有着多年开办离岸业务的历史,但都是以美元为主的其他货币业务,并没有涉及人民币。香港属于中国主权管辖的地区,中央政府一直以来在政策上对香港人民币业务给予特有的支持,在香港陆续推出了一系列人民币业务和政策,为香港发展成为人民币离岸金融中心创造条件(如表 9-3 所示)。在中国人民银行和香港金融管理局的共同努力下,香港率先获得了试点离岸人民币业务的机会,相对于内地其他城市拥有了特殊的政策优势。自 21 世纪初以来,香港人民币离岸业务已进入自发、快速、全方位发展阶段,具有进一步发展的坚实基础。

②天然的区位优势。从地理位置上看,香港背靠内地面向世界,位于整个亚太地区的中心位置,具有辐射东亚和东南亚市场的天然区位优势。香港依靠传统自由贸易港的地位与东亚和东南亚各国有着广泛的经济往来,目前已经成为连接我国内地和亚洲市场的纽带,其地缘优势符合发展人民币离岸市场的区域选择。

同时,在"一国两制"背景下,香港有不同于内地的经济制度、运行机制、金融体系和金融市场,在此建立人民币离岸金融中心属于境外市场,即欧洲人民币市场。用天然地理界限把人民币分成离岸和在岸,可降低监管成本,并使在岸业务免受离岸业务冲击。

表 9—3   香港人民币业务一览

年份	政策内容
2003	11 月 19 日,中国人民银行与香港金融管理局签署《中国人民银行与香港金融管理局个人人民币业务发展的合作备忘录》,宣布为香港提供人民币清算安排。12 月 24 日,中国人民银行委任中国银行(香港)有限公司为香港人民币业务清算行。
2004	2 月 25 日,香港银行开展包括存款、兑换、汇款在内的个人人民币业务。
2005	11 月 1 日,中国人民银行决定扩大为香港银行办理人民币业务提供平盘及清算的范围,人民币业务范围扩展。
2007	6 月 8 日,中国人民银行、国家发改委共同制定《境内金融机构赴香港特别行政区发行人民币债券管理暂行办法》。
2009	1 月 20 日,中国人民银行与香港金融管理局签署货币互换协议,为后者提供最高可达 2 000 亿元人民币的流动性支持,协议有效期为 3 年。 4 月 8 日,国务院决定在上海市和广东省的广州、深圳、珠海、东莞四城市先行开展跨境人民币结算试点,境外地域范围暂定为港澳地区和东盟地区。 9 月 28 日,财政部首次在香港发行价值 60 亿元的人民币国债。
2010	2 月,香港金融管理局颁布政策规定,参加银行需"根据监管及香港市场条件要求开发(人民币)业务,只要这些业务不造成(人民币)资金回流内地",并"可参照其他外币业务的通行做法,开展(人民币)业务"。这些指引为人民币在香港自由流通创造了条件。 7 月 19 日,中国人民银行与中银香港签署了修订后的《香港银行人民币业务的清算协议》,为人民币金融产品的推出扫清障碍。 8 月 16 日,中国人民银行发布《关于境外人民币清算行等三类机构运用人民币投资银行间债券市场试点有关事宜的通知》,向境外机构有限开放人民币债券市场,人民币资金回流机制出台。
2011	1 月 13 日,中国人民银行发布了《境外直接投资人民币结算试点管理办法》。

资料来源:中国人民银行。

③完善的金融市场优势。香港拥有完善的市场经济制度,法律制度健全,法律体系公开透明,拥有低税率及简明的税制结构,没有资本管制、利率管制,货币能够自由兑换,享有"国际自由港"美誉,对国际投融资者具有巨大的吸引力。香港交通便捷,拥有世界上最先进的空港和海港;通信现代,拥有世界上最发达的电信系统,可以与 50 多个国家进行直接通信联系和网上金融交易;金融体系完善,拥有实力雄厚的银行体系,其外资银行数量位于世界第三,几乎所有跨国银行都在香港设有分支机构;支付体系发达,拥有港元、美元、欧元和人民币的即时支付系统,能够为主要货币之间的兑换及一期计价的金融交易提供即时同步交收服务。

9.1.3 香港人民币离岸市场的作用

香港人民币离岸市场形成与发展的特殊优势和已经具有的业务规模,令其具有比一般离岸市场更加丰富的功能。

第一,充当境外人民币资金的集散地。随着我国经济实力稳步增强及人民币国际化进程的推进,流通以及沉淀在境外的人民币资金将逐步增加,香港已经建立了处理人民币资金的基本设施及机制,包括先进的结算系统、官方的资金回流与拆解渠道,将比其他境外金融市场更有效率地处理和运用人民币资金,成为服务全球的离岸人民币业务运营基地。

第二,充当境外人民币融资的基地。香港在人民币兑换和融资方面已经打开渠道。目前的业务范围可基本满足市场需求。未来,香港可经营的人民币产品及服务将有序展开,逐步多元化,并形成一个具有规模效益的交易市场,这是可以预期的发展趋势。

第三,有助于促进人民币资金效益,增加人民币吸引力。从欧洲美元市场的发展来看,该市场之所以有持续的发展活力,主要是因为可以比在岸市场提供更为优惠的存款利率和贷款利率,更有效率地使用美元资金,从而提高持有美元投资者的投资回报,并强化美元作为国际储备货币的功能。因此,香港对于人民币国际化的意义也在于此。

第四,充当人民币国际化的试验田。这一功能在离岸金融市场中是很特殊的。香港可以利用其离岸人民币市场与在岸市场的特殊关系,在人民币实现自由兑换及发展成为国际性货币的过程中发挥三方面的作用:一是帮助人民币发现其在国际市场的价值,包括利率与汇率水平;二是帮助人民币建立起在国际市场的计价、交易以及作为国际储备的功能;三是为国家判断人民币国际化过程中所涉及的金融风险,制定相关发展战略,并提供战略依据。

发展人民币离岸市场总是有风险的。首先,汇率和利率差异可能引起资金的套利活动。在全球宽松货币政策下,人民币离岸市场加之人民币国际结算对我国来说带来了如何防范热钱的极大挑战。在人民币升值预期下,离岸市场在人民币跨境结算的配合下,将增加我国在岸市场的不稳定性,这将给我国货币政策带来严峻的挑战。其次,对于不完全市场化和尚不成熟的我国金融市场来说,套利活动会对金融的稳定形成极大冲击。

余永定(2011)提出,在很大程度上,通过离岸市场建设推进人民币国际化的过程就是资本账户开放的过程。那么,在人民币国际化过程中,如何摆正离岸市场的地位? 如何正视离岸市场与在岸市场的关系? 如何避免离岸市场成为套利套汇的场所? 这是我们接下来要讨论的重点。

9.2 基于货币价值效应和网络效应看人民币国际化

我们从国际货币价值效应和网络效应的角度研究发现,在货币国际化过程中,离岸市场的作用有限,主要在于扩大一国货币的网络外部性。这对于人民币国际化的模式选择有一定的借鉴意义。

9.2.1 货币价值效应和网络效应二维视角下的模型分析

国内外很多学者对货币国际化机制进行了经典的分析。Krugman P.(1980)研究了本外币间的交易成本,得出结论:随着交易量的增加,交易的平均成本递减,当某货币有最低交易成本时,其拥有最大交易量,从而成为媒介货币;并且,处于媒介中心地位的货币还受到惯性的支撑,如若一货币在世界经济支付中占据主导地位,即使其发行国的国际商业地位已下降,该货币依然可能发挥作用。

巴曙松(2011)认为,网络效应决定了一个国家选择钉住还是退出这个锚货币。网络效应一旦形成,改变的成本将是很高昂的,也就是所谓的"路径依赖均衡"或"锁定效应"。如果绝大部分国家钉住某一国际货币,除非存在大的危机或者不可预测性冲击事件,即便其他货币和汇率制度更能促进社会福利,网络外部性所产生的锁定效应也将使得目前的无效均衡难以被打破,这一现象可归因于"世界货币当局"的缺位不能通过政府干预使货币均衡从"投机均衡"转移到"基础均衡"。①

许多学者对于后起的国际货币不看好。Edgar L. Feige、Vedran Šošić、Michael Faulend & Velimir Šonje(2002)对 20 世纪 90 年代以来拉丁美洲非官方的美元化进行分析。拉丁美洲的美元化源于其自身的恶性通货膨胀。私人部门通过将当地货币转换为美元来抵御通胀带来的贬值损失。然而,由于越来越多的美元在当地使用,美元的网络外部性越来越大,更好地抵消了货币转换的成本。另一方面,美元在当地的网络效应反过来巩固了其在当地的地位,在其较为稳定的情况下,转换成本使得当地的私人部门不愿意再转换回原货币。美元化就这样在拉美获得了成功。他们进而通过模型说明一国货币在另一国网络效应的建立往往缘起于另一国的货币危机,并且在网络效应建立之后,另一国原货币的逆替代是十分困难的,按照这个结果,拉美的美元化是不可逆的。在 Edgar L. Feige & James Dean(2002)的另一篇文章中,美元化

---

① "投机均衡"和"基础均衡"的概念参见庞晓波、黄卫挺(2008)。

的思路被推广到"欧元化",指出中东欧国家中那些非欧元区国家在将来也将受到不可逆的欧元化影响。

Kiminori Matsuyama,Nobuhiro Kiyotaki & Akihilco Matsui(1991)运用货币搜寻模型(searching model)对创造媒介货币的机制进行了分析。他们认为在两币种(本币与外币)世界中,三种均衡将可能呈现:一是地方性货币,此情形下绝无国际交易发生,本币在本国被使用,外币在外国被使用;二是单一媒介货币,此情形下,一国货币成为地区性货币,另一货币则在发行国和外国都被使用;三是双重媒介货币,两种货币在本国和外国都同时被使用。他们在均衡选择的理论分析中运用进化博弈论方法,发现一国的经济规模越庞大(从而另一国家的居民与该国居民的相遇频率越高,越有可能进行交易),其货币越可能成为媒介货币;两国的经济一体化程度越高,其货币在市场上共存的可能性越大;经济的开放程度是决定何种货币在国际经济交易中被选定为中心媒介的关键变量。

H.Rey(2001)通过将货币交换的交易成本引入三国模型,得出了一般均衡解,在比较贸易关系的实力和交易成本大小的基础上,从理论上证明多重均衡如何发生在媒介货币选择上。假定科布—道格拉斯效用函数形式,Rey 发现,媒介货币的选择结果由各国居民的商品偏好决定,而非由其相对规模决定。一国商品的需求量越大,出口额越高,则国际社会对该国货币的需求就越大,其外汇市场的流动性越大,对应的交易成本越小。拥有最大开放程度的国家的货币以及与他种货币的交换成本最低的国家的货币将成为媒介货币。

庞晓波和黄卫挺(2008)基于门格尔货币思想基础建立了一个简单的动态模型,指出货币应该具备两种特征:低内在属性成本和高网络效应。该文进而利用经济中个体的适应性行为,对成本属性如何影响网络效应的演化过程进行了阐述,证明了货币起源的内生性特征,并且说明了新古典货币搜寻模型中的两类均衡(基础均衡和投机均衡)的存在性。最后,该文利用所得结论解释了欧元诞生与美元化的现象,说明了国际货币的演化规律。

我们注意到以上各种理论模型主要从两个角度去解释货币乃至国际货币的形成以及维持机制,即货币交易成本与货币交易网络,其中也较为模糊地涉及了二者的关系。在此,我们将这两个角度归结为价值效应(价值尺度功能)与网络效应(网络外部性)。其中,价值效应包括:货币保持币值稳定,即与黄金、国际大宗商品保持相对较窄的波动幅度;投资价值,即能提供套利套汇的利益;基于该国货币的交易制度创新所带来的特殊便利。网络效应是指该货币在国际贸易投资中所占比重庞大,形成规模效应,能够大幅降低交易成本,并依靠转换的巨大成本形成锁定。现在看来,这两种机制都可以降低货币的交易成本,例如,基于该国货币的交易制度创新所带来的特殊便利即是一种降低交易成本的渠道。

鉴于本节需要研究的是在美元占据主导国际货币地位的前提下,日元、人民币以及后起新兴经济体货币欲推进本币国际化,其遇到的主要障碍以及发展的前景,因此,我们需要关注的的确是一个世界范围内的货币替代现象,因为倘若这些国家推进本币国际化成功,则美元的地位就受到了挑战。本节在庞晓波和黄卫挺所建模型的基础上作了改进,并应用模型对我国经济情况进行分析。

9.2.2 模型应用——"特里芬难题"新解与黄金非货币化

(1)"特里芬难题"新解

众所周知,布雷顿森林体系的内部矛盾即"特里芬两难",又被称为"信心与清偿力两难"。这一观点认为布雷顿森林体系是建立在美国一国的经济基础上的。以美元一国货币作为主要的国际储备和支付货币,如果美国国际收支保持顺差,那么国际储备资产就不能满足国际贸易发展的需要,就会发生美元供不应求的短缺现象——美元荒;但如果美国的国际收支长期保持逆差,那么国际储备资产就会发生过剩现象,造成美元泛滥——美元灾,进而导致美元危机,并危及布雷顿森林体系。特里芬两难决定了布雷顿森林体系的不稳定性和垮台的必然性。

我们重新从价值效应与网络效应的视角来审视布雷顿森林体系及其内含的特里芬两难。布雷顿森林体系的症结在于它的框架将美元的网络扩张与其价值联结在了一起,并且对于美元价值的维护限制了美元网络的扩张。这一症结同样存在于金本位时期的英镑体系。而美元正是利用这一症结对英镑的限制而成功超越英镑。出现这一症结的原因必须归因于黄金。通过挂钩制度,黄金在帮助美元树立价值稳固信心的价值优势的同时,也意味着美元网络的扩张需对应着相应黄金储量的增长,而这显然是无法做到的,即便做到,也意味着美国要付出巨大的成本,即无法充分享受国际铸币税的利益,黄金此时又成了美元的掣肘。当然,黄金也是英镑衰落时期的掣肘,在布雷顿森林体系初期,一些英国政府官员即认为英镑作为储备货币地位所带来的好处已经超过了为之付出的成本,建议通过英镑贬值或者单方面终止英镑兑换黄金。而继承英镑衣钵的美元在 1971 年 8 月 15 日果真单方面停止兑换黄金。美国货币当局显然意识到布雷顿森林体系不稳定的症结要害,此刻美元已经不需要黄金,如果依然让黄金束缚住美元,则美元必然重蹈英镑的覆辙。于是,黄金非货币化,金本位时代被废黜。1978 年 4 月 1 日正式生效的《牙买加协定》正式宣告了布雷顿森林体系解体,国际货币体系进入了牙买加体系的新阶段。

牙买加体系抛弃了布雷顿森林体系下以美元为中心的"双挂钩"制度,规定将"特别提款权"作为主要国际储备资产。

至此,我们可以清醒地看出黄金非货币化看似通过降低美元的价值优势,削弱了美元在国际货币体系中的地位,然而对美元而言,这是一种以退为进的高明策略。随后,国际货币体系由"美元—黄金本位制"过渡到"美元本位制",从这一刻起,美元作为历史上第一种真正代位黄金的货币出现。摆脱黄金束缚的美元将主导国际货币体系更加长久的时期。

布雷顿森林体系解体后,美元与黄金脱钩,美国政府成为无赖的欠账人,美元信誉大跌,这在短期内对美元霸权地位的影响的确很大。但是美元借助其由规模带来的网络效应足以傲视群雄,没有任何一个币种能带来美元所能提供的利益。因此,美元地位不可撼动,并且美元可以轻易阻击任何一个欲挑战其地位的货币,曾经的日元、当前的欧元,都是鲜活的例子。美元在货币狙击战中胜出的一个重要原因即在于任何一种货币都没有像当年的美元一样得到黄金的保护。倘若有一种保护的话,那就是各国的经济实力本身,但是各国的经济实力相比与美国,都处于显著劣势。

(2)黄金非货币化时代的国际货币价值尺度新内涵

在货币的各项基本职能中,价值尺度是核心,并派生出其他职能。价值尺度意指社会发展评价尺度检验特定社会存在(客体)的发展状况是否满足人类需要(主体)作出"利与害"、"成与败"的价值评判,即是否满足人类完善和发展自身的价值需求。货币国际化是指货币在全球范围内行使价值标准、流通手段、支付手段、储藏手段的职能。国际货币必然要执行其第一种职能"价值尺度",这在固定汇率的金本位制下较易解决,即凭借货币本身的价值优势即可。总结而言,固定汇率制下的国际货币价值尺度的内涵实际上隶属于黄金的价值属性。

然而,在黄金非货币化的浮动汇率制时代,一国货币要想继续依赖价值优势成为主要国际货币,则要付出高昂的代价,也难以达到其货币国际化的初始目的。那么,美元作为在位的关键国际货币是如何行使价值尺度职能的呢?

我们看到,在浮动汇率制时代,美元在国际货币体系中并未真正退位。美元的价值尺度从黄金扩展到大宗商品,依赖人们对大宗商品的价值记忆来继续执行。大宗商品用美元定价的交易制度扩展了美元的网络规模,继而进一步提升其交易便利。

这与固定汇率制下价值尺度标杆功能的关键区别在于美元虽由钉住黄金转向钉住石油等大宗商品,但是并非类似钉住黄金一样钉住石油,价格本身却是近似自由浮动并呈总体上升趋势,意义在于借助定价权的方式,保持并扩大美元的交易网络规模。显然,对于美元这样的在位货币而言,网络效应的重要性已超过价值效应。美元吸取了之前钉住黄金以求获得价值效应会带来巨大成本（即前文所述美元钉住黄金并承诺自由兑换会使美国不能充分享受国际铸币税）的经验教训，美元不会让石油成为另一种"黄金"。如此，美元便避免与其他币种在价值上展开正面竞争，是一种"扬长避短"的策略。

简言之，黄金非货币化后，国际货币价值尺度的新内涵在于"标而不钉"。而这方面的前期研究都未能把握住不同汇率制度下的国际货币价值特征。

9.2.3 "逆势而为"货币国际化的困境——基于日元的实证分析

浮动汇率制度下的日元国际化过程是一个为获得价值效应而消耗国力的过程。从结果上看，日元沦为投机型的国际货币，至今并没有一个国家的货币与日元挂钩或钉住日元，这远远偏离了日元国际化的初衷。可以说，日元国际化的推出可谓"生不逢时"（参见图9—11），其国际化进程"举步艰难"，价值效应和网络外部性两方面都难以推进。而固定汇率制使得英镑、美元的价值几十年稳定不变，价值尺度在几代人的脑子里扎根，由此促进了国际经济交易网络的形成。即便在1973年浮动汇率制后，美元依然比日元稳定，日元的名义汇率波动要比美元高128，差分波动率高达1.55。

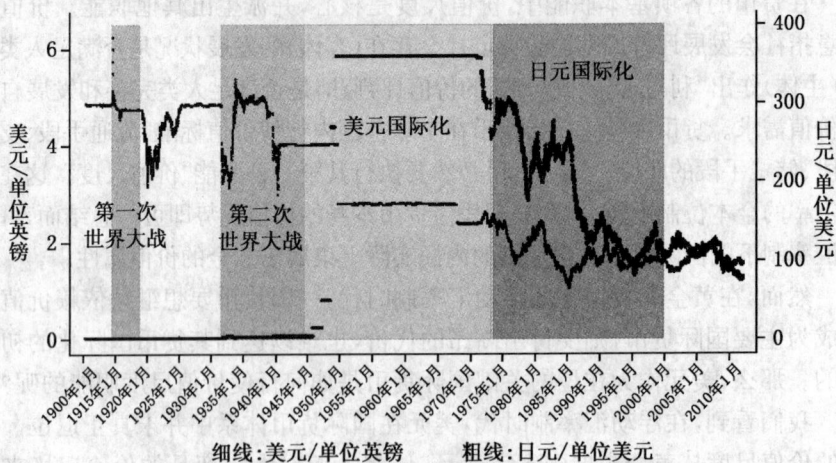

图9—11 浮动汇率制下日元国际化的"生不逢时"

图9—11用美元作为"价值尺度"来衡量日元，显得有些"不公"，因为作为衡量标准的是美元（虽然美元自身用英镑来表示）。现在我们用第三方货币瑞士法郎来衡量日元、美元、黄金和石油（见图9—12）。从图9—12可以看到，黄金和石油的价格波动相对是比较稳定的，黄金最稳定，其次是石油。在汇率

波动的排序中,最不稳定的是日元,其次是美元,再次才是英镑。日元开始国际化的时候,其波动是最具"戏剧性"的,从此也就开始丧失了国际货币价值尺度的功能。1971年8月15日,发生了著名的"尼克松冲击",之后日元大幅升值,一度从1美元兑360日元升值到1美元兑308日元。1985年9月22日《广场协议》前1美元约合240日元。协议之后,美元一路下滑,在次年5月12日,突破了1∶160的大关。日元相对于美元在半年多一点的时间里升值了30%。此后,日元继续走强,在1988年甚至接近1∶120,升值幅度超过50%。1997年亚洲金融危机前后,日元由于害怕受到狙击,自身大幅度贬值,由之前的1∶100左右贬值到1997年的1∶120左右。危机之后,日元进一步贬值,1998年7月13日达到1∶147.41。这一系列汇率的波动增加了日本经济的不确定性。同时对于已经连续动荡的全球金融市场更是增加了风险系数和波动幅度。日元这种选择逃避的行为,最终使其失去了邻国的信任,错过了推进国际化的良机。

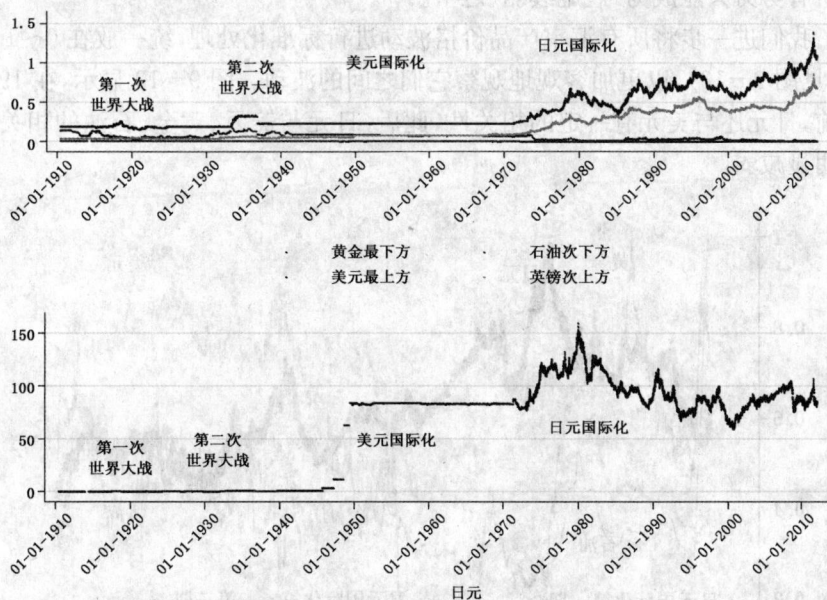

图9—12 瑞士法郎下的英镑、美元、日元名义汇率和黄金及石油的价格

从理论上来说,日元要想获得与美元同样的地位,在国际货币体系中发挥类似于美元的作用,必须比美元能提供更多的利益,这与美元当年获得与黄金类似的地位并取代英镑在世界范围流通的原因是类似的,即美元比英镑稳定,并且其价值等同于黄金但比黄金更便于交易和储备。这意味着日元必须对美

元升值才能提供更多的利益,吸引人们的注意,逐渐扩大其份额。但这种提供比较优势的机制显著异于美元或英镑。美元优于黄金在于物理性质上:纸币比金属更方便交易和保管,这一优势的获得对美国而言并无成本。而日元提供相对于美元的比较优势则是需要主权国家付出成本的,而且往往会由于阻击美元而变得十分沉重,这使得国际化的努力反而会削弱一国的经济实力。因此可以说,黄金非货币化时代,日元难以获得价值优势,在美元网络外部性的围困下,其网络规模自然也难以扩展。

事实上,日元国际化正是靠着自身升值和银行大量海外贷款推进的。这种方式本身成本巨大。日元升值使得投机者可以获利,同时导致本国制造业出现"空心化"。日本银行对与日交易的企业提供规模较大的日元贷款,也是用优惠的方式进行的,长此以往也会使得银行利润受到影响。两者都是长期不可持续的。不堪重负的日元在美元的围困下必然呈现出过于激烈的价值波动。由此,日元失去国际货币价值尺度功能。此后,日本政府推进日元国际化的所有努力只能成为"烂尾续貂"之举。

我们进一步将所有汇率产品价格波动进行标准化处理,统一放在0~1之间(见图9—13),以更加客观地观察它们之间的波动。图9—13显示,在1986年前,日元还与美元有一定的相关性,此后,日元与美元、黄金、石油的相关性都明显减弱。

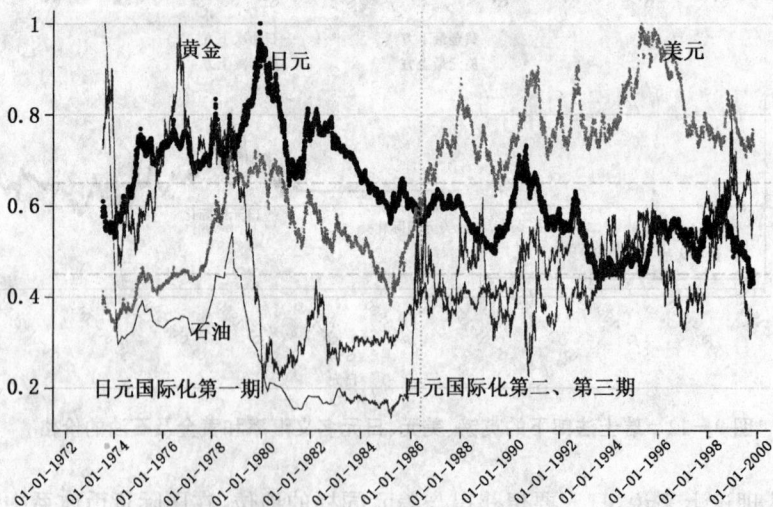

图9—13 统一0~1区间衡量日元、美元、黄金、石油的价格波动

9.2.4 黄金非货币化对新国际货币成长路径的影响

在之前的固定汇率时代,货币国际化有着清晰的逻辑路径——凭借价值效应形成网络效应,从而实现国际化。

一国货币在国际化起始阶段的进展取决于货币本身的价值尺度(含金量)。在历史上,这种货币价值优势最大的体现便是相对于黄金的稳定性。美元取代英镑时,世界货币体系属于金本位,美元在英镑相对黄金贬值时保持与黄金的固定比价,从而轻易借助黄金这一价值尺度获得相对于英镑的价值优势,继而成功取代英镑获得国际关键货币的地位。此外,由于纸币天然地比黄金便于交易与存储,因而美元得以与全盛时期的英镑一样,在流通领域取代黄金的作用,但是黄金仍是这些货币背后的价值支撑。

一国货币在利用其本身价值而被世界各国逐渐接受的过程中,在外流通规模越来越大,形成网络效应,由此逐渐形成国际货币的第二个特殊优势:充当国际贸易及资本流动的便利的交易媒介。正如克鲁格曼所证明的:网络规模越大,货币间的平均交易成本越低。这种便利反过来成为支撑其国际货币地位的关键性力量。第二种优势的形成依赖于第一种优势,或是说滞后于第一种,但在形成之后又可独立于前者。当前新崛起的经济体的主权货币(如日元、人民币)实现国际化的阻碍都在于第一种优势的获得。美元保持对黄金固定比价的时期是其地位上升的时期,也是美元与英镑展开竞争的时期,这一固定比价可以视为美元币值的稳定,并使美元借此获得各国投资者以及交易商的信心。

黄金非货币化是国际货币基金组织《牙买加协定》的主要内容,也是美国在美元衰退过程中阻止世界新崛起的国家货币取代美元的障碍。通过前面对日元的分析,我们可以得出结论:任何后崛起的国家想要货币国际化,从一开始就不可能有国际货币价值尺度的功能。此时,原有的国际货币便可以充分利用其网络效应继续获得充当国际货币的好处。这个过程我们可以用图9-14来表示。

9.2.5 结论和启示

一种货币推行国际化并获得成功的历史性机遇非常重要。然而,机遇要与该国崛起战略相结合。虽然我们说日元"生不逢时",也就是从日元国际化初始,由于黄金非货币化,日元一直没有获得"价值尺度"的功能,但是这也与日元国际化战略阶段性定位不清相关。在浮动汇率制度下继续沿用美元崛起的方法似乎是"刻舟求剑"。

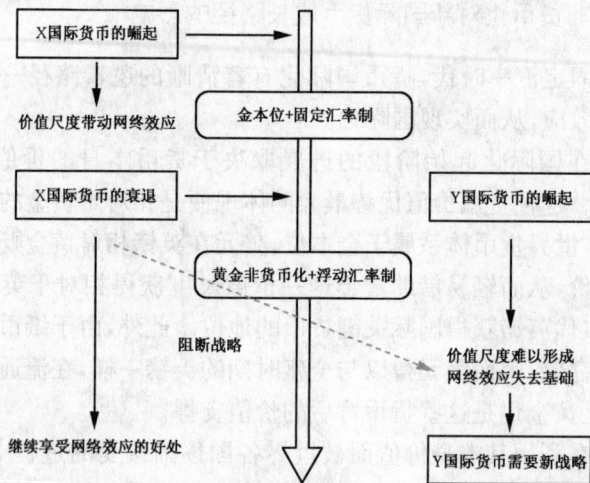

图9—14 黄金非货币化对新国际货币成长路径的影响

基于此,我们对于目前正在加速前进中的人民币国际化进程提出以下几点建议:

第一,人民币国际化的程度应该与我国经济发展和金融改革相一致,不应刻意推进。借鉴美元、马克国际化之前货币当局的保守态度,我们应将注意力专注于提高国内经济金融的质和量上。一个国家的经济规模对于该国货币国际化之所以重要,在于国家经济规模与该国在国际贸易中的重要性及其金融市场的规模直接相关,进而决定了该国货币在国际市场上的潜在使用情况。Eichengreen(1998)根据1971~1995年的数据对美元、日元和英镑等货币在外汇储备中的份额与这些国家GDP在全球GDP中的份额进行回归分析,引入滞后变量和出口份额变量进行多元线性回归,得到一般模型,结论表明,一国GDP在全球份额中的比重增长1%,该国货币在各国外汇中增加0.8%。因此,当我国经济实力获得更大发展,我国金融市场在广度、深度、弹性等方面得到进一步完善时,人民币自然会有市场来追逐;与此同时,只有在充分发掘国内投资机会之后,人民币资本大规模流出境外才是顺理成章的,人民币国际化才有更充足的动力,这也符合马克思关于资本运动规律的阐述。

第二,通过创新,注重构建人民币的网络规模。价值效应可以带动形成网络效应。因此,为构建人民币的网络规模,必须赋予其相对其他国际货币的比较优势,着眼点可集中于以下两方面:一是货币升值预期。这项利益是需要货币发行国付出巨大成本的,应慎重考虑。美、英两国都没有刻意采用,日本被动采用了,但效果恰恰事与愿违,这是人民币国际化要避免的。其间的要领在于货币当局能否抵抗住外来的政治压力,使货币缓慢升值,并且做到引导预期而非被预期倒逼,使货币升值的时间足够长,直至形成网络效应,即以时间换空间。鉴于各国货币都存在通胀倾向,人民币只需保持对实物资产的价值稳定即可。考虑到这项利益的流出渠道问题,保留并进一步建立扩大人民币离岸市场是必要的。二是金融制度创新,必须能带来相比美元交易更大的便利。该措施的优点在于成本小,具有持久性。缺陷在于难度大,且易被模仿。关键在于能否与其他难以被模仿的制度镶嵌(如我国特殊的行政管理体制),以降低被模仿的可能。

第三,离岸市场的建设要跟上人民币国际化的步伐,充分发挥其扩大人民币网络外部性的作用。流通渠道的限制影响到人民币的对外可得性问题,为此,必须拓宽人民币流出渠道,放松金融管制,加大资本输出,鼓励我国企业走出去开拓海外市场,扩大我国实体经济在世界范围内的利益存在,同时提高人民币的海外影响力。

9.3 人民币离岸市场风险防范

9.3.1 人民币离岸市场的局限性

我国从跨境贸易人民币结算起步的人民币国际化是在人民币尚未实现完全可兑换和资本项目未完全开放的前提下进行的。从跨境人民币结算到已放开的人民币对外直接投资等项目,累积在我国境外的人民币越来越多。如果非居民持有的人民币不能够通过金融市场做到保值增值,那么非居民就没有动力来使用和持有人民币,进而也会影响到人民币国际化的进程。因此,在当前情况下解决海外人民币的投资、保值和增值问题的有效办法之一就是建立人民币离岸市场。

曹远征(2011)认为,香港人民币离岸市场的形成,维持了人民币跨境贸易结算开启的人民币国际化势头,同时也缓解了人民币全面可兑换进程中的现实矛盾,为内地准备好人民币全面可兑换的条件尤其是资本市场的条件赢得了时间。更为重要的是,他认为,这种在积极互动基础上的人民币渐进的国际使用,使得人民币有可能在境外实现全面可兑换,然后在境内最终实现全面可兑换。何东、麦考利(2011)指出,国外投资者通常倾向于利用离岸市场来增加某种货币的头寸。因此,通过发展人民币离岸市场可以增加人民币对海外投资者的吸引力,从而推进人民币国际化。另外,何东与麦考利还提出,即便在目前资本项目管制的条件下,发展人民币离岸市场还是可行的。其中必备的条件是:离岸金融机构必须在境内银行保持清算账户,并且能自由地支出。因此,人民币国际化并不必然要求资本项目开放。

当前的跨境贸易人民币结算是在资本项目人民币没有完全可兑换的情况下开展的,通过贸易流到境外的人民币不能够随意进入到国内的资本市场。在这种情况下,发展人民币贸易结算,就需要解决流出境外的人民币的流通和交易问题,使拥有人民币的企业可以融出人民币,需要人民币的企业可以融入人民币,持有人民币的企业可以获得相应收益,这就需要发展离岸人民币市场,使流到境外的人民币可以在境外的人民币离岸市场上进行交易。

也有学者认为,香港人民币离岸市场的每一步发展都是在内地与香港货币当局紧密合作下进行的,内地货币当局对香港的人民币业务发展能保持控制。在内地资本项目管制的环境下,香港人民币离岸市场的发展在一定程度上可以看作是放松资本管制的试点。李稻葵(2008)提出了双轨制推进人民币国际化的建议。余永定(2012)也指出,以人民币结算为主要内容的"人民币国际化"打开了内地机构到香港套汇的闸门,"用人民币结算"的实质是开放短期资本项目的跨境流动。

但是,就目前人民币离岸市场的发展及其在推进人民币国际化中的现状来看,学界对此问题争议很大。

目前人民币离岸市场的发展更多的是在倒逼资本项目开放。发展人民币离岸市场倒逼国内金融体系改革是支持发展人民币离岸市场的另一个重要观点。黄海洲(2010)、何东和马骏(2011)、张明(2011)、王信(2011)等认为,在国内金融改革面临障碍的情况下,离岸市场的发展会倒逼国内金融市场化改革。但是,也有学者持不同意见。余永定(2011)认为,人民币离岸市场的发展带来了套利交易的机会,对国内宏观经济管理形成了新的压力,但这些压力是否能转化成国内金融体系的市场化改革的动力还是不确定的。张斌(2011)认为,利率与汇率市场化作为金融领域最关键的改革,都不是人民币离岸市场发展所能倒逼成功的。他认为,香港人民币离岸市场的进一步发展会对内地受管制的存款利率和汇率水平造成更大的冲击,国内货币当局维持既定的利率和汇率目标会遇到更大的压力,但这些压力带来的是更多的管制还是市场化改革并不确定,目前看来不容乐观。

对香港人民币市场的发展,大多数学者分歧不大,普遍认为人民币升值预期是香港人民币市场发展的核心支撑,市场上存在大量的套利、套汇交易。

Garber(2011)认为,人民币升值预期是驱动香港人民币市场发展的重要因素,其中套利交易的逻辑是:人民币升值预期增强导致香港人民币市场投资需求上升,从而造成离岸与在岸市场之间人民币现汇汇差扩大,进而导致内地进口商更多选择在香港购汇结算,最终结果是香港人民币存款供给增加、离岸与在岸市场之间价差缩小。另外,他也指出,在人民币升值预期的激励下,即使具有真实交易基础的人民币跨境贸易结算与 FDI 也可能有投机性。

余永定(2012)以利率平价为基础同时考察了离岸与在岸市场之间的套利和套汇行为,认为 CNH 汇率是由套利和套汇两种方向相反的作用力的合力所决定的:套利活动使得 CNH 对美元升值,套汇活动使 CNH 对美元贬值。由于人民币升值预期和内地与香港之间的正利差,内地和香港之间就会存在套利活动,从而 CNH 汇率必然高于 CNY。人民币从内地流向香港,美元从香港流向内地。他进而指出,2012 年下半年香港离岸市场人民币贬值主要是套利与套汇活动发生方向性逆转的结果。在人民币升值预期强烈的情况下,进口企业使用人民币结算的积极性来自套汇提供的盈利机会。事实证明,建立在人民币升值预期基础上的“人民币国际化”是不可持续的。基于国内外经济环境,余永定认为,给出资本项目自由化时间表,加速推进资本项目自由化是危险的。

张斌与徐奇渊(2012)更为细致地梳理了人民币离岸市场与在岸市场的套利机制和交易主体,认为人民币离岸市场发展的主要驱动力量在于套利和套汇,而且由于内地货币当局在外汇市场持续干预下的人民币小幅渐进升值,人民币离岸市场的套利空间不会因为套利活动增加而收窄。在人民币汇率市场化之前推进人民币贸易结算和发展人民币离岸市场,会带来大量的无风险套利机会,离岸人民币市场的发展将被货币当局补贴下的套利交易所主导。该文提出,推进人民币国际化,首先应该更加彻底地使人民币汇率市场化,改革的次序不能颠倒。

刘立刚认为,在我国资本账户管理和汇率机制下,套利窗口将长期存在,应通过理清改革次序、理顺市场机制来解决。利率市场化改革是重中之重。为保证银行“特许权价值”,利率市场化的排序应该最先是贷款利率,然后是长期存款利率,最后才是短期存款利率,这样利差才可以逐渐降低,同时可避免导致收益率曲线,避免借款的期限结构向短期靠拢。这样也能避免在资本账户开放的情况下,其向短期的外汇债务靠拢。特别是如果短期商业票据的市场化先于中长期的公司债券,总会存在把短期商业票据用作长期商业投资的风险,并因此加剧期限失配。他认为,在利率市场化的基础上,逐步打开资本账户封闭的阀门,才能实现境内外“池水”(流动性)和“水位”(利率)的动态平衡,并通过自主调节迅速抚平利差、汇差和流动性失衡。

研究人民币离岸市场发展过程中的风险,做好风险防范,对推进人民币国

离岸市场与人民币国际化

9.3.2 人民币在岸市场和离岸市场两个汇率的套汇现象

(1)基于汇差利差的套汇

在人民币没有完全可兑换和我国资本账户还没有完全开放的条件下,人民币离岸市场提供了人民币供需双方交易的平台。但是,一种货币在两个人民币外汇市场就产生了两个人民币汇率,在人民币跨境贸易的背景下,两个市场的资金可以相对自由地跨境流动,因此,资本市场的套利活动和套汇活动就难以避免。

鉴于长期以来大家对人民币升值预期的普遍共识,香港人民币现汇价格(CNH)一直普遍高于境内在岸市场的人民币现汇价格(CNY)。尤其是 2010年 8～11 月,由于人民币在香港刚刚开始可以自由交易,所以离岸人民币需求得以集中释放,CNH 即期汇率比 CNY 即期汇率迅速跳涨,反映了 CNH 的需求。但是,因为人民币国际结算实际的逐步推广已经打开了在岸市场和离岸市场的资金流通渠道,所以这个价差在几个月后就迅速收窄。由欧洲债务危机导致的对美元需求的大幅升值从 2011 年 9 月 18 日开始,CNY 即期汇率开始高于 CNH 即期汇率,反方向套利活动由此开始。所以也可以看出,2011年 9 月至 11 月之间,两个汇率偏差非常大。

这种基于在岸市场和离岸市场的人民币汇率价差(spread)的套汇行为的操作方式为:香港人民币现汇价格高于境内在岸市场的人民币现汇价格时,我国境内的出口商倾向于把出口收到的美元收入在内地出售换取人民币,而境内的进口商则倾向于在香港购入进口所需的美元。这种由于相对于境内市场来说人民币在香港"更贵"的现象所导致的套汇行为的结果是"跛足化"的人民币跨境贸易结算,即境内企业支付的人民币远远高于境内企业出口收到的人民币。央行被迫在公开市场买入更多的美元。

相反,境内在岸市场的人民币现汇价格高于香港人民币现汇价格,相对于香港市场来说人民币在境内"更贵"的现象导致境内出口商倾向于把出口收到的美元收入在香港出售换取人民币,而境内进口商则倾向于在境内市场用人民币购入进口所需的美元。这时,香港市场的人民币存量就随之下降。

从图 9-15 和图 9-16 中可以看出,从 2010 年 8 月至 2011 年 8 月,CNH即期汇率一直比 CNY 即期汇率高,反映了 CNH 的需求比较大,人民币升值压力比较大。同期,香港的跨境人民币结算和人民币存款也持续上升,从最早 2010 年 8 月初的 1 037 亿元增长到 2011 年 8 月底的 6 090 亿元,增长了接近 487％。而同期我国金融机构外汇占款也从 2010 年 8 月初的 20.8 万亿元增

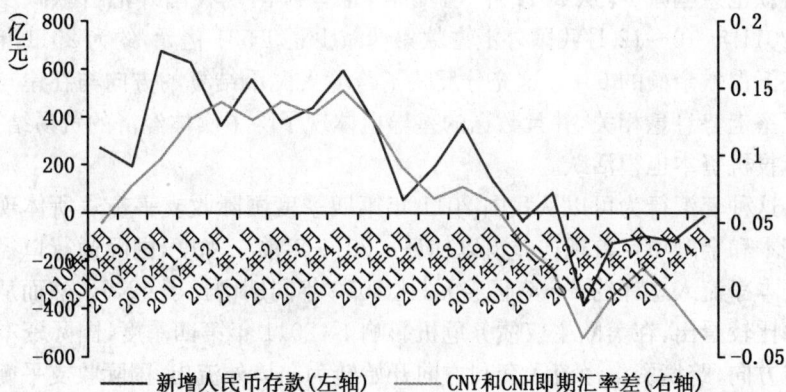

资料来源：Bloomber。

图9—15　人民币在岸市场与离岸市场即期汇率差与香港月度人民币存款增量

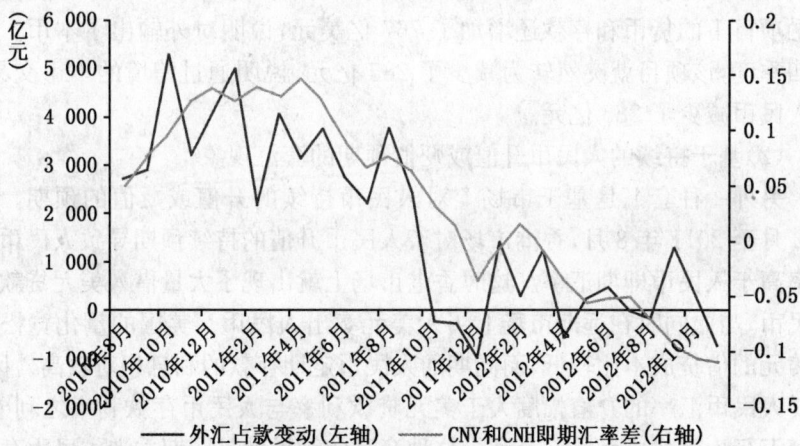

资料来源：Bloomberg 及香港金融管理局。

图9—16　人民币在岸市场与离岸市场即期汇率差与中国外汇占款变动

长到 2011 年 8 月底的 25.3 万亿元，增长了 122%。

　　但是，由于欧债危机，从 2011 年九十月开始，人民币预期由升转贬，香港市场的反应更灵敏，CNH 即期汇率开始明显低于 CNY 即期汇率，反映了香港 CNH 的需求开始反转，人民币贬值的压力开始显现。2011 年 10 月，香港人民币存款余额首次不升反降了 37 亿元。从 2011 年 10 月到 2012 年 4 月，香港人民币存款累计减少 698 亿元，比 2011 年 10 月初减少了 10%。同期外汇占款也急剧减少,从 2011 年 10 月起,也首次出现我国外汇占款减少的现象,2011 年 10～12 月我国外汇占款累计减少了 1 531 亿元,约为 2011 年 9 月底外汇占款余额的 6%。这充分反映了跨境人民币结算的方向与在岸与离岸的汇率走势息息相关,并且数据的差异也体现了除了实体经济的贸易结算外,跨境投机资本也很活跃。

这种套汇行为可以从我国 2011 年第四季度国际收支平衡表所体现的我国资本和金融项目首现逆差得以辅证。2011 年前三季度,国际通行口径的跨境资本净流入总计约 2 500 亿美元,比 2010 年同期增长了 62%。然而从前面汇率比较看出,在美欧主权债务危机影响下,2011 年第四季度,国际资本开始逆转方向,跨境资金净流入套利方向开始转为向境外流出,国际收支平衡表上资本和金融项目转为净流出 290 亿美元,由此引起的外汇储备增加额也由 2011 年第一季度至第三季度同比多增 888 亿美元转为 2011 年全年比 2010 年少增 847 亿美元。

再分析跨境的人民币贸易结算可以看出,2011 年第一至第三季度资本和金融项目下的货币和存款还增加了 767 亿美元,说明对外输出了本币。而在第四季度,该项目就突然转为减少了 285 亿元,说明通过跨境的本币交易,境外人民币减少了 285 亿元。

(2)基于持续的人民币升值或贬值预期的套汇现象

另外一种套汇是基于市场上对人民币持续的升值或贬值的预期。2010 年 8 月至 2011 年 8 月,香港市场对于人民币升值的持续预期导致人民币远期汇率高于人民币即期汇率。这时香港市场上就出现了大量借入美元贷款换成人民币,与此同时在远期市场上买入美元卖出人民币。美国的量化宽松政策使美元的借贷成本比较低,而同期的人民币定期存款的利息相对较高。因此,只要人民币汇率的升值幅度大于美元贷款利率与人民币存款利率之利差,这种套汇行为就变成无风险套利。这种套利的结果就是同期香港人民币存款的增加和美元贷款的增加。

从图 9-17 可以证明,2010 年 8 月至 2011 年 8 月,人民币升值预期导致香港人民币存款余额持续攀升。但是由于欧债危机,从 2011 年 9～10 月开始,人民币预期由升转贬,导致香港人民币资金池成长停滞,甚至开始逐月下滑。从 2012 年 9 月起,我国经济开始转好,人民币恢复升值预期,但 2012 年香港人民币存款(年度余额 6 030 亿元)仅比 2011 年(年度余额 5 885 亿元)增长 2%,远逊于 2010 年(年度余额 3 149 亿元)及 2011 年分别增长 500% 和 186%。

因此,可以判断,进出口贸易企业进行人民币跨境结算的最大动机就是为

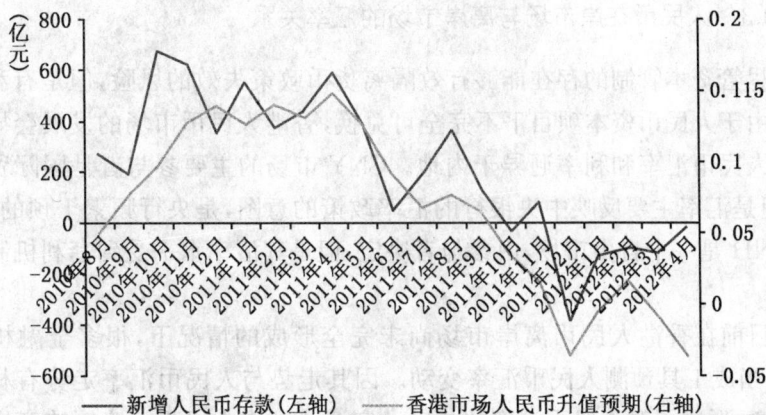

（亿元）

—— 新增人民币存款(左轴)　　—— 香港市场人民币升值预期(右轴)

资料来源：CNH 即期汇率与远期汇率差来源于 Bloomberg 及笔者计算，月度存款余额来源于 Reuters 及笔者计算。

图 9—17　香港市场人民币升值预期与月度人民币存款增量

了赚取离岸市场与在岸市场的汇率价差，并且两个市场的汇率价差越大，进出口贸易商和金融机构在其中套利所能够赚取的利润就越大。而在人民币升值的大背景下，交易的另外一方即我们的货币当局在被迫不断地买入外汇，投放基础货币，导致国内货币投放量增加；同时增加了美元的储备，扩大了美元贬值所造成的财务损失。

张斌与徐奇渊(2012)提出，人民币离岸市场发展的主要驱动力就在于套利和套汇，但与一般情况下套汇活动的不同之处在于：在我国货币当局对外汇市场的持续干预下，人民币小幅渐进升值，非市场化的利率和汇率使得人民币离岸市场的套利空间不会因为套利活动增加而收窄。继张斌与徐奇渊(2012)之后，张明与何帆(2012)也对人民币国际化进程中在岸市场与离岸市场的套利现象进行了研究，并提出在我国境内利率与汇率形成机制还未市场化的条件下推进人民币国际化，势必造成离岸市场与在岸市场之间的套利活动大行其道，由此背离我国政府人民币国际化的战略初衷。因此，在当前跨境贸易人民币结算已经为国际资本流动打开"窗口"的情况下，我国政府应加紧推进汇率与利率的市场化以及国内金融市场的深化。

在当前人民币离岸市场迅速发展的形势下，人民币汇率制度改革将更具有其紧迫性。我们应该在在岸市场加大汇率市场化改革和金融体系的建设。在利率和汇率市场化前，不能为了发展离岸市场而轻易放松资本管制。

离岸市场与人民币国际化

353

9.3.3 人民币在岸市场与离岸市场的汇率关系

尽管资本管制的存在能够有效隔离货币政策失效的风险,但是有利必有弊。由于人民币资本项目下不完全可兑换,香港人民币市场的发展会导致香港的人民币汇率和利率迥异于内地。CNY 市场的主要参与者是国际贸易主体,但是汇率主要反映中央银行的汇率政策的意图,是央行频繁干预的结果;而 CNH 是一个自由市场,由参与者决定,但是其汇率水平受到套利机制的制约。

目前在香港人民币离岸市场尚未完全形成的情况下,很多金融机构将 NDF 当成工具预测人民币汇率变动。因其走势与人民币汇率走势有相当大的背离,形成了对人民币汇率的扰动。究竟是在岸人民币汇率影响离岸人民币汇率,还是反过来影响? 这是我们要研究的问题。

(1)研究背景

谈到人民币在岸市场与离岸市场的关系,就不能避免对一种货币、两个汇率问题的研究。人民币离岸市场和在岸市场汇率之间的关系,则是衡量人民币汇率市场化机制是否形成的重要标尺。因为人民币即期市场比衍生品市场大,所以笔者主要研究人民币即期市场汇率的关系。

图 9—18 显示了 2010 年 8 月 23 日到 2013 年 4 月 2 日人民币在岸即期汇率和人民币离岸即期汇率的走势,已经剔除因节假日等因素报价日期不一致的数据。从简单的分析可以看出,两个汇率在大部分时间都非常接近。

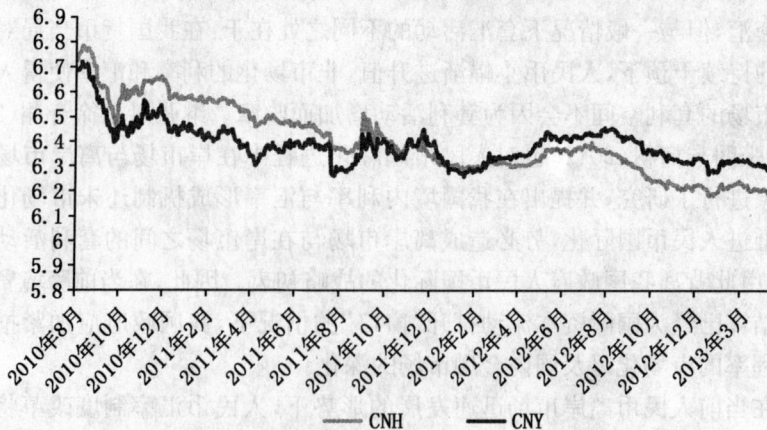

资料来源:Bloomberg。

图 9—18　离岸 CNH 和在岸 CNY 即期汇率走势

（2）数据和模型

本研究使用的汇率主要包括：从 2010 年 10 月 8 日到 2013 年 4 月 2 日人民币兑美元的在岸市场即期汇率（cnyspot）、在岸人民币 3 个月远期汇率（cny3m）和香港人民币即期汇率（cnhspot）、离岸市场人民币 3 个月远期汇率（cnh3m），以及美联邦基金利率（fedtarg）、上海银行间人民币 3 个月同业拆放利率（shihibor3）。所有汇率数据采用直接标价法，均来源于 Bloomberg。此外，数据中还剔除了境内外各品种交易因节假日等因素报价日期不一致的数据。

选择 2010 年 10 月以后的数据，其主要原因是 2010 年 6～10 月我国政府密集推出了一些关于推进人民币结算的主要政策。2010 年 7 月 19 日中国人民银行和香港金融管理局签署了《中国人民银行与香港金融管理局合作备忘录》并对《香港人民币业务清算协议》作出修订并且付诸实施后，香港的人民币离岸业务迅速发展，真正成为人民币走出境内开始人民币国际化的第一个离岸市场。同时，贸易结算试点范围从沿海、沿边扩大到内地 20 个省（自治区、直辖市），境外结算地扩至所有国家和地区，并且结算范围扩大到全部经常项目。中国人民银行允许境外中央银行、人民币业务清算行和境外参加行运用人民币在我国债券市场进行投资试点。2010 年 9 月 29 日，中国人民银行发布《境外机构人民币结算账户管理办法》，明确境外机构可以申请在境内银行开立人民币结算账户。因此，企业可以按市场原则使用人民币进一步放大了人民币汇率预期变化对在岸外汇市场与离岸外汇市场的影响。

（3）实证结果

经分析，内外两大主要利率——美国联邦基金利率和上海银行间同业拆借利率均不影响在岸市场与离岸市场上的人民币汇率。考虑到远期汇率对即期汇率的影响，我们分别选择了在岸市场与离岸市场 3 个月远期汇率。结果表明：人民币在岸市场即期汇率不仅受到境内远期汇率而且还受到境外远期汇率的影响，但毕竟还是境内的远期汇率影响大于境外；而香港市场上人民币即期汇率主要受离岸远期汇率的影响，而境内的远期汇率对其毫无影响。最后我们比较了交叉影响，也就是两地（境内和境外）即期汇率对对方的影响，结果表明，境内汇率对香港的离岸汇率影响相对较大，而香港的离岸汇率对境内的人民币汇率影响相对较小。

现阶段人民币在岸市场和离岸市场虽然相互影响，但是还是比较独立的。从以上的数据回归结果看，人民币在岸市场即期汇率的变动对离岸市场即期汇率的影响大于人民币离岸市场即期汇率的变动对在岸市场即期汇率的影响。这与周先平（2013）基于 VAR-MVGARCH 实证分析的境内外人民币即期汇率联动的结论相同。

目前,离岸人民币汇率对境内人民币汇率几乎没有影响,但是境内人民币汇率对离岸人民币汇率在多数时间具有决定性的影响。从历史数据来看,境外不存在居于主导地位的交易中心,境内并未出现显著的定价权旁落现象。

人民币在岸市场 CNY 即期汇率的影响力明显更大,这对人民币争取更大的影响力而言是一个良好的信号。我们应加强对人民币离岸市场的研究,适时推出境内中长期人民币外汇衍生品,尤其是要充分利用人民币在岸市场汇率对人民币离岸市场汇率的影响,在外汇衍生品市场上获得更大的话语权。同时,还要进一步完善人民币汇率形成机制,以确保在岸市场对离岸市场的有序引导,稳步推进人民币国际化。

虽然从上面的数据分析看,人民币在岸市场仍然具有人民币汇率的定价权,但是从反向套利的出现可以看出,人民币离岸市场对人民币在岸市场的影响也逐步显现,而且随着人民币离岸市场规模的扩大和回流机制的逐步放开,其对人民币在岸市场汇率的影响越来越大。我国应在不放松资本管制的前提下,逐步减少央行的干预,提高利率和汇率的弹性,以应付套利交易及境外资本对我国金融市场的冲击。

9.3.4 离岸市场风险防范

(1)离岸市场对内地人民币汇率的影响

尽管目前大多数时候 CNY 对 CNH 起决定作用,但是,CNY 决定 CNH 的机制随着时间的变化可能发生变化。从长期来看,CNH 可能对 CNY 产生更大的影响。根据马骏等人的研究,其程度取决于以下几个结构性的变化:第一,如果中国人民银行开始明显减少对外汇市场的干预,那么上述套利机制会同时影响 CNH 和 CNY 两个市场的汇率,使两个汇率发生变化,结果两个汇率都会向中间靠拢;第二,如果 CNH 交易量明显增大,CNH 汇率对 CNY 汇率的影响力会明显上升;第三,如果更多的投资者被允许在资本项下进入两个市场,则套利机制将更加强大和迅速,CNH 对 CNY 的影响会明显增大。

从中长期来看,增加人民币汇率弹性、增加离岸市场交易量、逐步放开资本项目管制是不可逆转的大趋势。因此,CNH 对 CNY 市场的影响力的提高也不可避免。如果境内外汇市场在多年后仍然仅仅服务于经常项目交易,那么 CNH 的市场规模很有可能超过 CNY,从而导致 CNY 市场定价权的丧失。造成这个问题的根源在于境内市场改革的落后,解决这个问题的关键在于大力推动境内金融市场的改革和开放。

(2)两地利差对内地利率市场的影响

从离岸市场有关理论和实践经验来看,由于离岸市场没有准备金、存款保险费用、税收较低等原因，金融机构可以在很窄的利差下开展业务。以欧洲美元市场和美国的在岸市场为例，欧洲美元市场金融机构吸收美元存款支付的利率高于在岸市场，而发放美元贷款的利率低于在岸市场，存贷利差较小。因此，两个市场价格存在一定差异是一种正常的经济现象。

目前香港人民币利率水平明显低于内地利率水平。资本的逐利性要求资金流向收益率高的市场，从而缩小不同市场的价格差异。因此，目前存在的利率水平差异说明人民币资金的跨境流动存在制度限制。资本项目下，从香港融得的人民币资金回流到内地受到额度或者逐项审批的严格限制。回流渠道包括：三类机构进入银行间债券市场，人民币 RQFII，人民币 FDI，中资机构在香港发债。

从中期来看，在人民币升值预期逐步减弱、资本项目管制逐步放松的前提下，更多的投资主体可以在两个市场之间套利，境内外人民币利差会逐步缩小。但是，要实现离岸市场利率向在岸市场靠拢，则需要在岸市场的进一步改革和发展，尤其是境内利率市场的完善。

(3)改革不配套带来的风险

人民币国际化的最主要风险是改革的不配套，其中包括汇率改革、利率改革和境内资本市场的开放。这三方面改革的不配套，可能导致人民币国际化过程中离岸人民币市场出现大规模的资金流动，套利套汇交易泛滥，甚至有可能使得人民币国际化进程被迫停滞。因此，人民币国际化一定要在最高的决策层面有总体设计，保证人民币汇率弹性的增加、境内利率市场化、境内资本市场的对外开放等资本项目开放的改革与人民币国际化进程相配合，齐头并进，而不是相互制约。

余永定(2011)提出，在很大程度上，通过离岸市场建设推进人民币国际化的过程就是资本账户开放的过程。余永定(2012)还提出，人民币跨境结算的实质是开放了短期资本跨境流动，扩大汇率波动优于推进资本项目自由化。张明(2011)也提出人民币利率与汇率市场化改革应该优先于人民币国际化或资本账户开放。

(4)监管部门风险防范的政策工具

一是内地监管部门可以控制人民币离岸业务的发展、贷款和 IPO 资金回流的审批，因而可以控制香港人民币存款派生和离岸市场的发展速度。

二是中银香港的换回额度和香港金融管理局的外汇互换规模是可控的，由此可在一定程度上控制香港人民币的增长速度。

三是香港享有人民币存款的流动性比率限制，可以控制人民币贷款的派生速度。

离岸市场与人民币国际化

357

四是中国人民银行深圳市支行可以调整对中银香港的人民币存款的利率,从而影响香港的存款和贷款利率,达到紧缩或者放松货币条件的目的。

五是香港金融管理局可以在离岸人民币外汇市场上进行干预,减少汇率差价和缓解由此引起的人民币过度跨境流动的问题。

(5)进一步发展在岸市场

在我国已经全面放开跨境人民币结算的条件下,由于我国的金融体系还不完善,我们的确应该审慎对待资本项目的自由化。这更表明人民币在岸市场的建设至关重要。人民币离岸市场的产品不管怎么交易,根据现在的离岸人民币清算机制,其实体人民币已经可以算作回流到了境内市场,而且境外的人民币最终总是要进入国内的资本市场和实体经济来获取利润。因此,离岸市场的发展需要我们完善的境内金融体系来吸收离岸人民币的回流,吸取日元国际化的前车之鉴——流出的日元通过离岸市场的"再贷款"流入日本国内市场,推高了股票市场和房地产市场的价格,之后用推高的国内股票和房地产价格再回到离岸市场去"再贷款",这样循环往复地进行下去,成为导致日本1990年泡沫危机的主要因素(殷剑锋,2011)。

现阶段,我国的金融市场规模仍然有限,金融体系仍然脆弱,金融机构缺乏竞争力,其发展水平还不能与人民币国际化的需求匹配。国际货币发展的历史经验表明,发达的金融市场是一国货币成为国际货币的关键因素。人民币在岸市场的建设是上海国际金融中心建设的首要和核心任务,人民币是上海国际金融中心建设的一个货币基础。如果在岸市场金融建设不好,没有相匹配的人民币回流机制和容量,而离岸市场发展过快、过大,势必会增加我国货币政策调控的难度,从而加大金融风险,阻碍人民币国际化的进程,甚至对我国的经济形成巨大的打击。因此,我们要尽快加强人民币在岸市场的健康发展。发达的境内金融市场、人民币在岸市场能为人民币国际化提供坚实的资金支持和技术支持。

离岸市场的发展,通常代表本币成功国际化的结果。这就是为什么有些发达国家尤其是欧元区国家并不主张其货币在离岸市场发展。殷剑锋(2011)提出,离岸市场的发展是本币成功国际化的结果,而不是本币成功国际化的原因。

9.4　发展香港人民币债券市场

9.4.1　离岸人民币债券市场发展有助于人民币国际化

人民币债券市场的发展有助于人民币逐步发展成为国际投资货币和国际

储备货币。人民币债券,特别是国债的发行,不仅有助于增加香港人民币投资产品的供应,为海外投资者提供多元化的人民币投资产品选择,而且必定会促进债券市场收益率曲线的形成和完善,为金融市场提供定价分析、产品开发的基础和标准,促进人民币作为国际投资货币的发展。

我国强大的经济实力使得人民币债券产品倍受青睐。截至 2010 年年末,我国拥有外汇储备高达 2.85 万亿美元;2010 年我国国际收支经常账户顺差1 831亿美元,占 GDP 比重为 3% 左右,市场对人民币汇率长期保持强势的预期较强,因而有助于提升人民币金融产品的投资价值及国际市场对人民币的接受程度和投资需求。也就是说,人民币债券产品受到市场投资者的追捧。

在香港发行人民币债券也有不少好处。首先,发债成本低;其次,有利于香港人民币业务的发展;最后,如果人民币债券在香港发行达到了一定量,则人民币债券也可以成为监管机构调整人民币在海外的货币供应量的一个工具。

9.4.2 离岸人民币债券市场的发展

2007 年 6 月,中国人民银行和国家发改委境内政策性银行和商业银行在香港发行人民币债券(俗称"点心债")。同年 7 月,国家开发银行发行第一只人民币离岸债券。这些都标志着香港离岸人民币债券市场的逐步形成。2007年点心债发行总额为 100 亿元人民币,之后每年都呈现了跨越式增长。2012年,香港发行的人民币债券总额已经达到 1 122 亿元人民币(如图 9－19 所示)。

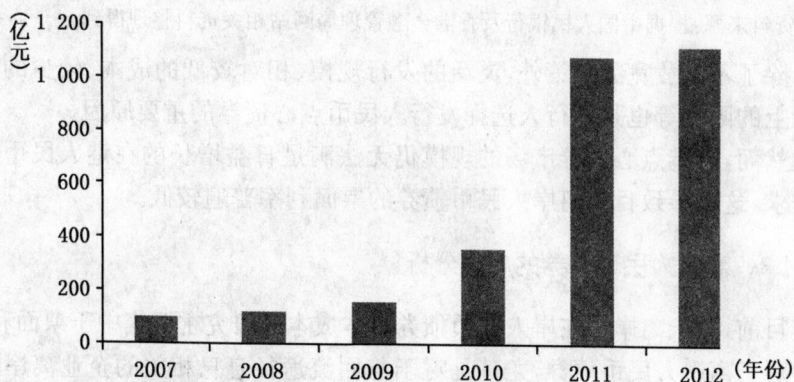

资料来源:根据 CEIC、建银国际证券及《中国金融杂志》数据整理得到。

图 9－19 香港离岸人民币债券发行量

如此快速的增长速度主要归因于政策的逐步放开。早期,点心债的发行主体仅限于我国境内的政策性银行和商业银行。但随着2010年《香港人民币业务的监管原则及操作安排的诠释》的颁布和《人民币清算协议》的修订,点心债市场很快扩展至所有类型的发行主体,包括国有企业、外资企业和民营企业。目前对于香港离岸人民币债券的主要监管政策如表9-4所示。

表9-4   香港离岸人民币债券的主要监管政策

时间	政策名称	主要内容
2007年6月	《境内金融机构赴香港特别行政区发行人民币债券管理暂行办法》	允许符合条件的境内金融机构赴香港发行人民币债券
2008年12月	《关于当前金融促进经济发展的若干意见》	允许在内地有较多业务的香港企业和金融机构在港发行人民币债券
2010年2月	《香港人民币业务的监管原则及操作安排的诠释》	允许香港当地及海外企业在香港发行人民币债券(扩大了发行主体的范围),所募集资金可自由投资
2010年7月	《香港银行人民币业务的清算协议》	允许符合条件的企业开设人民币账户,允许银行、证券及基金公司开发及销售人民币产品
2011年8月	"十二五规划"	时任国务院副总理李克强指出,允许境内企业赴港发行人民币债券,扩大境内机构赴港发行人民币债券的规模,促进香港人民币债券市场的发展和完善
2012年12月	《前海跨境人民币贷款管理暂行办法》	允许前海金融机构企业到香港直接发债

资料来源:根据中国人民银行及香港金融管理局网站相关资料整理得到。

除了不断放宽的政策外,灵活的发行规模、相对较低的成本、较少的资金使用上的限制等也是发行人选择发行人民币点心债券的重要原因。

然而,香港点心债券市场的规模仍无法满足日益增长的在港人民币存款的需求,这也导致目前离岸人民币债券的票面利率普遍较低。

9.4.3　离岸人民币债券的成本分析

目前,关于离岸和在岸人民币债券资本成本的研究主要集中于票面利率,但是对于离岸人民币债券,尤其是对于与回流途径息息相关的企业离岸人民币债券的资本成本的计算比较,不能只局限于票面利率。

现在多数研究仅通过比较票面利率来判断香港离岸人民币债券的资本成本低于在岸债券,而这样的比较是不全面的,尤其对于内地企业发行离岸企业债券的情况而言,经由"红筹公司"筹集的人民币通过不同的回流渠道,使用的资本成本计算方式也不完全相同。

以下主要针对分别发行离岸和在岸债券的企业发行人,运用资本成本计算的相关模型,比较筹资者分别发行离岸债券和在岸债券的资本成本,从而分析离岸人民币债券市场的优势。

(1)文献综述

在香港离岸人民币债券市场方面,裴长洪、余颖丰(2011)认为,离岸债券市场的建设是人民币国际化进程中最为重要的策略选择。这是由于离岸债券市场的建设可以帮助一国货币的投资职能向储蓄职能进行转换。同时,离岸人民币债券市场的建设也为资本账户未开放的我国提供了一个缓冲地带,可以缓释人民币国际化进程的风险。然而,离岸人民币债券市场的发展,以及发行主体的增加,降低了投资者的门槛,越来越多的人民币资产类、债券类和衍生型产品(包括利率、汇率、资产、信贷)将使得作为缓冲器的香港离岸市场对国内市场反向地造成一定的影响,也会对政府实施的经济政策的独立性造成一些影响。熊鹭(2011)认为,目前该市场主要有如下特点:第一,超额认购比较普遍;第二,人民币债券发行成本有降低趋势;第三,人民币债券发行期限有所延长;第四,人民币债券发行的主体日益多元化;第五,债券认购主体主要是机构投资者;第六,债券品种多样化,不仅有金融债券,还有高收益债券。而针对香港离岸人民币债券票面利率偏低的特点,熊鹭认为,产生这一现象的原因是较为普遍的超额认购。从香港人民币债券发行状况看,绝大部分均被投资者超额认购,显示人民币债券在香港的强大吸引力。其中,中国进出口银行于2010年12月发行的2年期、利率1.95%的人民币债券,超额认购倍数为53倍。申世军(2011)认为,导致香港离岸人民币债券票面利率偏低的主要原因是旺盛的市场需求。基于当前离岸人民币存量较大、人民币升值预期增强以及香港人民币存款利率较低等因素,现阶段香港市场上对人民币债券的需求强烈。

对于在香港发行离岸债券的目的,Michael Shari(2011)认为,这是在境外贸易采取人民币结算从而产生大量人民币存款之后能够有效将资金回流至我国内地的途径之一,同时,点心债券相比较其他融资方式在资本成本上存在明显的优势,而这是最终实现人民币国际化的一个重要环节。他对此十分看好,认为再有十年左右的时间,国际化进程必将有显著突破。

对于香港离岸人民币债券票面利率的研究,Arthur Lau(2011)认为,产生这一现象的原因是债券供小于求。由于香港人民币存款总额不断上升,有更多的空闲的人民币需要投资于适当的金融产品。而现在离岸人民币债券的发

离岸市场与人民币国际化

行量相对于存款量而言仍然是微不足道的,其他的以人民币计价的金融产品也为数不多,因而对于离岸人民币债券的需求巨大。Vanessa Rossi 和 William Jackso(2011)也认为是由于离岸债券市场供小于求的现状导致了发行人民币债券成本低的现象。2010 年亚洲开发银行在香港发行的 10 年期人民币债券被两度超额认购,而 2010 年 11 月国家开发银行发行的 30 亿元人民币固定利率债券也被超额认购近 16 倍。

(2)企业离岸和在岸人民币债券市场现状比较

①企业离岸人民币债券市场现状。

发行离岸债券不仅有多元融资、成本低的优势,其汇率风险也相对较低。参照欧洲市场,单一货币实行后,欧元与货币联盟各成员国的汇率锁定,结束了一国轻易通过货币贬值来解决国内经济问题、输出通货膨胀的状况。欧盟对于区内国家通胀率、利率、财政赤字、国债占国内生产总值的比重等项标准,从制度上约束了欧元区国家,从而保障了欧元的稳定,使其可能成为一种强货币。

我国最早接触离岸债券是在 1985 年。1985 年 10 月,中国银行在东京证券市场发行了 10 年期、1.5 亿美元的离岸债券。此后直到 2007 年 6 月,中国人民银行和国家发改委批准在岸金融机构可以在香港发行离岸人民币债券,才正式形成香港离岸人民币债券市场。在过去的 6 年中,离岸人民币债券市场由于政策的不断开放取得了长足的发展,总发行量已达到 2 943.6 亿元人民币。包括汇丰、花旗、中银香港等在内的金融机构自 2011 年也相继推出了离岸人民币债券指数,供专家学者进行分析研究。

与此同时,企业离岸人民币债券的发行也日趋成熟。从图 9—20 可以看出,企业发行主体(包括中资企业、港资企业、外资企业)从 2007 年至 2011 年占所有发行主体数量的 49%,几乎占据了一半的发行主体份额,而 2012 年在香港发行的主要离岸人民币债券几乎都来自于企业发行者。如果将来优质的民营企业也加入点心债发行者的行列,则企业将在发行主体中占据更加重要的地位。

然而,目前离岸债券普遍面临回流难的问题。由于离岸人民币的回流渠道不够顺畅,大量人民币滞留香港。数据显示,截至 2011 年 3 月,我国境内收到人民币约 888 亿元,而支出的人民币则高达约 5 193 亿元。可见,人民币的回流渠道并非十分完善,而不健全的回流机制会阻碍离岸人民币市场乃至人民币国际化进程的发展。目前,除了允许离岸人民币投资内地债券市场、允许外商在内地使用人民币投资等可行的措施以外,上海于 2012 年 10 月开始实行 RQFLP(离岸人民币私募基金)业务的试点。RQFLP 业务是在 QFLP(合

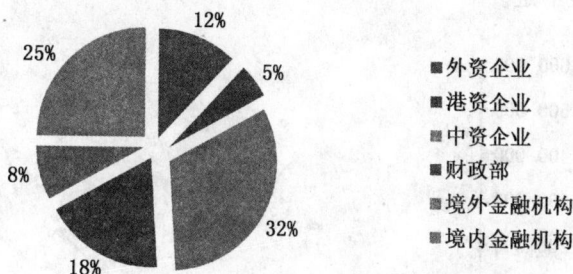

外资企业
港资企业
中资企业
财政部
境外金融机构
境内金融机构

12%
5%
25%
8%
32%
18%

资料来源：中经网。

图 9—20　2007～2011 年香港离岸人民币债券发行主体分布

格境外有限合伙人）业务的基础上，参照 RQFII（合格境外机构投资者）业务创新演变而得。RQFLP 并不局限于中资券商，持有的境外人民币还可以参与境内私募股权的投资，为离岸人民币提供更多元化的境内投资渠道。但是，由于 RQFLP 是一次金融创新的尝试，获得的额度比较小，所以短期内产生的影响也将非常有限。

②企业在岸人民币债券市场现状。

我国自 1984 年开始发行企业债至今，主要经历了起步期、成长期、调整期和继续发展四个阶段。在起步期，由于缺乏国家统一的监管，企业主要是零星向社会或者内部筹资，规模在 100 亿元左右；1987～1992 年，处在成长期的企业债券市场开始迅速扩张，发行总量和债券品种都有了显著的提升；之后在 1993～1995 年，在国务院颁布的《企业债券管理条例》的监管下，企业需要通过审批才能发行债券筹资，在这段调整期内，不仅债券规模大幅萎缩，品种也被限定为只有中央企业债券和地方企业债券两种；1996 年后，在管理部门的大力扶持下，企业债券的发行有了大幅突破，不仅突破了原有的多种限制，品种也不断丰富，新增的短期融资债、可转换公司债等都增强了资本市场的流动性。

虽然经过将近 30 年的发展，企业债券市场已经逐渐成熟，但其中也存在着影响其发展的问题。

首先，企业债券流动性较差。在二级债券市场中，场内交易市场占主体，份额远大于场外交易市场，而且场外交易也不够规范，导致企业债券在银行间市场的交易活跃度偏低，因此，投资者要求更大的风险报酬率，筹资成本也随之加大，较差的流动性令企业债券在投资者中不具备十足的吸引力。通过图 9—21 和表 9—5 我们可以发现，全国债券流通数额与股票的流通数额相

离岸市场与人民币国际化

比,流动性明显不足。

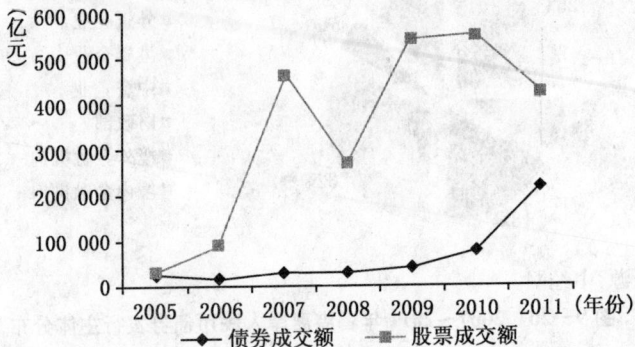

资料来源:中经网。

图 9—21　债券与股票成交额比较

表 9—5　　　　　　　　　　　　债券与股票成交量比较

年　份	债券成交量(万手)	股票成交量(亿股)
2005	283 714.36	6 623.73
2006	182 454.42	16 145.23
2007		36 403.75
2008		24 131.39
2009	475 060	51 106.99
2010	760 076	42 151.98
2011	2 107 455	33 958

资料来源:中经网。

　　其次,企业债券规模小。不仅是企业债券方面,我国整个债券市场融资规模占 GDP 比例与邻国和其他发达资本市场相比都处于明显的劣势。尤其是在日本和美国,债券市场融资规模都超越 GDP 总量,而我国仅占 GDP 的不到50%。

　　再次,企业债券缺乏有效的信用评级机构。一个成熟的债券市场中,权威专业的信用评级机构是不可或缺的,有效的信用评级报告可以为投资者根据自己的风险收益偏好进行选择提供重要的参考依据。从需求方面看,投资者在选择投资工具时,一般考虑安全性、收益性和流动性三个因素;而我国企业债券除了利率风险和流动性风险之外,还面临偿还风险。偿还不力的企业将严重影响企业债券的声誉,动摇投资者的信心。所以,投资者需要能够对企业的经营状况、财务状况作出综合评价,并对企业的还本付息能力和信用程度作出专业建议的信用评级机构来为他们的投资行为提供依据和保障。我国的信用评级制度发展较晚,且很多评级机构并不独立于政府监管部门,这样的情况会对评级报告的可信度产生影响。更有一些出于盈利目的的评级机构会根据客户的要求提供虚假的评级报告,致使一些被评为 AAA 级的企业也存在无力还本付息的现象,这不仅损害了投资者的利益,也阻碍了债券市场的发行流通。

③企业离岸和在岸人民币债券特征比较。

第一,资金获取方式。企业发行离岸人民币债券时获取资金的方式比发行在岸人民币债券时更加复杂。在 2011 年 8 月之前,若内地企业要在香港发行离岸人民币债券,则必须通过在港"红筹公司"发行债券,继而再利用股东贷款或资本金注入的手段将筹得的资金转回境内;而 2011 年 8 月之后,在时任国务院副总理李克强的指示下,境内企业可以直接赴港发行人民币债券,这一政策使得企业只要经过发行审批就可以在发行离岸债券之后让资金直接回流,这样大大加速了筹资的效率,也促进了市场发展。而企业通过发行在岸人民币债券筹得的资金则不涉及回流的问题,可以直接使用。

第二,成本构成。对于企业在岸人民币债券而言,由于不涉及回流问题,发行成本即为筹资费用与需要支付的利息的总和。而对于企业离岸人民币债券而言,股东贷款和资本金注入两种不同回流方式,使得债券成本构成也不完全相同:除了筹资费用和支付的利息之外,若使用股东贷款,则按照借款的算法,成本计算与利率和期限有关;若使用资本金注入,则可以按照股票融资的方式计算成本,涉及支付给股东的红利。

第三,监管。与在岸人民币债券相比,离岸人民币债券受到更多监管部门和条文的限制与约束。在岸人民币债券主要受中央银行、财政部、证监会和国家发改委的监管,而离岸人民币债券虽然不受国内财政部和证监会约束,但是外汇管理局和香港金融管理局将对其进行监管。在监管条文方面,《证券法》、《公司法》、《企业债券管理条例》等法律条文对离岸和在岸人民币债券都有约束作用,而离岸人民币债券还受到包括《境内金融机构赴香港特别行政区发行人民币债券管理暂行办法》、《关于当前金融促进经济发展的若干意见》、《香港人民币业务的监管原则及操作安排的诠释》、《香港银行人民币业务的清算协议》等在内的监管条文的制约,这些条文规定了发行主体的资格、人民币回流限制及操作方法等。

第四,流动性。虽然企业在岸债券市场整体流动性不强,但相较于企业离

离岸市场与人民币国际化

岸债券市场,在岸市场还是相对更活跃、投资者更多样化、券种更丰富,因而整体流动性优于离岸债券市场。由于香港离岸人民币债券的整体发行规模较小、期限较短等特点,投资者通常将债券持有到期,因此日常交易不够活跃,二级市场也不够发达。这样的现状一方面无法适应国际债券市场复杂多变的形势,可能导致债券发行的汇率风险加大,另一方面也不符合须遵循的多样化原则。

第五,票面利率。以 1 年期离岸和在岸债券为例,企业在岸人民币债券的票面利率维持在 4% 左右,而企业离岸人民币债券的票面利率水平则维持在 2% 左右。产生这一差异的原因主要有两个:一是香港人民币存款利率很低,虽然经历了 2012 年 10 月人民币存款利率的快速上升,但自 2013 年起,香港人民币存款利率再次大幅走低,目前汇丰香港已将普通人民币存款利率下调为 0.25%(针对 6 个月定存),对存款金额在 1 万元以上 50 万元以下以及 50 万元以上的账户分别给出 0.55% 和 0.60% 的存款利率。这一数字远低于内地 2.8% 的 6 个月期定存利率。第二个原因是目前香港离岸市场中可以投资的人民币品种很少,因而发行利率被压低。

虽然离岸债券的发行利率较在岸债券相对偏低,但固定的票面利率始终无法最大限度地降低融资和筹资的成本从而提高借款资金的效率。在我国发行的离岸债券中,浮动利率债券和双重货币债券只占了很少的一部分。综观整个国际债券市场,固定利率债券的比重相对下降,而浮动利率债券的比重则在不断上升。我国离岸债券发行也不应脱离这一趋势。

第六,债券期限。香港人民币债券的平均期限为 2～3 年,而境内发行主体的离岸美元债券平均期限为 6.3 年,在岸人民币债券的平均期限也较长,还存在 30 年期、50 年期的债券。企业离岸人民币债券的期限主要都是 5 年以内。出现这种状况的原因主要是由于香港离岸人民币债券市场还处在起步阶段,为了吸引更多的投资者,发行人更希望用期限较短、风险较低的离岸人民币债券来建立自己的客户群体。

综上所述,香港离岸人民币债券市场还处于发展初期,并不如在岸人民币债券市场发展相对成熟、规模更大,但是香港离岸人民币债券的期限短、信用等级高的特点也能吸引到不少投资者的关注。

9.4.4 实证分析

企业债券融资是在优化企业融资结构、改善企业治理结构、增强企业激励机制方面较股票融资更为有效的一种方式。从理论上说,它在我国目前进行的推行现代企业制度、国有企业公司制改造过程中扮演着重要角色。企业进行债券融资存在许多优势：首先，债券融资有利于高风险、高回报的中小企业的发展；其次，债券融资可以分散企业的金融风险，让更多的投资者共同承担企业风险也有利于企业进行突破；再者，债券融资的资本成本较低，抵减税政策的施行，使企业可以在税收上享受一定的利益，故债券融资的资本成本低于发行股票的成本；此外，债券融资还可以帮助企业利用财务杠杆增加公司价值，并使公司控制权在相比增发新股时更能得到良好的保障。

通过计算同期限、发行日期相近的同一企业离岸和在岸人民币债券的资本成本率，我们发现，在香港发行企业离岸人民币债券具有明显的成本优势，相应的在岸债券资本成本率至少接近离岸债券资本成本率的两倍，尤其是中粮集团的两只债券间的资本成本率差异将近3倍。

下面以中粮集团为例作进一步的分析。

Susan Black and Anella Munro(2010)指出，发行人可借由离岸而进入更"完整"的债券市场，其中流动性差异、多样性或风险特征都会产生相对的成本差异。更完整的市场更容易发展，因为那里是一个大型的市场，有相对异质的投资者基础，还有不同的风险偏好和各类衍生产品来转移风险。一般情况下，相对欠完整的市场中的筹资者可以通过利用在较发达的离岸市场发行离岸债券以降低资金成本，并获得当地货币。

参照上述观点，中粮集团此次在香港发行离岸债券，可以看作是对相较于境内市场更为成熟的香港金融市场的有效运用，而这也为中粮集团增加了新的资金来源，令集团融资更多元化，满足业务发展的资金需求。

从中粮集团于2011年6月发行的在岸债券的募集说明书可以知道，中粮集团在该段时期同时肩负着较高占比的负债以及粮食收购的重担：截至2011年3月末，公司合并负债总额为1 553.63亿元，流动负债占负债总额的66.83%；短期借款和长期借款合计为758.44亿元，短期借款占借款总额的79.76%。作为承担着保障国家粮食安全、服务社会主义新农村建设等社会责任的大型国有企业，公司需要来自于发行离岸和在岸债券募得的资金来优化公司的债务结构，并补充粮食收购款。

通过横向比较离岸和在岸债券资本成本以及纵向比较分别运用不同模型时得到的离岸债券资本成本率，我们可以得出结论：对于企业而言，尤其是具备在香港发行离岸人民币债券资格的信用评级较高的企业，发行离岸人民币债券具有明显的成本优势。

9.4.5　深化和拓展香港人民币债券市场的发展

（1）丰富香港人民币市场境外参与主体

　　下一步,香港人民币业务发展的重点应该是提高境外第三方国家和地区的企业或个人参与香港人民币业务的比例,推动香港与第三方国家和地区开展人民币业务。建议开展允许香港地区企业或在香港注册的境外机构在境内银行间债券市场发行人民币债券,并将募集的人民币资金用于在内地外的投资项目的试点。开展该项试点将对香港目前的人民币"点心债"市场形成有益的补充,进一步提升香港对境外投资者的吸引力。另外,2010年,相关部委已经发布了《国际开发机构人民币债券发行管理暂行办法》,并已经开展了试点业务。因此,允许香港地区企业或在香港注册的境外机构在境内银行间债券市场发行人民币债券并不属于大的政策突破。

　　(2)扩大国债发行规模,国债品种多元化。收益率曲线本身是国债收益率曲线的集中体现,但是收益率曲线的形成需要政府的支持和培育。如果没有足够的政府债券进行交易,则市场力量再强大,也无法形成有效的收益率曲线。因此,加快人民币收益率曲线形成的最直接的办法,就是由财政部和国家政策性银行在香港发行更多的人民币债券,促使在香港发行人民币国债常规化,丰富国债发行期限,促进形成一个完整的收益率曲线。

9.5　离岸市场应以在岸市场为基础

9.5.1　人民币在岸市场的发展现状

(1)人民币在岸市场的发展背景

　　在岸金融市场(onshore financial market)相对于离岸金融市场(offshore financial market),是指本国居民利用本国货币在本国进行金融交易的市场。在岸金融市场的金融活动受到货币发行国中央银行的管辖和干预。1994年外汇体制改革以后,中国外汇交易中心暨全国银行间同业拆借中心(以下简称中国外汇交易中心)在上海正式成立。中国外汇交易中心作为我国银行间外汇市场、货币市场、债券市场以及汇率和利率衍生品市场的具体组织者和运行者,已经成为人民币利率和汇率定价的中心以及人民币相关产品交易的主平台。随着我国经济实力不断增强,人民币可兑换程度不断提高,境外交易主体对人民币作为结算货币、投资货币、储备货币的需求将不断上升,交易中心人民币的交易量也将逐步增加。

　　"十二五"时期上海国际金融中心建设的基本目标就是:以实体经济为基础,力争到2015年基本确立上海为以人民币为本位的全球性人民币产品创新、交易、定价和清算中心,到2020年把上海基本建成与我国经济实力以及人

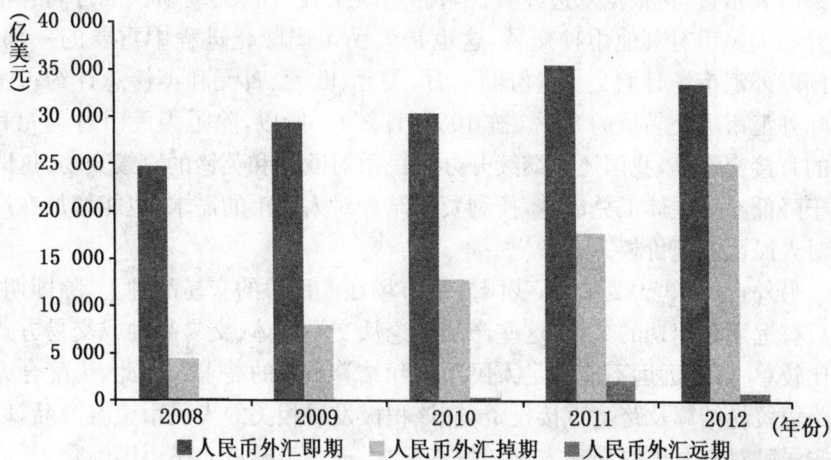

图 9—22　2008～2012 年人民币外汇市场成交额

民币国际地位相适应的国际金融中心。因此,人民币在岸市场的建设就是要以人民币资产为基础,适应人民币国际化的市场需求。

目前从人民币在岸市场的体系、结构及产品的广度和深度来看,上海在岸市场的发展程度与香港离岸市场还有一定距离。胡莹(2012)提出,一国货币国际化进程能否顺利推进,取决于在岸市场的发展及其在国际市场中发挥的作用。日本和泰国在本国货币国际化进程中,忽视了在岸市场的发展而采取优先发展本国货币离岸市场的路径,最终导致失败。

只有人民币在岸市场健康发展,才能为人民币"走出去"提供国际化的金融服务体系,保证有足够的人民币金融资产支持人民币"走出去"进程的顺利推进和维护人民币的定价权,并且为人民币双向跨境流动渠道提供坚实的基础。

(2)人民币在岸市场的发展现状

我国的金融市场起步较晚,还不发达,不能为境外主体提供多样化的人民币金融产品,不能满足国外投资者对于人民币产品的需求,这也严重制约了人民币国际化的发展步伐。

首先,人民币与国际主要储备货币的外汇直接交易目前还仅限于人民币对美元以及 2012 年 5 月推出的人民币对日元直接交易。由于没有外汇直接交易,因而金融机构需要美元、欧元等国际性货币来解决短期融资和货币兑换,对于其本国货币以及人民币的购汇和结汇来说,都增加了双倍的成本和风险。因此,中国人民银行曾经在 2010 年推出人民币对马来西亚林吉特的直接交易时表示过,将根据双边经贸往来和金融交往等状况继续在银行间外汇市场开办人民币对其他币种交易,这也是人民币国际化进程中重要的一部分。从国际外汇市场日均交易量份额上看,美元、欧元、日元和英镑总计约占全球国际外汇市场交易量的80%(按100%计算)。所以,除了人民币对美元和日元的直接交易外,我国还应继续开办人民币对欧元和英镑的直接交易,这既有利于降低经济主体汇兑成本,便利贸易结算对人民币的需求,也能增加在岸市场对人民币的定价权。

另外,从图9—22来看,我国外汇市场在人民币的交易品种上,除即期外,也只有远期和掉期的交易,这些产品无论从交易主体、交易品种或交易方式上都比较单一,还远远不能满足人民币国际结算市场的需求。因此,为配合人民币跨境贸易结算及跨境直接投资,应该积极发展相关的人民币金融产品,以配合非居民对人民币的交易需求和投资需求,进一步推进人民币国际化。

其次,我国现在非常缺乏统一的、完善的债券市场和股票市场。全球国际债券未清偿余额由1993年第三季度的2万亿美元上升至2012年第二季度的28万亿美元,而美元和欧元仍是主要的计价国际债券,二者合计的余额占全球国际债券余额的比重为84%。而截至2012年第二季度,以人民币和港币计价的债券余额却分别仅为590亿美元和620亿美元,各占全球国际债券余额的0.2%,而同期以日元计价的国际债券占全球国际债券余额的3%。

人民币的国际化必然要经历从结算货币到投资货币和储备货币的转变。从我国当前的金融市场状况来看,还远远满足不了市场的需求。当国际市场上以人民币计价的债券数量不断增长时,人民币就可能逐步成为国际金融机构甚至世界各国中央银行资产配置、保值、增值的金融工具,人民币就会逐步成为世界上相关的金融和实务交易的主要计价单位。人民币国际化既要人民币"走出去",又要考虑人民币的回流,所以发展债券市场不仅要到离岸市场去做,还要优化和发展国内的债券市场。没有在岸市场的平衡发展作为支持,在交易量放大后若处理不好回流的机制,则风险可想而知。

我国的股票市场历经全流通和创业板的改革,已经逐步市场化和趋于成熟。截至2012年6月30日,在上海证交所上市企业的总市值高达2.41万亿美元,深圳证交所上市企业的总市值高达1.15万亿美元,两家证交所上市企业总市值合计高达3.56万亿美元,高于东京证交所的3.38万亿美元,仅次于美国[纽约—泛欧交易所集团(美国)和NASDAQ OMX市场合计],这与我国世界第二大经济体的地位相当。但是,我国的股市没有做空机制和退市机制,各类衍生品的发展也比较滞后,距离国际一流的股票市场还有很大差距;而且我国股市无论是一级市场还是二级市场,对境外投资者都有严格限制。

再次,作为人民币在岸市场的重要组成部分,我国期货市场的发展和创新也很重要。我国商品期货成交量已经连续 3 年位居全球第一,中国金融期货交易所也于 2010 年推出了股指期货。我国已经成为世界上多种大宗商品的最大消费国,但在我国正式上市交易的 26 个商品期货品种中,我国真正具有相对定价权的极少,这与我们"超级买家"的地位极不相称。这其中有我国期货市场的基础制度及监管部门的监管制度因素,有大宗商品相关行业集中度不高的问题,也有企业对于期货市场参与度及战略储备有限等原因(陈玉财、李姝,2009)。

2012 年 6 月,香港媒体爆出新闻,伦敦金融期货交易所拟来港发行人民币计价产品。我们可以看出人民币国际化不仅富含商机,而且从期货市场着手对大宗商品实施人民币定价不仅能增强我国大宗商品定价权,而且还能减少人民币国际结算的风险,推进人民币国际化。目前的国际货币体系基本上是美元本位制,而国际大宗商品价格是用美元标价的,美元指数大幅变化基本上主导了大宗商品的主要趋势。李乾孙(2012)研究美元与大宗商品价格的关系,并得出结论:美元指数和大宗商品价格将依旧保持负相关的关系。范建军(2012)研究美国货币政策的特点及其对全球价格的影响,认为亚洲金融危机后由于发展中国家大幅增持美元储备,导致美元超发,国际大宗商品价格持续上涨,美国在过去 10 年一直在向全球输出通货膨胀。

面对美元定价的矛盾,人民币国际化正给了我国作为大宗商品的最大买家一个改善不利地位的良好契机。众所周知,大宗商品的交易有三种方式:现货交易、远期合同交易和期货交易。因为是大宗商品,现货交易并不多见,所以从定价方式看,主要以远期合同定价和期货定价为主。但是从交易活跃度来看,期货定价更为灵敏,因而更能够主导大宗商品的定价。所以,我们如果能在国内的三大期货市场上从我们有优势的产品(如沪铜)开始推广用人民币计价和结算,逐步把我国的期货市场建设成为世界一流的期货市场,那么我国大宗商品定价权的问题就水到渠成了。余永定(2011)也提出,在推进人民币国际化的过程中,推行本币计价比推行本币结算更重要。

最后,人民币的国际化和在岸人民币市场的建设离不开汇率和利率的市场化。我国在利率、汇率的市场化程度方面都远远落后于全球,我国要成为一个金融强国,就必须改变这样一种落后的态势。虽然美元的国际化经历了不同类型的汇率制度,但是不能由此断定自由浮动的汇率制度一定是人民币国际化的前提。当前的跨境贸易人民币结算是在资本账户和人民币都没有完全可兑换的条件下进行的,然而资本套利是无处不在的。虽然上海银行间同业拆放利率(shibor)已逐渐成为货币市场的基准利率,但是由于我国的人民币存贷款利率仍然是中国人民银行严格控制的,而银行主导的我国信贷市场仍不是完全市场化的,而且香港人民币市场的利率因为人民币的清算机制问题也不能完全反映市场化的利率,因此本报告暂时不讨论在岸和离岸的人民币利率之间的关系。

9.5.2　进一步发展人民币在岸市场

(1)加强区域合作

从货物贸易上看,我国作为世界上最大的出口国和第二大进口国,在贸易往来中需要更多的人民币进行结算。2011 年我国的进出口贸易以人民币结算的只有 2.08 万亿元,占 2011 年进出口总额的 9%,其中跨境人民币收款占 2011 年出口总额的 6%,跨境人民币付款占 2011 年进口总额的 12%,由此可以看出人民币作为贸易大国本币的贸易结算地位实在太低了。虽然这在一定程度上是受到人民币国际化刚刚起步的影响,但是结合数据分析来看,主要影响因素还是汇率的变动,所以当人民币在境外市场出现贬值趋势时,收付方向立刻发生转变。前面关于 CNH 和 CNY 汇率对国际收支影响的分析就提出人民币国际结算的最大动机是赚取离岸与在岸市场的价差,套利才是根本。因此,要推进人民币的国际结算地位,就必须进行汇率的市场化改革,增强汇率的弹性,使套利资本无利可图,体现人民币结算的真实需求。

除了利率因素,为什么我国的进出口贸易企业没有决定货币结算的权利呢?下面就从我国进出口对应的国家和地区来分析这个问题。

表 9—6　　　　2010 年中国对外贸易按地区分货物进出口总额比重

国家/地区	进出口总额	出口总额	进口总额	净出口
美国	17.96%	7.31%	13.51%	99.82%
欧元区	14.68%	10.15%	12.72%	49.57%
英国	2.46%	0.81%	1.77%	15.13%
日本	7.67%	12.66%	10.36%	−30.68%
中国香港	13.84%	0.88%	7.92%	113.52%
俄罗斯	1.88%	1.86%	1.76%	2.03%
欧洲其他地区	3.49%	2.79%	3.08%	8.92%
北美其他地区	1.43%	1.07%	1.35%	4.17%
亚洲其他国家和地区	24.88%	46.26%	34.81%	−139.58%

国家/地区	进出口总额	出口总额	进口总额	净出口
大洋洲	2.09%	4.73%	3.06%	−18.18%
非洲	3.80%	4.81%	4.13%	−3.93%
拉丁美洲其他国家	4.27%	3.85%	3.60%	7.50%
巴西	1.55%	2.73%	1.92%	−7.53%
其他/调整	0.00%	0.09%	0.01%	−0.76%
合计	100.00%	100.00%	100.00%	100.00%

资料来源：笔者根据 2011 年《中国统计年鉴》整理。

表 9—7 显示，从 2010 年中国对外贸易的对应国家或地区看，储备货币发行国（美国、欧元区、英国、日本）就占到了我国对外贸易总量的 43%，这比 2009 年的 37%还有增长。如果再算上以转口贸易为主的香港，则我国对外贸易中 57%左右都是与强权国际货币发行国或钉住强权货币的香港进行的。我们目前的谈判权还很难改变与强权储备货币发行国如美国和欧元区的主要国家（德国和法国）的定价权和货币结算权。非洲、澳大利亚、巴西、俄罗斯虽然不拥有强权货币，但我国主要从这些国家进口大宗商品，前面提到大宗商品主要以美元定价，所以用人民币结算的机会也很少。

从表 9—7 还可以看出，亚洲是占我国对外贸易比例最大的洲，2010 年占我国全部贸易总量的 46.4%（除香港外，为 24.9%）。而且我国的贸易逆差主要来源于除香港以外的亚洲其他国家（地区），以人民币作为计价和结算工具在贸易上有实际的需求。因此，深化同新兴市场国家和周边发展中国家的务实合作是推进人民币国际化的一个重要手段。在东盟范围，我国形成了长期稳定的贸易逆差机制，除了对越南有顺差以外，其他九国基本上都是逆差，其他九国把我国作为主要的出口目的地。然而，东盟贸易区过去都是以第三国货币美元来计价结算的，因而我国应该继续推广周边国家的人民币贸易与投资的人民币化，尤其要关注外贸总额多的国家。蒙古国的跨境人民币结算占到总结算额的 80%，但是，我国与蒙古国的外贸总额仅占到我国全部货物贸易的 0.1%。所以，我国加强与周边区域国家，尤其是加强与我国对外贸易比例高的国家的合作就显得尤为重要。

日元的国际化并不是很成功，截至 2011 年底，日元仅占世界官方外汇储备的 3.7%，比 1999 年的 6.4%低很多。由于一个经济体不可能持有自身货币作为外汇储备，因此一种货币的储备地位可以说主要是由其他经济体储备行为决定的。中国和日本是世界上外汇储备最多的两个国家,对美元的国际储备货币的绝对领导地位的建立起了主要作用;并且中国和日本的外汇储备都以美国国债为主。现在周边复杂的政治形势,给人民币国际化带来了很多非经济层面的阻碍。但是从日元和人民币的直接交易来看,虽然两国政治关系一直紧张,但双边货币合作并没有停止。我国是日本最大的贸易伙伴,双方在经济上相互高度依赖,即使两国不免有利益冲突,也仍有很多共同的利益,所以双方都应该考虑避免在经济上产生更大的成本。我国要处理好与日本的金融合作,尤其要抓住弱势美元情况下人民币国际化与两国货币合作的机遇,这也是亚洲两大经济体共同利益所在。

日本的外汇储备中大约七成到八成为国债,也就是说,被获准的人民币外汇储备购买量差不多能占到日本外汇储备中整体投资的国债量中的1%左右。2011年12月,中日双方签订本币结算协议和金融合作计划,目的在于共同促进人民币与日元在两国对外贸易和跨境交易中的使用。日本可以向我国内地进行人民币直接投资;让隶属于政府的日本国际合作银行作为试点在我国发行人民币债券;支持发展人民币与日元的直接交易市场。中日两国支持"人民币—日元交易市场"的发展能够便利中国和日本的贸易结算、日本在中国的直接投资,以及日本在中国所投资企业的人民币利润的汇出,从而减少外币汇兑的汇率风险及汇兑成本。这样,两国都可以逐步实行本币结算,从而都放弃以美元结算为主。这也可以减轻美国国债在海外最大的两个买家因美元贬值而造成的损失。

另外,香港作为世界上第一个人民币离岸市场,具有跨境人民币结算的便利,而且我国内地与香港的进出口总额占到了我国内地全部货物进出口总额的13.8%。因此,我们在与香港的进出口贸易中应该大力推广人民币的计价和结算,逐步取代美元的结算地位。

其他一些亚洲主要国家,比如韩国和印度的汇率相对波动都很大。有强大的经济实力和充足的外汇储备作支撑,我国应该积极推广与这些国家的跨境人民币结算。为促进与周边国家贸易和投资的便利化,我国应进一步加强与周边国家的金融合作。

(2)从中国进出口货物结构分析人民币的计价功能

根据世界贸易组织统计,2012年,我国在全球的货物贸易额仅次于美国,排名第二。其中,我国的货物出口贸易额占全球货物出口的11.2%,居世界第一位;货物进口贸易额占世界货物进口的9.8%,在美国之后居世界第二。

表 9－7　　　2010 年中国对外贸易按主要货物品种分进出口金额及比重

2010 年进口主要货物	金额（十亿美元）	比重	2010 年出口主要货物	金额（十亿美元）	比重
机电产品	660	40%	机电产品	939	42%
高新技术产品	413	25%	高新技术产品	492	22%
原油	135	8%	自动数据处理	164	7%
铁矿砂及其精矿	79	5%	针织或钩编服装	60	3%
汽车	31	2%	非针织或钩编织物服装	49	2%
自动数据处理设备及部件	29	2%	电话机	49	2%
未锻造的铜及铜合金	25	2%	船舶	39	2%
大豆	25	2%	钢材	37	2%
成品油	22	1%	家具及其零件	33	1%
钢材	20	1%	自动数据处理设备部件	31	1%
其他	218	13%	其他	353	16%
合计	1 658	100%	合计	2 240	100%

资料来源：笔者根据 2011 年《中国统计年鉴》整理。

　　我国的货物进出口总额看似惊人，但是从表 9－7 中的数据来看，我国仍然资源匮乏，出口产品以廉价劳动力作为国际竞争力，而进口产品则以资源类为主或来料加工为主。我国作为世界第二大经济体和世界最大的出口国，在进出口上的话语权并不大。因为"中国制造"缺乏核心竞争力，在货物出口贸易上推行人民币计价和人民币结算略显难处。而进口的大宗商品，尤其是原油和铁矿石在国际市场上又主要以美元定价，所以推行人民币计价和人民币结算也有困难。

　　借力中国与主要贸易国家的双边贸易发展，推动人民币国际化，也是人民币"走出去"战略的重要内容。我国连续多年都是俄罗斯的第一大贸易伙伴，而且近年来中俄双边贸易额一直维持快速增长，2012 年达到 881.6 亿美元。我国对俄罗斯出口以机电和劳动密集型产品为主，自俄罗斯进口以能源、资源产品为主。2010 年 11 月，中国外汇交易中心开办了人民币对俄罗斯卢布即期交易，随后俄罗斯也实现了人民币与卢布的挂牌交易。2012 年 8 月，俄罗斯正式加入世界贸易组织，因此，我国应借此契机加大与俄罗斯的贸易本币结算，跨越美元，以进一步促进双边经贸关系达到双赢。

　　我国也是澳大利亚最大的贸易伙伴。2013 年 4 月中澳签署的人民币与澳元自由兑换协议为我国的货物进出口计价和结算开启了新的篇章。2012年,我国占据了澳大利亚 29%的出口总额和 18%的进口总额。而澳大利亚丰富的矿产资源和农产品也满足了我国经济增长的需要。我国从澳大利亚的进口占据了我国进口总额的 4%。中澳之间紧密的经济联系,使得两国之间的货币和金融合作对双方来说都显得很重要。对于进出口商来说,人民币和澳元的直接兑换既能节约成本,也能降低兑美元的汇率风险。

但是,无论是人民币和俄罗斯卢布的直接交易还是人民币和澳元的直接交易,仍受限于美元定价。因此,国际贸易中商品的本币定价就显得尤为重要。我国和俄罗斯以及我国和澳大利亚可以先探索双方在一部分产品上用本币直接定价和交易,然后再逐渐探索双方货币在双方进出口产品的定价上的价格发现功能。

(3)增加加工贸易中进出口的人民币结算比例

我国贸易方式的另外一个显著特点就是加工贸易。2010 年我国加工贸易进出口 11 578 亿美元,占同期我国外贸进出口总值的 38.9%。其中出口 7 403.3 亿美元,进口 4 174.3 亿美元,其项下贸易顺差 3 229 亿美元,说明加工贸易的主要产品仍然是进口,但是也有一部分是在国内采购。

2010 年,我国加工贸易对美国、欧盟、中国香港、日本和韩国合计进出口 7 516亿美元,占同期我国加工贸易进出口总值的 64.9%。我国加工贸易的另外一个特点就是外商投资企业进出口一直占据八成左右的份额。2010 年,我国外商投资企业以加工贸易方式进出口 9 709 亿美元,占同期我国加工贸易进出口总值的 83.9%。从加工贸易产品结构上看,机电产品出口占据近八成的份额,传统劳动密集型商品如服装、塑料制品等紧随其后。

从以上加工贸易的特点来看,我国可以鼓励加工贸易的进出口都采用人民币结算,这样既可以减少加工贸易的汇兑风险(一部分为国内采购),又可以便利加工贸易企业的产品内销,促进我国经济转型。为此,建议从政策层面上,对于人民币结算的保税货物采取简化的监管手续,对于加工贸易手册的批准、货物进出口报关申报及核销都采取人民币并适当给予审批的便利。同时,我国应完善加工贸易政策,便利产品内销。例如,2009 年 3 月,国家将加工贸易内销征税缓税利息率由 6.12%降低为 0.36%,除此之外,对于加工贸易进口采取人民币结算,其产品内销的,也应适当在政策上予以鼓励。

(4)推进资本项下的人民币国际结算

我国是经常项目顺差国和资本项目顺差国。人民币国际化的坚实支撑是我国的经济实力和产业的国际竞争力。较强的出口产品竞争力有利于人民币在国际贸易中发挥计价和结算功能,我国还将继续维持经常项目的顺差。然而,人民币国际化的过程需要我国大量输出人民币,我国国际收支将从双顺差转为基本平衡,进而转为逆差,所以更好的方式是选择资本项目逆差,资本大规模"走出去",以保持国际收支基本平衡的格局(黄隽,2012)。

表9—8　　　　　　　　　　中国国际投资头寸表(年度表)

项目单位	2008年年末 (亿美元)	2009年年末 (亿美元)	2010年年末 (亿美元)	2011年年末 (亿美元)	2012年年末 (亿美元)	2012年年末 (分项占比)
净资产	14 938	14 905	16 880	16 884	17 364	N/A
A.资产	29 567	34 369	41 189	47 345	51 749	100%
1.我国对外直接投资	1 857	2 458	3 172	4 248	5 028	10%
2.证券投资	2 525	2 428	2 571	2 044	2 406	5%
2.1 股本证券	214	546	630	864	1 298	3%
2.2 债务证券	2 311	1 882	1 941	1 180	1 108	2%
3.其他投资	5 523	4 952	6 304	8 495	10 437	20%
3.1 贸易信贷	1 102	1 444	2 060	2 769	3 387	7%
3.2 贷款	1 071	974	1 174	2 232	2 778	5%
3.3 货币和存款	1 529	1 310	2 051	2942	3816	7%
3.4 其他资产	1 821	1 224	1 018	552	457	1%
4.储备资产	19 662	24 532	29 142	32 558	33 879	65%
4.1 货币黄金	169	371	481	530	567	1%
4.2 特别提款权	12	125	123	119	114	0%
4.3 在基金组织中的储备头寸	20	44	64	98	82	0%
4.4 外汇	19 460	23 992	28 473	31 811	33 116	64%
B.负债	14 629	19 464	24 308	30 461	34 385	100%
1.外国来华直接投资	9 155	13 148	15 696	19 069	21 596	63%
2.证券投资	1 677	1 900	2 239	2 485	3 364	10%
2.1 股本证券	1 505	1 748	2 061	2 114	2 622	8%
2.2 债务证券	172	152	178	371	742	2%
3.其他投资	3 796	4 416	6 373	8 907	9 426	27%
3.1 贸易信贷	1 296	1 617	2 112	2 492	2 915	8%
3.2 贷款	1 030	1 636	2 389	3 724	3 680	11%
3.3 货币和存款	918	937	1 650	2 477	2 446	7%
3.4 其他负债	552	227	222	214	384	1%

资料来源:国家外汇管理局官网(http://www.safe.gov.cn/)。

　　资本项目项下一个重要内容就是推进人民币直接对外投资(ODI)和外国来华直接投资(FDI)的人民币结算。从表9—8可以看出,我国仍然保持着资产外币化和负债本币化的不合理结构。2012年年末,我国对外资产余额为5.2万亿美元,其中对外直接投资、证券投资、其他投资和储备资产分别占对外金融资产的10%、5%、20%和65%;2012年年末,我国对外负债余额为3.4万亿美元,其中对外直接投资、证券投资和其他投资分别占对外金融资产的63%、10%和27%。从以上数据可以看出,ODI和FDI是我国资本项目下的主要内容。我国对外直接投资的负债远远高于对外直接投资的资产,这一比

离岸市场与人民币国际化

率虽然在下降,但目前仍有 4 倍多。这使得我国对外直接投资的资产与负债极其不对称。我们通过购买发达国家的国债提供了廉价的资本,它们再通过 FDI 的形式让资本回流我国,这样既赚取了高额利润,又规避了其本币贬值的风险。因此,我国除了要提高产业竞争力和经济转型外,还需要人民币国际化支持我国资本项目"走出去"。

我国已经允许人民币直接投资,而且这部分增长也很快。2012 年跨境直接投资人民币结算业务总额已经达到 2 840 亿元,比 2011 年增长 139%。但是,FDI(2 536 亿元)远远大于 ODI(304 亿元)。我国现阶段的政策应该鼓励我国产业资本带着人民币"走出去",可以从周边国家、新兴市场开始,我国需要扶持自己的跨国公司。而且,从前面的分析也可以看出,人民币跨境贸易结算的主要动机是"套汇"。基于离岸和在岸两个市场汇率差异的套汇是不可能消失的,但是,如果这部分"补贴"更多地流向与实体经济相关的产业资本,无论是对于中国的产业资本竞争力还是金融安全来说,都是更好的选择。

我国与储备货币国家的贸易往来可以鼓励采取对外直接投资的方式,促进我国居民用人民币对外直接投资,在国外直接建立工厂,再销售产品。我国经济实力在不断增强,但是我国人口众多、资源匮乏,面临长期发展的巨大"瓶颈"。因此,我们更应该加大境外的直接投资。我国境外投资应该注重两个方面:一个是目前已经很有实力的大型企业,应积极到海外并购和新建工厂,购买资源类的产品和先进制造业;另一个是我国的金融机构,尤其是银行,也应抓住人民币国际化这样的契机,积极到境外建立分支机构,开展人民币业务,这不仅能为境外提供更多的人民币流动性,而且也能够在海外发展的实践中锻炼和学习,培养我国的金融人才,促进我国国内金融市场在广度和深度上得以进一步发展。另外,我国民间资本也很充足,而且民间资本的投资效率更高,所以,应该鼓励我国民间资本以人民币或与央行换取美元到境外直接投资。这样,不仅输出了人民币,减少了外汇储备,又增强了中国的综合实力。

当然,我们也鼓励人民币形式的外国来华直接投资。2011 年 10 月,商务部颁布了《关于跨境人民币直接投资有关问题的通知》。这一文件的颁布,不仅可以加大人民币跨境投资的使用和回流,还可以减轻以外币形式到我国的 FDI 带来的外汇占款。人民币跨境直接投资对于外商投资企业来说不仅交易方便,而且能降低汇率风险和资金的时间成本(外币直接投资要先汇入监管账户再根据用途结汇)。

资本项下人民币"走出去"的另外一条途径就是人民币跨境贷款。然而,境外机构对于跨境贷款的积极性并不高,原因主要有:第一,境内人民币利率大大高于离岸市场,而且人民币利率也大大高于美元、日元等货币;第二,人民币仍然存在一定程度的升值预期。我们可以借鉴中银香港为委内瑞拉的铁路、港口技术需要而提供人民币贷款,再由委内瑞拉用石油出口到我国来偿还人民币贷款的方式,这既扩大贸易解决了我国的能源问题,同时也扩大了人民币的使用(曹远征,2012)。类似这样的需求很多,很多融资活动都可以这样安排,既使人民币"走出去",又满足了贸易双方的需求。

除上面提到的推进资本与金融项目下的人民币国际化外,证券投资的人民币化也是未来的发展方向。2012年年末,证券投资分别占我国对外资产和负债余额比例的5%和10%。

人民币的流出渠道有两种:一是人民币债券,即熊猫债券。自2005年以来,亚洲开发银行、世界银行等机构在我国发行了熊猫债券,但是发行的数量非常有限。二是人民币境内合格投资者(QDII)。2007年,首款人民币QDII理财产品诞生,但是,由于收益普遍不好,QDII发展极为缓慢。由于人民币汇率处于持续升值过程之中,并且境内人民币债券收益率也较高,因此上述两种业务尤其是熊猫债券的发展较为缓慢。

境外人民币以证券投资方式回流主要有以下两种情况:一是境内机构在香港发行离岸人民币债券,也称"点心债券",并使人民币回流。实际上境外机构也可以在香港发行点心债,而且获取人民币之后也可存放在境外。但是,发行主体约80%为境内机构,而且发行债券所得融资大部分都是回流内地的。2012年点心债的新债发行量为1 122亿元人民币,较2011年的1 079亿元仅上升4%。截至2012年年底,未偿还债券余额为2 372亿元人民币,较2011年年底增加62%。点心债是离岸人民币债券市场的主要形式,财政部累计在香港发行了570亿元的点心债券,其中还有一部分面向国外央行发行。点心债市场的崛起,得益于源源不断的人民币流入香港。但是,点心债的新债发行量也受制于香港新增人民币存款的变动及由此带来的资金成本的波动。二是境外机构投资于境内证券市场,包括债券、股票、基金等。2010年8月,中国人民银行批准境外央行、港澳人民币清算行与跨境贸易人民币结算境外银行等三类机构运用人民币投资银行间债券市场。2012年3月,中国人民银行又开放18家人民币合格境外机构投资者(RQFII)进入。2012年3月,中国人民银行宣布,准许合格境外机构投资者进入内地银行间债券市场。2012年年初,中国人民银行发布了《基金管理公司、证券公司人民币合格境外机构投资者境内证券投资试点办法》,批准了人民币QFII可以投资境内的银行间债券市场、股票、基金等领域。2012年年初,日本获准最多可购入650亿元人民币的中国国债。

从2007年6月我国所有的金融机构都在香港发行人民币债券,到目前银

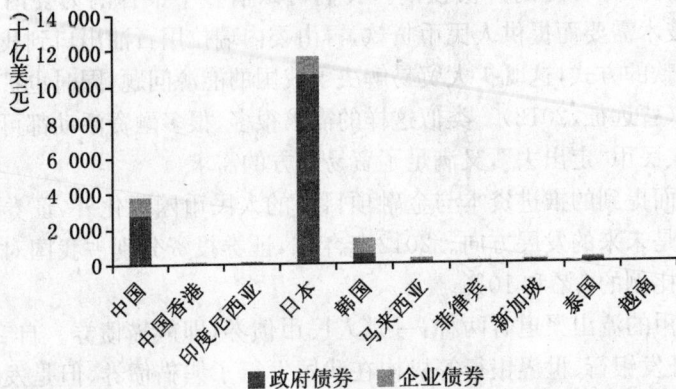

资料来源：Asian Bonds Online。

图9—23　2012年年底东亚各国(地区)本币债券市场的绝对规模

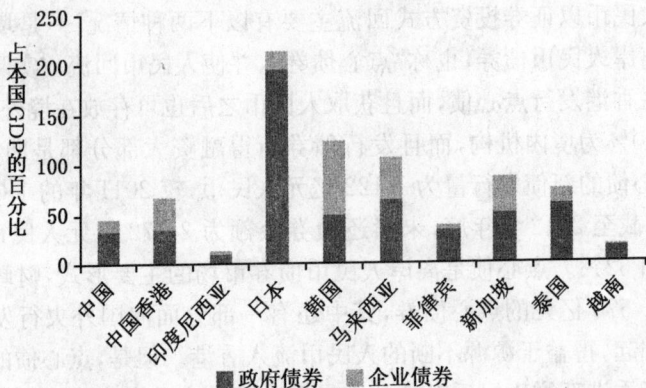

资料来源：Asian Bonds Online。

图9—24　2012年年底东亚各国(地区)本币债券市场的相对规模

行间债券市场对外开放,这些都表明人民币资本项下已经开通了。人民币国际化的过程意味着要为境外的私人和官方提供人民币作为交易结算、投资媒介,让非居民更多地使用和持有人民币。综上分析,人民币债券市场是重中之重。但是,从图9—23和图9—24来看,我国债券市场的规模、融资结构、在亚洲债券市场的地位还滞后于日本。我国应该借人民币国际化的契机推动债券市场朝着国际化协同发展。亚洲债券市场人民币化就是多边市场,在贸易层次上推进了金融市场借贷和投资的人民币化,同时也推动了在外汇储备库储备货币的人民币化,这样才能促使人民币真正成为国际货币。

国际收支平衡和人民币国际化都是经济发展到一定程度的内在需求。人民币国际化需要我国的国际收支从双顺差走向基本平衡,然后迈向逆差。两者是相互关联、相互促进的。

我国政府也要顺应市场化需求,着力建设人民币贸易和投资结算的实施平台。我国政府以前的涉外管理和审批都是以美元作为计价货币的,随着政策变化,现在可以用人民币直接投资了,所以也应该简化手续,摒弃以前只要涉及跨境的投资就用美元来申报和审批的模式。周小川(2012)也表示,当前,我国还要做好两方面的事:一是过去政策上有很多管制,比如有的法规规定某种交易只能用"硬通货"而不准用人民币,我们把这类不必要的管制先清理掉,用什么货币来交易、结算由市场参与者自己选择;二是进一步发展金融市场,而且是向国际开放的金融市场,进一步增加金融领域人民币的可用性。

9.5.3 人民币国际化可以在中国(上海)自由贸易园区建设中做什么

(1)发行以人民币计价的国际债券

建议上海市鼓励自由贸易区企业发行以人民币计价的国际债券,亦称"熊猫债券",且专用于落户企业在自由贸易区的开发建设,此项举措可谓一箭三雕:

第一,从整个人民币汇率改革的宏观视角出发,此项措施可以有效改善目前我国离岸资产与负债显著不平衡的问题。长期以来存在的对于人民币升值的单向预期,导致境外投资者持有的人民币资产远大于人民币负债,人民币结算的对外贸易中90%以上为进口贸易。在上海发行以人民币计价的国际债券,可以平衡境外投资者持有的人民币资产与人民币负债的比重,有效缓解人民币的单向波动,促进人民币均衡汇率的形成。

第二,从规避资本管制政策限制的操作考虑,上海自由贸易区企业发行以人民币计价的国际债券,并专用于落户企业在自由贸易区的开发建设的方式,可以有效规避"点心债券"的弊端。目前,由于国家的资本管制,在香港发行人民币计价债券的企业不能直接将债券融资投向内地业务,而需要通过香港的中资银行机构间接转移资金。而上海发行的"熊猫债券"可以力图向中央争取政策,使得债券融资直接用于限制地区的试点项目建设,这样可大幅减少融资成本,且风险可控。

第三,从未来上海在人民币国际化进程中的定位出发,上海大力发展以人民币计价的国际债权、债务有助于推动上海作为人民币离岸交易中心地位的确定。到2020年把上海建设成为亚洲最重要的金融中心之一的目标,必然要

离岸市场与人民币国际化

求上海在人民币国际化进程中扮演重要角色。而发展成为人民币的离岸金融中心,则是对于上海的准确定位。香港目前之于上海的优势是大量、便捷地融入、融出人民币资产和负债,而如果政策得当,上海未来之于香港的优势也在于大量、便捷地融入、融出人民币资产和负债。上海自由贸易区建设恰好是上海推动人民币离岸业务快速发展的时机。

(2)开展离岸金融业务

建议在自由贸易区开展离岸金融业务。目前上海的离岸金融业务主要是外币。为了促进人民币国际化,可以办理人民币离岸业务,包括人民币存贷款和其他人民币业务。

随着我国经济转型升级,在上海自由贸易园区落户的跨国公司不会再是改革开放初期的纯制造加工业领域的跨国公司,而往往是生产性服务业领域的跨国公司。越来越多地升级成"集成商",这是全球商业革命和生产组织方式的最新发展。它们的跨国公司财务中心管理总部或区域总部也必将尾随而来。由于上海自由贸易园区的辐射范围涉及长三角、长江流域乃至全国。市场规模远远超过香港等离岸金融中心,跨国公司对离岸人民币业务和在岸金融衍生品市场的需求一定会大增。规模决定设点,而设点拉动融资和资金管理需求。

跨国公司财务中心汇率管理总部管理汇率的惯例是尽可能统一生产地到消费地结算货币。只要有一地以上在华,则使用人民币计价结算的概率会大大提高。为此,上海国际金融中心要提供这些便利措施。尤其是上海作为国际航运中心,除了航运金融衍生品本身之外,还要承担大量的我国大宗商品进出口(我国消费量占全球比重超过40%的大宗商品有8种,包括铁矿石68%、稀土67%、煤炭48%、精炼铜41%、原铝41%、棉花40%等)。舟山大宗商品交易中心已开展用人民币定价。其独特的区位和地理优势、相应的金融衍生产品的开发,将促使其成为未来上海国际金融中心的自然延伸。

上海国际金融中心要对跨国公司财务中心的存款、贸易结算、汇兑交易、离岸人民币债券、借款、有价证券投资等提供便利,在收益率和风险对冲上做好衍生品的开发设计。而这些衍生品的开发又直接与利率市场化以及资本项目开放等金融改革"深水区"问题紧密相关。

李克强总理强调:"我们要用开放扩大内需,用开放形成倒逼机制,用开放促进新一轮改革。"实际上,之前在岸与离岸人民币利率和汇率差价的"套汇套利"早在香港与境内的部分跨国企业间悄然进行着,只不过规模不大,还不足以对境内的价格产生巨大影响。与其他金融试点区不同,上海金融市场凭借其巨大规模,必然会促进金融的纵深改革。上海银行同业拆借利率率先市场化了,各家银行的贷款利率也随后放开,未来的存款利率市场化也必须在交易量最大的上海尝试。跨国公司就是靠规模成本竞争,我国实体经济成功发展也靠规模效益,金融价格的真正市场化也要靠规模。

人民币国际化不仅旨在减少跨国企业的进出口风险,更旨在扩大内需。随着跨国公司财务中心进入上海自由贸易园区,大量非居民会以各种衍生品持有人民币,这必将提升投资信心和相关指数。随着这些指数上升,居民预期收入也会提高,而收入预期和内需是正相关的。上海自由贸易园区的大量金融交易需要具有规模的上海金融市场来承担。在资本项目尚未充分开发的上海,规模可以部分抵消"不开放"的成本,但仍需要国家进一步推动资本项目的有序开放。

10 资本项目开放

丁剑平　陈　岚　吴文生

2008年以来,我国陆续实施了人民币跨境贸易结算、货币互换协议、重启人民币汇率形成机制、香港人民币离岸市场建设、境外人民币直接交易以及跨境投资人民币结算等一系列战略措施,大大推进了人民币国际化进程。在人民币国际化进程加快的同时,资本项目对人民币国际化的作用日益凸显,如何积极稳妥地推进资本账户开放已经成为包括我国在内的世界各国的趋势选择。国家为了给人民币国际化创造良好的条件,在"十二五"规划纲要和2011年《政府工作报告》中都明确提出了逐步实现人民币资本项目的可兑换。

理论界的不少学者以及实务界不少企业家对此莫衷一是。有的旗帜鲜明地表示赞成,认为资本项目的开放不仅有利于人民币国际化,而且有利于经济的增长和长期国内金融的稳定和深化;有的表示资本项目开放对人民币国际化并无推进作用,如果控制不好,可能导致资本的大量流动,引起货币替代和危机;也有人认为这两个项目并没有先后顺序之分,两者之间应该相互促进,在相互促进之间保持一种动态平衡。

本章从资本项目开放的定义出发,给出资本项目开放的衡量程度的不同方法,明确了目前我国资本项目开放的程度;从货币职能的角度探讨了资本账户开放和人民币国际化之间的关系,最终得出资本账户开放的最佳时机的选择。到目前为止,国内外的大部分学者对资本项目的探讨只限于宏观层面上,没有涉及资本开放的本质。是否开放,应该开放到何种程度,以什么作为资本开放的标准? 这些都是本章讨论的重点。

10.1 资本项目开放与货币国际化

10.1.1 资本项目开放的含义

目前学术界关于资本项目的开放有多种相近的说法,例如资本项目自由化、资本项目可自由兑换、货币完全自由兑换、金融自由化等,由于其含义基本相同,本报告采用学术界较常用的"资本开放"的表述形式。

关于"资本项目的开放",迄今为止,国内还没有一个统一的说法。对"资本项目"严格的界定出现在国际货币基金组织(IMF)编写的《国际收支手册》中。《国际收支手册》将国际收支平衡表中因为资本的输出和输入而产生的资产和负债的变化项目划分为资本账户。随着资本流动的范围不断扩大,在最新的《国际收支手册》中,将原来的资本项目改称为"资本和金融项目",包括直接投资、各类贷款、证券投资等项目,但是由于习惯的原因,我们一直沿用"资本项目"这一称谓。在我国,根据《中华人民共和国外汇管理条例》,资本账户是指"国际收支中因资本输出和输入而产生的资产负债的增减项目,包括直接投资、证券投资、各类贷款等"。

与经常项目开放对比,一般认为国际货币基金组织对资本开放的定义并没有明确的界定,也没有公认的严格的衡量标准。国际货币基金组织在 1996 年之前编写出版的《汇兑安排和汇兑限制年报》中,有一项指标为"对资本交易施加支付限制":如果一个成员国的这一项指标为否,则认为该国基本上实现了资本账户开放。1997 年亚洲金融危机爆发后,国际货币基金组织将原先对成员国资本账户开放的单项认定细分为 11 项。如果一国开放信贷工具交易,且开放项目在 6 项以上,则可视为基本实现资本账户开放。

2008 年国际金融危机爆发后,资本账户开放标准进一步放宽。可见,资本账户的开放并不是完全放任跨境资本的自由兑换与流动,而是一种有管理的资本兑换与流动。以下是笔者收集到的几种关于资本项目开放的定义:

在国际货币基金组织工作的 Quirk 和 Evas(1993)在一篇 IMF 工作论文中,将资本项目的开放定义为:解除对国际收支的资本和金融项目交易的外汇管制,包括数量限制、税收和补贴。

李金声认为,资本项目的开放就是取消对资本流出和流入的汇兑限制。

刘光灿、孙鲁军(1998)则将资本项目开放表述为取消在接受《基金协定》第八条款后仍存在的汇兑限制。

印度储备银行的 Tarapore 委员(1997)给定资本项目开放的定义:按照市

场决定的汇率将国内金融资产转变为外国金融资产的自由。

管涛(2001)将资本项目开放定义为:不对跨国的资本交易以及支付转移进行限制,不实行歧视性的汇率安排。

姜波克(2002)将资本账户的开放定义为解除对资本账户交易施加的货币兑换、对外支付和交易的各种限制,基本实现资本自由流动,但也强调资本账户的开放是一个过程。

何慧刚(2007)认为,资本账户开放是指一个国家对居民和非居民的经常交易和资本交易的支付和转移不予限制,允许把本国货币自由兑换成国际通用的货币。

综合国内众多学者的意见,我们总结得出:资本账户开放就是对资本账户管制的放松,是一个自由化的过程,是对跨国资本流动及相应的货币兑换取消限制的国际收支政策安排。

10.1.2 货币国际化和资本开放两者之间的关系

从货币国际化和资本开放的定义可以看出,货币国际化和资本项目的开放两者并不是一回事,两者之间既有联系又有区别。

两者的根本区别在于资本账户开放是以供给为主导的,货币国际化是以需求为主导的,即货币可兑换是货币发行国政府根据外汇供给以及其他因素进行决策,货币国际化主要是由非居民对该国货币的需求偏好所决定。

其次,两者又有内在联系。可兑换是国际化的必要条件,但不是充要条件;可兑换和国际化两者可相互影响和相互促进;货币可兑换可推动货币国际化,反之,货币国际化又可以促进货币可兑换进程。资本账户开放可促进人民币国际化:一是进一步开放资本账户将大大增加人民币资产的流动性,降低人民币的风险,鼓励非居民使用和持有人民币;二是进一步开放资本账户将使我国在对外经济往来中拥有更大主动权,提高人民币的国际地位;三是进一步开放资本账户会降低人民币资产风险,增强人民币持有的信心,促进境外流通。

从美元、日元、德国马克等货币国际化的进程来看,其与资本项目的开放并不是一致的,但是存在联系:随着资本项目的开放程度的不断加深,货币国际化程度也不断加深,但是它们之间也是互为因果关系,并没有严格意义上的孰先孰后之分。

10.1.3 货币国际化下金融危机对经济的影响

如表10-1所示,1997年亚洲金融危机期间,韩国和泰国的货币在短时间内遭受了巨大的贬值,随后的经济增长也受到了严重的影响。日本尽管也受到了金融危机的影响,货币出现了贬值,但是贬值幅度远不如同期的韩国和泰国,同样,其经济下滑的幅度也很小。后来日本的经济一直萎靡不振,经济危机只是占很少的一部分原因,因为日本的经济早在 1990 年初就已经开始衰退了,而金融危机只是加剧了这种情况。总体来说,金融危机对日本经济造成的影响远不如韩国和泰国等一些国家来得严重。

我们可以发现:金融危机对本币国际化的国家所造成的损失是有限的,而没有实现货币国际化的国家在资本项目开放的情况下,其受金融危机冲击所导致的货币大幅贬值,会使实体经济遭受沉重的打击。这里进一步说明了资本项目的开放与货币的国际化之间是一个在动态中相互促进的关系。关于两者之间的真正问题,我们在后面进行具体研究和论述。

表 10—1 金融危机对部分国家经济的影响

		1994 年	1995 年	1996 年	1997 年	1998 年	1999 年	2000 年	2001 年
韩国	汇率	788.70	774.70	844.20	1 695.0	1 204.0	1 138.0	1 264.0	1 313.5
	GDP(%)	8.3	8.9	6.8	5.0	—6.7	10.9	9.3	3.0
泰国	汇率	25.090	25.190	25.610	42.247	36.691	37.47	43.268	44.222
	GDP(%)	9.0	9.2	5.9	—1.4	—10.5	4.4	4.6	1.9
日本	汇率	99.74	102.83	116.00	129.95	115.60	102.20	114.90	131.80
	GDP(%)	1.1	1.8	3.5	1.9	—1.1	0.2	2.8	0.4

资料来源:赵庆明:《人民币资本项目可兑换及国际化研究》,中国金融出版社 2005 年版,第 34 页。

人民币要成为国际货币,必须适时开放资本账户。本币国际度的提高将促进资本账户开放。非国际货币部分履行国际货币的职能、货币可兑换或资本账户开放进程将部分减少可兑换进程的风险,减轻可兑换的数量约束压力。因此,推进本币的国际化,有助于资本账户开放。

10.2 资本开放程度的测量

随着全球资本账户开放的深化,国内外一些学者从实证的角度去研究资本账户开放的程度对经济各方面的影响,而这些实证的基础都需要涉及对资本账户开放程度的量化。因此,本节介绍了各种对资本账户开放程度进行测量的方法,以期为后面的实证研究打下基础。测量资本账户开放程度是定量分析资本账户开放对经济各方面影响的前提。关于资本开放没有一个权威的定义,导致对资本账户开放的测量也有不同的角度,学者们往往根据自己研究的需要设计出许多相关的测度指标用来衡量其开放程度。目前对于资本开放程度的研究主要分为两大类:约束式测度方法和开放式测度方法。

10.2.1 约束式测度方法

约束式测度方法是基于各国对资本账户下各个子账户的法规来设立虚拟变量进行评分,从而获得对该国资本管制的一个总体评价,反映了当局对资本项目的管制程度。该方法基于国际货币基金组织每年发布的《汇率安排和外汇管制报告》(Annual Report on Exchange Arrangements and Exchange Restrictions,AREAER)对各国资本开放的情况进行说明。

(1)基于 AREAER 的二元虚拟变量测度方法

①二元虚拟变量测度基本方法。

Grilli 和 Milesi Ferretti(1995)第一次运用了 AREAER 测度指标体系,Cottarelli 和 Giannini 根据这些资料首次使用了 0/1 二元虚拟变量来表示一国资本账户自由化阶段界定为之前连续 5 年资本管制和之后连续 5 年资本账户开放之间的时期。但是在 1996 年之前的 AREAER 中没有专门针对非居民资本交易的管制,使得这种方法在测量资本账户开放程度上缺乏一定的可信度。

②基于二元测度方法的改进。

由于二元虚拟变量测度方法存在局限性,Quinn 在自己的论文《The Correlates of Change in International Financial Regulation》中从资金流入和流出的角度分设两项指标用于表述资本账户的开放情况。该指标体系引入了五级打分制,用 0~2 之间的数代表不同的控制程度,每增加 0.5,代表资本账户开放程度的增加,这样依次确定 0、0.5、1、1.5、2 五个指标。进一步细化指标体系,可以得到一个 0~4 的指标区间,随着指标的不断增多,资本的开放程度也越来越高。Quinn 以美国、瑞典和印度为例(见表 10-2),对这三国资本账户的开放程度进行了评测。

表 10-2 美国、瑞典和印度的资本开放程度

国家	资本流入开放值	资本流出开放值	资本账户开放程度
美国	2.0	2.0	4.0
瑞典	1.0	1.0	2.0
印度	0.5	0.5	1.0

资料来源:IMF 发布的《汇率安排和外汇管制报告》。

(2)三元测度方法

Montiel 和 Reinhant 用由三个数字组成的一个集合{0、1、2}来反映一个国家资本开放程度。与二元方法相反,数值越大,表示管制强度越大,0 代表无管制,1 代表中度管制,2 代表完全管制。通过对 15 个国家 1990~1996 年的数据进行统计,5 个国家到观测期期末数值为 2,10 个国家到观测期期末数值为 0。

(3)国内其他学者利用约束式测度法对我国资本账户开放程度进行测度

金荦(2004)对 AREAER 中资本交易项目下的 11 个子类进行打分(0 为无管制,0.5 为较轻的管制,1 为较严格的管制)。以 1995 年为基期推导,若某一项在某年放松或加强管制,则该项得分对应地减少或增加 0.5 分,得出我国资本由 1995 年的 0.86 降为 2003 年的 0.59。雷达、赵勇(2008)则以 2006 年为基期,向前推导评分,得出资本项目管制强度逐渐由 1996 年的 0.637 降为 2006 年的 0.512。蓝发钦(2005)、徐子福(2007)同时增扩到四级约束方法,0 代表无管制,1/3 代表有较少管制,2/3 代表有较多管制,1 代表严格管制,将 AREAER 中的资本项目各子项目进行评分并计算平均值,分别得出我国资本开放度为 0.496,并认为我国是中等管制水平。

以上方法都有以下几个不足之处:首先,根据 AREAER 资本各子项目进行评分并平均得出该年份的资本开放程度,没有考虑到各个子项目在资本项目中的比重关系,随着全球资本流动的不断加深,各个子项目的规模也可能在发生变化,采用平均值有可能缩小一些主要项目的作用,夸大一些小规模的资本项目的作用。其次,约束式测度所赋予的数值都是一些主观意义的数值,其绝对数值的实际意义并不大,例如,赋予 0.5 的值并不能说明就是中度开放,所以,相对值更加具有意义,例如,假设美国等一些发达国家是完全开放,用 0 表示,而一些严格管制的国家用 1 表示,那么此时 0.5 才能表示相对中等的开放程度。

10.2.2　开放式测度方法

开放式测度方法是运用某一种或几种经济运行指标定量测度资本项目开放的程度。我们可以将这类测度方法大体分为三类:Feldstein-Horioka(1980)提出的储蓄率—投资率测度方法、Edwards 和 Khan(1985)以及 Bekaert(1995)提出的基于利率差异的测度方法、Kraay(1998)提出的基于实际资本规模的测度方法。

(1)Feldstein-Horioka 的储蓄率—投资率测度方法

1980年,Feldstein和Horioka用储蓄率和投资率之间的相关关系来说明资本实际跨国流动的情况,开创了开放式测量资本账户开放程度的先河。他们认为,既然资本流动性可以用来衡量资本账户的开放程度,那么在理论上,投资和储蓄的相关性也可以用做资本账户的开放度指标。因为如果资本流动未被限制,那么国内储蓄将根据世界范围内的边际回报率在世界范围内进行配置,国内的储蓄和国内的投资应该是不相关的。

Feldstein-Horioka利用横截面数据对16个OECD国家1960~1974年的投资率和储蓄率进行回归分析,发现投资和储蓄率之间呈现显著的正相关关系,也就是说,资本并没有如我们想像的那样自由流动,反而是流动明显受阻。而对一些资本账户基本封闭的不发达国家回归的结果恰恰相反,这在经济学上被称为"Feldstein-Horioka之谜"。尽管有许多理论企图对这一结论进行解释,但是迄今为止,没有一项理论作出过令人满意的解释。Obstfeld和Rogoff试图从交易成本上去运用最新开放经济下的跨期模型解释"Feldstein-Horioka之谜",虽然给出了一定的合理性解释,但是他们的模型也只包含了两个时期的两个国家和两种商品,与现实的差别还是很大。

(2)基于利率差异的测度方法——利率平价的偏离

①无修正的利率平价模型。单纯用投资和储蓄来衡量开放程度有其片面性。衡量资本账户开放程度的重要性可以是一国利率与世界利率的联系程度,这与我们的直觉也很吻合:如果一个国家的利率接近世界利率,那么可以认为这个国家资本账户开放程度较高;反之,如果一个国家的利率和世界利率相关性较小,可以认为这个国家的资本账户开放程度有限。考察一国利率与世界利率的关系最常见的是抛补利率平价理论(covered interest rate parity, CIP)。

Modjtahedj和Bagher(1988)对不同国家真实的利差进行了计量检验。其结果表明,如果资本账户是开放的,那么长期的真实利差可以由稳定的税收差别来解释。Obstfeld(1995)的实证研究也表明,如果资本账户不开放,那么国内外的资本利率会产生差别;如果资本开放的话,尽管在短期内各个国家的真实利率不一定相同,但在长期内,利差会逐渐减少。

②修正的利率平价模型。在使用抛补的利率平价模型时,需要有相同的远期汇率和即期汇率,但在发展中国家,外汇市场并不发达,往往没有相应的远期汇率,由Edwards和Khan(1985)提出的半开放经济国际利率决定的基本模型可以解决这个难题。陈建瑜也用该模型测量了我国资本的流动程度,他以中国香港、日本和美国的金融市场分布作为国际市场利率进行计量分析,以国内名义市场利率作为i,求出1979~1999年间以上不同国际市场利率,

计算出我国的资本账户开放程度分别为 0.365、0.469 和 0.502,表明我国金融市场受到国外利率的影响,把我国金融市场完全视为封闭是不恰当的。我国的资本流动处于封闭与开放之间,呈现一种半开放、半封闭的状态。

(3)基于实际资本规模的测度方法

以上开放式测度模型都较为复杂,而且很难建立实证模型。因此,在国际贸易研究中,常用跨国交易活动规模来衡量一国外贸的开放程度,主要是因为数据比较容易获得,而且测量起来也很简单,虽然准确度可能稍微欠缺,但是从总体上来说,实际资本的规模也大致反映了资本项目开放的程度。

Kraay(1988)按照这一思路,用跨国投资规模(资本流入、流出之和)指标衡量资本账户的开放度:一国资本账户开放测度值=(跨国直接投资+证券投资+其他投资规模)/GDP。国内外许多学者在研究资本开放程度时都采用了这一指标或者这一指标的其他形式。例如,李巍(2007)在研究我国的资本账户开放与金融不稳定时就利用这一指标作为账户开放的指标。

10.2.3 本报告运用的测度方法

考虑到以上方法的缺陷,我们参考了倪权生、潘英丽(2009)提出的改进约束式测度法——加权约束式测度法。首先,对 AREAER 中的描述进行评分,但是也要考虑到资本项目各子项目的权重。方法如下:根据国际收支平衡表的分类基准,将资本账户分为资本账户、直接投资、证券投资、其他投资、金融衍生品这五类,管制程度为其五类的加权平均值。

由于本国受管制的项目会因为管制而规模较小,不是真实的客观需求的反应,我们考虑采用发达国家(主要是 G7,即美国、日本、德国、英国、法国、意大利、加拿大)资本和金融账户中各项目的数值进行加权平均,因为发达国家资本管制较少,能够较正确地反映各项资本的实际规模,同时发达国家资本也是全球资本流动的主体,较能反映国际资本各个项目的实际情况。表 10—3 是根据 G7 2006 年国际收支平衡表测算出的资本和金融账户下各子项的平均权重。

表 10—3 资本和金融账户各子项权重

项 目	权 重
资本账户	0.62%
直接投资	15.19%
证券投资	38.70%
金融衍生产品	3.60%
其他投资	41.89%

资料来源:IFS database。

同时,为了更加细致地描述资本账户的开放程度,我们也利用四档分值方法,0 代表完全禁止,1/3 代表较为严格的限制,2/3 代表较少的限制,1 代表无限制。具体为:如果某个项目没有限制,则赋值为 1;有不超过 2 个限制的,赋值为 2/3;有超过 2 个限制的,赋值为 1/3;禁止的项目,赋值为 0。为了较为全面地反映我国资本管制的情况,本报告对资本流入项和流出项分别作出测算,并计算它们的平均值。由于数值的绝对值并没有真正的意义,我们也需要对 AREAER 中资本交易各子项目的管制情况进行计算,以得到其他各国的资本开放程度。

如果将 0.6 分及以下认定为低开放程度,0.6~0.8 分认定为中等开放程度,0.8 以上认定为高度开放,则通过运用约束式测度法,我们发现,在不考虑其他因素与资本账户开放程度的关系,只考虑资本开放程度的前提下,约束式测度法是一个能很好地全面衡量资本账户开放程度的方法。这种测度法全面考虑了资本账户的各子项目,在单独研究资本账户开放的情况下,能够得到更加准确与全面的信息;但这种测度方法也有一定的局限性,在实际研究中,大部分学者往往考虑的是资本账户与其他经济因素之间的关系,例如,考虑最多的是资本账户开放程度与经济增长之间的关系,约束式测量由于其本身取值的局限性,对于问题的分析并不能提供准确有意义的信息,这时我们往往需要寻找一些其他衡量资本账户开放的指标。

10.2.4 各指标的评述与思考

约束式测度指标简单清晰,易于鉴别,但其缺点也很明显,首先,这种方法是以一定的人为方式进行划分和评判,即使添加权重,要正确反映不同类资本控制的强度也较为困难。在某一类资本交易限制较严,而对其他资本交易限制较松的情况下,人们对资本交易较严的规则给予较低的数,可能会使计量的结果产生较大偏误。其次,根据约束法得出的数值只反映了名义上显示的资本账户开放程度,无法反映各种资本逃避现象。

用跨境资本规模的存量与流量数据测量资本账户开放有一定的意义,也很方便,但其存在的缺点是很明显的。因为跨境资本的存量和流量状况不仅受资本管制措施自由化的影响,同时也受到宏观经济政策、国内经济规模、国际金融市场条件等因素的影响,如果这些影响因素未能确定并加以衡量,计算出的资本账户的开放程度就可能失真。

由于国际逐利资本会充分利用资本账户的开放效应,因此,考察利率平价关系也是一个较好的角度。但也有人认为,利率不平价的原因,除了资本管制外,还包括人们的预期。如果人们预期汇率大幅贬值,那么国内和国外利率差可能会增大;另外,如果人们预期未来政府可能采取资本控制措施,那么他们可能要求在国内资本收益率上加上未来风险率。即使在资本完全自由流动的国家,无抛补的利率平价理论在短期内仍然存在系统的偏差。修正利率平价模型解决了数据不足的问题,在实证中可以用来估计资本账户的开放度。但是,计量方程的一个假设是,私人资本流动与公共部门的资本流动、经常项目在同一时期不会相互影响,但是这一假设在实践中并不存在。

综合来看,资本账户开放度的测量需要结合开放进程,多种指标搭配使用。在资本账户开放推进时,资本管制指数有很强的有效性,非常适合开放进程中的判断;当资本账户开放进展缓慢,或者是进行长期的测量,则主要应该从间接测量的角度考虑,以利率平价等方法为主的结果会较为准确。

10.3　我国资本账户开放的现状

1996 年 12 月 1 日,我国接受了 IMF 第八条款,成为 IMF 第八条款的正式成员国,这标志着我国完成了经常项目下的人民币可兑换。但是,我国资本账户的开放经历了一个缓慢的过程,这与我国对人民币资本账户开放的态度有关。一直以来,我国对资本账户的开放持谨慎的态度。随着人民币国际化进程的加快,特别是 2008 年我国陆续推出一系列有利于人民币国际化的措施之后,资本项目的开放有了加快的趋势。我国逐步开放了国内的资本和货币市场,如允许合格境外投资(QFIIs)投资于国内投资,减少对外直接投资的限制,出台政策措施鼓励企业"走出去",但是,对短期资本账户,特别是对风险较大的银行间外汇交易以及金融衍生品和其他工具交易,仍保持严格管制。

10.3.1　开放式测度指标

我们利用前述对资本账户程度的测量方法具体分析我国资本账户开放的现状。考虑到相关数据获取的难度,本报告选择简单的开放式测度方法——基于实际资本流动规模的测度法;确定我国资本项目的开放指标为三个:CI/GDP、CO/GDP 和(CI+CO)/GDP,其中,CI 代表资本流入规模,CO 代表资本流出规模。测算结果显示,我国资本项目开放的测度值具有不断提高的趋势,说明我国资本项目开放程度逐渐提高,如表 10-4 所示,(CI+CO)/GDP 从 1982 年的 2.42% 增长到 2012 年的 17.72%,其中 CI/GDP 从 1.27% 增长到 10.14%,CO/GDP 从 1.15% 增长到 7.58%;整体上资本流入的比重大于资本流出的比重,这与我国资本管制的不对称性、资本限出不限进等实际情况相符。

表 10—4　　　　　　　我国资本项目开放度测算(部分)

年份	CI (万美元)	CO (万美元)	GDP (万美元)	CI/GDP (%)	CO/GDP (%)	(CI+CO)/GDP (%)
1982	3 356	3 218	279 758	1.27	1.15	2.42
1983	2 761	2 987	300 374.6	0.92	0.99	1.91
1984	4 351	5 354	308 165	1.41	1.74	3.15
1985	20 877	11 905	305 254.2	6.84	3.9	10.74
1986	20 737	14 793	295 476.1	7.02	5.01	12.03
1987	19 166	13 164	321 391.2	5.96	4.1	10.06
1988	20 262	13 130	401 072	5.05	3.27	8.32
1989	18 481	14 757	449 008.2	4.12	3.29	7.41
1990	20 377	17 122	387 723.2	5.26	4.42	9.68
1991	20 323	12 291	406 143.5	5	3.03	8.03
1992	30 223	30 474	483 020.5	6.26	6.31	12.57
1993	50 828	27 354	601 093.4	8.46	4.55	13.01
1994	61 793	29 149	542 534.3	11.39	5.37	16.76
1995	67 712	29 037	700 277.8	9.67	4.15	13.82
1996	70 977	31 010	816 489.9	8.69	3.8	12.49
1997	111 180	88 200.7	898 243.6	12.38	9.82	22.2
1998	89 326.8	95 601.4	946 300.9	9.44	10.1	19.54
1999	91 753.9	84 086	991 356.9	9.26	8.48	17.74
2000	91 986.4	90 028.9	1 080 429	8.51	8.33	16.84
2001	99 531.1	64 702.2	1 159 035	8.59	5.58	14.17
2002	128 321.3	95 980.8	1 266 000	10.14	7.58	17.72

资料来源:香港环亚经济数据。

　　然而,利用资本流量与 GDP 的比值这样一种测度方法具有一般开放式测度法的弊端,即仅仅是从某个侧面对资本项目开放情况进行推算,进而间接反映一国资本项目开放的程度,因而测算结果的可靠性要取决于测算指标与资本项目开放的相关性。据此,本报告接下来换一个角度,采用约束式方法对我国资本项目开放进行测度。

10.3.2   约束式测度指标

我们建立的这一指标是基于 Klein 和 Olivei 的研究,根据其结果计算出来的值越大,说明资本账户管制程度越大。对于资本交易项目总数,在此只考虑我国 11 个资本大项交易下的 43 个资本交易子项,用四档取值法进行表征。取值为 0,说明该资本交易项目基本没有管制;取值 1/3,说明有较少管制;取值 2/3,说明有较多管制;取值 1,则表示对资本流动进行严格管制。

这样一种测度方法,相对于 Kein 和 Olivei 的测度方法,其改进之处体现在:第一,Klein 和 Olivei 的测度方法主要测度一国某几年资本项目开放度的平均值,而不反映某一年的资本项目开放度。事实上,对一国而言,资本项目开放是一个渐进的过程,每一年的开放度都在变化。本报告所构架的测度方法则主要测度某一年的资本项目开放度,因此更具有现实意义。第二,Klein 和 Olvei 的测度方法对每一个项目开放的测度建立在 IMF 二元测度法的基础之上,完全没有反映各个项目开放程度的差异;本报告的测度方法则不同,把一国各个项目的开放情况分为四档,即无管制、较少管制、较多管制和严格管制,在一定程度上反映了各个项目开放程度的差异。

以 2006 年为例,我国 43 个资本交易子项中基本没有管制的有 8 项,较少管制的有 13 项,较多管制的有 13 项,严格管制的有 9 项,当年的资本账户开放程度计算为 0.511 6。由此可以看出,2006 年我国的资本账户开放程度处于中等水平。鉴于我国资本交易管制情况数据的缺失和统计口径的不一致,笔者仿照金荦的做法,以 2006 年为基期,通过测算某一政策法规颁布所引起的资本管制强度的变化来逆推 2006 年以前资本管制情况的变化,顺推 2006 年以后资本管制情况的变化。所不同的是,对于基期的资本管制强度,我们考虑了 43 个资本交易子项目,并按四档分类法进行了计算。这样处理,一方面可以更为全面细致地刻画我国资本账户的开放情况,另一方面也能与我国政策法规的颁布只是针对某一资本交易子项的事实相对应。同时,将 11 个资本大项交易的每个大项都分为资本的流出和进入两个方面来考虑,以期能更为全面地考察我国资本账户开放的特点。最后,在衡量某一政策法规的颁布所引起的资本账户开放程度的变化时,本报告视政策调整的幅度进行取值,重大的政策调整取值 2/3,一般涉及数量或宽严变化的政策调整引起的开放程度的变化取值 1/3。当符号为正时,表示资本管制程度增加,开放程度降低;反之,表示开放程度提高。结果见表 10—5。

表 10—5　　　　　　　　　2000～2010 年中国资本账户开放测度的测量

年　份		2000	2001	2002	2003	2004	2005	2006	2007	2008	2009	2010
直接投资	流入	0	-1/3	0	-1/3	0	-1/3	-1/3	0	0	0	0
	流出	0	0	-1/3	0	41 277	0	0	-1/3	-1/3	-1/3	0
资本市场证券交易	流入	0	-2/3	0	0	0	0	0	-1/3	-1/3	-1/3	-1/3
	流出	0	0	0	0	0	0	0	0	0	0	0
商业与金融信贷	流入	0	-1/3	-1/3	0	0	0	0	0	0	0	0
	流出	0	0	0	0	0	0	0	0	0	0	0
担保、保证和融资便利	流入	0	0	0	0	-1/3	-1/3	0	0	0	0	0
	流出	0	0	0	0	0	0	0	0	0	0	0
不动产交易	流入	0	0	0	0	0	0	0	0	0	0	0
	流出	0	0	0	0	0	0	-1/3	0	0	0	0
个人资本流动	流入	0	0	0	0	-1/3	-1/3	0	0	0	0	0
	流出	0	0	0	0	0	-1/3	0	0	0	0	0
货币市场工具		0	0	0	0	0	0	0	-1/3	0	-1/3	0
集体投资证券		0	0	0	0	0	0	0	0	0	0	0
衍生、其他工具		0	0	0	0	0	0	0	0	0	0	0
直接投资		0	0	0	0	0	0	0	0	0	0	0
资本开放度		2/3	5/8	3/5	3/5	4/7	1/2	1/2	1/2	1/2	4/9	4/9

资料来源：根据 2000～2010 年 IMF《汇率安排与汇兑限制年报》整理。

　　上述对开放式测度法和约束式测度方法的运用得出了一个相似的结论：我国的资本项目处于中等管制的状况。这一结论比较客观地反映了我国目前的实际情况。

10.3.3　我国资本账户开放的现状和特点

　　综上可知，改革开放后，我国结束了对资本项目的严格管制，开始积极地推进利用外资的工作，资本流动不断扩大，资本项目开放的进程也由此开始。1996 年 12 月我国实现了人民币经常项目的开放后，加快资本项目开放的进程被提上议事日程，甚至当时有人预计在 2000 年左右即可实现人民币资本项目开放。但 1997 年亚洲金融危机的爆发迫使我国更多地考虑资本项目开放所带来的风险，由此我国放缓了资本项目开放的步伐，特别是对外资的流出施加了较多的限制。

　　我国加入世界贸易组织以后，根据国际货币基金组织编制的《汇兑安排与汇兑限制年报》，把资本项目交易分为 7 大类 43 项，按开放程度分为没有限制、较少限制、较多限制和严格限制四类。我国有 8 个项目没有限制,占 18.6％;较少限制的有 11 项,占 25.6％;较多限制的有 18 项,占 41.9％;严格限制的有 6 项,占 13.9％。因此,人民币资本项目虽然已经实现了部分可兑换,但总体上开放的程度和范围还处于较低的水平。

(1)我国目前资本账户开放的现状

根据以上分析,我国资本账户开放现状可概括如下:第一,资本账户的管制以数量或行政性法规限制为主。从资本管制程度分类原则来看:支付是被禁止的——数量或法规性的限制;交易被课以重税——交易被课以较轻的税负——交易无限制。我国在一些项目上的资本管制比较严格,市场化程度不高。第二,资本流入较为开放。我国除了对一些国家战略资源行业和环保行业的 FDI 流入进行管制外,对产业资本 FDI 的流入几乎不存在任何形式的管制;债券、证券市场资金流入的管制由原来的严格管制转变为逐步开放,对比而言,债券和证券类投资交易项目开放程度更大,货币市场工具、共同投资证券的管制仍比较严格。

我国债券和证券类投资交易、货币市场工具和共同投资证券项目的开放特征主要体现在以下三个方面:第一,合格境外机构投资者(QFIIs)可购买 A 股和以美元、香港美元为面值的 B 股市场股票,购买上市交易发行的债券、证券和银行间债券,投资国内封闭式和开放式基金等,但对证券的出售或发行有一定限制;第二,非居民不允许从事银行间外汇市场交易,不允许出售或发行货币市场工具;第三,非居民投资债券受到一定程度管制,仅允许 QFIIs 购买封闭式和开放式基金,但出售或发行交易是不允许的,对衍生品及其他工具交易的资本流入控制严格。

我国在资本流出方面实行双轨制。我国对资本流出的管制经历了严格控制到逐步放开的过程。国家为了支持企业对外投资,充分满足企业对外直接投资的外汇需求,对企业对外直接投资的资本流出管制给予了较大程度的放松,对居民资本流出的管制则相对严格,近几年居民可以通过经外管局批准的银行、证券和保险等机构办理国外证券市场投资、购买外汇证券投资组合等,对外投资渠道得以拓宽,目前居民资本流出的管制表现为对投资额度和投资期限有所限制,对个人外汇贷款、财产和资金的转移控制严格。

在商业、金融信贷和担保方面,我国已经放开经过批准的国内金融机构和外资金融机构向本国外资企业和本国境外企业或分支机构提供贷款和担保,并建有针对国际贸易的注册管理系统,为国际贸易进口提前支付和出口延期收入提供商业、金融信贷和担保带来便利。目前非居民向居民提供商业、金融信贷和担保存在一定管制,短期的信贷担保管制比较宽松,但长期的信贷担保管制比较严格。

我国对房地产交易管制严格。近年来由于我国房地产市场泡沫较大，所以对外汇资金投资房地产市场有严格管制，表现为对投资于房地产行业的外资从数量到来源均有要求，并且对外资投资房地产的用途也有明确规定。

(2)我国的资本项目开放过程特点

目前我国资本项目的开放主要呈现以下特点：

一是开放直接投资先于开放股票投资，而对债务投资和贷款的限制始终比较严格。直接投资的沉没成本较高，流动性比较差，证券投资和贷款一般有时间限制，具有强制性。因此，直接投资的开放风险度较小，股票投资的开放风险度次之，债务投资和贷款的开放风险度较大。资本项目开放坚持风险从小到大的原则。我国当前的直接投资除了在不动产投资方面外，没有太多流入限制，证券投资的限制在逐步解除（包括近年推出的 QFII 和 QDII），但债务投资有严格的限制。与其他发展中国家不同，我国似乎仅直接投资就已经满足了经济发展对外资的需要，而不需要大量的证券投资，这使我国与其他发展中国家相比，能更加从容地处理直接投资开放与间接投资开放关系的一个原因。

二是对流出的管制要严于对流入的管制。我国作为发展中国家，长期处于资金短缺的状态，利用国际资本流入发展国民经济始终是发展本国经济的重要手段。因此，我国对资本项目采取"宽进严出"的管理模式，通过减少对外商直接投资的开放限制，促进外资流入，使我国成为世界上吸引外资规模最大的发展中国家。但是，随着我国经济的高速发展，国内的资金已经相对充裕，许多企业和个人有着强烈的对外投资的冲动。近年来，我国已经着手采取措施调整"宽进严出"的管理模式，以实现资金双向流动的平衡和资源的合理配置。采取的主要措施包括简化对境外直接投资外汇管理的行政审批，增设境外主体在境内筹资、境内主体对境外证券投资和衍生产品交易、境内主体对外提供商业贷款等交易项目的管理原则等。

三是从期限结构上看，我国在资本项目的管制上体现了"长松短严"的原则。在 1997 年的亚洲金融危机中，短期投机资本被视为主要元凶。发展中国家货币当局的调控能力不足、金融体系不够健全，让短期资本找到了"猎物"。投机资本在短期内聚集和突然逆转，常常会放大该国的金融问题，引发金融危机，对整体经济造成极大的冲击。因此，与世界各国一样，我国对短期资本流动管制较严格，对长期资本流动和汇兑管制较宽松。

四是资本项目管理从以直接管理为主向以间接管理为主的方式转变。改革开放前，我国经济工作均以行政手段实现管理，直到现在还存在着许多以行政审批、数量控制为主要手段的直接管理方式。行政审批涉及中国人民银行、财政部、发改委、商务部、证监会、海关总署、税务总局等部门,而这些部门的相互协调效率较低,使得我国资本项目管理难以应对日益膨胀的国际资本流动和日趋复杂的国际经济形势。随着信息技术在资本项目管理中的应用不断扩大,我国当前的资本项目管理也开始从事前审批为主的直接管理转向依靠实时监测为主的间接管理。

五是我国的资本项目开放进程不是单向的。在国际金融形势出现恶化的时候,我国可能会停止开放的步伐,甚至重新实施管制。1997年亚洲金融危机爆发后,我国重新加强了对资本的管制,尤其是对资本流出的管制,如禁止购汇提前还贷等,直至危机结束后才逐步取消。我国的资本项目开放实行先放开流入后放开流出、先长期资本后短期资本、先直接投资后间接投资的顺序。这是我国根据实际发展情况并遵循由易到难的原则而推进的,它使得我国在对外开放中能够趋利避害,保持国家经济的发展,同时规避资本流动带来的风险。这也与亚洲金融危机后国际上对于渐进式资本项目开放顺序的建议是相一致的。

10.4　资本项目开放和人民币国际化的关系

1994年1月1日,我国进行了外汇体制改革,并于1996年实现了国际收支经常项目的可兑换。受改革成就的鼓舞,我国原计划于2000年实现资本项目的可兑换,即人民币全面可兑换,但是1997年的亚洲金融危机却把一个严酷的现实摆在我国面前。亚洲金融危机表明,一国如果开放资本项目的管制,即意味着本币全面可兑换;而本币全面可兑换则意味着国际资本尤其是短期资本几乎可以毫无障碍地流入和流出,进而冲击本国宏观经济的稳定性。在宏观经济向好时,它会助长经济过热,加剧通货膨胀;在宏观经济下行时,它会助长下滑,引发衰退,严重时甚至会导致经济金融的全面危机。于是,亚洲金融危机后,各国货币当局几乎形成一个共识,即包括贸易上奖出限入在内的资本管制措施是一个不得不采取的无奈措施。受此影响,我国也表示"资本项目开放,即人民币走向全面可兑换没有时间表"。然而,与此同时,我国也十分清楚:随着经济体制改革,生产要素的市场化是必然的,其中之一就是迟早要开放资本项目,实现人民币全面可兑换,从而使汇率和利率正确化。于是,宏观经济的稳定性与资本项目的开放就成为一对矛盾,何去何从是一个问题。学界也主要存在两点观点:一种观点认为,人民币要国际化,那就要开放资本账户,即资本账户的开放是人民币国际化的前提和必要条件(如张光平、黄海洲、范祚军、马骏等);另一种观点认为,资本账户的开放有着很大的风险,并不需要完全开放,而应根据货币国际化进程的需要适当地开放资本账户,如果没有需要,不仅不能加快资本账户的开放,甚至还会加强资本账户的管制(如施莉娅、余永定等)。尽管如此,把资本项目开放作为人民币国际化的突破口是目前大家达成的共识。

10.4.1 资本项目开放是人民币国际化的前提和必要条件的理由

(1)资本项目开放的原因

1996年实现了经常项目开放以后,我国对资本项目继续实施管制的成本越来越大。一是区分经常项目交易和资本项目交易的工作量呈上升之势,实施管制的行政成本将逐日增大,而且还将造成国际收支政策方面的一系列不协调和对外经济活动方面的一系列困难;二是管制价格和市场价格之间的扭曲会带来激励机制的错位,导致不完全竞争;三是影响国内利率与国际利率水平的一致性,引致资本外逃,对资本流入进行控制使国内企业借款成本上升;四是阻碍国内金融体系的发展,削弱国内金融机构进行国际交易的能力。

现阶段,我国资本项目的管制对人民币国际化构成"瓶颈"。理由如下:如果资本项目不开放,人民币国际化的程度就会非常有限。两三年之内,依靠在贸易项目下输出人民币的潜力将基本释放完毕。到那时,如果没有资本项目的开放,人民币国际化的势头就会停顿。因此,应该从现在开始,就明确地将资本账户开放提到议事日程上来,以保证人民币国际化的可持续性。

①如果资本账户不开放,人民币国际化就永远达不到目标。

因为如果仅仅利用贸易渠道输出人民币,估计人民币离岸市场的存款余额最多可能在几年内增加到3万亿元人民币,境外债券余额可能增加到1万亿~2万亿元人民币。这个规模实在太小了,人民币作为全球投资工具、储备货币的作用基本上无法实现。与欧洲美元市场上4万亿美元和开放的、余额达近30万亿美元的美元债券市场相比,即使在5年后,人民币的国际投资功能恐怕也只有美元的几十分之一。

另外,从更宏观的层次来看,如果人民币只在贸易项下输出,则最终可能导致特里芬悖论所预言的结果:从长期来看,人民币国际化程度的提高会伴随贸易逆差的增加,而大规模逆差将导致人民币贬值,最终使人民币国际化失败。我们可以用国际经验来估算在资本项目不开放和开放两种条件下人民币国际化可能达到的程度。根据日本的经验,如果仅仅通过贸易结算,本币贸易结算可能上升到全部我国对外贸易的40%,为目前的4倍左右。假设本币贸易结算量与境外的人民币存款之间有一个比较稳定的关系,这意味着境外人民币存款可能会从目前的 6 000 亿元上升到 2.4 万亿元,仅此而已。但是,如果资本项目开放,根据美元国际化的经验,非居民持有本币的资产可以上升到GDP 的 80%,则 5 年之后总量可上升为 5 万亿美元,或 30 万亿元人民币。换句话说,如果没有资本项目的开放,人民币国际化只可能达到潜在目标的10%之内。

当然,资本项目开放肯定不是仅仅为了人民币国际化。即使没有国际化的目标,经济发展到一定阶段时,资本项目的开放也是必要的。资本项目开放可以帮助避免长期的汇率扭曲和国际收支的不平衡,促进国内资本市场的发展和效率的提高,为我国的金融企业和投资者进行全球资产配置提供条件。但是,这些"好处"都不是新概念,过去也没有因为这些概念能够有力地推动资本项目的改革。现在,既然人民币国际化已经形成基本共识,也已经有了很好的起步,就应该利用人民币国际化作为新的理由来加大推动资本项目开放的力度。

②我国境内资本市场的开放度非常低。

目前我国境内资本市场的开放程度是所有新兴市场国家中最低的。其他新兴市场经济体的股票市场开放度和债券市场开放度均为我国境内资本市场开放度的几十倍。很明显,我国资本账户的开放与实体经济的规模和开放度相比,落后得太多了。当然,如果将外资投资在海外(如中国香港、美国)上市或挂牌的我国证券计入我国证券市场的开发度,则我国股票市场的开放度就会明显增加,但也远低于目前其他新兴市场经济的平均值。我国债券市场尤其如此。

③加速开放境内资本市场可以在保证宏观稳定的前提下实现。

许多人担心如果加速开放我国的资本市场,流入的资本会导致更大的国际收支盈余、外汇储备的加速增长,因此会导致过多的流动性或对冲压力。笔者的观点是,不必过于担心。今后几年,我国经济可以在不影响宏观稳定的条件下加快境内资本市场开放的程度。

④资本项目开放的具体内容应该提到议程上来。

应该从现在开始,明确地将资本账户开放提到议事日程上来,以保证人民币国际化的可持续性。具体内容至少应该包括如下几个方面:第一,同步放松对个人和企业换汇限制以及对人民币汇出的管制。建议考虑将个人"无理由"换汇和汇出限额提高到每人每年 20 万美元,企业限额提高到 200 万美元。第二,逐步增加境外机构向人民币银行间市场的投资额度,同时提高 QFII 额度。境外机构的投资可以包括外汇和在境外获得的人民币。境内资本市场开放的速度应该达到每年增加几百亿美元的数量级。第三,允许非居民在境内通过发行债券、股票和借款三种方式融入人民币,并同时允许这些资金兑换成外汇。第四,逐步向非居民开放人民币投资市场,其步伐与离岸市场发展人民币投资工具的速度相吻合。

资本项目开放需要两项配套改革:第一,在资本项目逐步开放的条件下,必须实质性地扩大人民币汇率的实际波幅,用以减少对短期套利资金的吸引力;第二,应该研究引入托宾税等经济调控手段,用以逐步替代外汇管制,来管理短期资本流动。

由于人民币在资本项目下不能自由兑换,非居民持有和使用人民币受到较严格的限制,必然导致人民币无法成为各种金融产品计价和交易手段,无法被其他国家居民作为投资或储蓄资产,也无法被其他国家或地区当局作为外汇储备及其稳定汇率的货币锚,人民币也就不可能发展成为国际货币。

(2)资本开放的两种模式

尽管资本账户开放受到普遍支持,但是关于资本开放的模式存在不同的观点,主要分为两种:一种是采取谨慎的态度,分阶段实现资本项目的开放。持这种观点的经济学家认为,实现经济自由化过程的次序是十分重要的。麦金农(McKinnon)提出了资本项目的外汇可兑换应该是经济自由化的最佳次序中的最后一步,经常项目交易的自由化要比资本项目的自由化快得多,只有当国内借贷可以在均衡(无限制)利率水平上进行,国内通货膨胀得到抑制以使汇率的不断贬值没有必要的情况下,才是允许国际资本自由流动的正确时机,否则,过早地取消对外国资本流动所实行的汇率管制,可能会导致资本的外逃或外债的增加,也许两者兼而有之。

爱德华(Edward)认为,20世纪80年代初拉美一些国家的经验充分表明,货币改革和贸易自由化应在开放资本账户之前进行,不仅有必要提高国内利率水平(使其达到实际正利率),而且有必要对国内金融市场进行改革。按照这种观点,在实现资本自由化之前需要有一些先决条件,比如稳健的宏观经济环境、国内金融的自由化、贸易的自由化等。只有当这些条件已经具备的时候,才是实现资本项目可兑换的最佳时机。从实际情况看,绝大多数工业化国家和发展中国家的货币自由化都是走这条道路,并取得了成功。以渐进式实现货币自由兑换的国家发生经济金融危机的可能性较小,主要原因是建立了比较完善的市场机制,国民经济已经具备抗击经济波动的能力。以这种方式实现货币自由兑换一般需要较长一段时间。

另一种是激进法。经济改革一旦全面铺开,就立即宣告自由兑换。持这种观点的人认为,这样可以尽早给予改革中的经济和企业以国际竞争的压力和动力,促进国民经济和各个企业适应新的环境,加速改革的进程,同时,也可以向世人昭示改革的决心和政策,尽快地争取到外资。这种方法对货币自由兑换的先决条件的要求是很小的,从而对提高人们的信心以及强调改革的不可逆转性发挥很大的作用。拉美一些发展中国家的货币自由兑换采取了激进方式。休克疗法虽然在短期内可能享受到资本流入的好处,但是由于市场机制不够成熟,缺乏防范和抵御经济风险的能力,又由于宏观经济政策的传递路径不是很畅通,一旦发生经济波动,政策效果就大打折扣,发生严重的经济危机的可能性就比较大。

10.4.2 货币国际化并不需要资本开放的理由

（1）目前的国际环境

从我国经济的现实看,我国目前不仅不能加快资本账户的开放,而且可能要加强对资本账户的管理。因为目前乃至未来相当长一段时间内,发达经济体都将处于低增长的阶段,发达国家总体上要保持较宽松的货币环境,国际上会充斥大量的游资,这些游资大规模流入与流出我国国境,将对人民币汇率、货币发行以及资产价格造成很大的冲击,进而影响我国经济的正常运行。要对这些游资进行控制,只能是加强资本账户的管理。从我国经济发展的阶段与我国金融体系的情况看,我国还无法承受通过资本账户的自由化,融入现行的国际金融体系。换言之,我国的金融体系不应该成为无影响力的、国际金融体系的被动参与者,而是要联合发展中国家,形成板块。在此之前,必须对资本账户严格管理。

（2）我国目前的金融体系和宏观环境

目前我国资本项目还没有完全开放,我国金融体系还不具备应对资本流动带来风险的能力。特别是在人民币国际化的过程中,必然伴随着人民币的升值,如果资本项目完全开放而金融体系又不具备相应的管理能力,必然导致热钱的大规模流入与流出,影响本国经济稳定增长。因此,我国资本的完全开放和货币可自由兑换不可能在短期内实现,目前还必须采取资本管制措施。

10.4.3 以资本项目开放作为突破口推动人民币国际化

按照学术界普遍达成共识的"结算货币—投资货币—储备货币"的路径,下一步应着眼于人民币作为投资货币的推广。当前人民币国际化的推进应与正在实施中的我国资本项目开放进行有机结合,着重解决扩大供给、刺激需求、防范金融风险等问题,在逐步实现资本项目开放的过程中推动人民币进一步国际化。

（1）以对外直接投资作为主要的资本输出方式

资本项目开放对于推动货币国际化的一大重要意义在于通过资本输出扩大货币供给。在金融市场动荡、投资风险加大的背景下,在输出资本的多种方式中,发展对外直接投资,更有利于资产的保值增值,应为我国的第一选择。在金融危机爆发后,全球流动性短缺,发达国家的海外资金大量从新兴市场抽离,许多深陷危机的国家面临企业资产缩水、投资不足和外汇短缺的困境,因而欢迎外资进入。

2011 年 1 月 13 日,中国人民银行发布《境外直接投资人民币结算试点管理办法》,允许跨境贸易人民币结算试点地区的银行和企业开展境外直接投资人民币结算试点,在境外设立或取得企业或项目全部或部分权益。我国企业可考虑趁此机会,通过设立、并购、参股等方式发展海外实体企业,扩大对外直接投资。这些海外企业的建立,特别是大型跨国公司的培育和发展,还有助于扩大人民币的海外需求,对人民币国际化有非常大的促进作用。我国发展对外直接投资已有一定的基础。早在 2002 年 11 月,中共十六大明确提出实施"走出去"战略是我国对外开放新阶段的重大举措,鼓励和支持各种有比较优势的所有制企业对外投资。即使是金融危机爆发的 2008 年,我国对外直接投资仍然达到 556 亿美元,同比增长近两倍。2010 年上半年,我国对外直接投资净流出 194 亿美元,同比增长 46%。

为达到通过对外直接投资推进人民币国际化的目的,在投资过程中,要逐步扩大人民币的使用比例,政府应对以人民币方式进行对外直接投资的企业给予更多的优惠和扶持,特别是在资金融通方面,通过政策性银行并鼓励商业银行多给予信贷支持,这样既对我国跨国公司的发展起到了积极的推动作用,也扩大了人民币向境外的输出,将进一步扩大人民币在海外的使用范围和影响。

(2)以上海和香港为中心循序渐进地推动金融市场的建设

建设与深化国际化的货币,必须有充足的存放和流通渠道,以及高效的保值和增值场所,那么,一个开放的有一定广度和深度的金融市场就是必需的。在这一方面,香港和上海应作为人民币自由兑换和国际化的主要试验田,在明确定位的基础上展开合作,在金融市场的建设与人民币国际化的道路上发挥先锋作用。

①以香港为中心建设人民币离岸市场。香港是国际性金融中心,金融机构众多,金融市场开放,特别是几乎无任何壁垒的贸易制度、自由兑换的货币、活跃的外汇市场和成熟的监管机制是内地城市无法比拟的。近年来,人民币在香港的流入、流出量日益增加,存量规模也相当可观,而伴随着人民币的升值,对人民币的需求也不断提升,人民币离岸市场应运而生。2007 年 1 月,央

行准许内地金融机构经批准后在香港发行人民币金融债券,由此明确了以香港为中心建设人民币离岸市场的目标。人民币离岸市场的作用在于为境外人民币的存放和回流提供一个合法的渠道,促进人民币资产的海外持有,包括作为私人资产和官方储备,对人民币作为贸易结算货币特别是国际大宗交易的结算货币也将起到良好的推动作用。同时,人民币离岸市场的建立会对人民币利率和汇率的市场化起到促进作用,而这也是人民币走向国际化的重要基础。

在未来发展上,香港应逐步扩大人民币离岸市场的广度与深度。首先,在开办个人人民币业务的基础上,渐进式地允许香港银行办理企业经常项目下的人民币业务,以贸易结算业务为主,再进一步开始非经常项目项下的各项业务,特别是促进离岸人民币借贷市场的形成;其次,巩固人民币债券的发行市场,并拓展其流通市场,以满足交易者的流动性需求;再次,利用香港良好的市场基础和信息机制,完善无本金交割的汇率远期合约(NDF)、无本金交割期权(NDO)、无本金交割掉期(NDS)等离岸人民币金融衍生工具,以满足人民币资产持有者规避风险的需求。

②以上海为中心建设人民币在岸市场。上海是我们着力打造的完全本土的国际金融中心,理应在人民币国际化的进程中发挥关键的作用。在香港主力建设人民币离岸市场的前提下,上海应把重点放在在岸市场建设上,尤其应重视目前比较薄弱的人民币衍生品市场的建设。金融衍生品及其交易市场不仅能发挥价格发现的功能,更能有效率地配置金融资源,并且可以作为市场主体规避风险、投资投机的有效工具。

自20世纪70年代以来,以金融期货、期权为主要形式的金融衍生产品在美国的迅速发展是保持和提高美元地位的重要因素之一,以IMM为代表的金融衍生品市场可以为美元持有者提供多元化的投资产品,为投资者提供避险获利的空间。这样的产品和市场也是走向国际化的人民币必需的。因为人民币衍生金融产品不仅可以为企业提供多样化的金融工具,吸引更多的主体进行避险和投机操作,而且可以借助其价格发现的功能促进人民币汇率形成机制的改革,有助于央行对人民币汇率进行有效调节,这都有利于人民币国际化的环境建设。2006年9月,中国金融期货交易所在上海挂牌,标志着我国重新开始了人民币衍生品市场的建设。在人民币衍生品市场的建设过程中,上海应以自己作为全国银行拆借、外汇交易、黄金交易、证券交易中心的地位作为依托,充分利用自身在经济基础、创新意识、国际资源等方面的优势。

在制度建设方面,要建立健全相关的金融法规建设,提高监管机构及人员的道德和业务水平,严格金融执法力度,加强信息披露和透明度,一方面对保证金、逐日盯市、每日清算等相关制度要保证遵循,另一方面要合理调整行政干预力度,保证整个交易过程的公开、公正、公平。在市场建设方面,应着重微观主体的塑造,重点培养基金管理公司等机构投资者,特别是正确引导私募基金的健康发展,以便更好地规避风险,促进市场的良性发展。在产品种类方面,可首先尝试在我国市场交易规模较大、较为活跃的国债市场的基础上推出国债类衍生品,还可将发展重点放在股指期货等股指类衍生品上,优先发展交易所市场,循序渐进地拓展市场广度和深度。

(3)保持合理的人民币汇率水平,抵御国际投机资本冲击

保持合理的人民币汇率水平,避免过度升值的现象发生,抵御国际投机资本冲击,对于人民币国际化具有重要的意义。因为当某一货币存在较大升值预期的情况下,会促使投资者将外币兑换成本币,以期在本币升值时获得相应的汇兑收益。在持有本币的过程中,最吸引投资者的投资渠道是股票和房地产市场,因为这类资产收益高且变现容易。大批投资者的相似行为和巨额资金的进入会促使股价、房价上涨,如此恶性循环就极易出现经济泡沫。尔后,当本币贬值预期产生,资本外逃出现,经济即陷入停滞和萧条,货币国际化的进程将受到严重影响。

以日元为例,日元在国际化进程中伴随着日元的升值,甚至是过度升值,长期偏离经济基本面,对于本国的出口和贸易顺差的扩大起到了非常大的阻碍作用,同时导致国际投机资本涌入,资产泡沫形成,货币国际化的进程受到严重影响。我国要特别注意防止这样的情况发生,避免汇率脱离经济基本面,影响实体经济,引发投机资本冲击。

2009年以来,随着国家救市措施的实施,我国经济开始回暖,但同时也存在结构问题和通货膨胀的风险。2010年,我国CPI同比增长3.3%,通胀压力不断上升。特别是各地房地产市场的成交量不断增长,交易价格开始攀升,投机行为和资产泡沫发生的几率增大。在人民币走向自由兑换和国际化的进程中,跨境资本流动特别是投机资本流动将愈加频繁剧烈,国内经济受国际经济影响的程度加大,特别是在美国第二轮量化宽松货币政策的影响下,套利资本不断涌入,会进一步引发人民币汇率的过度升值和投机资本的持续进入,未来出现货币逆转和资本外逃的可能性也就加大了。对于我国来说,首先,应进一步完善人民币汇率形成机制的改革,使人民币汇率水平更具有合理性,稳定人民币升值预期。2010年6月19日,中国人民银行重启汇改,宣布进一步推进人民币汇率形成机制改革,增强人民币汇率弹性。未来央行监管应注重营造环境和调整结构,进一步深化外汇市场的改革,主要是增加交易主体和交易方式,特别是进一步发展和完善做市商制度和外汇远期、期货等衍生品市场,充

分发挥市场主体进行套期保值等操作时的价格发现功能,使人民币市场汇率水平能够更真实地反映市场主体的供需愿望。另外,央行在外汇市场的操作应该更加公开、透明、有效,可通过设定汇率目标区,对人民币汇率进行适当控制,在市场定价的基础上避免出现过度升值的现象,以稳定人民币升值预期。其次,要以控制房价为关键,防止资产价格的过度上涨,引导社会闲置资金更多地进入实体经济领域,控制资产泡沫的扩大。再次,应注意对跨境资本流动进行有效监管,特别要注意从2010年年底货币政策从紧后跨境美元套利交易造成的热钱流入。

10.4.4 总结

目前,关于资本账户开放的争论较多,大多数学者认为我国应该加快资本账户开放,以推进人民币国际化进程。特别是在2012年年初,中国人民银行货币政策报告首次公开了资本账户开放的路径,提出了资本账户开放的短期、中期和长期安排三个阶段,预示着未来资本账户开放有提速的可能。但资本账户的过快开放势必会带来宏观经济运行的风险,资本账户的审慎开放则会影响到人民币的国际化进程。怎样协调资本账户的开放程度,使之更好地推进人民币国际化进程,是目前需要我们认真对待的问题。为此,我们结合我国资本账户开放的具体状况,从人民币国际化的"结算、投资和储备货币"职能要求出发,提出进一步开放资本账户的政策性建议。

(1)进一步增强人民币在国际贸易中的结算货币地位

进一步增强人民币在国际贸易中的结算货币地位,即人民币用于国际贸易的结算,实现人民币由贸易结算职能向贸易计价职能的转变。

2008年以来,我国已实施了跨境人民币贸易结算和货币互换业务,批准了一些人民币跨境贸易结算试点城市,并与一些周边国家或者贸易往来频繁的国家签订货币互换协议,未来应该继续增多人民币跨境贸易结算试点城市数量,扩大货币互换协议国家的数量和协议规模,增强人民币在国际贸易结算中的地位。

目前,人民币更多地是用于贸易品的结算而不是用于贸易品的计价。若想提高人民币在国际结算领域的实质性地位,首先,应消除人民币同周边国家货币的汇兑限制,实现人民币用于我国同周边国家贸易商品的计价职能;其次,应扩大人民币作为国际贸易商品计价职能的范围,由区域国家向亚洲其他国家及贸易往来频繁的国家扩展,走区域化到亚洲化再到国际化的道路,最终实现人民币贸易结算与计价职能的统一。

(2)充分发挥人民币在国际投资中投资货币的作用

充分发挥人民币在国际投资中投资货币的作用,即人民币作为金融交易的投资工具,具体包括两个方面:一是允许外国居民和非居民将外币自由兑换成人民币投资于国内资本、证券和货币市场等;二是允许本国非居民和居民利用人民币进行境外投资。

从第一方面来讲,首先要消除外币作为投资性货币兑换成人民币的汇兑限制,其次要逐步开放国内的资本市场,特别是开放短期资本市场和资本账户。然而,过快开放短期资本市场和资本账户风险较大,其开放过程应遵循以下原则:第一,资本市场开放由风险较小的债券投资市场向风险较大的股票、证券市场及银行间外汇市场逐步过渡;第二,资本账户开放由风险较小的资本、货币市场工具项目和金融、商业信贷担保项目向衍生品及其他工具项目逐步过渡。目前,我们应做的是扩大合格境外投资机构投资国内资本市场交易的范围和数量,减少合格境外投资机构在国内资本市场购买、出售和发行债券、证券等交易的限制。

从第二方面来讲,主要是指我国对外投资的开放,首先应减少人民币对外直接投资资本账户的管制,将资本输出与人民币国际化结合起来,支持本国企业"走出去";其次,为了支持企业的对外投资,需要建立相应的配套服务,满足对外投资企业的金融、信贷方面的需求,放开对外直接投资、金融和信贷担保等方面资本账户的管制;最后,鼓励我国机构和外国机构发行人民币计价的债券、公司债券等,增强人民币在国际金融市场交易的地位,逐步实现人民币作为金融产品计价货币的职能。目前,我们要做的是加快人民币离岸市场建设,尽快实现人民币汇率形成机制改革,减少人民币汇率波动风险,增强金融机构的服务功能。

(3)努力实现人民币作为国际储备货币的职能

努力实现人民币作为国际储备货币的职能,即国际货币充当民间私人机构的金融资产(如银行存款和各种证券资产),或者充当官方(货币当局)的国际储备资产。实现人民币作为国际储备货币的职能,首先要拓宽和创新人民币投资工具和产品,满足民间私人机构投资于人民币金融资产的要求,实现人民币作为非居民和居民投资资产与风险规避工具的职能;其次要逐步增加人民币在国际货币基金组织中 SDR 的比重,增强人民币在国际储备货币中的地位。

10.5 资本账户开放的最佳时机的选择

前面我们已经详细讨论了我国目前资本开放的程度和资本开放与人民币

国际化之间的关系,那么,目前我国的资本开放是否已经到达最佳时刻? 开放的程度是否已经达到最佳? 这是我们最关心的问题。以下我们重点讨论资本开放的最佳时机和程度的选择。

10.5.1 资本项目开放的收益与成本

在金融市场运行理想状态下,资本将自动流向高回报率的地区或行业,这是由资本追逐利润的本质所决定的。这样的流动不仅是在一国之内发生,同时也在国际上不同发展水平的国家间发生,发展中国家资本缺乏,却有着很高的资本边际回报率,发达国家虽然资本充裕,但资本的边际产出低。依此规律,资本将从发达国家流出并流入发展中国家,随着国际间的资本流动,各国之间资本的边际产出又达到了国际均衡水平。由此可见,自由的资本流动可以实现资源的有效配置。然而,资本开放也是一把"双刃剑",完全的资本项目开放对于金融体制不完善、宏观经济运行不稳健的国家来说弊大于利,因为过度的资本项目开放会使一国经济暴露于国际投机资本下,极大地增加金融危机爆发的可能。20 世纪 90 年代,拉美、亚洲的一些发展中国家和俄罗斯相继爆发金融危机,对金融体系和经济发展产生巨大的破坏。这些发展中国家金融危机的产生有着不同的背景,但无不与短期国际资本的肆意流动密切联系。

(1)资本账户开放的利益分析

资本项目开放带来的资本流动,尤其是资本的流入对我国改革开放以来经济的高速增长起到了重要的推动作用。资本项目开放对我国经济的积极影响包括直接影响(如克服资金和技术短缺问题等)和间接影响(如促进国内金融和各项经济体制的市场化改革等)。

①有利于弥补国内资金不足和技术短缺问题。钱纳里等人认为,从大多数国家经济发展的历程看,其经济发展主要受三种形式的约束:一是"储蓄约束",即国内储蓄水平较低,不足以支持投资需求扩大,影响经济的发展;二是"外汇约束",即有限的外汇收入不足以支付经济发展所需要的资本品和消费品进口,阻碍了经济发展;三是"吸收能力约束",即由于缺乏必需的技术和管理,无法吸引并有效地使用外资和各种资源,从而影响生产率的提高和经济的发展。成功地利用外资可以克服储蓄、外汇和技术的约束,增加国民总储蓄和投资,从而促进经济增长。

②有利于推动我国金融业的发展,提高金融服务的效率。资本项目开放推动经济增长的另外一个重要渠道是通过提高国内金融系统效率和加快金融发展速度来实现。资本项目开放使得国内的金融系统参与国际竞争,引入国际运作标准,从而大大提高国内金融系统的效率,加快国内金融改革和发展。

③有利于加快我国各项经济体制的市场化改革,更好地实现与国际接轨。为实现资本项目逐步开放,政府必须参照国际的做法,对相关的经济制度作更进一步的改革和优化。

④有利于提高国内资本的投资效率和利用外资的效率。准许资本流入只是资本项目开放的一个方面,对资本流出的开放是资本项目开放更紧要的一环。我国历来对资本流出控制较多,主要出于防范资本外逃和避免投机资本对经济和金融系统的不利冲击。

⑤产生积极的财富效应。资本账户的开放将使我国居民的投资范围大大拓宽,投资种类大大增加,从而可以更好地对其资产投资进行分散组合,减少各种来自国内金融或实际部门冲击的不利影响,降低投资风险,增强了收入和财富的稳定性。企业将更容易在国外开展业务,采取新的技术和管理经验,尤其是利用新的金融产品来管理风险和为投资筹集资金,获得较高的收益率。

(2)我国资本项目开放的成本分析

从世界范围看,资本项目开放无疑能够促进资源的有效配置,增进总体的福利水平。但具体到一个国家,资本项目开放的潜在利益能否实现,还要看该国对资本项目开放所带来的风险的控制能力。如果国内的初始经济条件没有达到相应开放程度所要求的水平,并且也没有必要的社会改革措施和宏观经济政策相配合,资本账户的开放将会给经济运行带来更大的风险。

①对贸易部门造成冲击。

首先,资本项目开放引起的大规模资本流入将带来本币升值的压力,对出口部门造成不利影响,使贸易收支恶化。即使实行的是固定汇率制,资本流入所引起的通货膨胀,在保持名义汇率不变的条件下,也将引起实际汇率升值。另外,国内总价格水平的上升,将通过工资和原材料价格的上升,带动国内可贸易生产部门的生产成本的提高,对可贸易生产部门造成不利冲击。

其次,如果对外资的利用和引导不当,国际资本的大量流入还可能造成国内不可贸易品生产部门的过度扩张和可贸易品生产部门的萎缩。综上可知,资本的大量流入将引起国内消费的大幅上升。对可贸易品的需求可通过进口获得,而对不可贸易品需求的上升将引起国内不可贸易品价格的大幅上升。在完全竞争的市场中,超额利润的激励将促使国内资源从可贸易生产部门向不可贸易生产部门转移,从而造成不可贸易生产部门的过度扩张甚至是国际贸易中分工的扭曲。

②对银行体系形成威胁,可能引发国际收支危机。

首先,外资涌入会直接影响银行的资产、负债的规模和结构。这可能诱使银行过度扩张信贷,从而增加资产风险,而外汇的净头寸又使银行负担更大的汇率变动风险。银行面临着更多、更复杂的外汇业务和风险,同时要在国际银行业的激烈竞争中占有一席之地,这就需要高水平的有效的管理,而这种管理经验也许正是开放之初我国银行所普遍欠缺的。

其次,如果资本流向发生逆转,出现大规模的资本流出将引发经济衰退,造成金融动荡,甚至引发国际收支危机。短期内资本的大量流出将导致国内需求的急剧下降,经济陷入衰退;持久性的资本流出将导致国内资源的流失,削弱国内税基,同时会降低国内储蓄,损害经济持续增长的稳定性。人们往往自己实现自己的预期,短期资本多为投机性,其流向容易受到心理预期的影响。一旦人们预期未来会有不利投资的事件发生,会主动抽离资本以求自保,而这样的举动往往会加剧甚至创造出原本并未实现的不利投资环境。短期资本的这种单向流动将会直接影响一国的外汇储备和国际支付能力,引发更严重的信心下降、资本抽逃,使情况进一步恶化。

③对国内经济造成冲击。

首先,导致一国经济的内、外部平衡的矛盾更加外化。一国经济的内、外部平衡的矛盾在任何开放经济中都是存在的,不过当一国开放了资本账户和实现了货币的资本账户自由兑换后,其经济的内、外部平衡的矛盾将会更加突出和外化。例如,现阶段,由于人民币升值的预期仍然较强,如果人民币实现了资本账户可兑换,将会导致大量的国际"热钱"涌入我国,其速度和规模将是目前实现资本管制时的数倍。大量的游资流入,其结果是:导致国际收支顺差猛增,给人民币带来进一步升值的压力,在现行的有管理的浮动汇率制下,如果当局通过干预外汇市场来稳定汇率,势必造成外汇储备猛增,进而造成基础货币投放量飙升,央行将难以通过"冲销"来中和如此大规模的外汇占款,这样势必造成货币供应量的狂增和物价的飞涨;当人民币升值的预期消失后,国际游资的流动又会突然逆转,其后果将更加不堪设想。可见,内、外部平衡均无法实现。如果当局放弃稳定汇率的政策,即让人民币升值,利用汇率机制使国际收支趋向于平衡,但大量的游资流入会使人民币汇率快速升值,进而造成出口下降,同时进口产品的人民币价格也将大幅度下降,对进口替代品形成冲击,这对于我国这样一个内需不足、对外依存度极高的经济体,其副作用是可想而知的,最终将会造成我国经济增速下降、失业率上升,甚至是通货紧缩,从而难以实现内部目标。

其次,导致政策效率下降,引发通货膨胀国际传递的风险。在货币自由兑换后,经济政策的效率往往受到较大的影响。由于目前汇率弹性仍然较小,资本的自由流动将会导致货币政策丧失部分主权。例如,如果国内经济出现通胀,央行为了治理通胀而紧缩银根,但在资本自由流动的情形下,利率的上升往往会导致国际资金内流,国内货币供应量增加,结果是政府反通胀的政策目标难以实现。反之,当局为了刺激经济而采取扩张性货币政策,又会因资本的外流使政策的效率下降。当一国货币实现了资本账户可兑换后,会加大经济周期和通胀的国际传递的速度和力度。举例来说,如果某一国际储备国的货币供应量过分增加,将会造成其利率下降、物价上涨和货币汇率下浮(或形成贬值的预期),并在套利、套汇的利益驱动下,导致其资金外流。流入其他国家后,如果资本流入国央行不采取冲销措施,就会导致流入国货币供应量扩张,形成物价上涨的压力。如果现阶段实现人民币资本账户自由兑换,在目前人民币汇率弹性仍然较小的情形下,如何隔绝这种输入型的通胀,也将是一个严峻的课题。

④引发货币替代与资本外逃的风险。

前面已经提到货币替代是指人民币与外币间的互相替换,由此引起国内货币存量的波动。货币替代将使一国的货币需求函数发生变化,使货币政策的目标难以确定,导致货币政策的操作和利率的决定变得复杂化。货币替代还使得一定的通胀率差异下的汇率波动加大,从而加剧汇率的不稳定性。资本账户开放后,基于如下的原因,货币替代的程度将会扩大:汇率的不稳定性加大,国内外资本替代的容易程度提高,经济主体对本、外币实际收益率的变动更加敏感,所供选择的货币种类增多,等等。根据发展中国家的经验,在取消资本账户的管制后,多半会导致资本外逃的加剧。资本外逃往往在通胀率攀升、本币汇率高估或经济不稳定时尤甚,但是大规模的资本外逃只能是发生在资本账户可兑换后。

10.5.2 资本项目开放的"底线"和"顺序"

在比较这 20 年来中日两国经济发展经历的文献中,一些日本学者把我国经济的高增长和对外部金融危机冲击的成功避免归功于我国管理当局对资本项目开放的审慎态度。他们认为,我国资本项目管理不仅让我国免遭亚洲金融危机的冲击,而且还顺利渡过了美国次贷危机等"海啸",阻止了"热钱"大规模进出对金融市场的冲击。最终铸就了我国经济的高增长。我国的银行体系可以一直保持对实体经济的有效融资,也就是说,我国决策层牢牢把握住"底线",清醒地认识到我国经济不能脱离实体经济而生存,在确定资金的价格(利率和汇率)上一直与实体经济企业成本"挂钩"。历史上,在人民币汇率形成过程中一直可以看到出口企业的换汇成本影子;利率市场化不仅考虑到大企业的需要,还关注到乡镇小企业融资成本;人民币国际化也在避免在岸与离岸价格差额套利,为此一直固守着"有真实贸易背景"的交易。一旦资本从实体经济转向虚拟经济,容易出现自我实现的加速效应(self-reinforcement),为此我国决策层不得不固守"底线"。

国际上知名的人民币国际化专家如美国麻省理工大学(MIT)教授 Roberto Rigobon 于 2013 年 5 月 26 日在上海财经大学上海国际金融中心研究院举办的"2013 人民币国际化全球论坛"上说:国际储备货币必须拥有六个要素(经济规模、宏观经济政策稳定、资本项目开放、汇率制度灵活、资本市场成熟、网络外部性),才能达到"三性"(可兑换性、有信誉性、可接受性)。他认为我国还没有达到其中的三项(资本项目开放、汇率制度灵活、资本市场成熟)。而在这三者之中,应把哪个作为突破口呢? 我们进一步思考后发现三者的背后都有资本定价的影子(利率)。虽然利率市场化目前在银行间、区域间和其他市场(民间和境内外)都在尝试,但债券市场灵敏度相对较高。在资本项目尚未充分可兑换的约束下,可以从境内外和区内外的债券市场做起。例如,从熊猫债券、点心债、宝岛债等区域债券开始尝试。通过多个债券市场的价格相互影响及收敛,刺激我国金融市场深层次的改革。

美国彼得森国际经济研究所高级研究员尼古拉斯·拉迪(Nicholas R. Lardy)也在论坛上指出,中国金融改革应该聚焦在利率上。他说,利率市场化有利于提高居民收入,引导资金的合理流动,促进金融市场的效率提高。从另一角度,我们可将其理解为通过资本要素合理配置来调整产业结构,在产业结构有准备的条件下开放资本项目可兑换,最终可以避免开放后出现的上述"两个空洞化"。在此基础上,多数专家建议:我国的资本项目开放实行先放开流入后放开流出、先长期资本后短期资本、先直接投资后间接投资的顺序。这是根据我国实际情况,并遵循由易到难的原则而推进的,它使得我国在对外开放中能够趋利避害,保持国家经济的发展,同时规避资本流动带来的风险。

10.5.3 推进人民币资本项目可兑换的"抓手"在哪里

关于汇率形成机制和利率市场化问题,经过数十年的探讨和对西方国家经验的分析,似乎也未寻求到适合我国的模式。从美元、日元、德国马克等其他货币资本项目可兑换的进程来看,它们的资本项目的开放并非与国内其他改革进程遵循相同的模式。因为各个国家所处的金融环境不一样,经济发展战略也不相同,资本账户开放的政策取向和采取的措施也应有所差异。成功的多半是协调好境内外资本边际收益率,不成功的则是不能消除较大的利差和汇率波动。究其原因,是因为实体经济的利润空间以及金融市场定价功能丧失。直接融资的市场规模没有形成真实的资本价位导致了间接融资价格也发生了扭曲。稀疏的外汇交易量不可能产生汇率的均衡水平;同理,品种单调的资本市场也难以发现资金的真实价格。

(1)通过扩大其交易量规模来完善国内金融市场的定价功能

由于资本项目开放首当其冲的就是如何消除境内外利差,"倒逼"利率市场化,所以首先要加快利率市场化的改革;其次,进一步扩大 QFII、QDII 和 RQFII 额度,适当降低机构投资者进入境内资本市场的"门槛"来扩大资金供求;最后,对于金融衍生品市场,要加快建设以人民币结算的中国原油期货市场,研究推出场内交易的人民币衍生产品,丰富人民币汇率风险管理工具,发展国债期货等金融衍生品,提高市场的人民币定价功能。

(2)上海国际金融中心凭借交易量规模发挥着"抓手"作用

上海银行间同业拆借利率等其他金融产品的定价已经引领着全国金融价格信息。但与世界其他金融中心相比,其交易量和品种还不在一个档次上。为此,继续扩大上海金融市场的规模和品种是当务之急,否则,难以形成真实的价格。东京金融中心过去是靠贸易金融交易量而崛起,又由于制造业衰退造成交易量的萎缩而沉沦。伦敦金融中心靠着不断放松管制的离岸交易量支撑到今天。只有纽约金融中心才具有世界定价地位,其凭借金融创新的品种吸引着不仅来自本土而且来自各国的资金来提高交易量。未来的上海自由贸易试验区也将在某种程度上提升上海国际金融中心的在岸和离岸交易量。量决定价,真实的价格才会营造境内外资本边际收益率相等的条件。这也是推进人民币资本项目可兑换的"抓手"。

10.5.4 资本开放的最佳时机选择

从理论上说,本币资本项目可兑换旨在获得资本要素的最佳配置。但理论与实践的统一是在动态中实现的,只有当国内外资本边际收益率相等时才是资本项目可兑换的"均衡点",否则会出现"Carry Trade"。资本流在境内外频繁套利套汇会阻碍实体经济发展。为此,要在协调利率市场化、汇率形成机制的进程中发现均衡点,适时放开资本项目可兑换。透过现象看本质的话,无论是哪一种观点,都可以从资本项目的最佳时机选择这点出发。如果需要加快开放,那么开放的时机已经成熟;如果不能开放,可能是开放的最佳时机还没来到。我们将选择一个全新的角度去分析——把国内外资本边际收益率相等作为开放的最佳时机。我国应加快利率市场化改革来发现境内外资本边际收益率的差距,并以此来度量和推进本币资本项目可兑换的最佳时机。这是过去关于资本项目可兑换争议的"空缺"。

我们认为,人民币资本项目可兑换的最佳时机并不是一个静态的点,只有在国内外资本的边际收益率相等的情况下才能开放人民币资本项目,这应该是一种动态的平衡——当最佳条件发生变化时,需要加强管制;当满足条件时,就放松管制。最佳时机是在国内外资本边际收益相等时,这样才不会因为资本套利所引起的大规模资本流动而形成对国内资本市场和实体产业的冲击。

10.5.5 建议和措施

国外的实践证明,一国实现资本账户可兑换应具备一定的前提条件:良好的宏观经济环境和健全的宏观经济政策;完善、高效的金融体系和有效的金融监管;合理的汇率制度和合适的汇率水平;利率市场化;等等。我国尚不具备上述条件,马上或者近期内实现人民币资本账户可兑换将是不现实的(其风险大于收益)。但是,如前所述,从资本账户可兑换的启动到实现是一个较长的过程。尽管资本账户开放要承担一定的风险,但不能因噎废食。从全球和我国的金融发展来看,资本账户开放是不可阻挡的必然趋势。我国面临的选择只能是采取适当的政策,尽可能地减少资本账户开放过程中的风险。

(1)保持宏观经济稳定

不稳定的宏观经济本身就是资本大规模投机性流动的诱因。为了避免资本的大量不利流动,我国必须实行合理的宏观经济政策。一是要实行稳健的财政政策。如果财政扩张过度,就会产生巨额赤字,导致高利率,从而引发投机性资本流入,影响宏观经济的稳定。二是要采取灵活的货币政策。资本账户开放可能会降低货币政策实施的独立性,因此,货币当局必须增加间接金融工具(特别是公开市场操作)的应用,而减少对银行等的直接干预。另外,货币当局要随时警惕通货膨胀,减少资产价格的波动,从而使投资者的决策更加合理。三是要保持经常项目略有顺差。由于经常项目与资本项目紧密相连,它对资本流动有较大的作用,那些经常项目有着巨额逆差的国家往往会扩张外债以克服不平衡,这将提高偿债率,增加风险。保持经常项目的略有顺差可以增强我国抵御金融风险的实力,也可为资本项目开放提供一个宽松的环境。

(2)增强人民币汇率的弹性

恰当的汇率制度安排是资本项目货币可兑换的一个重要保证。亚洲金融危机表明,僵化的汇率制度安排和汇率形成机制是受国际投资冲击的一个重要原因。不适当地对市场汇率进行干预和限制,人为高估或低估本币汇率,都会阻碍市场机制作用的发挥。要实现资本项目下本币的自由兑换,就必须积极稳步地推进汇率制度改革,结合本国经济金融的实际情况作出合理安排。我国目前的汇率政策是在实行有管理的浮动汇率政策的名义下,实际执行了近乎固定的汇率政策。过度强调汇率的稳定性导致丧失了货币政策的独立

资本项目开放

415

性。为减少资本账户开放过程中可能出现的动荡,保持富有弹性的汇率安排是一种明智的做法。正如"蒙代尔三角"所描述的那样,在资本自由流动的情况下,弹性汇率安排可以大大增强本国货币政策的独立性,并成为阻止外部市场动荡对国内经济冲击的"防火墙"。

(3)维持相对充足的外汇储备

资本账户开放后,我国经济的开放程度将大幅提高,整个经济活动将更多地暴露在各种内外部冲击中,不确定性会明显上升。维持相对充足的外汇储备,将能够较好地应付各种冲击,从而减轻国际收支调节的压力。此外,充足的外汇储备也有助于增强市场人士的信心,从而抑制短期资本的投机活动。

(4)加快国内金融市场化改革

全面的资本账户开放必须以国内金融的市场化(特别是人民币利率的市场化)为前提。当资本管制解除后,资本的流入、流出将主要靠利率进行调节。如果继续维持利率管制,那么很可能造成资金价格信号的失真和资源的大规模浪费。因为僵化的利率体系和利率水平对社会储蓄、资本形成和国际收支有着不利影响。而且,政府通过控制利率水平而降低政府债券的发行成本,将影响全社会的资源配置效率,成为引发资本过度流入、流出的诱因。此外,在资本账户开放环境下,资本的大量流入、流出,将通过外汇储备的增加或汇率变动直接影响国内货币供求。因此,在我国决定全面实现资本账户开放之前,必须努力发展各类货币市场工具,建立起高效的公开市场操作机制。

(5)完善金融监管体系

健全的金融监管体系是资本账户开放的先决条件。在金融监管不完善的情况下,过量的资本流入得不到应有的监控和筛选,会促使银行涉足高风险部门和行业,如房地产、股票市场等,导致这些部门的资产价格迅速膨胀,从而将经济推向泡沫化,并以巨额不良贷款的生成而告终。根据《巴塞尔协议》,金融监管措施至少应当包括:严格的银行部门的市场准入制度,对银行投向某一部门或行业的贷款比例的限制,银行的信贷程序和财务状况的审查和监管,对各种违规操作的及时制止等。同时,还要加强证券市场监管,包括健全各种交易法规、上市标准和程序,完善信息公开披露制度,积极培育会计、评估、审计、法律等中介机构,并使其公正地提供服务。

(6)合理安排资本账户开放的顺序

根据国际经验和我国的实际情况,放开资本账户时应该按一定的顺序进行,采取渐进的、审慎的步骤。笔者认为应遵从以下几个原则:第一,先放开对长期资本项目的限制,也就是长期资本交易的自由化应当先于证券投资和短期资本的自由化;第二,证券投资的自由化应当先于短期投资的自由化,尤其是先于短期投机性交易的自由化;第三,与实物资产相关的交易(如直接投资、贸易融资)应先于与实物资产无关的交易(如证券投资、金融信贷)的开放;第四,对短期资本流入的开放应当先于对短期资本流出的开放;第五,本国居民进行海外交易的自由化应当先于非居民参与本国金融市场的自由化。

10.6　汇率市场化与资本账户开放:孰先孰后?

资本账户的开放必然涉及汇率的改革,两者息息相关,所以接下来我们将研究汇率的市场化和资本账户之间的关系。

10.6.1　目前汇率市场化与资本账户开放顺序的争论

我国的金融系统改革严重滞后,汇率迄今为止没有完全市场化,资本账户仍然保持管制。但是,过去多年的讨论集中于改革的利弊分析。实践中的金融改革更侧重操作性,一个重要的方面就是:在诸多问题之中,应该先改哪一项? 顺序的颠倒究竟会带来怎样的经济后果? 我国的汇率市场化与资本账户开放改革应该孰先孰后? 换言之,在存在汇率扭曲的情形下,我国是否应该加快资本账户的开放速度? 目前国内关于此问题的讨论存在两方面意见:一派学者强调"汇率先行"的重要性,认为在汇率低估的情形下开放资本账户,会诱发基于人民币升值预期下的套利、套汇行为,使得央行遭受财务损失,导致货币当局被迫购入外汇,释放基础货币,增加通货膨胀的压力,对经济增长产生不利影响;另一派是"次序无关"派,认为改革的先后次序并不是特别重要,即便会短暂地产生副作用,也将通过"倒逼"改革,进一步推动经济增长。

然而,所有上述讨论都停留在案例分析或者定性讨论的层面,迄今为止仍然没有基于定量方法的跨国数据研究。事实上,许多国家都曾经实施资本账户开放策略,它们在开放之时的汇率扭曲程度也各不一致。通过整理和比较这些开放事件,有助于我们厘清资本账户开放时汇率扭曲的经济效应,进而认识两者的先后关系。

关于汇率市场化与资本账户开放的次序,虽然已有不少定性讨论,却始终缺乏共识。Prasad 等(2005)首先对我国的汇率市场化与资本账户开放的次序进行探讨,认为灵活的汇率制度能够给我国带来相对独立的货币政策,并且为外部冲击提供缓冲,而资本账户开放则会为我国带来显著的短期风险,因此,更自由的汇率制度应该是资本项目开放的前提条件。Lardy 和 Douglass (2011)也提出,我国开放资本账户的前提条件之一为汇率均衡(其他两个条件是稳健的银行体系以及发达的国内金融市场),因为显著的货币高(低)估会带

资本项目开放

来大量资本流出(入),成为经济的不稳定因素。在国内,持同样观点的学者包括余永定(2012)、张斌(2011)、张斌和徐奇渊(2012),他们认为,近期以资本项目开放为特征的人民币国际化进程是基于人民币升值预期下的套利、套汇的行为,使得央行遭受财务损失;如果进一步开放资本账户,大量短期资本流入可能导致货币当局被迫购入外汇,释放基础货币,增加通货膨胀的压力。徐建国(2012)也认为,币值稳定是货币国际化的重要条件,在目前币值低估、存在升值预期的情况下推动人民币国际化会使得人民币沦为套汇套利的工具,所以应加快汇率调整,夯实货币国际化的基础。高木信二和施建淮(2005)则从"三元悖论"出发,指出我国如果要保持货币政策的独立性,"只能在资本账户完全自由化之前,实现更有弹性的汇率体制"。然而,另一方面,也有一部分学者认为,资本账户开放不必以汇率市场化作为前提,甚至可以形成"倒逼"机制。例如,何东和马骏(2011)认为,人民币升值至均衡汇率不可能一步到位,而是一个相当长的过程;相反,人民币国际化可以作为一个"抓手",反过来推进原本受到阻碍的汇率市场化和利率市场化。中国人民银行调查统计司课题组和盛松成(2012)发布题为《我国加快资本账户开放的条件基本成熟》的报告,认为资本账户开放并没有绝对的前提条件,也不存在简单的先后关系,而是可以相互促进的。

10.6.2 研究方法及核心指标测度

(1)研究方法

研究资本账户开放效应的传统方法是利用经济增长变量对资本账户开放指标进行回归,利用回归系数的高低来判断资本账户开放对经济增长的影响,但是,在所有进行资本账户开放的国家中,那些存在汇率低估(高估)的国家是否较之汇率市场化的国家具有不同的经济增长率? 也就是说,前者关注资本账户开放本身的影响,我们则讨论资本账户开放时汇率低估(高估)的效应。因此,我们选取的样本应局限于那些进行资本账户开放的国家,而不是全部。将每一个事件作为一个观测值 i,然后根据该事件中的汇率扭曲程度与经济增长之间的关系,判断汇率市场化对资本账户开放的经济效应的影响。

(2)资本账户开放事件的构建

构建资本账户开放事件,首先需要明确定义资本账户开放。早期研究首先以"两分法"判断资本账户是否开放(标准通常是依据国际货币基金组织的"汇兑安排与汇兑限制年报"的界定):若是一国被认定为资本账户开放,那么赋值1;若是一国被认定为资本账户封闭,则赋值0。接下来,这些研究使用一段时间内开放事件的比重来衡量这一时期内资本账户开放的程度。但是,这种方法存在明显缺陷,因为世界上几乎找不到完全资本账户封闭的国家,而同样是资本账户开放的国家,开放的程度也是相差很远的。因此,资本账户开放不应是一个离散的"0-1"变量,而应该是一个连续的测度。基于此,Chinn and Ito(2007)提出 KAOPEN 指数,正好解决了0/1度量的缺陷。这一指标的特点是对资本账户的开放程度进行客观打分,同时兼顾经常账户限制、出口结汇要求以及多重汇率安排等因素,从而克服传统二元变量的缺陷,可以较为准确地识别资本账户在每一年的具体开放程度。KAOPEN 指数覆盖从 1970 年以来 181 个国家和地区的资本账户开放强度,覆盖广泛且逐年更新,从而保证数据的时效性。因此,本报告在构建资本账户开放事件的时候,选择了 KAOPEN 指标。

表 10-6 描述了整理后的资本账户开放事件指标:从 1970 年到 2008 年,共整理涉及 149 个国家的 288 个资本账户开放事件。就持续时间而言,最长的事件为 12 年,最短为 2 年,且 90%以上的资本账户进程都会在 10 年之内终止;就时间分布来讲,20 世纪 70 年代初期和 90 年代初期是资本账户开放较为密集的两个时点,而 80 年代初和 90 年代末则是资本账户开放事件较少的时期,这可能与当时两次石油危机、拉美债务危机与亚洲金融危机有关。

表 10-6 资本账户事件描述

覆盖程度		持续期间		开放时间	
开放事件	288 个	最大期间	12 年	1970s	23.61%
涉及国家	149 个	最小期间	2 年	1980s	15.97%
时间段	1970~2008 年	均值	5.38 年	1990s	40.63%
		标准差	2.74 年	2000s	19.79%
		≤5 年	41.82%		
		≥6 年	58.18%		

(3)汇率扭曲指标的测度

另一个关键变量是汇率扭曲程度指标。我们的测度依照 Rodrik(2008)的研究,其基本思路是按照"价格比较"控制购买力平价因素,然后再剔除巴拉萨—萨缪尔森效应,以此度量实际汇率偏离均衡的程度。这种计算方法是基于内部失衡而非国际收支平衡视角测算汇率扭曲程度。具体而言,计算方法分为三个步骤:首先,利用名义汇率(XRAT)和购买力平价转换因子(PPP)计算出一个国家的实际汇率(RER)。然后,考虑巴拉萨—萨缪尔森(Balassa,1964;Samuelson,1964)效应,采用人均实际 GDP 作为不可贸易品和可贸易

资本项目开放

品劳动生产率差异的替代性指标,运用实际汇率对人均实际 GDP 和时间维度的哑变量进行回归,将预测值记为 RER。最后,用实际汇率的真实值减去上述回归模型的预测值,得出汇率扭曲的程度。

与其他类似研究相比,Rorick(2008)的方法的最大特点是简单易行,而且可以获得覆盖更大的国家和事件范围的样本量,在很大程度上与共识一致。以我国为例,1955~1971 年布雷顿森林体系稳定时期,人民币兑美元维持在1 美元兑 2.461 8 元人民币的水平,这段时间内人民币处于严重高估阶段,汇率扭曲指标则小于−0.8;1971~1978 年间,人民币汇率开始升值,至 1978 年为 1 美元兑 1.684 元人民币,人民币汇率仍处于高估区间。改革开放后,人民币汇率实行挂牌价和调剂价的双轨制阶段,这段时间人民币持续贬值,至1993 年汇率并轨前已达 1 美元兑 5.76 元人民币,人民币也从高估变为低估,且持续加重。1994 年汇率并轨后,人民币被严重低估,之后低估程度随汇率逐渐升值而逐渐缩窄。1998 年金融危机后,人民币缩小波动幅度,实施刚性钉住美元,人民币汇率低估程度有所反复,但汇率扭曲指标始终大于 0.2。2005 年,人民币实施汇率制度改革,人民币逐渐升值,至 2009 年年底已达1 美元兑 6.83 元人民币,汇率逐渐回归合理,但仍处于低估状态。

10.6.3 资本账户开放时汇率扭曲的经济影响

遵循前面的研究方法,我们可以对计量经济方程进行估计,以考察汇率扭曲对资本账户开放的经济效果的影响。需要指出的是,本报告选择资本账户开放初期的汇率扭曲程度作为解释变量,主要目的是避免潜在的内生性问题,因为资本账户开放本身也会对汇率扭曲程度的变化产生影响,从而带来反向因果问题,而期初的汇率扭曲程度相对外生。为了进一步避免短期汇率波动的影响,本报告最终选择事件发生的前三年汇率扭曲程度的平均值作为解释变量。同时,为了剔除极端情形的影响,本报告剔除汇率被严重高估和低估(剔除前后 1%)、产生恶性通货膨胀(剔除平均 CPI 前 5%)或者增长率极高(>20%)的异常观测值。

首先,我们不添加任何控制变量,分别采用最小二乘法(OLS)、固定效应模型(fixed effect)和随机效应模型(random effect)进行估计。回归结果表明,无论采用哪种方法进行估算,资本账户开放初期的汇率低估都会显著地增加资本账户开放期间的经济增长率。通过 Hausman 检验发现,在 10%的显著性水平上并不能拒绝固定效应模型和随机效应模型系数不存在显著差异的原假设,意味着选择随机效应模型更加有效。在资本账户开放初期,汇率每低估 10%,经济增长率就会提高约 0.1 个百分点。

但是,每一个资本账户开放事件都涉及不同国家的不同历史时期,而不同国家在不同时期的经济增长率除了受到汇率因素影响之外,还会受到其他经济和制度性因素的影响。那么,我们前面观察到的汇率低估对资本账户开放效果的影响,是否是因为遗漏解释变量所致? 为厘清这一点,有必要添加控制变量进行分析。在研究资本账户开放程度与经济增长关系的代表性文献中,一般控制的变量包括代表收敛效应的初始人均 GDP、影响经济增长率的劳动力(人力资本)和资本等要素等(如表 10-7 的总结)。具体而言,本报告的控制变量包括:第一,初始对数人均 GDP,根据 Barro(1991),经济增长存在“条件收敛”的特征,初始人均 GDP 越高,一国的经济增长率越低,反之则相反;第二,中学入学率,反映一个国家的人力资本要素;第三,固定资本形成占 GDP比重,反映一个国家的投资率;第四,期初的资本账户开放水平和事件期间资本账户开放的年平均幅度,因为一个国家在最初时刻的开放程度以及后续的开放力度也会对经济增长产生影响。

表 10-7　　　　　　　　　代表性文献中的主要控制变量

文　献	解释变量	收敛效应	长期增长因素	国家属性	地区变量	其他
Quinn(1997)	资本账户开放水平	初始人均GDP	小学入学率;中学入学率;人口增长率	是否是社会主义国家	拉丁美洲、非洲	政府支出比重
Rodrik(1998)	资本账户开放水平	初始人均GDP	中学入学率	政府机构质量	东亚、拉丁美洲、撒哈拉以南非洲	无
Arteta, Eichengreen and Wyplosz (2001)	资本账户开放水平及其与初始人均 GDP 的交叉项	初始人均GDP	受教育年限、投资率	无	无	无
Edwards(2001)	资本账户开放水平	初始人均GDP	初始受教育年限、投资率	发达/发展中国家	无	无
Edison et al.(2002)	资本账户开放水平	初始人均GDP	中学入学率、投资率、人口增长率	无	撒哈拉以南非洲	无

总体来说,上述结果并不难理解:资本账户开放时如果汇率低估,更容易吸引国际资金流入,刺激经济增长。发展中国家资本相对贫乏,资本流入后可以解决资本“瓶颈”问题,从而刺激资本账户开放期间的经济增长。但是对于发达国家,这一结论却未必适用,因为这些国家的资本十分充裕,大量的资本涌入未必会带来经济增长率的提高。

10.6.4 进一步的讨论:长期增长还是短期"过热"

(1)对长期增长效应的估算

前面的研究表明,汇率低估会对资本账户开放期间的经济增长产生正面影响。这一结论不难理解,因为汇率低估会在短期内带来大量的资本流入,弥补一个国家(尤其是发展中国家)的资本短缺,从而提高当时的经济增长率。但潜在的问题在于,依靠汇率扭曲带来的资本流入是长期稳定的吗?如果不是,那么在汇率低估的情形下放开资本账户仅仅会带来短期经济"过热",而不是长期经济增长。随着时间的推移,经济增长率最终会再次下降吗?为回答这一问题,我们重新建立计量经济模型,对比资本账户开放事件结束后5年的年均经济增长率与开放事件期间的年均经济增长率之差,观测两者之间是否存在显著区别。

需要指出的是,由于前文控制的因素(例如期初人均 GDP 收敛效应、教育水平等)在事件发生前后通常没有太多变化,差分后往往数值很小,所以,此处的回归将其忽略,仅仅控制期初的资本账户开放水平以及事件中的资本账户开放程度两个变量。回归结果显示,资本账户开放初期的汇率扭曲会对长期经济增长产生不利影响;换言之,随着资本账户开放初期的汇率低估程度增加,开放结束后的经济增长率会显著低于开放事件期间的经济增长率。

因此,我们至少可以认为,汇率低估带来的资本账户开放事件中的经济增长可能只是暂时性的;从长期来看,汇率低估对经济增长的影响是不明确的。

(2)短期"过热"的表现:通货膨胀

如果汇率低估时开放资本账户所获得的经济增长仅仅是短期"过热",那么除了体现为长期经济经济增长下滑以外,另外一个重要的经济表现是通货膨胀。伴随汇率低估而流入的资本,在缺乏长期投资机会的情况下,会推高开放国的物价水平,从而造成经济的不稳定,成为长期经济增速放缓的潜在原因之一。我们试图研究资本账户开放时汇率低估对通货膨胀的影响,从而佐证短期经济"过热"的判断。固定效应模型的结果显示:资本账户开放初期,汇率低估程度每增加 10%,开放期间的平均通货膨胀率会提高 1.3 个百分点。

这说明,开放期初汇率的低估的确会带来开放期间平均通货膨胀的显著提高,且幅度较大。也就是说,汇率低估时开放资本账户既推高了短期实际增长率,又推高了通货膨胀。可以认为,这段时期中的确有"过热"现象的存在。

10.6.5 结语

如果资本账户开放先于汇率市场化进行,那么资本账户开放期初就可能存在汇率低估或者汇率高估两种情形。我们的结论是,如果在资本账户开放期初存在汇率低估,那么这一期间的经济增长率确实会有所提高。这一效应对于发展中国家尤为显著,但对发达国家则不然。这一点不难理解,因为汇率低估可以吸引更多的资本流入,发展中国家普遍面临资本匮乏,更多的资本流入可以缓解这一问题,带来经济增速提高。

进一步的研究发现,在资本账户开放期初的汇率低估,会同时造成通货膨胀率显著提高。这就说明,虽然汇率低估可以在短期内通过吸引资本流入,提高经济增长率,但这仅仅是短期的经济"过热"表现,体现为通货膨胀率显著上升;从长期来看,在资本账户开放程度稳定之后,随着经济的"冷却",经济增长效应不再显著,甚至可能下降。这一结论具有较强的政策含义,它意味着在汇率低估的时候贸然开放资本账户,必然带来大量资本流入,引发短期经济过热,且未必能够提高长期经济增长率。为避免潜在的"过热"风险,最优的改革思路应该是首先进行汇率市场化改革,在汇率逐渐恢复均衡水平之后,再进行资本账户的开放改革。

11 人民币国际化，下一步何去何从

丁剑平　陈　岚　吴文生

　　一国货币国际化应该达到什么样的程度，才能算是成功的货币国际化？货币国际化程度的衡量方式多种多样，从不同的角度有不同的理解。但是，最根本的一条在于：成功的货币国际化必须与该国的生产力水平相一致，能最大限度地充分利用各生产要素，优化资源配置。

11.1　日本金融改革与日元国际化过程和判断标准

　　日元国际化是日本金融全面开放的一个组成部分。对于日本金融开放和日元国际化的效果，存在不同的评判。日本有学者认为，日本经济失去了20年就是因为日本过早开放资本项目，实行了浮动汇率制度，这样，在广场协议后日元升值的时候，日本央行就很难干预成功。当时日本已经是零利率了，但没有大胆地使用负利率来刺激经济。从产业和企业的角度看，在供给方面：企业的劳动生产率没有提高，TFP 也不尽如人意，产出停滞并且投资减弱。在需求方面：老龄化和少子化形成过度储蓄，需求不足。日本的浮动汇率隔断了外部通胀传入境内，为此经济一直处于通缩状态，加剧了经济衰退。

　　日本的金融开放以利率市场化与日元国际化为最主要的组成部分。从20 世纪 70 年代末开始，日本金融系统开始平稳的自由化进程。到 20 世纪 80

年代,日本进入了"金融自由化时代",外汇交易大大放宽,从而刺激了日本金融市场的国际化。1984 年,当日本政府把放松利率管制提上"美日货币委员会"的议事日程时,《利率调整临时法》(1947)中提及的利率的全面自由化正式开始。到 1993 年,除了小额活期存款外,几乎所有的银行存款利率都已经实现自由化。到 1994 年 10 月,除了关于"活期存款"的法规外,其余关于存款利率的法规都已取消了。比起 20 世纪 50 年代初到 70 年代初的高速发展时期,日本的金融体系更为市场化,并且,似乎可以肯定的是,金融自由化提高了日本经济的效率。表 11—1 描述了日本利率市场化的时间进程。

表 11—1　　　　　　　　　　**日本利率自由化进程**

时间		自由化进程
1947 年	12 月	临时利率调整法实施
1949 年	12 月	外汇和外贸管制法实施
1979 年	4 月	拆借利率放开
	5 月	发行可转让定期存单
	10 月	商业票据利率放开
1980 年	1 月	发行中期政府债券基金
	12 月	修订外汇和外贸管制法
1982 年	4 月	新银行法实施
1984 年	4 月	允许销售外国大额可转让定期存单(CDs)和商业票据(CP)
	12 月	短期欧洲日元的大额可转让定期存单(CDs)利率放开
1985 年	3 月	货币市场凭证发行
	7 月	中长期欧洲日元的大额可转让定期存单(CDs)利率放开
	8 月	发行大量开放式债券投资信托基金
	10 月	超过 10 亿日元的大额定期存款利率放开
1986 年	3 月	发行长期政府债券基金
1989 年	6 月	发行面额超过 300 万日元的小额货币市场凭证
1991 年	11 月	超过 300 万日元的定期存款利率放开
1992 年	3 月	货币管理基金发行
1993 年	6 月	定期存款利率全面放开
1994 年	10 月	活期存款利率(活期账户除外)放开
1998 年	6 月	大额可转让定期存单(CD)发行条件全面放开

　　资料来源:Wataru Takahashi and Shuji Kobayakawa,2003.Globalization:Role of Institution Building in the Japanese Financial Sector.Working Paper Series No.03-E-7,International Department,Bank of Japan,PDF 88KBwww.boj.or.jp/en/research/wps_rev/wps.../wp03e07.pdf.

　　然而,值得注意的是,日本金融自由化的特点是"渐进"。货币当局已经部分怀疑市场机制的效率和部分担心自由市场机制对于当前金融系统的可预期的"破坏性影响"。因此,他们开始控制其执行,以避免对传统金融体系框架的过激改变,并维持金融体系内各种既得利益集团之间的平衡。例如,尽管明显放开利率,但是,日本的大部分金融市场,特别是银行存款市场,"竞争"似乎是远远不够的,因为各类金融业务的隔离监管有效地防止了全面竞争。因此,利率自由化的好处尚未得到充分体现。对于金融隔离的现存法规体现了日本金融自由化的渐进模式。

正如日本当局所期望的那样,这种渐进模式可能对于实现日本金融体系表面上的稳定作出了贡献。然而,我们也应该注意到这种渐进模式对于金融自由化的扭曲,这种扭曲可以看作是日本金融自由化的成本。为了评价自20世纪80年代初开始的日本的金融自由化,我们不能忽略这种渐进模式的成本。在对大银行等金融机构妥协的大环境下,日本利率市场化展开了。改革的"兼收并蓄"的最终方向不明确。也就是说,利率市场化成败的判断标准没有设定。

在日本利率市场化效果不能评判的情况下,日元国际化效果也失去了标准。这里有形式上的标准和实体经济对金融改革深化效果感受的标准。至少从实体经济对金融改革的感受来看,实体经济并没有获得金融改革的支持。

日本的利率市场化改革初期利率波动扩大,到了20世纪90年代初期后才逐步减小。日本是在对大的金融机构妥协的环境下,采取渐进性利率市场化的。企业融资(负债)还是一半靠内部资金,另一半靠外部融资,利率市场化只是减少了企业从银行融资的比率(也就是长期借款和短期借款)。

宽松量化的货币政策和长期低行的实际利率虽然能够给制造业创造良好环境,但被流动性陷阱所抵消和其他投资去向所吸走。考虑到长期负债用于实体经济(制造业的主营业务)较多,我们发现长期负债(负债结构)与企业效益负相关,而短期负债对制造业效益有一定影响。我们还可以推测制造业非主营业务中有投机成分。利率市场化若让制造企业的主营业务无利可图,则可以认为利率市场化结果是失败的。

与利率市场化效果从实体经济发展来评判一样,日元国际化效果也还是要靠实体经济(产业和企业的发展)来衡量。

虽然量化宽松的货币政策对所有日本企业都是有作用的,但银行信贷并没有配置到产业(表现为负值或统计值不显著),一些企业不惜冒着风险对外以高利筹资。出口收益是日本企业利润构成的主要来源,但对房地产和服务业似乎无效。总而言之,日本的金融改革(利率市场化)与日元国际化形式上是实施了,但没有惠及实体经济,实体行业和企业没有感到融资便利,日元国际化中汇率剧烈波动让实体企业转向"套利"(Yen-Carry-Trade),而老老实实做实业则无利可图。为此,若通过实体经济是否发展来评判日元国际化,则是失败的。

11.2 货币国际化对国内相关产业的影响探究
——以日元国际化为例

本节希望通过最能反映日本实体经济发展情况的各重要产业在这场货币国际化大潮中的表现,来判断日元国际化对日本经济有何影响。各产业发展与货币国际化两者的关系如何。从货币国际化对国内产业结构的影响这一角度,对行业进行分类,从微观结构(财务指标)入手,更深层次地揭示货币国际化对宏观经济的影响。

11.2.1 日本国内产业结构变迁

日本产业结构的变迁遵循重心从第一产业向第二产业、第二产业向第三产业转移的路径。在制造业中,重工业和化学工业的发展速度大大超过轻工业,工业结构从以轻工业为中心转变为以重化学工业为中心,重化学工业在制造业中所占的比重在 1960 年就超过了 50%,即发生了轻重工业比重的"逆转",其后重化学工业的比重继续上升,轻工业的比重继续下降。

在重工业和化学工业中,钢铁、石油化学等"材料型"制造业的发展更为迅速,成为高速增长的原动力;"材料型"制造业的价低质优的供给能力与国民收入的增长,又促进了汽车、电机等"加工组装型"制造业的发展。

20 世纪 80 年代中期,以加工贸易为主的制造业开始呈现下降趋势。究其原因,有几个方面:国内市场趋于饱和;贸易摩擦日益增大;日元升值给日本各出口导向型产业带来不利影响,日元升值意味着同样的日本商品在国际市场上价格上升,而支撑日本经济迅猛发展的都是外向型的大企业;人力、地价、资源等成本上升。

日元国际化失败的一个方面恰恰在于其本国经济未能因此而得到大幅提升,反而经历了 20 世纪 90 年代"失去的十年",经济长期维持低迷走势。

11.2.2 货币国际化对经济的影响研究综述

货币国际化对宏观经济的影响是多方面的,已有的研究主要集中在以下几个方面:

首先,国际货币可以为货币发行国带来铸币税收益,增加社会福利。

Bergsten(1975)认为,国际货币发行国无须为在其他国家流通的本国货币支付利息,并可以以较低的利率进行债券融资,相当于从其他国家收取铸币税,增加本国福利。Aliber(1964)、Cohen(1971)、Bergsten(1975)、Tavalas(1975)认为,发行国际货币的国家能够获得国际铸币税收入,但铸币税收入的大小受多种因素的影响。Cohen(1971)认为,发行国际货币的国家所获得的国际铸币税的规模根本上依赖于该货币的国际垄断地位:如果该国处于完全垄断地位,净铸币税收益肯定相当大;但如果该国面临其他国际可接受的货币工具的竞争,它的净收益就会相应减少。同时,他对1965~1969年间英镑的净铸币税收益进行了经验测试,发现英国从英镑的国际使用中获得的净铸币税收益为零。Papaioannou和Portes(2008)认为,美元的铸币税大约只占美国GDP的0.2%。从收益成本角度,Aliber(1964)、Trejos和Wright(1995,1996)、Kannan(2006,2009)等认为,货币国际化后本国货币被其他国家视为"硬通货",从而可以提升该国货币的购买力。其中,Trejos和Wright(1995,1996)、Prakash和Kannan(2006)等通过货币搜寻模型以及动态一般随机均衡方法分别对美国和欧盟的实际经济数据进行了分析,认为货币国际化为一国带来的最大好处就在于货币购买力的提升。Bergsten(1975)、Giovannini和Mayer(1991)、Tavalas(1998)、Portes和Rey(1998)、Kanan(2009)等认为,货币国际化可以降低该国国际贸易中的交易成本和汇兑成本,并增加货币发行国金融部门的佣金收益。

国内方面,陈雨露、王芳、杨明(2005)认为,除了在国际金融体系中的话语权等无法计量的好处以外,货币国际化利益主要表现为国际铸币税收益,以及运用境外储备投资的金融业收益。他们以实证研究表明,可计量的美元国际化利益至2002年年底已累计高达9 530亿美元。他们同时估算,我国若于2010年实现人民币区域国际化,则10年内可获得近7 500亿元人民币的货币国际化利益。谢朝阳、周燕军(2010)以铸币税收入和汇兑损益代表货币国际化构造跨期均衡模型,探讨货币国际化对一国国际收支的影响。结论表明,货币国际化所带来的铸币税并不影响该国的国际收支,但由于汇兑风险的降低,该国经常项目余额波动性减小,国际收支趋于稳定。其次,国际货币的需求量难以确定,为货币发行国央行制定货币政策带来难度。Aliber(1964)、Bergsten(1975)、Frankel(1991)、Tavalas(1998)等认为,货币国际化后本币需求量难以确定,且运用利率手段调控市场很难达到预期效果,因此,中央银行货币调控能力减弱。Triffin(1961)提出了著名的"特里芬难题",认为美国政府对美元币值的控制力有限,不可能保证美元币值的稳定,以维持各国对于美元的信心。但也有学者持相反观点,Papaioannou和Portes(2008)分析了美元国际化后的美国货币政策效果,认为无论是从货币需求量估计角度还是运用利率政策方面,现有数据并不支持货币国际化,它使货币政策的制定变得更困难。许祥云和李一丁(2010)认为,美联储以及学者在此方面基本上没有作过研究也是一个反证。

此外,货币国际化往往伴随着国内金融市场的开放,对本国金融市场造成冲击。Griton和Roper(1981)、Frankel(1991)、Tavalas(1998)、尹亚红、何泽荣(2007)、张红梅等(2007)等认为,资本市场开放度的提高和金融管制的放松,为金融风险、通货膨胀或通货紧缩的输入和输出提供了更为直接的渠道,从而有可能增加本国金融体系的不稳定性;同时,一国货币国际化所带来的大量货币转移会使本国汇率大幅度波动,造成本国金融市场动荡的风险。

Gordon和William(1993)对美国、日本、加拿大各行业的汇率风险敞口进行分析,发现三个国家均有20%~35%的行业存在显著的汇率风险敞口,汇率波动对这些行业的效益产生显著的影响。汇率波动对日本、加拿大这些相对比较小的、国际化程度比较高的经济体的影响更大。非国际贸易行业受益于本国货币升值,正的汇率风险敞口导致进口的比例上升,而负的汇率风险敞口导致出口的比例上升。

汇率大幅波动是日元国际化过程中的一个重要表现。Robert Dekle(1998)通过对1975~1994年日本二级行业数据的研究,估计日元汇率波动对日本制造业就业的影响,发现从长期来看,汇率变动导致的国外特定行业价格的变动对日本的就业有相当大的影响,尽管长期的调整较为缓慢;没有发现出口导向型行业与非出口导向型行业对汇率变动的反应有区别。从实际汇率变动对行业影响的角度,Mohsen & Scott(2009)用协整方法分析日美实际汇率变动对日本国内117个行业的影响。分析发现,日元贬值会导致贸易顺差,从而在长期内使日本1/3的行业受益,而短期内其影响则较为一致,有一个短暂的提升。

日元国际化的一个目的在于提高日元作为国内进出口计价货币的占比。Oi,Otani and Shirota(2004)通过对日元在本国进出口贸易中的使用进行评估,发现其占比远低于理论上的比例,与日元国际化、日本制造业以及当前汇率制度下应有的占比不符。日元国际化并没有为日本在东亚的贸易带来好处,反而增加了日本制定货币政策的困难。Ito,Koibuchi,Sato,Shimizu,Hayakawa,Yoshimi(2008)对日本主要的12家公司进行调研,发现1998年对《外汇与对外贸易管制法》的修正,对日本公司制定外汇风险管理战略有重大影响,电子与汽车公司开始在出口中运用日元标价,但在东南亚地区仍以美元标价为主。从这一角度出发,Ito,Koibuchi,Sato and Shimizu(2010)从微观层面上研究了日本公司进出口中日元标价占比较低的现象后发现,这一占比在2000年之后依然较低主要是一些日本公司日渐增长的公司内部间的海外操作活跃,以及一些日本主要的电子公司建立的独特生产、贸易模式造成的。Ito,Koibuchi,Sato and Shimizu(2011)进而通过发放问卷的形式对东京证券交易所上市的日本公司进行调查并分析,得出三方面结论:第一,高度差异化或者具有强竞争力的产品在出口到所有国家的过程中有力地推动了日元的计价与使用;第二,当商品出口到发达国家时,更大比例的公司内部贸易推动了进口国的货币的计价与使用;第三,当商品出口到亚洲国家时,通过日本公司在亚洲其他地区子公司建立生产销售网络的模式推动了美元的计价与使用。

股市的表现能在一定程度上体现上市公司的业绩表现。David Owyong(2011)研究了过去30年日元国际化进程中币值波动对日本股市的影响,发现从整体来看,股市并不对日元的币值表现出显著的敏感性,因为股市中包含了进口行业与出口行业,分别对日元币值的变动反向反应。总的来说,日元升值则股价下跌,日元贬值则股价上涨。不同时间、不同股票之间的敏感性各不相同,并且币值涨跌造成的股票价格涨跌是不对称的。

Yuko和Takatoshi(2009)分析超出预期的宏观消息对日元汇率、交易行为以及汇率波动率的影响,发现GDP、CPI等的异动对日元汇率会产生影响,但影响甚微,小于买卖外汇的差价,但是对汇价的波动有较大影响。

在国内最近的研究中,王晓燕、雷钦礼、李美洲(2012)利用新开放经济宏观经济学方法,构建了货币国际化对宏观经济影响的理论模型,从理论上分析了货币国际化对宏观经济短期和长期的影响。理论研究表明,货币国际化具有以下影响:第一,无论在短期还是长期,都将促使本国货币升值,汇率未出现超调现象;第二,短期内刺激本国消费,长期内抑制本国消费;第三,短期内产出减少,长期内产出增加;第四,短期内改善贸易条件,长期内使贸易条件恶化;第五,无论短期还是长期,都将改善本国居民福利水平。在此基础上,他们基于结构VAR模型,利用美元经验数据实证分析了美元国际化对美国宏观经济的影响,结果表明:经验分析与理论研究结果高度一致。

徐祥云、吴烨(2011)通过实证分析发现,日元对出口中标价货币汇率的相对升值导致了其出口行业收入的大幅下降。他们证明日本的出口标价结构和日元对主要标价货币的名义汇率变动直接决定了日元对标价货币的汇率变动,说明出口中的本币国际化程度对企业的出口价格和收入产生直接影响,货币国际化能有效降低出口的汇率风险。

随着未来人民币国际化的逐渐发展,国内对货币国际化的研究重心将更多地从国际化的条件转向国际化对经济等各方面的影响上。货币国际化对经济的影响的研究涉及诸多方面,本报告从日本国内各行业入手,进而研究其对国内全产业的影响,体现了未来的研究方向。

11.2.3　模型与数据说明

本报告选取日本从 1973 年至 2011 年所有 29 个行业的诸多财务数据以及这些年份日本的诸多宏观数据,通过对行业进行不同的分类,处理得到多元面板数据,进而作多元线性回归。

回归结果显示,从全行业角度来看,净销售利润对下一期的经营利润存在显著正相关性,行业净销售收入越高则经营利润越高,这是容易理解的。从行业分类的角度看,出口、进口、航运类行业均存在正相关关系,其中航运类相对较弱(在 5% 显著性水平下显著)。然而,在地产类行业中,这一相关性并不显著。究其原因,可以归结为地产类企业利润率较为平均,而资产规模是影响净经营利润的主因,这一点在总资产变动对该行业营业利润的较强正相关性中也可以得到反映。

从资本结构的角度来看,对全行业来说,负债权益比与单位资产经营利润之间存在较强的负相关性,可能是由于债务比重较大的企业承受了更多的债务契约而影响了其自身的公司战略(当然也可能是由于行业的债务结构不合理,企业承受了过重的债务,可另行研究);分行业来看,进口依赖型与地产类行业分别在 1% 与 5% 的显著性水平下表现出负相关性,说明提高债务占比对这两类行业的营业利润有一定的拖累作用,而相对来说,债务占比的增加对出口导向型与航运类行业营业利润的变动并无明显影响,可见这两个行业的资本结构相对合理。

从资产增长的角度来看,无论全行业还是各分类行业均表现出总资产增长与营业利润之间的正相关性。对行业进行分类后,我们发现出口导向型与地产类行业表现出较强的正相关性,且相关系数较大,p 值均小于 0.01,而航运类及进口依赖型行业中表现出的相关性则相对较小,分别为 5% 与 10% 的显著性水平。这一现象表明,出口导向型行业与地产类行业增加资产规模能有效地增加其单位资产的经营利润,提高资产利用效率。在 20 世纪 70 年代中期到 21 世纪初的年份里,出口导向型行业依然享受着日本"加工贸易"的政策、投资环境的盛宴,不断发展壮大。同样,地产类行业在 20 世纪 90 年代之前的房地产泡沫中也经历了一轮高速发展,故而表现出较强的相关性。航运类行业也受到了日本贸易政策的影响,享受了资本扩张带来的收益,但不及出口导向型与地产类行业。进口依赖类行业的影响则相对较小。

下面我们着重分析宏观经济指标对各行业单位资本营业利润的影响。

首先看实际有效汇率变动的影响,对全行业来说,实际有效汇率的变动与单位资产营业利润呈现出 1% 水平下的显著负相关关系,也就是说,实际有效汇率降低,日元贬值,带来所有行业营业利润的上升。这符合日本经济结构以出口为导向的特点。从行业分类来看,出口导向行业因实际有效汇率下降所致的营业利润提升最为显著,无疑是受日元贬值影响获益最大的行业。事实上,布雷顿森林体系解体后日元的持续升值,尤其是 1985 年"广场协议"签订后日元的大幅升值,对日本经济尤其是出口导向型行业的负面影响是显著存在的。实际有效汇率的下降对进口依赖型行业、地产类行业以及航运类行业均存在 5% 显著性水平下的负相关关系。我们认为,进口依赖型行业在日元贬值时,其单位资产营业利润仍然能够得到提升,是因为日本的进口依赖型行业集中在产业链的上游,尤其以资源类行业为主,其向下游转嫁成本上升压力的能力较强,进而可以分享下游行业在日元贬值中得到的业绩提升。

广义货币 M2 占外汇储备的比重与全行业单位资产经营利润之间呈现较强的正相关关系(在 1% 水平下显著),在此处有两方面内涵。一方面,较为宽松的货币供应对各行业的经营利润存在正面影响;另一方面,较高的外汇储备水平对各行业的经营利润存在负面影响。我们不能武断地说高额的外汇储备造成了日本经济的萧条。20 世纪 80 年代以来,随着日本外汇储备规模越来越大,国际社会明显感到不安,在巨大的国际压力之下,日本被迫签订了"广场协议",于是便出现了随着外汇储备的增加,日本各行业营业利润却下降的局面。具体来看,无论是出口导向型行业还是进口依赖型行业,地产类行业还是航运类行业,两者之间均表现出显著的正相关关系。其中,进出口相关行业有最大的 t 值,可见这些行业对流动性及外汇储备的变动更为敏感。银行对私人部门信贷占 GDP 的比重增大,则各行业的单位资产经营利润越高,二者呈现出较强的正相关性,p 值小于 0.01。从行业类型来看,银行对私人部门信贷占 GDP 的比重分别与进口依赖型与地产类行业有较强的相关性,p 值均小于 0.01。对于出口导向型行业的影响稍小,相关系数的显著性达到 5% 的水平。而对于航运类行业,银行信贷占比的变动对其影响并不显著,可见银行对私人部门信贷占比对其影响不大。我们分析其中原因,认为进口依赖型行业(主要是上游资源类行业)与地产类行业皆为资金密集型行业,银行的信贷政策对其影响要大于其他行业类型。

贷款风险贴水与全行业的经营利润之间呈现出很强的正相关性,p 值小于 0.01,进口依赖型行业与地产类行业同样表现出强的正相关性;出口导向型与航运类行业的正相关性较弱,显著性水平只达到 10%。对于这一现象,我们认为贷款风险贴水的高低体现了市场上资金的松紧,贷款的风险贴水高,则资金偏紧,此时恰好是行业有高速发展并且急需资金的时候,行业中单位资产的经营利润相对高一些。进口依赖型与地产类行业具有资金密集型的特点(对资金供求的变动更为敏感),两者的正相关性更强一些。

净出口变动对各行业的影响是不言自明的。对于出口导向型行业,净出口变动与单位资产的经营利润正相关,且表现出最强的相关性,p 值小于0.01。而进口依赖型行业、地产类行业以及航运类行业中,净出口变动与单位资产的经营利润并无显著的相关性。进口依赖型行业与地产类行业表现出轻微的负相关,航运类行业则表现出轻微的正相关。这一点在其各自与净出口的关系中可以厘清。从全行业来看,净出口变动对单位资产的经营利润存在正向影响,显著性达到 5%。这从一个侧面可以反映日本在这一时间段内以出口为主要导向的产业结构。

从拟合的效果来看,即 R^2 的数值上,我们发现出口导向型行业、地产类行业的拟合效果较好,分别为 0.486 与 0.483;而全行业、进口依赖型行业以及航运类行业则相对较低,分别为 0.334、0.362 与 0.325。

11.2.4 对人民币国际化的启示

日本战后经济高速发展不仅使其综合国力日益提升,同时也为其带来了大量的外汇储备,从而招致国际社会对日元升值的压力。此后,日元长期升值的走势对日本各行业尤其是出口导向型行业形成了较大的危害。日本国内各产业的发展严重依赖于宽松而稳定的货币供给,依赖于银行信贷的投放,而国际化在一定程度上对政府制定货币政策、稳定货币供给造成困难。

对我国来说,人民币国际化确实能够为出口导向型企业带来减少汇率波动风险的好处。但在放开过程中,必须循序渐进,务必防止人民币的过快升值。同时,在各项金融管制逐渐放开的过程中,掌握对货币政策的主动权是至关重要的。

11.3 人民币国际化应与我国生产力发展水平相一致

目前我国宏观经济存在的问题主要包括四个方面:第一,投资率过高,而居民消费比例过低,房地产投资的增长拉动了投资的增长;第二,低利率政策导致了我国居民财富结构发生变化;第三,为了稳定人民币汇率,央行采取的措施对我国不同部门具有不同的效果;第四,人民币国际化的推进应与我国的实际情况相适应。金融抑制是导致我国经济目前面临一系列问题的原因之一。

11.3.1 过高的投资率

对于我国经济的最大挑战,是投资上升,消费下降。从图 11-1 我们可以看出,我国的投资水平很高,2011 年约占 GDP 的 50%,而且还在不断上升,世界上没有一个国家达到这样高的水平。而居民消费在过去的十年中却在不断下降,2011 年仅为 GDP 的 35%。

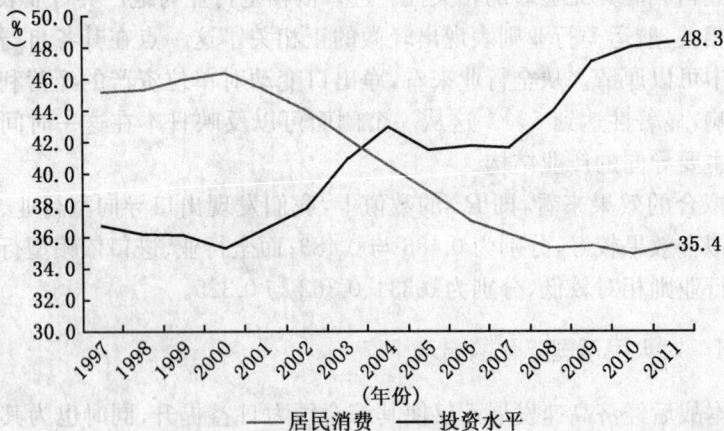

资料来源:Nicholas R.L.著,熊祥译:《中国经济增长靠什么》,中信出版社 2012 年版。

图 11-1 1997~2011 年中国消费和投资

这个不寻常的结构源于金融抑制。这里金融抑制有两层含义。其一,2004 年后,银行系统的利率受到抑制。在江泽民—朱镕基时期,居民 1 年期储蓄的实际回报率平均为 3.0%;而在胡锦涛—温家宝时期,回报率仅为—0.4%(见图 11-2)。其二,资本项目管制。资本项目管制阻止了居民投资于国外或者境外存款。

实际利率的下降导致人们将其税后可支配收入更多地用于储蓄。在江泽民—朱镕基时期,储蓄率均值为 31.5%;而在胡锦涛—温家宝时期,储蓄率上升,均值为 38%(如图 11-3 所示)。世界上大多数经济体中,当实际利率下降时,人们储蓄更少。我国的情况是非常特殊的。在我国,预防动机导致的储蓄更高,人们对于他们需要持有多少钱才能应对可能发生意外的预计在增加,当实际利率下降的时候,就意味着需要储蓄更多才能在未来获得预计数额的钱。

上海交通大学现代金融研究中心主任潘英丽关于金融抑制政策以及相对抑制的研究指出,利率的收益效应是建立在人口老龄化基础上的。如果很多人是靠利息收入来生活的话,那么低利率会限制消费,所以金融抑制政策抑制消费的基本原理是建立在利率的收入效应基础上的。随着人口老龄化,这个负效应可能会越来越大,所以政府应该高度重视这个问题。利率变化时,对居民收入的增加会有替代效应和收入效应。当利率低的时候,收入也会低,会抑制人们的消费。实际上,当人口中存在较大比例的老龄人口依赖利息生活时,低利率会抑制消费。关于消费的比例,个人消费的官方统计比例是 35%,实际上这个数据是低估的。我国总的消费比例至少是 60%,其中被低估的一个是房地产租金(占 GDP 的 6%),房价这么高,租金是被低估的,应该至少占到11%。她认为,我国的储蓄率,包括整个亚洲的储蓄率,是偏高的。现在所谓的亚洲高储蓄率导致全球经济不平衡,这个是表面的或者说是直接原因,更深层的原因在于,可流动的资本和技术以及不可流动的劳动力和工作场所的结合导致了全球可贸易产品生产能力的不平衡。

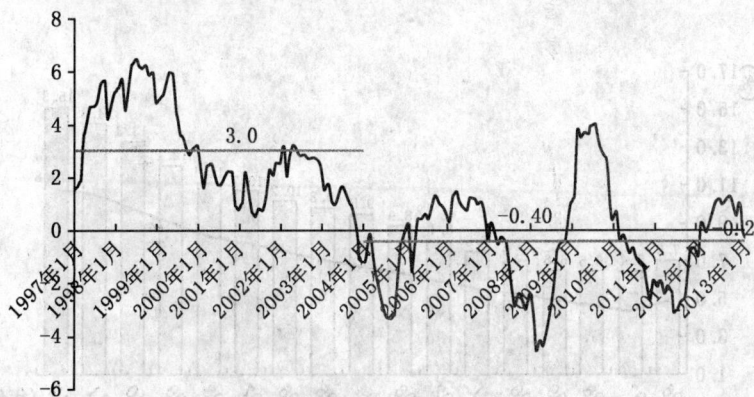

资料来源:Nicholas R.L.著,熊祥译:《中国经济增长靠什么》,中信出版社 2012 年版。

图 11-2 1997~2011 年居民储蓄存款实际利率

我国的政策导致人们将他们的很大一部分储蓄投资于住房。从我国居民的投资渠道来看,银行存款是主要的投资渠道之一,但是银行存款的实际收益率为负;股票市场不是长期投资的工具,上海证券交易所类似于一个赌场,如果你持续在这个市场中活跃,你早晚会输;资本账户管制导致居民不能投资于国外的资产,在我国政府鼓励房地产市场发展的政策下,房地产投资成为了最具有吸引力的投资方式。从官方数据上看(见图 11-4),住房投资从 1997 年的 6.4% 上升到 2012 年的 15.1%,上升了一倍多,显示了过度的住房投资。

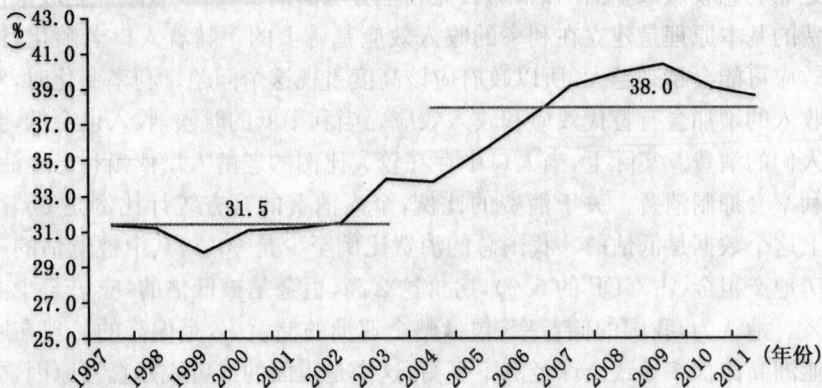

资料来源：Nicholas R.L.著,熊祥译：《中国经济增长靠什么》,中信出版社 2012 年版。

图 11-3　1997~2011 年居民可支配收入储蓄占比

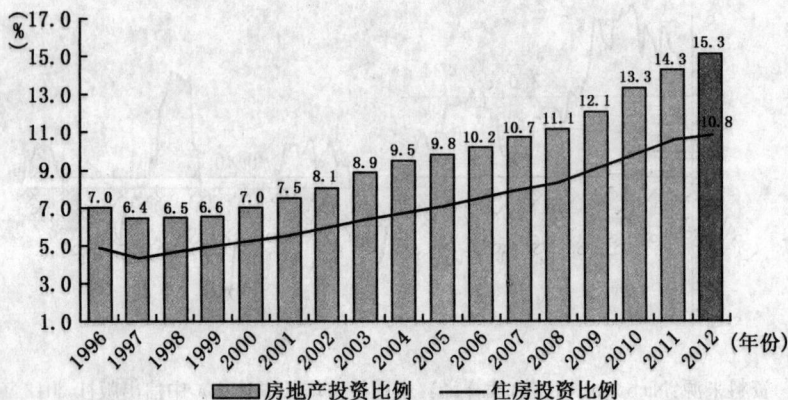

房地产投资比例　　住房投资比例

资料来源：Nicholas R.L.著,熊祥译：《中国经济增长靠什么》,中信出版社 2012 年版。

图 11-4　1996~2012 年中国居民住房投资比例

上海交通大学现代金融研究中心主任潘英丽进一步指出,我国的金融抑制可以分为四个阶段。第一阶段是剥夺农民,完成工业化的原始资本积累。第二阶段是货币化进程。改革开放之初,M2 占 GDP 比例只有 25%,这个时候印钞票不会引发通胀。第三阶段从 20 世纪 80 年代后期到 1997 年,银行功能财政化。1997 年,银行有接近 50%的不良资产,这实际上是我国改革的社会成本在银行的沉淀,本来我国政府可以通过发行国债将改革前期的成本和后期的红利进行跨时期转移,但是我国政府没有发展国债市场,因为对能不能征收税收不太自信,但是这种跨期转移功能是通过国有企业和国有银行来实现的。第四阶段从1997年到2006年,将国有企业以及银行的亏损通过股票市场和低利率政策转嫁给中产阶级,由于股票市场实际上是没有回报的,因而老百姓没有将钱投入股票市场,而是将银行存款转让为房地产,这是房地产泡沫形成的重要原因。

与国际上其他国家或者地区相比,我国的住房投资比例也是非常高的。即使是曾存在严重房地产泡沫的2005年的美国,其投资率也只有6%;在金融改革中出现严重房地产投资泡沫的日本,其1973年住房投资率也才只有8.9%;而最近经历了债务危机的西班牙,住房投资率也低于中国,为9.7%;而1980年的中国台湾没有出现过房地产泡沫的地区,住房投资率仅为4.3%(如图11-5所示)。一些人认为随着城市化进程的推进,住房投资的增长是正常的,但是我国最近10年的城市化进程实际上是减缓了的。我国投资比例增长最重要的原因是中国的住房投资的快速增长。

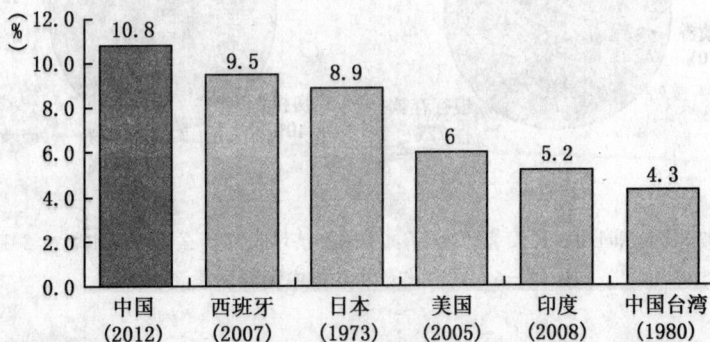

资料来源:Nicholas R.L.著,熊祥译:《中国经济增长靠什么》,中信出版社2012年版。

图11-5 居民住房投资率比较

11.3.2 过低的存款利率抑制了消费

从1997年与2010年我国居民投资分布的变化来看(见图11-6),银行存款从1997年的72%下降到42%,证实了上面的论证。而住房投资从1997年的18%上升到了40%,上升了1倍多,说明居民收入从银行存款向住房投资大幅转移。西南财经大学对我国城市居民的调查显示,五个家庭中有一个家庭拥有第二套住房或者更多的住房,这意味着很高的投资率,即人们购买住房不仅仅是为了居住,还是为了投资,因为回报率很高。

住房投资如此高的情况应该改变,有几个原因。首先,从我国居民的财富结构(城市居民)来看,两个最大的变化是银行存款比例的减少(从72%到42%)和房屋投资比例的提高(从18%到40%)。前者可能是由于存款的实际回报率降低造成的。但是即使是有更加发达的金融体系的美国,在2006年美国住房投资处于最高峰的时候,美国居民财富中也只有约32%投资在房地产上。在2007年房地产市场崩盘之后,2009~2010年,这个比例仅为25%。因此,我国居民财富的投资应该更加分散。

当我们讨论人民币国际化,也许人民币可兑换会继续推进,居民可以投资于外币资产,这些可能会改变居民对于住房投资的依赖。从现在的情况来看,我国居民投资证券的比例较小,保险的比例非常小,债券几乎可以忽略。

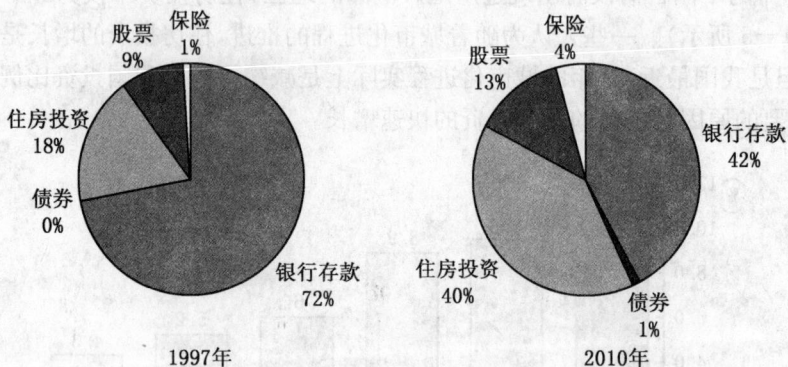

资料来源:Nicholas R.L.著,熊祥译:《中国经济增长靠什么》,中信出版社2012年版。

图11-6 1997年、2010年中国居民投资分布

从居民的资产负债角度看,近年来我国居民负债占可支配收入的比例不断提高,尤其是2008年以后,这一比例更是呈现快速上涨的趋势,到2012年我国居民的负债占可支配收入的比例为53%。与此一致,2010年前住房抵押贷款占可支配收入的比例也呈现相同的上升趋势,但是2010年以后居民住房抵押贷款占比增速减缓,2012年约为25%(如图11-7所示)。一种可能是当政府限制住房购买政策生效了,居民对住房的购买减少了;另一种可能是居民的负债太高,他们不愿意再负担更多的贷款来购买房子。

相对于西方发达国家来说,负债占可支配收入比例为53%是很低的,美国的比例约为130%,西班牙的更高,约为150%。如果与印度尼西亚、菲律宾等新兴市场国家相比,我国这个比例却是比较高的。

上面我们讲了我国经济的两个特点:一是居民的住房投资比例很高,二是我国居民不愿意承担更多的债务。接下来,我们来讲第三个特点,即银行可能

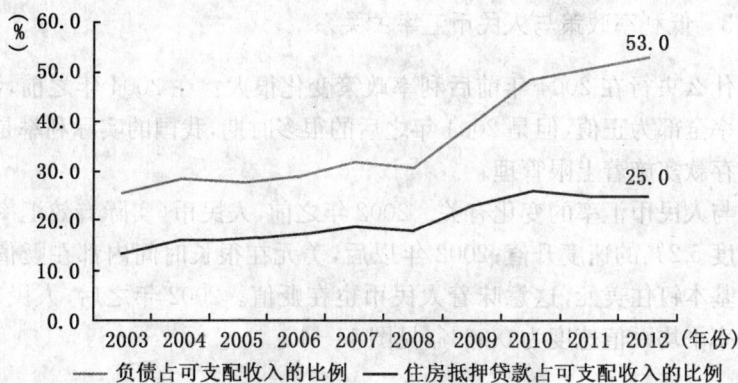

資料来源:Nicholas R.L.著,熊祥译:《中国经济增长靠什么》,中信出版社 2012 年版。

图 11－7　2003～2012 年居民抵押贷款

觉得其住房贷款比例太高了。银行关于房地产的贷款包括个人住房贷款及房地产企业的贷款。2004 年之后,银行发放房地产相关贷款的增速非常快,2010～2011 年达到峰值,约占所有银行贷款的 20％,占银行资产的 200％(2010年的峰值)。银行贷款对房地产相关贷款的风险敞口也很大(如图 11－8 所示)。过去两年,可能是由于政府政策的指导,房地产相关贷款的比例有所下降。

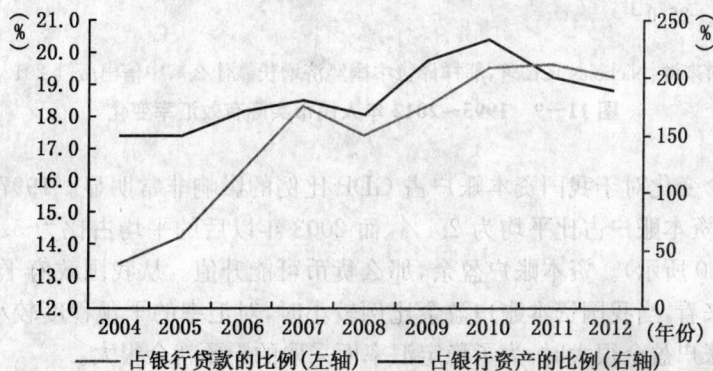

资料来源:Nicholas R.L.著,熊祥译:《中国经济增长靠什么》,中信出版社 2012 年版。

图 11－8　银行对住房贷款的风险敞口

由于我国的投资渠道多样化问题正在改善,我国居民不愿意持有太多债务,银行贷款过于集中于房地产相关贷款会带来巨大风险等原因,我国住房投资不会继续快速增加。

11.3.3 低利率政策与人民币汇率的关系

为什么央行在 2004 年前后利率政策变化很大？在 2004 年之前,我国的实际利率全部为正值,但是 2004 年之后的很多时期,我国的实际利率是负的,且银行存款实施着上限管理。

这与人民币汇率的变化有关。2002 年之前,人民币(实际有效汇率)以平均每季度 5.2% 的速度升值;2002 年以后,美元在很长时间内都在贬值,由于人民币基本钉住美元,这意味着人民币也在贬值。2002 年之后,人民币实际有效汇率平均贬值速度为 0.36%(见图 11—9)。

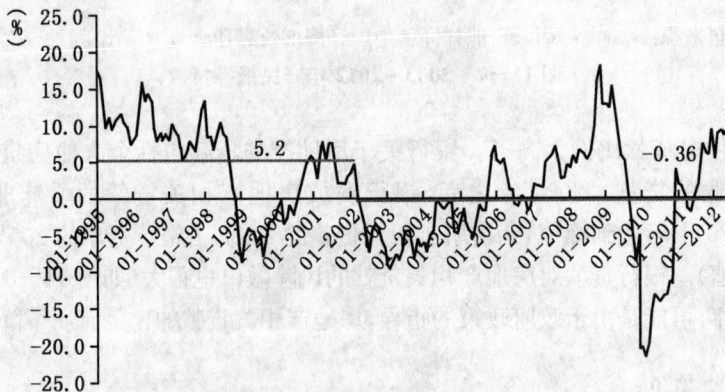

资料来源:Nicholas R.L.著,熊祥译:《中国经济增长靠什么》,中信出版社 2012 年版。

图 11—9 1995~2012 年人民币实际有效汇率变化

这个变化对于我国资本账户占 GDP 比例的影响非常明显。1997~2003 年,我国资本账户占比平均为 2.4%,而 2003 年以后的平均占比为 5.7%(如图 11—10 所示)。资本账户盈余,那么货币可能升值。从我国政府干预汇率的情况来看,当我国资本账户盈余比例较小时,对汇率的干预程度较小,但是当资本账户盈余很大时,为了稳定汇率而采取的干预就会很大。

央行通过印刷本币来购买外汇,导致了货币供给的增长。央行对于物价稳定和稳定汇率的两难,采用了两个政策工具。

第一个工具是要求银行缴纳较高的准备金,从 20 世纪 90 年代末到 2005 年之前,我国的准备金率相对比较稳定,除了部分时间在 7%~10% 的水平上,大多数时间都在 6% 的水平上,平均为 7.7%,与美国非常接近。2005 年之后,由于资本账户盈余过高,为了保持物价稳定,银行的准备金要求越来越高,

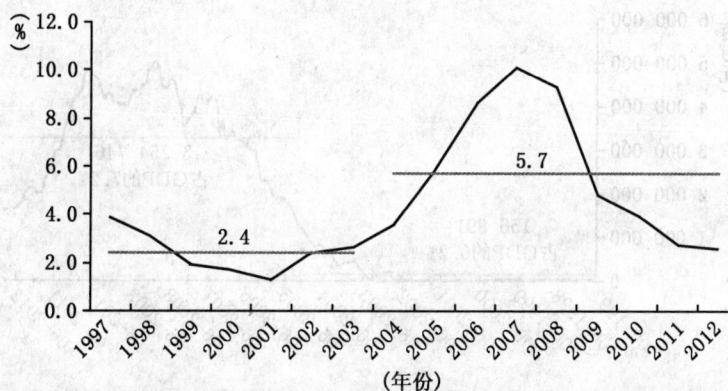

资料来源：Nicholas R.L.著，熊祥译：《中国经济增长靠什么》，中信出版社 2012 年版。

图 11－10　1997～2012 年中国资本账户占比

这一时期我国准备金率平均为 14.2％（如图 11－11 所示）。

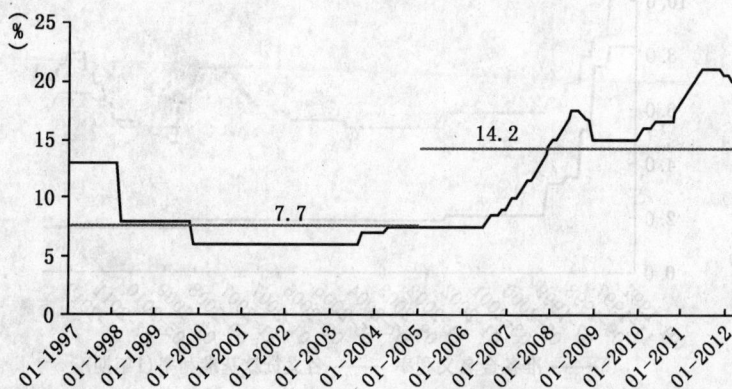

资料来源：Nicholas R.L.著，熊祥译：《中国经济增长靠什么》，中信出版社 2012 年版。

图 11－11　1997～2012 年中国银行存款准备金率

　　第二个工具是卖出央行票据。从 2003 年或 2004 年开始，央行票据发行规模快速上涨，最高时达到 5 万亿元的规模，以吸收货币。在 2004 年及以前，央行票据占 GDP 平均比例仅为 0.2％，但是在 2004 年平均比例为 7.2％（如图 11－12 所示）。央行被迫持有外汇储备，以及为发行的央行票据支付利息。

　　对银行来说，过高的准备金比例是一种"税收"，央行对准备金支付的利率仅为 2％，与名义贷款基准利率的差异是非常大的，2011 年达到 6.5％的最大差异（如图 11－13 所示）。

人民币国际化，下一步何去何从

441

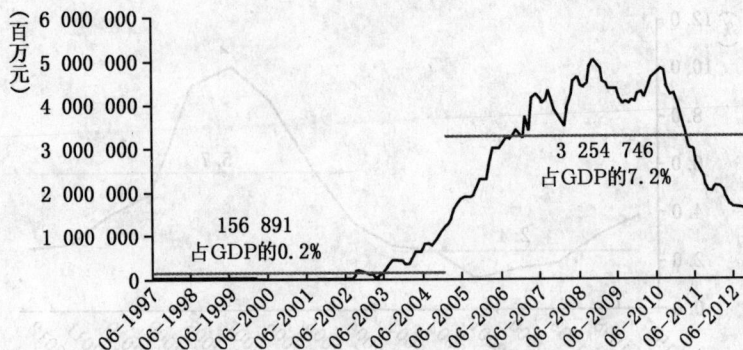

资料来源：Nicholas R.L.著，熊祥译：《中国经济增长靠什么》，中信出版社 2012 年版。

图 11—12　1998～2012 年央行票据发行

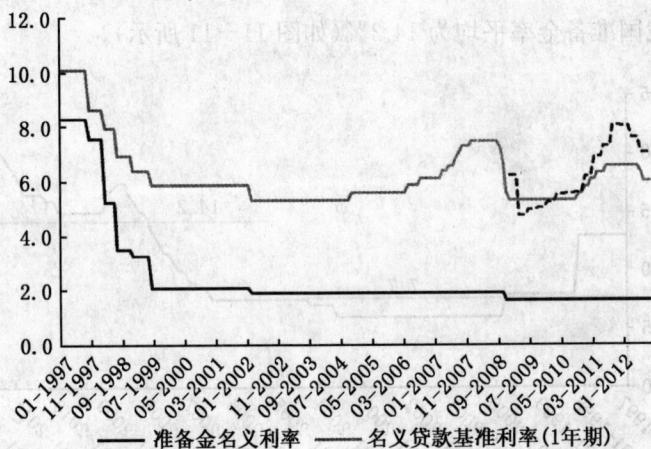

—— 准备金名义利率　—— 名义贷款基准利率(1年期)

资料来源：Nicholas R.L.著，熊祥译：《中国经济增长靠什么》，中信出版社 2012 年版。

图 11—13　1997～2012 年银行贷款利率、准备金率

　　央行票据利率与银行贷款利率之间的差异也非常大，前者比后者低很多（见图 11—14）。央行票据利率太低，没有吸引力，除了银行之外，没有机构购买央行票据。解决方法是降低存款准备率比例，减少央行票据发行对银行的剥削。然而，即使不这样，由于存款利率非常低，银行仍然是可以盈利的。这是央行被迫选择的策略，因为央行得维持物价稳定和汇率稳定。

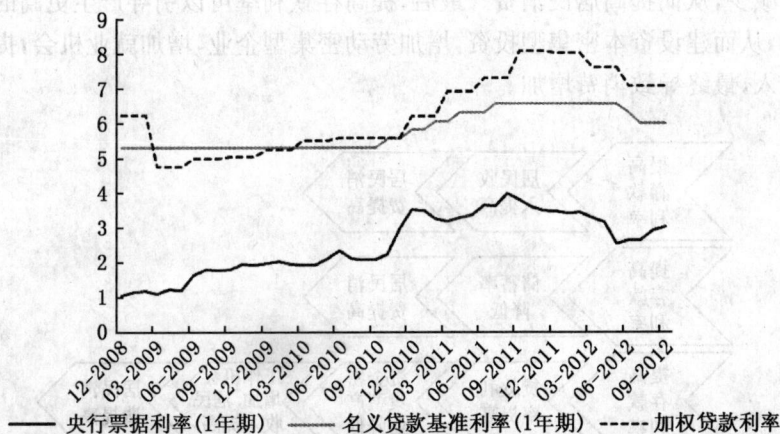

资料来源：Nicholas R.L.著，熊祥译：《中国经济增长靠什么》，中信出版社 2012 年版。

图 11－14　2008～2012 年银行贷款基准利率与央行票据利率

6.3.4　人民币国际化应该与我国生产力发展水平一致

金融抑制包括低利率政策、资本项目管制、被低估的汇率、能源价格的低估等。金融抑制会导致经济体中一些部门获益，另一些部门损失。例如，沿海省份、具有进出口优势的企业、商业银行、房地产企业和地方政府以及商务部和财政部能够从低利率、低汇率、房地产投资繁荣等获益；而内陆省份、进口者、消费者以及服务行业、储蓄者、首套房子购买者以及央行遭受损失（见表 11－1）。

表 11－1　金融抑制的受益者和受损者

目前的受益者	目前的受损者
沿海省市	内陆地区
出口企业和有竞争力的进口企业	进口商、消费者、服务业
商业银行	储蓄者
地方政府	居住性住房购买者
金融机构	中国人民银行

推进利率市场化，提高居民存款实际利率，有利于解决我国目前的问题（如图 11－15 所示）。首先，通过提高居民存款实际利率，可以增加居民可支配收入，从而增加居民消费。其次，提高居民存款实际利率也可能导致居民储

人民币国际化，下一步何去何从

443

蓄的减少,从而提高居民消费。最后,提高存款利率可以引导产生更高的贷款利率,从而建设资本密集型投资,增加劳动密集型企业,增加就业机会,提高居民收入,最终导致消费增加。

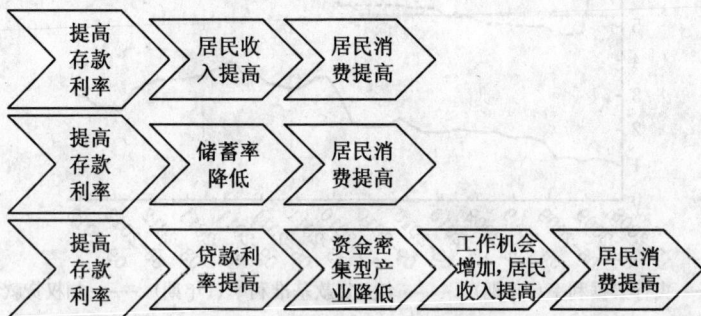

```
┌─────────┐   ┌─────────┐   ┌─────────┐
│ 提高    │   │ 居民收  │   │ 居民消  │
│ 存款    │ → │ 入提高  │ → │ 费提高  │
│ 利率    │   │         │   │         │
└─────────┘   └─────────┘   └─────────┘

┌─────────┐   ┌─────────┐   ┌─────────┐
│ 提高    │   │ 储蓄率  │   │ 居民消  │
│ 存款    │ → │ 降低    │ → │ 费提高  │
│ 利率    │   │         │   │         │
└─────────┘   └─────────┘   └─────────┘

┌─────────┐   ┌─────────┐   ┌─────────┐   ┌─────────┐   ┌─────────┐
│ 提高    │   │ 贷款利  │   │ 资金密  │   │ 工作机  │   │ 居民消  │
│ 存款    │ → │ 率提高  │ → │ 集型产  │ → │ 会增加, │ → │ 费提高  │
│ 利率    │   │         │   │ 业降低  │   │ 居民收  │   │         │
│         │   │         │   │         │   │ 入提高  │   │         │
└─────────┘   └─────────┘   └─────────┘   └─────────┘   └─────────┘
```

资料来源:Nicholas R.L.著,熊祥译:《中国经济增长靠什么》,中信出版社 2012 年版。

图 11—15 利率市场化的作用

我们应该逐步推进人民币国际化,以减小我国企业的汇率风险。人民币国际化的第一步是推进人民币结算货币功能。下一步会更加复杂,人民币储备货币功能的实现,与人民币的可兑换,以及资本项目、资本市场限制的减少有关。一个国家的货币国际化程度,以及其作为储备货币功能的发挥,应与自身的经济地位以及发展需要相适应。

潘英丽指出,在人民币国际化中,假如国际贸易的商品或者国际的资产用人民币计价的话,我国就可以避免发展中国家的原罪。我国规避汇率的风险,体现了我国的利益,另外,人民币还可以作为储备资产,也就是说,外国投资者可以购买我国的资产,分享我国经济高速发展的成果,所以充当储备资产这种功能,体现的是全球利益。实际上,这也是在帮助美国减缓压力。假如全球的发展中国家把 80% 的财产转移到美国的金融市场上,美国也容易出现泡沫,所以人民币国际化实际上可以帮助稳定美元。然而,令人担心的是,人民币国际化是否会对美元形成冲击,美元作为储备货币的国际货币体系向多储备货币体系转变是否会带来巨大冲击。潘英丽提出建议,人民币国际化要强调区域化,不主张全球化,包括伦敦的人民币离岸市场,主张人民币应该以亚洲区域化为主,强调主权货币的互补性,而不是替代性。

上海财经大学现代金融研究中心主任丁剑平针对人民币国际化可能带来的居民收入效应和实体经济风险降低效应进行了讨论。

人民币国际化可以增加我国未来收入的预期,从而通过未来财富增长预期来拉动内需。他首先分析了美元国际化对拉动美国内需的逻辑关系。美元作为国际货币,其发行的数量不会受到境内通胀压力的太多制约,因为大部分美元都被外国人以债券形式所持有,不会在美国境内形成流动性冲击。这就使得美国在经济形势不好的时候可以实施量化宽松的货币政策,在刺激经济增长的同时又保持较低的通货膨胀率。外国投资者将美元投资于美国的金融市场,推高金融资产价格,使得美国人的财富预期增长,进而又促进了他们的消费和投资。这才是美元国际化的真正利益所在,而并非获取铸币税为主。人民币若成为国际货币,也将有相同的预期财富效应,从而拉动消费。而人民币国际化需要我国金融市场衍生品和效率给力,否则非居民不会长期持有人民币头寸。

除了财富预期之外,人民币国际化不仅可以降低实体经济中的汇率风险,而且可以减少国家外汇储备资产的缩水。过去房地产吸收了境内大量的流动性,货币供应量增加并未引发恶性通胀。未来的人民币国际化也可以发挥吸收境内流动性的功能。

11.4　人民币国际化,下一步何去何从

11.4.1　强化"计价功能"是人民币国际化可持续的基础

国际货币各种职能的形成不是短期就能促成的。结合当前推动人民币加入特别提款权(SDR)的准备,我国要达到 SDR 货币标准还有很大的差距。在这些标准(诸如在各国外汇储备中所占比重、即期外汇市场交易量、外汇衍生品交易份额、国际债券所占比重等)中,我国要抓住关键的职能来获得"纲举目张"的效应。考虑到计价货币的外部效应最强,为此尤其要对该功能加以培育。

第一,提升商品的"异质性",以获得定价权,降低企业汇率风险。若我国出口商品以人民币计价,即使人民币汇率有所波动,企业仍然可以只承担很小的风险,这同时还可以改善我国对外资产的币种结构。德国以本币计价的根基在于其产品的独特性,这就保证了它自身的"垄断性"。而我国出口的产品由于被替代性较强,议价能力也就相应较弱。以企业微观主体来推进人民币计价,则必须从提高我国产品的独特性入手。

第二,在对外援助和资本输出中促进人民币计价。我国也可以通过以资金援助的方式借出美元,要求偿还人民币等,推进人民币的跨境使用。为了避免如同日本跨国企业实质上帮助推进"美元化"的结局,我国跨国企业在区域

的选择中必须考虑产业链上是合在美元区或最终出口国是否在强势货币国家。"突破口"应放在美元化最弱的地区来推进人民币国际化。

第三,在与我国对外贸易有长期逆差的地区内推进人民币计价。我国的产品在非洲、拉美等国家具有广泛的市场,为此首先应推进在这些国家的人民币计价。

第四,在大宗商品交易中以买方势力来推进人民币计价。我国在某些国际大宗商品交易市场所占份额较高,因此,也可以尝试通过寡头买方地位,向市场上推进人民币计价。同时,在我国境内的商品期货交易所中,也可以逐步扩大用人民币计价的交易品种。

第五,金融产品和制度创新。金融衍生产品的人民币计价是货币国际化的关键一环,也是新兴市场经济体货币是否实现赶超的希望所在。只有本土金融市场有新的制度设计和产品创新,才能让资产负债币种结构达到最佳匹配,同时,非居民才会更长久地持有人民币。

11.4.2　企业是人民币国际化的真正推动力

尽管强调经济转型和内需驱动,但进出口贸易仍是我国经济发展的基石之一。出口促进了相关产业的快速增长,在增加国内就业与税收方面也发挥了重要作用。但受欧美债务和金融危机的冲击,我国进出口企业的利润受到严重影响。人民币国际化,尤其是跨境贸易中以人民币计价和结算,可以减少风险和成本。经调研后,我们认为:

第一,企业积极性推动了人民币跨境业务量的提升。2012 年前三季度,跨境贸易人民币结算业务累计发生 2.05 万亿元,同比增长 33.1%,是 2009 年年末 36 亿元结算规模的几百倍,这充分说明跨境贸易人民币结算得到了市场和企业的认可。跨境贸易结算三年来的结果表明,这一政策设计非常成功,实现了多方共赢。

第二,人民币国际化能够大幅度降低企业的成本和提高利润。这主要表现在两方面:一方面,近几年来,人民币对外升值、对内贬值,企业贸易若以美元计价与结算,结算期限过长,会导致企业承担双重损失;若以人民币进行计价与结算,便可避免这种损失。另一方面,企业在贸易中若以美元等非本币结算,汇兑手续费用以及为规避汇率风险而进行衍生产品交易的费用较高,且手续繁琐,资金使用效率不高;而人民币国际化后,企业使用人民币结算,不仅可以消除衍生交易费用,还可以节省二次兑换费用。据估算,直接以人民币进行结算可以使企业的利润提高 5% 以上,同时也给企业带来新的利润增长点。虽然会产生因在岸与离岸市场上的利差不同从而导致的套利行为,但总体来看是好的。首先,基于以贸易劳务输出为主的交易行为容易监管;其次,套利行为在某种程度会实现价格收敛,倒逼境内利率市场化进程加快。2012年10月,人民币跨境结算总额中90％都与贸易有关。对于外贸企业本身来说,人民币跨境结算赋予企业更多币种选择权,大大扩大了企业的利润空间,运用海外融资组合如海外代付、人民币远期信用证等方式能够获得利差和汇差,获得无风险收益。这些都提高了企业的积极性,让企业收支结算更倾向于选择人民币。

第三,人民币跨境结算可以提升中资银行的国际竞争力。在人民币跨境结算之前,与外资银行相比,中资银行在外汇融资业务方面处于劣势,跨境贸易是其与外资银行竞争的一大优势。随着人民币结算业务的推出,中资银行可以利用本币资金强大、清算系统发达和经营网点广泛的优势,增大结算业务量,增加新的盈利点,巩固其在国内金融市场上的优势,提升竞争力。

因此,人民币国际化必须使企业从中受益。具体来讲,应进一步简化企业有关人民币跨境贸易结算、投资方面的手续,增加相关政策措施、办法细则的详细程度和透明度。

11.4.3 处理好改革次序,离岸市场与在岸市场共同推进人民币国际化

人民币国际化的最主要风险是改革的不配套,其中包括汇率改革、利率改革和境内资本市场的开放。这三方面改革的不配套,在人民币国际化过程中将导致离岸人民币市场出现大规模的资金流动,套利、套汇交易泛滥,甚至有可能使得人民币国际化进程被迫停滞。因此,人民币国际化一定要在最高的决策层面有总体设计,保证人民币汇率弹性的增加、境内利率市场化、境内资本市场开放等资本项目开放的改革必须与人民币国际化进程相配合,齐头并进,而不是相互制约。

利率市场化改革箭在弦上。2011年以来,中国人民银行放宽贷款基准利率波动幅度和允许存款利率浮动的措施,使我国利率市场化改革取得了实质性进展。利率市场化的条件基本成熟。如前所述,金融抑制导致了我国价格体系的扭曲、金融资源的浪费,是造成我国高储蓄、低投资的根本原因。与此同时,利率市场化有利于形成境内外合理的资产价格水平,从根本上减少套利活动,是资本项目开放的前提。有效的利率价格传导机制的形成,有利于央行货币政策的有效性,加强宏观调控。

目前,一定的资本项目管制对保持经济稳定是十分必要的。今后几年,随着利率市场化改革和汇率波动幅度的扩大,我国应把握机会稳步放松资本项目管制。首先要着重提高资本市场交易的可兑换程度。推进境内居民到境外

进行证券投资,进一步扩大 QDII 主体资格,增加投资额度;允许更多境外主体投资境内银行间债券市场,扩大 QFII 主体资格,增加投资额度;推动资本市场尤其是股票市场的国际化,建立双向可转换的国际板市场。其次要有序提升个人资本项目交易可兑换程度。建立合格境外个人投资者对我国证券市场投资制度,适度放开个人跨境借贷的限制。再次要进一步推进直接投资、直接投资清盘和信贷等项目的可兑换程度。最后要在有管理的前提下推进衍生工具交易可兑换工作,研究允许境内银行和企业在有真实贸易和投资背景的前提下,参与境外人民币衍生产品市场。

11.4.4 在岸市场带动离岸市场发展

根据现在的离岸人民币清算机制,其实体人民币已经可以算作回流到了境内市场。而且境外的人民币最终总是要进入到国内的资本市场和实体经济来获取利润。所以,离岸市场的发展需要我们有完善的境内金融体系来吸收离岸人民币的回流,不要像日本国际化过程中流出的日元又通过离岸市场的"再贷款"流入国内市场。

现阶段我国的金融市场规模仍然有限,金融体系仍然脆弱,金融机构缺乏竞争力,其发展水平还不能与人民币国际化的需求相匹配。国际货币发展的历史经验表明,发达的金融市场是其货币成为国际货币的关键因素。人民币在岸市场的建设是上海国际金融中心建设的首要和核心任务,人民币是上海国际金融中心建设的一个货币基础。如果在岸市场金融建设不好,没有相匹配的人民币回流机制和容量,而离岸市场发展过快、过大,势必会增加我国货币政策调控的难度,从而加大金融风险。因此,要让以上海为代表的在岸市场带动以香港为代表的离岸市场,共同推进人民币国际化。

参考文献

[1]巴曙松.2010.从国际货币体系改革趋势看中国金融发展战略[J].重庆理工大学学报,(2).

[2]巴曙松.2011.货币锚的选择与退出:对最优货币规则的再考察[J].国际经济评论,(1).

[3]卜亚.2005.货币替代:中国资本账户开放进程中的考验与政策选择[J].数量经济技术经济研究,(3).

[4]曹垂龙.2006.论人民币资本账户可兑换的收益与风险[J].特区经济,(11).

[5]曹远征.2011.人民币国际化:缘起于发展[J].国际金融,(8).

[6]曹远征.2012.国际货币体系改革与人民币国际化的缘起发展[R].清华大学演讲.

[7]陈湛匀.2006.中国资本账户实证研究[J].复旦大学学报:社会科学版,(1).

[8]陈志昂.2005.经济全球化与"新特里芬悖论"[J].经济理论与经济管理,(1).

[9]陈建奇.2012.破解"特里芬难题"——主权信用货币充当国际储备的稳定性[J].经济研究,(4).

[10]陈虹.2004.日元国际化之路[J].世界经济与政治,(5).

[11]陈雨露,王芳,杨明.2005.作为国家竞争战略的货币国际化:美元的经验证据——兼论人民币的国际化问题[J].经济研究,(2).

[12]陈玉财,李姝.2009.我国大宗商品定价权的现实思考与策略选择[J].价格理论与实践,(4).

[13]陈江生,陈昭铭.2010.国际货币体系改革与人民币国际化[J].中共中央党校学报,(1).

[14]陈晖.2011.日元国际化的经验与教训[M].北京:社会科学文献出版社.

[15]戴小平.2003.论人民币国际化趋势及其监管[J].经济问题,(9).

[16]丁剑平.2003.关于现行的人民币汇率机制的可持续性研究[J].国际金融研究,(5).

[17]董超.2006.关于中国资本账户开放的研究[J].时代经贸,(11).

[18]范建军.2012.美国货币政策的特点及其对全球价格的影响[J].重庆理工大学学报,(6).

[19]高海红.2010.人民币成为国际货币的前景[J].世界经济与政治,(9).

[20]高海红,余永定.2010.人民币国际化的含义与条件[J].国际经济评论,(1).

[21]高海红.2011.人民币成为区域货币的潜力[J].国际经济评论,(3).

[22]胡莹.2012.上海在岸金融市场的发展与思考[J].区域金融,(6).

[23]韩剑.2011.人民币国际化的潜力及障碍[J].中国经济问题,(11).

[24]韩宝兴.2009.从"特里芬难题"看美元的扩张及其影响[J].经济研究导刊,(11).

[25]何慧刚.2007.人民币国际化的模式选择和路径安排[J].经济管理,(2).

[26]黄隽.2012.人民币国际化、国际收支的变化与中国经济结构的调整[J].教学与研究,(7).

[27]金荦.2004.中国资本管制强度研究[J].金融研究,(12).

[28]姜波克.1999a.国际金融学[M].北京:高等教育出版社.

[29]姜波克.1999b.货币替代研究[M].上海:复旦大学出版社.

[30]姜克波.2004.资本账户开放研究:一种基于内外均衡的分析框架[J].国际金融研究,(4).

[31]交通银行课题组.2009.人民币国际结算的重大意义与现实挑战[J].New Finance,(2).

[32]蓝发钦.2005.中国资本项目开放的测度[J].华东师范大学学报:哲学社会科学版,(3).

[33]雷达,赵勇.2008.中国资本账户开放程度的测算[J].经济理论与经济管理,(5).

[34]李巍,张志超.2008.不同类型资本账户开放的效应:实际汇率和经济增长波动[J].世界经济,(10).

[35]李巍,张志超.2009.不同类型资本账户开放的最优时点选择[J].金融研究,(11).

[36]李世安.2009.布雷顿森林体系与"特里芬难题"[J].西方经济史研究,(6).

[37]李海燕.2003.国际汇率安排中的美元霸权[J].国际金融研究,(3).

[38]李稻葵.刘霖林.2008.人民币国际化:计量研究及政策分析[J].金融研究,(11).

[39]李伏安,林杉.2009.国际货币体系的历史、现状——兼论人民币国际化的选择[J].金融研究,(5).

[40]李婧.2011a.人民币国际化:国际反应及评价[J].经济学动态,(12).

[41]李婧.2011b.从跨境贸易人民币结算看人民币国际化战略[J].世界经济研究,(2).

[42]李乾孙.2012.美元与大宗商品价格的关系研究[N].期货日报,(2).

[43]李若谷.2009.国际货币体系改革与人民币国际化[M].北京:中国金融出版社.

[44]刘艳静.2012.国际储备货币演变的计量分析研究——兼论人民币国际化的可行性[J].国际金融研究,(4).

[45]刘力臻.徐奇渊.2006:人民币国际化探索[M].北京:人民出版社.

[46]鲁国强.2011.加快推进人民币国际化的动因和策略[J].金融教学与研究,(5).

[47]罗伯特·特里芬.1997.换进与美元危机——自由兑换的未来[M].上海:商务印书馆.

[48]倪权生,潘英丽.2009.G20国家资本账户开放度比较研究——基于改进的约束式测度法[J].世界经济研究,(2).

[49]潘英丽,吴君.2012.体现国家核心利益的人民币国际化推进路径[J].国际经济评论,(3).

[50]庞晓波、黄卫挺.2008.搜寻匹配、网络效应与货币起源演化[J].南开经济研究,(5).

[51]孙立行.2010.基于人民币国际化视角的人民币汇率形成机制改革问题研究[J].世界经济研究,(12).

[52]邵挺,李井奎.2010.资本市场扭曲、资本收益率与所有者差异[J].经济科学,(5).

[53]申世军.2011.香港人民币债券市场发展中的风险防范[J].中国投资,(6).

[54]禹钟华,祁洞之.2013.对全球金融监管的逻辑分析与历史[J].国际金融研究,(3).

[55]宋敏,屈宏斌、孙增元.2011.走向全球第三大货币[M].北京:北京大学出版社.

[56]温家宝.2012.2012年3月5日政府工作报告发言稿.

[57]王秋玉.2007.关于"特里芬悖论"和新"特里芬悖论"的思考[J].经济研究导刊,(11).

[58]王思程.2008.对人民币国际问题的若干思考[J].现代国际关系,(8).

[59]王文平.2006.我国资本账户开放的风险收益分析及政策选择[J].商业研究,(7).

[60]王锦慧,蓝发钦.2006.资本账户开放与经济增长:文献综述[J].经济评论,(6).

[61]王国刚.2003.中国资本账户开放:经济主权、重点和步骤[J].国际金融研究,(3).

[62]王元龙.2009.关于人民币国际化的若干问题研究[J].财贸经济,(7).

[63]汪小亚.2001.我国资本账户开放与利率—汇率政策的协调[J].金融研究,(1).

[64]吴信如.2006.资本账户开放时机的内生决定:一个两阶段动态最优模型[J].世界经济,(6).

[65]谢春凌.2012.国际货币体系缺陷与人民币国际化进程中的资本开放[J].金融经济,(4).

[66]熊鹭.2011.完善内地与香港人民币债券市场协调机制[J].中国金融,(10).

[67]徐奇渊、刘李臻.2006.货币国际化扩张中的政策行为[J].数量经济技术研究,(1).

[68]徐奇渊.2010.人民币国际化面临的挑战和选择[J].当代世界,(7).

[69]徐建国.2012.币值稳定与人民币国际化[J].上海金融,(4).

[70]许统生,陶然.2006.资本账户开放度量指标体系研究综述[J].经济学动态,(2).

[71]熊芳,黄宪.2008.中国资本账户开放次序的实证[J].国际金融研究,(3).

[72]杨权,裴晓婧.2011.资本账户开放、金融风险与最优外汇储备[J].国际金融研究,(7).

[73]杨辉.2000.论货币替代对货币政策的影响[J].金融教学与研究,(1).

[74]杨军.2002.中国货币替代弹性的实证研究[J].金融研究,(4).

[75]严佳佳.2009.货币替代理论研究评述[J].经济学动态,(8).

[76]杨长勇.2010.人民币国际化的现状及相关问题分析[J].宏观经济管理,(6).

[77]伊藤隆敏.2012.人民币国际化的路线图[J].国际经济评论,(1).

[78]余永定.2011a.再论人民币国际化[J].国际经济评论,(5).

[79]余永定.2011b.世界经济大环境和中国经济结构调整[J].国际经济评论,(6).

[80]余永定.2012a.中国资本项目自由化之我见[J].财经,(9).

[81]余永定.2012b.从当前的人民币汇率波动看人民币国际化[J].国际经济评论,(1).

[82]姚大庆.2011.人民币的国际可交易性与国际货币体系改革[J].世界经济研究,(7).

[83]殷剑峰.2011.人民币国际化:"贸易结算＋离岸市场",还是"资本输出＋跨国企业"?——以日元国际化的教训为例[J].国际经济评论,(4).

[84]张青龙,王舒婷.2011.国际收支结构研究:基于人民币国际化视角的分析[J].国际金融研究,(5).

[85]曹红辉.2006.国际化战略中的人民币区域化[J].中国金融,(15).

[86]周小川.2009.关于改革国际货币体系的思考[J].中国金融,(4).

[87]周小川.2012a.人民币国际化靠市场选择[N].第一财经日报.

[88]周小川.2012b.人民币资本项目可兑换的前景和路径[J].金融研究,(1).

[89]周先平,李标.2013.境内外人民币即期汇率联动关系——基于 VAR-MVGARCH 的实证分析[R].国际金融研究论坛.

[90]左小蕾.2011.SDR 的国际货币功能重新定位探讨[N].上海证券报,(2).

[91]张斌,徐奇渊.2012.汇率与资本项目管制下的人民币国际化[J].国际经济评论,

(4).

[92]张明.2010.国际货币体系改革:背景、原因、措施及中国的参与[J].国际经济评论,(1).

[93]张明.2012.中国的资本账户开放应审慎渐进[J].国际金融,(7).

[94]张明,何帆.2012.人民币国际化进程中在岸离岸套利现象研究[J].国际金融研究,(10).

[95]张明.2011.人民币国际化的最新进展与争论.经济学动态[J],(12).

[96]张天翼.2012.人民币国际化进程中的"特里芬难题"[J].商业文化,(5).

[97]张国兵,安烨.2013.人民币国际化进程中的资本开放[J].当地经济研究,(3).

[98]曾辉,李一,周心鹏.2009."特里芬两难"的辨析[J].国际金融研究,(12).

[99]朱云高.2004.论资本账户开放的动态条件[J].财经研究,(10).

[100]庄晓玖.2007.推进资本账户开放的基本条件和途径[J].上海金融,(7).

[101]中国人民银行调查统计司课题组.2012,我国加快资本账户开放的条件基本成熟[J].中国金融,(5).

[102]Anthony Y, Koo C.1967. Toward a World Payments System: A Review Article [J]. *The Journal of Finance*, 3.

[103] Arthur Lau. 2011. The Growing Appetite For Din Sum Bonds [J]. *PINE BRIDGE INVESTMENTS*,(7).

[104]Bergstrand J H, Bundt T P.1990. Currency Substitution and Monetary Autonomy: The Foreign Demand for US Demand Depostits[J]. *Journal of International Money and Finance*, 9.

[105]Burton G M.1963. The Rejection of the Triffin Plan and the Alternative Accepted [J]. *The Journal of Finance*, 18(3).

[106]Benjamin J C.1971. The future of sterling as an international currency. New York and London: Macmillan.

[107]Chinn M, Frankel J.2007. Will the Euro Eventually Surpass the Dollar as Leading International Reserve Currency? [C].G7 Current Account Imbalances: Sustainability and Adjustment.Chicago: University of Chicago Press.

[108]Chinn M, Frankel J.2008. Why the Euro will rival the Dollar? [J]. *International Finance*, 11.

[109]Chinn M, Ito H. 2008. A New Measure of Financial Openness[J]. *Journal of Comparative Policy Analysis*, 10 (3).

[110]Cohen B J.1971. *The Future of Sterling as an International Currency*[M].London.

[111]Cohen B J.2000. Life at the top: International currencies in the twenty—first century[R].Princeton essays in international finance.

[112]Dobson W, Masson P R. 2009. Will the renminbi become a world currency? [J].

China Economic Review, 20 (1).

[113]Edison J, Levine R, Ricci L, et al. 2002. International Financial Integration and Economic Growth[J]. *Journal of International Money and Finance*, (6).

[114]Eichengreen. 2001. Capital Account Liberalization: What Do the Cross-Country Studies Tell Usmimeo[R]. Forthcoming in the World BankEconomic Review.

[115]Dowd K, Greenaway D. 1993. Currency Competition, Network Externalities and Switching Costs: Towards an Alternative View of Optimum Currency Areas[J]. *The Economic Journal*, (103).

[116]Edgar L F. 2002. Dollarization and Euroization in Transition Countries: Currency Substitution, Asset Substitution, Network Externalities and Irreversibility[J]. *International Finance*.

[117]Hartmann P. 1998. Currency Competition and Foreign Exchange Markets[M]. Cambridge, UK: Cambridge University Press.

[118]Jeffrey Frankel. 2011. Historical Precedents for Internationalization of the RMB.

[119]Kindleberger C P. 1969. Measuring Equilibrium in the Balance of Payments [J]. *Journal of Political Economy*, 11.

[120]Krugman P R, Obsfeld M. 1997. *International economics* [M]. New Jersey: Addison Wesley Longman.

[121]Kenen P. 1983. *The role of the dollar as international currency* [M]. NY: Group of Thirty.

[122]Kose M A, Prasad E. 2009. Financial Globalization: A Reappraisal[R]. IMF Staff Papers, 56 (1).

[123]Lin J Y. 2011. *Demystifying the Chinese Economy* [M]. Cambridge: Cambridge University Press.

[124]McKinnon R. 1973. Money and Capital in Economic Development[R]. The Brookings Institution, Washington, D.C.

[125]McKinnon R, Schnabl G. 2012. China and its Dollar Exchange Rate: A Worldwide Stabilizing Influence? [J]. The World Economy, 35 (6).

[126]Michael Shari. 2011. Dim Sum Is A Dish Best Served At Low Interest Rates[J]. *Global Finance*, July/August.

[127]Miniane J. 2004. A New Set of Measures on Capital Account Restrictions[R]. IMF Staff Papers, 51.

[128]Obstfeld M. 2011. The International Monetary System: Living with Asymmetry [M]. Manuscript, University of California, Berkeley.

[129]PRASAD E S. 2009. Is the Chinese growth miracle built to last? [J]. *China Economic Review*, 20(1).

[130]Prasad E, Ye L. 2012. The Renminbi's Role in the Global Monetary System[R].

Global Economy and Development at Brookings.

[131]Piere-Richard Atgnor.2001.Benefits and Costs of International Financial Intergration: Theory and Facts[J].*World Economy*,26(8).

[132]Peter B K.2009.Currency Internationalization-An Overview.

[133]Quinn,Dennis.1997.The Correlates of Change in International Financial Regulation[J].*American Political Science Review*,9(3).

[134]Schindler M.2009.Measuring Financial Integration: A New Data Set[R].IMF Staff Papers,56(1).

[135]Tavlas G.1991.On the international use of currencies: The case of the deutsche mark[R].Princeton essays in international finance,No.181,March.

[136]Yijian He and Subhash C Sharma.1997.Currency substitution and exchange rate determination[J].*Applied FinancialEconomics*,7.